EL CRUCERO
COSTERO Y DE ALTURA

Olivier Le Carrer

EL CRUCERO
COSTERO Y DE ALTURA

CON LA COLABORACIÓN DE DELPHINE FLEURY

Traducción de Francesc Cusí

EDITORIAL JUVENTUD, S. A.

Título original: LA CROISIÈRE. CÔTIÈRE ET HAUTURIÈRE
Autor: OLIVIER LE CARRER

Concepción gráfica: Lorène Bruant
Maqueta original: Alain Oriot
Fotografías: Jean-Marie Liot
[Collection Voiles/Gallimard]

Provença, 101 - 08029 Barcelona
info@editorialjuventud.es
www.editorialjuventud.es
Traducción de Francesc Cusí

Primera edición, 2006
Maquetación: Mercedes Romero
Depósito legal: B-41.753-2006
ISBN: 84-261- 3554-4
ISBN 13: 978-84-261-3554-4
Núm. de edición de E. J.: 10.863
Impreso en España - Printed in Spain
Limpergraf, c/ Mogoda, 29-31 Barberà del Vallès (Barcelona)

ÍNDICE

6. HACER ANDAR EL BARCO

7. VIVIR A BORDO

8. EL MAL TIEMPO

9. ALGUNOS CONCEPTOS DE METEOROLOGÍA

10. EVITAR AVERÍAS

11. MEMORANDO DEL NAVEGANTE

CAPÍTULO 1 - MIL FORMAS DE ZARPAR

CAPÍTULO 1

«La magia de una salida de noche en la que encendemos el quinqué y cocinamos algo no depende de la distancia que hemos recorrido para llegar hasta aquí.»
Sleightolme, Pocket Cruiser, 1963.

Hay infinidad de maneras de hacerse a la mar, pero sólo una receta para que siempre funcione bien: conocer los propios límites y hallar una buena relación entre barco, lugar de navegación, tripulación y programa.

¿Podemos definir una actividad capaz de adoptar tantos rostros distintos? La ilustración más elocuente de esta diversidad es sin duda la que presentan los diccionarios modernos para el verbo cruzar: «Navegar en todas direcciones dentro de un espacio determinado con fines diversos». Una expresión que se remonta de hecho a los tiempos de las guerras contra los corsarios, cuando la palabra crucero designaba una zona determinada «en la que un buque establece su navegación durante un tiempo prescrito, recorriendo este paraje en todos los sentidos de forma que, en la medida de lo posible, no pase ningún barco sin que lo vea, lo alcance, compruebe su nacionalidad, y lo combata si corresponde» (Diccionario de la Lengua Española, RAE, y *Dictionnaire de la marine,* Bonnefoux y Paris, 1855).

Actualmente, el crucero no tiene otro objetivo que el placer de sus adeptos. A veces éstos reconocen que en la náutica las vías de la felicidad son impenetrables y se prometen no volver a caer nunca más en ellas, pero el crucero a vela sigue siendo una de las más extraordinarias fuentes de satisfacción en este mundo: magia de los paisajes, acceso a lugares prohibidos a los «terrícolas», auténtica comunión con los elementos, marco de vida incomparable, placer de descubrir nuevos horizontes con la única ayuda de una energía natural: en la acción de meter el petate a bordo hay un poco de todo esto e incluso más.

El crucero no se mide por el número de millas recorridas ni por el tamaño del barco. Empieza desde el momento en que embarcamos en el velero, por pequeño que sea, un termo de café, un poco de ropa de recambio y una carta. Es lo único que hace falta para hacerse a la mar, alargar la escala en la cala vecina o ir a ver qué hay detrás de la siguiente punta.

El crucero con todas las comodidades, a bordo de un potente monocasco de 15 metros.

Se declina de mil formas en función de los gustos y medios de la tripulación, incluso de la edad del patrón... De la excursión costera en un barco modesto al descubrimiento de islas lejanas a bordo de un crucero más ambicioso, puede ser tanto ocio de vacaciones como forma de vida durante un largo tiempo.

Desde un punto de vista práctico, el análisis de esta actividad pone en evidencia dos verdades perfectamente contradictorias:

- Podemos hacer lo que sea con cualquier barco.
- Hay que elegir el barco en función del programa, ¡o viceversa!

El primer enunciado se comprueba con regularidad en todas las zonas de navegación del planeta. No hay ni un solo archipiélago lejano en el que no encontremos algunos felices circunnavegantes saboreando la quietud de sus lagunas interiores después de haber atravesado dos océanos a bordo de fatigados veleros de 6 o 7 metros, o incluso menos. Los lagos europeos más modestos ven, por su parte, evolucionar ostentosos cruceros oceánicos de más de 18 metros. Y no es raro encontrarse en las antípodas con una pareja sin pretensiones que navega por los tres cabos en un viejo One Tonner sin comodidades, concebido en la gran época del IOR (International Ocean Racing) para dar vueltas alrededor de tres balizas con una docena de forzudos a bordo.

El inventario de estos usos contranatura no tendría fin. Pero si bien pone de relieve que un barco puede plegarse a todos los deseos de su propietario -¡a poco que éste ponga algo de su parte!- el ejercicio tiene, sin embargo, sus límites.

Para empezar, las barreras legales: además de poder llegar a ser dura, la navegación de altura en un barco no homologado a este uso puede ser también ilegal, con todas las complicaciones que de ello se derivan. De una forma más genérica, el uso de un barco «desplazado» respecto de su programa -demasiado voluminoso, demasiado ligero, demasiado pesado, demasiado deportivo, incluso demasiado cómodo...- por lo general acaba siendo frustrante. No sólo porque dificulta la realización del programa en cuestión, sino también porque regatea mezquinamente a la tripulación el placer que pensaba encontrar navegando.

¿Conclusión? Incluso si siempre podemos «apañarnos con», prestar un mínimo de atención a la relación entre lo que la tripulación quiere hacer y lo que el barco sabe hacer es normalmente una buena inversión.

HACERSE A LA MAR

1.1. UNA OPCIÓN NECESARIAMENTE PERSONAL

Prioridad a las motivaciones de fondo

Sabiendo que hay muchas maneras de practicar el crucero y una infinidad de barcos que pueden servir a este uso, la definición de un programa de crucero puede convertirse en una ecuación de múltiples incógnitas. En efecto, entran en juego -con distintos grados de importancia en función de cada cual- la elección del barco, el tipo de navegación deseada, la composición de la tripulación y las especificidades o inconvenientes locales. Todas las posibilidades son asumibles, pero es muy raro que uno o incluso varios elementos no nos vengan más o menos impuestos desde el principio: barco disponible, tripulación familiar o lugar de amarre en un sitio determinado. Si el barco y el lugar pueden posiblemente ser cuestionados, no puede decirse lo mismo de la familia: considerarla como una variable ajustable según el tipo de navegación es una opción de alto riesgo... Incluso para quien tenga abiertas todas las opciones a la hora de seleccionar el barco, la zona, los tripulantes e incluso la forma de hacerse a la mar, la situación no es más sencilla: ¿en qué orden va a tratar todos estos parámetros?

El método más sano para iniciar semejante reflexión consiste en dejar de lado barco y consideraciones materiales e interrogarse a fondo sobre las motivaciones que pueden llevarnos al mar. ¿El placer de un fondeadero solitario? ¿Hacer frente a los elementos? ¿Las sensaciones

Las familias sueñan con ello, pero la navegación con mar plana no es tan normal fuera de determinadas zonas privilegiadas (aquí, las Bahamas).

fuertes llevando un spi con viento duro? ¿La sorda excitación de oír el casco deslizarse de racha en racha sobre una mar en calma? ¿El deseo de descubrir el mundo con la casa flotante a cuestas? ¿La placentera monotonía de una travesía de tres semanas al ritmo de las olas? ¿La aparición de la baliza buscada al final de una ceñida en la niebla? ¿Todo a la vez, quizá?

La cuestión no es en absoluto superflua, pues la vida sobre el agua no siempre es el paraíso que tanto no gusta describir. La mar es el peor lugar para meter un barco, dice la sabiduría popular, y numerosos navegantes con muchas millas navegadas resumen sus viajes hablando de un 10% de placer y un 90% de galeras...

¿Es esto motivo suficiente para dejar de probarlo? ¡Por supuesto que no! Todo el secreto de una buena aproximación reside en la selección correcta entre los aspectos positivos y los negativos –o al menos los que personalmente consideramos como tales–, a fin de orientarse hacia un tipo de práctica que refuerce los primeros y reduzca la influencia de los segundos a la mínima expresión.

El ejercicio puede ser deprimente si se quieren las cosas claras desde el principio: excepto si nos limitamos a un terreno cuidadosamente delimitado en el tiempo y en el espacio, de una marina a otra, la navegación a vela no es más que incertidumbre, retrasos, imprevistos, inquietud, sorpresas (buenas y malas). Incluso si la modernización de los motores marinos –y como consecuencia el incremento de su uso– ha contribuido a reconciliar los veleros con los horarios, las potenciales fuentes de estrés siguen siendo numerosas: nubes amenazadoras, evolución desfavorable de la meteorología, ruido sospechoso procedente de la quilla, duda sobre la identificación de las luces del canal, escasa visibilidad en una zona mal señalizada, aguante inseguro del fondeo en una noche sin luna... ¡Pobre del ciudadano angustiado que espere encontrar aquí el seguro de una tranquilidad absoluta! Al contrario de la imagen que a menudo se da de él, el crucero no es una panacea idílica, apta para todos los públicos.

Para saborear sus tesoros, hay que estar dispuesto a renunciar a un cierto número de certezas terrícolas, tener una capacidad de paciencia por encima de la media, y ninguna contraindicación para actividades que generen ansiedad...

A falta de una mentalidad apropiada para asumir todas estas incertidumbres, no hay que desesperarse: pese a ello, las vías de la navegación no están cerradas; en este caso conviene sencillamente orientarse hacia las más seguras. Los puertos deportivos rezuman navegantes a quienes repugna la sola idea de pasar una noche en mar, o que no soportan estar amarrados si no es en un pontón estable, rodeados de robustos rompeolas. Esto no les impide encontrar su felicidad en una práctica de la que han sabido eliminar -en la medida de lo posible- todos los elementos considerados perturbadores.

Queda la constatación de que no hay ninguna fórmula milagrosa para determinarlo todo de antemano. La introspección evocada aquí sólo es verdadera si se ha vivido lo suficiente como para captar los encantos y las miserias de la navegación. El recién llegado al crucero no podrá más que librarse a suposiciones en función de sus aspiraciones, probar la vía que más lo satisface -o, más prosaicamente, la que le será más fácilmente accesible- y disponerse a probar las variantes antes de montárselo a su medida. Esta fase de ensayos y reflexiones no es, sin embargo, inútil: permite precisar con más exactitud las expectativas y las realidades, y reseñar por adelantado tanto las situaciones que a uno le gustan en el barco como las que se prefieren evitar.

*Los pequeños marineros se adaptan bien a los pequeños barcos...
¡con la condición de conformarse con pequeños recorridos!*

PROGRAMAS

1.2. LOS DISTINTOS ROSTROS DEL CRUCERO

► *¿Polivalencia o especialización?*

Se puede elegir una forma de navegación y atenerse a ella. O alternar varios tipos de práctica al compás de los deseos y las temporadas. Todo depende de las aspiraciones de cada uno y de la aptitud del barco para responder a necesidades a veces contradictorias.

El paseo de día

Al margen del crucero, esta forma de navegación es paradójicamente la más habitual entre los propietarios de veleros habitables. Como su nombre indica, se trata simplemente de pasear alrededor de un puerto de amarre, regresando cada noche a la base. Sea cual sea el tamaño del barco, esta práctica tiene la ventaja de ser la aproximación más relajada a la mar: no hay que hacer ningún gran avituallamiento, ninguna necesidad de previsión meteorológica a largo plazo ni de programación puntillosa de itinerario, tampoco es necesario embarcar bolsas y más bolsas de recambios. Basta con verificar el mínimo y soltar amarras, sabiendo que un olvido no acarrea graves consecuencias, siempre que a bordo haya agua, gasoil y el material de seguridad.

¿Es absurdo contentarse con salidas diurnas de 15 millas con un velero capaz de ir a Irlanda o Córcega? Sí y no. El presupuesto es evidentemente desproporcionado en relación con el uso. Además, el gran crucero tiene numerosos inconvenientes para este tipo de paseo: las maniobras de puerto son a veces disuasivas, el fondeo es más pesado que el de un barco más pequeño y la distribución de la cubierta no siempre es la ideal. Sin hablar del placer de la vela, a menudo menor que sobre una unidad más ligera. Pero querer aprovechar la potencia de uno «grande» sobre las 10 millas que nos separan de las islas vecinas no tiene nada de ilegítimo. Igual que del hecho de saborear del confort de una bañera acogedora; ¡incluso a dos horas del puerto base, hace que las salidas invernales sean distintas! De todas formas será difícil encontrar aquí el sabor de unas verdaderas vacaciones itinerantes, en las que se vive 24 horas al día al ritmo del barco y de las costas visitadas...

¿Un velero de altura para paseos costeros? Todo está permitido, siempre que el presupuesto lo aguante.

El camping costero

En el extremo opuesto de la especialidad precedente, que puede afectar a la mayoría de usuarios y de tipos de barcos, elegir el camping costero es una profesión de fe ya en sí mismo. Ante todo, por la afirmación de la voluntad de vivir a bordo; después, por las características técnicas que supone el itinerario, necesariamente a ras del litoral y en etapas cortas.

Argumento número 1 del velero de muy poco calado: un contacto fácil con tierra.

Los barcos usados en este caso están normalmente clasificados en las categorías D o C (ver detalles en el capítulo 11.1). Antes, los primeros estaban limitados a la categoría 6 de navegación (prohibición de alejarse más de 2 millas de un abrigo).

Tras la refundición de los reglamentos, entrada en vigor en enero del 2005, las seis categorías de navegación tradicionales -basadas en la distancia- han dejado lugar a dos zonas: «costera» (menos de 6 millas de un abrigo) y «de altura» (más de 6 millas de un abrigo). Por mucho que el legislador deje en teoría toda posibilidad al crucerista de navegar donde quiera sea cual sea su barco, el sentido común indica que una embarcación clasificada en D se limite a la zona costera, y que la zona de altura quede destinada a los modelos clasificados en C (y, evidentemente, en B o A). Es evidente que la expresión «vivir a bordo» es un tanto grandilocuente, pues el ambiente general está más cerca de la tienda de campaña que del yate. Hacer camping costero es abordar las vacaciones desde el ángulo minimalista, sin el volumen ni los elementos de confort que se tienen en los pequeños cruceros «de verdad».

Los planos de un pequeño day-boat como el Athos muestran la prioridad concedida a las medidas de la bañera, lo que no impide que haya dos literas en el interior. Eslora: 6 m; manga: 2,35 m; calado: 0,20 / 1,45 m; desplazamiento: 580 kg; superficie vélica: 20 m².

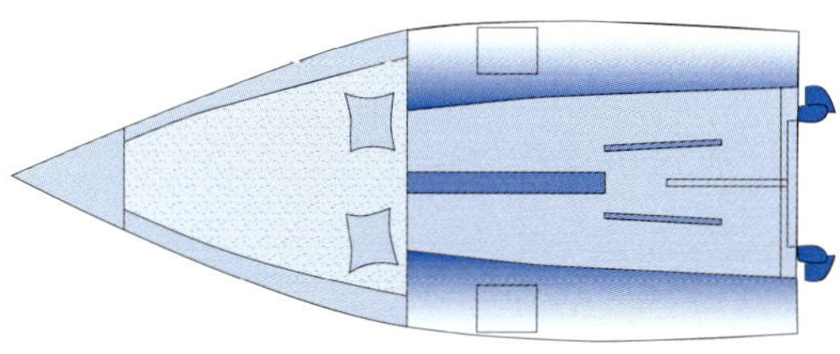

Pero las ventajas son múltiples, empezando por el aspecto financiero. La expresión «barco pequeño, presupuesto pequeño» está aquí aún más justificada, por cuanto los gastos del crucero se reducen a la mínima expresión. No hay gastos de escala -las marinas no entran por lo general en el programa- y la vuelta al redil será igualmente suave, pues un barco semejante -transportable por definición- ni siquiera tiene necesidad de amarre en un puerto base.

Para una navegación costera estival, la superficie de puente del catamarán es una ventaja considerable.

No es la única ventaja. Esta fórmula, que permite olvidarse casi siempre de las infraestructuras portuarias –a favor de una pequeña cala protegida–, permite también una relación distinta con la meteorología. No sólo las distancias previstas son cortas, sino que las posibilidades de escala en caso de necesidad son mucho mayores que en un velero que no se puede colar tanto por todos los rincones. Para quienes no se sienten dispuestos a lanzarse a alta mar, el camping costero es «la» solución, por cuanto lo esencial del programa sucede cerca de la costa, o incluso directamente sobre tierra firme. Como consecuencia de todo ello, es igualmente una opción muy apreciada por los niños.

Fórmula espartana, pero que ofrece una gran libertad, el camping costero es también la manera de aprovechar lugares a los que los «grandes» no pueden acceder; y también de permitirse escapadas a lagos o a archipiélagos lejanos gracias a las posibilidades de un transporte por carretera.

Todo ello explica que junto a recién llegados atraídos por su simplicidad y su bajo coste se encuentren en esta categoría muchos navegantes experimentados que ya han tenido unidades más grandes y han elegido esta opción con conocimiento de causa.

Para este tipo de navegación convienen barcos de poca eslora, ligeros, de escaso calado (con orza o quilla móvil, incluso con una configuración biquilla), que no ofrecen ni el rendimiento en ceñida ni la seguridad con viento fuerte de veleros quillados más sustanciales.

El nivel de confort tampoco es el que se conoce en los barcos habitables de verdad. La cabina tiene dos o tres literas, pero el volumen es mínimo, y los armarios y cofres. reducidos a la mínima expresión. Además, la mayor parte del tiempo se vive a la intemperie y los efectos personales se guardan en el petate. La cocina es minimalista y no hay que esperar lavabos separados.

Raid 22: una aproximación deportiva a las excursiones, pero incluso así tiene literas en los cascos. Eslora: 6,80 m; manga: 4,40 m; calado: 0,10 / 0,60 m; desplazamiento: 500 kg; superficie vélica: 30 m².

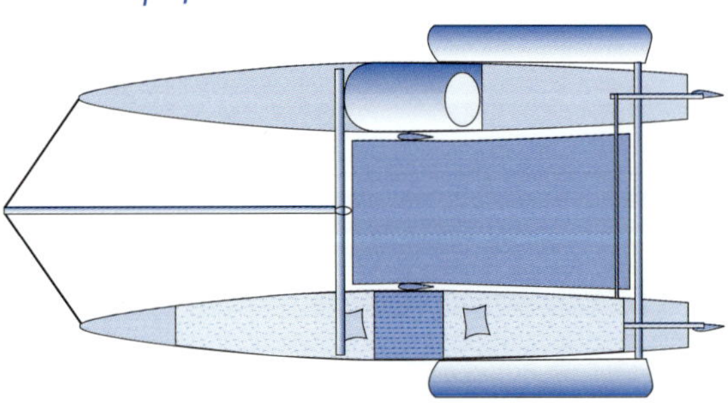

Este carácter espartano sólo se soporta si la tripulación puede compensar la exigüidad de a bordo con un acceso sin restricciones al espacio litoral; esto comporta un calado y un peso muy bajos (por debajo de los 500 kg, se puede incluso desplazar un barco por la arena, maniobra a veces muy útil). De hecho, la elección de estos criterios depende del perfil de los fondeaderos buscados. En ciertas zonas, el éxito del programa será directamente proporcional a la capacidad de deslizarse fácilmente al fondo de la cala más insignificante. Lo peor en este caso es el velero demasiado voluminoso para saborear los rincones más salvajes y no suficientemente cómodo ni marino para jugar el papel de un verdadero crucero.

Del viejo Maraudeur a numerosos habitables de 5,50 metros, pasando por unidades incluso más desnudas y deportivas como el moderno Sprinto, las posibilidades son muchas. Puede extenderse, según los gustos y la topografía de las costas frecuentadas, a unidades de 6,50 metros y más. Pero se llega entonces a los límites de la fórmula con barcos que, al ser más «serios», son más difíciles de llevar.

Los catamaranes habitables más pequeños (que apenas llevan unas literas en los cascos) son también buenos clientes en este campo, con un engorro a veces problemático, pero con velocidades a menudo superiores. Algunos locos de la escota no dudan tampoco en realizar este programa con veleros abiertos (grandes barcos de orza, con lastre o no, incluso catamaranes deportivos), y utilizan directamente una tienda de campaña en las escalas. El confort es aún más precario, pero cualquier playa -o casi- se convierte entonces en una escala en potencia.

No olvidemos, finalmente, una condición *sine qua non* común al conjunto de esta gama: ¡conviene que haga buen tiempo!

El crucero costero

Incluso si se aplica a veleros de tamaños diversos *-a priori* de 6 a 8 metros de eslora- el campo de acción del crucero costero está sin embargo claramente delimitado y corresponde al de la antigua 4ª categoría de navegación, es decir, hasta 20 millas de un abrigo -lo que supone un barco con al menos certificado de categoría C. La oposición de estilo, incluso en

Los barcos con poco lastre muestran pronto sus limitaciones en un programa de crucero.

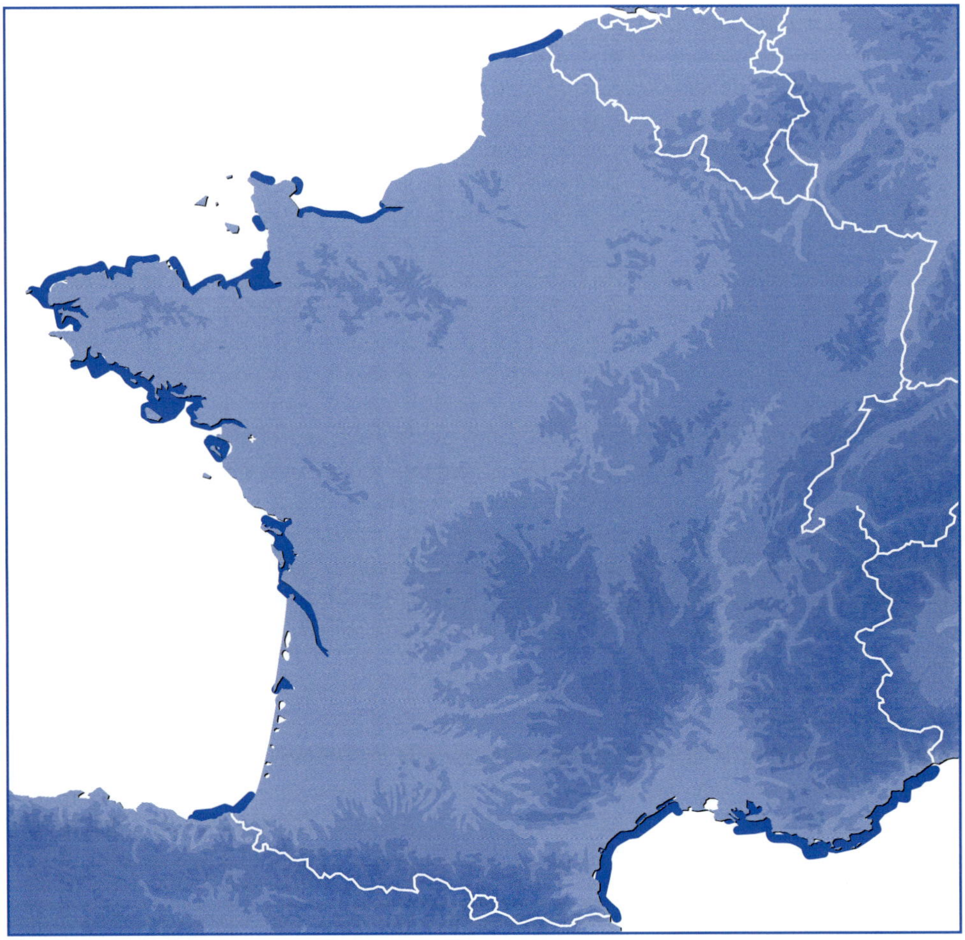

Los límites de la zona costera. Limitados a menos de 6 millas de un refugio, los veleros con equipamiento «costero» no pueden pasar de una zona de navegación (las zonas oscuras de la carta) a otra, por no haber puertos suficientemente próximos.

Gratificante en cuanto a las prestaciones, como contrapartida el monotipo sólo ofrece una habitabilidad modesta.

lo que se refiere a las unidades más pequeñas, está claramente marcada respecto del camping costero. Aquí el barco debe estar concebido como una verdadera casa, aunque sea en miniatura. Literas cómodas, volumen suficiente para sentarse realmente alrededor de una mesa en el interior, cocina equipada con reserva de agua dulce y armarios, lavabos independientes o al menos aislables, y numerosos cofres. En teoría, permite vivir a bordo de forma autónoma, como si se tratara de uno «grande».

En menos de 8 m, un casco moderno como el del Sun Odyssey 26 esconde un verdadero interior de crucero.
Eslora: 7,49 m;
manga: 2,97 m;
calado: 0,70 / 1,70 m;
desplazamiento: 2.600 kg;
superficie vélica: 30 m².

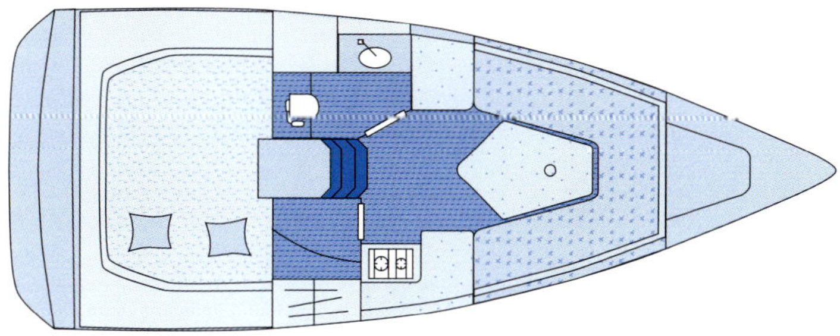

En la práctica, no es eso ni mucho menos. Excepto en veleros de al menos 8 metros, la altura en el interior y el volumen –tanto por lo que respecta al espacio vital como al de cofres– son tan insuficientes que no hay que estar encerrado en el interior demasiado tiempo. Sobre todo si se utiliza la capacidad máxima del barco (cuatro personas en un modelo de 6,50-7 metros, por ejemplo). Las navegaciones también deberán ser abordadas con realismo en función del tamaño. Si hay que ceñir en mar abierto, un 6,50 metros un tanto rollizo o con un lastre poco eficaz mostrará sus limitaciones en cuanto se alcancen los 20 nudos de viento, mientras un 7,50 metros, y no digamos ya uno de 8, seguirán haciendo su ruta con uno o dos puntos más de la escala Beaufort.

Los monocascos constituyen el grueso de la flota con este programa, pero los multicascos también tienen sólidos argumentos a su favor. Especialmente los trimaranes de unos 8 metros, preferentemente con los brazos de flotadores replegables para reducir el engorro en puerto. A costa de un volumen habitable inferior al de un monocasco de la misma eslora, un trimarán de este tipo permite velocidades medias mucho más elevadas. En este tamaño, los escasos catamaranes disponibles oscilan entre dos extremos: el 7-8 metros sin casucha central y más cercano al estilo camping costero, y el modelo de 9 metros o más, muy bien equipado pero de mal rendimiento navegando.

Nada en los flotadores, todo en el casco central para el trimarán Challenge 30.
Eslora: 9 m;
manga: 6,40 / 2,50 m;
calado: 0,40 / 1,80 m;
desplazamiento: 1.400 kg;
superficie vélica: 53 m².

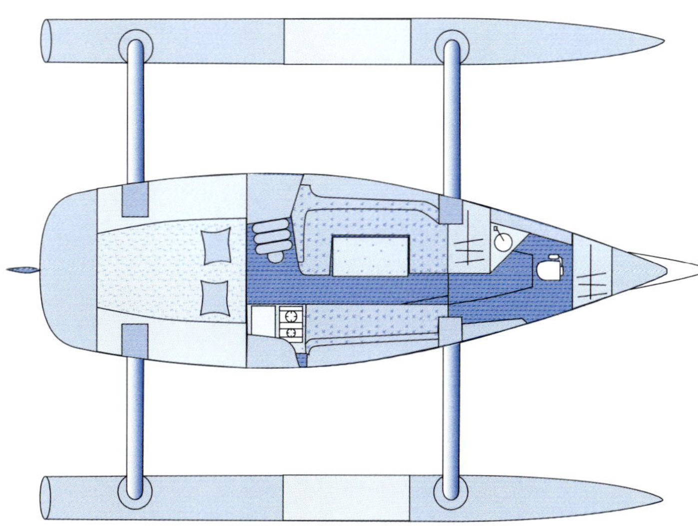

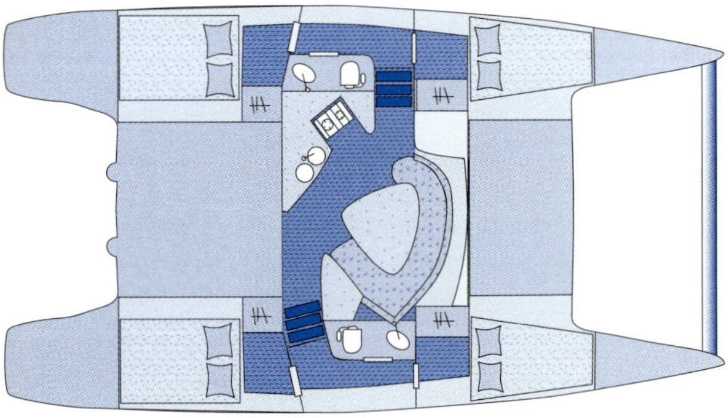

A bordo del Lavezzi 40, la disposición típica de un catamarán pensado para el alquiler.
Eslora: 11,90 m;
manga: 6,50 m;
calado: 1,10 m;
desplazamiento: 6.200 kg;
superficie vélica: 90 m².

La navegación de semialtura

Accesible a priori a veleros concebidos al menos como categoría B, esta aproximación (que corresponde a la antigua 3ª categoría: navegación hasta 60 millas de un refugio) cubre de hecho lo esencial de las prácticas habituales del crucero. No es casualidad: se empieza a respirar en serio el ritmo del crucero, sobre un barco suficientemente cómodo como para vivir el tiempo de las vacaciones sin deprimirse en cuanto desaparece el sol. Se alternan travesías «serias» y saltos de pulga en las zonas más interesantes, y no se duda en poner patas arriba el itinerario en función de los deseos, sea para desperezarse durante uno o dos días en un fondeadero especialmente apartado o para aprovechar la comodidad de un puerto pintoresco.

La navegación nocturna forma normalmente parte del programa y nos hallamos por tanto necesariamente con barcos dotados de sólidas cualidades marineras. Polivalentes por definición, se adaptarán sin embargo más o menos a los pequeños fondeaderos en función de la atención que se haya prestado al calado.

En este programa, en el que a veces se realizan etapas largas, el rendimiento navegando constituye un ingrediente importante del placer. No hace la misma impresión subir a Irlanda a la caña de un velero que se apunta con regularidad medias de 6 nudos, que con un «zapatón» que hace la mitad de la mitad y ciñe con bordos cuadrados en cuanto el viento refresca un poco. Y si la bañera del dicho zapatón es tan acogedora que uno se resiste a cambiar de barco, entonces hay que asegurarse una potencia de motor que palie esta indolencia.

Todos los tipos de velero se pueden apuntar a este programa, a poco que sus cualidades marineras correspondan a los itinerarios previstos y que la comodidad esté a la altura de lo que espera la tripulación. Los monocascos de 9 a 12 metros representan la mayoría de la flota, pero los barcos de 8 a 9 metros también pueden cumplir este papel si la tripulación sabe lo que se lleva entre manos. También los modelos más grandes, claro está, con la condición de

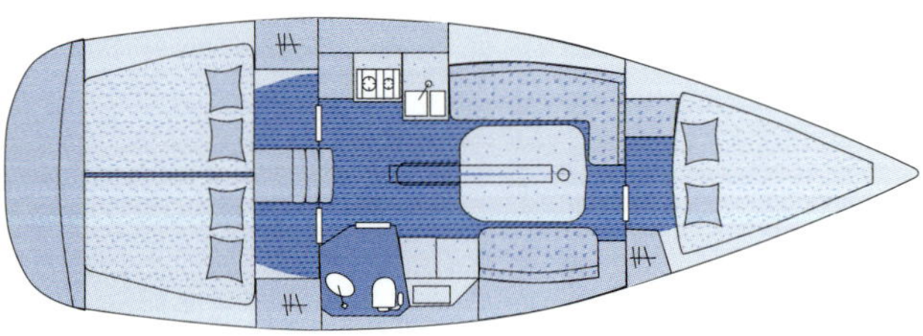

Un monocasco de una decena de metros como el Feeling 36 puede albergar hasta tres cabinas dobles.
Eslora: 10,80 m;
manga: 3,62 m;
calado: 0,72 / 2,16 m;
desplazamiento: 6.200 kg;
superficie vélica: 68 m².

A los grandes catamaranes (aquí un Privilège 585, de 17,84 m de eslora) no les gustan los vientos flojos, ¡pero son inmejorables por el volumen habitable!

tener en cuenta que, con un tamaño superior, las maniobras son a menudo más físicas y las evoluciones en puerto, más técnicas.

También aquí los multicascos –catamaranes o trimaranes– se defienden, incluso si en ocasiones son más difíciles de meter en determinados pequeños puertos europeos.

El crucero-regata

No es necesario soñar con la Transat o la Admiral's Cup para correr una regata: se puede regatear con veleros de todo tipo y de cualquier presupuesto, incluido el que se utiliza fuera de las grandes citas para salir tranquilamente en crucero familiar. Incluso si no apuntamos al nivel más alto, luchar en un recorrido bordo a bordo con otras unidades de parámetros comparables es una de las actividades más atractivas que existen. Al mismo tiempo constituye el método más eficaz para progresar rápidamente en el dominio del barco, de la meteorología, de la elección del rumbo... En definitiva, de todos los aspectos de la navegación a vela.

En este terreno, dos alternativas posibles: los más razonables se conformarán con usar su barco de crucero preferido para regatear tantas veces como lo deseen. Las distintas fórmulas de tiempo compensado existen precisamente para permitir a cualquier tipo de crucerista par-

A contracorriente de la gran serie, los barcos de contrachapado como el RM 980 proponen interiores más rústicos y más realistas para tripulaciones poco numerosas. Eslora: 9,80 m; manga: 3,50 m; calado: 1,56 m; desplazamiento: 3.500 kg; superficie vélica: 58 m^2.

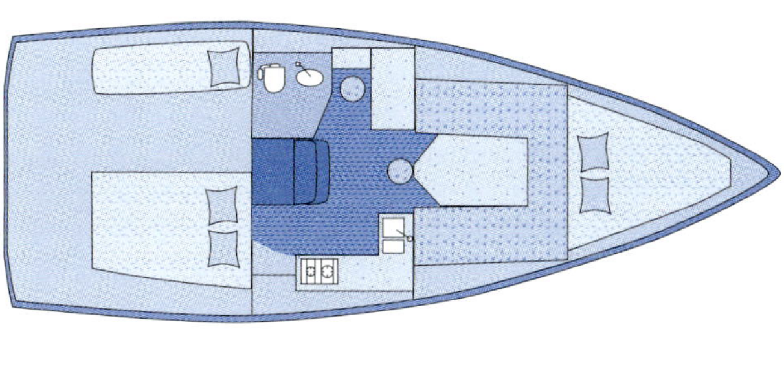

Se puede regatear a bordo de cualquier tipo de velero, pero evidentemente es más satisfactorio hacerlo a bordo de un modelo diseñado para correr y equipado con el equipo apropiado, como este J 105.

ticipar con las mismas posibilidades que los demás. Los más apasionados de la escota elegirán un modelo más regatista: sea un monotipo bien representado en su zona para competir en tiempo real, sea una serie más puntera (casco y apéndices con mejores prestaciones, interiores simplificados, aparejo y acastillaje de gama alta...). El juego de las compensaciones hace que no forzosamente ganan más que los otros, pero al menos disfrutan el placer de disponer de una máquina más rápida que las otras del mismo tamaño, y más reconfortante de llevar que un crucero «que se arrastre».

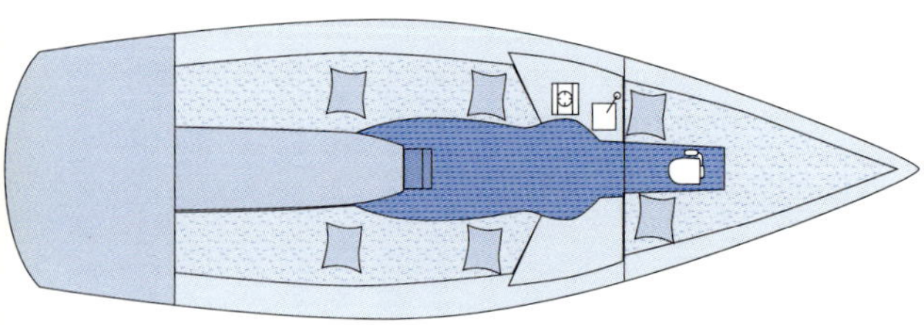

El plano del Grand Surprise es representativo de los interiores de los veleros deportivos: abiertos y simplificados al máximo.
Eslora: 9,54 m;
manga: 2,98 m;
calado: 2,05 m;
desplazamiento: 2.480 kg;
superficie vélica: 56 m^2.

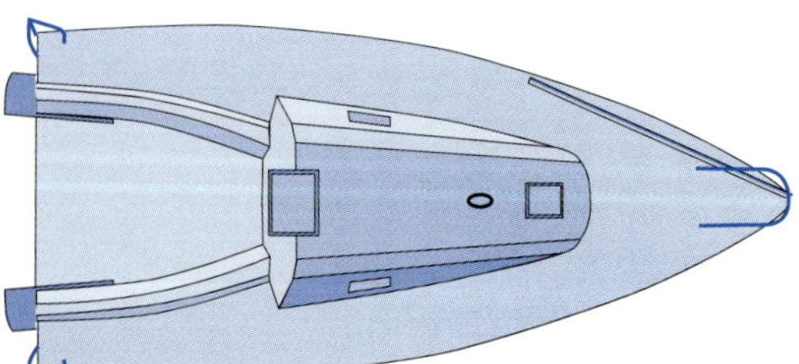

Concebido para la Mini Transat, el Pogo 2 no hace ninguna concesión a la comodidad: ¡eficacia en solitario por encima de todo!
Eslora: 6,50 m;
manga: 2,99 m;
calado: 1,59 m;
desplazamiento: 1.000 kg;
superficie vélica: 43 m^2.

En cuanto al tipo de regatas, todo es posible, o casi: desde la regata de club, que deambula por la bahía durante todo el día, al campeonato más serio en el que se encadenan los recorridos olímpicos o los bastones, pasando por una clásica del RORC (Royal Ocean Racing Club) con recorridos de altura que pueden durar de dos a siete días. Las más famosas de estas regatas no son aconsejables a los recién llegados, porque el nivel es francamente descorazonador. En cambio, la vuelta de la moda del estilo crucero-regata de antaño es una buena noticia. Un poco por todas partes, en Francia reverdecen las regatas itinerantes (lo más frecuente son regatas de una semana en diversas etapas) en las que se mezclan alegremente las dos facetas de la vela. Se regatea con más o menos seriedad durante el día, y se duerme cada noche en un nuevo puerto aprovechando un ambiente de convivencia y distendido.

El viaje largo

Todo el mundo, o casi, sueña con una larga estela trazada bien recta sobre los océanos hasta la laguna de Bora Bora... La simple visión de una esfera terrestre basta para que nos entre vértigo: ¡hay tantos lugares mágicos en los dos hemisferios para echar el ancla!

Más allá de los clichés más o menos realistas, elegir la larga ruta –el «viaje» como se dice en el mundo de la náutica– es cambiar radicalmente de registro. El barco ya no es sólo algo para las vacaciones, sino un modo de vida a tiempo completo. La mar que encontraremos en esta ruta no es forzosamente peor que la que ya hemos encontrado en nuestras travesías a Córcega o Inglaterra, pero sufriremos más tiempo y no siempre podremos elegir la meteorología. En cuanto al barco, además de sus cualidades marineras, la preocupación permanente será la de su autonomía: avituallamiento, agua, gas, carburante, consumibles diversos, piezas de recambio y capacidad de la tripulación para encontrar respuesta a todo en zonas en las que no se encuentra un astillero bien equipado en cada puerto.

Más allá de estas cuestiones técnicas, el gran viaje es ante todo una aventura humana poco común. Empieza otra vida, alternancia del espacio cerrado de las travesías y del hallazgo de un entorno nuevo en cada escala; con todas las conmociones que ello supone tanto para los adultos como para los niños que haya a bordo.

Todos los tipos de velero navegan alrededor del mundo, pero si uno se preocupa de escuchar a los navegantes a su regreso, parece que la mayoría hubieran cambiado gustosamente de montura a mitad de camino. Principal queja: la lentitud, que a menudo está asociada a un barco demasiado pequeño y por tanto cargado más allá de sus capacidades. A base de arrastrarse sobre un barco incapaz de acelerar o de remontar contra el viento cuando se necesita, el placer de la navegación desaparece y incluso se llega a temer cada etapa.

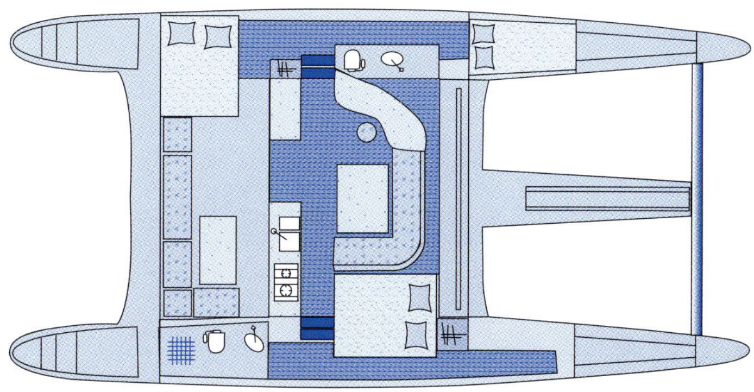

Más especialmente destinado a los grandes viajeros, el Outremer 45 marca su diferencia respecto de los catamaranes de alquiler: más espacios técnicos y menos volumen habitable para unas cualidades marineras mejores.
Eslora: 13,70 m;
manga: 7 m;
calado: 0,60 / 2,20 m;
desplazamiento: 5.500 kg;
superficie vélica: 106 m².

En este viejo velero que navega alrededor del mundo, el propietario ha embarcado todo su menaje familiar, ¡incluidos los perros!

Pese a ello, el barco demasiado grande, demasiado difícil de mantener, que provoca demasiado cansancio, también es a veces -aunque sea raramente- estigmatizado. La armonía entre tamaño y necesidades de la tripulación es aquí el criterio básico. La elección del tipo de velero es sobre todo una cuestión de gusto, porque la experiencia demuestra que hay tanta gente satisfecha entre los transmundistas con uno, dos o tres cascos, a bordo de veleros de serie bien preparados como de barcos específicos, fabricados a la unidad.

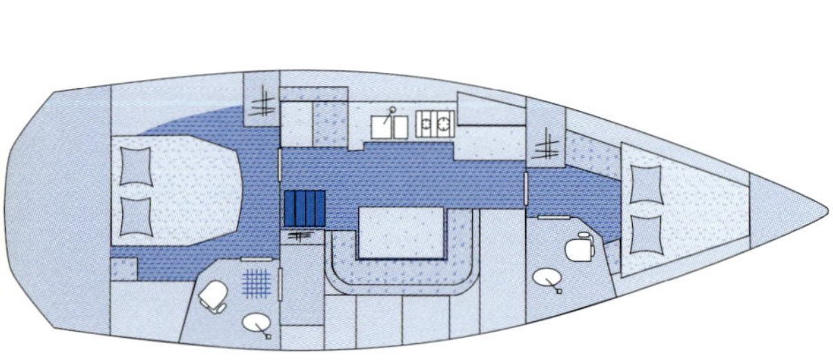

En el crucero largo, se evita la «superpoblación», como en este pequeño Pilot Saloon, que sólo está previsto para acoger a más de 4 personas.
Eslora: 12,20 m;
manga: 4,04 m;
calado: 2 m;
desplazamiento: 10.000 kg;
superficie vélica: 84 m².

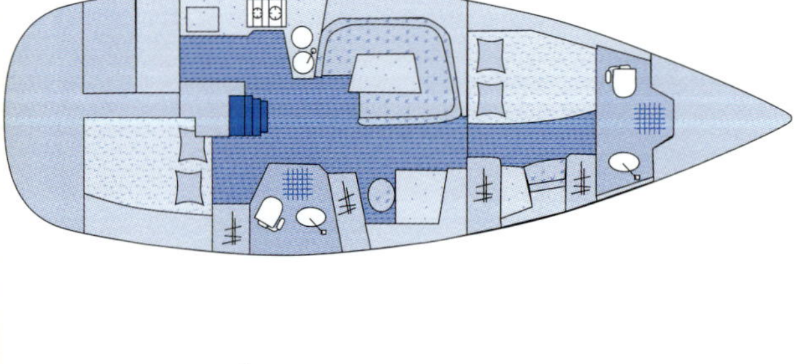

Los barcos de orza de gran crucero (aquí un Alliage 41) saben hacer olvidar la engorrosa caja de orza, alojada debajo de la mesa del salón.
Eslora: 12,50 m;
manga: 4,05 m;
calado: 0,75 / 2,30 m;
desplazamiento: 10.000 kg;
superficie vélica: 90 m².

Un consejo de amigo para los amigos

Si tuviera que dar un consejo a quienes quieren irse, sería éste. Siempre hay montones de amigos que quieren venir a veros para hacer un cacho de camino con vosotros. Una regla absoluta que hay que respetar: deben elegir o el lugar o la fecha, pero nunca las dos cosas. De lo contrario, uno se complica la vida, se verá obligado a irse de un lugar donde se está bien, o quedarse a esperar en otro rincón que no le gusta, y sobre todo puede ser arrastrado a correr riesgos inútiles para llegar a la cita. Así pues, hay que pedir a los amigos que elijan un lugar y vosotros les comunicaréis la fecha en el último momento, o bien una fecha, y se reunirán con vosotros donde estéis. Es un consejo que sólo me dieron al final del trayecto, ¡y me hubiera sido muy útil saberlo antes!

Stéphane Poughon

TRAYECTOS

1.3. LAS ZONAS DE CRUCERO

La influencia del perfil de la costa y del clima

Al menos tanto como el barco mismo, el entorno determina el ambiente de un crucero. Puede cambiarlo absolutamente todo según la zona. Ráfagas glaciales que barren las costas llanas del Zuiderzee, calmas blancas bajo los acantilados de Malta, térmicos tónicos sobre la Costa de Granito rosa... Cada vez es una navegación distinta. Estas diferencias topográficas y climáticas justificaban antaño que cada porción de litoral tuviera su propio tipo de barco muy específico. La polivalencia de los veleros modernos y la generalización de espaciosos puertos de agua profunda han relegado a segundo término esta cultura regional. Dicho esto, nunca

Cuidado con el gran (demasiado) crucero rápido: después hay que poder asumir la maniobra de semejante plano vélico con una tripulación reducida.

es inútil informarse de todas las sutilezas de una zona de crucero, a fin de organizar correctamente su programa y sacar el mejor partido tanto del barco como de la tripulación.

El litoral europeo

La intención no es describir metódicamente las innumerables posibilidades que ofrecen las decenas de miles de kilómetros de costa del continente europeo, sino ofrecer una visión rápida de las costas accesibles, en la duración de unas vacaciones «normales», con salida de un puerto francés. Y si cabe, ofrecer algunas indicaciones sobre los tipos de barco y de navegación especialmente adaptados a cada zona.

El mar del Norte

Este mar, más conocido por su tráfico de mercantes y sus plataformas petrolíferas que por sus costas sonrientes y sus fondeaderos de ensueño, gana cuando se la conoce. Es verdad, en estos parajes el agua tiende más al gris que al azul, los refugios naturales brillan casi por su total ausencia, y el sol se ve de forma muy aleatoria. Pero los puertos son cómodos y permiten descansos seguros y cálidos en un entorno marino auténtico -casi siempre hay un gran puerto de pesca o de comercio cerca de los pontones, lo que supone un agradable cambio después de ciertas escalas en marinas demasiado asépticas. Y sobre todo el mar del Norte es la zona de acceso a diversas zonas de navegación apasionantes.

• ***A dos días de Dunkerque*** -a través de los ricos clubs de las marinas de Nieuwport- se abren en efecto las abrigadas aguas de la provincia de Zelandia. En un laberinto de recovecos más o menos abiertos al mar, esperan al visitante decenas de «pueblos-puerto», a cual más encantador y pintoresco. Molinos, calles pavimentadas a la antigua, albergues florecientes y mercados a todo color: una verdadera decoración de postal que se redescubre cada vez tras dos o tres horas de navegación. Por otra parte, no hay que perderse el Versemeer, maravilloso lugar de vacaciones tranquilas en su marco verde y de viejas piedras. Un destino ideal para las familias, que incluso permite hacer llegar por carretera a los menos marineros del grupo.

• ***La continuación del programa ya exige más un temperamento de tragamillas.*** Desde la desembocadura del Escaut, a menos de explorar metódicamente Ijsselmeer y las islas Frisonas (ambas más austeras que Zelandia), hay casi 400 millas de alta mar entre corrientes y buques de todo tipo para llegar al Skagerrat, verdadera puerta de entrada al vasto paraíso náutico que representan las costas escandinavas con sus innumerables islas y refugios naturales perfectamente conservados. Una región que hay que ver entre junio y la primera mitad de agosto, porque el mal tiempo vuelve rápidamente a finales de verano.

• ***La costa este de Inglaterra*** es más accesible: Harwich apenas está a unas sesenta millas de Calais y ofrece diversos refugios fiables a lo largo del trayecto. Olvidada por los cruceristas franceses, que suelen pensar que allí sólo encontrarán siniestros puertos que secan, esta zona rezuma sin embargo de escalas simpáticas.

El calado es algo bastante secundario en esta zona en la que se encuentran amarres a flote casi por todas partes, y en la que una de las principales cualidades requeridas a un velero es saber aclimatarse a la mala ola local y a las brisas que a menudo soplan fuerte. No hay que olvidar que aquí uno se encuentra mucho más expuesto a la trayectoria habitual de las depresiones, incluso en verano. Los multicascos tienen a veces dificultades para encontrar sitio en los exiguos espacios de los puertos históricos. Excepto en algunas zonas específicas (Zelandia o costa inglesa, accesible en ferry), hay que olvidarse del camping costero, pues el clima no lo facilita más que el perfil del litoral. En contrapartida, los regatistas están de enhorabuena, pues la austeridad de la costa estimula la actividad deportiva por todas partes: ¡hay que encontrar una motivación para hacerse a la mar!

La Mancha

La Mancha este tiene el mérito de lo funcional: numerosos puertos bien equipados, proximidad de París y de las pintorescas ciudades de la costa sur inglesa... En contrapartida, tiene como inconvenientes las restricciones de acceso en función de la marea, la ausencia de buenos fondeaderos exteriores y un atractivo visual limitado, tanto si se trata del color del agua como si se trata de los paisajes litorales.

Las costas al oeste de Cotentin están indiscutiblemente mejor dotadas tanto en el plano estético como en el de la variedad de las escalas. ¡De las islas Anglonormadas a las rías de la Bretaña norte, las hay para todos los gustos! La Mancha este y la oeste tienen en común ser buenas bases de salida para ir a explorar las costas inglesas. En cuanto al clima, es preferible que a uno le guste la variedad: el tiempo cerrado de sudoeste puede dar rápidamente paso a bonitos ratos de sol con el norte; a menos que un régimen luminoso pero fresco de nordeste no se instale durante algunos días o semanas, o, peor aún, que los nubarrones húmedos procedentes del sur no permanezcan de forma duradera. La niebla también se autoinvita, sobre todo a principios y finales de temporada, como si no fuera bastante complicado hacer frente a estas corrientes violentas y a veces sorprendentes en una zona tan rica en escollos. Los barcos son aquí también tan cambiantes como el tiempo, pues la heterogeneidad de la zona impone características muy distintas en función del programa.

Para visitar las abras del Cotentin, las rocas de Chausey o de los Écréhous, las pequeñas calas del Trégor, se requiere un calado que permita meterse en todos los rincones, o un barco

Los excepcionales paisajes de las islas Chausey reservan buena parte de sus encantos a los veleros que pueden varar con facilidad.

Las distancias en Europa (en millas náuticas).

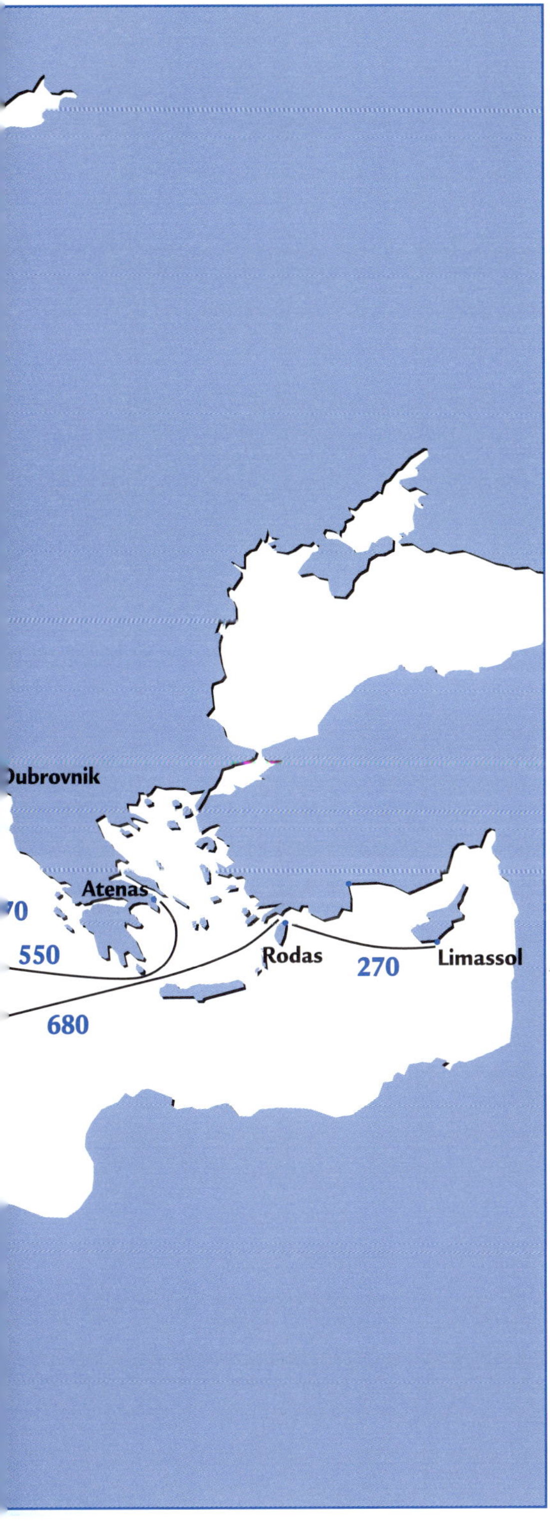

que pueda vararse... pero suficientemente fuerte para asegurarse las etapas de enlace no siempre tranquilas si las Anglonormandas forman parte del programa. No olvidemos que nos encontramos en medio de las corrientes más fuertes de Francia (hasta 9 nudos en Blanchard), con las mareas más fuertes de Europa (13 metros de desnivel en la entrada de la bahía del Mont Saint Michel).

Si se quiere subir a Inglaterra, y aún más para ir a Irlanda, es necesario algo sólido, con lo que hay que tener debajo del agua para disfrutar del viento arriba -condición dominante en la Mancha, según el dicho. Un catamarán de buenas prestaciones -y por tanto capaz de ceñir- puede ser también una opción interesante para jugar a dos cartas, pequeños fondeaderos y alta mar, pero los puertos ingleses más bonitos a menudo son de reducido espacio. La actividad crucero-regata es intensa en la bahía del Sena, ciclotímica en el oeste del Cotentin (depende de las mareas y de la pesca a pie) y se acentúa a medida que uno se desplaza hacia Finisterre. La Mancha oeste es un terreno de juego perfecto para los amantes del camping costero, siempre que se sepa limitar el radio de acción.

El Atlántico

En la Bretaña sur, algunos grados más de temperatura media, sol más generoso y corrientes menos agresivas que su vecina del norte significan un contacto más dulce. Las rías son más verdes y de fácil acceso, y los puertos y fondeaderos de agua profunda, más numerosos. La vida del navegante es pues más fácil. El reverso de la medalla: los paisajes son menos salvajes, el agua menos cristalina y el ambiente a menudo más urbano. Lo que no impide encontrar aquí rincones excepcionales, especialmente en las islas y al fondo de algunos ríos.

A partir del Loira, el sol calienta más, pero el litoral muestra un rostro menos agradable, con largas playas sin refugios

La navegación en el Atlántico se hace normalmente en aguas profundas, para la felicidad de las tripulaciones de barcos con quilla.

bañadas por unas aguas un poco turbias donde el azul cede normalmente el paso al verde y al gris. Los fondeaderos son escasos y uno debe contentarse con algunos grandes puertos -cómodos-, con fondos sin sorpresas. De nuevo son las islas (Noirmoutier, Yeu, Ré y Oléron) las que salvan al navegante al permitirle variar las rutas y salpicarlas con algunos fondeaderos o pequeños puertos acogedores. Se navega en compañía, pues el conjunto de la zona de La Rochelle acoge una de las concentraciones de barcos deportivos más altas de Europa.

Las costas de Gironde, las Landas y el País Vasco son más conocidas por el surf que por la navegación a vela. Hay motivos para ello: ¡una playa rectilínea barrida por el mar de fondo, y un único abrigo -Arcachon, no siempre accesible- en 140 millas! Y cuanto más se baja hacia el sur del golfo de Vizcaya, más inconsistentes son los vientos, al margen de algunos pepinos. De todas formas hay buenas razones para navegar allí: el fascinante ambiente de la cuenca de Arcachon, la acogida de los puertos vascos y sobre todo la proximidad de las costas españolas, que permiten cambiar totalmente de ambiente y son accesibles en un día con un pequeño crucero. De todas formas hay que relativizar, pues las costas de Galicia -las más seductoras, en el extremo noroeste de la Península Ibérica- apenas están más cerca de Hendaya (260 millas) que de Concarneau (menos de 300 millas)...

Si se tienen al menos dos meses de vacaciones, un buen barco y ganas de pasarse tiempo en la mar, los más motivados pueden seguir su paseo a lo largo de Portugal, o incluso hasta las islas del Atlántico. Madeira está a 500 millas de las costas portuguesas; el archipiélago de las Azores, a un poco más de 1.100 millas de la Bretaña. Único imperativo: no tener un calendario demasiado fijo para la vuelta.

A excepción de lugares muy específicos (ría de Etel, abra de Talmolt, en Vendée, Ars, en la isla de Ré, la bahía de Arcachon...) donde los escasos calados son la norma, la fachada atlántica es acogedora para todos los públicos y para todos los tipos de barco, de uno o varios cascos. Los apasionados de la escota más empedernidos pueden estar seguros de encontrar –especialmente entre Lorient y La Rochelle– la mayor oferta de competiciones de todos los tipos y niveles, mientras los adeptos a la dulce ociosidad o a la exploración costera disfrutarán de lo lindo.

El Mediterráneo

El Mare Nostrum presenta en su parte francesa dos caras muy diferentes. En el este, de Marsella a Menton, una costa rocosa muy recortada, propicia a todas las formas de crucero gracias a centenares de puertos de todos los tamaños y refugios naturales atractivos. Los navegantes se ven sometidos normalmente al régimen del mistral (entre Bocas del Ródano y Hyères), pero también a vientos flojos y variables (sobre todo en su parte más oriental), e incluso ocasionalmente a temporales del este especialmente desagradables porque suelen ir acompañados de oscuros nubarrones y lluvia: ¡un crimen en el país del sol!

En el oeste, cambio de escenario: en Languedoc-Roussillon, las largas playas se suceden unas a otras, recortadas por algunos graos, esos canales gracias a los cuales los estanques de la costa baja comunican con la mar y que en su mayoría están actualmente ocupados por grandes complejos inmobiliarios y portuarios. Este litoral barrido por la tramontana es estadísticamente el más ventoso de Francia. Esto no altera a los amantes de los paseos costeros, pues este viento de tierra deja la mar casi llana junto a playas que se hunden rápidamente. Claro que entonces no hay que lanzarse a alta mar...

• ***Bien equipado en amarres, el Languedoc-Roussillon*** compensa una costa ingrata con su proximidad a algunos de los destinos de crucero más atractivos de Europa. La magnífica costa catalana y sus acogedoras calas (como se llaman las diminutas bahías situadas al pie de los Pirineos), entre Colliure y Cadaqués, están a un día de navegación de las grandes marinas de Leucate y Banyuls. Apenas más de 100 millas de travesía, incluso si antes se toma uno tiempo para bajar un poco a lo largo de la costa española.

• ***La Costa Azul*** es también un buen trampolín para descubrir otros litorales: los puertos italianos del golfo de Génova, evidentemente, pero sobre todo Córcega, a menos de 100 millas del continente. La isla de la Belleza está bien provista de rincones de ensueño y permite

A menos de una hora de navegación del continente, las playas de Porquerolles reservan imágenes magníficas a los navegantes... pero es preferible saborearlas fuera de temporada.

El recortado litoral de las Baleares es un verdadero paraíso para los pequeños cruceros, con la condición de que usen el ferry, porque sólo los veleros de altura son capaces de unir el continente y las islas por mar.

acceder, con algunas millas más, a un territorio no menos apasionante, Cerdeña. Las dos islas tienen en común el mérito de ofrecer numerosos fondeaderos naturales. Y para quienes quieran seguir su exploración hasta el continente vecino, Túnez está a menos de 400 millas de las costas francesas, y a menos de 100 millas de Cerdeña. Una visita al este del Mediterráneo requiere vacaciones mucho más largas: hay que cubrir casi 1.000 millas para llegar a las islas griegas, ¡pero cuántas cosas bonitas hay en el camino!

Excepto si uno se empeña en plantar sistemáticamente la proa sobre la playa, el calado no es aquí un criterio muy importante, pues no hay mareas significativas. Gracias al clima y la diversidad de refugios, la cuenca mediterránea se adapta perfectamente a todas las prácticas, sea cual sea el velero. Respecto de la Mancha y del Atlántico, se notará que aquí hay muchas más posibilidades de fondear. Para aprovecharlas mejor, es aconsejable cuidar el equipo: tener -excepto en las unidades pequeñas- al menos dos fondeos y un molinete, preferentemente eléctrico, si el barco hace 9 metros o más. Sabiendo que los puertos están saturados en verano, la cuestión es aún más importante -aunque, por desgracia, las plazas están muy buscadas en la mayor parte de los buenos fondeaderos.

• ***En cuanto uno se plantea alejarse de la costa,*** sobre todo para ir hacia las Baleares o Córcega, las sólidas cualidades marineras son indispensables (con al menos la categoría de condición B). El sistema meteorológico es aquí más complejo que en el Atlántico y no es excepcional tener sorpresas en la evolución del tiempo a lo largo de los dos o tres días que puede durar, por ejemplo, el regreso al Languedoc desde las Baleares. El golfo de León es famoso por sus temporales, que levantan rápidamente una mar difícil, incluso en verano. La seguridad y la comodidad exigen, pues, veleros robustos y que naveguen bien, capaces de remontar contra el viento en condiciones muy malas... o, en caso contrario, que dispongan de una mecánica suficientemente eficaz para anticiparse al mal tiempo.

En cuanto a las plazas en puerto, habrá que apechugar con el diabólico sistema de amarrar con guías colocadas entre un cuerpo muerto y el muelle, que exige menos espacio, pero que es mucho menos práctico que los pontones y pasarelas que hay por toda la Mancha y el Atlántico. Como regla general, los puertos mediterráneos son menos generosos en amplitud tanto de las plazas como de los espacios de evolución, hasta el punto de que imposibilitan todo movimiento en determinadas condiciones de viento.

Las aguas interiores

Francia está bien provista de lagos, ríos y vías navegables de todo tipo, que son recorridos por tres grandes familias de navegantes de agua dulce.

• ***Los «ocasionales»***, que se limitan a pasar de un mar a otro. La red fluvial permite efectivamente a un velero (sin mástil, claro está...) que no cale más de 1,80 metros, llegar al Mediterráneo desde la Mancha, vía el Sena, el canal de Borgoña, el Saona y el Ródano. De la misma

De un mar a otro por aguas interiores.

Aunque en un ambiente menos yodado, los numerosos ríos de Francia (aquí el Vilaine) ofrecen a los navegantes infinitas posibilidades de cruceros «verdes», con un 100 % de garantía de que no habrá mareos...

forma se puede ir de Saint-Malo a la Bretaña sur a través del Rance, el canal d'Ille y Rance y el Vilaine (1,20 metros de calado máximo), y del Garona al Mediterráneo por el canal de Midi (1,60 metros de calado máximo). Hay que tener tiempo y tienen que gustar las esclusas, pero es una manera económica, agradable y segura de trasladar un barco. Con la ventaja de que uno se puede parar en cuanto ve un pueblo atractivo.

• ***Los habitables remolcables*** constituyen otra parte importante de los navegantes de aguas interiores. Normalmente aprovechan lugares cerca de las grandes ciudades (el Erdre en Nantes, el Gran Large en Lyon, el lago de Maine en Angers, o los numerosos lagos que rodean París) para navegar los fines de semana de primavera y otoño –o todo el año– antes de dirigirse en verano a litorales más marítimos. La actividad de regatas es bastante constante en esta categoría y el ambiente muy agradable; las flotas se concentran en clubs por lo general de dimensiones razonables. Los barcos más usados son las distintas series de Micro cuppers (5,50 metros) y los más grandes, los Fun y First Class 7 y 8.

• ***La última forma de crucero «sin sal»*** sólo se practica en los lagos del este de Francia: Bourget, Annecy y Léman, donde se encuentran verdaderas unidades de crucero de todos los tamaños instaladas a perpetuidad. El entorno es magnífico, pero el interés de un velero cómodo resulta aquí muy relativo. En efecto, está prohibido vivir a bordo en el lago de Annecy, por motivos muy comprensibles de conservación de la calidad del agua; y el radio de acción, aunque sea importante en el Léman, es muy limitado en el lago de Bourget.

► *Los destinos lejanos*

Las grandes compañías de alquiler han popularizado, sobre todo desde los años 1980, el acceso a ciertas zonas de navegación fuera del alcance de un barco con base en Europa. Aunque no constituye la fórmula de vacaciones más económica (el precio del transporte aéreo pesa mucho en el presupuesto global), permite descubrir otros litorales y, para el candidato al largo viaje, verificar si las islas del otro extremo del mundo se corresponden con la idea que se había hecho... Es también una buena manera de progresar aprendiendo a adaptarse a condiciones -entorno climático, métodos de navegación, maniobras de puerto...- muy distintas de las halladas en nuestras costas.

Grecia, Turquía y Croacia

Si bien estos tres países están situados en la misma zona geográfica (el sudeste de Europa) y se encuentran entre los más frecuentados por los «navegantes de alquiler» (la relativa proximidad tiene mucho que ver), no suponen el mismo tipo de navegación.

Es imposible hablar de Grecia, sobre todo en el mar Egeo, sin evocar el meltemi, este viento del norte que se refuerza como por casualidad en julio y agosto, llega a sobrepasar los 30 nudos y complica el aguante del ancla en determinados fondeaderos naturales. ¡No es por casualidad que en las Cícladas se han instalado muchas bases de windsurf y de flysurf! Las etapas son deportivas, incluso si son cortas, pues las islas y los fondeaderos son muy densos en esta zona. Las islas Espóradas, en el norte, gozan normalmente de condiciones más benignas; y el ambiente es absolutamente tranquilo en las Jónicas, en la entrada del mar Adriático.

En el este, Turquía ofrece una zona de crucero tan encantadora como Grecia, con paisajes comparables y un meltemi que tiende a suavizarse a media que nos desplazamos al este.

En el litoral del Adriático, Croacia, tan rica en islas y sol, ofrece a sus visitantes condiciones de viento más variables. Los apasionados de la escota encontrarán el viento a menudo más inconsistente en verano, lo que a veces obliga a usar el motor, pero también puede despertarse con fuerza, sobre todo a principios y finales de temporada.

Estos tres países ofrecen un entorno espléndido, con pueblos acogedores y antiguos por doquier, y, casi por todas partes, refugios y lugares para fondear. Ninguna contraindicación especial en cuanto a los barcos, excepto que a veces los catamaranes tienen dificultades para meterse en los puertos más pequeños.

Tanto en el oeste como en el este del Mediterráneo se encuentran las cualidades apreciadas por los cruceristas: sin mareas y una costa profunda que permite fondear pegados a las rocas.

El Caribe

Es el destino de invierno preferido por los amantes del sol. El desarrollo de grandes flotas de alquiler en Martinica, Guadalupe y Saint-Martin se ha visto favorecido por el coste relativamente bajo del transporte aéreo a estos departamentos franceses y por fuertes incentivos fiscales. Por mucho que los veteranos del Caribe digan que estas islas ya no son lo que eran, las Antillas bien merecen el viaje, sobre todo si no se tiene ninguna experiencia en navegación en el trópico.

Pese a cierto abarrotamiento y algunos excesos urbanísticos, los paisajes siguen siendo maravillosos y el placer de navegar a vela en el calor de los alisios es insustituible. Sólo hay que ser consciente de que no es forzosamente la dulce ociosidad imaginada: cuando el alisio está bien establecido, suele soplar con fuerza 5-6, más en los chubascos con fuertes aguaceros, y la mar puede estar muy movida en los «canales» (pasos entre las islas).

No siempre es un destino cómodo para una familia o unos amigos poco amarinados. En cambio, la navegación es un tanto más sencilla que en la Mancha o en el Atlántico: las islas son altas; las mareas, débiles, y la transparencia del agua desvela todas las trampas: basta con mantener los ojos bien abiertos para poder olvidarse de la carta. El invierno, de diciembre a marzo, es la temporada más agradable -menos lluvia y sin peligro de ciclones- y la más ventosa. El alisio es menos consistente, el calor más pesado y las lluvias más frecuentes cuando se acerca el verano y en otoño, cuando los riesgos de ciclón son cada vez más serios. Estadísticamente esta posibilidad existe, sin embargo, a partir del mes de junio, con una frecuencia bastante escasa.

Se pasa poco tiempo en las escasas marinas, pues la mayor parte de las escalas se hacen fondeados: se puede elegir entre las zonas más aireadas de las lagunas (sobre todo en las costas de barlovento, al este) o las calas sin viento, en medio de una vegetación lujuriosa (en las costas de sotavento, al oeste de las islas). En cuanto al baño, por mucho que los isleños

Cuidado con los clichés sobre el Caribe: si bien la navegación puede ser idílica, como aquí, a sotavento de las islas, las condiciones a menudo son duras en cuanto se sale del abrigo de tierra.

Actualmente se encuentran bases de alquiler muy equipadas, integradas en cómodas marinas, en la mayoría de los grandes destinos tropicales.

digan que el agua está demasiado fría en invierno, a una epidermis europea le parecerá buena a lo largo de todo el año.

Hay que desconfiar, en estas aguas, de la elección de un velero demasiado pequeño, poco cómodo en la mar de fondo cuando se trata de remontar a menos de 90° del viento -el alisio está más o menos orientado de través en la mayoría de los trayectos, pero uno se puede encontrar, según la estación y el rumbo, con un descuartelar o un largo. Los catamaranes ofrecidos tienen la ventaja de ser más espaciosos y más tranquilizadores para el neófito, incluso si sus movimientos en este tipo de mar son más incómodos y sus prestaciones pocas veces superiores -y a menudo inferiores- a los de un monocasco equivalente. El calado sólo es importante si se quiere explorar las lagunas de las costas de barlovento (pero cuidado, las compañías de alquiler pocas veces lo ven con buenos ojos...). En este caso es preferible un calado que no supere 1 metro, lo que de entrada enfoca la elección hacia los catamaranes.

Para limitar las etapas en mar abierto -y así satisfacer a los estómagos sensibles- la única solución es circunscribir el programa a los archipiélagos que reúnen numerosos fondeaderos en aguas protegidas -es el caso de las islas Vírgenes, una zona de navegación ideal para las familias, o las Grenadinas- o una costa como la de Cuba, protegida por un cordón de islas. Pero esto implica un sobrecoste importante en transporte.

Un poco más al norte, las aguas de las Bahamas constituyen una alternativa excelente al Caribe para los amantes de la navegación tranquila. Sobre todo en la zona bautizada con toda justicia Family Islands, alrededor de las islas Abaco. Se navega aquí en decenas de millas, con otros tantos puertecitos encantadores, en un agua plana y turquesa y abrigados por un rosario de islas. Inconveniente: un desplazamiento aéreo más largo y más caro vía Estados Unidos.

Cuidado con el sol

Cuando se navega por los trópicos, hay que protegerse del sol con toldos. Es muy importante. Hace falta un toldo para la cabina de proa (pequeños rectángulos para la escotilla de delante, que se aguantan con cuatro cabos a los pasamanos), un gran toldo de verdad para cuando estamos fondeados, que salga de la botavara y llegue al back-estay, y un toldo de navegación, tipo bimini.

Y sobre todo hay un accesorio indispensable: la funda para el auxiliar. Hay que protegerlo de los rayos ultravioleta; de lo contrario, se asa en apenas unos meses. Es una funda con la forma de los flotadores, el tejido utilizado se denomina Sumbrella; es una clase de tejido muy

Las rutas de la vuelta al mundo (distancias en millas náuticas).

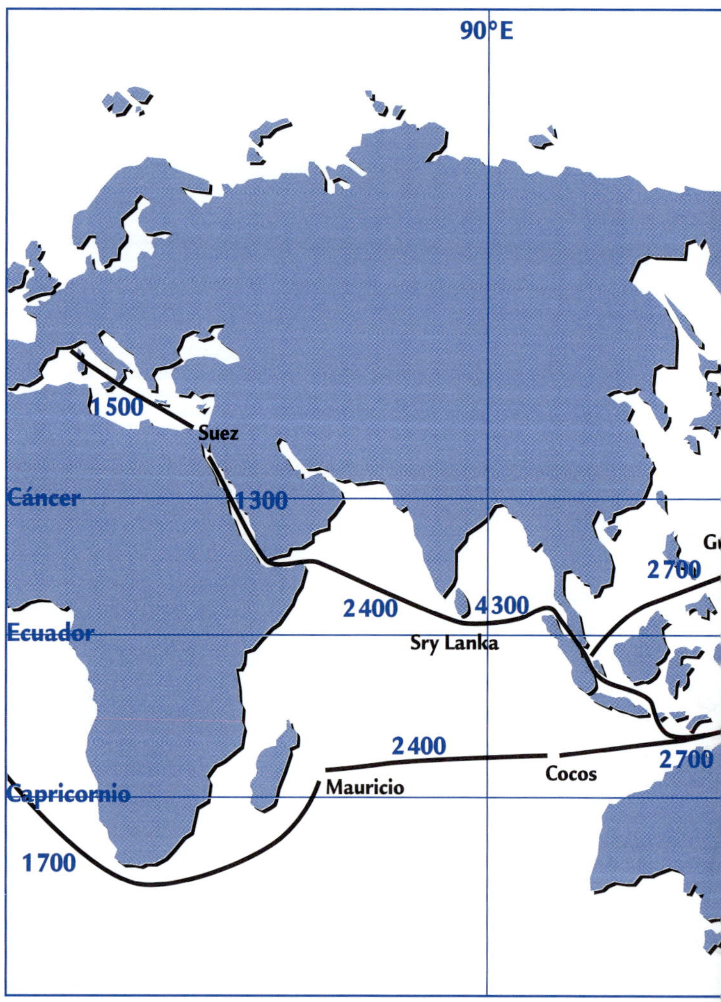

fuerte. En el Caribe los veleros hacen fortunas con esto, porque todo el mundo llega de la metrópoli sin saberlo y lo facturan muy caro. Pero no hay alternativa, tienes que comprar una. ¡Si tienes una tía que sepa coser, vale la pena que te la haga antes de zarpar!

Sophie Hachet

Oceanía

Las lagunas a las que Bernard Moitessier y sus émulos llegaban tras varios meses de mar son ahora accesibles en 24 horas de avión y una corta mañana de navegación. Se puede pensar lo que se quiera de esta contracción del espacio, y decir que la magia sólo puede ser la misma cuando estas montañas verdes surgen suavemente de un horizonte que ha permanecido vacío durante varias semanas... Pero esta posibilidad existe y permite a los navegantes con prisas disfrutar de estos jardines del Edén cantados por Bougainville y Gerbault... Y constatar que la reputación de la zona no ha sido usurpada: con sus paisajes más majestuosos, menos

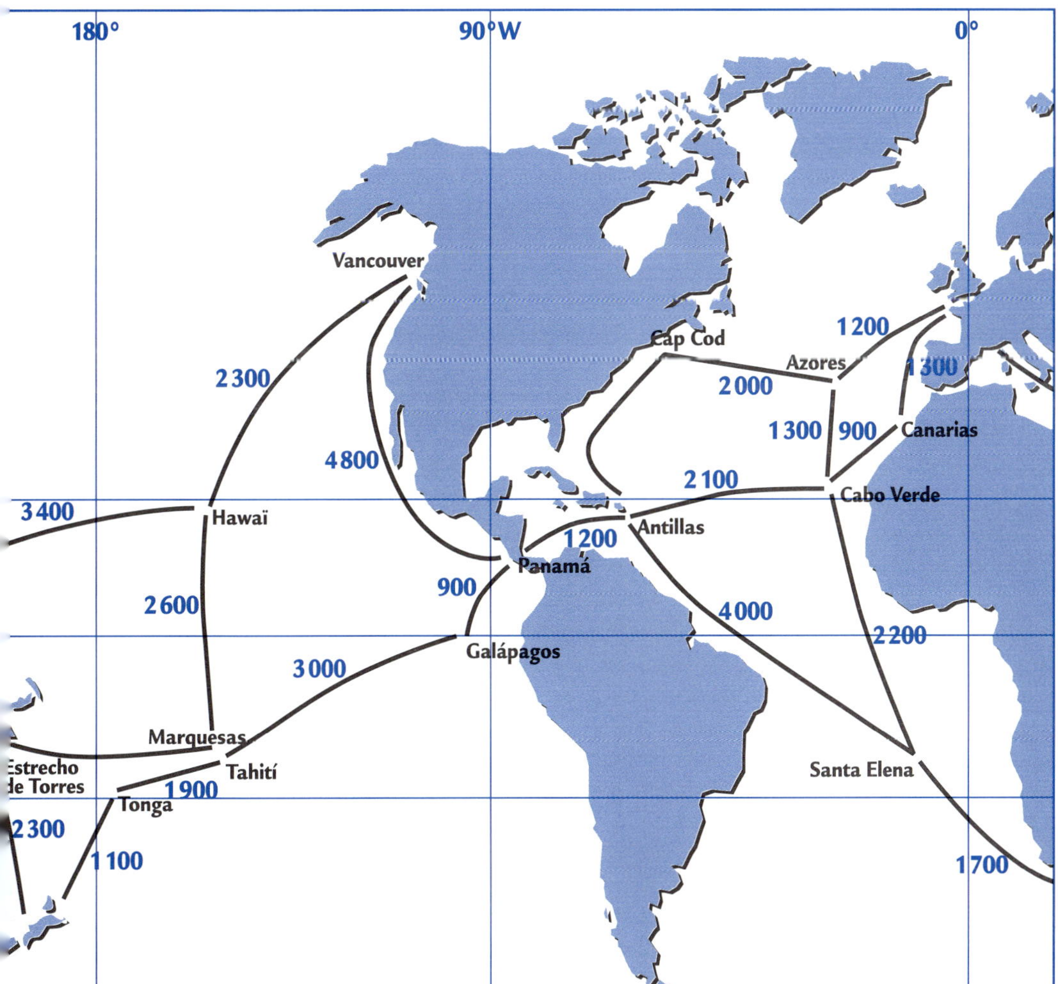

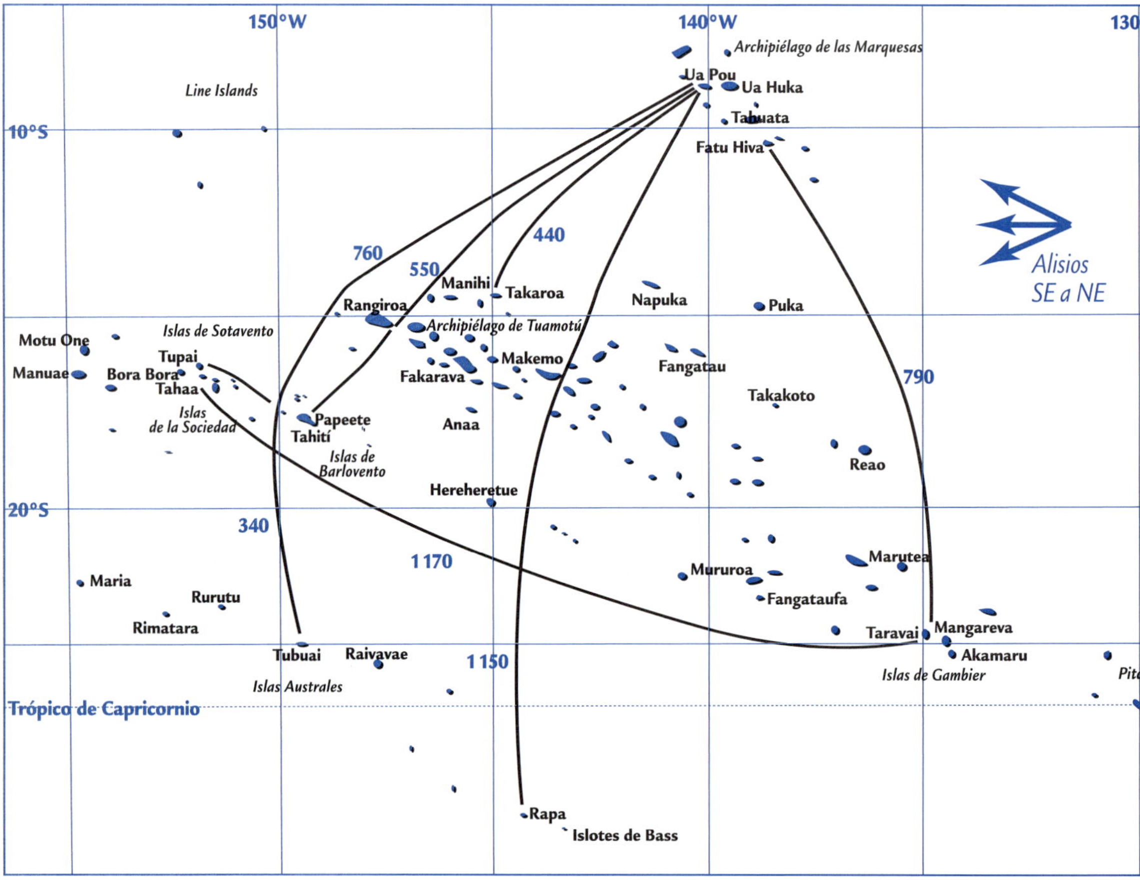

Las opciones de itinerario en los archipiélagos polinesios: ¿rumbo a las Marquesas o a las Gambier?

frecuentados, mejor conservados que los del Caribe, ¡se entra aquí en un mundo realmente distinto!

Es posible zarpar desde Tahití, pero la mayoría de profesionales están instalados ahora en Raïatea, que tiene la ventaja de estar en medio de las islas de Sotavento, a medio día de Bora Bora.

Entre los veleros de alquiler, hay que optar por los calados flojos (y por consiguiente por los catamaranes, por cuanto prácticamente no hay monocascos con orza). Es la única forma de acceder a las zonas de fondeo más interesantes, ya que los fondos de las lagunas pasan de golpe de una treintena de metros a menos de dos. El invierno del hemisferio Sur, de junio a septiembre, es la temporada más agradable, más fresca y menos lluviosa. Es también la más ventosa, con un maramú (viento del sudeste) que puede instalarse varios días seguidos a 20-25 nudos, incluso más. Los ciclones son menos frecuentes que en el Caribe, pero el riesgo sigue siendo real de diciembre a marzo.

Las rutas de la vuelta al mundo

En el 2005, Ellen MacArthur dio la vuelta al mundo sin escalas en 71 días y 14 horas, a más de 15 nudos de media, en un trimarán de 23 metros. Siempre se puede soñar con emularla, ¡pero esto no es un motivo para tomar sus tiempos como base de cálculo para un viaje de placer!

Un verdadero crucero alrededor del mundo por aguas tropicales representa un mínimo de 25.000 millas de navegación y difícilmente se puede hacer en menos de dos años si se quiere tener tiempo para descubrir, respirar en las escalas más agradables y, en la medida de lo posible, tener en cuenta el calendario respecto de los vientos predominantes y de los riesgos de ciclón. Esta duración se entiende para un itinerario digamos «clásico» saliendo de Europa, vía Canarias, Antillas, Panamá, Marquesas, Tahití, estrecho de Torres, Indonesia, mar Rojo y regreso por el Mediterráneo, para citar sólo los puntos esenciales de la ruta. Una ruta de este tipo corresponde aproximadamente al trayecto más corto alrededor del planeta. Pero hay que meterse en una carta de los océanos para comprender los dilemas a los que deben enfrentarse los candidatos a zarpar.

Prueba al pasar por Tahití: la ruta indicada aquí atraviesa las islas del Pacífico Sur por la ruta más directa, a saber las Marquesas, Papeete, Bora Bora... Después, hay que cerrar la etapa de la Polinesia francesa y poner proa a las Tonga, Fidji e Indonesia para que no baje la media. El problema es que cuando se llega a las Marquesas uno se dice que las islas Gambier también parecen maravillosas (y lo son). Además, es la ruta lógica para continuar hacia las inolvidables

Un modesto crucero de serie –de 7,70 metros de eslora– al pie de las majestuosas montañas de Moorea: la magia del Pacífico no es exclusiva de los barcos grandes...

Australes. Pero las Gambier están 800 millas a babor respecto de las Marquesas... Entonces hay que elegir: tachar los puntos «imprescindibles» en una vuelta al mundo, o zigzaguear sobre la carta, con el riesgo de encontrarse a veces ciñendo y añadir meses, o años, al programa inicial. Sabiendo que este tipo de cuestiones se presenta en todas las longitudes, se pueden comprender los comentarios -ininteligibles para los terrícolas normales- de navegantes que acaban de pasar cuatro o cinco años dando la vuelta al mundo y ¡se quejan de falta de tiempo! Plantearse pasar por el Pacífico Norte -aunque sea una ínfima parte- antes de ir al Sur, puede traducirse en un año suplementario, teniendo en cuenta la distancia, pero sobre todo el respeto a los ritmos del viento y de los riesgos de ciclones.

A lo largo del trayecto «tipo» por los trópicos, se navega la mayor parte del tiempo con vientos portantes (¡por esto esta ruta tiene éxito!) medios o frescachones... siempre que se siga el ritmo de los alisios y de los monzones, y siempre que éstos sean tan puntuales como dicen los documentos oficiales. Porque no hay que hacerse falsas ilusiones. Habrá calmas en algunas zonas de convergencia, vientos contrarios cuando desfallezca el alisio, e incluso temporales porque uno va con un poco de retraso sobre el calendario o porque el monzón no se ha presentado este año como estaba previsto.

Y además el golfo de Vizcaya y el Mediterráneo siempre guardan sorpresas bajo la manga, sin hablar de los vientos frescos del norte que se pueden encontrar en el mar Rojo. En definitiva, hay que esperarse navegar seriamente a todos los rumbos y prepararse en consecuencia, sobre todo si uno se plantea apartarse de la ruta de los alisios. Ya que si bien se pueden inventar todas las variantes y todos los rodeos que se quiera, tienen un precio: no contentos con alargar el calendario, pueden contribuir a modificar el cuaderno técnico de las necesidades en caso de que se aborden zonas específicas (hielo, altas latitudes, subidas de ríos...). Un volumen especialmente dedicado al viaje largo no bastaría para agotar el tema de los itinerarios y de las opciones posibles. Pero volveremos puntualmente al tema en los próximos capítulos.

¿Velero pesado de estilo anglosajón como este Rustler 36 o un barco más ligero y voluminoso a la francesa? La elección entre uno y otro depende en última instancia tanto de la manera en que se concibe la navegación como del programa previsto.

CAPÍTULO 2 - ¿QUÉ SE LE PUEDE PEDIR AL BARCO?

CAPÍTULO 2

Ninguna embarcación puede tenerlo todo a la vez: comodidad de alta gama, velocidad puntera, accesibilidad a la orilla... De ahí la necesidad de analizar las características del propio barco para saber de qué es verdaderamente capaz.

LO FUNDAMENTAL

2.1. SER ESTABLE Y CEÑIR

► *La estabilidad*

No hay navegación a vela sin estabilidad. El barco tiene que poder permanecer en pie y mantener a la tripulación en condiciones de comodidad aceptables no sólo por evidentes razones de seguridad, sino también de eficacia: únicamente la estabilidad, al oponerse al par de vuelco generado por la fuerza del viento sobre las velas, permite transformar esta energía en una propulsión eficaz. En un velero deportivo de orza, la estabilidad descansa casi exclusivamente en la colocación de la tripulación, hasta el punto de que si ésta no está a bordo -en el momento de un descanso junto a una playa, por ejemplo- el artefacto puede ser incapaz de mantenerse en pie él solito, incluso si las velas no están cazadas.

Un velero de crucero no puede, evidentemente, conformarse con un equilibrio tan precario. Dispone de dos recursos para oponerse al par de vuelco: la estabilidad de formas y la estabilidad de pesos.

• **La estabilidad de formas** reposa en la capacidad del centro de carena (en otras palabras, el punto central del volumen sumergido del casco) de desplazarse lateralmente en cuanto el conjunto empieza a escorar. Se crea así un desequilibrio en las fuerzas que se ejercen sobre el casco: el centro de gravedad de la embarcación ya no está sobre el mismo eje vertical que el centro de carena (sobre el que se ejerce de abajo arriba el viejo principio de empuje de Arquí-

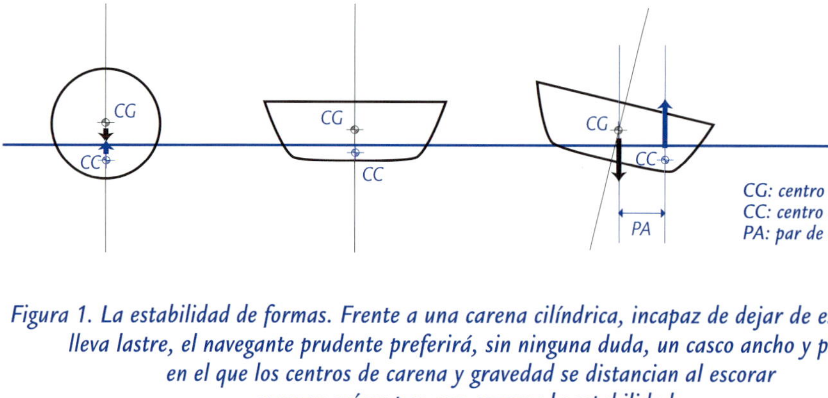

Figura 1. La estabilidad de formas. Frente a una carena cilíndrica, incapaz de dejar de escorar si no lleva lastre, el navegante prudente preferirá, sin ninguna duda, un casco ancho y plano, en el que los centros de carena y gravedad se distancian al escorar y crean así un par que asegura la estabilidad.

medes). Como a la naturaleza no le gusta el desequilibrio, hará todo lo posible para que estas dos fuerzas contrapuestas se vuelvan a alinear; es el principio del par de adrizamiento. Al contrario de lo que a menudo se cree, esta estabilidad no depende sólo de la manga. Un casco de sección perfectamente cilíndrica no puede pasar sin lastre, por muy ancho que sea. Dado que su centro de carena quedará invariablemente en el centro del casco, sea cual sea su ángulo de escora, es incapaz de dejar de escorar. Basta con intentar navegar en un tonel para comprobarlo: si empieza a dar vueltas, nunca volverá a su posición inicial. Piense lo que piense el intrépido usuario de semejante ingenio, el problema procede de que no hay desequilibrio. En cualquier punto de la rotación el centro de carena y el centro de gravedad del tonel siguen invariablemente uno encima del otro y no hay, por tanto, motivo alguno para reaccionar.

Sucede todo lo contrario en un rústico «plato», una barca de pesca de fondo plano, como su propio nombre indica. Toda presión lateral que tienda a escorar la embarcación se convertirá en un desplazamiento inmediato e importante del centro de carena, y por tanto en una fuerte resistencia (el ejercicio tiene, sin embargo, sus límites, que estarán en función de la reserva de flotabilidad del «plato» y de su peso, en relación con la fuerza lateral ejercida). En resumen: la estabilidad de formas de un monocasco será proporcional a la capacidad de la carena de «ensancharse» al escorar.

Lo que suele denominarse estabilidad de pesos descansa sobre el mismo principio de desplazamiento de los centros de gravedad y de carena, pero apoyándose en otras relaciones de fuerzas. Es determinante en el caso de un casco estrecho de sección redonda: un lastre pesado y profundo es entonces la única forma de que, al escorar, el centro de gravedad y el de carena se separen lo suficiente para permitir un par de adrizamiento adecuado. En un casco ya dotado de una fuerte estabilidad de formas, el lastre aporta un complemento de potencia en

Perfecta accesibilidad a la orilla de este mini barco de orza integral (Sun Fast 17); pero en la mar tendrá que apañárselas con una reserva de estabilidad menor (centro de gravedad alto, poco lastre).

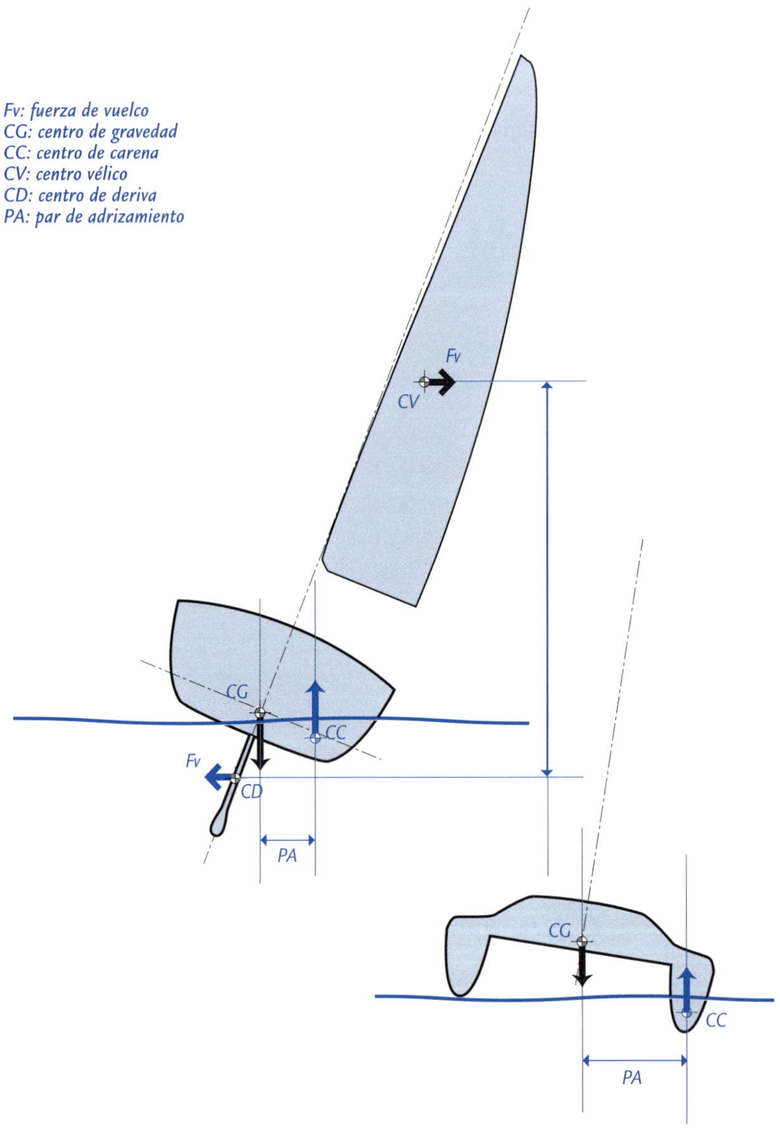

Figura 2. Estabilidad de un monocasco con lastre y de un multicasco.

condiciones normales, y una reserva de estabilidad indispensable a la seguridad con grandes ángulos de escora o en caso de vuelco.

• **El multicasco, sea catamarán o trimarán,** juega en otro campo. Desprovisto de lastre, cuenta exclusivamente con la estabilidad de formas. Arranca con un capital consecuente en este sentido, a la vista de la separación natural de sus volúmenes de flotabilidad: basta con unos pocos grados de escora para que el centro de carena se desplace hacia el flotador de sotavento y cree un par de adrizamiento colosal. Las cosas se estropean después, ya que este par positivo disminuye rápidamente en cuanto la escora del multicasco rebasa una decena de grados.

Ganar barlovento

Es imposible concebir un verdadero crucero a vela en un barco incapaz de ceñir. Incluso si el uso del motor se generaliza actualmente en condiciones consideradas desfavorables, sería terriblemente restrictivo, desagradable y a veces peligroso convertir este hecho en un principio de navegación. Así pues, y a menos que se sucumba a las sirenas petrolíferas de la motonáutica, es necesario un aparejo adaptado a la ceñida (lo que supone la posibilidad de cazar convenientemente las velas y tensarlas, y de hacer lo mismo con el aparejo), así como una carena dotada de un plano antideriva.

> *Si pudiera elegir, me quedaría con un monocasco, que es un barco cómodo en ceñida. Pues a fin de cuentas, es en ceñida donde se nota la diferencia, cuando se la aprecia. Con vientos portantes, se desliza, avanza, quizá uno o dos nudos menos rápidamente que un multicasco, es verdad, pero en cambio un barco que no remonta contra el viento, es imposible aguantarlo.*
>
> ***Gilles Chiorri***

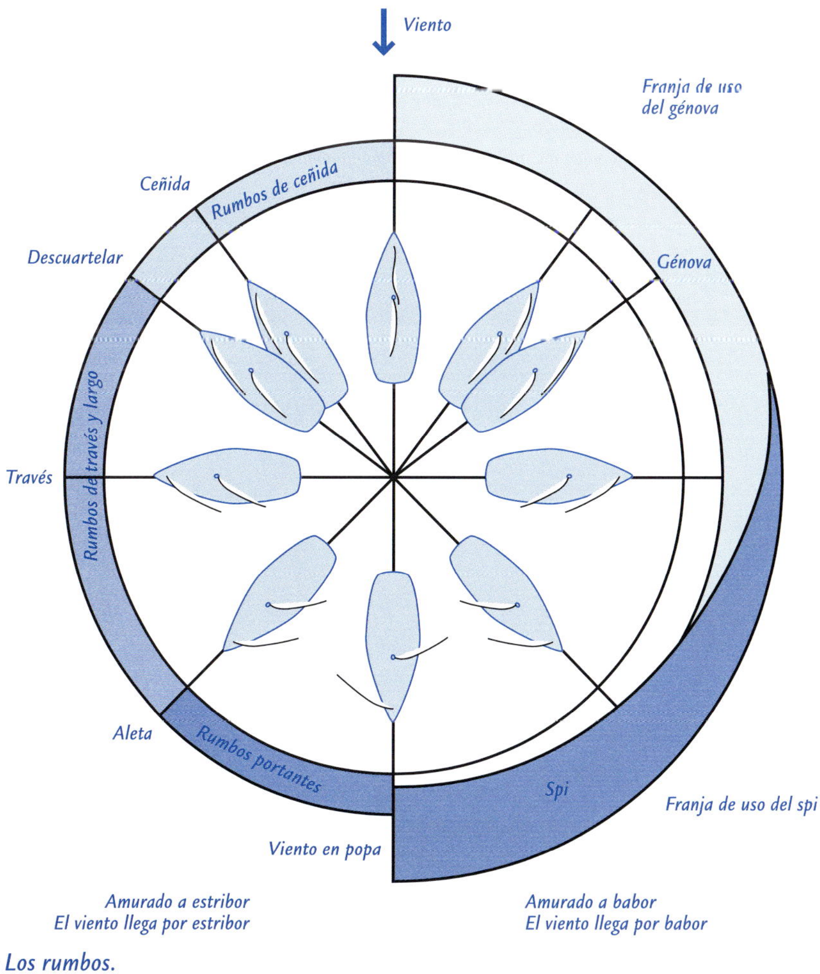

Figura 3: Los rumbos.

> *Después de más de una vuelta al mundo con el* Banana Split, *mi catamarán de 12 metros, me sería difícil volver a un monocasco. Un catamarán de crucero como el mío no está concebido en absoluto para ir mucho más rápido que un monocasco, sino para permanecer horizontal, ¡y es mucho más cómodo!*
>
> **Antoine**

Quilla larga a la antigua usanza, ala moderna, lastre móvil, orza sable o pivotante, el objetivo sigue siendo el mismo con niveles de eficacia diversos: generar una sustentación hidrodinámica capaz de oponerse a la fuerza que tiende a desplazar el barco lateralmente (abatimiento), especialmente cuando el viento llega de proa del través (el ángulo entre el rumbo y la dirección del viento es inferior a 90°). Sea cual sea el tipo de velero, la cuestión es tener una idea precisa de su potencial y de sus límites: ángulo razonable de remontada en función de las condiciones reinantes, fuerza del viento a partir de la cual no es razonable pretender seguir ganando barlovento, tolerancia del barco a la escora... Todo un conjunto de elementos a considerar con lucidez para no exigir al barco prestaciones que es incapaz de ofrecer.

> *Ante todo son criterios personales los que dictan la elección de un barco. Para verlo más claro, aconsejaría hacer dos columnas, «quiero» y «no quiero». Esto permite identificar las prioridades. Mis criterios personales son, por este orden: rendimiento del barco en ceñida, y después rendimiento con vientos portantes. Para mí es un punto primordial. Los astilleros han fabricado demasiado tiempo veleros que intentaban «borrar» la vela y sus inconvenientes. Después, tengo en cuenta su facilidad de uso, a vela primero, a motor después. La comodidad sólo llega en tercer lugar, comodidad en la mar, claro está, en navegación; y finalmente comodidad cuando se está parado, tanto en puerto como fondeado.*
>
> **Gilles Barbanson**

La estabilidad no sólo es decisiva en ceñida: al través, las tendencias al desequilibrio aún son más fuertes.

La estabilidad de ruta y la aptitud de gobernar

Los regatistas están dispuestos a sacrificar toda comodidad con tal de ganar algunas centésimas de nudo. La tranquilidad no les importa en absoluto: al timón hay permanentemente un timonel competente para corregir las eventuales aberraciones de una carena con un plano antideriva tan estrecho y poco tolerante como potente es su timón. Y evidentemente en cubierta hay una pléyade de mercenarios dispuestos a hacer los reglajes necesarios para adaptar potencia, escora y equilibrio de fuerzas. A veces en algunos prototipos se ha llegado incluso a adoptar alternativas distintas, como la de reducir el tamaño del timón, a fin de mejorar en resistencia al avance -y por tanto aumentar la velocidad- lo que se perdía en capacidad de evolución.

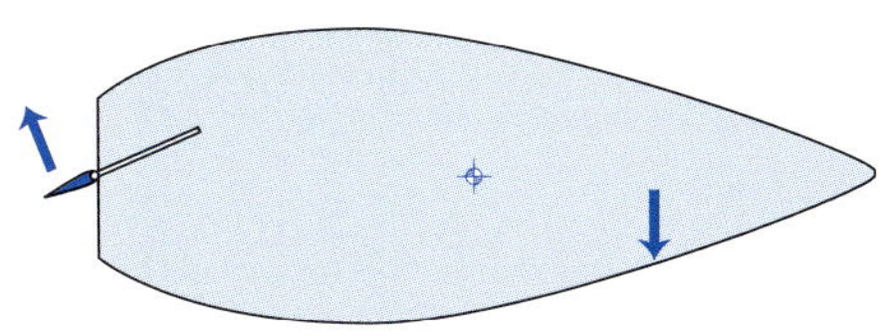

Figura 4: Los efectos del timón.

Todo ello son opciones especialmente desaconsejadas en crucero, donde lo que importa ante todo es:

- que el barco sea capaz de ir más o menos recto sin que nos tengamos que ocupar demasiado de él;
- que esté también dispuesto a pivotar rápidamente cuando las condiciones lo requieran (sobre todo en las maniobras en puerto).

Estas cualidades pueden parecer perogrulladas; veremos que no siempre está tan claro cuando determinados programas se oponen al sentido común.

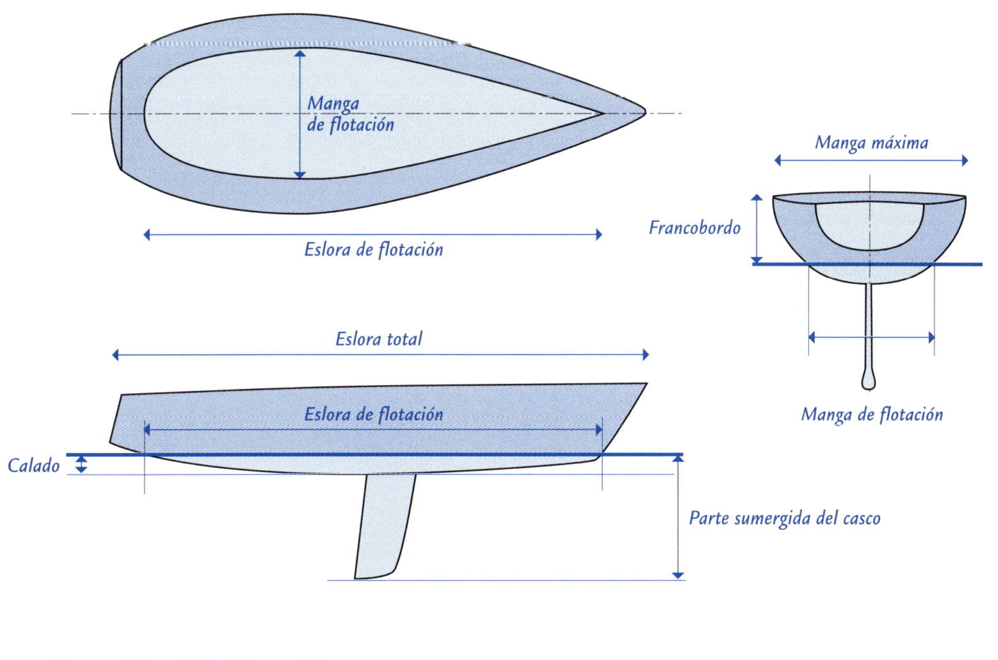

Figura 5. Las definiciones del casco.

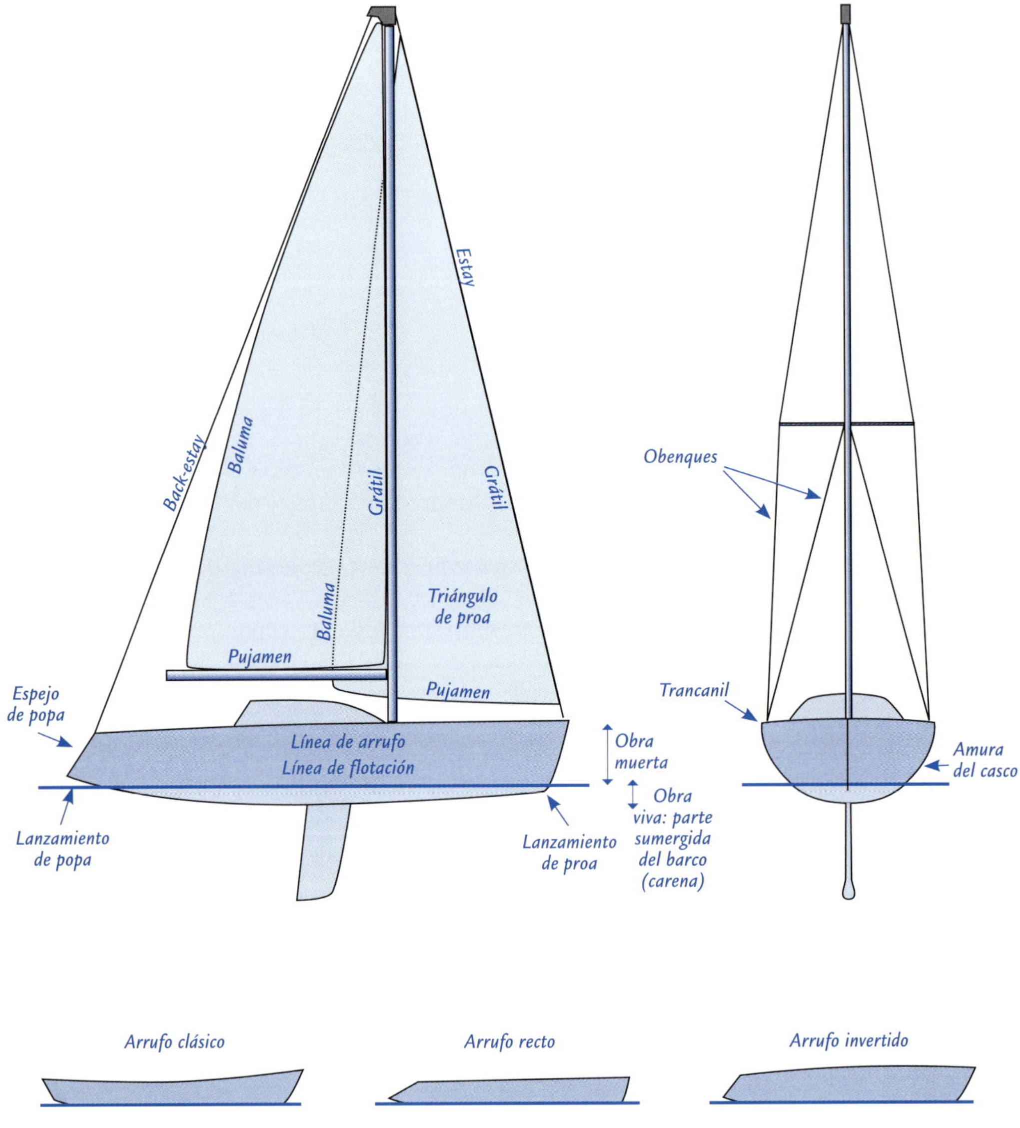

Figura 6: Definiciones generales.

► *Un nivel de eficacia adaptado al programa*

No se puede exigir a un pequeño barco destinado al camping costero que responda a las mismas normas que un crucero oceánico. La coherencia del programa -navegaciones cortas, cerca de la orilla, con una meteorología manejable- supone que se aceptan aquí los defectos subyacentes en las características de este tipo de barco: ligereza y por tanto falta de potencia en ceñida con viento fuerte, poco calado y por tanto reserva de estabilidad limitada en los grandes ángulos de escora, gran bañera abierta susceptible de embarcar mucha agua... Incluso poniendo todas las bazas posibles a su favor (bañera realmente autovaciante e insumergibilidad son las más incontestables a este respecto) y prestando toda la atención necesaria a algunas piezas fundamentales (eficacia del timón y del acastillaje básico), es lógico esperar que la tripulación participe activamente en la estabilidad y que busque refugio en cuanto el tiempo amenace con estropearse.

Sucede todo lo contrario en cuanto el programa puede conducirnos a pasar tiempo en la mar. Cuanto más nos alejemos de la costa y más difícil sea el acceso al más mínimo de los refugios, mayor será la exigencia de autonomía. La cuestión radica en la capacidad del barco de soportar largo tiempo todo tipo de condiciones, y sobre todo de tolerar una cierta pasividad de la tripulación, incluidos sus posibles errores de maniobra.

LAS RELACIONES DE FUERZAS

2.2. UN JUEGO COMPLEJO ENTRE EL AIRE, EL AGUA Y EL BARCO

Uno, dos o tres cascos con un poco de tela; todo ello colocado sobre un agua no siempre apacible y sometido al soplo del viento. Las bases de la navegación a vela son a priori de una sencillez admirable. El juego de las fuerzas enfrentadas en este pequeño perímetro se revelan sin embargo de una complejidad inversamente proporcional a la sencillez de estos ingredientes... Pero la profundización de estos conceptos es tan apasionante y tan gratificante para el navegante que nos equivocaríamos si las dejáramos de lado.

Además la vela tiene una enorme ventaja respecto de otros campos absolutamente herméticos al profano: aquí todos los fenómenos, todas las teorías se pueden comprobar en la práctica. Los efectos de un desplazamiento más pesado, de un calado menos profundo, de un aparejo más recortado no son meras cuestiones abstractas; se pueden observar directamente pasando de un barco a otro.

Además de la curiosidad científica, hay otras buenas razones para interesarse por esta mecánica. Ante todo, para ser capaz, en el momento de alquilar o de comprar, de encontrar un velero que tenga realmente el carácter esperado; después, para sacarle más partido. Más que la aplicación de recetas generales sacadas de un manual, la combinación de una reflexión lúcida sobre las características del barco y de una experimentación llevada a cabo en el agua es lo que permite al navegante encontrar las respuestas más convenientes en cada situación, trátese de determinar la escora óptima a un rumbo dado o la mejor forma de llevar a cabo una maniobra en puerto con viento fuerte.

► *Los factores favorables y los frenos*

Una fuerza propulsiva -la del viento sobre las velas- y muchas fuerzas de resistencia, así se resume esquemáticamente la alquimia de la vela. A priori, bastaría con optimizar la primera y eliminar o disminuir las segundas para conseguir la embarcación perfecta. ¡Demasiado fácil! Un velero no puede vivir sin estos molestos inconvenientes. Ya se puede hinchar tanto como se quiera el potencial del velamen (aumentando su superficie u optimizando su forma), que será incapaz de funcionar si no redimensionamos proporcionalmente la estabilidad del barco; lo que significa darle más manga o más lastre, dos ingredientes indispensables a la potencia del conjunto, pero que simultáneamente aumentan las pérdidas de energía, al tratarse de otros tantos frenos suplementarios.

La resistencia de fricción

A la fuerza producida por las velas se oponen dos tipos de resistencia: la resistencia de fricción y la denominada resistencia de ola. La primera es proporcional a la superficie en contacto con el agua -cascos y apéndices-, también denominada superficie mojada. Cuanto más importante es, más sensibles son los roces -y por tanto el freno– incluso si la carena está perfectamente pulida (sus efectos serán, claro está, mucho más dramáticos si el estado de la superficie no es bueno). Con formas semejantes, un velero más pesado tendrá más superficie mojada. A igualdad de peso, dependerá de las formas elegidas: un casco estrecho y profundo, con secciones muy redondas, tendrá menos superficie mojada que un casco ancho y plano.

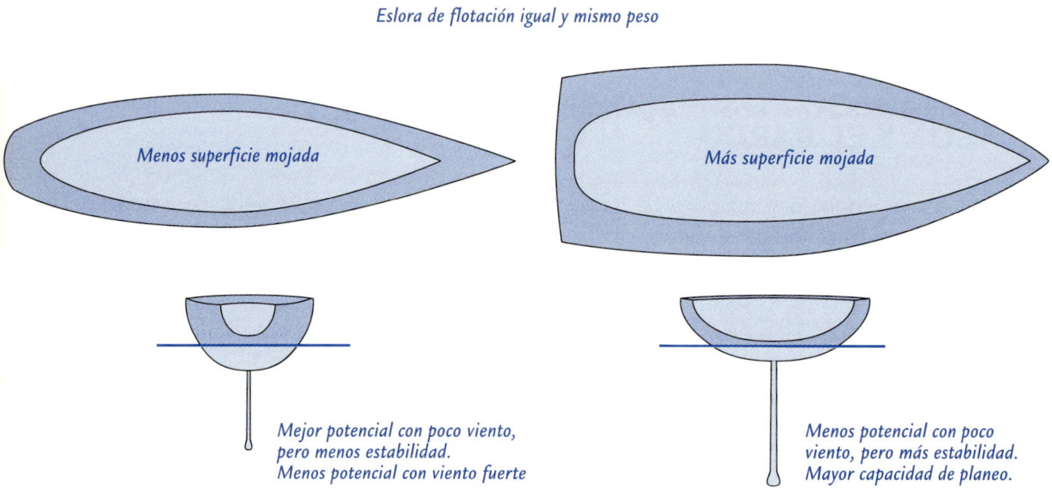

Figura 7: Influencia de las formas en la superficie mojada y la resistencia de ola.

La resistencia de ola

El segundo factor negativo está en relación con la cavidad de la carena. Al avanzar, el casco debe «desplazar» agua -un agua cuyo sitio ocupa-, empujándola hacia delante y hacia los lados (de ahí viene el uso de la palabra *desplazamiento* para designar el peso de un barco, que se corresponde exactamente con el de una masa de agua equivalente al volumen de la obra viva, la parte sumergida del velero). Este desplazamiento de agua se traduce en la formación, a lo largo del casco, de una ola que crece más o menos en función de las formas y de la velocidad. Esta ola no es buena para la velocidad, porque su creación absorbe una parte de la energía de propulsión; pero es difícil evitarla, a no ser que se navegue en un velero muy ligero con poco volumen sumergido. Si hay suficiente viento, el barco puede levantarse un poco sobre el agua (es lo que algunos denominan *descalar:* la carena sale parcialmente del agua y prácticamente no se forma ola) y deslizarse a gran velocidad; es el planeo, un fenómeno normal en los barcos de orza ligeros y los veleros modernos de regata de altura. También se puede observar en cruceros medios en condiciones excepcionales: viento fuerte portante, o aceleración puntual -siempre en portante- debida al empuje y la pendiente de una ola. Fuera de estos casos, el velero se queda inexorablemente «pegado» al agua y a su ola. Cuanto más pesado es, con un gran volumen sumergido a la altura de la manga máxima, más ola formará y más se limitará la velocidad.

El reparto del volumen sumergido

La búsqueda del mejor compromiso eslora-manga-desplazamiento y del reparto ideal del volumen de la carena continuará alimentando indefinidamente los debates de los técnicos. Sin entrar en detalles, digamos que por lo general con poca velocidad es preferible un volumen situado más bien hacia proa, mientras que un volumen situado más a popa es más eficaz con velocidades elevadas. De la misma forma, con poco viento el barco que tenga menos superficie mojada (y por tanto más bien estrecho y pesado) se verá favorecido, pues a poca velocidad -tres nudos o menos en un crucero de 8-9 metros- la resistencia de ola es insignificante y sólo cuenta la resistencia de fricción. Con viento, el barco ligero retomará lógicamente su ventaja, pues la resistencia de ola será preponderante a medida que se vaya acelerando.

A esta trilogía inevitable -fuerza de propulsión, fricción, resistencia de ola- se añaden algunos elementos perturbadores. Son básicamente los movimientos parásitos del barco (balanceo y cabeceo) que pueden consumir en pérdida neta una parte de la energía de propulsión. Pero también los frenos provocados por elementos submarinos -lastre, ala, elementos de construcción- mal diseñados, así como por la manipulación excesiva del timón debida a una falta de equilibrio.

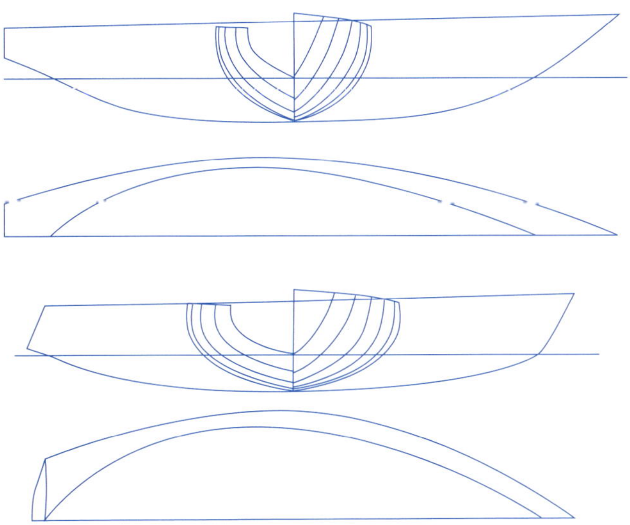

Figura 8: La representación de un casco en planos.

Carena estrecha y profunda (velero de regatas de los años 1970)

Carena polivalente: más manga y menos volumen de casco sumergido

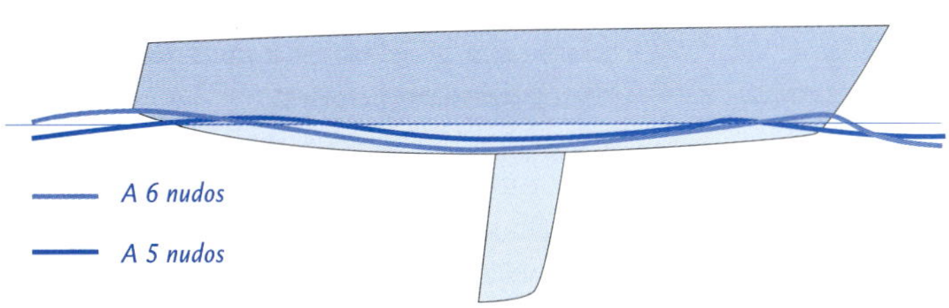

Figura 8b: Crecimiento de la ola con la velocidad.

Cuando el viento se transforma en energía de propulsión

Un velero que progresa suavemente viento en popa no sorprende a nadie. Incluso el más profano de los observadores sería capaz de explicar este movimiento, que se parece más a la deriva de una hoja muerta que al sutil trabajo del ala de un avión, que tiene en cuenta los coeficientes de sustentación y de arrastre de la aeronave. A grandes rasgos, el viento empuja la vela y el resto es una consecuencia lógica; y mala suerte si a su alrededor se crean turbulencias un poco por todas partes como consecuencia del contacto frontal entre las moléculas de aire y el velamen.

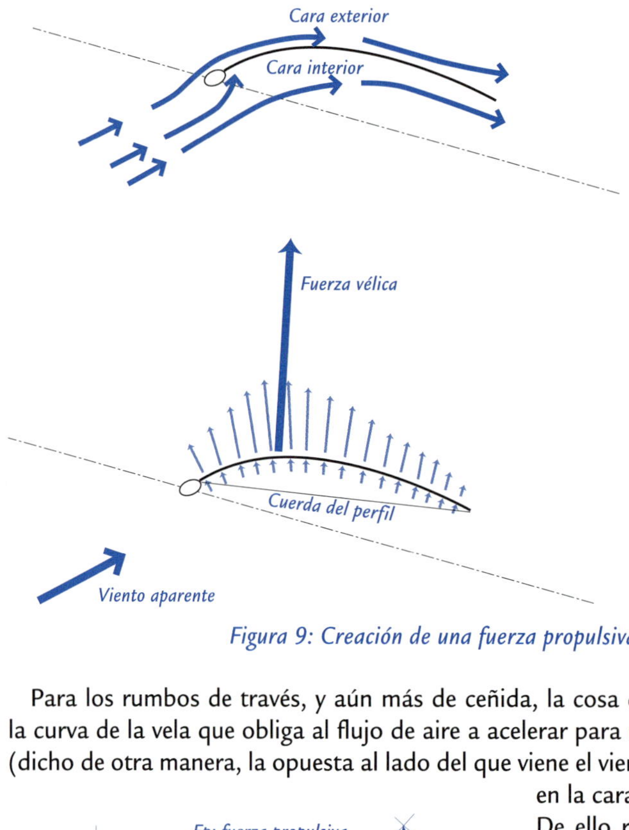

Figura 9: Creación de una fuerza propulsiva en ceñida.

Para los rumbos de través, y aún más de ceñida, la cosa cambia. Sólo funciona gracias a la curva de la vela que obliga al flujo de aire a acelerar para rodear la cara exterior de la vela (dicho de otra manera, la opuesta al lado del que viene el viento). A la inversa, el aire se frena en la cara interior, la que recibe el viento. De ello resulta una presión de aire más elevada sobre la cara interior que sobre la exterior, y por tanto una fuerza que va de la primera a la segunda; fuerza orientada perpendicularmente al perfil general de la vela.

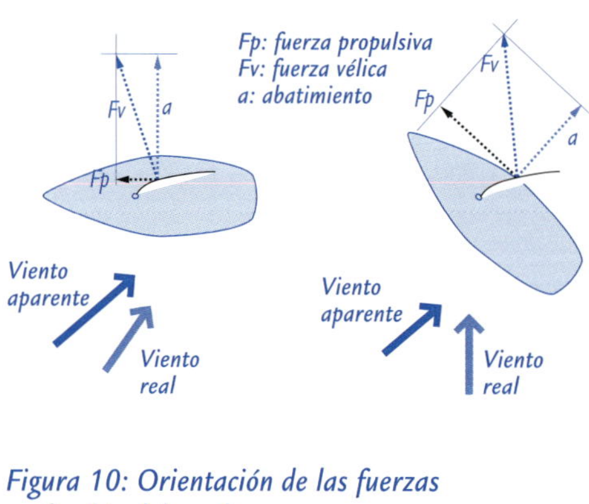

Figura 10: Orientación de las fuerzas en función del rumbo.

La creación de una fuerza vélica interesante para el velero está pues subordinada a varias condiciones:

- Que haya al menos un poco de bolsa para que se puedan crear dos corrientes específicas en las caras interior y exterior de la vela.

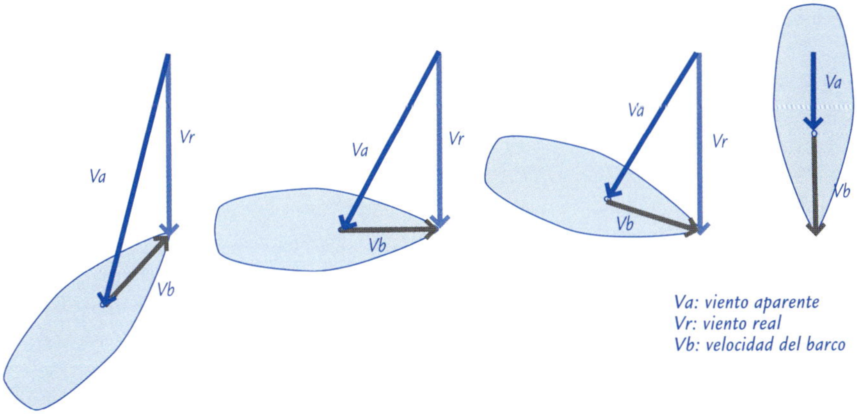

Figura 11: Evolución del viento aparente en función del rumbo.

• Que el deslizamiento tenga lugar en las dos caras de la vela, lo que supone que el ángulo de incidencia del perfil respecto del viento esté bien dosificado (entre 10 y 20° de media). Si la vela está demasiado amollada, flamea y no tiene ninguna eficacia; si está demasiado cazada (ángulo de incidencia superior a 25°), las moléculas de aire se despegan.

• Que el ángulo de apertura (el formado por la cuerda del perfil con el eje del barco) sea suficiente para que la fuerza vélica se oriente hacia adelante. Una vela perfectamente alineada con el eje longitudinal sólo podría irradiar una fuerza perpendicular a este eje, y por tanto, sin efecto de propulsión hacia delante; el barco sólo podría entonces derivar de través.

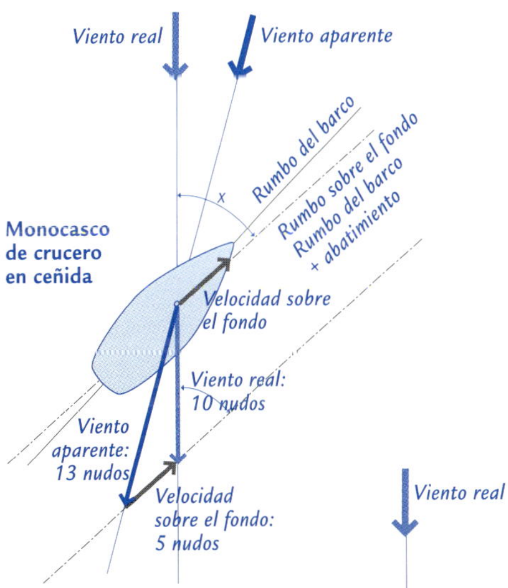

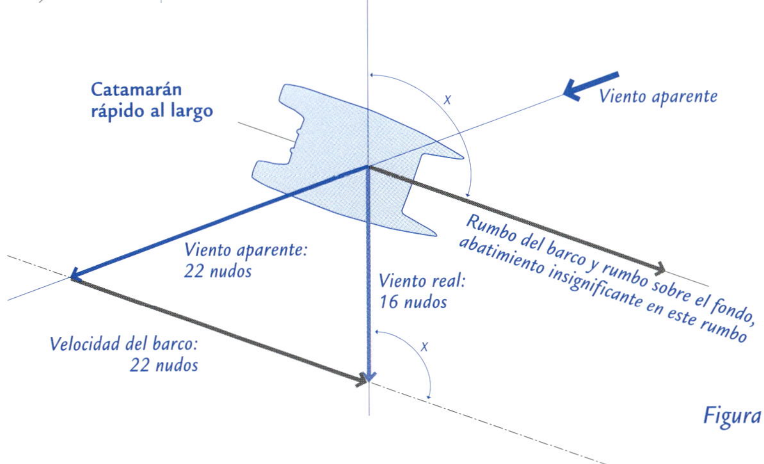

Figura 12: Viento aparente.

Y por si todo esto no fuera ya bastante complicado de por sí, hay que saber que al aparejo no le gusta que lo sacudan, pues todo movimiento intempestivo perturba la sutil e indispensable circulación de las moléculas de aire alrededor de la vela. Fácil, cuando se navega en la mar.

► *Apéndices molestos, pero indispensables*

Quilla y timón presentan el doble inconveniente de complicar el acceso a fondeaderos poco profundos y de aumentar la superficie mojada y por ende la resistencia de fricción. ¡Pero cualquiera los evita! Pues además de la evidente utilidad de un eficaz sistema de gobierno y de lastre, ningún barco de vela puede ahorrarse un plano antideriva. Basta con observar sobre un gráfico la orientación de la fuerza vélica entre el través y la ceñida para convencerse de ello: la componente hacia adelante es desesperadamente débil respecto de la componente de abatimiento. Para impedir que el barco ande como un cangrejo, es imprescindible la existencia de una quilla, de una orza, o de cualquier otro dispositivo semejante. El principio es más o menos el mismo que para los componentes de presión de una vela. Cuando el barco avanza en rumbos de ceñida o de través, el plano antideriva no ataca el flujo de agua exactamente en la dirección del eje: los aborda siempre con un ángulo de incidencia debido a su tendencia a abatir. Se crea así, a uno y otro lado, una circulación del flujo de agua claramente diferenciada, con la diferencia de que aquí la cara exterior se encuentra a sotavento y la interior, a barlovento. La diferencia de presión determina aquí también una fuerza de la primera hacia la segunda, que se opone pues a la tendencia a abatir y permite mantenerla dentro de unos límites aceptables. El valor de esta sustentación depende no sólo de la superficie del plano antideriva, sino también de la calidad de su perfil, pues una plancha galvanizada un tanto ondulada no tendrá evidentemente el mismo rendimiento que un ala perfecta inspirada en modelos aeronáuticos.

Al ser esta sustentación dinámica por naturaleza, aumenta con la velocidad del barco. Y esto se traduce en un nuevo dilema para los diseñadores: el plano antideriva óptimo necesita ser mucho menor con viento fuerte que con viento flojo: ¿Qué es preferible, aguantar un exceso de superficie mojada con viento o hacer frente al riesgo de quedarse sin sustentación y que esto acarree mucho abatimiento con poco viento debido a la superficie calculada de forma demasiado justa? Sólo los veleros con orza o quilla móvil (en cualquier caso, todos los que pueden ajustar sus apéndices mientras navegan) tienen, al menos en teoría, la respuesta adecuada.

Para acabarlo de arreglar, estos principios mecánicos funcionan mejor verticales y pierden eficacia con la escora; y además no soportan los movimientos parásitos -balanceo y cabeceo- que perturban la circulación de agua alrededor de la quilla o de la orza.

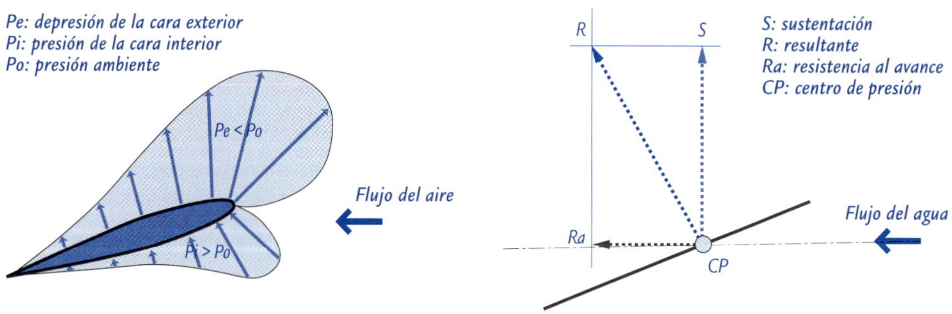

Figura 13: Sustentación de la quilla y de la orza.

El timón, entre el control y la fricción mínima

Con el timón puede plantearse la misma cuestión de la superficie ideal: al aumentar su eficacia con la velocidad, con viento podría permitirse ser menos grande que con poco viento. De todas formas hay que precisar que este principio es un tanto aleatorio, pues la navegación con viento puede provocar desequilibrios importantes y generar situaciones extremas (a un través con mucho trapo) en las que, por el contrario, a veces será necesaria una gran «pala» para mantener el barco bajo control. Todo ello sin perder de vista que el timón también forma parte -en proporciones que varían según el tipo de barco- del plano antideriva. De una forma general, cuanto más a popa esté el timón (y por tanto más alejado del centro de rotación), más eficaz será. Pero esta posición lo expone a salir más del agua en caso de un cambio de asiento (cabeceo, escora, proa que se clava en el agua...), por lo que entonces deberá ser más profundo para mantener toda su eficacia.

Una solución intelectualmente satisfactoria a todas estas contradicciones del timón la proporciona el vetusto timón abatible que vemos en los barcos de orza de vela ligera y en algunos cruceros pequeños. Su subida permite dosificar su superficie, y también recular su centro de aplicación para facilitar las evoluciones con muy poco viento. Plantea, sin embargo, problemas estructurales que los constructores se resisten a afrontar en cuanto se pasa a unidades más importantes. La tendencia más reciente de los timones dobles constituye por su parte una respuesta interesante al problema de favorecer un buen control de los barcos anchos moderando al mismo tiempo el alargamiento de los apéndices.

En definitiva, la eficacia de un sistema de gobierno, sea el que sea, depende estrechamente de su ergonomía general y de la calidad y de la relación que el timonel puede mantener con él. En términos más concretos, el control sólo será óptimo si el timonel siente realmente entre sus manos -tanto si es a través de una caña como de una rueda- las reacciones del barco, sus cambios de velocidad, e incluso sus «intenciones»: ¿se dispone a orzar ligeramente, o muy brutalmente, o a permanecer a rumbo? Esto comporta, por una parte, una transmisión de una calidad y de una precisión suficientes para que «hable»; y por otra, una posición estable del timonel, que debe poder sentirse solidario con el barco sin que lo perturbe la búsqueda de su propio equilibrio; todo ello, evidentemente, con una buena visión del mar y de las velas, así como de los instrumentos, a fin de aprovechar todas las informaciones posibles.

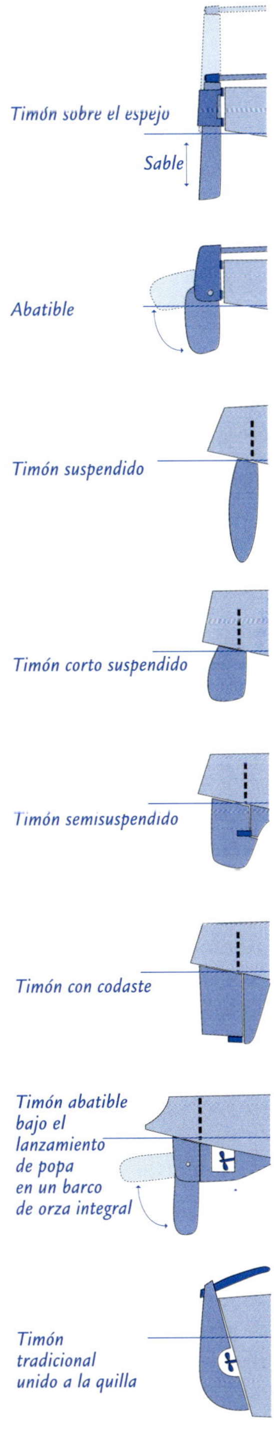

Figura 14: Los distintos timones

Principio del timón compensado: la presión del agua sobre la parte a proa del eje permite disminuir el esfuerzo a realizar por el timonel para dar un ángulo al timón.

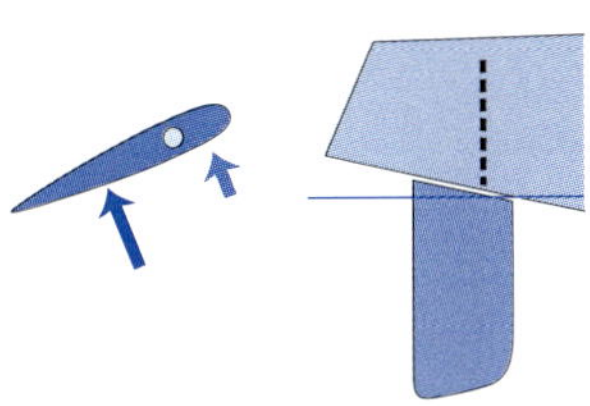

Ventaja de los dos timones: reducir el calado manteniendo un control excelente, incluso con escora.

Las bases del equilibrio

Un barco plantado en el agua por su plano antideriva, unas velas bajo la presión del viento: no hace falta nada más para explicar la molesta propensión de los veleros a la escora, sobre todo si sólo tienen un casco. Pero la oposición de estas fuerzas aérea y submarina no sólo tiene consecuencias sobre la horizontalidad del suelo; simultáneamente también pone a prueba el equilibrio longitudinal, hasta el punto de que hace parecer que la guiñada es una tendencia más natural en el velero que la línea recta.

En teoría, para comprobarlo basta con localizar sobre un plano la posición de los centros de las fuerzas de empuje, es decir, el punto central de la superficie vélica, y el del plano antideriva (y será mejor tener unas buenas bases de geometría para colocarlos con precisión...).

Si están alineados uno encima del otro, a priori todo es normal. Habitualmente se considera que el centro vélico debe estar ligeramente a popa de la vertical del centro de deriva, a fin de que el barco sea un poco ardiente. Es evidente que una distancia excesiva en un sentido o en el otro tendrá efectos desastrosos al crear un par de rotación difícil de compensar, incluso con un timón monstruoso. Es lo que sucede en algunos veleros mixtos dotados -con la pretensión de simplificar la maniobra- de una vela de proa con enrollador y desprovistos de mayor; se revelarán blandos, la proa se irá irremediablemente a sotavento, y todos los esfuerzos del timonel para ceñir se verán muy mal recompensados. Lo contrario sucede a menudo en modelos donde el palo parece colocado en una posición convencional, pero que lleva asociada una gran mayor y un foque diminuto. ¡Puede resultar un velero tan ardiente que en algunas condiciones sea muy difícil impedir que se ponga proa al viento!

► *Cuando el centro vélico se aleja del barco…*

La realidad concreta del equilibrio es aún más sutil: además de las sorpresas reservadas a la deformación de la carena con la escora (ver párrafo siguiente), nos encontramos con que los centros de empuje pocas veces permanecen en el lugar previsto en el plano inicial. Basta con un cambio de reglaje (que el mástil bascule hacia proa o hacia popa), o con una variación del asiento longitudinal. La misma escora es única a la hora de provocar este desfase, al desplazar el centro de empuje vélico al exterior del casco, sobre todo si navegamos al través con el plano vélico bastante abierto, y por tanto una fuerza vélica que se aproxima al eje del barco. ¡El par de rotación está entonces garantizado!

Antes de pedir al timón que se deslome corrigiendo estos desequilibrios puntuales, lo ideal es minimizarlos tanto como sea posible. Pues además de provocar ampollas al timonel y de dejar el piloto automático sin baterías, el uso intensivo del timón añade resistencia hidrodinámica y por tanto repercute negativamente en la velocidad media. Esta necesaria búsqueda del equilibrio es trabajo del arquitecto, pero también del usuario, pues la calidad y el reglaje de las velas son al final factores más determinantes en este punto que la posición teórica de los centros de empuje. Incluso si no puede hacer olvidar los defectos de una carena mal concebida, una buena vela, con un corte eficaz y fabricada con un tejido de calidad, tendrá al menos la ventaja de mantener un perfil eficaz cuando suba el viento, y por tanto un equilibrio más o menos constante. Por el contrario, con una vela de gama baja que se convierte en un saco en cuanto sopla fuerza 3, la fuerza vélica tenderá a desplazarse a popa y por tanto a hacer incontrolable incluso el mejor concebido de todos los veleros.

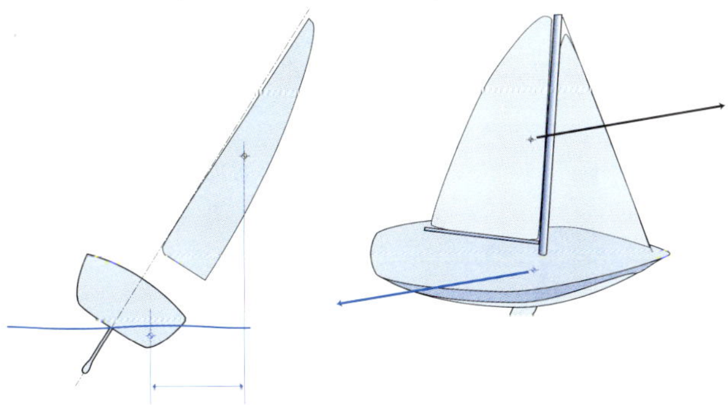

Figura 15: Desequilibrio debido al desplazamiento del centro vélico al escorar.

Forma y rendimiento perfectos para las velas de este maxi de crucero regata.

Tantas carenas como ángulos de escora

El equilibrio, o la estabilidad de rumbo (no hay confundirla con la estabilidad a secas: se trata aquí de la aptitud del velero de mantener un rumbo recto con las mínimas correcciones posibles del timón), depende también del diseño de la carena y del de los apéndices.

La forma de la carena primero: si bien todo es simétrico respecto del eje longitudinal cuando el barco está plano, todo cambia con la escora. Cada grado de inclinación revela una nueva carena, de volúmenes y orientación diferentes. Cuanto más aumenta la escora, más se desplaza lateralmente el centro de carena -punto central del volumen sumergido--; la quilla (o la orza) pierde su posición axial para encontrarse más o menos al borde de este nuevo dibujo. Peor aún: la forma general de la flotación pasa de una simetría perfecta a tener un aspecto truncado, sin eje, incluso claramente aplatanado. El bello equilibrio teórico se ha roto, al provocar esta torsión del eje de la carena un movimiento de rotación que hace que el barco sea ardiente en proporciones más o menos importantes en función de la forma del conjunto del casco, y no sólo de los volúmenes sumergidos estáticos.

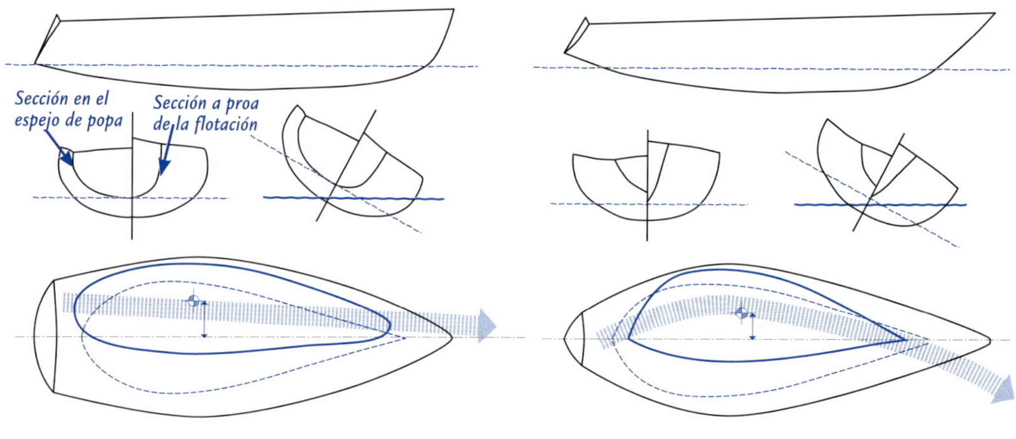

Figura 16: Desequilibrio al escorar.

Con la excepción notable de los *scows*, estos barcos de orza americanos anchos y planos con una proa voluminosa, estrechez y finura han sido durante mucho tiempo la única respuesta a esta búsqueda de equilibrio. Con una cierta lógica, la deformación lateral de la carena tiene todas las posibilidades de ser menos importante en un barco estrecho que en uno ancho.

El casco perfectamente cilíndrico ha podido constituir de esta forma el ideal inaccesible de una carena equilibrada, la única que no sufre ninguna deformación sea cual sea su escora, pero con el inconveniente de que no tener ninguna calidad a la hora de aguantar trapo izado. Símbolo de esta tendencia, se acostumbraba a calificar de «equilibradas» las carenas cuyo trazo dominante era sobre todo tener tan poco volumen en proa como en popa. Pero esto no es ninguna garantía de estabilidad, mal que les pese a ciertos famosos maestros de la arquitectura naval de siglos pasados. Por el contrario, la ausencia de volumen en los extremos es un factor que agrava el desequilibrio de la carena en la escora; aún más si se combina con una manga máxima importante.

Un eje de carena desplazado

Gracias a los instrumentos informáticos y al trabajo de algunos pioneros (Jean-Marie Finot, Jean-Louis Noir...), el análisis del comportamiento de los distintos tipos de formas en todos los ángulos se ha generalizado y ahora sabemos hacer carenas mangudas que navegan muy escoradas sin perder el equilibrio. Dos grandes opciones se tratan aquí:

• ***El barco «en cuña»,*** ancho a popa y relativamente fino a proa, que al escorar comporta una carena bastante simétrica con el plano horizontal, pero desplazada algunos grados del eje; lo que ha justificado en algunos veleros de regata e incluso de crucero la instalación de derivas inclinadas para alinearse a este nuevo eje de carena (el resultado es bastante espectacular, pues el barco puede dar la impresión de *abatir* a barlovento).

• ***La otra tendencia*** consiste en dotar el barco de formas suficientemente voluminosas en proa (en armonía, evidentemente, con los volúmenes de popa) para que la carena escorada permanezca lo más simétrica posible con un eje sensiblemente paralelo al del plano estático. Esta fórmula tiene múltiples ventajas, ya que permite optimizar a la vez el desplazamiento lateral del centro de carena (el barco aguanta mejor el trapo) y la eslora de flotación dinámica (mejor velocidad media); pero no es tan fácil compatibilizarla con un velero ancho y ligero. Estos problemas de deformación de carena no afectan en absoluto a los multicascos, pues sus volúmenes estrechos siguen siendo, por su propia naturaleza, simétricos y paralelos al eje longitudinal del barco.

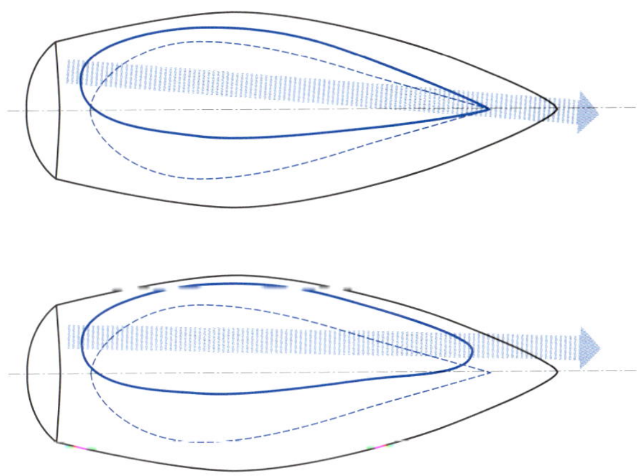

Figura 17: Arriba, rotación del eje de la carena con la escora; abajo, en una carena más voluminosa en proa, el eje no gira, sino que se desplaza simplemente a sotavento.

¿Quilla larga o corta?

El segundo factor que influye en la estabilidad de rumbo es el diseño de los apéndices. En principio, un plano antideriva alargado sobre el plano horizontal -como en las quillas largas a la antigua usanza- predispone el barco a andar recto. De la misma manera que un «ocho» de remo, largo, estrecho y relativamente hondo, que tiene una tendencia natural a permanecer en su *raíl*, el modelo tradicional de quilla larga es menos evolutivo que un velero con lastre estrecho y profundo; por ello se puede esperar que sea más estable de rumbo. Aparentemente debería ser así con formas de carena idénticas. Por desgracia, estos veleros clásicos normalmente están dotados de formas que aguantan mal la escora. Y resulta que la deformación de la carena con la escora es un factor más determinante a la hora de desestabilizar el rumbo que la forma de la quilla. A menos que los arquitectos actuales se pongan a trabajar en una combinación de ambas (quilla larga y casco moderno), hay que resignarse a optar por uno u otro de estos tipos.

Un invitado indeseable, el balanceo

Los campeones de vela ligera conocen muy bien el *rocking*, una manera de dar al barco un amplio movimiento de balanceo gracias a un desplazamiento del cuerpo hábilmente sincronizado. Objetivo de esta práctica teóricamente ilícita: conseguir un poco de velocidad cuando desaparece el viento. Como los cruceristas no tienen este tipo de preocupaciones, buscan por el contrario evitar al máximo un fenómeno que sólo les aporta incomodidad, pérdida de prestaciones y riesgo de guiñada.

El balanceo del casco en el plano lateral está a menudo unido a la existencia de mar de fondo. Se puede observar al través con mar de través (de una manera más o menos pronunciada según sea la fuerza del viento respecto de la amplitud de la ola) y evidentemente con vientos portantes, cuando la ausencia de presión lateral de las velas niega al barco su apoyo natural. Pero la mar de fondo no lo es todo, pues a menudo se ven veleros que se balancean sobre una mar llana, lo que prueba que los barcos son perfectamente capaces de generar, por sí solos, semejante movimiento. El mecanismo se debe a las interacciones entre aparejo, casco, lastre y timón. Es especialmente apreciable en un casco con baja estabilidad inicial (y por tanto estrecho en la línea de flotación), cargado de trapo -sobre todo con spi simétrico- con viento fuerte a un rumbo cercano a la popa redonda. Si el barco, bien reglado y timoneado, se mantiene impecablemente en su rumbo, no tendría que pasar nada. Pero las cosas nunca son tan sencillas. Una pequeña salida de rumbo, o una ligera escora o contra-escora, traerá consigo una corrección con el timón; la cual, por reacción dinámica (no olvidemos que el barco va rápido), acentuará el desequilibrio al bascular el conjunto sobre la otra amura, lo que a su vez disparará una nueva reacción un poco más fuerte, y así sucesivamente.

La deformación de la carena que se produce cada vez agrava, por supuesto, el desequilibrio. El spi que se balancea a uno y otro lado en la perilla del mástil contribuye especialmente a acentuar la amplitud del movimiento, y la quilla profunda, con su centro de gravedad muy bajo, no arregla nada, sino que, por el contrario, contribuye a alimentar el efecto pendular. Por poco que el timonel ponga de su parte dando grandes golpes de caña a diestro y siniestro, se puede pasar muy rápidamente de una muy modesta oscilación que no pasaba de unos pocos grados de amplitud a un movimiento muy espectacular que hará las delicias de los barcos vecinos. Se acabará posiblemente con una salida de arribada, con el barco acostado y el spi en el agua.

► *No hay solución milagrosa al cabeceo*

El cabeceo conlleva en la ceñida el mismo tipo de problemas que el balanceo en los portantes, con la diferencia de que el cabeceo se realiza en el plano longitudinal. El principio es de una lógica aplastante: con mar formada, los volúmenes de la proa suben con la ola y bajan detrás de ella. Ello comporta un doble movimiento tan destructor para la velocidad del barco como para los estómagos de a bordo. Por una parte, el «ascensor» (el conjunto sube y baja en un plano vertical) que en el ascenso aplasta al tripulante que no está de guardia contra la litera, antes de dejarlo -muy provisionalmente- en ingravidez durante el descenso. Por otra parte, hay una importante oscilación longitudinal alrededor de un eje central (la proa apunta al cielo antes de hundirse en el seno de la ola).

Si bien no se puede hacer mucho en este terreno con una gran mar de fondo, en cambio, con las olas cortas o de poca amplitud, que constituyen el día a día del navegante, las características estructurales del barco son determinantes para atenuar o acentuar la tendencia al cabeceo, con el centrado de los pesos y el reparto de los volúmenes como elementos inseparables.

Sin embargo, y mucho más que en el caso del balanceo, la respuesta del diseño al cabeceo constituye un verdadero rompecabezas, pues las características «ideales» varían en función del estado de la mar. Se suele decir que cuanto menos peso hay en los extremos, menos importante será el efecto del cabeceo; sólo es verdad en parte. Un barco con el peso muy centrado -y

Este pequeño Cat 21, como la mayoría de catamaranes, es especialmente sensible a los efectos perjudiciales del cabeceo en ceñida.

por tanto ligero en los extremos– es relativamente poco sensible al paso de la ola y amortigua su movimiento inmediatamente después. Imbatible con mar formada, será en cambio muy sensible a las oscilaciones generadas por la pequeña ola de viento. Por el contrario, un barco pesado en los extremos (masas repartidas a lo largo de toda la eslora) opone a la ola corta una mayor inercia y retrasa así el inicio del cabeceo, pero en cambio se comportará como un verdadero columpio en una mar más formada, oscilando varias veces después de cada ola antes de conseguir amortiguar su movimiento de cabeceo. Por lo que se refiere a las formas, los extremos voluminosos tienen una mayor capacidad de amortiguación (su flotabilidad impide que la oscilación se prolongue), pero sólo si son muy ligeros; de lo contrario, la energía consumida en cada ola es demasiado importante.

Esta noción de energía es esencial: pues cuanto mayor es la fuerza de rotación, más energía habrá que gastar para amortiguarla, y esto va en detrimento de la velocidad del barco. La altura del aparejo y su peso son también elementos determinantes, susceptibles de participar en el mismo deplorable efecto pendular que en el balanceo. De todas formas, los modestos cruceros costeros y los maxi-yates no juegan aquí en la misma división: cuanto mayor es la eslora en flotación, menor será la sensibilidad al cabeceo en las mismas condiciones de mar.

Los límites de los multicascos

A pesar de que sus diseñadores han optado por explorar vías arquitectónicas radicalmente distintas, los multicascos no se escapan de las leyes físicas evocadas con anterioridad. Su principio básico (dividir los volúmenes para aumentar de forma considerable el par de adrizamiento y poder así evitar el lastre) permite, al menos en teoría, tener una relación velamen/peso/estabilidad más favorable que el de un monocasco, y por tanto prestaciones superiores. En teoría, hay que precisar, porque en la práctica esta afirmación sólo funciona si se hacen las

Sin llegar a la austeridad extrema de un trimarán de regata, hay que moderar las exigencias de comodidad para que el multicasco consiga velocidades satisfactorias.

comparaciones en el interior de las mismas familias de productos; es decir, entre máquinas de regata, entre veleros «mixtos», o entre cruceros rápidos.

Si salimos de este registro, el paralelismo no tiene por qué resultar favorable al multicasco. A modo de ejemplo, un catamarán de crucero cómodo, como los que se pueden encontrar en la mayoría de flotas de alquiler, presenta por lo general una relación velamen/peso/estabilidad menos favorable que el de un monocasco de crucero-regata dotado de un volumen habitable similar; y de hecho siempre es menos rápido.

Fuera de los grandes principios comunes de toda embarcación que se desplaza a vela, las especificidades de los multicascos los exponen a fenómenos desconocidos entre los monocascos, empezando por las interacciones entre la superficie del agua y la estructura «aérea». Brazos de unión (en los trimaranes) y plataforma central (en los catamaranes de crucero) tienen que cumplir dos exigencias contradictorias: estar situados suficientemente bajos para no añadir resistencia al viento y peso en altura..., y lo bastante altos para estar al abrigo de las olas. El término medio nunca es completamente satisfactorio y plantea problemas de comodidad (choque de las olas contra la plataforma, proyección de rociones cuando los brazos chocan con la mar...), de estructura (resistencia de estos elementos bajo oscilaciones muy violentas), y de prestaciones, pues los contactos de estas piezas con el mar constituyen otros tantos frenos.

Además de la falta de estabilidad en grandes ángulos de escora y de su incapacidad de autoadrizamiento, la otra preocupación específica del multicasco es la navegación con mar formada, especialmente en ceñida. Si ya es difícil colocar una proa en el lugar adecuado, no digamos dos o tres. Resultado: siempre hay una a contrapie de la otra -o de las otras- para chocar contra la ola, lo que favorece el cabeceo y ocasiona sacudidas, poco previsibles y muy características del multicasco. Aquí hay que olvidarse para siempre de la idea de progresar con regularidad y suavidad. No hay ninguna solución milagrosa, ¡como no sea navegar como los trimaranes de competición, con dos de sus tres cascos fuera del agua!

LA NECESIDAD DEL COMPROMISO

2.3. EXIGENCIAS A MENUDO CONTRADICTORIAS

Existen unos grandes principios de la física náutica; sólo falta traducirlos concretamente en la práctica. Objetivo: evaluar el potencial de un barco o saber qué modelo buscar para que se adapte lo mejor posible a un programa. Aquí interviene la noción del compromiso, una de las más importantes en la buena gestión de un proyecto náutico. Todos los veleros, sean los que sean, son consecuencia de un compromiso; también los barcos de competición, incluso en los aspectos que el reglamento limita poco o en los que brilla por su ausencia. Un multicasco de competición que pretende un récord oceánico, por ejemplo, no puede ser el resultado de una pura búsqueda de velocidad; la necesidad de mantener una maniobrabilidad conveniente en todas las condiciones llega a ciertas «autolimitaciones» en las velas; y lo mismo sucede con los imperativos de fiabilidad y seguridad. ¡Porque la manera más segura de fracasar en una regata es romper en el camino o perder una parte de la tripulación!

Quiero que mi barco sea fuerte, cómodo, capaz de llegar lejos, no demasiado complicado, y que su aspecto me guste a mí. Siempre he considerado que la solidez, la seguridad del casco y del aparejo son más importantes que el acabado de los interiores.

Antoine

La capacidad de remontar satisfactoriamente en ceñida, incluso con viento fuerte, es un elemento imprescindible para la tranquilidad de la navegación.

Incluso máquinas tan extremas y desnudas como las planchas de velocidad, que llegan a medias superiores a los 46 nudos en recorridos de 500 metros junto a la orilla, son resultado de compromisos. La tentación de afinar más los flotadores choca con la inamovible dimensión del pie humano. Y la necesidad de llegar sano y salvo a la meta del recorrido obliga a mantener una capacidad de control más pesada que lo que desearía la simple lógica aerodinámica e hidrodinámica.

Si el velero de regata, proyecto perfectamente definido donde los haya, tiene que apechugar con realidades contradictorias, ¡qué se puede decir de un crucero que debe ser a la vez rápido, cómodo, fácil de maniobrar y económico! La dificultad de responder simultáneamente a todas estas exigencias comporta elegir entre las distintas posibilidades para situar el nivel de satisfacción que se espera en cada punto y concretar las prioridades. Condición *sine qua non* antes de empezar: admitir que no se puede tener todo a la vez; que una nota excelente en una de las asignaturas irá acompañada casi inexorablemente de una nota media, léase mediocre, en otra.

> *En términos generales, ¡me gustan los barcos bonitos! Además, me gusta que el barco ofrezca verdaderas sensaciones navegando a vela. Por estos dos motivos, básicamente, he elegido el trimarán. Evidentemente, esta elección sólo es válida en las condiciones en las que navegamos: poca carga, pareja sin hijo, y programa bajo el sol (vuelta al Atlántico). ¡Es más agradable recibir un chorro de agua en la cara a 28° que a 15° C! Hay otro elemento esencial: me voy un año, pero espero seguir teniendo el barco cuatro o cinco años más. Después de esta vuelta, lo usaré en cruceros cortos, costeros y de semialtura. Y el placer de hacer 10 nudos de media sin forzar cuando se tiene un fin de semana largo o unas pequeñas vacaciones no es menospreciable.*
>
> ***Pierre-Marie Bourguinat***

Los efectos secundarios de la comodidad

Una altura más generosa bajo cubierta, más cofres y más volumen en las cabinas: la reivindicación es legítima para quien quiere vivir más cómodo durante un crucero. Se trata sólo de tener claro el precio que tendremos que pagar. En euros contantes y sonantes, primero, pues un velero voluminoso y amueblado con primor es más caro que otro del mismo tamaño pero más espartano; es una simple cuestión de cantidad de materia prima y de tiempo de mano de obra.

> Om *estaba prácticamente vacío cuando me fui, muy someramente amueblado cuando regresé; para* Voyage *y* Banana Split, *elegí interiores muy sencillos, en materiales que no pidieran ni acabado ni mantenimiento, para así reducir mucho el precio global del barco.*
>
> ***Antoine***

La comodidad se paga después en cualidades marineras, pues más volumen y más interiores significa también más peso. Y la sobrecarga de peso en un barco es más bien un valor a perseguir que a valorar, sobre todo cuando no añade nada a la solidez y de forma muy dudosa a la estabilidad. Y esto es aún más cierto cada vez que se añaden accesorios pesados un poco por todas partes (molinete en la proa, radar en el mástil, pescantes para el bote auxiliar en la popa), que influirán en las reacciones del barco durante el balanceo y el cabeceo.

La búsqueda de volumen habitable significa también aumento del francobordo y de las superestructuras, lo que representa a su vez un incremento de la resistencia al viento y un centro de gravedad más alto. Lo primero –más superficie expuesta al viento– puede complicar las maniobras en puerto y hacer el barco más lento y que escore más en rumbos de ceñida y través.

La subida del centro de gravedad disminuirá la estabilidad y este aumento de peso en las alturas no hará más que promover el balanceo. En cuanto al casco, esta voluntad de aumentar el espacio –apartando las literas y los bancos para tener un espacio central mayor– se traduce en la adopción de formas más pesadas. La estabilidad en los pequeños ángulos puede salir beneficiada, pero las medias y el comportamiento en la mar se resentirán.

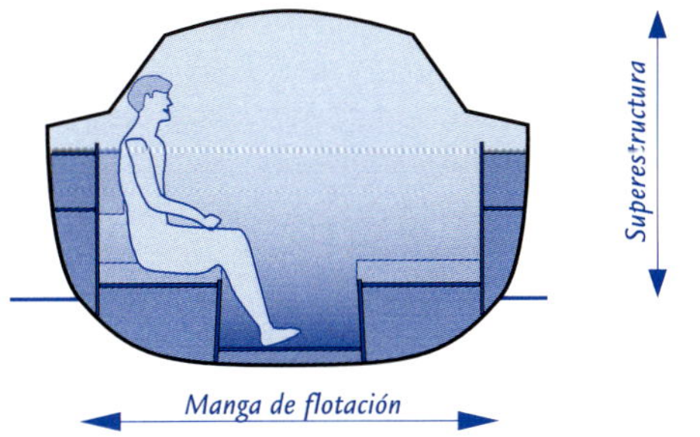

Figura 18: Los efectos de la comodidad.

A los multicascos todo esto les afecta exactamente igual. El peso, por supuesto, en la medida en que son aún más sensibles a la sobrecarga que los monocascos. Pero también por la resistencia al viento y por el ensanchamiento de los cascos; este último punto basta por sí solo para gravar mucho el potencial de velocidad de los catamaranes poco preocupados por su línea.

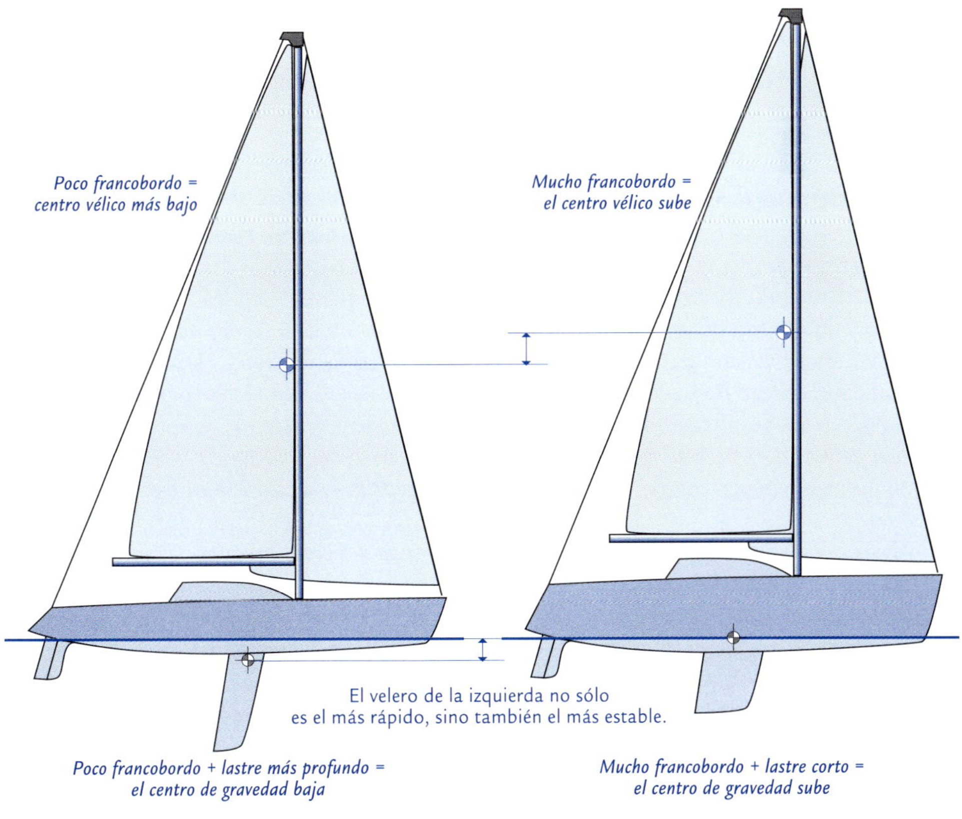

Figura 19: Influencia del francobordo y del lastre en la estabilidad.

A partir de este panorama un tanto negro, todo depende de dónde se sitúe la norma personal. Si se considera que el valor de referencia es el de un velero crucero-regata honesto, basta con ser consciente de que cada centímetro de altura añadido debajo de cubierta, cada kilo suplementario encima de la eslora de flotación irán restando un poco a sus cualidades. Todo esto no impide que se disfrute con barcos que sean a la vez espaciosos y rápidos, sobre todo gracias al hecho de que actualmente se sabe cómo diseñar monocascos muy mangudos muy rápidos; las impresionantes prestaciones de los monocascos de 60 pies de la Vendée Globe y de los 6,50 metros de la MiniTransat lo prueban cada año. La gran manga tiene el doble aspecto de ser un inconveniente (aumento de peso, más resistencia al viento al escorar y más resistencia al avance) y una ventaja, al aportar más capacidad de aumentar la superficie vélica, y por tanto potencia, sobre todo en rumbos portantes.

> *Para mí, el barco tiene dos funciones. Lo usamos para ir de un sitio a otro, y aquí lo que importa son las cualidades marineras del barco; y después lo usamos para vivir a bordo, fondeados o en puerto, y aquí son las cualidades hoteleras del barco lo que entra en consideración. Hay que ser conscientes de esto y prestar atención a lo que se elige. Nuestro barco era sobre todo agradable navegando. Quería un velero que fuera rápido, marinero, que no me imposibilitara dormir incluso con mal tiempo. Nos hemos ido en un Lévrier des mers de 16 metros, barco rápido, cómodo, seguro. Creo que es más fácil aguantar las inclemencias de la vida fondeado y en puerto que navegando. A fin de cuentas, es menos molesto tener pequeñas galernas en tierra, como un horno que no funciona muy bien, que enfrentarse a problemas en la mar porque se han roto las velas, ya no se puede rizar o el motor está averiado. Por esto siempre he antepuesto las cualidades marineras del barco a sus cualidades hoteleras.*
>
> ***Stéphane Poughon***

El tamaño ideal ¿un concepto a revisar?

Tanto en monocasco como en multicasco, el secreto del mantenimiento de las cualidades marineras tiene que ver con un mismo principio muy sencillo: no pedir demasiadas cosas a un barco de un tamaño determinado. Cuando un velero de 9 metros empieza a parecer una rana hinchada y atiborrada de accesorios demasiado pesados para ella, ¡quizá para este programa estaría más indicado un casco de 10 metros! En otras palabras, un barco «grande» amueblado sucintamente, con un francobordo y un peso moderados, puede revelarse más funcional para vivir y mucho más gratificante que un modelo más corto atiborrado con interiores más completos. Esta reflexión ya ha llegado al mundo del catamarán de altura, donde clientes y astilleros hablan normalmente en términos de relación entre capacidad de carga y velocidades.

> *Algunos prefieren elegir la opción de la ligereza: un catamarán más ligero que el mío tendrá, evidentemente, mejores prestaciones, sobre todo con poco viento. El problema es que un barco ligero no está hecho, por definición, para ser cargado... Pero nuestros cruceros implican el transporte de mucho material, fondeos, accesorios del aparejo, piezas sueltas, herramientas, libros, cartas, agua, carburante, mil cosas indispensables: un catamarán concebido para ser ligero no podrá llevar todo esto sin poner en peligro la solidez misma de su estructura.*
>
> ***Antoine***

Los usuarios que lo saben prefieren a menudo unidades más grandes pero más «delgadas», y por esto mismo no más costosas (el precio de un barco depende sobre todo de su peso, no de su eslora). Por desgracia esta teoría tiene dificultad en encontrar seguidores entre los monocascos de serie, por falta de productos adaptados.

¿Puede reducirse impunemente el calado de un barco de quilla?

Una quilla profunda tiene dos objetivos: por una parte, conseguir un par de adrizamiento máximo, gracias a un centro de gravedad muy bajo; por otra parte, ofrecer un plano antideriva lo más eficaz posible, consciente de que, a igual superficie, un perfil estrecho y profundo tiene un mejor rendimiento en términos de sustentación. Elegir una quilla más corta que la media nunca deja de tener consecuencias.

El centro de gravedad -y por tanto la estabilidad- sube proporcionalmente, al igual que empeoran las prestaciones en ceñida. La ingeniosidad y el sentido del marketing de los constructores ha originado formas elaboradas de quillas PTE (de poco calado, por sus siglas en francés, *petit tirant d'eau*), con alas, suela ancha o bulbos, fórmulas todas ellas que permiten concentrar el peso en la parte inferior de la quilla y limitar así la subida del centro de gravedad.

Pero no hay que hacerse ilusiones: la pérdida de prestaciones será igualmente real. No sólo en ceñida (menor calidad del perfil antideriva y menos posibilidades de aguantar la superficie vélica), sino también con viento fuerte del través (menos potencia) y eventualmente en los rumbos portantes, pues este tipo de lastre genera normalmente mayor resistencia al avance. Se diga lo que se diga, un ala estrecha y profunda siempre será más eficaz en ceñida que todos los otros dispositivos, por muy ingeniosos que sean. No es casualidad que los monocascos open de 60 pies tengan un calado de 4,50 metros, llevando como lastre un impresionante bulbo pegado a una verdadera «ala-cuchillo». Y lo mismo sucede con los Mini de serie: si el reglamento no los limitara a 1,60 metros (lo que no está nada mal para un 6,50 metros...), ¡no dudarían en irse mucho más abajo!

Queda la quilla doble, fórmula interesante para reducir un poco el calado facilitando al mismo tiempo una varada sin puntales de escora. Hay que distinguir, a este respecto, dos generaciones de quillas dobles. Los barcos clásicos tienen quillas de formas un tanto

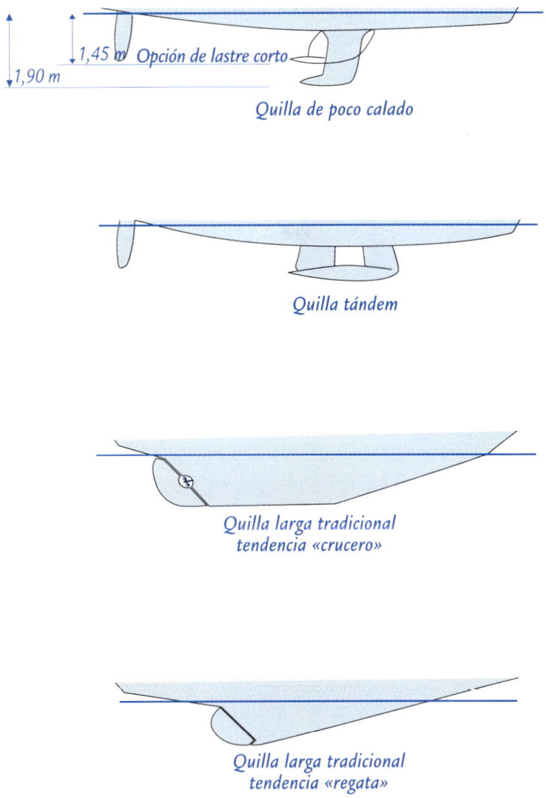

Figura 20: Variantes de quillas fijas.

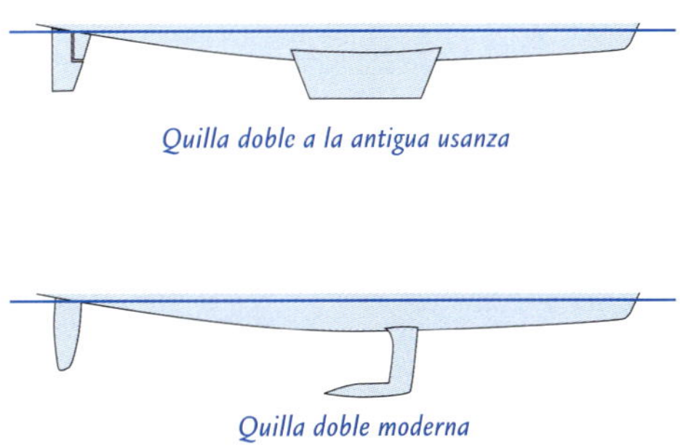

Figura 20b: Quillas dobles.

burdas, poco profundas y muy alargadas en el plano horizontal. La resistencia al avance es importante; la sustentación, débil, y las prestaciones, mediocres.

Las quillas dobles modernas son mucho más satisfactorias a la hora de navegar. A costa de una menor disminución del calado (en un crucero rápido de 8-9 metros, permiten pasar de 1,70 metros a 1,20), consiguen resultados excelentes en todos los rumbos, hasta el punto de que no siempre es fácil diferenciarlos del barco de quilla normal correspondiente. Todo ello gracias al uso de perfiles de ala muy eficaces (estrechos, relativamente profundos, con el lastre concentrado en la parte inferior) inspirados en lo que se usa en los veleros de regata.

Estable al varar, pero de apariencia muy patosa, esta quilla doble a la antigua usanza tendrá que conformarse con prestaciones muy modestas en ceñida.

Los lastres: la potencia sin el peso

Para aumentar la potencia en ceñida y al través, sin aumentar exageradamente el peso del lastre o el calado, hay un sistema práctico y por desgracia poco usado en los modelos de serie: los lastres (depósitos de agua que se vacían, se llenan o se trasvasan de uno a otro a voluntad). Muy apreciado en los monocascos open, este dispositivo tiene una eficacia considerable y no plantea ningún problema especial desde el momento que el lastre fijo es suficiente para asegurar una capacidad de adrizamiento satisfactoria, con o sin lastre. El principio es de una simplicidad incuestionable: llenando el depósito de barlovento se desplaza lateralmente el centro de gravedad y por tanto se aumenta considerablemente el par de adrizamiento.

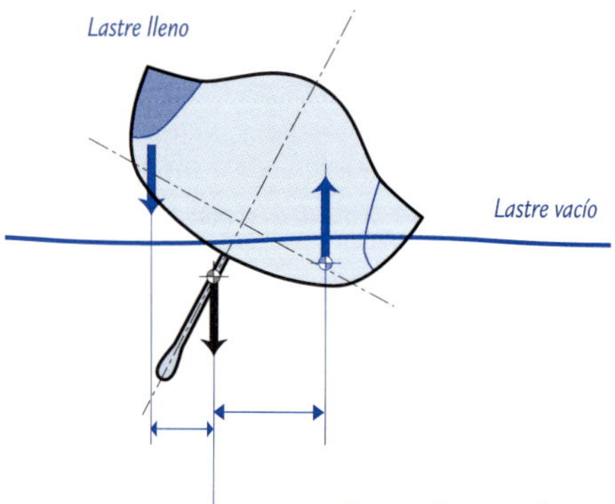

Figura 21: Los lastres. Con un casco ancho, los lastres laterales permiten desplazar el centro de gravedad a barlovento y por tanto mejorar la estabilidad.

Un lastre bien colocado puede tener un efecto más determinante sobre la estabilidad que doblar el peso de la quilla. Y todo es ganancia, en la medida en que se puede vaciar con poco viento o en portante. Los regatistas utilizan incluso depósitos centrados, para jugar con el asiento longitudinal, o para aumentar puntualmente la inercia.

Grandezas y miserias de la orza

La fórmula del clásico barco lastrado con orza (un inicio de lastre exterior completado con una orza pivotante, a menudo en plancha de acero) tiene normalmente la ventaja de ofrecer un calado un poco más reducido que un barco de quilla «corta», y mayor facilidad para vararlo voluntariamente. Lo paga con una capacidad de aguantar el trapo aún peor que la media de los quillados PTE (siempre es el centro de gravedad el que sube...). Por lo que respecta a su eficacia en ceñida, estará en función de la calidad de la orza. Algunos modelos dotados de perfiles adecuados salen bien parados; en otros, habrá que esperar resultados inferiores a los de quillas cortas.

En los otros rumbos, el barco de orza con lastre sufrirá además una resistencia al avance importante, debido tanto al mediocre hidrodinamismo de su lastre como de las turbulencias que causa la gran apertura de su caja de orza.

Paradójicamente, el barco de orza integral (que se caracteriza por la ausencia de lastre exterior) es a menudo más eficaz en ceñida que el barco de orza con lastre exterior, sobre todo con mar formada. El problema del centro de gravedad del lastre más alto se compensa con un sistema de orza mejor estudiado, con un apéndice de mejor rendimiento y menor resistencia al avance; y el centro de pesos conseguido es más favorable a la amortiguación del balanceo.

Para asegurarse una estabilidad suficiente, el lastre del barco de orza integral (normalmente sellado en el interior del barco, al fondo del casco) es sistemáticamente más pesado que el de un velero convencional y el diseño de su casco incluye una manga en flotación mayor que la media (para optimizar la estabilidad de formas). Todo ello comporta peores prestaciones con poco viento. La fórmula es estructuralmente interesante (evita los enormes esfuerzos inducidos por una quilla profunda sobre el fondo del casco), pero impone timones cortos o abatibles, no siempre fáciles de tratar desde el punto de vista técnico, y plantea el problema de la protección del casco durante la varada. Algunos constructores han dado la vuelta a este problema colocando bajo la carena una especie de plancha de fundición que protege el casco y que al mismo tiempo tiene la ventaja de bajar ligeramente el centro de gravedad. El procedimiento es muy funcional, pero al aumentar su resistencia al avance, incrementa aún más la indolencia natural de este tipo de veleros con vientos suaves a moderados.

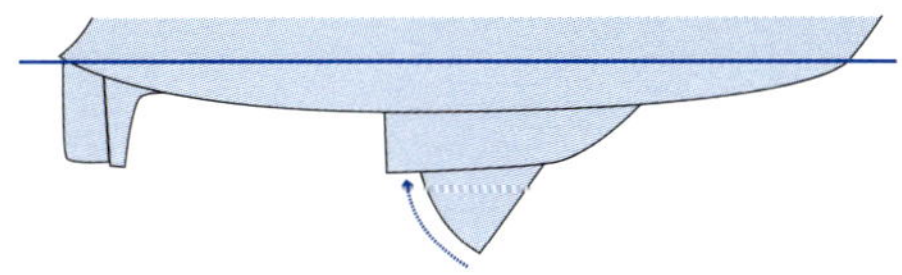

Barco de orza con lastre

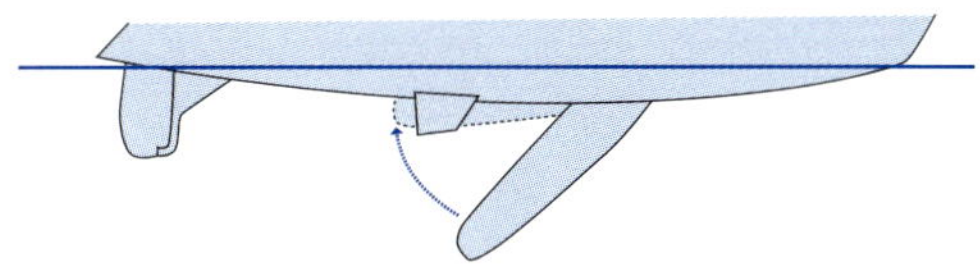

Barco de orza integral
(orza pivotante y alerones de protección)

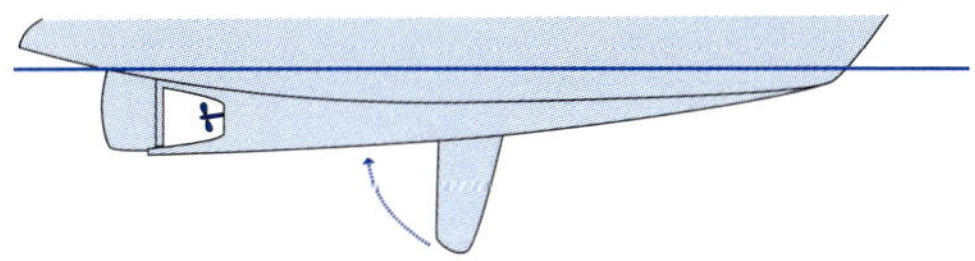

Híbrido de quilla larga con orza pivotante

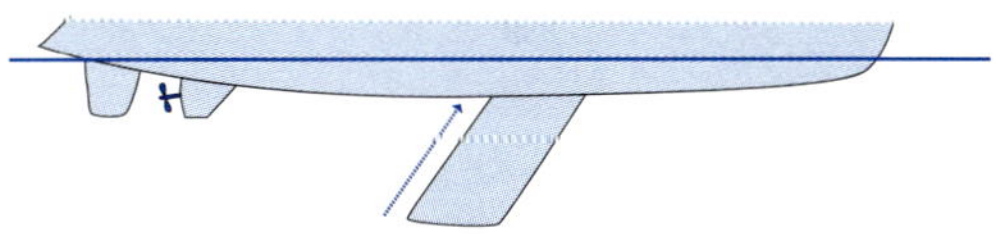

Barco de orza integral
(orza de sable)

Figura 22: Barcos de orza de crucero.

La quilla retráctil: casi perfecta

Los lastres móviles aportan en teoría las respuestas más pertinentes al doble imperativo de prestaciones en navegación y de accesibilidad a zonas de aguas poco profundas. Sobre el papel, el sistema de quilla de sable es el más satisfactorio: apertura mínima de la caja de orza (y por tanto, pocas turbulencias) y posibilidad de un perfil de alerón constante de alto

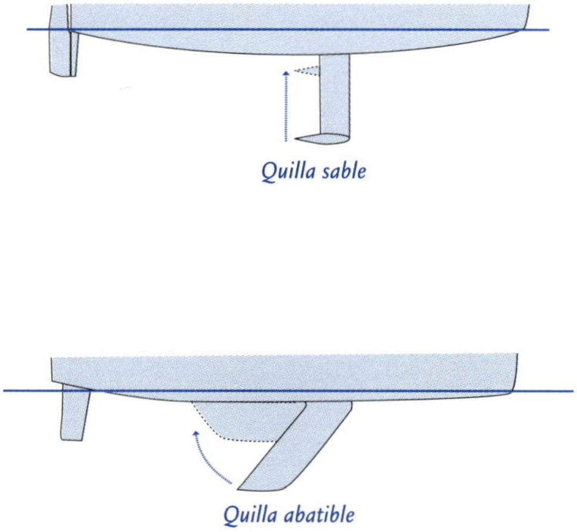

Figura 23: Quillas retráctiles.

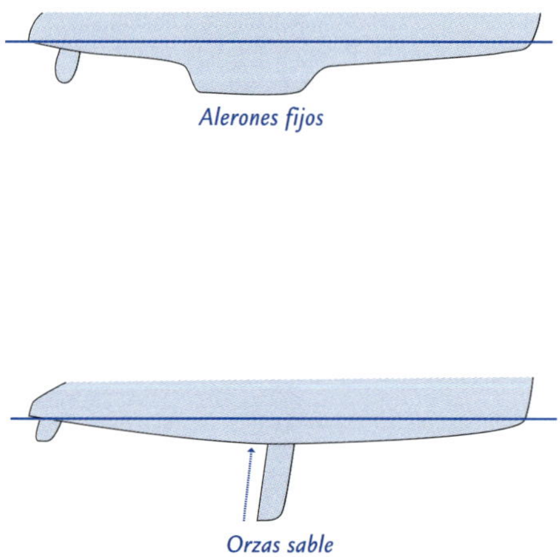

Figura 24: Apéndices de los catamaranes.

rendimiento. En la práctica, sin embargo, esta solución se utiliza poco, debido a las dificultades mecánicas que comporta (manipular un apéndice de 2 toneladas exige un aparejo muy distinto que el que basta para una orza ligera), pero sobre todo por el engorro de la caja en el interior del barco. Además, la importante subida del centro de gravedad cuando la quilla se encuentra en su posición alta, impide prácticamente navegar en esta configuración (que puede incluso hacer precario el equilibrio estando el barco fondeado; la excepción es concentrar el lastre en un bulbo que permanezca siempre debajo del casco.

Empleada más habitualmente en cruceros de 6 a 9 metros, la quilla pivotante de fundición (que normalmente se puede subir mediante un tornillo sin fin movido por medio de una manivela de winche) representa una excelente solución en la medida en que va asociada a un perfil eficaz y un centro de gravedad bajo para la navegación y un calado débil, con una buena protección en caso de varar voluntariamente, pues la quilla permanece en el exterior del casco. Es posible navegar con la quilla subida, incluso en ceñida (con una menor reserva de estabilidad y con un rendimiento menor, eso sí). Además es fácil mejorar la estabilidad de rumbo en algunas condiciones haciendo bascular la quilla hacia atrás (lo que hace recular el centro de deriva).

En los catamaranes, la elección se limita al uso de orzas (normalmente de tipo sable) o de alerones fijos, estratificados o soldados debajo del casco. Las orzas ofrecen prestaciones mucho mejores en ceñida, tanto por su profundidad como por la eficacia de su perfil. Gruesos y poco profundos, los alerones fijos se reservan generalmente a los modelos destinados a alquiler, en los que priman la economía y la facilidad de mantenimiento.

Los trimaranes de crucero están casi siempre provistos de una orza en el casco central. El sistema de «orzas-alerones», instaladas sobre los flotadores de las máquinas de regata oceánicas, es seductor por el doble efecto que permite (sustentación antideriva y sustentación del flotador). Pero es costoso y de un interés limitado en un trimarán más pesado que además navega a velocidades mucho menores.

► *El velamen: predominio del sloop*

En cuanto a la eficacia, la cuestión está rápidamente resuelta: con un mástil y dos velas, el aparejo de sloop es a la vez el más sencillo y el más eficaz. Las otras configuraciones deben

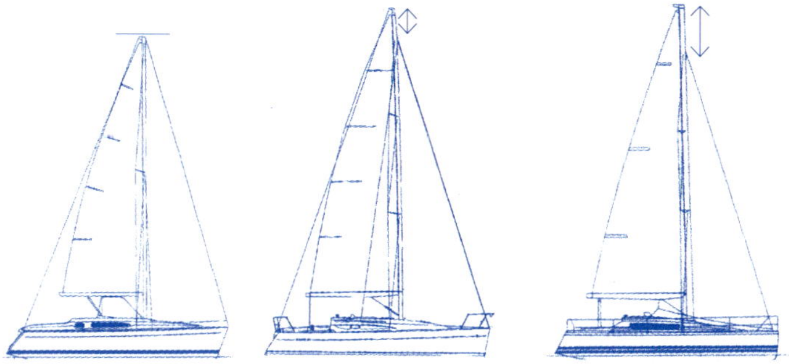

A tope de palo — En 9/10 — En 7/8

Figura 25: Los sloops

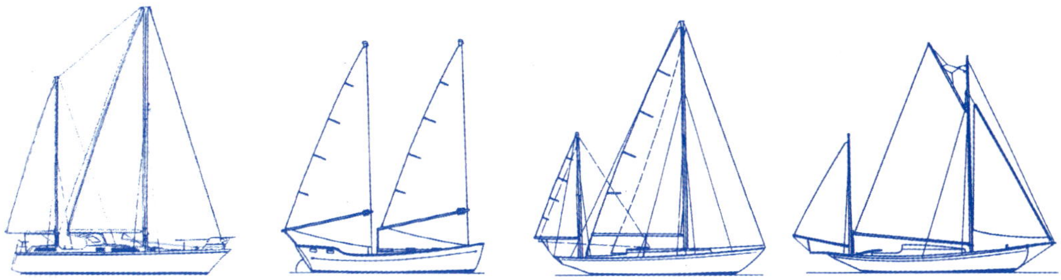

Ketch moderno — Cat-ketch — Yawl tradicional marconi — Yawl áurico

Figura 26: Los ketchs y los yawls.

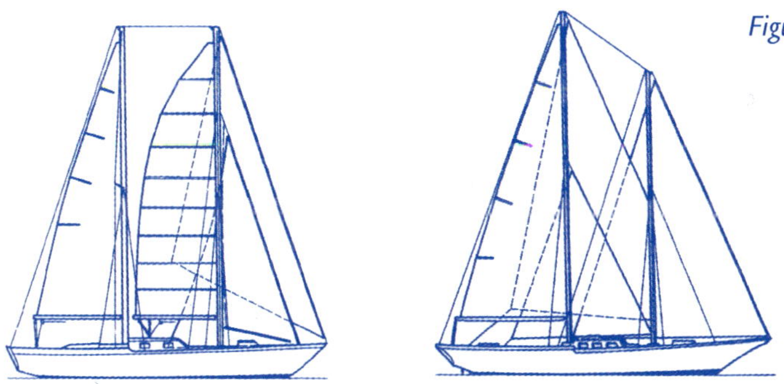

Palos iguales y mesana con sables — Goleta con vela de estay

Figura 27: Las goletas

buena parte de su éxito a las exigencias de las mediciones (en tiempos de las reglas del Cruising Club of America, y después del International Offshore Rule, sobre todo, permitían llevar más vela manteniendo pese a ello un handicap favorable), y también a una mayor facilidad de maniobra.

Tanto si se trata de un ketch, como de un yawl, de una goleta o de un cúter, el principio es el mismo: a priori es menos cansado manipular varias velas pequeñas que una grande; accesoriamente esto ayuda a evitar problemas estructurales, desde el momento en que un mástil grande es más difícil de fabricar y de mantener en pie. Todo ello, añadido al hecho de que el esparcimiento horizontal del velamen permite opciones interesantes para equilibrar mejor el barco en determinadas condiciones. Como contrapartida, las interferencias entre las velas son a veces difíciles de gestionar; en ceñida, la mesana del ketch acarrea más resistencia que eficacia y sólo es realmente interesante a partir del través, sobre todo cuando se usa como punto de apoyo para izar una vela de estay.

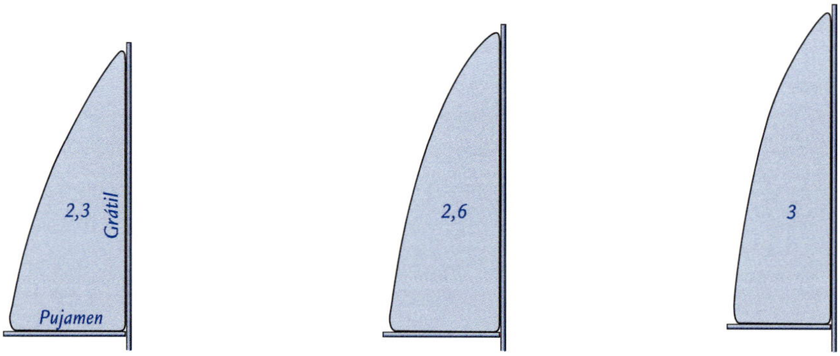

La mayor más recogida (coeficiente grátil/pujamen = 2,3) será más eficaz al través.
En ceñida, la vela más alargada (coeficiente baluma/pujamen = 3) es la que rendirá más.

Figura 28: Alargamiento de las velas.

Las implicaciones de la altura del grátil

Sea cual sea el aparejo adoptado, se aplica la misma ley física a todos: cuanto mayor es el alargamiento vertical del aparejo, mejor es su rendimiento en ceñida, de acuerdo con un gráfico comparable al que se observa para la sustentación antideriva del alerón del lastre; un perfil estrecho y alargado ofrece, tanto en el aire como en el agua, menos resistencia para igual potencia; permite además un ángulo de incidencia más débil sin perder la sustentación necesaria. La ventaja de un alargamiento pronunciado disminuye a medida que se arriba. A partir de un viento de través, y hasta el viento por la aleta, la experiencia demuestra que a igual superficie es más eficaz una vela tan ancha como alta.

Además de su falta de potencia al través, una vela muy vertical presenta otros inconvenientes, pues contribuye a hacer el barco menos estable. El mástil, al ser más grande y por tanto más pesado, hace que el centro de gravedad suba, y también sube el centro de empuje vélico, lo que incrementa el par de vuelco. Para acabarlo de arreglar, un velamen muy alargado -y por tanto estrecho- es más sensible a las pérdidas de sustentación debidas a los movimientos en la mar, y la altura del palo es un elemento perjudicial para el balanceo y el cabeceo (y, por el mismo motivo, un elemento suplementario para clavar la proa); finalmente, la resistencia al viento generada por los obenques aumenta con la altura, y las perturbaciones que el mástil causa en el ataque de la mayor son relativamente más importantes en una vela muy alargada.

Todo ello explica que los alargamientos extremos, que estuvieron de moda en el siglo XIX en las regatas de crucero, sólo se observan ahora en unidades muy específicas (catamaranes de competición, barcos de lagos que por definición navegan en aguas planas o casi). Actualmente en un velero de regatas de altura el alargamiento de la mayor no sobrepasa el 2,6 (relación del grátil respecto del pujamen), cuando se llegaron a observar con regularidad valores superiores a 3. Un pequeño crucero costero de buenas prestaciones registra un valor mucho más bajo, cercano al 2,3. Esto se explica fácilmente en un velero corto -y por tanto más sensible al balanceo- para el que la preocupación por la estabilidad es prioritaria. Un crucero rápido de tamaño medio tendrá más a menudo un valor de entre 2,4 y 2,5. Los coeficientes de alargamiento más débiles (apenas superiores a 2) se encuentran en los catamaranes de crucero, algo que se explica tanto por una preocupación de limitar los pesos en las alturas como de mejorar la fiabilidad del barco manteniendo un centro vélico bastante bajo.

Un coeficiente de alargamiento muy teórico

Estas relaciones grátil/pujamen son muy relativas, porque no tienen en cuenta la mayor o menor importancia del alunamiento de la baluma (que añade superficie en altura en las velas con sables forzados de los multicascos). Al navegante que quiere hacer comparaciones rigurosas le vale la pena usar la fórmula que utilizan los aviadores: se evalúa el alargamiento sacando la relación de la longitud del ala al cuadrado (en el caso de un barco, grátil al cuadrado) partida por su superficie.

En cualquier caso, estas cifras demuestran que se tiende a la polivalencia. La mayoría de los modelos surgidos en los últimos 30 años (a excepción de veleros tradicionales o barcos específicos) muestran, en efecto, alargamientos suficientes para permitir un rendimiento interesante en ceñida, pero sin más, de manera que mantienen una buena tolerancia en el mar y potencia al través y en portantes.

A partir de estos datos medios, es fácil prever los efectos de proporciones más tipificadas: un menor alargamiento favorecerá el rendimiento en portantes y la estabilidad, pero hipotecará las capacidades en ceñida, y viceversa. Algunos regatistas –y cruceristas confiados en la estabilidad de los alisios– han apostado a veces al primar determinados rumbos. Esto causó el éxito de los yawls de Stephens y de Nina, la famosa goleta de Burgess, en los años 1920 y 1930. Sus aparejos recogidos causaban furor entre Bermudas y Europa, en los grandes bordos de través y de portantes en las regatas de la época. Pero la especialización no siempre funciona.

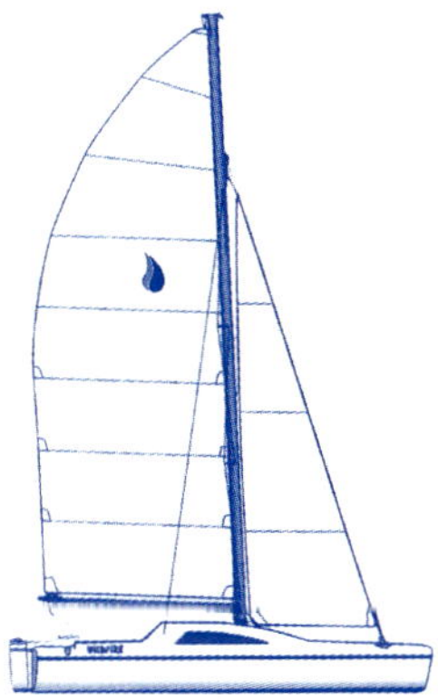

«Fullbatten» en un catamarán con fuerte alunamiento de la baluma.

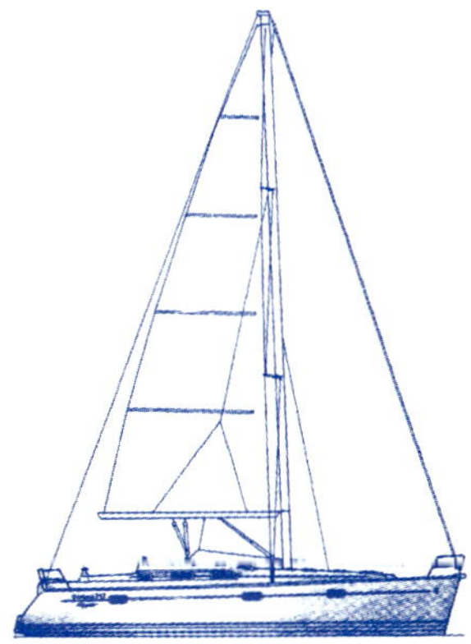

Sables largos en un monocasco con lazy-jacks.

Figura 29: Las velas con sables.

Las proporciones del triángulo de proa

Junta al alargamiento, hay otras variables que también tienen algo que decir sobre la eficacia del plano vélico. ¿Es preferible un aparejo a tope de palo o fraccionado? ¿Velas de proa con recubrimiento o sin?

En el estricto campo del rendimiento, el análisis comparativo de las distintas configuraciones es suficientemente complejo como para que no nos arriesguemos en este terreno, a menos que uno esté encargado del programa de velas de un desafío de la Copa América. En cambio, para el navegante hay razones muy pragmáticas para preferir una u otra opción. En efecto, en crucero, más que el potencial de velocidad, lo que marca la diferencia es la manera de navegar.

Un sloop con aparejo fraccionado significa una mayor potente y un triángulo de proa pequeño. Es una solución económica y funcional a la vez que facilita las maniobras: no hay que manipular ninguna gran vela de proa, menos reducciones de vela en la proa (sea mediante cambios de vela o enrollándola), facilidad de movimiento sólo con la mayor izada. Si se opta por un foque de gramaje bastante alto sin recubrimiento (eventualmente autovirante, lo que facilita aún más el uso), cuando el viento sube es posible no tocar nada a proa y limitarse a tomar

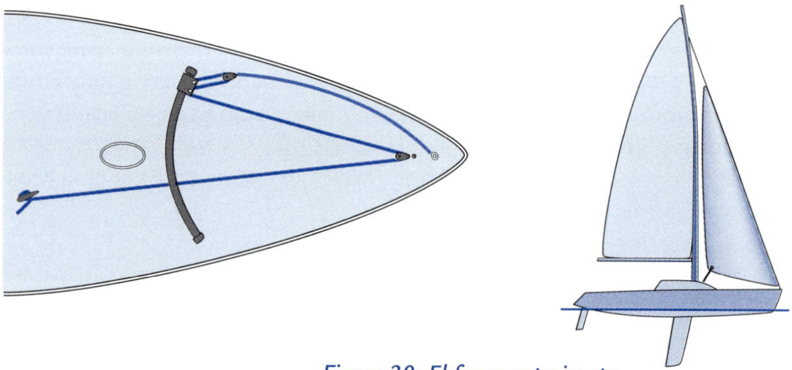

Figura 30: El foque autovirante.
Este dispositivo sólo funciona bien si está montado con un raíl curvado de buena calidad y una escota reenviada hacia proa antes de dirigirse después a la bañera.

rizos en la mayor; todo ello, evidentemente, va en beneficio del rendimiento en ceñida, pues una vela enrollada en proa siempre supone un inconveniente para remontar contra el viento. Otra ventaja: en los veleros de tamaño pequeño a medio, la ligereza de la parte superior del mástil (por encima del anclaje del estay) permite adaptar más fácilmente la potencia de la vela a los cambios del viento. De todas formas, hay que ir con cuidado con las consecuencias de determinadas opciones. Un pequeño foque autovirante es perfecto para que la tripulación descanse y para mantenerlo de 0 a 30 nudos; pero no dará el mismo rendimiento que un gran génova cuando se trata de arrancar el barco con menos de 8 nudos de viento, o para pasar las olas con viento flojo a medio. Un génova con un recubrimiento del 110 % (el pujamen mide un 10 % más que la base del triángulo de proa) constituye en este sentido un buen compromiso y sigue siendo fácil de cazar después de una virada.

Con el anclaje del back-estay emparejado con el del estay, el aparejo a tope de palo tiene la ventaja de la sencillez y gusta sobre todo a quienes rechazan la presencia de elementos más o menos flexibles en el aparejo. Supone casi inevitablemente una mayor de superficie moderada; más pequeña a priori que la vela de proa. Si el plano vélico está bien pensado, el rendimiento puede ser tan satisfactorio como con un aparejo fraccionado. Su punto fuerte es una menor altura de mástil para una superficie vélica igual, y su punto menos favorable es la obligación de vérselas con un verdadero génova de gran recubrimiento: cazarlo después de una virada es largo, y además implica enrollar antes (o cambiar de vela) cuando el viento sube. Nada impide, a priori, imaginar una vela de proa de escaso recubrimiento -incluso sin- en un aparejo a tope de palo, pero seguramente será a costa de encontrarse con un génova muy vertical, menos tolerante con las imperfecciones de reglaje.

► *Las ventajas de una buena apertura*

El aparejo fraccionado tiene además la ventaja de que la superficie de la mayor es más eficaz que la del génova en cuanto se pasa al través y a viento portante. En efecto, la apertura de la mayor respecto del viento puede controlarse con precisión, lo que no sucede con el génova. En cuanto el puño de escota está suficientemente amollado como para estar al exterior de la cubierta, es imposible controlar el perfil de la vela, a menos que se utilice un tangón o cualquier otro elemento rígido que permita desplazar el punto de tiro a sotavento, o que se vuelva al viejo foque con botavara o que se use un balestrón, seductora variante del anterior, pero mucho más complicada de aparejar.

El recubrimiento: una utilidad incierta

En cuanto al rendimiento, durante mucho tiempo se ha pensado que el famoso efecto de canal, entre el génova y la mayor, era la clave de la velocidad en ceñida, pues se suponía que el viento aceleraba en el pasillo formado entre las dos velas. Por desgracia, trabajos recientemente llevados a cabo por un equipo científico -del que formaba parte el velero Bertrand Chéret- han demostrado que el ilustre teórico alemán Manfred Curry había llevado al error a todo el mundo de la vela durante medio siglo. El veredicto de los ensayos no dejó lugar a dudas: ¡lejos de acelerar, el viento ralentiza en la mayor parte del famoso canal! Sin entrar en los detalles de las relaciones extremadamente complejas entre la vela de proa y la mayor -cada una influye en la otra- estos experimentos pueden resumirse señalando que la potencia liberada por un conjunto génova con recubrimiento + mayor es inferior a la suma de las potencias liberadas por cada una de estas velas por separado (y accesoriamente por una única vela que acumule la superficie de las dos primeras). Todo ello tiende a confirmar que no vale la pena insistir en las bondades del recubrimiento, al contrario de los antiguos usos que imponían el génova del 150% pasara lo que pasara.

Figura 31: El recubrimiento del génova.

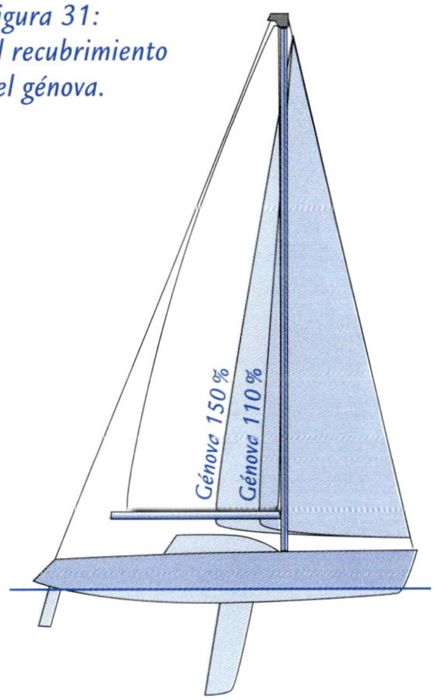

En principio, lo ideal es que la baluma de la vela de proa llegue hasta el contacto con el flujo de aire acelerado que rodea la parte exterior de la mayor (sin más, para no tener que enfrentarse al estrangulamiento, y por tanto, a la desaceleración de los flujos de aire indicados más arriba), lo que representa del 100 al 110% del triángulo de proa. Con este reparto, la vela de proa está lo bastante cerca de la mayor como para aprovecharse de su influencia benéfica, pero sin sufrir sus inconvenientes. ¡El encargado de cazar las escotas se alegrará de esta confirmación científica, convencido como está desde hace tiempo que las velas de proa pequeñas son siempre las mejores!

Cuidado: todo ello no significa que no se gane velocidad sustituyendo el foque por un gran génova con viento ligero. Simplemente, que estos metros cuadrados suplementarios rendirían más si se usaran de otra forma.

La influencia relativa de la distribución de la cubierta y de la tripulación

La participación más o menos activa de los tripulantes es una de las cuestiones a tener en cuenta al evaluar el potencial de un barco; y esto es más importante cuanto menor sea el barco. En un habitable de 5,50 metros, la tripulación pesa más que el lastre. Lo que significa que la velocidad de un modelo de este tipo con viento medio y fuerte está directamente relacionada con la buena colocación de la tripulación, tanto en el sentido lateral (para mejorar la estabilidad) como en el longitudinal (para optimizar la superficie mojada y la estabilidad de rumbo, y evitar que la proa se clave). A medida que aumenta el tamaño, la tripulación se puede relajar y sentarse donde le apetezca. Cuestión aún sensible en un velero de 8 metros, el peso humano es marginal a partir de los 0-10 metros, excepción hecha de los regatistas.

Si nos gusta un barco pequeño, pero no las acrobacias, será mejor que nos orientemos hacia modelos menos exigentes, es decir, con una buena proporción de lastre.

Independientemente de su aportación a la estabilidad con una mejor o peor colocación de su peso, la tripulación tiene, a través de los reglajes y de las maniobras, las otras claves de la velocidad del barco. Y cuanto menos se quiera intervenir en este aspecto, más tendrá que cuidarse la elección de las características compatibles con el propio temperamento. Un patrón hiperactivo se adaptará sin problemas a los cambios de humor de un velero rápido pero versátil, que exija frecuentes cambios de velas (como regla general, los barcos voluminosos y ligeros se sienten molestos si se les olvida). El contemplativo se sentirá mucho mejor a bordo de un desplazamiento medio, estable de rumbo y muy regular en su andar, que encajará encalmadas y rachas sin chistar con la escota fija en la cornamusa.

El diseño de la cubierta e incluso el de los interiores tienen también su importancia. La tripulación sólo puede ejercer una acción eficaz con su peso si dispone de un sitio cómodo para colocarse a barlovento -tan al exterior del barco como sea posible- con la posibilidad de desplazarse hacia delante y hacia atrás. El hecho de que la mitad de la tripulación de un velero pequeño o medio pueda dormir en el interior en literas instaladas junto a la amura de barlovento basta para mejorar su rendimiento en ceñida y en través en proporciones impresionantes respecto de un barco que no disponga de esta posibilidad. Y lo mismo sirve para los reglajes: una tripulación poco dinámica se pondrá más fácilmente en acción si la ergonomía y la accesibilidad de la maniobra no disuaden las buenas intenciones. De ahí la necesidad de desconfiar de determinadas disposiciones «especiales para crucero» que impiden de hecho que la tripulación pueda actuar con facilidad. La moda de colocar la escota de la mayor en medio de la botavara es un claro ejemplo de esto; a falta de un buen brazo de palanca y de un circuito sencillo del aparejo, la escota es tan dura de regular que nadie se atreve a tocarla cuando se navega.

► *La «navegación» en el fondeo*

Dado que se pasa más tiempo en las escalas que en la mar, al navegante le interesa mucho no descuidar este aspecto del crucero. Pues algunas opciones técnicas pensadas en función de la navegación a vela pueden revelarse más o menos adecuadas una vez fondeados. Los lanzamientos de popa rasantes -sobre todo si son especialmente planos- están entre ellos, tanto en monocascos como en multicascos. Si el fondeadero se mueve, generan un ruidoso chapoteo que puede convertirse en una pesadilla para quien ocupe la cabina de popa por poco sensibles que tenga los oídos. La conjunción de superestructuras importantes y quillas estrechas en los cruceros modernos a la francesa es otra fuente de problemas (ésta es, por cierto, una cuestión sobre la que a nuestros arquitectos no les gusta hablar). Para darse cuenta de que la modernidad también tiene sus peros, basta con observar, en calas con el agua absolutamente plana pero expuestas al viento, cómo estos barcos zigzaguean sin parar en su fondeo (con violentos tirones de la cadena en cada «virada»), mientras que sus vecinos anglosajones, más tradicionales, se mantienen imperturbables proa al viento. Ciertamente, nos reiremos de estos mismos vecinos cuando al día siguiente vayamos al través todos juntos a la isla vecina; pero el mismo fastidio puede estropearnos de nuevo el té en el siguiente fondeadero. Es siempre una cuestión de compromiso.

> *Para mí, el primer criterio en la elección de un barco destinado al crucero de altura, incluso si esto puede sorprender, es la comodidad. Es un punto primordial, pues no siempre se puede llegar rápidamente a puerto. Si nos pilla un temporal, hay que poder pasarlo a bordo. Esto significa por supuesto un barco seco, pero también un barco acogedor: no es necesario que sea demasiado espartano. Y hay que hallar los pequeños placeres que hagan que nos guste estar a bordo.*
>
> **Olivier Pitras**

¿Y dónde queda el placer?

Antes de cerrar el debate sobre las implicaciones de los distintos tipos de compromiso, quizá es el momento de preguntarse una vez más por las motivaciones. Pues las alternativas evocadas anteriormente no condicionan sólo la velocidad o la seguridad, sino que también son determinantes a la hora de disfrutar de la navegación. Una superestructura un poco más grande (con una mayor resistencia al viento), un exceso de peso, una quilla menos eficaz, todos estos elementos tienen su justificación, pero se traducen necesariamente en un comportamiento menos agradable al navegar.

Si se considera definitivamente el barco como un simple medio de transporte, importa poco. En este caso sólo cuenta la apreciación funcional del programa. Es la razón de ser, por ejemplo, de los catamaranes concebidos para el alquiler: prestaciones mediocres a vela y sin ninguna sensación al timón, pero inmejorables en el terreno de la comodidad.

Si lo que nos gusta de verdad es navegar a vela, no cabe entonces conformarse con un «camión». La capacidad de reaccionar con viento flojo, la sensación de encontrarse en contacto directo con la carena gracias a una caña precisa y eficaz, la satisfacción de avanzar sin pantocazos en una mar difícil (¡y esto también forma parte de la comodidad!), las aceleraciones cuando carga la racha, la embriaguez de deslizarse sobre el agua cuando otros se sienten cruelmente taponados, todo esto forma parte de los placeres indiscutibles para el puro navegante a vela. A cada cual le corresponde fijar su nivel de exigencia en este campo para que la travesía no se convierta en un castigo que se intenta evitar a toda costa poniendo el motor en marcha o disminuyendo las distancias.

> «*Para el barco que proyecto hacerme construir, quiero favorecer la comodidad en navegación. Pienso usar madera epoxy o strip-planking para ganar un poco de peso, y quizá de comodidad en términos de insonorización y de condensación. Estos materiales ofrecen también la posibilidad de tener un barco un poco más personal, se adaptan mejor a construcciones a la unidad. También pienso tener una quilla retráctil, para poder acceder a determinados fondeaderos prohibidos a los veleros tradicionales. Desde el punto de vista del aparejo, primaré todo lo que pudiera permitir una ganancia en peso y en facilidad de uso –si tengo los medios, me inclinaré por un mástil de carbono. Vigilaré especialmente todo lo que hace referencia al acastillaje, en detrimento de la electrónica o de un motor muy potente. Quiero primar el placer de navegar a vela, es necesario que apetezca divertirse con el barco, más que de conectar el piloto. En cuanto a la eslora, está decidido, serán 10,50 metros.*»
>
> ***François Ruby***

LAS EXIGENCIAS DE SEGURIDAD

2.4. FIABILIDAD DEL MATERIAL Y ADRIZAMIENTO

El francobordo, ¿amigo o enemigo?

Como prueba de que nada es sencillo en materia de navegación, en determinadas circunstancias se aprecia que elementos considerados perjudiciales a las cualidades deportivas del barco pueden convertirse en ventajas para la seguridad de la tripulación. Es lo que sucede claramente con el francobordo. *A priori*, un francobordo pequeño no aporta más que beneficios al velero: menos superestructura y menos resistencia al viento, y un centro de gravedad bajo, y por tanto mayor estabilidad. Sólo que con viento duro, el panorama puede ser muy distinto. Ante todo, para la tripulación, que se moja más con los rociones o incluso con las olas que barren una cubierta demasiado baja; la cubierta se encuentra, por el mismo motivo,

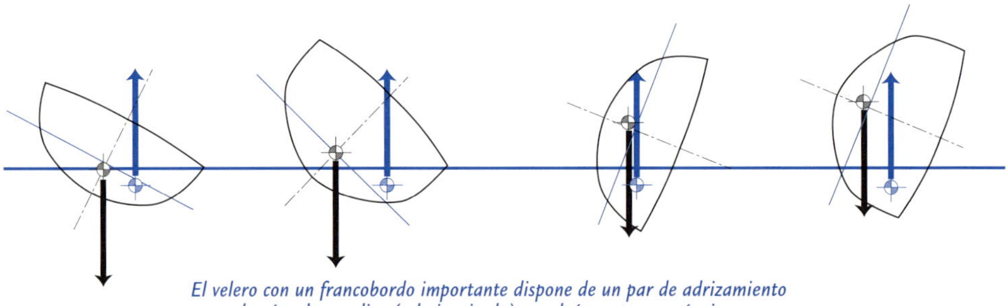

El velero con un francobordo importante dispone de un par de adrizamiento mayor en los ángulos medios (a la izquierda) y podrá mantener más tiempo un par positivo en los ángulos más fuertes (a la derecha).

Figura 32: Influencia del francobordo al escorar.

mucho más expuesta a los choques. En cuanto al comportamiento del barco, menos francobordo significa también más riesgo de clavar la proa y sobre todo una pérdida de estabilidad en cuanto la escora adquiere cierta importancia. Efectivamente, a partir de una treintena de grados el trancanil está en el agua. Sin reserva de flotabilidad lateral para seguir oponiéndose al par de vuelco, la curva de estabilidad empieza a cambiar. Y la situación no hace más que empeorar con la escora.

Tumbado en el agua, un barco con poco francobordo tiene menos capacidad de adrizamiento, porque hay menos distancia entre sus centros de gravedad y de carena. En ningún otro aspecto es tan palpable lo difícil que resulta el compromiso. Pues un velero con poco francobordo tiene indiscutiblemente mejores condiciones marineras en todas las condiciones «manejables». Y los recursos de un alto francobordo en caso de vuelco se pagan muy caros en todas las otras circunstancias: encontrarse, con fuerza 4, sentado en las alturas en un velero demasiado escorado por culpa de la superestructura y resistencia al viento y a los pesos excesivamente elevados no tiene nada de tranquilizador. ¿La solución correcta? Tener sentido común y mesura, y evitar los extremos, tanto en un sentido como en el otro.

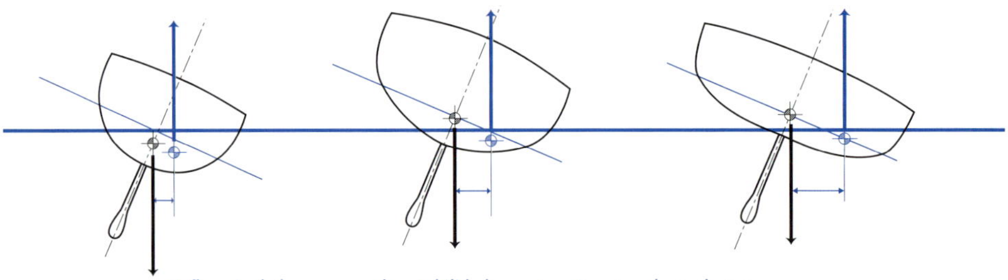

Influencia de la manga en la estabilidad: cuanto más mangudo es el casco, más importante es el par de adrizamiento, al menos mientras la escora es moderada.

Figura 33: Influencia de la manga.

La importancia del coeficiente de lastre

En los casos extremos, en cuanto el riesgo de sufrir grandes ángulos de escora es real (y por tanto el riesgo de volcar), es esencial una buena adecuación entre las formas y el coeficiente de lastre. Conocemos la configuración ideal para llevar lo más lejos posible el ángulo crítico de vuelco en un monocasco, y, si el vuelco se produce, para facilitar el adrizamiento. Basta con tener un casco bastante estrecho dotado de un lastre importante colocado muy abajo.

El problema es que este tipo de barco ya no se corresponde con las exigencias actuales en términos de comodidad y prestaciones. Hace 30 años, un velero de serie de una decena

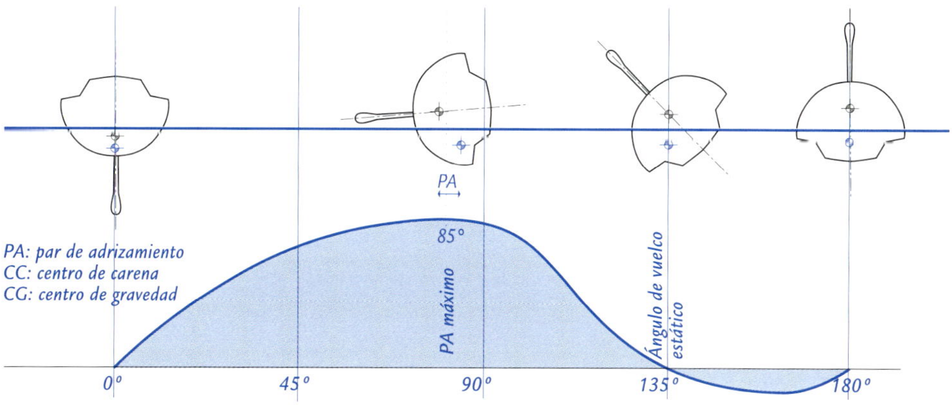

Figura 34: Curva de estabilidad de un velero clásico. El par de adrizamiento es nulo cuando CG y CC quedan alineados en la vertical. Entonces, a partir de 135° la posición del CG tiende a proseguir el movimiento de vuelco.

Figura 35: Estabilidad de un crucero moderno de 8 metros. El ángulo crítico (aquí 110°) es mucho más débil que en uno «clásico» debido a un centro de gravedad más alto.

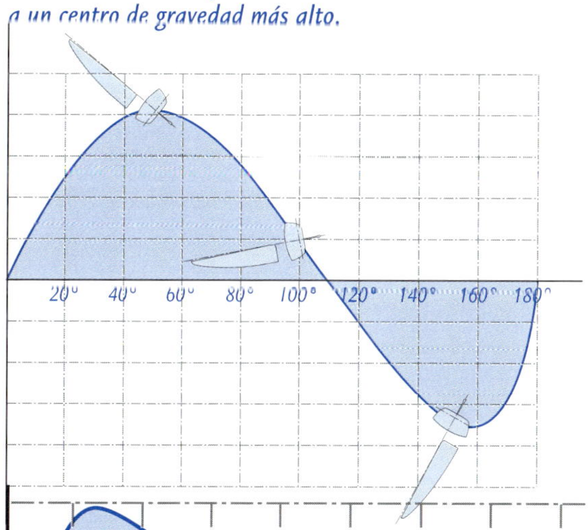

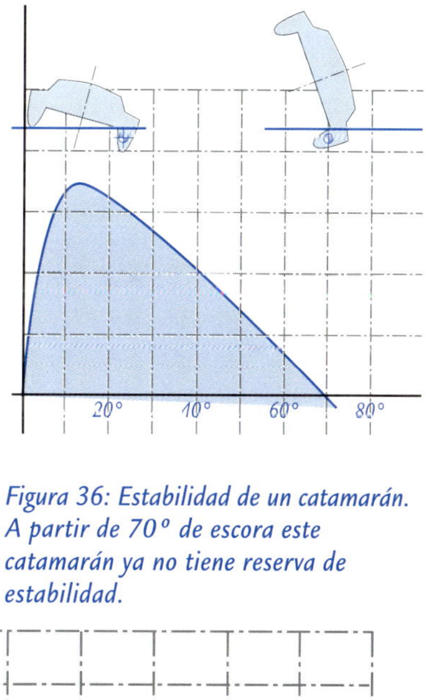

Figura 36: Estabilidad de un catamarán. A partir de 70° de escora este catamarán ya no tiene reserva de estabilidad.

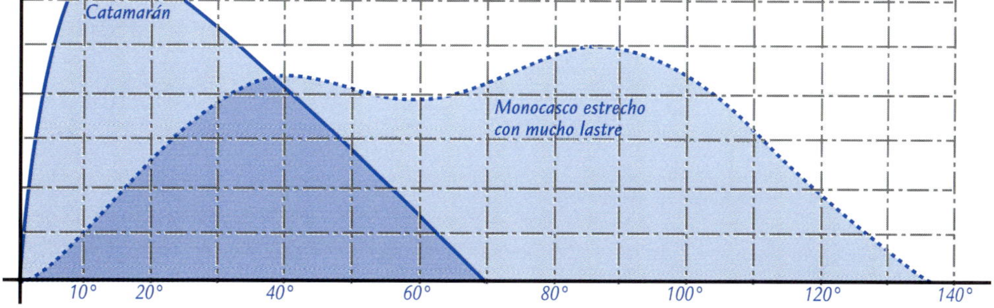

Figura 37: Estabilidad comparada de los monocascos y los multicascos. El descenso de la curva del monocasco entre 40° y 60° corresponde a la inundación de la bañera (se trata de un barco de quilla de regata). Si estuviera más protegido, este descenso sólo intervendría a partir de 90°.

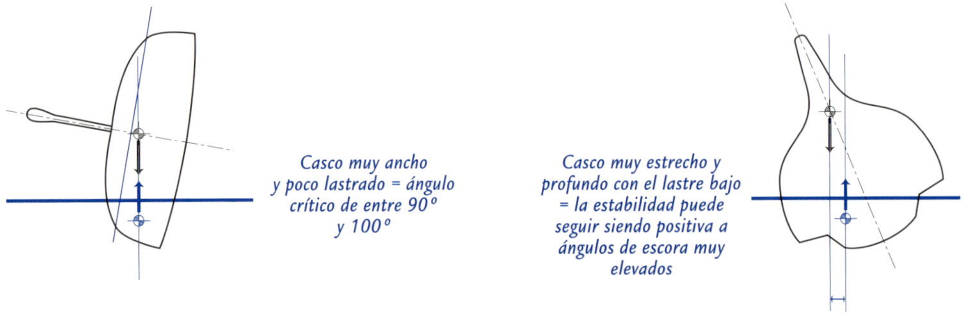

Figura 38: Influencia de las formas en el ángulo de vuelco.

de metros tenía fácilmente un lastre de en torno al 50% del desplazamiento total. ¡En los modelos actuales esta relación es normalmente inferior al 30%! Esto no se nota en absoluto en las condiciones medias -con ángulos de escora pequeños- debido a la mayor estabilidad de formas, pero las diferencias con ángulos grandes pueden ser impresionantes, sobre todo si este mínimo lastre está situado a poca profundidad, como consecuencia de un calado forzosamente pequeño. Mientras un «clásico» sigue teniendo un par de adrizamiento positivo con 130° de escora, un crucero moderno cómodo puede ser incapaz de aguantar más allá de 100°; incluso menos si el viento se apoya generosamente sobre su ancho casco...

► Las condiciones de adrizamiento

El ángulo crítico no lo es todo. Si bien una reserva de estabilidad importante permite aplazar la eventualidad de un vuelco completo -y por tanto a menudo evitarlo-, algunos encadenamientos dinámicos (coincidencia de un fuerte empuje lateral y la pendiente de una ola grande) pueden hacerlo imparable, tanto con 100° de ángulo crítico como con 140°. La existencia de una quilla profunda puede incluso desempeñar entonces un papel negativo al provocar un efecto de «zancadilla» (mientras el aparejo y el casco sufren una gran presión, la superficie de la quilla se apoya en el agua, lo que acentúa el par de vuelco). La siguiente cuestión está en saber -si el barco no vuelve directamente a su posición, por la inercia de este gran movimiento de rotación- si es capaz de enderezarse a partir de una escora estabilizada en 180°; en otras palabras, si está suficientemente desequilibrado al revés para que una pequeña oscilación sea suficiente para desencadenar una vuelta a la normalidad. Los dramáticos avatares de los 60 pies de la Vendée Globe han demostrado en diversas ocasiones que esto no es en absoluto consustancial en un velero ancho con la cubierta plana. Por lo que respecta a los cruceros

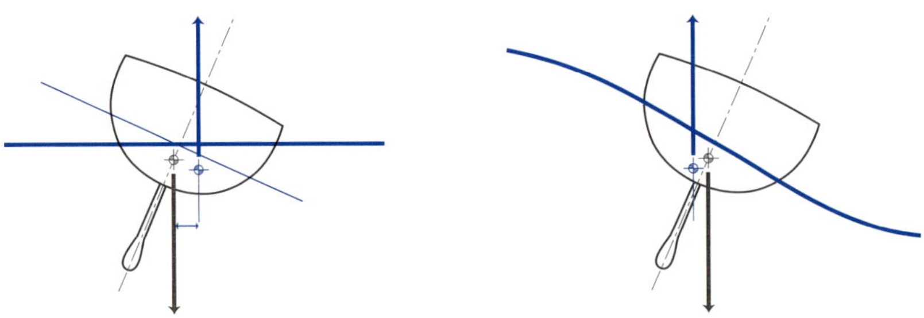

Figura 39: Desplazamiento del centro de carena y desequilibrio al paso de una ola.

de serie, las estadísticas son -afortunadamente- más optimistas que la física: a pesar de las evidentes debilidades en la posición de su centro de gravedad, los que han vivido esta situación no han permanecido mucho tiempo al revés (siempre y cuando todo estuviera cerrado) gracias esencialmente al volumen de sus superestructuras.

La importancia vital de los accesorios

Regatear en la calidad de las velas y del acastillaje es un poco como comprar un coche sin cambio de marchas. Un velero en el que no se puedan ajustar fácilmente la tensión del estay (porque el back-estay está fijado de forma permanente mediante un tensor sencillo), ni cambiar el punto de tiro del génova (porque no hay raíles), ni regular la tensión de los grátiles (porque las drizas son elásticas) se convierte rápidamente en algo desesperante, pues la tripulación tiene que resignarse a sufrir los cambios del viento sin poder adaptarse a ellos. Ni es divertido ni es bueno para la seguridad. Las velas empiezan a parecer sacos, la caña cada vez va más dura, el barco escora más y ya no es capaz de remontar convenientemente el viento

La robustez y la calidad del equipamiento son factores de velocidad tan importantes como las características generales del barco, sobre todo en ceñida.

al ceñir... Sea cual sea el potencial de la carena, la pérdida de prestaciones debido a la falta de medios de reglaje es sencillamente enorme. Y la lista de pequeñas debilidades capaces de estropear la vida de la tripulación no tiene fin: es el aparejo de la escota de la mayor, tan difícil de usar que las tres cuartas partes de las veces se renuncia a reglar adecuadamente la mayor (cuando es un juego de niños con un buen aparejo de rodamientos); la botavara que no tiene ningún dispositivo rápido y potente para tensar el pujamen; o el génova, que no se puede cazar porque el winche es demasiado pequeño. Todo esto forma parte de las cosas que no pueden admitirse en un velero: uno tiene que poder emprender cualquier maniobra sin temor a encontrarse con un herraje doblado entre las manos. La calidad de las velas (tejido, corte, acabados), por desgracia dejada en segundo término en los inventarios de los barcos, es igual de decisiva para la buena marcha del barco, su encanto y su seguridad.

En pocas palabras, las opciones «buenas velas» y «acastillaje de gama alta» no deben pasar detrás de la sonda con vídeo y el circuito de agua caliente; son prioritarias. Cuando se trate de negociar un estrecho difícil ciñendo con 35 nudos de viento, marcará toda la diferencia entre un barco sin problemas y un barco en desbandada.

No hace falta decir que la calidad de fabricación del barco -un elemento, por desgracia, muy difícil de apreciar antes de usarlo- es igual de decisivo en el rendimiento a vela. La rigidez del estay y la estabilidad de los reglajes dependen directamente de la rigidez de la estructura.

LAS VELOCIDADES

2.5. UNA DE LAS CLAVES DE LA AUTONOMÍA EN CRUCERO

A base de regalarse singladuras cercanas a las 700 millas al día (a casi 30 nudos de media, lo que no está nada mal), los multicascos gigantes del trofeo Jules Verne tienden a hacernos olvidar una realidad mucho menos halagüeña: en su mayoría, los veleros de crucero siguen siendo máquinas especialmente lentas. Si las máquinas de regata han vivido una aceleración cautivadora, las otras han evolucionado poco en este terreno. El primer trimarán que ganó una regata transoceánica (*Pen Duick IV*, de Alain Colas, en 1972) apenas alcanzaba la barrera de los 6 nudos. Hoy el mismo recorrido lo hacen los solitarios -con barcos más cortos- a casi 13 nudos. Y en otras rutas los trimaranes de 60 pies realizan normalmente travesías a 20 nudos. Sin hablar de las prestaciones de los más grandes, como el catamarán *PlayStation*, que cruzó en Atlántico en menos de 5 días, a más de 25 nudos. En cuanto a los monocascos de regata, la mejora es igualmente impresionante, ya que se ha pasado de medias oceánicas inferiores a los 5 nudos en los años 1960 a casi 15 nudos hoy en día con los 60 pies de la Vendée Globe.

La progresión es menos espectacular en el mundo del crucero. Al principio de los años setenta un Armagnac podía contar con una media ligeramente superior a los 4 nudos para cubrir un recorrido tipo (la mitad de ceñida y la otra mitad con rumbos portantes) con fuerza 4. Sus sucesores, los 8,50 metros de los años 2000, sólo van a un tercio o medio nudo más rápidos; y algunos son incluso menos rápidos.

► *Volumen, peso, velamen, una ecuación ineludible*

La débil progresión de los veleros de crucero se debe al hecho de que no tienen ninguna posibilidad de evolución respetando su programa. Para ir rápido, hace falta mucho trapo (y los medios de llevarlo) y el menor peso y volumen posibles. El principio mismo del crucero supone una cierta comodidad, lo que implica volumen y peso, y una maniobra fácil, y por tanto no demasiado trapo... Ni siquiera todos los progresos tecnológicos juntos podrán mejorarlo mucho: a igual comodidad, el uso de un casco de fibras sofisticadas tendrá unos efectos mucho más visibles en la factura que en las medias. Representará una ganancia de algunas décimas de nudo; algo que podrá contentar al regatista y al navegante exigente, pero no supondrá ninguna revolución. Del mismo modo, las nuevas generaciones de velas, mástiles y cabuyería aportan una mejoría indiscutible en términos de atractivo y de rendimiento, pero no bastan para acabar con la dictadura de la relación superficie vélica/peso. Los únicos monocascos de serie que han conseguido una verdadera ruptura en términos de prestaciones son los que han hecho cruz y raya en la habitabilidad, a imagen de los Open 7,50 y los Mumm 30.

Eslora de barco	Velero deportivo	Velero de crucero deportivo
5,50 m	40 m^2/t	30 m^2/t
6,50 m	70 m^2/t	21 m^2/t
7,50 m	50 m^2/t	16 m^2/t
8,50 m	30 m^2/t	15 m^2/t
9,50 m	30 m^2/t	14 m^2/t
10,50 m	22 m^2/t	12 m^2/t
11,50 m	20 m^2/t	11 m^2/t
12,50 m	20 m^2/t	10 m^2/t
13,50 m	18 m^2/t	10 m^2/t

Tabla 1: Las relaciones velamen/peso

Estas cifras muestras que las comparaciones deben hacerse en el interior de una misma horquilla de tamaño, pues el aumento del desplazamiento no sigue la misma curva que la eslora. Por velero deportivo se entiende aquí barcos ligeros y con pocos interiores, especialmente concebidos para la regata y la velocidad. El velero denominado «polivalente» corresponde aquí al crucero medio, a la vez cómodo y con un buen nivel de prestaciones a vela. Esta última columna constituye una buena base para apreciar el potencial de otros modelos más «señoriales»: a tamaño igual, cuanto más bajo el coeficiente, más posibilidades tendrá el barco de ver limitadas sus prestaciones.

Y, en menor medida, las construcciones a la unidad o en series pequeñas en las que propietarios y diseñadores han optado por minimizar el nivel de comodidad respecto del tamaño. Con una construcción cuidada y ligera, todo ello puede significar un velero de 12 metros con interiores comparables a los de un modelo tradicional de 10 metros, pero capaz de andar más rápido que un buen crucero de 14. Las cifras hablan por sí mismas: un 40 pies inspirado en los monocascos de regata open puede desplazar menos de 5 toneladas (de las que casi la mitad son lastre) para más de 100 m^2 de vela en ceñida. En un crucero tradicional del mismo tamaño, nos acercamos normalmente a las 10 toneladas (de las que sólo un tercio es lastre) con una superficie vélica que no sobrepasará los 80 m^2. Es por esto que el primero pasará fácilmente de los 10 nudos en cuanto amolle un poco las escotas (con un potencial al planeo muy superior: se pueden esperar puntas de más de 20 nudos), mientras que el segundo se las verá y se las deseará para sobrepasar, incluso con un viento sostenido, el límite fatídico de los 8 nudos, su velocidad crítica de carena.

El resultado concreto es que el más pesado de los dos realizará una travesía con portantes con viento a una media cercana a los 7 nudos, mientras que el más ligero puede esperar el doble. Las diferencias en ceñida serán relativamente menos importantes en cuando a velocidad, pero pueden ser enormes si los apéndices y las velas no están a la altura -lo que ocurre a menudo en los cruceros- y no permiten hacer un rumbo razonable.

La velocidad límite teórica

En un velero de desplazamiento, la velocidad máxima va unida a la eslora de flotación. Cuanto mayor es ésta, más puede alargarse la ola que se abre alrededor de la carena y por tanto puede permitir una velocidad mayor. Se puede calcular este valor gracias a la fórmula «raíz cuadrada de la eslora de flotación x 2,5», que da un resultado en nudos. Un velero de una decena de metros, que da una eslora de flotación de 9 metros, tendrá así una velocidad máxima de 7,5 nudos. Esto significa que una vez alcanzada esta velocidad ya no puede acelerar más. Incluso si sube el viento o si añadimos trapo, el casco va al límite y se conformará con remover mucha agua. Excepto en el caso de que sus formas y su peso le permitan liberarse de esta mecánica saliendo del agua, lo que sucede muy pocas veces en un crucero. Sobrecargado de vela, un velero de este tipo no supone ninguna ventaja con viento fuerte. En contrapartida, el incremento de la superficie vélica puede permitirle alcanzar antes esta velocidad máxima con vientos flojos y moderados.

De todas formas, esta noción de velocidad máxima es muy aproximada. Ante todo, porque la eslora de flotación dinámica es muy difícil de fijar; cambia en función de la escora y del volumen de los posibles lanzamientos. Además, porque la forma de la carena es evidentemente un elemento importante: a igual eslora de flotación, un casco con las líneas lanzadas acelerará más fácilmente que otro con un volumen mayor (y por tanto más pesado).

El uso de las polares en crucero

Los arquitectos navales y los regatistas usan mucho las polares de velocidad. Los primeros para validar sus experimentos con distintos tipos de carena, y los otros para controlar constantemente sus reglajes. Pero estos gráficos, que sólo son obtusos en apariencia, también tienen sentido en la mesa de cartas de un barco de crucero. Surgidos normalmente de programas informáticos (los VPP -Velocity Prediction Programs- que acumulan todos los parámetros de la carena para deducir su velocidad probable en todas las condiciones), las polares también pueden realizarse sobre el terreno, apuntando metódicamente las velocidades de un barco a todos los rumbos, con distintas fuerzas de viento.

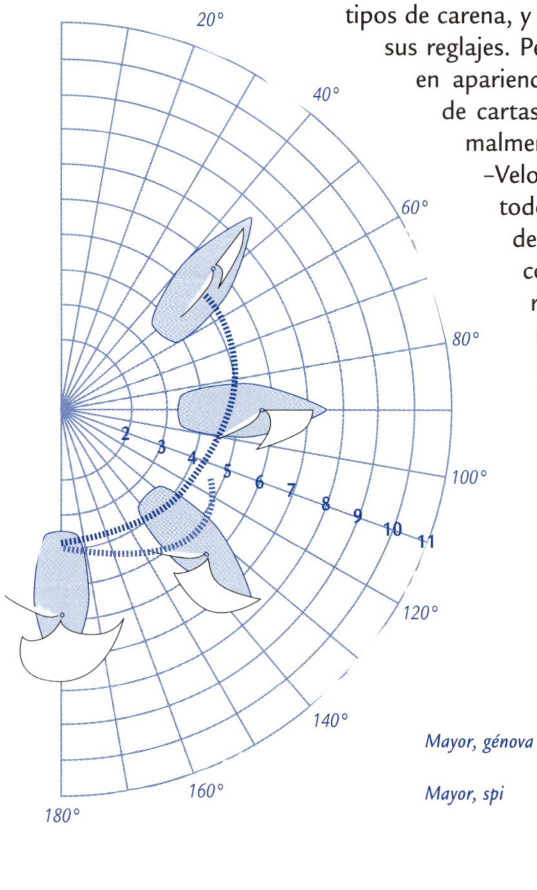

Figura 40: Lectura de una polar. Basta con seguir las curvas para conocer la velocidad previsible del barco en distintos ángulos para una fuerza de viento determinada: aquí, 5 nudos en ceñida, pero sólo 4 nudos con viento por la aleta si no se iza el spi.

La ventaja de una polar fiable (si no es fiable no vale la pena molestarse en hacerla) es doble. Ante todo, una planificación más realista de los recorridos programados. En función de la meteorología prevista, el navegante puede estimar la media con bastante precisión, al menos hasta el siguiente cambio de tiempo. La segunda ventaja es igualmente importante: la polar permite elegir la mejor ruta, la que nos acerca más rápidamente al destino, que no tiene por qué ser el rumbo directo.

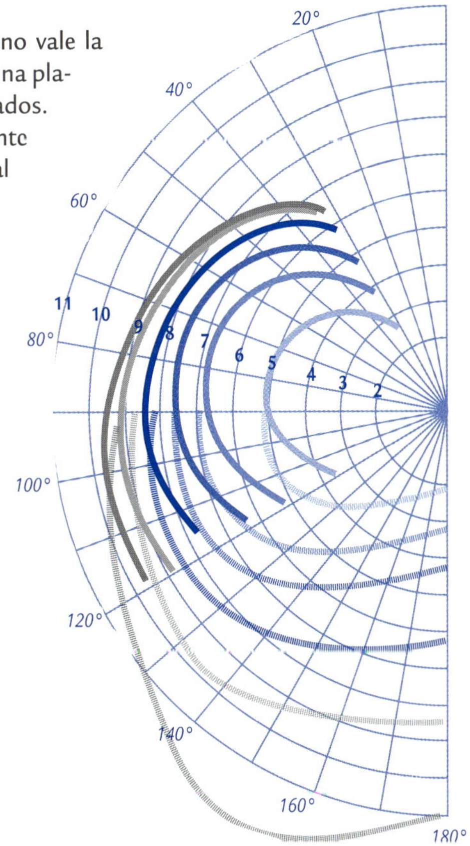

Figura 41: Las polares de un crucero rápido de 13 metros. La ruptura de la curva un poco después del viento de través corresponde al uso del spi.

► Los rumbos óptimos en ceñida y en portante

La polar materializa sobre todo el ángulo más eficaz para remontar en ceñida. Es simplemente el punto más alto de la curva, y por tanto el que asegura la mejor progresión al viento. En francés se habla de «ganancia a barlovento», similar al «barlovento ganado» español, pero los anglosajones han generalizado el término VMG (Velocity Made Good, que puede traducirse por «velocidad útil»). En efecto, en la ceñida la velocidad que marca la corredera no interesa mucho, pues lo único que importa es el resultado conjunto entre esta velocidad y el ángulo de avance contra el viento. La misma noción encontramos en rumbos portantes –se habla entonces de sotavento

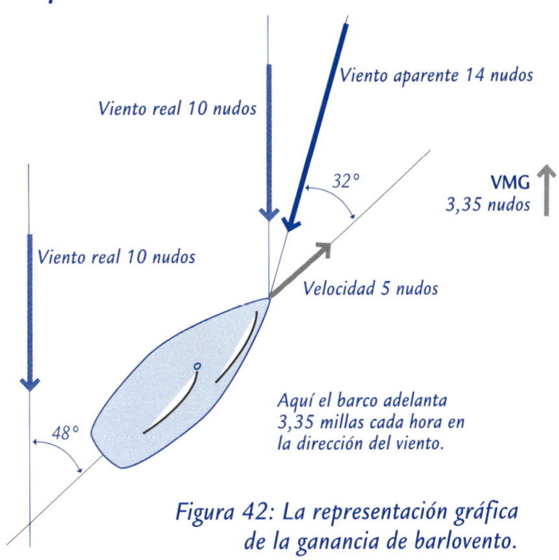

Figura 42: La representación gráfica de la ganancia de barlovento.

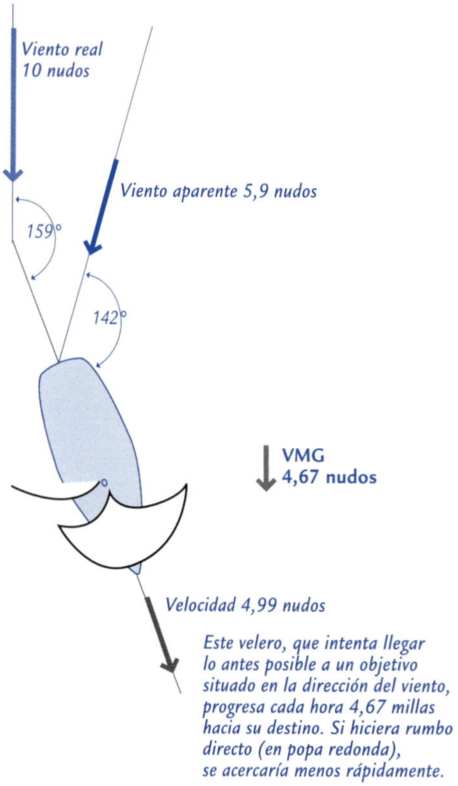

Figura 43: La representación de la ganancia de sotavento.

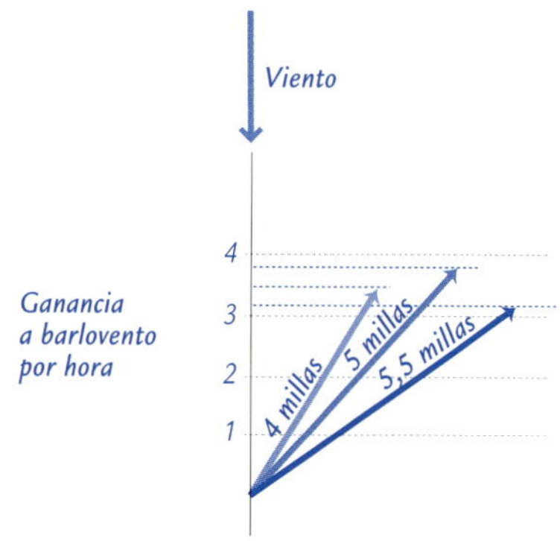

Figura 44: Los rumbos buenos en ceñida y con portantes.

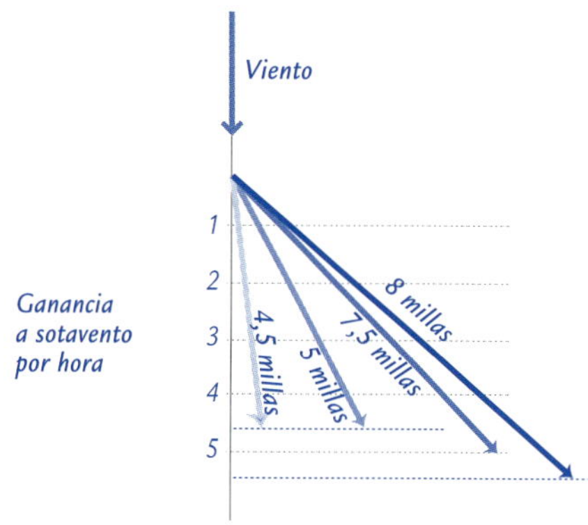

Velocidad del viento en nudos		3	4	6	8	10	12	14	16	20	24	28	32
Habitable ligero de 7,50 m	Ganancia horaria en millas	1,2	1,5	2,2	2,8	3,3	3,6	3,6	3,5	3,4	3,1	2,8	2,5
	Ángulo óptimo	50°	49°	48°	48°	48°	47°	48°	49°	51°	54°	58°	61°
Crucero cómodo de 12 m	Ganancia horaria en millas	1,8	2,3	3,2	4	4,5	4,8	5	5,1	5,3	5,4	5,5	-
	Ángulo óptimo	46°	45°	44°	44°	43°	41°	40°	39°	38°	38°	37°	-
Velero de regata de 10 m	Ganancia horaria en millas	2	2,5	3,5	4,4	5	5,3	5,4	5,5	5,7	5,7	5,8	5,7
	Ángulo óptimo	46°	44°	44°	44°	42°	40°	40°	40°	40°	41°	42°	43°

Tabla 2. La ganancia de barlovento. Rumbos y velocidades óptimas para alcanzar un objetivo situado en la dirección del viento en tres veleros representativos.

Velocidad del viento en nudos		3	4	6	8	10	12	14	16	20	24	28	32
Habitable ligero de 7,50 m	Ganancia horaria en millas	1,6	2,1	3	3,8	4,7	5,5	6,1	6,6	7,5	8,3	9,1	10,1
	Ángulo óptimo	143°	144°	147°	159°	159°	165°	170°	172°	172°	172°	171°	169°
Crucero cómodo de 12 m	Ganancia horaria en millas	1,6	2,1	3,1	3,9	4,8	5,6	6,3	6,9	7,8	8,5	9,2	-
	Ángulo óptimo	141°	142°	144°	145°	145°	158°	165°	171°	174°	174°	174°	-
Velero de regata de 10 m	Ganancia horaria en millas	2	2,6	3,7	4,7	5,7	6,5	7,4	8,2	9,7	11,1	12,7	14,5
	Ángulo óptimo	135°	138°	140°	142°	145°	146°	145°	149°	163°	161°	158°	160°

Tabla 3: La ganancia de sotavento. Rumbos y velocidades preferibles viento en popa en tres veleros representativos.

ganado, o de VMG en portante–, conscientes de que tenemos todas las posibilidades de llegar antes a un destino situado en el eje del viento de popa si no hacemos rumbo directo hacia este punto. La representación gráfica de estas ganancias, con visualización de la diferencia entre el viento real (el que se observa en la punta de la escollera) y el viento aparente (el que sopla sobre la cubierta de un velero que se desplaza y por tanto resta o suma su propia velocidad a la del viento) facilita mucho la comprensión de la noción de rumbos más o menos eficaces.

¿A qué hora llegamos?

Cualesquiera que sean el barco y la forma de abordar la cuestión, el radio de acción de un velero de crucero es modesto. Una cincuentena de millas si uno se quiere mantener dentro de los límites de una etapa diurna (en verano), 120 millas en 24 horas; un poco más si el recorrido se realiza con un viento portante bien establecido, pero mucho menos si hay ceñida o un viento inestable. Si bien influyen de forma importante en la comodidad en la mar, las diferencias de tamaño no conllevan separaciones muy espectaculares a primera vista. Entre un crucero de 7 metros y otro de 15, nos mantendremos por lo general en medias (en un recorrido que incluye cambios de viento) de unos 4 nudos para el más pequeño y de 7 para el mayor. Puede parecer poca diferencia, pero el efecto es mucho más sorprendente cuando se encuentran de lado. Afectará también mucho a la accesibilidad a la barra del bar, pues el barco de 7 metros tendrá todos los números para llegar de noche cerrada –después de la hora de cierre– mientras que la tripulación del «grande» podrá ir de compras a media tarde.

En familias de barcos comparables, los potenciales se escalonarán con bastante regularidad de una punta a otra del abanico en función de su tamaño (el reparto se verá afectado de todas formas por el hecho de que a igual nivel de comodidad hay modelos más logrados que otros). Las diferencias pueden reducirse en recorridos que primen los rumbos portantes, al tiempo que suben las medias de todos los barcos. Y pueden ampliarse –y las medias caer en picado– cuando todos tienen que ceñir. Con un destino situado exactamente en la dirección del viento, un velero de 7 metros tendrá que contentarse a menudo con una ganancia inferior

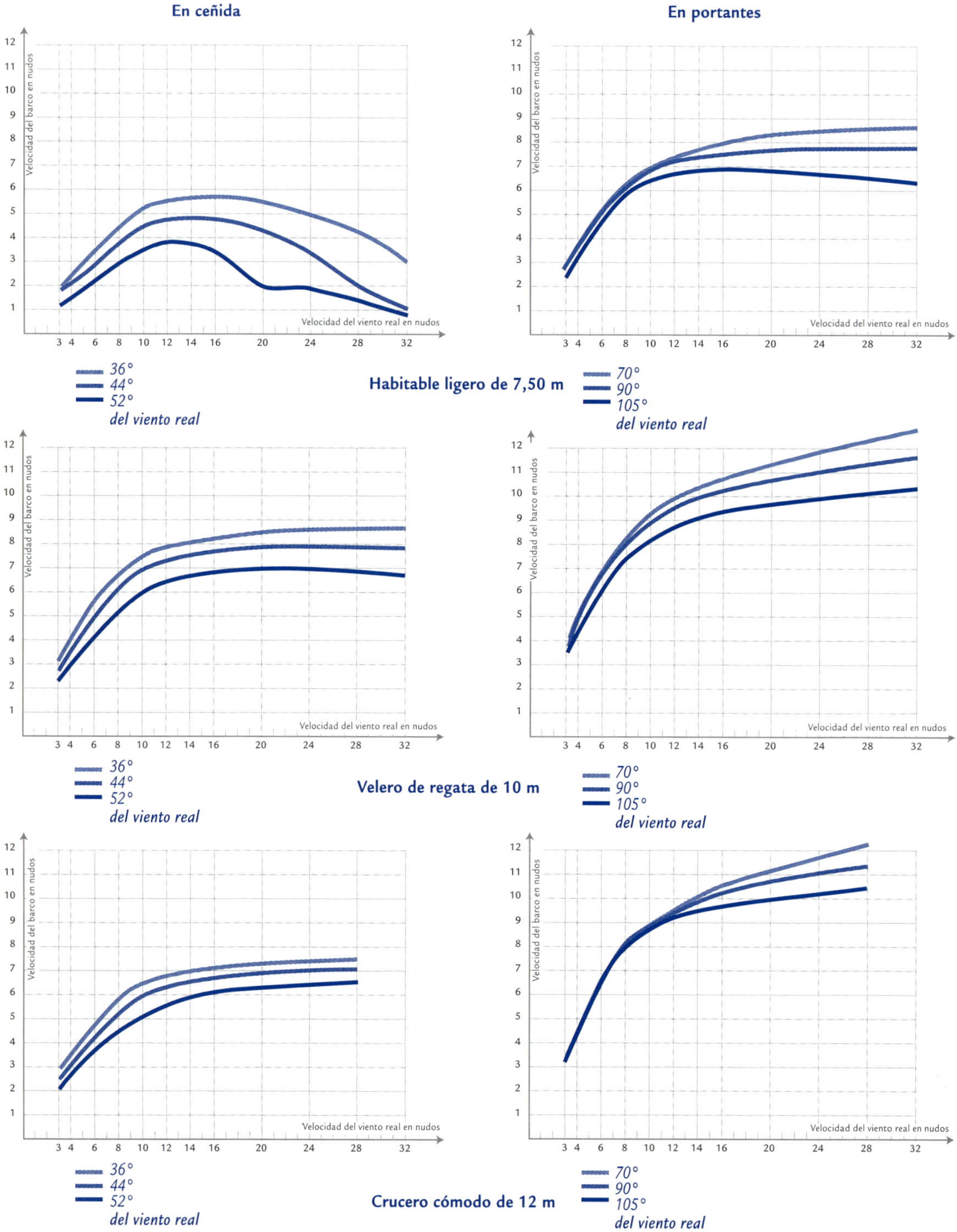

Figura 45: Tres curvas de velocidad para elegir el rumbo óptimo en función de la fuerza del viento.

a 3 nudos sobre la ruta directa (lo que corresponde a una velocidad en ceñida de 4 nudos a 45° del viento, un comportamiento muy digno para un velero de este tamaño). En un barco más pequeño o no muy afinado, esta ganancia caerá fácilmente a unos 2 nudos. En condiciones de viento medio, el grande, gracias a su eslora y a su potencia, puede esperar mantener una ganancia a barlovento de unos 5 nudos. No es, desde luego, un rendimiento propio de los Clase Copa América, que son capaces de escalar 7 millas por hora contra el viento, pero no está nada mal.

> *Cuando viajas, el argumento de la velocidad tiene menos peso, sobre todo para las travesías oceánicas –hacer la travesía en diez días o en quince no cambia gran cosa. Pero para las etapas cortas o para las salidas de día, el razonamiento es, en cambio, muy válido. En Cabo Verde o en el Caribe, hay muchas etapas de un centenar de millas entre algunas islas, y con un barco como Tomcat conseguimos hacerlas siempre en una buena jornada sin tener que navegar de noche, lo que con una tripulación reducida es más agradable.*
>
> **Pierre-Marie Bourguinat**

La relación superficie vélica/peso de los multicascos

Catamaranes y trimaranes están aquí regidos por el mismo principio que sus congéneres de un solo casco. Sus velocidades serán directamente proporcionales a su ligereza y a su superficie vélica. Esto explica que el potencial de un catamarán cómodo de una docena de metros, con un peso de 9 toneladas para un centenar de metros cuadrados de trapo, no tendrá nada que ver con las máquinas de regata capaces de conseguir medias de dos dígitos. Seguramente se situará cerca de las medias de un monocasco medio, menos rápido en ceñida por su volumen y la escasa eficacia de sus planos antideriva, y más rápido con vientos portantes gracias a su capacidad natural de llevar más trapo. En ceñida con viento medio, un catamarán de este tipo sólo podrá hacer un ángulo de entre 50° y 60°, dependiendo de la fuerza del viento y del estado de la mar, con una velocidad de entre 5 y 6 nudos, con lo que no sobrepasará los 3 nudos en barlovento ganado. Al través y a partir de fuerza 4 será en cambio capaz de llegar a medias cercanas, e incluso superiores, a los 7 nudos. Como sucede con los monocascos, este potencial resultará claramente bonificado en barcos más trabajados en el campo de las prestaciones (construcción más cuidada, más ligera, cascos más finos, orzas más eficaces...) manteniendo un buen nivel de comodidad. Respecto del ejemplo anterior, se pierden así 3 toneladas y se gana en velocidad. Con más de fuerza 3, la corredera pocas veces bajará de los 7 nudos (con un ángulo de remontada que se acercará a los 45° y permite una buena ganancia de barlovento) y se situará con facilidad por encima de los 10 nudos en cuanto se puedan abrir las velas.

> *El trimarán anda bien a todos los rumbos, tiene una habitabilidad suficiente y es muy cómodo fondeado, porque no se balancea. No hay necesidad de pasarse dos horas guardándolo todo antes de zarpar, porque se navega relativamente plano (7° de escora). En contrapartida, son barcos que exigen un poco más de atención y de conocimiento que un monocasco clásico. Cuando el viento sube, se navega menos tranquilo que en un monocasco, y cuando se superan los 14-15 nudos no se duerme demasiado bien... La ceñida con viento fuerte es extremadamente desagradable (choques, humedad), pero esto es sobre todo debido al tamaño de mi barco (10 metros para un trimarán es muy poco).*
>
> **Pierre-Marie Bourguinat**

CAPÍTULO 3 - LA SALIDA Y LA LLEGADA A PUERTO

CAPÍTULO 3

Antes de saborear el placer de las largas navegaciones en aguas libres y la magia de los fondeaderos apartados, es imposible librarse de una formalidad a veces comprometedora: salir correctamente... y de paso hacer votos para que la vuelta a puerto sea igual de brillante.

ANTES DE APAREJAR

3.1. LA CURIOSIDAD ES UNA CUALIDAD IRREMPLAZABLE

¿El peor defecto del patrón de un velero? Sin ninguna duda, la pereza intelectual. Vela y navegación figuran entre los campos en los que se sale ganando si se es curioso ante todo, desde las peculiaridades locales a los pequeños detalles escondidos del propio velero; de los trucos de los navegantes del lugar a las manías del comandante del ferry... Cuanto más ampliamos el campo de los intereses, menos peligro corremos de ser pillados por sorpresa. Esto es especialmente cierto en el movedizo perímetro de un puerto, terreno que es, por definición, propenso a las sorpresas.

► *Una verificación en relación con el programa*

La primera reflexión de un patrón puede resumirse en el simple ejercicio de lógica elemental: ¿cuál es el objetivo de la salida? ¿Es un buen momento para salir por los horarios de la marea, las corrientes, el recorrido previsto? ¿La meteorología del momento permite presagiar que haremos esta navegación en buenas condiciones y llegaremos al puerto que tenemos previsto a una hora razonable? Si se trata de una simple salida por los alrededores, ¿hasta qué hora será posible regresar? A esta pequeña lista habrá que añadir, claro está, las comprobaciones de rigor del estado del equipo del barco y de la tripulación. Estas verificaciones serán proporcionales a lo ambicioso que sea el programa elegido; conscientes de todas formas de que, por modesto que sea el programa, un mínimo servicio es indispensable en materia de previsión.

► *La observación del lugar y de las condiciones*

Quien conoce bien el lugar no tiene que torturarse imaginando el recorrido ideal de salida. Basta con conocer la previsión meteorológica y sacar las conclusiones correspondientes para la aproximación a este o aquel punto crítico. El neófito, en cambio, debe prestar más atención al puerto que se dispone a abandonar. El velero que acaba de salir de su amarre es especialmente vulnerable y el peligro de rascar el casco está siempre al acecho, pues el timonel está buscando el camino de salida y los tripulantes se concentran en guardar las amarras.

Para saber dónde se va, lo mejor es mirarlo desde lo alto. No hay nada tan eficaz como un paseo por los muelles y hasta la escollera exterior, para tener una visión de conjunto. Esto permite situar claramente los puntos que pueden resultar complicados: la esquina sin visibilidad, el cruce donde nos unimos al tráfico de pesqueros, el paso estrecho expuesto a las ráfagas... Así podemos prever también el desarrollo de la maniobra: ¿el estado de la mar y la dirección del viento pueden complicarnos la salida por el canal al exterior? ¿El espacio de evolución en la bocana es suficientemente amplio para izar las velas antes de salir? Esta última posibilidad es la mejor siempre que sea posible cuando la mar está movida fuera del puerto: no hay nada tan incómodo como izar velas sin el menor apoyo en un barco a motor que se balancea y cabecea.

Las guías especializadas y las informaciones expuestas en capitanía constituyen también magníficas fuentes de información de las peculiaridades locales.

La apreciación de las peculiaridades del barco

La diferencia entre una maniobra bien realizada y otra absolutamente errada se limita muchas veces a unos pocos grados en el ángulo de rotación, o a un metro de más o de menos en la deriva lateral. Es por ello que el conocimiento preciso de las reacciones del barco es decisivo para el buen proceso de las operaciones. Sabiendo que estas reacciones difieren a veces radicalmente de un modelo a otro, la necesidad de tener el barco por la mano cobra aquí toda su importancia. Ya podemos seguir fielmente las recetas de un manual, que si no las adaptamos a las peculiaridades del velero, los resultados serán decepcionantes.

El barco de ensueño para el maníaco del amarre exacto es el desplazamiento pesado, bien asentado en el agua, con la quilla profunda pero no demasiado larga (para no perjudicar la rotación), con escaso francobordo y poca superestructura, un timón de gran tamaño colocado detrás de una hélice de tres palas tan generosa como la cilindrada del motor. Con un barco de este tipo, dejando de lado que hay que saber parar a tiempo (¡cuidado con la inercia de los pesos pesados!), hasta las maniobras más complicadas constituyen un juego de niños.

Partiendo de este modelo, disminuir el peso, aumentar el volumen del casco y de las superestructuras equivale a ser más vulnerable al viento. Si esto se combina con una potencia débil,

En el momento de la salida, el bote auxiliar dejado en el agua puede ser fuente de sorpresas. En la configuración ilustrada aquí, es preferible amarrarlo en corto contra la proa mientras hacemos la maniobra.

una hélice poco eficaz, un timón demasiado pequeño o que gira mal, es más complicado elegir la trayectoria, hasta el punto de que determinadas maniobras pueden ser imposibles a poco que el viento no venga del lado bueno.

Las hélices plegables, de dos o tres palas, tienen un rendimiento menos eficiente y reaccionan peor durante las maniobras: pero los partidarios de barcos rápidos aceptan normalmente sin problemas esta debilidad relativa por cuanto su comportamiento a vela sale beneficiado (menos resistencia al avance).

En los barcos provistos de una orza o una quilla móvil, la evolución cambia radicalmente según que el apéndice esté en posición baja o alta; en este último caso tendrá un abatimiento más importante y una tendencia a derrapar en los giros. Todo ello son elementos con los que es importante que nos familiaricemos antes de enfrentarnos a maniobras delicadas. Para ello no hay más solución que entrenarnos, entrenarnos una y otra vez, en una zona no demasiado abarrotada; sobre todo verificando cómo reacciona el barco, parado en medio del agua, cuando damos gas, tanto marcha adelante como marcha atrás. El sentido del paso de la hélice determina el lado hacia el que se desplazará la popa cuando arranque. Es también interesante contrastar su capacidad de pararse; es decir, de saber, a una velocidad determinada, cuánta distancia recorre el velero antes de pararse una vez hemos embragado la marcha atrás.

► *La chuleta del patrón*

Antes incluso de poner en marcha el motor, es una buena práctica que el patrón verifique que no se ha olvidado de ninguno de estos puntos:

- Previsión meteorológica.
- Horarios de mareas (tablas para las horas de salida y de llegada, adecuación de estos horarios a las condiciones meteorológicas del momento y posibles corrientes).
- Fuerza y dirección del viento en el exterior, estado de la mar, para prever el rumbo a seguir y las velas a izar, la conveniencia de izarlas antes de salir de la escollera, e incluso la conveniencia o no de ponerse el traje de agua y de asegurarlo todo en el interior.
- Evolución prevista a motor, con la elección del sentido de los eventuales giros o medias vueltas en función de la dirección del viento y del paso de la hélice.

LOS PREPARATIVOS

3.2. UN OJO PARA EL BARCO, EL OTRO PARA LA TRIPULACIÓN

Agua, gasoil, vestimenta: he aquí el abecé del chequeo antes de cualquier salida. Un mínimo que hay que completar en función de la dificultad del recorrido previsto y de las incertidumbres meteorológicas.

> *Hay que prepararse tanto como sea posible, pero sin olvidar que si esperamos a que todo esté listo, no zarparemos nunca. Hay que saber perder, en el momento adecuado, «la lista de cosas pendientes de hacer»; a fin de cuentas, en esos puertos de Dios se pueden encontrar muchas cosas.*
>
> ***Antoine***

La vuelta del propietario

Primera regla: cuidado con las multipropiedades y los multiusuarios. El problema no existe en una flota de alquiler seria, en la que el jefe de la base actualiza el inventario después de cada salida, sino en el marco de un uso privado, cuando varios amigos o miembros de una misma familia comparten un barco por turnos. Ejemplo absolutamente auténtico: se ha visto a uno de ellos intentar desesperadamente zarpar de un pontón, sin saber que su copropietario había hecho desmontar la hélice la semana anterior para repararla. Menos espectacular pero también grave, puede darse el caso de que el botiquín haya sido desembarcado para reponer algunas de sus existencias, o que el tormentín, reparado por el velero, no haya sido devuelto a bordo.

Cada cosa a su debido tiempo; no porque la tripulación sea numerosa hay que embarcar el motor del bote auxiliar, soltar amarras e izar velas todo a la vez.

Los puntos a verificar en un crucero

Aunque hay que completarla en función de las peculiaridades del barco y de las condiciones, esta lista permite seguir un hilo conductor para no olvidarse de nada esencial.

- Motor: cantidad suficiente de carburante, nivel de baterías, apertura de la llave de paso del agua de mar del circuito de refrigeración, buen funcionamiento del cambio de marchas.
- Acastillaje y aparejo: drizas, escotas y amantes de rizo en buen estado y repasados; como mínimo dos manivelas de winche a bordo, cabo de control del enrollador correctamente colocado en el tambor, obenques ajustados y tensores bloqueados.
- Seguridad: ausencia de entradas de agua sospechosas, material de seguridad completo guardado en los lugares conocidos por todos, linterna con pilas de recambio.
- Navegación: cartas de la zona y horarios de marea.

La preparación de la tripulación

Afecta ante todo al equipo personal, conscientes de que incluso en verano y con buen tiempo es aventurado salir a mar sin un jersey y una chaqueta de agua. Fuera de temporada, o si se anuncia mal tiempo (y si la navegación debe prolongarse varios días), son imprescindibles, excepto en climas especialmente soleados, ropa de recambio, pantalón de agua y botas. La falta de ropa apropiada en nuestras aguas templadas se traduce irremediablemente en un dilema poco agradable para cualquier tripulante novato: o pasar frío en cubierta o marearse en el interior.

En cuanto a la navegación, es aconsejable que el reparto de las tareas al aparejar sea más claro cuanto menos experimentada sea la tripulación. ¿Quién suelta las amarras? ¿Quién se encarga de la mayor si debe izarse antes de salir de puerto? Cada uno debe saber qué tiene que hacer y dónde debe colocarse para no molestar durante la maniobra ni exponerse a una lesión. Hay que tener especial cuidado con las piernas que cuelgan al exterior del casco (las fracturas de los miembros inferiores figuran entre los traumatismos más frecuentes en el interior de los puertos) y a las cabezas expuestas a los movimientos inoportunos de la botavara. Es perfectamente admisible durante la maniobra recluir a los «inactivos» -y sobre todo los niños pequeños- en la parte más tranquila de la bañera, o incluso en el interior.

Dos fuentes de problemas en las evoluciones en puerto: un génova mal doblado en la proa y niños en cubierta.

LOS MISTERIOS DE LA EVOLUCIÓN

3.3. UNA SIMPLE CUESTIÓN DE SENTIDO COMÚN

En un mundo en que los vientos y las corrientes hubieran desaparecido de los puertos, las maniobras de amarre y salida se reducirían a un juego de niños. Excepto el peligro de no saber pararse como consecuencia de una velocidad excesiva, no se ve qué podría estropear esta fase decisiva del crucero. Para evitar que los navegantes caigan en la rutina y los mirones puedan aburrirse, en la realidad –¿afortunadamente?– ocurre todo lo contrario. Pero si el viento hace lo que puede para animar los pontones, sólo es realmente temible para las tripulaciones que no se fijan lo suficiente en él. Excepto en caso de temporal o de situaciones excepcionales, es raro que no se pueda encontrar la manera de adaptar la maniobra para que tengamos que luchar contra el viento lo menos posible, o incluso que no podamos aprovecharnos de él.

«

He aquí los errores que constato más a menudo en las maniobras de puerto:

- *No tener en cuenta el viento en las maniobras a motor.*
- *Dejar un cabo que se arrastra por el agua y puede engancharse con la hélice.*
- *Querer meterse sistemáticamente popa a muelle.*
- *Utilizar un bichero para «empujar» un obstáculo.*
- *Preparar las amarras en el último momento.*
- *No girarse para estar en el sentido de la marcha cuando el barco va marcha atrás.*
- *Ir demasiado despacio en las maniobras.*
- *Meter la marcha atrás demasiado cerca del lugar donde queremos colocarnos.*

Gilles Barbanson

»

► *Los reflejos de base*

Tanto si se trata de zarpar como de llegar, el gesto esencial del timonel debe ser el mismo: un vistazo a las veletas de los barcos vecinos, y otro a la superficie del agua. El primero permite verificar la dirección real del viento en el lugar adonde vamos (que puede ser distinta de la observada en nuestra posición actual, pues las construcciones del puerto suelen generar corrientes de aire en todos los sentidos); el segundo, apreciar la acción del viento en la superficie y controlar la presencia o no de corriente alrededor de los barcos amarrados; todo ello sin olvidar que un agua absolutamente tranquila es un buen síntoma, pero no garantiza forzosamente que no haya corrientes de aire un metro más arriba. Objetivo: evaluar lo mejor posible los efectos perturbadores que se ejercerán sobre el casco durante la evolución y combinar estas informaciones con el conocimiento del barco para deducir la trayectoria más segura.

► *Mantener velocidad*

Al contrario de lo que sucede en un coche, o en un ferry con diversos propulsores, el velero con motor auxiliar sólo puede dirigirse con precisión si lleva un poco de velocidad. Si ésta es nula, el timón no actúa y es probable que el barco salga en una dirección no deseada cuando se acelera. Una de las bases del éxito es por tanto conservar suficiente arrancada para que la caña responda bien, arrancada que podemos dosificar en función del tiempo. Es perfectamente posible reducirla a 1 nudo en un agua encalmada y sin viento, pero será imprescindible jugar con el máximo autorizado (normalmente 3 nudos) en días de fuerte viento en una zona muy expuesta, a poco que la configuración del puerto lo permita.

Sin embargo, sucede que a veces nos vemos obligados a pararnos, cuando tenemos que dar media vuelta entre dos pontones, por ejemplo. Esto no plantea problemas si medimos bien el impulso de cada fase de la rotación y si anticipamos correctamente las reacciones del barco a cada acelerada, en función del paso de la hélice, del viento y de la posición del timón.

► *Jugar con el viento*

Excepto por el hecho de que disponemos de una manecilla que nos permite remontar exactamente contra el viento, vale la pena conservar los reflejos de navegantes a vela cuando vamos a motor: si el viento llega de un lado, abatiremos hacia el otro; viento de cara: nos paramos; viento en popa: no nos pararemos... Hay que pensar también en que la proa siempre tendrá tendencia a deslizarse hacia sotavento y que, de la misma forma que algunas viradas a vela son especialmente laboriosas, a veces es imposible lograr que el barco «orce» hasta colocarse proa al viento si no tiene suficiente velocidad.

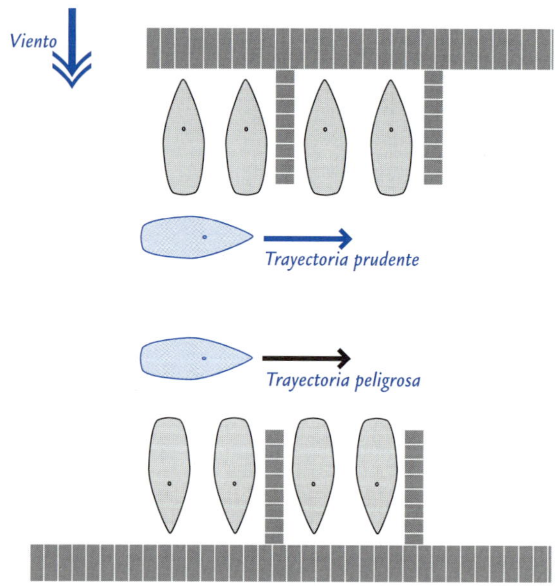

Figura 3.1: El peligro siempre está a sotavento. Principio básico de un rumbo seguro: mantener un margen a sotavento (o del lado adonde nos empuja la corriente).

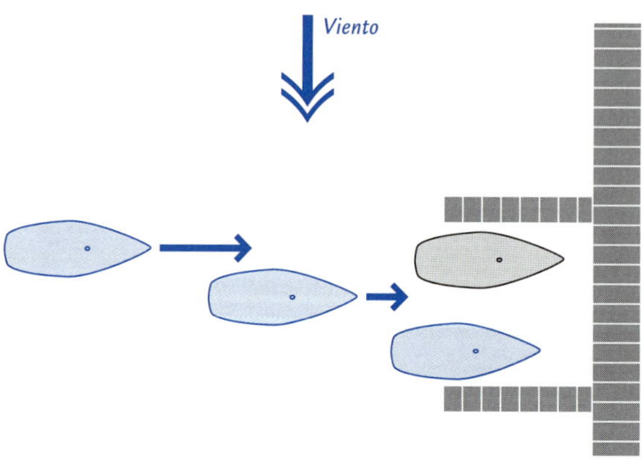

Figura 3.2: Hay que tener en cuenta el abatimiento. Para deslizarse en un espacio estrecho con el viento (o la corriente) de través, no hay que dudar en apuntar a barlovento del sitio; el abatimiento hará el resto.

Estos principios de sentido común bastan para evitar casi todos los errores y mantener buenos reflejos en casi todas las circunstancias. Por ejemplo, colocarse más cerca del pontón de barlovento cuando tenemos el viento por el través entre dos pontones; o no pegarnos contra el muelle al que queremos amarrarnos cuando el viento nos echa contra él (el viento acabará la tarea haciendo abatir el barco); y al revés, pegarnos todo lo posible a él si el viento sopla de allí. De la misma forma, habrá que concluir que para meternos en un sitio estrecho entre una pasarela y otro barco, con un viento del través, habrá que apuntar a un punto a barlovento del eje del lugar para poder deslizarnos en el interior sin chocar.

En una zona de fondeo más o menos organizada (bocana de un puerto, bahía con numerosas balizas), es siempre preferible pasar a sotavento (o a «sotacorriente» si ésta es más significativa) de un barco para no arriesgarse a engancharse con su cabo de fondeo.

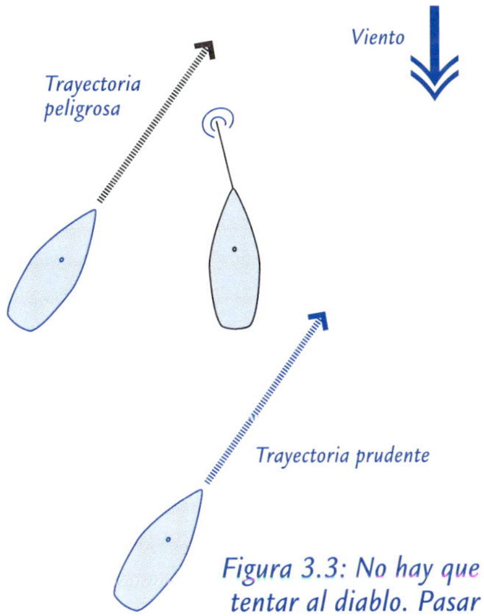

Figura 3.3: No hay que tentar al diablo. Pasar a popa del barco fondeado en vez de por proa es un sabio reflejo; sobre todo si vamos a vela y con poca velocidad.

Extremidades peligrosas

En sus evoluciones, el velero pivota alrededor de un eje de rotación situado aproximadamente en medio de su plano de deriva (por tanto, cerca del centro del barco en la mayoría de los casos). Esto significa que, en un giro, la proa y la popa se desplazarán hacia un lado y hacia el otro del eje del barco. Es un dato esencial, sobre todo por lo que afecta a la popa. Si metemos caña a fondo cuando el barco navega pegado a un muelle, tenemos muchas posibilidades de que la aleta choque contra la pared. Si tenemos poco espacio, la única solución es meter caña con un ángulo pequeño (de esta forma, el desvío de la popa es limitado).

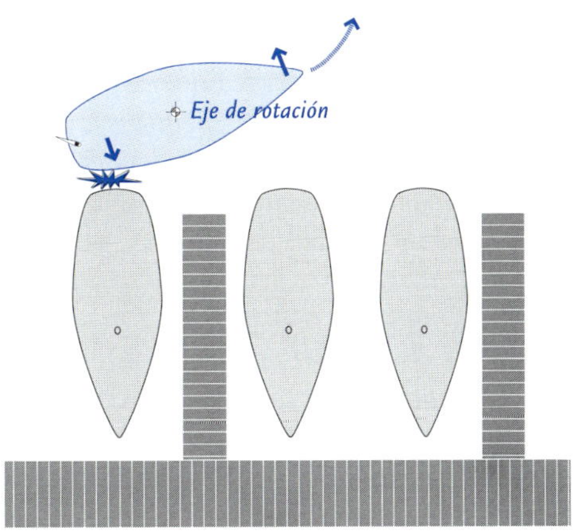

Figura 3.4: Cuidado con la popa y la proa. Un barco no gira como un coche: sus extremos pivotan alrededor del eje de rotación y «barren» generosamente alrededor.

La relación entre el timón y la hélice

La posición del timón respecto de la hélice influye en la capacidad de evolución del barco. Una posición pegada a la hélice favorece la rotación a baja velocidad, incluso estando el barco parado. En efecto, al desviar el flujo de agua producido por la hélice, el timón ayuda a pivotar hacia un lado o hacia el otro. Es conveniente sin embargo no sobreestimar este efecto, que no tiene nada que ver con el que puede observarse en los barcos comerciales provistos de verdaderas turbinas orientables.

Figura 3.5: El desvío del flujo de la hélice –embragada marcha adelante– por el timón permite hacer pivotar el barco, incluso sin velocidad. Cuidado: esto no funciona con algunas unidades antiguas cuyo timón pegado al codaste se encuentra delante de la hélice.

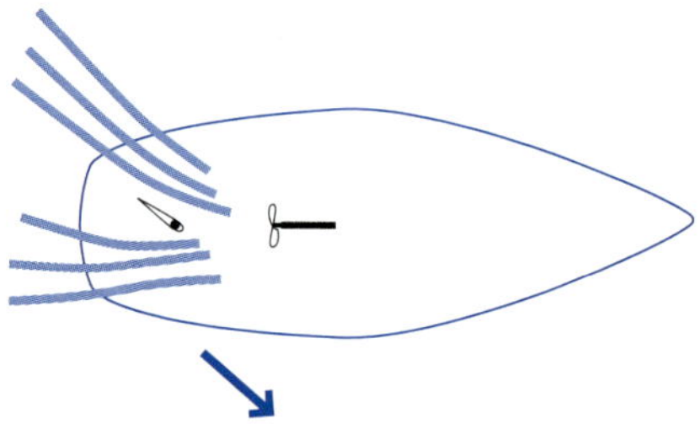

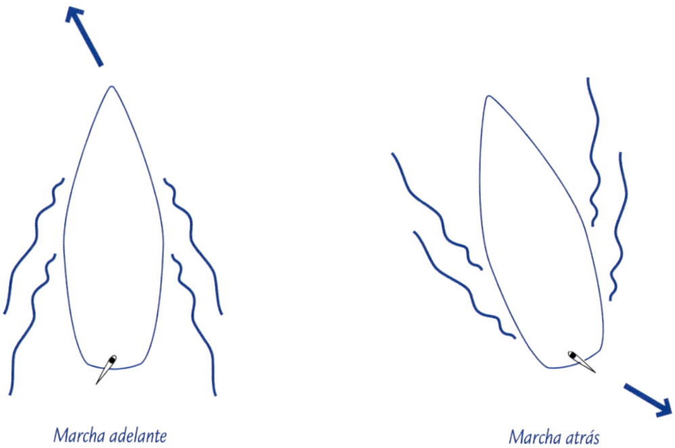

Figura 3.6: Invertir la caña al dar marcha atrás. Para acabar el movimiento de rotación en un espacio reducido, dando alternativamente marcha adelante y marcha atrás, hay que pensar en invertir la posición de la caña, pero sólo cuando el movimiento del barco se ha invertido.

Un barco con dos timones no se beneficia de este efecto de desvío y su radio de giro es normalmente mayor que el del que tiene un solo timón.

La otra interacción básica que hay que dominar es la de la posición del timón respecto del sentido de desplazamiento. En una maniobra de rotación, cada vez que invertimos la marcha, hay que invertir la caña, ¡pero no antes de que el sentido del desplazamiento haya cambiado! La orientación de la caña no debe determinarse en función de la posición hacia delante o hacia atrás del cambio de marchas, sino del sentido real del desplazamiento del casco sobre el agua.

► *Del uso del acelerador y del paso de la hélice*

Si la hélice se limitara a producir una propulsión hacia delante, las cosas serían más sencillas. Pero sucede que además genera una fuerza lateral relacionada con el sentido de su rotación, lo que se denomina paso de la hélice. Con un paso de hélice a la derecha (con marcha adelante, la hélice da vueltas en el sentido de un reloj), la popa se desplazará a estribor marcha adelante, y a babor marcha atrás. Y viceversa con un paso de hélice a la izquierda. Poco perceptible navegando, este desvío es básico en las maniobras de puerto, cuando el barco arranca o se mueve a escasa velocidad. Si se ha previsto correctamente la maniobra, sus efectos nos la facilitarán. Ejemplo práctico: acercarse oblicuamente para atracar por babor, y acabar la maniobra con un acelerón hacia atrás, lo que –con un paso de hélice a derecha– nos pegará

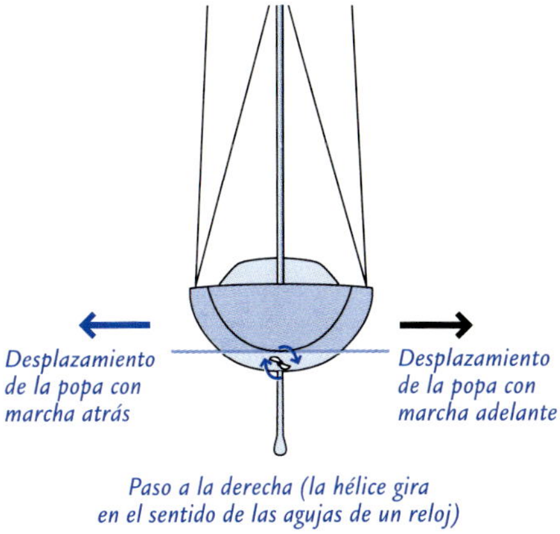

Figura 3.7: El efecto del paso de la hélice. Paso a la derecha (la hélice gira en el sentido de las agujas de un reloj). Para memorizar el efecto del paso, basta con imaginarse la hélice como una rueda que progresa en un sentido o en otro sobre el fondo.

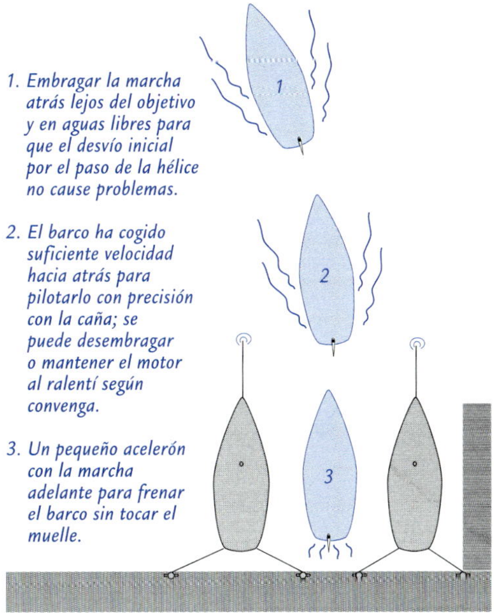

Figura 3.8: Atracar marcha atrás desde lejos.

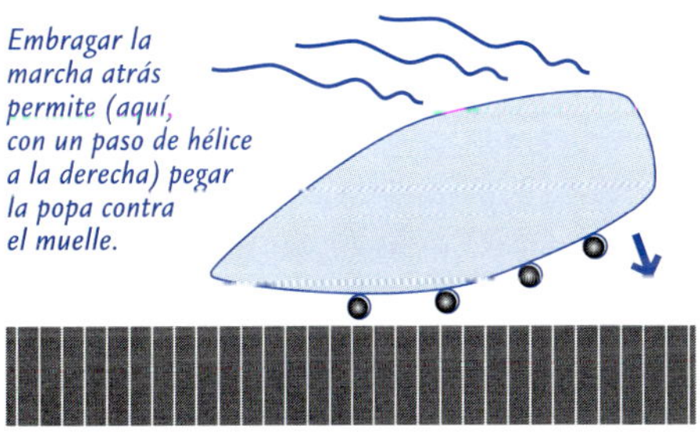

Figura 3.9: Aprovechar el efecto del paso de la hélice al atracar.

El barco puede controlarse marcha atrás sin problemas en este estrecho pasillo de barcos porque avanza en punto muerto aprovechando la arrancada del principio.

Llegada marcha adelante en giro, seguido de un enérgico acelerón marcha atrás cuando el barco aún está oblicuo. Se colocará derecho gracias al efecto del paso (reservado a quienes dominan bien el barco).

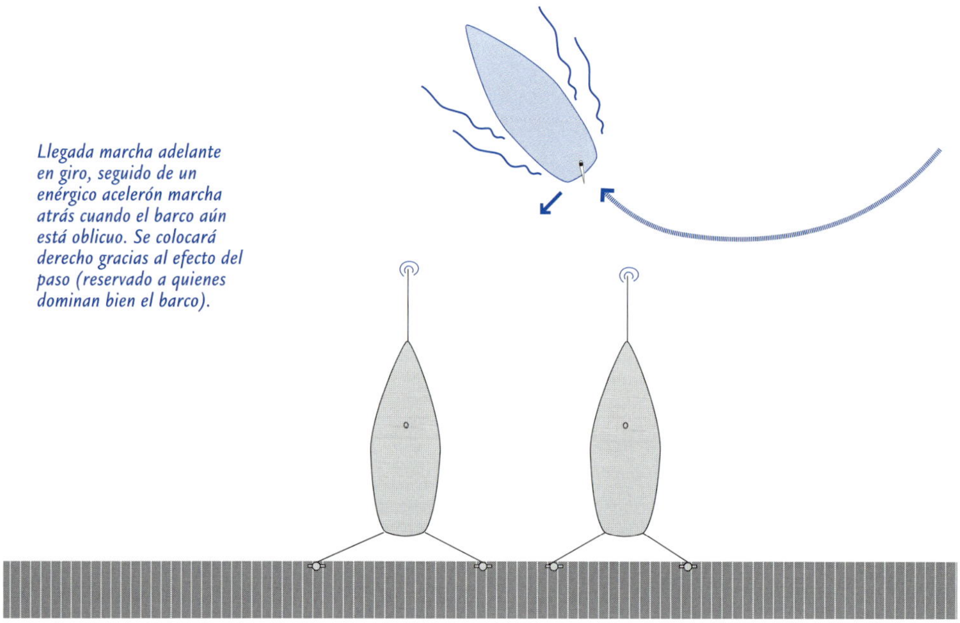

Figura 3.10: Atracar marcha atrás desde muy cerca.

el costado al pontón. Si optamos por amarrar a estribor con el mismo barco, sucederá todo lo contrario: la popa se alejará del pontón.

Si tenemos que girar a la contra, hay forma de minimizar los nefastos efectos del paso de hélice jugando con el acelerador. Lo mejor es dar gas con fuerza -a riesgo de sufrir momentáneamente un efecto fuerte- para aprovechar después la inercia, con el motor desembragado, sin tener que preocuparse ya por el paso de hélice. Por otra parte, es así como hay que proceder marcha atrás cuando se requiere un poco de precisión: empezar en una zona despejada para que el barco pueda coger suficiente velocidad antes de llegar a la zona complicada y deslizarse después perfectamente guiados por la caña. El timonel puede colocarse entonces de cara a popa para controlar mejor la dirección, pero cogiendo muy fuerte la caña, pues al estar el eje del timón en el mal sentido, el timón tiene tendencia a cambiar de golpe de un lado a otro.

Por lo general, manejar con suavidad la manivela del gas no sirve de nada. Cuando se pasa de marcha adelante a marcha atrás, y viceversa, no hay que dudar en dar enérgicos latigazos para que la hélice agarre y el barco reaccione.

¿Hay un sentido de rotación bueno?

Cuando se trata de dar media vuelta entre dos pontones y el espacio es demasiado estrecho para dar la vuelta seguida, sin parar, hay que proceder por etapas, alternando acelerones marcha adelante y marcha atrás. El principio consiste en desviarse hacia un lado antes de girar el timón a fondo para girar hacia el otro lado (pero cuidado con el barrido de la popa). En cuanto la proa se acerca a los barcos amarrados en el otro pontón, se invierte la marcha (y la caña, en cuanto ya no hay arrancada) para continuar la rotación; y así sucesivamente, tantas veces como sea necesario para colocarse a 180 grados del rumbo inicial.

Figura 3.11: Media vuelta cerrada.

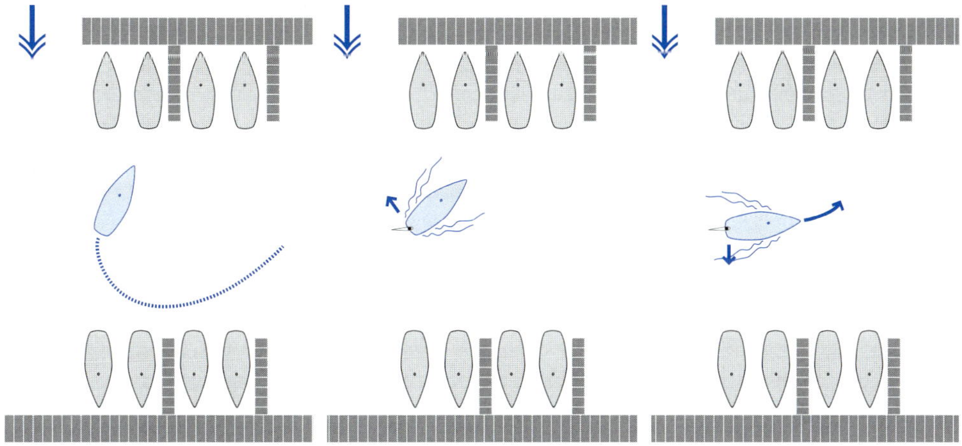

Girar con la inercia de la forma más cerrada posible.

Embrague marcha atrás con desvío a babor debido al paso de la hélice, que ayuda a acabar la rotación. Inversión de la caña.

Embrague marcha adelante (y si el barco ha caído a sotavento, el paso de la hélice hacia delante lo ayudará a apartarse). N.B.: En algunos barcos, serán necesarios varios acelerones adelante-atrás para acabar la rotación.

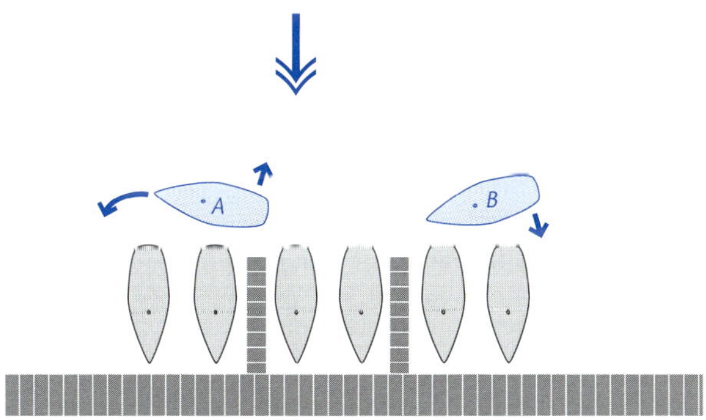

Con un paso a derecha, este barco nunca podrá evitar la colisión:
- *Embragando marcha adelante (A), girará a babor y por tanto se echará sobre el peligro.*
- *Embragando marcha atrás (B), el desvío de la popa a babor hará lo mismo, y el viento pondrá el resto.*

Figura 3.12: Las opciones seguras y los callejones sin salida.

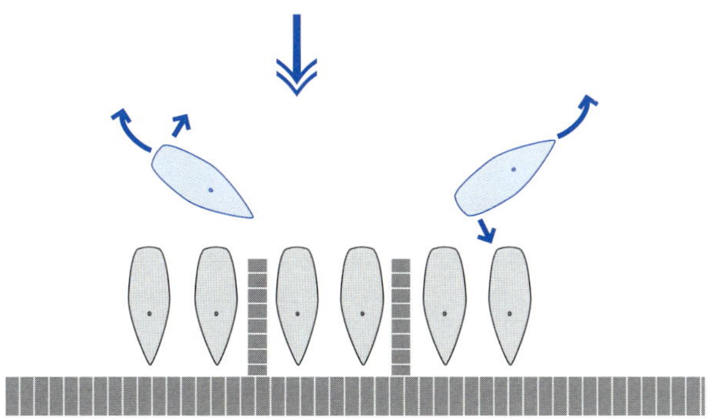

Colocado en sentido inverso, las dos opciones (adelante o atrás) le habrían permitido apartarse eficazmente.

Teóricamente no hay un sentido del paso de la hélice más favorable que otro, pues si uno contribuye a facilitar la rotación marcha adelante, la perjudicará en cuanto se pase a marcha atrás, y viceversa.

La diferencia estribará en la proporción de uso que se hará de una y otra durante la maniobra. Esto depende tanto de las condiciones locales como de las reacciones del barco. En un modelo en el que la marcha atrás es poco eficaz, se podrá optar por usarla como freno, pero no como elemento propulsor.

La experiencia demuestra sin embargo que muchas veces es más fácil girar optando por el lado malo (el contrario al paso de la hélice) marcha adelante. El principio del giro se hace en efecto con el barco arrancado, y por tanto sin el efecto perturbador del paso de la hélice, y basta para asegurarnos al menos los primeros 100° del giro. El posterior desvío favorable de la hélice marcha atrás puede bastar para acabar el movimiento a la primera.

Es una alquimia en la que no hay que dudar en revisar la fórmula en función del viento que sople en este momento. La única necesidad absoluta es evitar un callejón sin salida; es decir, el que nos coloca cerca de un obstáculo a sotavento, con una sola opción de marcha posible (marcha adelante o marcha atrás), y donde el desvío del paso de la hélice correspondiente a esta opción nos echa precisamente contra el obstáculo.

Maniobrar un multicasco

A poco que esté provisto de un motor en cada casco (como es el caso en la mayoría de modelos confortables a partir de 10 metros), el catamarán de crucero exhibe una paradoja curiosa: pese a su inquietante tamaño, es aún más fácil de maniobrar que un monocasco. La capacidad de rotación gracias a la combinación de los dos motores (con uno marcha adelante y el otro marcha atrás, pivota casi sobre sí mismo) permite salirse de apuros en casi todas las situaciones. Esto no significa que se pueda maniobrar de cualquier manera: la colosal superestructura y la consiguiente resistencia al viento implican que siempre hay que guardar un poco de margen lateral.

La otra ventaja del catamarán es simplemente su forma rectangular, mucho más fácil de reposar de forma estable contra un pontón o un muelle. Incluso nos podemos permitir colo-

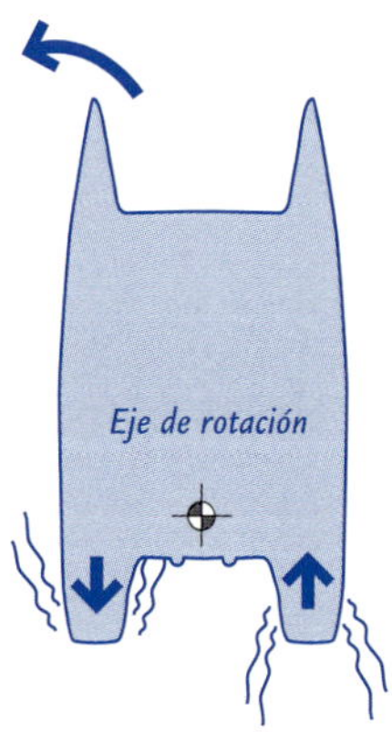

Babor atrás, estribor adelante, gira sobre sí mismo hacia la izquierda.

Figura 3.13: La rotación de un catamarán.

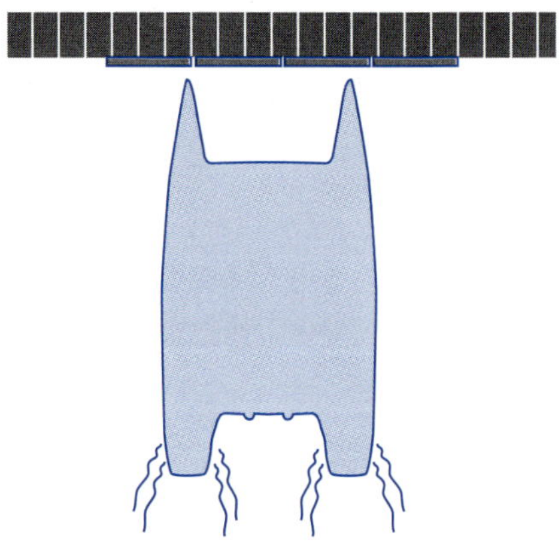

¡Incluso sin necesidad de amarras! Motores embragados suavemente, se aguanta solo contra el pontón.

Figura 3.14: Inmovilizado sin amarras.

carlo temporalmente con las dos proas (¡protegidas!) contra un pontón, con los motores suavemente embragados marcha adelante, pues se aguanta solo y nos da tiempo, incluso en solitario, de organizarnos tranquilamente para colocar las amarras.

Con los catamaranes más pequeños, o más deportivos, dotados de un solo motor fijo o de un fueraborda central, sucede todo lo contrario, pues reúnen todos los inconvenientes: volumen impresionante y motorización poco eficaz. La consecuencia es una maniobrabilidad bastante aleatoria, agravada por el hecho de que la ergonomía de la maniobra (sobre todo en el caso de un motor fueraborda) a menudo es deficiente. Los principios generales de dirección de la maniobra son entonces los mismos que para cualquier otro barco, pero con un comportamiento más difícil y una forma de uso que hay que improvisar prácticamente a medida de cada modelo.

Con su motor central, fijo o fueraborda, el trimarán de crucero no es en absoluto mejor: su comportamiento en el agua es idéntico al de un monocasco, pero con el volumen de un multicasco. Los pequeños trimaranes de estructura plegable resuelven parcialmente el problema del volumen, pero a costa de una ergonomía poco favorable, con un acceso aún más difícil de la bañera al pontón y una evidente dificultad para colocar convenientemente amarras y defensas.

Motores fueraborda y hélices de proa

A los motores fueraborda no les faltan inconvenientes (manutenciones pesadas, mala accesibilidad a los mandos, menor eficacia con mar formada y peligro de cavitación, estética dudosa...), pero también tienen sus ventajas. Además de la ligereza y de la economía, permiten una precisión de maniobra interesante gracias a su facultad de pivotar y por tanto de desviar la popa a un lado o a otro según convenga. Eso permite corregir eficazmente una maniobra mal iniciada, despegarse fácilmente de un pontón en oblicuo (incluso si está expuesto al viento) y en general olvidarse de las molestias unidas al paso de la hélice de un motor fijo. Pero sólo se puede sacar partido de estas ventajas si los mandos están situados a mano del timonel y le permiten accionar el motor sin perder el control de la caña.

Finalmente, atención al seguro de la inclinación del motor: buena parte de las maniobras acaban como el rosario de la aurora a causa del cierre automático mal asegurado en posición baja (el motor se levanta en cuanto se embraga la marcha atrás).

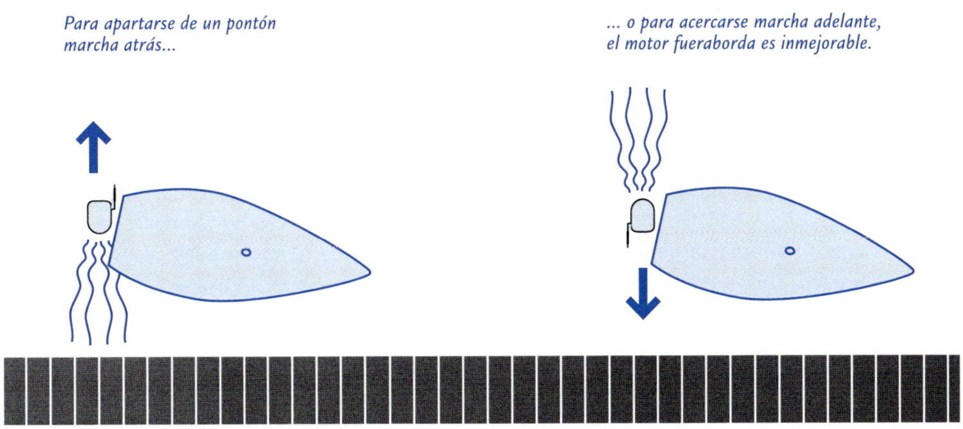

Figura 3.15: El fueraborda: una máquina que lo hace todo.

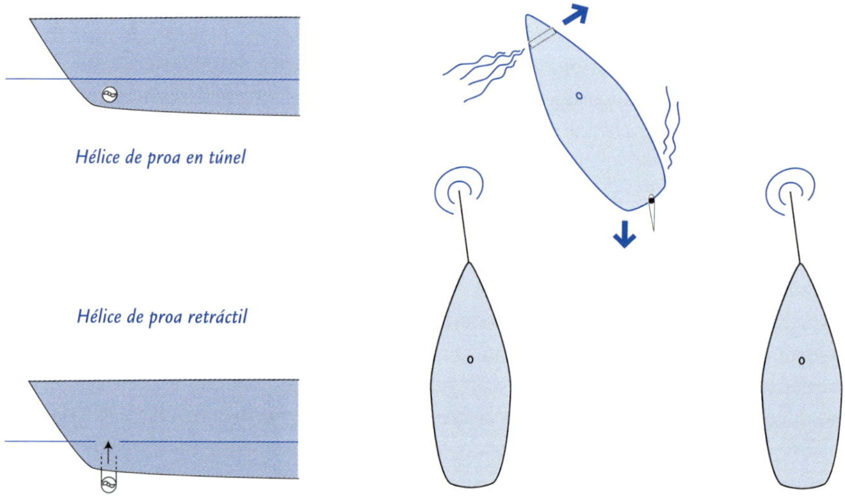

Figura 3.16: En los grandes monocascos, la hélice de proa permite corregir una maniobra mal iniciada.

La hélice de proa sólo es verdaderamente indispensable en las grandes unidades de crucero. Esto no impide generalizarla en modelos de serie de 13 a 16 metros. Aporta una comodidad de uso indiscutible, al asegurar más fácilmente las evoluciones en espacios reducidos y salirse de algunas situaciones difíciles. ¡Pero cuidado con no olvidar las bases de la maniobra, pues incluso la hélice de proa puede ser incapaz de corregir una maniobra demasiado mal iniciada!

LOS ESCENARIOS TÍPICOS

3.4. MÁS FÁCIL EN EL ATLÁNTICO QUE EN EL MEDITERRÁNEO

Los procedimientos de salida y llegada dependen mucho de la configuración de los equipamientos portuarios. En este sentido, quienes navegan por el Mediterráneo, que tienen que vérselas con las dichosas guías, salen más malparados que quienes se mueven por las zonas del mar del Norte, la Mancha o el Atlántico. Un principio que no debe olvidarse jamás cuando se entra en un puerto desconocido: si se tiene la menor duda sobre la accesibilidad de las distintas zonas, se amarra en la más fácil y segura, antes de ir a informarse tranquilamente sobre cómo proceder a continuación, ¡excepto, claro está, cuando está indicado que el transbordador local atraca exactamente aquí dentro de 20 minutos!

Antes de soltarlo todo

Aunque el motor en realidad no se caliente (un «calentamiento» de verdad implica embragar unos diez minutos a pocas revoluciones, lo que no siempre es conveniente en determinados lugares), como mínimo hay que dejar que el motor funcione en vacío algunos minutos antes de largar amarras, aunque sólo sea para estabilizar el régimen (sobre todo si el motor no ha funcionado durante cierto tiempo) y comprobar que el circuito de refrigeración funciona correctamente (expulsión regular de agua clara por un lado).

En un barco con hélice de palas móviles, hay que jugar con el inversor (adelante, atrás) para estar seguro de que las palas están bien desplegadas. Zarpar directamente marcha atrás sin comprobar este punto es exponerse a encontrarse a la deriva en un barco cuyas palas siguen desesperadamente pegadas a su eje.

La sincronización indispensable entre caña y amarras

Tanto al zarpar como al regresar, el manejo de las amarras debe acompañar las intenciones del timonel y el movimiento lógico del barco, nunca contrariarlos. En el momento de la salida, lo importante es que las amarras que quedan no obstaculicen la maniobra (o están pasadas en doble preparadas para que puedan correr sin atascarse, o ya están sueltas y un tripulante aguanta el barco desde el pontón). No hay nada peor que una amarra mal preparada que bloquea el barco cuando éste empieza a coger velocidad: se atravesará y al final chocará contra los barcos vecinos.

Esto aún es más cierto cuando se amarra en paralelo a un pontón o a un muelle. Si el tripulante que baja con las amarras tiene que frenar el barco, debe hacerlo con la amarra que mejor respete la orientación decidida por el timonel; y por consiguiente la amarra de popa que se opone de forma bastante equilibrada al sentido de la marcha del barco. El tripulante bien intencionado pero poco dotado para la física que caza enérgicamente la amarra de proa cuando el barco aún tiene arrancada hará que su timonel parezca un torpe incorregible e incluso provocará un desastre (tirado de proa, empujado por la popa, el barco se atravesará y la proa chocará contra el muelle).

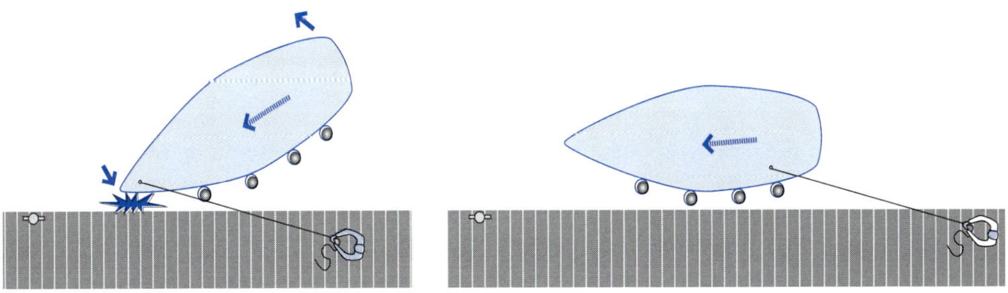

Mal: la proa está frenada cuando la popa todavía empuja, el barco se atravesará y chocará contra el muelle.

Bien: Las fuerzas están prácticamente en el eje del barco, que se mantendrá aproximadamente en paralelo al muelle.

Figura 3.17: Frenar un barco junto a un muelle.

Salida y regreso a una pasarela

Es el caso más sencillo. Se sueltan las amarras que no son indispensables con antelación; y cuando todo está listo, se da un fuerte acelerón con la marcha atrás controlando el timón, mientras uno o dos tripulantes comprueban que las amarras no se arrastran por el agua y ayudan a guiar el barco entre la pasarela y el barco vecino. No falta más que poner marcha adelante cuando sea posible y dirigirse hacia la salida sin descuidar en ningún momento los barcos que pueden surgir de cualquier lugar.

Antes de izar la mayor:
- *Colocarse a sotavento de la dársena para tener el máximo espacio posible para remontar proa a viento a poca velocidad (y sobre todo no verse obligado a arribar antes de que la mayor esté completamente izada).*
- *Colocarse exactamente proa a viento.*
- *Amollar la contra y la escota de la mayor.*

Tanto al salir como al regresar, es aconsejable mantener la driza de la mayor en el puño de la vela durante las evoluciones a motor a fin de poder izar en caso de problemas (motor que se para, cabo enredado en la hélice...).

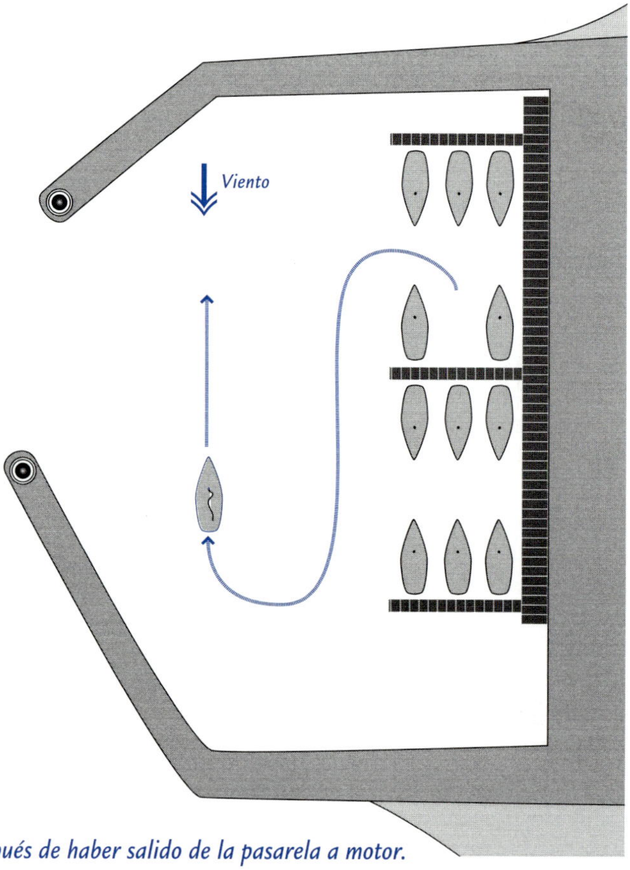

Figura 3.18: Izar en la bocana después de haber salido de la pasarela a motor.

A la vuelta, sólo se trata de apuntar bien (sobre todo si el viento sopla de través al eje del sitio) y dosificar la velocidad (sobre todo si el viento sopla de popa al amarre).

► *Maniobrar a lo largo de un pontón*

Estar amarrado en paralelo a un pontón largo y compacto parece erróneamente como la situación más fácil de controlar. No está tan claro cuando se trata de salir, sobre todo si el viento sopla contra el muelle. El problema consiste precisamente en separarse sin rascar el casco más de lo debido ni chocar contra los barcos amarrados a proa o popa. Con viento en calma o en un barco pequeño, basta con empujar con fuerza (sin olvidarse de subir a bordo inmediatamente después). Pero si éste no es el caso, hay que actuar con astucia. Primer nivel de dificultad: conformarse con usar el paso de la hélice. Por ejemplo, si se está amarrado a estribor con un paso de hélice de derechas, se puede intentar salir marcha atrás. La caña a fondo en estribor, el paso de hélice desplaza la popa a babor con marcha atrás y permite que el barco salga en oblicuo, si el viento es flojo y no hay ningún barco demasiado cerca por popa. Si es necesario un remedio más enérgico, hay que pasar a la técnica denominada «del punto fijo». Se deja un spring pasado en doble entre el pontón y la popa y se colocan numerosas defensas en la parte posterior de la borda, que entrará en contacto con el pontón; se embraga suavemente marcha atrás y se espera. Bajo el efecto conjunto del motor y del punto

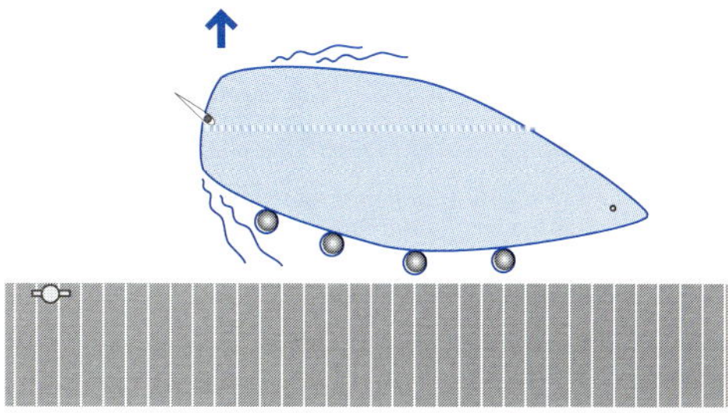

Ayudarse del paso de la hélice para salir del pontón marcha atrás (sin punto fijo).

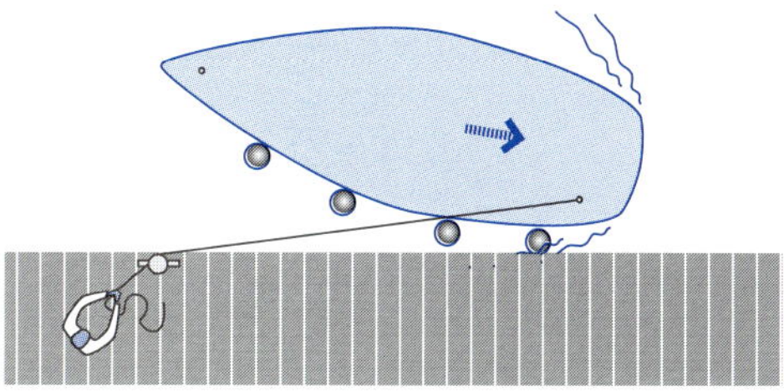

Aguantado por su amarra, motor embragado marcha atrás, el barco pivotará, la proa se apartará del pontón hasta que sea posible alejarse directamente marcha adelante.

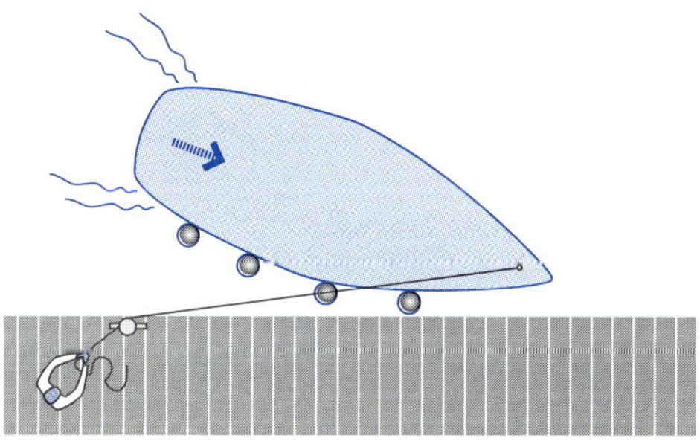

Un poco marcha adelante para salir hacia atrás (con punto fijo)... El punto fijo permite que el barco pivote fácilmente, incluso si sopla un poco de viento contra el pontón. Sólo falta poner marcha atrás y aprovechar el paso de la hélice para desplazar la popa a babor.

Figura 3.19: Salir del pontón.

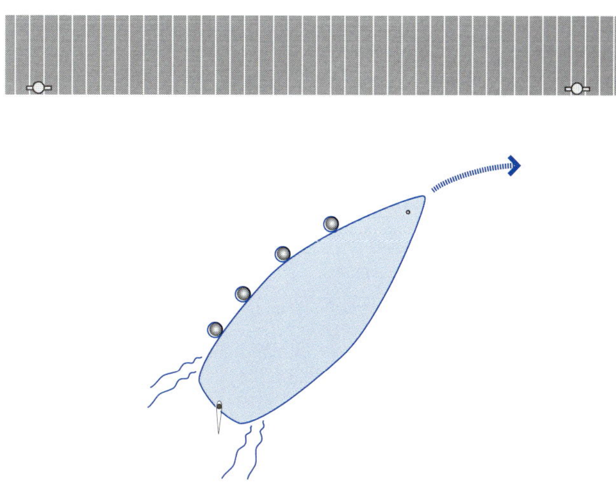

Figura 3.20: Llegada clásica a un muelle o a un pontón. Se llega en oblicuo a poca velocidad y se aparta la proa en el último momento cambiando el rumbo; un acelerón marcha atrás en el último instante ayudará a acercar la popa al pontón al tiempo que frenará el barco.

fijo, el barco pivotará tranquilamente hasta hacer un ángulo de 25 o 30° con el pontón (cuidado: esta técnica no funciona tan bien con los últimos diseños, casi tan anchos en popa como en la manga máxima, como con los clásicos modelos de popa muy redondeada). No queda más que embragar hacia delante y soltar amarras. La misma operación puede realizarse en sentido inverso, con un spring fijado en la proa mientras embragamos suavemente hacia delante. Entonces la popa se apartará lentamente del pontón, hasta que sea posible salir directamente marcha atrás (hay que vigilar entonces que el paso de la hélice permita un desvío favorable para continuar la rotación).

La llegada a un pontón libre supone, en cambio, una de las aproximaciones más sencillas que existen. Nos acercamos en oblicuo, dejando un margen entre el barco y el pontón, más o menos grande en función de la dirección del viento, nos ayudamos con la marcha atrás para pegar el barco y asunto terminado. Si el viento sopla desde el pontón, prepararemos con antelación las amarras de proa y popa para poder colocarlas, simultáneamente, lo más rápido posible, antes de que sea demasiado tarde.

La técnica mediterránea

Los puertos del Mediterráneo ofrecen normalmente sitios en los que se amarra directamente de popa a muelle y el barco se aguanta perpendicular y a distancia de éste gracias a uno o dos cabos -las famosas guías- que se cazan en la proa y que están fijas al fondo del agua mediante unas cadenas madre. A menudo, pero no siempre, algunas boyas o unos postes marcan cada sitio por el lado exterior. Constituyen un punto de apoyo práctico o un obstáculo, según sean los gustos de cada cual y las condiciones del momento.

Salir de un sitio de éstos no supone ninguna dificultad: se arranca marcha adelante (los barcos se sienten más cómodos en esta dirección), por lo que basta con soltar amarras y dar gas, prestando atención a no engancharse con los flotadores de las guías.

Es a la vuelta cuando las cosas se complican. Hay que enfrentarse entonces a dos dificultades: una entrada marcha atrás y la recuperación de las guías (que se recogen con un bichero mientras el barco recula). La primera es aún más difícil de gestionar porque en los puertos

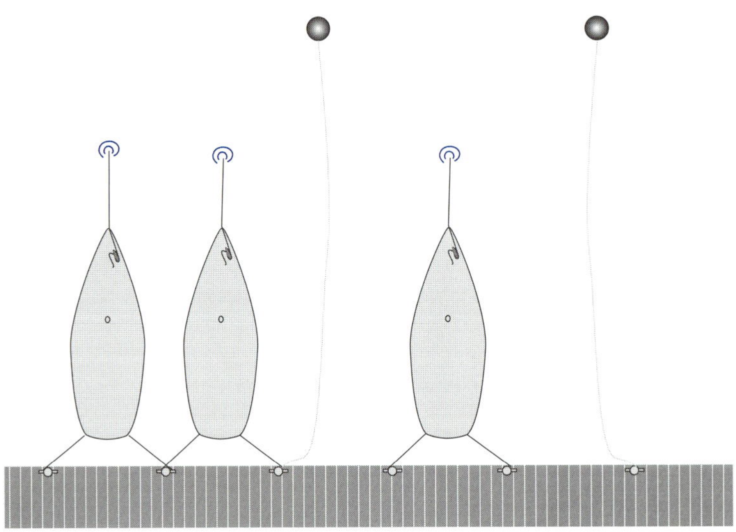

La tensión de la guía debe impedir que la popa toque el muelle.

Figura 3.21: El atraque con guías.

mediterráneos tradicionales escasea el espacio. Si además el viento se mete de por medio, la cuestión puede ser todavía más complicada: algunos sitios son entonces sencillamente inutilizables.

En lo que respecta a la recuperación de las guías, si no se tiene un tripulante capaz de recuperarlas mientras se pasa, colocándose en el punto de mayor manga, queda la posibilidad de separar las dos operaciones. Si los barcos vecinos están en su lugar, formando un pasillo tranquilizador, lo más sencillo es meterse directamente al muelle, colocar una amarra en cada esquina del espejo de popa y dedicarse después tranquilamente a la pesca de la guía, bien protegidos por los cascos vecinos.

Si el muelle está vacío, habrá que adecuar la táctica a la dirección del viento. Si sopla del muelle, amarramos primero de popa contra él; el viento mantendrá de forma natural el barco a distancia y en perpendicular. Si sopla sobre el muelle, la prioridad es la guía. Y si sopla de través, tenemos garantizado el berenjenal. En este caso, hay que amarrarnos más o menos simultáneamente a la guía y al muelle, evitando en la medida de lo posible caer encima de las guías vecinas (que son perfectamente capaces de engancharse con el timón, la hélice o la quilla). Dirigirse a otro sitio (preferentemente más protegido, o ya abordado por un barco grande) puede constituir la mejor idea de la jornada.

► *Y si el motor falla...*

... o no existe –algo que aún es bastante frecuente en los pequeños barcos deportivos–, habrá que espabilarse sin él. Es fácil agarrarse a una baliza en medio de una ensenada despejada; lo es menos evolucionar en medio de pasillos milimetrados de una marina moderna, que normalmente prohíben esta práctica. Cuestión previa a plantearse: ¿permiten realmente el viento y la agilidad del barco meternos en el sitio que queremos? Lo que no supone ningún problema para una máquina ligera y nerviosa, tipo Micro, es absolutamente impensable para un crucero pesado. En este caso, es necesario llegar como sea al pontón más exterior; o hacerse remolcar por otro crucerista (en remolque clásico, nada de abarloarse), o pedir la ayuda de la lancha de servicio de capitanía.

Con sólo el génova. Nos colocaremos más adelante proa a viento para izar la mayor. Cuidado con la esquina de estribor del espejo de popa (para evitar el golpe no hay que abatir demasiado rápido; lo mejor es dejarse derivar un poco antes de cazar mucho el génova).

Izándolo todo antes de zarpar. Mantener sólo la amarra de proa para colocarse proa a viento e izar mayor y génova (o desenrollarlo)

Meter la caña a babor antes de soltar la amarra para que el barco recule del lado bueno, ayudado por el génova acuartelado y la mayor amollada en banda.

Cazar las velas correctamente cuando estemos suficientemente apartados.

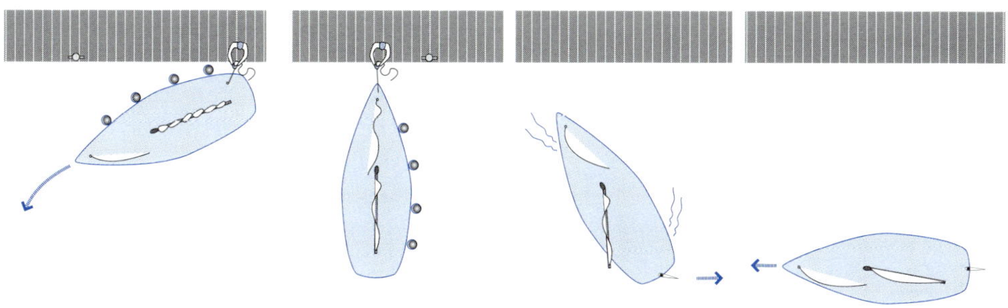

Figura 3.22: Aparejar a vela (con el viento que sopla del muelle o del pontón).

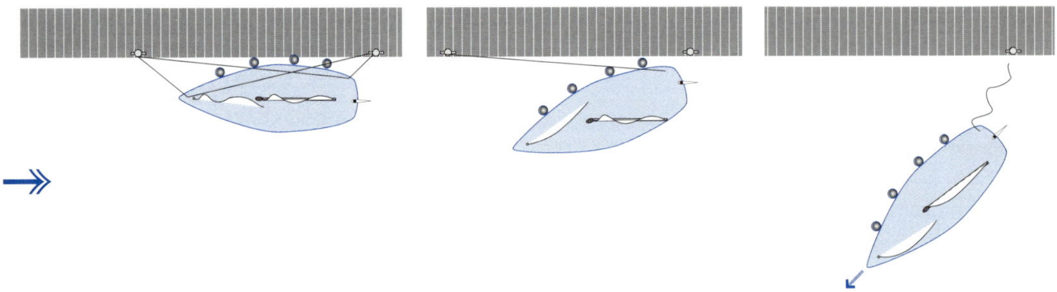

Izar la mayor, izar el génova (o desenrollarlo)

Empezar a pivotar el barco a mano manteniendo el spring de popa, después cazar el génova (si es necesario porque el ángulo no da para ello, al principio podemos acuartelarlo) para seguir arribando.

Recuperar el spring, cazar las velas y no olvidarse de guardar las defensas.

N.B.: si el viento sopla contra el pontón, la salida a vela es muy aleatoria, excepto con viento flojo, «empujadores» forzudos y tripulantes rápidos para izar la mayor (es imposible hacerlo antes de apartarnos del pontón).

Figura 3.23: Aparejar a vela con un viento aproximadamente paralelo al pontón.

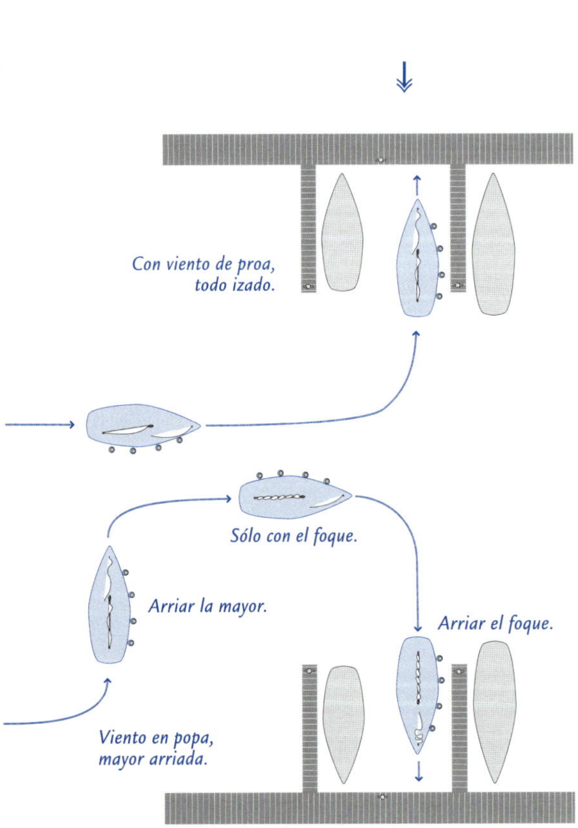

Si se sigue la aventura a vela, lo importante es no dejarse arrastrar a un callejón sin salida y sobre todo prever la forma de pararse. Si el sitio pretendido está proa a viento, no hay problema: se puede mantener la mayor hasta el final y ponerse proa a viento al llegar para frenar (¡cuidado con el peligro de barrer a los barcos vecinos con la botavara!). Si sólo se puede llegar al sitio con portante, hay que arriar la mayor por adelantado, seguir con el foque y arriarlo o enrollarlo en cuanto sepamos que tenemos bastante arrancada para llegar al final. De todas formas, cuidado: con viento fuerte, es casi inevitable llegar demasiado rápido; por tanto esta maniobra sólo puede plantearse con un barco ligero fácil de frenar sin destrozos. Como forma de freno improvisado, el cubo arrastrado por la popa tiene cierta eficacia.

Figura 3.24: Llegada a vela.

► Defensas bien colocadas

No hay que hacer ningún desplazamiento dentro de puerto sin una generosa guarnición de defensas alrededor del casco. Tienen que ser de buen tamaño, en número suficiente (un mínimo de siete para un velero de menos de 9 metros, pero nunca se lamenta disponer de una o dos más) y bien colocadas; es decir, a la altura del contacto previsto. Si se trata de abarloarse a una pasarela o a un pontón, hay que ponerlas muy bajas, justo encima de la superficie del agua. Si nos hemos de colocar junto a un barco de tamaño semejante al nuestro (o protegernos de los movimientos del vecino), hay que colocarlas en cambio bastante altas, cerca del listón. Su reparto longitudinal se modulará en función de la maniobra prevista; y se fijan en los pasamanos, mediante un simple ballestrinque o dos cotes.

► Evitar situaciones de riesgo

El enemigo número 1 de las maniobras en puerto es el cabo enredado en la hélice, que comporta el bloqueo inmediato del motor y riesgos de avería en la transmisión. El factor desencadenante más habitual de semejante desastre es la llegada a vela -normalmente con spi- hasta justo delante de la bocana, con una arriada final a toda velocidad y puesta en marcha inmediata del motor mientras las escotas aún se arrastran por el agua. Un desastre fácilmente evitable si se pone un poco de orden antes de darle a la llave de contacto.

Las evoluciones a motor en las bocanas repletas de cabos de todo tipo también pueden causar este tipo de problemas. Una sola prevención: mirar a proa y no dudar en desembragar a la menor duda.

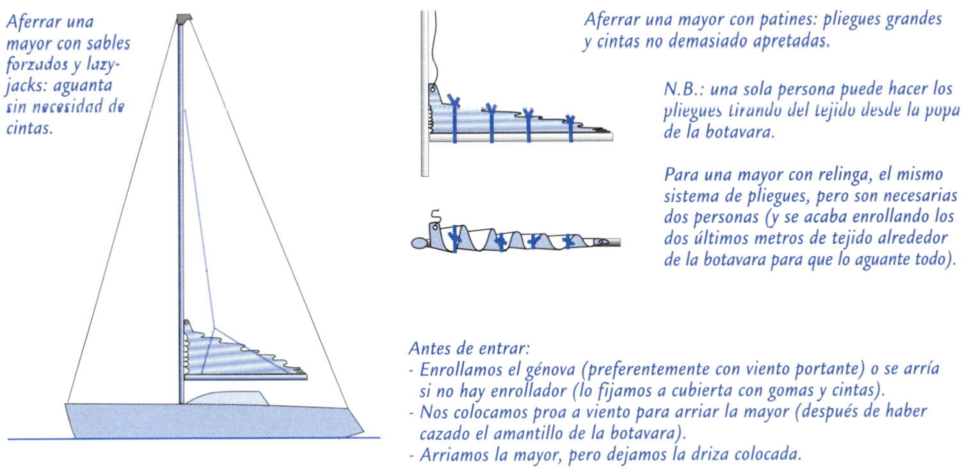

Figura 3.25: El regreso a puerto.

Cuando ya es demasiado tarde, es inútil desfogarse con la manivela del acelerador (excepto si disponemos de un sistema de cuchillas en el árbol de la hélice), pues sólo acarreará estragos mecánicos. No queda más remedio que intentar amarrarse como se pueda con el mínimo destrozo posible. Si el barco no es demasiado grande y el viento es flojo, nos alegraremos si tenemos a mano un buen remo, o incluso las pagayas del bote auxiliar (aunque no lo parezca, un barco de 3 o 4 toneladas se desplaza perfectamente cinglando), siempre que el francobordo sea lo bastante bajo como para que sirvan de algo.

La otra plaga de las maniobras en puerto es la vela mal amarrada, o no amarrada en absoluto. Es a la vez una fuente de resistencia al viento -y por tanto de aceleraciones o de abatimientos imprevistos-, de pérdida de visibilidad del patrón y de caídas para los tripulantes. Así pues, prohibición absoluta.

Por último, conviene identificar las zonas difíciles antes de arriesgarse en ellas: el callejón estrecho y sin salida en el que se canaliza el viento portante, la alineación de motores fueraborda levantados (nos deja sin ningún apoyo posible en caso de derrape involuntario y destrozos asegurados por ambos lados) o el sector «pesca paseo» de la marina, aparentemente despejado pero absolutamente cenagoso.

► *Cuando se transporta la maniobra*

Si no conseguimos pegarnos al muelle, lanzar la amarra puede ser la única solución, siempre que en el otro lado haya alguien espabilado para recibirla y que la distancia no sea demasiado grande (es difícil superar la decena de metros, a menos que dispongamos de un cabo especial con una pelota de cordelería en la punta). Para lanzarla correctamente, hay que adujar en una mano, en el sentido de las agujas del reloj, una cantidad suficiente de cabo y pasar una parte a la mano que actuará. Finalmente hay que lanzar con fuerza -y si es posible, con puntería- manteniendo la otra mano abierta hacia arriba para permitir que las vueltas restantes puedan salir sobre la marcha.

► *Asegurar una amarra*

Si el barco es pesado o el viento y las olas entran en juego, las tensiones pronto se hacen sentir en las amarras. Hay que organizarse pues para no tener que sufrirlas mientras el cabo no está amarrado a la cornamusa; está en juego tanto el éxito de la maniobra como la salud de los tripulantes. Error típico: la toma de la boya, en la que el cabo, pasado demasiado tarde por la anilla, no ha podido ser amarrado antes de que el barco empiece a tirar con fuerza. El tripulante tiene que escoger entre soltarlo todo -y repetir toda la maniobra- o resistir el tirón, con el riesgo de pelarse las manos o ser arrastrado al agua. Ha de primar el sentido común...

Para asegurar cualquier maniobra que puede ir acompañada de una tracción importante, hay un principio inmutable: darse margen e ir inmediatamente a lo esencial. El margen es la longitud de cabo disponible que vamos a dar. Lo esencial es dar rápidamente la vuel-

Figura 3.26: El abecé del tripulante.

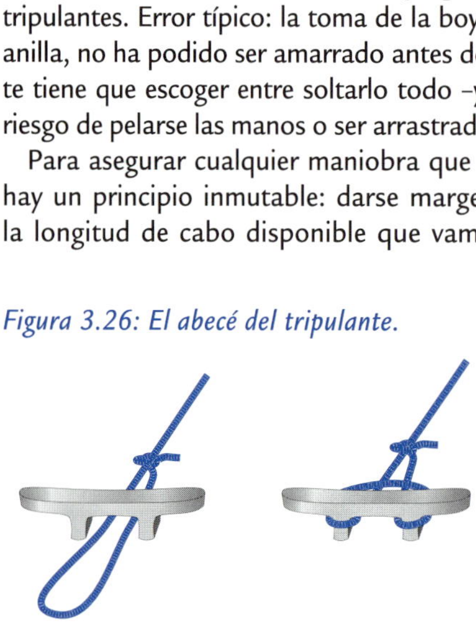

Una amarra colocada mediante un bucle en la base de la cornamusa (con un as de guía) deja libre la cornamusa para otro uso, sin perder la posibilidad de soltar rápidamente esta amarra.

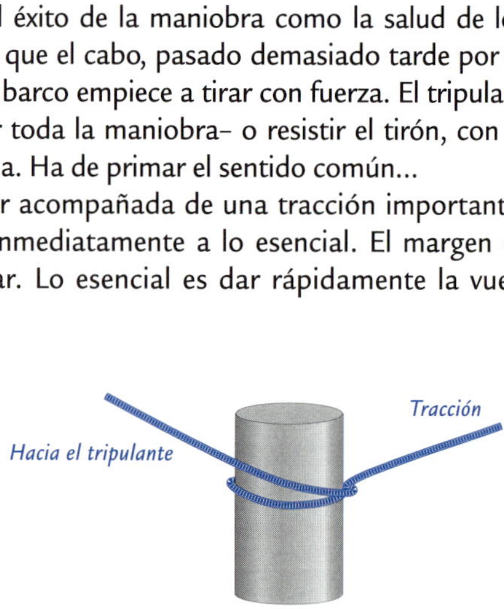

Para controlar eficazmente una amarra alrededor de una bita, el chicote aguantado por el tripulante tiene que pasar por debajo del firme bajo tensión (podemos controlar el freno aplastándolo más o menos). Esto evita que las vueltas salten por arriba. No hay que dudar en hacer dos vueltas (o más) si la tensión es importante.

ta alrededor del punto fijo adaptado (cornamusa, tambor del molinete del ancla, bita de amarre, winche, anilla...) que hemos localizado claramente antes mientras preparábamos la operación: cabo claro y suficientemente largo, pasado por debajo del balcón, zona despejada. También es importante no ser pretencioso y no intentar amarrar de entrada con un cabo demasiado corto; es preferible dejar más cabo y trabajar sin presión que encontrarse inmediatamente con problemas porque la amarra tira demasiado fuerte. Después de hacer un «ocho» alrededor de la cornamusa, o de dar dos vueltas al tambor del molinete del ancla (aguantando firmemente el cabo, porque el hecho de que se corra o no depende de la tracción que imprimamos), ya tendremos tiempo de cazarlo todo más corto con la ayuda de uno o dos tripulantes forzudos o con la ayuda de la mecánica. De la misma forma, el tripulante que desembarca con una amarra debe dejar el cabo suficientemente largo para que la tracción del barco no lo desequilibre.

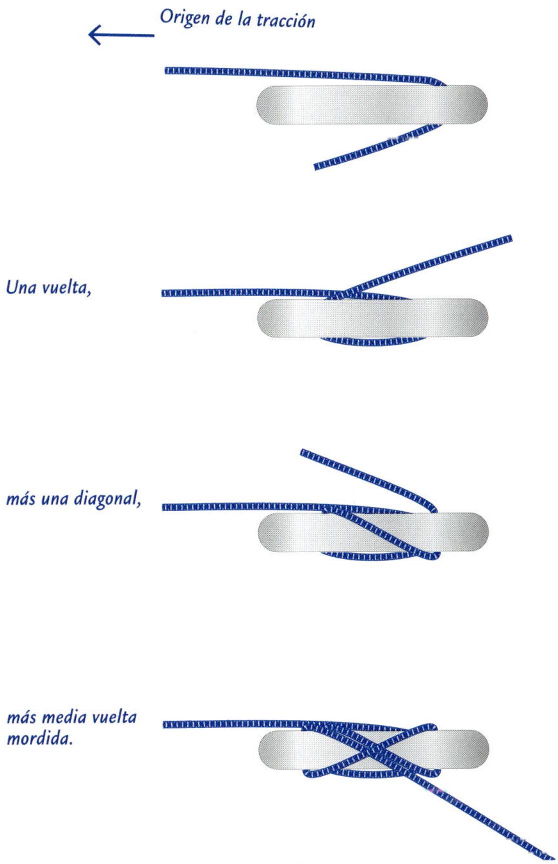

Figura 3.27: Amarrar un cabo en una cornamusa.

EL AMARRE

3.5. SABER RESPONDER A TODAS LAS SITUACIONES

Garantía de la tranquilidad de la tripulación, las amarras deben ser elegidas con atención y ser tratadas con esmero. Hay que desterrar los enormes cabos trenzados de antaño, incapaces de cohabitar con las pequeñas cornamusas de los veleros modernos. Los buenos cabos trenzados en poliéster son mucho más agradables al tacto y se adaptan a todas las funciones (su único inconveniente es que son más difíciles de empalmar). Un diámetro de 12 mm es una buena opción para veleros de unos 8 metros; debajo de esto, disminuir el diámetro supone más un problema de comodidad de uso que de resistencia. Se podrá pasar a 14 alrededor de los 10 metros, en función del peso del barco. Lo ideal es tener cuatro amarras de una longitud media (la eslora del barco más 2 metros como mínimo) y una o dos amarras más largas, en función del programa (más, evidentemente, si se trata de un uso prolongado durante un viaje largo).

Tener varios cabos relativamente cortos permite responder mucho más fácilmente a los distintos casos que se pueden presentar. En barcos pequeños, el cabo de fondeo o las escotas de spi pueden ser utilizados para otros menesteres que su función principal si es necesario.

La cuestión estriba después en saber cuidar estos cabos. Básicamente se trata de elegir con atención los circuitos de amarre para evitar los puntos de roce (si es necesario, guarneciendo las zonas polémicas) y aclarándolas con agua dulce con regularidad para que conserven su flexibilidad. La elección del recorrido de la amarra debe responder no sólo a la preocupación de conservar el cabo, sino también de no estropear el barco; hay que prestar especial atención a las vueltas que hacen trabajar candeleros, balcones o puntos de ventilación.

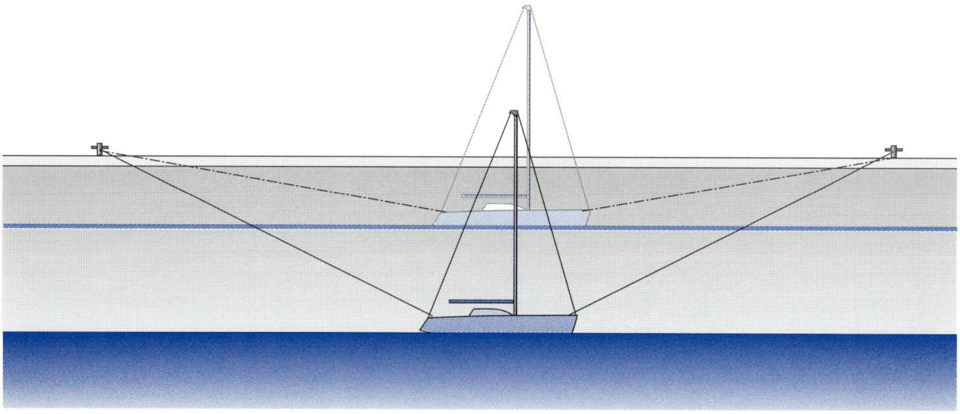

Al colocar las amarras lo más lejos posible a proa y popa, tenemos más margen respecto del nivel del agua. Los reglajes de tensión serán menos frecuentes, o incluso superfluos.

Figura 3.28: Amarre a lo largo de un muelle con marea.

El amarre al pontón

Dos largos para unir los extremos del barco al pontón, dos springs cruzados para impedir cualquier movimiento en el sentido longitudinal y ya está. El ajuste de unos y otros permite inmovilizar completamente el barco en la posición deseada. Es preferible usar cuatro cabos de longitud media que dos grandes cabos que cubran dos funciones cada uno, a menos que queramos convertir los cambios de reglaje en una pesadilla. La experiencia aconseja que se coloque un extremo de la amarra en el noray o la anilla del pontón mediante un as de guía y que se regule la longitud del cabo desde el barco, dejando por tanto todo el excedente a bordo. Esta práctica tiene la doble ventaja de no obstruir el pontón y de no caer en el viejo dicho bretón según el cual «si algo se arrastra por el muelle es que el propietario no lo necesita»... y que el sobrante merece ser cortado y llevado.

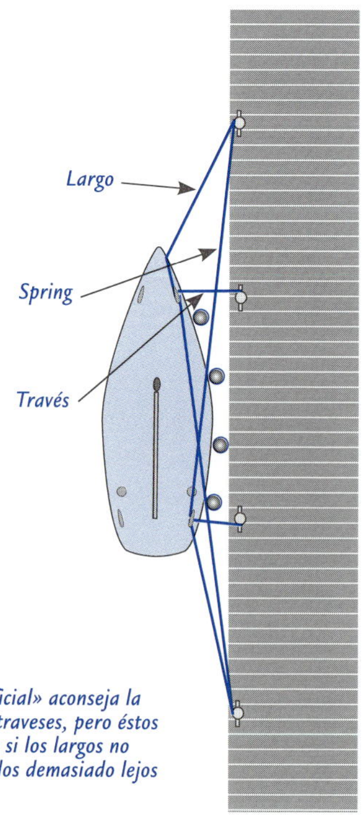

El método «oficial» aconseja la colocación de traveses, pero éstos son superfluos si los largos no están amarrados demasiado lejos del barco.

Figura 3.29: Amarre en un pontón.

> *Un buen amarre es un amarre que aguante, dejando al barco la suficiente flexibilidad para seguir los movimientos del agua. Se tiene que poder largar bajo tensión, y por tanto los nudos deben ser fáciles de deshacer, por ejemplo con cabos pasados en doble y amarrados a cornamusas. Y un buen amarre es un amarre que respeta a los barcos vecinos. Para mí esta noción es muy importante. Consiste, por ejemplo, en pasar los cabos por debajo de los del barco de al lado, en dejar sitio a los demás o en ponerse en un rincón para que un tercero pueda amarrarse al lado. Lo que impongo a bordo es que siempre haya defensas en las dos amuras, de forma que podamos recibir en cualquier momento un barco abarloado.*

Abarloarse

Si nos abarloamos a otro barco, el principio es el mismo que el de un amarre en el pontón, con la única diferencia de que hay que encontrar cornamusas bien colocadas en el barco vecino, colocar las defensas en función de sus formas e improvisar un circuito lo más lógico y lo menos molesto posible para los springs.

Si ya hay varios barcos abarloados, lo deseable es añadir largos suplementarios directamente al pontón para aguantar mejor el conjunto de barcos.

Hay que añadir que no es cuestión de abarloarse a cualquier vecino. Por una cuestión de estabilidad, hay que evitar abarloar un velero grande a uno pequeño, mientras que hacerlo a la inversa no plantea ningún problema. Por lo general, barcos de tamaños y desplazamientos comparables se llevarán bien. Cuidado sin embargo con las combinaciones de veleros pequeños muy ligeros: como consecuencia de su débil estabilidad inicial, las defensas no se mantienen en su sitio y las bordas cabalgan unas sobre otras constantemente. Un «barco pequeño insoportable» estará mucho más cómodo pegado junto a uno «grande», porque podrá subir y bajar sin daño alguno. Finalmente, la prudencia es básica cuando se trata de abarloarse en un lugar expuesto a las olas (varios barcos amarrados a la misma baliza, por ejemplo). Basta con un poco de movimiento para que la noche se convierta en una pesadilla, incluso si nos hemos tomado la molestia de colocar todas las defensas habidas y por haber: ruido infernal en el interior (choques, chirridos de las defensas y de las amarras...) y serios riesgos de daños (gel-coat estropeado, bordas arrancadas, candeleros torcidos, choques de aparejos en el peor de los casos...). En momentos como éste, pasarse un tiempo separado, sólo con la propia ancla, no puede hacer daño.

Amarre en una pasarela

Aquí, colocaremos dos largos en la proa y un spring entre la proa del barco y el extremo de la pasarela para evitar que la proa choque contra el pontón. Una última amarra entre la popa y la pasarela asegurará que el casco permanece pegado a la pasarela. De hecho, muchas veces será preferible no colocar esta última amarra en la punta de la popa: al ser el ángulo muy cerrado, sobre todo si la pasarela es corta, deja demasiada libertad al casco para moverse lateralmente. Un punto de tiro cerca de la bañera (¿por qué no el winche del génova si nos conviene por su posición?) permite un mejor control lateral. Es importante sobre todo si las plazas son un tanto estrechas.

Si se trata de la plaza permanente del barco, lo más práctico es prever amarras especialmente cortadas a la longitud adecuada y fijarlas de forma estable al pontón y la pasarela. Esto no es óbice para que las cambiemos con regularidad, pues sufren mucho, expuestas permanentemente a los rayos ultravioleta. Las inmersiones prolongadas en el agua del puerto no mejoran la situación precisamente. La práctica de proteger estos cabos permanentes del

Amarre impecable del bello yawl clásico Lutine. *Las guías integradas en el casco permiten un paso de las amarras tan práctico como elegante.*

roce mediante trozos de manguera no sólo tiene ventajas: hace que el conjunto sea más rígido, a menudo poco práctico y algunas mangueras son más agresivas que la misma gatera.

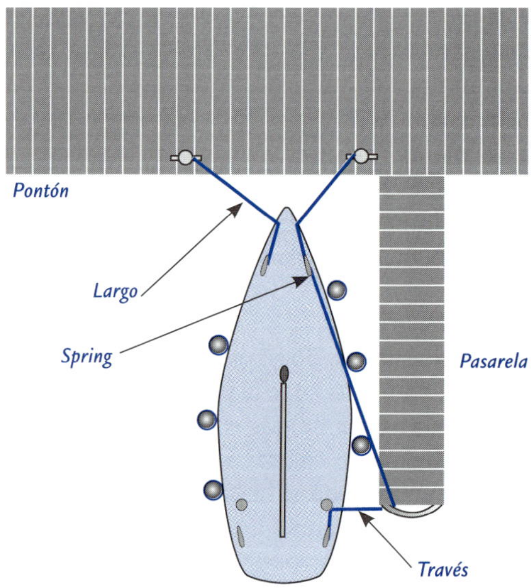

Figura 3.30: Amarre a pontón y pasarela.

Amarre a una baliza

Todo es posible en este terreno en función de las costumbres locales. Para el barco de paso, lo más práctico es la gran baliza fondeada con una anilla de gran diámetro a la que nos atamos con una amarra pasada en doble. El reglaje de la tensión es cuestión de gusto y de las condiciones reinantes, sin que sea posible establecer una regla absoluta. Con determinados tipo de boya es preferible cazar con fuerza la amarra hasta traer la anilla a la altura de la proa (esto permite a veces, no siempre, suprimir los ruidos producidos por los choques de la baliza contra el casco cuando hay olas); en otros casos, en cambio, es aconsejable dejar la amarra un poco larga.

Algunos lugares organizados exigen coger una baliza por proa y otra por popa para limitar el borneo. Si no podemos coger las dos simultáneamente, lo mejor es coger primero la de proa. Después es más fácil llegar a la otra marcha atrás.

Por otra parte, la técnica de recoger una baliza por la popa merece ser conocida y usada. Reúne las ventajas de una perfecta visibilidad de la baliza por parte del patrón (se evita el ángulo muerto de la proa), de una gran precisión (en este sentido el timón permite colocar la popa exactamente en el lugar deseado) y de una mayor accesibilidad (la popa siempre es más baja que la proa, sobre todo si el espejo es abierto o si está provista de un faldón). En resumen, es la mejor arma del solitario, que -después de haber desembragado el motor- no tiene más que pasar un cabo por la anilla y llevarlo todo a la proa, donde lo amarrará de la forma tradicional. ¡Mucho más sencillo que arriesgarse a perder el bichero intentando levantar una baliza demasiado baja desde una cubierta de proa, demasiado alta!

Los cuerpos muertos provistos de una argolla fija de amarre son mucho menos agradables, y normalmente hay que intentar pescarlos varias veces con el bichero debajo del flotador antes de dar con la dichosa argolla -un cabo gordo, incluso una cadena- e izarla sobre cubierta, lastrada con un montón de algas y de caracolillo. Si es posible, y no hay demasiado peligro de desgaste, nos conformaremos con pasar una amarra por la argolla sin instalarla a bordo.

En una zona densa en fondeos como ésta, los barcos se amarran normalmente a dos balizas, una a proa y otra a popa, para evitar problemas de borneo.

CAPÍTULO 4 - SALIR DE CRUCERO

CAPÍTULO 4

Placer itinerante por definición, el crucero supone la asociación de dos elementos inseparables: una ruta y un destino. A la primera se le pedirá que sea segura, si es posible agradable y preferentemente rápida; al segundo, que ofrezca un buen abrigo y el máximo de atractivos. Tanto en un caso como en el otro, la topografía de los lugares no es el único elemento en consideración, pues saber sacar partido de las posibilidades y el sentido táctico pueden compensar a menudo una geografía poco favorable.

LA APRECIACIÓN DE LOS ELEMENTOS

4.1. UNA ALQUIMIA CONSTANTEMENTE CUESTIONADA

Determinados lugares, determinados recorridos se consideran «problemáticos». Pero por muy concretos que sean los elementos sobre los que descansa su mala imagen, en la mar este concepto de «buenos» y «malos» rincones es de una relatividad desesperante. La llamada zona crítica puede mostrar un carácter afable nueve días de cada diez, y la reputada fácil mostrarse intratable sólo porque hemos llegado en el mal momento. Sea cual sea el lugar, el estado de la mar y su eventual peligrosidad siempre son el resultado de factores absolutamente aleatorios, susceptibles de conjugar sus esfuerzos para lo mejor y para lo peor: una fuerza de viento unida a una dirección concreta, un efecto de la corriente a determinadas horas, la forma de los fondos marinos y la del relieve terrestre, la altura del agua en función de la marea... Un estrecho puede mostrar una tranquilidad casi perfecta con un viento duro del oeste con marea baja y guardar sorpresas muy desagradables para los navegantes que lo abordan con fuerza 6 del norte al final del flujo.

Prólogo ineludible, pues, a una buena aproximación a un trayecto marítimo: la toma en consideración de los elementos que modelan la superficie del mar y que incluso pueden modificar localmente los efectos del viento.

▶ *Del viento del que nacen las olas*

Sin viento, no pasaría gran cosa sobre el agua (y no estaríamos disertando de cómo navegar a vela). Dejando de lado algún seísmo submarino de vez en cuando, capaz de irradiar un maremoto hasta el otro extremo del océano, y algunos torbellinos debidos a los movimientos de marea, la mar estaría casi siempre llana. Por suerte, hay viento, incluso si sus excesos lo hacen a veces indeseable.

Antes incluso del roce del aire, son las turbulencias -relacionadas con las variaciones de presión unidas a su paso- las que marcan la superficie del agua encalmada. Con fuerza 1, esto da lugar a las minúsculas arrugas que ensombrecen ligeramente la superficie del agua y permiten ver las rachas. Pero no tienen energía suficiente para vencer la tensión superficial del agua y desaparecen en cuando se desvanece la corriente de aire; hacen falta al menos 4 nudos de viento (banda baja de fuerza 2) para que estas arrugas tengan suficiente vigor para propagarse. Con fuerza 3 las ondulaciones se curvan lo suficiente para convertirse en

Mal tiempo en La Mancha, con una mar de fondo claramente contrariada por las corrientes opuestas a la dirección del viento. ¡No es lo mejor para navegar!

pequeñas olas, que a partir de fuerza 4 llenarán el mar de «cabritillas», estas pequeñas crestas espumosas típicas de un día ventoso de buen tiempo. El proceso sigue después de acuerdo con una lógica a priori evidente: cuanto más fuerte y durante más tiempo sople el viento, más importancia adquirirá la ola así generada, ahondándose y alargándose. Pero esta simplicidad sólo es aparente, pues otros factores se las apañan para confundir las pistas.

El fetch

Para adquirir amplitud, las olas necesitan sitio. En un espacio relativamente cerrado (una bahía, un mar interior...), un viento atemporalado nunca podrá levantar más que olas cortas, muy desagradables y poco propicias a la navegación, pero de dimensiones relativamente modestas. Por el contrario, si la onda tiene agua para correr y un viento fuerte que la alimenta constantemente, puede crecer paulatinamente en altura y en longitud, y ganar en

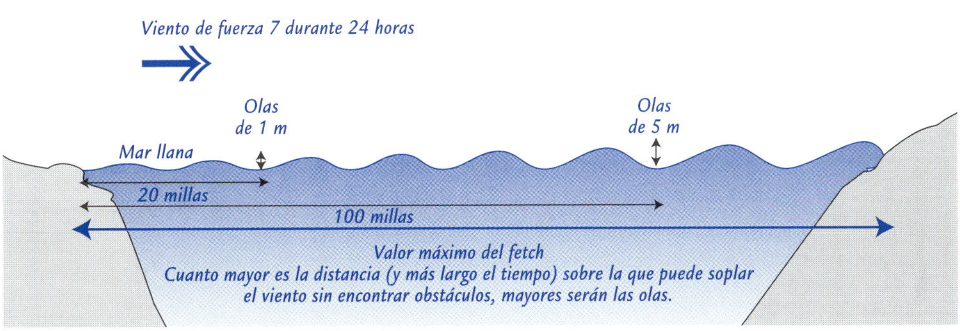

Figura 4.1: El fetch.

Escala Beaufort

Fuerza	Denominación	Velocidad del viento en nudos	Velocidad del viento en km/h	Signos visuales del mar *	Comportamiento en un velero de crucero moderno
0	Calma	Menos de un nudo	0/1	Como un espejo (pero no forzosamente llana)	Sin velocidad
1	Ventolina	1/3	1/5	Aparición de pequeños rizos sin verdadero relieve	Los apasionados, a vela; los otros, a motor
2	Flojito (brisa muy débil)	4/6	6/11	Posible formación de olas cortas	Condiciones ideales para ceñir, poca velocidad en portante
3	Flojo (brisa débil)	7/10	12/19	Primera aparición de pequeños borreguillos	Condiciones agradables en todos los rumbos
4	Bonancible (brisa moderada)	11/16	20/28	Cada vez más borregos	Se empieza a reducir vela en algunos barcos en ceñida y al través
5	Fresquito (brisa fresca)	17/21	29/38	Empieza a formarse mar, con borregos generalizados	La mayor parte de los cruceros tienen que tomar rizos al ceñir. En portantes, es el límite para el spi en crucero
6	Fresco (brisa fuerte)	22/27	39/49		Mayor arrizada y vela de proa reducida para todos. Los más pequeños o los menos eficientes son incapaces de remontar contra el viento
7	Frescachón (viento fuerte)	28/33	50/61	La espuma de las crestas empieza a ser pulverizada por el viento	Dos rizos en la mayor, difícil progresión de los veleros «medios» en ceñida
8	Temporal (viento duro)	34/40	62/74		La conveniencia del tercer rizo se hace notar
9	Temporal fuerte (viento muy duro)	41/47	75/88	Mucha espuma en suspensión en el aire, hasta el punto de disminuir la visibilidad	Sólo los más eficientes son capaces de remontar en ceñida si el estado de la mar lo permite
10	Temporal duro	48/55	89/102		Ya no es posible ceñir en mar abierto, incluso para los barcos grandes
11	Temporal muy duro (borrasca)	56/63	103/117		Maniobras de supervivencia
12	Temporal huracanado (huracán)	64 y más	118 y más		

* No damos la altura indicativa de la ola porque es muy variable en alta mar, y en navegación costera pueden ir de uno al quíntuplo, según las condiciones y el lugar. Igual se puede navegar en la Bretaña norte con fuerza 2 y senos de 4 metros como encontrar fuerza 7 en el canal du Four con olas de menos de 1 metro.

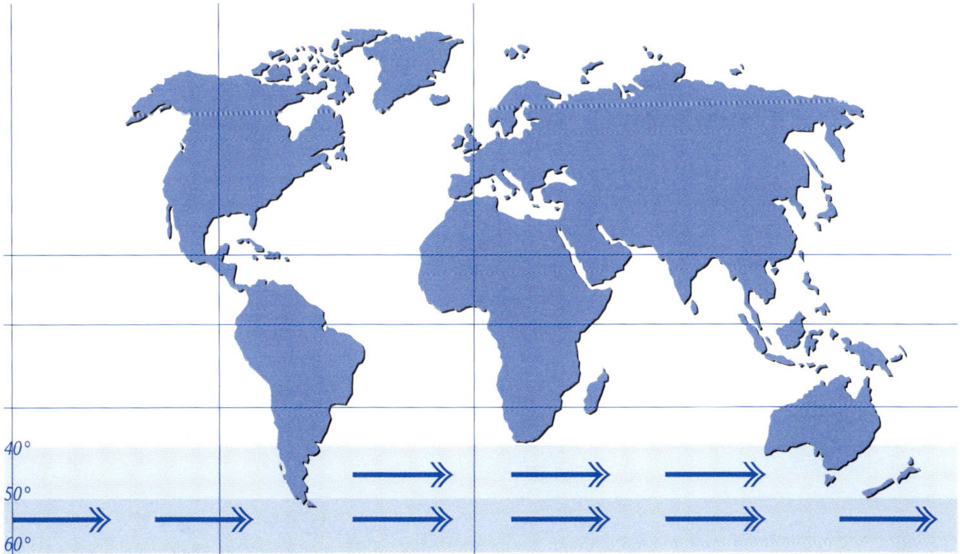

En las latitudes australes, las olas generadas por los temporales del oeste prácticamente pueden dar la vuelta al mundo.

Figura 4.2: Fetch récord en los aullantes cincuenta.

rapidez, tanto por lo que afecta al período (tiempo entre dos crestas sucesivas) como a la velocidad de desplazamiento sobre el océano del conjunto del fenómeno. Es el concepto de *fetch*, palabra inglesa que designa a la vez la duración durante la que el viento sopla en una misma dirección y la distancia sobre la que la onda puede propagarse sin encontrar obstáculos y, por tanto, amplificarse con total libertad. Esto explica que en las altas latitudes del sur nos encontremos con mares tan impresionantes, pues la onda puede crecer durante miles de millas sin chocar con ningún obstáculo. Y a la inversa, que no se puedan observar grandes amplitudes en la Manga con viento de norte y de sur, pues el fetch está limitado en este eje por las costas francesas y británicas (lo que no sucede con temporal del oeste, que puede recorrer un largo camino antes de precipitarse en el «Channel»).

Los científicos saben cuantificar esta progresión en función del viento y del fetch. De esta forma, se considera que un viento de fuerza 6 que sople durante todo el día en una longitud de agua libre de 100 millas levantará -en el extremo de sotavento de la zona de propagación- olas de 2,50 metros de altura. Esta progresión es especialmente evidente cuando se observan vientos fuertes en nuestras costas. A lo largo del litoral del Languedoc, por ejemplo, con una tramontana de fuerza 8 se puede navegar con un agua prácticamente llana a menos de 200 metros de la orilla. A media milla, las olas se acercan a los 50 centímetros, con crestas suficientemente nerviosas para remojar la cubierta. Y en medio del Mediterráneo, se encuentran olas de más de 4 metros. No es necesario insistir en que este mecanismo constituye una de las claves esenciales para determinar qué rutas son las más seguras y cómodas.

► *Mar de viento y mar de fondo*

Creadas por el viento, las olas también saben separarse y vivir sin él. Ante todo, porque a veces se desplazan con mayor rapidez que la depresión que las genera. Los trenes de olas nacidas en una tempestad en pleno Atlántico Norte pueden llegar así a las costas bretonas antes que el mal tiempo, para alegría de los surfistas, a la vez que suponen una excelente

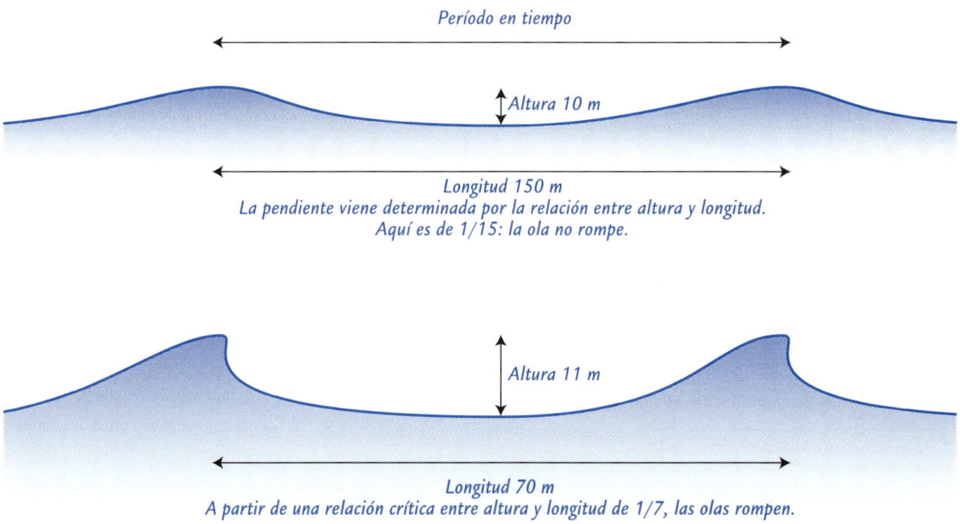

Figura 4.3: La relación entre la altura y la longitud de una ola determina que rompa o no.

señal de alerta a los marinos. Las olas también pueden «sobrevivir» a la interrupción del viento, y seguir viviendo cierto tiempo hasta que las leyes de la gravedad vuelven a poner un poco de horizontalidad a todo este desorden.

En los dos casos hablamos de mar de fondo o de leva, este movimiento de la mar iniciado por el viento, pero capaz de desplazarse después sin él. Y es aquí donde se complican las cosas, porque esto significa que la mar de fondo del oeste, nacida de un temporal lejano,

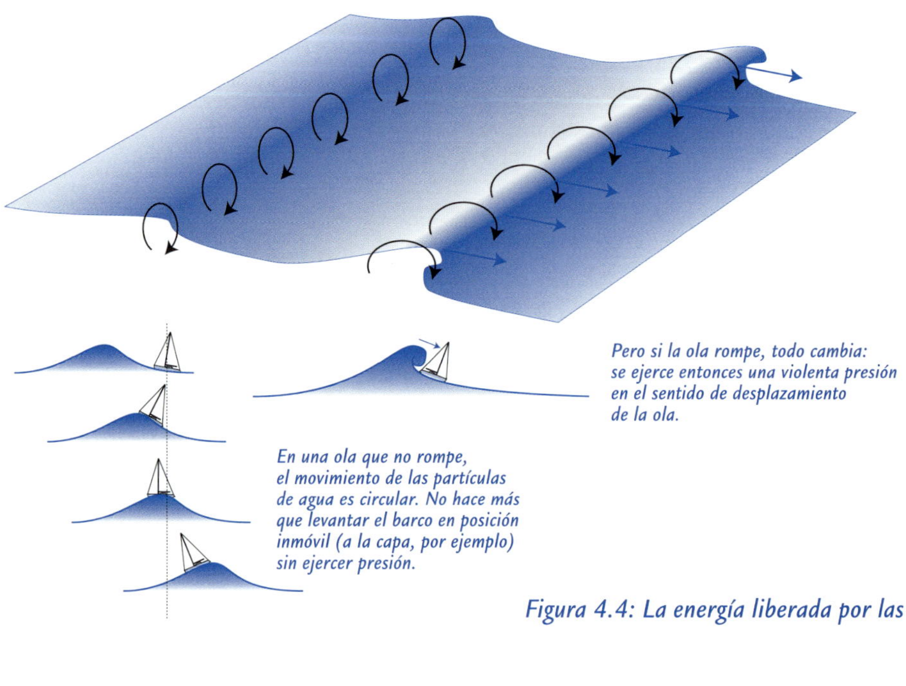

Figura 4.4: La energía liberada por las olas.

puede presentarse perfectamente en nuestras costas en un momento en que sufrimos un buen flujo del nordeste. Resultado: ¡un auténtico caos! La ola corta levantada por el nordeste va en el sentido de la brisa (es lo que se denomina la mar del viento) y se superpone a la mar de leva, creando un sistema caótico. Con viento medio, es sólo incómodo y habrá que esforzarse al timón para conservar una velocidad honrosa. Pero con condiciones de viento excepcionales, estas circunstancias pueden dar lugar a olas ciertamente inquietantes.

Olas excepcionales

Por importante que sea el fetch, el desarrollo de la ola no es en sí mismo un problema: gana en amplitud, pero tiene tendencia a alargarse cada vez más. Es impresionante visualmente, pero no tiene por qué dificultar la navegación, pues la pendiente (la relación entre la altura y la longitud de la onda) es débil. Diez metros de altura para una ondulación cuyas crestas distan varios centenares de metros suponen una pendiente bastante débil (en pleno océano se ha llegado a observar longitudes de onda de más de 800 metros). Mientras no rompa, la ola no ejerce ninguna presión significativa sobre un objeto flotante. Otra cosa es si determinados fenómenos se conjugan en este movimiento.

Primer culpable: el cruce de mares de leva. Cuando varios sistemas meteorológicos se suceden en una misma zona, nos podemos encontrar sacudidos por dos trenes de olas de distintas direcciones, o incluso más. Es así como nacen las famosas olas piramidales, esos «monstruos» de medidas muy superiores a las olas medias del momento y que pueden adoptar formas mucho más agresivas. La explicación se basa esencialmente en la superposición de varias olas que conjugan su energía para escalar hasta una altura que puede llegar al doble de sus vecinas, con una pendiente mucho más pronunciada y, por tanto, con peligro de romper. Si bien dan los resultados más espectaculares, los cruces no son sin embargo los únicos productores de «anomalías». El segundo fenómeno que genera puntualmente olas más importantes que la media es debido, dentro de un mismo tren de olas, a diferencias de velocidad que pueden ocasionar alcances y, de paso, superposiciones. Después, todo es cuestión de probabilidades: si una de estas olas «hinchadas» se cruza por casualidad con otra «superdotada» llegada de otra dirección, se reúnen todas las condiciones para crear un monstruo. Es lo bastante raro como para que los oceanógrafos hablen de «ola centenaria», y es sin duda una conjunción de este tipo lo que dio lugar a la ola más grande medida oficialmente: un mastodonte de 34 metros encontrado en febrero de 1933 en medio del Pacífico Norte por el *Ramapo*, un navío de abastecimiento de la US Navy.

La influencia de la disminución de la profundidad

El encuentro de un obstáculo submarino es la otra gran fuente de desajuste y por tanto de peligrosidad de la mar de fondo. El proceso es inmutable. Cuando una ondulación larga, que se desplaza a una velocidad considerable, llega a una zona menos profunda (normalmente el sistema se modifica en cuanto la profundidad representa menos de la mitad de la longitud de onda), su progresión se ve frenada. La compresión del agua provoca entonces un brutal incremento de la pendiente, pues la altura aumenta al mismo tiempo que disminuye la longitud, con el consiguiente incremento del peligro de que rompa. Esta situación se produce al acercarse a una playa, pero también en alta mar, en la vertical de un bajío o al pasar de las grandes profundidades a la plataforma continental.

La mejor imagen de las sutilezas de la propagación de las ondas se puede observar en algunos fondeaderos situados a sotavento en las zonas tropicales. A 200 metros de la orilla, los veleros permanecen inmóviles sobre un agua aparentemente llana, apenas recorrida por una

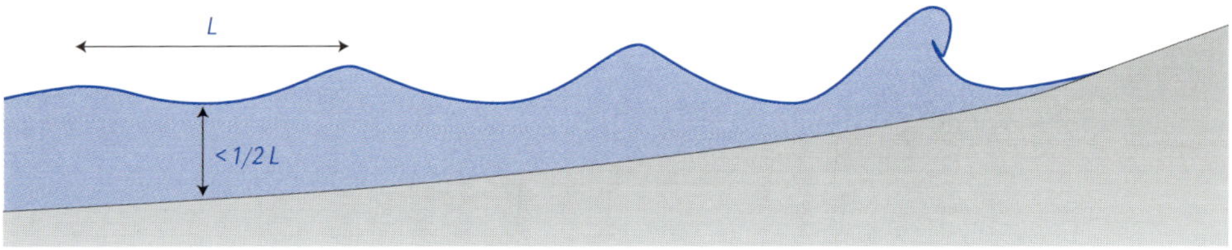

Figura 4.5: Cuando la profundidad es inferior a la mitad de la longitud entre dos crestas, la altura de las olas aumenta hasta alcanzar el umbral de ruptura.

ondulación rápida, pero tan larga que pasa casi desapercibida. A medio camino del borde, la mar de fondo se hace evidente e inflige un brutal balanceo a las tripulaciones que aún no han comprendido el sistema; y a 30 metros de la playa hay un verdadero «tubo» de dimensiones respetables que rompe sobre la placa de coral, justo delante de la arena. Si además el viento sopla de tierra, el efecto será aún más sobrecogedor: el viento pega a contrapelo sobre la mar de fondo y contribuye a levantarla aún más.

Por ser la altura del agua determinante en el estado de la mar, se aconseja vigilar los horarios de marea en las áreas afectadas. Por ello es preferible abordar algunas zonas problemáticas (bocana poco profunda expuesta a la mar de fondo) sólo al final del flujo.

La navegación a barlovento de un litoral acantilado a menudo es incómoda, porque las olas pueden ser perturbadas por la resaca rebotada en la costa.

► Observar el contorno del litoral

Las cartas enseñan muchas cosas sobre el estado de la mar. Siguiendo las curvas de la orilla, localizando los bajíos, se pueden adivinar fácilmente los puntos en los que romperá la gran mar de fondo; y al revés, las zonas en las que el agua estará más o menos protegida. Los vecindarios más desagradables suelen ser los de las costas acantiladas, propicias al reflejo

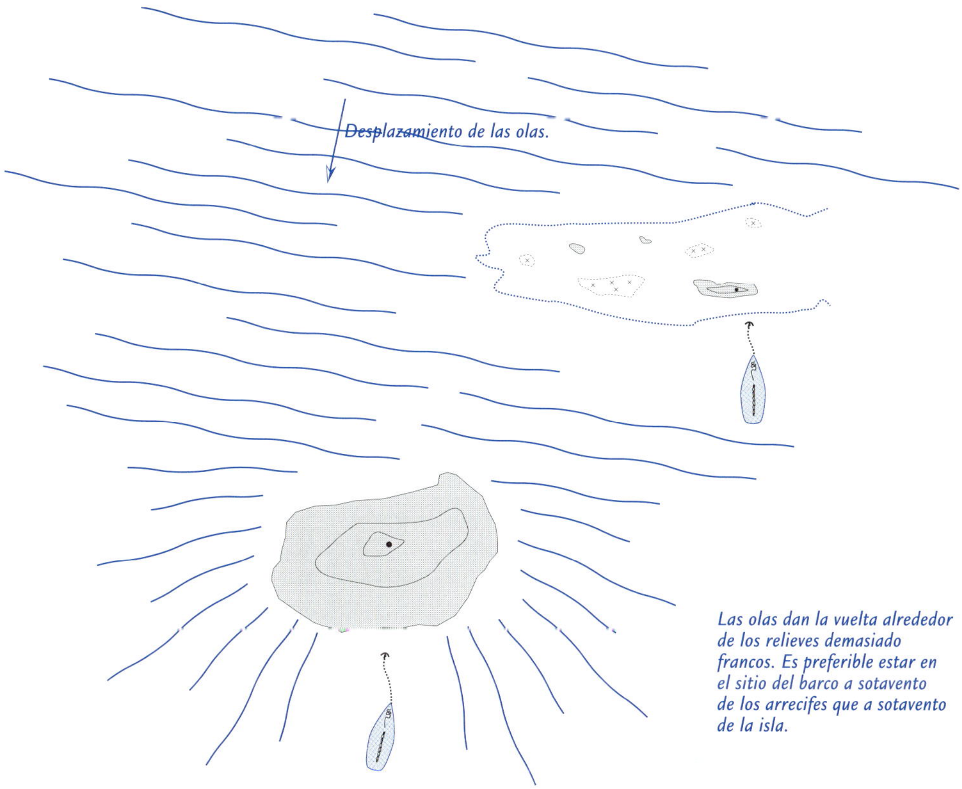

Figura 4.6: Observar las curvas de la orilla.

Pese a que no protegen del viento, las islas bajas rodeadas de aguas poco profundas ofrecen normalmente una excelente protección contra las olas.

de las ondas. Los movimientos de la mar de fondo se reflejan en estos obstáculos demasiado francos, o les dan la vuelta, creando así una resaca desagradable a barlovento y haciendo difícil el refugio a sotavento. Los bajíos difusos son más cómodos (¡siempre que no intentemos pasar por encima!), pues amortiguan eficazmente la mar de leva sin perturbar el viento. Con fuerte brisa y marejada, elegir bordos que permiten pasar a sotavento de las pequeñas sondas de la carta es una garantía de navegar en las mejores condiciones de velocidad y comodidad.

Viento contracorriente

El trazado de la costa, tal como aparece en la carta, informa también del camino que siguen las corrientes. Factor importante para la precisión de la navegación y la duración de la travesía, también lo es en materia de comodidad y por tanto de seguridad. Los estragos de un viento fuerte contra la corriente se escapan de la aritmética casi límpida de los vientos, real y aparente. Traducción en la práctica: una corriente de 7 nudos que se opone a un viento de 28 nudos hace mucho más daño que 35 nudos sobre una mar sin corriente. La oposición de los dos flujos tiende a levantar más las olas, reduciendo tanto la longitud de onda que es imposible abrirse camino en medio de semejante caos. Las famosas corrientes normandas y bretonas (Barfleur, Blanchard, Petit Russell, Fromveur, Sein...) son famosas por su carácter tormentoso, pero muchos otros lugares menos célebres merecen también atención. Como regla general, en cuanto hay un paso estrecho, sobre todo si se trata de una zona de mareas, hay que desconfiar de probables corrientes (canalización y aceleración del movimiento general de la zona, creación de un intercambio local como consecuencia de la diferencia del nivel del agua entre los dos extremos del paso...). Son lugares que hay que abordar con circunspección cuando hay mal tiempo. Si el conflicto entre viento y corriente es susceptible de crear condiciones peligrosas, habrá que tomarlas con calma, o pasar por otro sitio.

Los estuarios de los ríos y otras zonas de salida de golfos constituyen también puntos críticos, por el posible choque de un viento de mar con la corriente del río, pero sobre todo por la oposición de esta corriente de salida y la mar de fondo que entra.

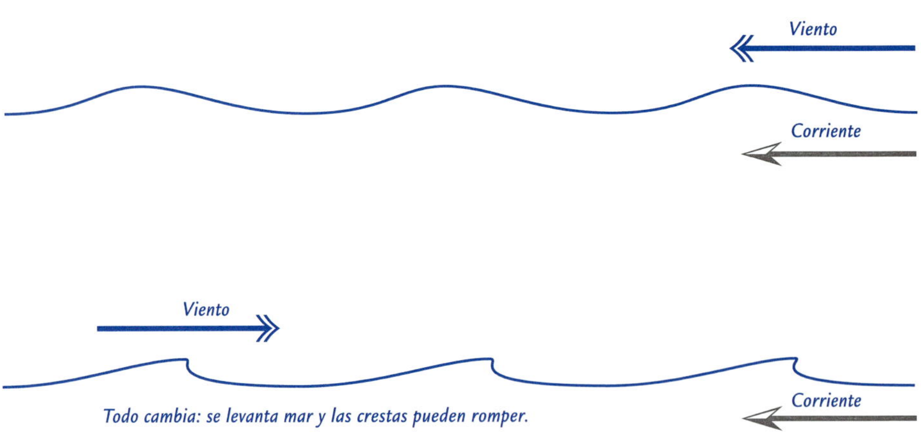

Figura 4.7: Viento «con» o «contra» corriente. Si el viento va en el mismo sentido que la corriente (arriba), no pasa nada; pero si los dos se oponen (abajo), se levantará mar y la progresión será más difícil.

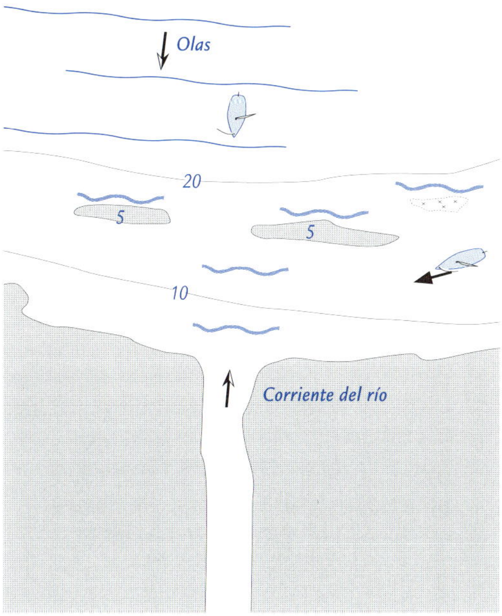

Figura 4.8: Olas, bancos de arena y corriente en un canal. La confluencia de las olas desde el mar, los bajos y la corriente del río pueden crear una mezcla explosiva de rompientes. Más vale olvidarse entonces del acceso directo desde el mar para buscar (como el barco de la derecha) una vía que dé un rodeo a través de aguas más profundas o más protegidas.

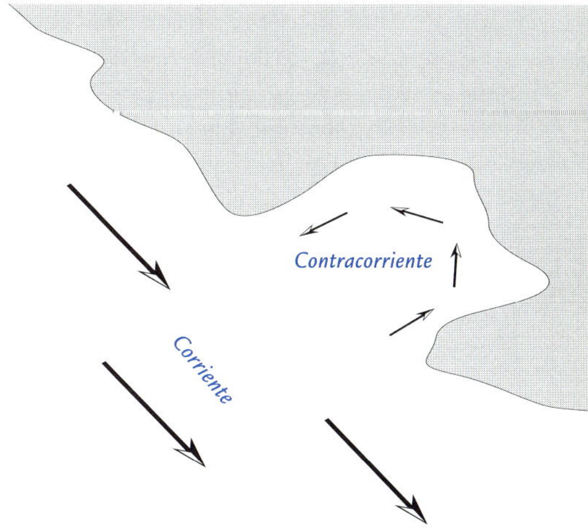

Figura 4.9: Tener en cuenta el perfil de la costa para evaluar la dirección de la corriente.

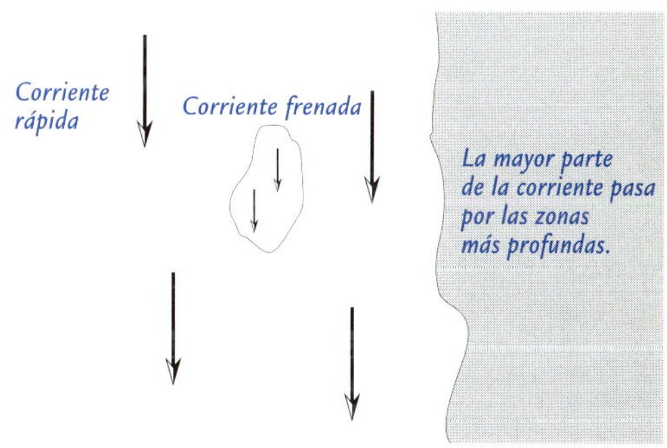

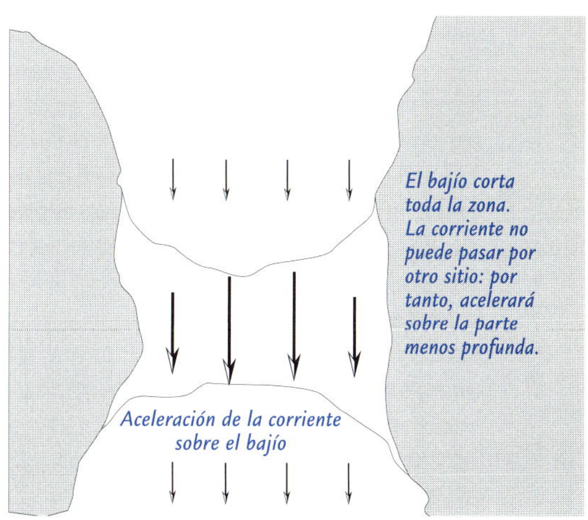

Figura 4.10: Modificación de la corriente sobre un bajío.

Este violento choque de fuerzas puede provocar temibles barras de rompientes, sobre todo porque estos puntos críticos coinciden a menudo con la presencia de bancos de arena y por tanto de sondas poco profundas. Es el caso de Etel, en la salida de Arcachon, frente a los ríos de Aquitania, y también en la salida de ciertos graos meridionales. La regla general a seguir en estas zonas delicadas es mucha agua y poca corriente. Algo que se traduce en favorecer, con algunas excepciones, la tranquilidad de la alta mar.

Finalmente, el fenómeno de macareo que se observa río arriba en algunos estuarios se debe a un principio similar: al principio del flujo, la marea ascendente se opone a la corriente de salida y crea una ola que puede remontar el río a lo largo de varios kilómetros.

► La influencia del relieve terrestre

El interés de la carta no se limita al perfil de la costa y a las informaciones submarinas. El examen del relieve terrestre también nos enseña muchas cosas sobre los cambios que puede sufrir el viento en la zona. Si bien no hay ninguna perturbación a lo largo de las bajas costas de la Camarga o de Holanda (excepción hecha de la aparición de brisas térmicas, como en todas partes), los litorales más accidentados pueden guardarnos un montón de sorpresas.

Entre dos orillas elevadas, aunque disten varias millas entre sí, el viento siempre tendrá tendencia a seguir el canal que forman como si lo hiciera por un valle encajonado. Ello puede suponer significativos cambios de dirección respecto del viento medio y un incremento, pues el viento acelera en este obstáculo. Es el típico caso de los lagos de montaña, pero también se observa normalmente en la mar, en lugares como las Bocas del Bonifacio o el Paso de Calais.

Si el viento es paralelo a una costa escarpada y sopla ligeramente hacia tierra, tenemos todos los números de notar una aceleración cerca de la orilla; si en cambio «sale» ligeramente, seguro que hay un viento menos fuerte junto a la orilla.

Si un viento de mar sopla perpendicularmente a un acantilado o a una montaña muy pronunciada, reaccionará como lo hace la mar de fondo: con muchas turbulencias. Pese a que no haya ningún obstáculo entre el barco y el origen del viento, nos podemos encontrar a media milla del acantilado con una brisa débil e inestable. Esta situación creada por el bloqueo del aire contra el acantilado genera perturbaciones muy arriba, al intentar una parte del flujo pasar por encima del relieve, mientras la otra se transforma en turbulencias.

Figura 4.11: La influencia del relieve terrestre en la fuerza y la dirección del viento.

Otra perturbación, más evidente, es la que nos encontramos cuando estamos a sotavento del relieve. A sotavento de un acantilado abrupto, hay que esperar una situación confusa: calma total en general, a veces con rachas que van en sentido inverso al viento sinóptico. Normalmente hay que alejarse de 2 a 5 millas del acantilado (varía en función de su altura)

Figura 4.12: Navegación a barlovento y a sotavento de los acantilados.

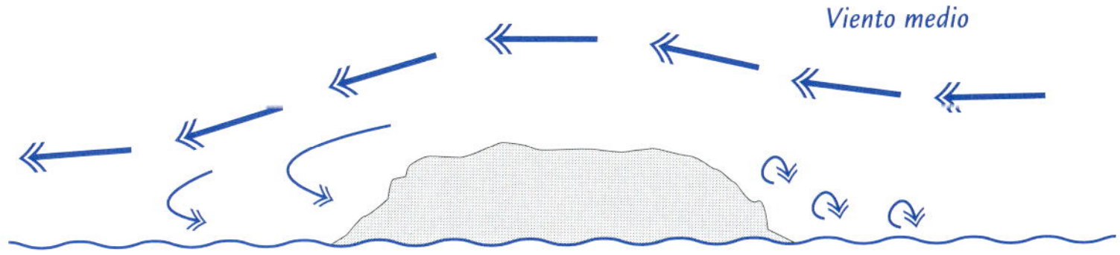

Figura 4.13: Navegación a sotavento de un relieve con una pendiente suave.

para encontrar un viento regular. En cuanto al fondeo, esta configuración no es la más sencilla, pues el borneo es entonces muy aleatorio. En cambio, a sotavento de un relieve importante pero con pendiente suave o media, siempre tendremos más o menos la misma orientación, pero con importantes variaciones de intensidad, pues el viento medio sufrirá con regularidad fuertes rachas que aceleran al bajar de las cimas. Algunas bahías del litoral francoespañol, en su vertiente mediterránea, son modelos de este tipo, al igual que las islas griegas.

El surfista y el marino

Pese a su atracción compartida por el agua salada, marinos, surfistas y windsurfistas tienen unas diferencias culturales tan importantes que entre ellos no se entienden en absoluto. Es una lástima, pues sus aproximaciones son complementarias en la lectura y comprensión de

La cultura de los otros usuarios de la mar merece atención: winsurfistas y surfistas a menudo tienen un gran conocimiento de los movimientos de las olas y de las sutilezas de los vientos locales.

los elementos. Nadie sabe mejor que un surfista cómo viven las olas, y cómo apañárselas con ellas, pues distingue de un vistazo el relieve nervioso de la gran pendiente absolutamente inofensiva. Lo mismo sucede con el windsurfista, verdadero especialista en micrometeorología, a fuerza de notar directamente en sus brazos el efecto de una pequeña «bajada» del viento provocada por el desvente de cada relieve, o de amortiguar con sus piernas las mínimas variaciones de las olas. ¡Gente que ni siquiera un día al año deja de preocuparse del aspecto de sus lugares favoritos, ni de reflexionar sobre el lugar ideal para las condiciones de la jornada, por fuerza tienen algo que aportar sobre el tema! No a todo el mundo le apetece ponerse a hacer surf o plancha, pero la curiosidad por aprender y las técnicas específicas de estos otros apasionados pueden ser muy enriquecedoras.

PREPARAR UNA RUTA

4.2. UN PROYECTO ADAPTADO AL MATERIAL Y A LAS PERSONAS

« *Siempre se tienen programas demasiado ambiciosos. No se tiene suficientemente en cuenta la meteorología, las capacidades de las personas y sus deseos. A menudo prefieren quedarse fondeados, bañarse y visitar, antes que navegar. Hay que partir del principio que, con mal tiempo, la mar es algo horroroso para quienes no han optado por salir. Cuando se es un apasionado, no importa estar mojado, pasar frío, no comer. Pero para quienes no lo han elegido, es duro. Sin embargo a menudo, cuando se hace un crucero, uno se da cuenta de que realmente sólo hay uno que tiene ganas de navegar, el patrón, y que los otros siguen y aguantan. Pues yo parto del principio de que hay que prepararles programas ligeros. Soy partidario de intentar que la gente a bordo se lo pase lo mejor posible.* »

Stéphane Poughon

Potencial de velocidad del barco y capacidad de aguante de la tripulación son los dos elementos clave del programa, tan importantes uno como otro. El primero aporta un dato absolutamente ineludible: el número de millas que el barco podrá recorrer cada hora según cuáles sean las condiciones reinantes; el segundo precisa cuánto tiempo puede durar. No importa que un velero sea incapaz de superar los 4 nudos si está en manos de un equipo de epicúreos -en el sentido etimológico de la palabra- bien amarinados y dispuestos a arrastrarse sobre el mar sin lamentarse de no ir más rápidos. Éstos irán de todas formas mucho más lejos que el impaciente patrón de una fogosa máquina de regatas que empiece a mirar el reloj en cuanto lleva una hora navegando. Lo ideal para conseguir un radio de acción óptimo es, evidentemente, sumar las dos cualidades.

► *Un horario a la carta*

La longitud de una etapa corresponde a una ecuación muy sencilla que puede plantearse bajo todos los ángulos. O bien, como para los puristas de la vela, se elige un destino, se sueltan amarras y se pone el tiempo que haga falta para llegar, o bien, como para los cruceristas de los años 2000, se concede un lugar central al respeto del horario y se intenta calcular el tiempo necesario para el trayecto. Partiendo de la velocidad probable del barco (teniendo en cuenta las condiciones de viento del momento y de la corriente que pueda haber), se puede efectivamente fijar la longitud deseada de navegación y deducir un radio de acción posible; o fijarse objetivos geográficos y hacer el cálculo en sentido inverso, mirando si el tiempo previsto para el trayecto conviene a la tripulación, teniendo en cuenta que es probable que se sobrepase. En este campo, no hay ninguna regla absoluta, incluso con niños: en algunos barcos, el ambiente es tan tenso que toda navegación de más de 3 horas es un calvario, mientras que en otros saben aceptar sin problemas las prolongaciones, incluso pasando una noche en la mar. La cuestión es llegar a sentirse cómodos con la duración desde el principio.

Quizá conviene decir aquí que una excesiva prudencia es en este punto tan perjudicial para la evolución del marino como las opciones presuntuosas pueden serlo para su seguridad. ¿Tendría el crucero el mismo salero si sólo se tratara de pequeños saltos de pulga demasiado medidos, sin un día excepcional de vez en cuando? Cada uno debe responder por sí mismo.

Para preparar los proyectos de navegación, pueden usarse los ejemplos de velocidad indicados en el capítulo 2.

Las ventajas de una estrategia realista

El número de millas no lo es todo: la articulación de los trayectos sobre el tiempo de un crucero es un elemento igual de determinante para su buen desarrollo. Esto pasa por una organización del tiempo razonable que deja preferentemente lo mejor y lo más fácil para el final. Si se prevé un recorrido de ida y vuelta bastante ambicioso para el tiempo disponible (por ejemplo, recorrer de un extremo al otro un archipiélago que se extiende más de 200 millas y volver al puerto de salida, es decir al menos 400 millas a recorrer, todo ello en un máximo de dos semanas), es mucho más agradable empezar por una travesía sin escalas, con navegación nocturna incluida, hasta el punto más lejano del recorrido. Quedarán entonces una buena decena de días para saborear tranquilamente las pequeñas calas y fondeaderos en el recorrido de vuelta. Y si teme este inicio demasiado brusco, nada impide prever una pequeña etapa antes de dar el «gran salto». Pese a que los manuales tradicionalmente recomiendan arrancar progresivamente un crucero, la opción de devorar las millas lo antes posible no tiene prácticamente más que ventajas: no pasar dos veces por el mismo lugar, tomarse con calma el tiempo en las últimas tres cuartas partes del crucero, y sobre todo evitar la espada de Damocles que supone un largo trayecto de regreso a efectuar en los últimos días de vacaciones.

Si el gran salto de regreso es inevitable (regreso de Córcega o de Inglaterra, por ejemplo), la cuestión es no preverla para la víspera de la vuelta; una mala depresión o un temporal de mistral llegan con tanta facilidad... En las zonas con vientos dominantes muy estables (los alisios del Caribe, el meltemi en Grecia...), es conveniente integrar desde el principio este flujo en la planificación del crucero para optimizar el recorrido y evitar la proporción de ceñida tanto como sea posible; lo que no impide que tengamos que revisar el programa en caso de anomalía climática.

En nuestras aguas templadas y cambiantes, lo mejor es adaptarse a las condiciones de cada momento. Es absurdo empezar las vacaciones con una gran ceñida con la esperanza de tener portantes a la vuelta; hay muchas posibilidades de que haya rolado lo bastante como para que nos encontremos otra vez viento de cara. Más vale pájaro en mano y aprovechar el portante cuando se presenta.

> *La elección del trayecto se hace en el último momento, en función de la meteorología anunciada. Tendremos así más portantes que ceñidas, y más rutas directas que indirectas. La elección de las escalas, tanto si se trata de un puerto como de un fondeadero, se hace también en función de la meteorología: facilidad de acceso y de salida, tanto de día como de noche, comodidad, etc. ¡El aspecto "turístico" de un recorrido llega en último lugar!*
>
> **Gilles Barbanson**

A menudo el abrigo varía... Hacer escala en este simpático puertecito podía ser una buena idea la víspera, pero sería un suicidio el día en que fue tomada esta fotografía.

La elección de las escalas

Sobre gustos no hay nada escrito. Dejando de lado la necesaria calidad del refugio, la elección de uno u otro tipo de puerto o fondeadero sólo depende de las aspiraciones de la tripulación y de las necesidades del barco. Es indiscutible que un gran avituallamiento no se hará con tanta facilidad en un fondeadero como desde cómodos pontones de una marina urbana. Del mismo modo, un velero en manos de maníacos de dos duchas diarias no podrá escapar de su necesidad de rellenar los tanques de agua cada dos días, y por tanto, de entrar en puertos equipados para este menester.

El refugio: un concepto muy aleatorio

Cuestión ineludible antes de poner rumbo a un puerto o a la cala de nuestros sueños: ¿qué pasará si llego tarde o el tiempo cambia? Algunos refugios, tanto si son naturales como protegidos por el cemento, merecen este calificativo en todo tipo de condiciones; pero otros, no; ni por asomo. El criterio horario para las zonas con marea es tan evidente que parece superfluo insistir en ello. Pero la altura del agua no es la única cuestión: hay sitios en los que llegar después de anochecer equivale casi automáticamente a dormir fuera, o a volver a salir en búsqueda de otro puerto. Lo mismo sucede si la niebla se mete de por medio. Cuando hay peligro de mala visibilidad, hay que privilegiar los destinos a prueba de niebla; es decir, las costas acantiladas, con relieves muy pronunciados, donde prácticamente podemos tocar tierra sin encontrar obstáculos.

El refugio considerado perfecto no lo es si el canal se convierte en peligroso cuando el viento sopla del lado malo. Por ello sólo es razonable contar con él con una buena previsión meteorológica o al final de una travesía corta.

Hay que mantener la misma reserva por lo que respecta a la calidad del abrigo una vez en su interior. Elegir un fondeadero poco protegido de varias direcciones del viento es una opción perfectamente asumible, si la atracción del lugar lo merece; pero entonces hay que hacer un análisis meteorológico detallado, y aceptar la posibilidad de una escala incómoda, o incluso de tener que evacuar el lugar en plena noche.

Finalmente hay que tener en cuenta que en las paradas con acceso limitado por la marea, el problema no se plantea sólo al llegar: algún día habrá que salir de allí. Meterse en un lugar sólo accesible con marea alta puede tener como consecuencia una pérdida de tiempo incompatible con un programa un poco apretado.

Variantes y soluciones de repliegue

Por todos los motivos expuestos anteriormente, procuraremos siempre prever opciones alternativas. Un puerto seguro y fácilmente accesible para sustituir en cualquier momento el fondeadero de ensueño convertido en una pesadilla; o una escala a medio camino, menos atractiva pero más realista que el puerto que aún está a 15 millas, con el viento de cara (o sea, a cinco horas) y que estará cerrado cuando lleguemos. Única regla imperativa: evitar los callejones sin salida, a no ser que nos guste especialmente ir dando vueltas en la mar toda la noche frente a las luces de la ciudad que vemos en la lejanía.

Revisar todo el plan del crucero en su conjunto cuando la meteorología persiste en su mal humor es un síntoma de buena salud del navegante: *errare humanum est, perseverare diabolicum*. Lo que no significa que tengamos que prohibirnos añadir una etapa atractiva si las condiciones son especialmente buenas.

Nos fijamos una zona en la que queremos navegar, y a partir de aquí es la meteorología la que define la ruta. Sobre todo no hay que mantenerse firme en esquemas rígidos diciendo "quiero ir allí y pasaré por allá pase lo que pase", porque es para acabar asqueando a la tripulación, incluido uno mismo. Hay que tener por tanto una fuente de información meteorológica fiable, y a partir de ella tomar decisiones. Tenderemos a favorecer los vientos portantes y evitar la navegación con vientos de más de 25 nudos, fuerza 5-6.

Gilles Chiorri

Un calado muy débil no exime de malas sorpresas: por ejemplo, una escala en el lodo a la orilla de un canal frecuentado, cuando se esperaba una bonita playa. Un estudio más riguroso de la carta habría permitido hacer una elección más juiciosa.

ESCALAS LEJOS DE LOS PUERTOS

4.3. EL NECESARIO DOMINIO DEL FONDEADERO NATURAL

Obligatorias en determinadas zonas desprovistas de instalaciones portuarias, las técnicas de «no-marinas» corresponden también a menudo a una elección adoptada libremente. Permiten acceder a sitios naturales menos frecuentados y dan una mayor libertad en la preparación de un crucero.

> *Nuestro fondeo lo elegíamos siempre en función de la belleza del rincón o con la idea de visitar algo. No teníamos mucho en cuenta la comodidad o la incomodidad; esto era secundario; lo que nos importaba sobre todo era lo que queríamos ver en tierra. Nos habíamos ido para viajar; por tanto, si teníamos que apechugar con la mar de fondo, pues lo hacíamos. Nos quedábamos menos tiempo, porque uno se cansa rápidamente de que le sacudan: hacíamos lo que había que hacer y nos íbamos. O a veces era el avituallamiento el que guiaba nuestras elecciones. Cuando llevas semanas en rincones perdidos, no te toca otro remedio que fondear frente a un pequeño poblado donde al menos podrás comprar algunas verduras. Además, también cuenta la seguridad del lugar. Cuando estábamos en un sitio en el que no nos sentíamos a gusto, lleno de guijarros por todas partes, intentábamos buscar otro. Si ves un fondeadero lleno de veleros, puedes estar seguro de que no hay nadie en el de al lado y por lo general, con un poco de imaginación, se encuentra rápidamente algo mejor.*
>
> ***Sophie Hachet***

Aprovechar esta libertad tiene sus contrapartidas, empezando por la necesidad de un equipo de fondeo a la altura de las circunstancias. El sueño del patrón también puede salir perdiendo: si en un puerto podemos olvidarnos de todo en cuanto nos hemos amarrado al pontón, en un fondeadero nunca podemos perder de vista que estamos en la mar, o casi.

Elegir anclas buenas

Cuando se pasa el 90% de su tiempo en bahías con todo tipo de fondos y más o menos abrigadas, el navegante de altura no puede regatear a la hora de comprar un equipo consecuente que deberá responder en las situaciones más variadas. Es normal encontrar en su barco cuatro anclas -de tipos distintos- y dos cadenas de una sesentena de metros cada una; sin contar largos y robustos cabos (de al menos 100 metros) que tanto sirven para alargar el fondeo como para improvisar un fondeo «ligero» o permitir eventuales remolques. Todo ello con al menos un potente molinete eléctrico, y escobenes, guías, bitas y cornamusas bien dimensionadas y a toda prueba, tanto en proa como en popa.

El crucero veraniego por las costas europeas no requiere las mismas exigencias. Ante todo, se fondea mucho menos que en los trópicos; la costa francesa está bien provista de marinas y es poco generosa en zonas de fondeaderos prácticos. Echar el ancla responde en nuestras costas más a un placer propio del buen tiempo que a una necesidad, como puede ser el caso en la otra punta del mundo. De todas formas, si queremos aprovechar los vaporosos encantos de Sercq, los fiordos de Belle-Île, las calas españolas o las corsas, tendremos que pasar por eso, y disponer de aparejos eficaces. Las antiguas tablas reglamentarias que especificaban los pesos de las anclas respecto del tamaño del barco (ver página 145), ya no están en vigor. De todas formas, tienen la ventaja de dar una idea aproximada de los valores convenientes, pese a que no tengan en cuenta las diferencias de rendimiento en función de las formas del ancla, sobre todo para los modelos ligeros.

La legendaria CQR (de arado) tiene la ventaja de la regularidad en todas las condiciones, y el inconveniente de garrear lenta, pero inexorablemente, hasta que encuentre un punto de apoyo a su medida.

Las anclas planas modernas (Britany, FOB...) son capaces de una resistencia excepcional, muy superior a la de arado, sobre fondos homogéneos, arena o fango bastante sólido. Denominadas también basculantes, tienen limitaciones en fondos difíciles (algas, guijarros, rocas...), donde no siempre consiguen agarrarse, o se agarran demasiado y no hay forma de soltarse.

Las anclas de última generación (Brake, Spade...) hacen una síntesis interesante, con la forma general de las de arado y las superficies de apoyo de las anclas planas. Son un buen compromiso, un poco menos fáciles de estibar a bordo, excepto que se las deje en la roldana de proa. No añoraremos la vieja ancla con cepo, voluminosa y poco eficaz, que sólo tiene interés muy de vez en cuando, con fondos «imposibles» (algas o rocas).

Por lo general, es bueno, incluso con un programa costero, tener dos anclas de formas distintas para adaptarse a cada situación. En cuanto a las dos líneas de fondeo, de todas formas son obligatorias para los barcos de más de 9 metros y 3 toneladas de desplazamiento.

¿Cabo o cadena?

Algo más de 3 toneladas de resistencia a la ruptura y un peso de 1,5 kilos por metro para una cadena de 8; 4 toneladas de resistencia y 100 gramos por metros para un cabo de poliamida multitrenzado de 14... La relación peso/rendimiento se decanta indiscutiblemente a favor del cabo. Pero los dos tipos de fondeo corresponden de hecho a planteamientos distintos. El crucerista de altura equipado con un potente molinete eléctrico será partidario del «todo cadena», que ofrece en efecto la máxima tranquilidad en todas las circunstancias: mucho peso

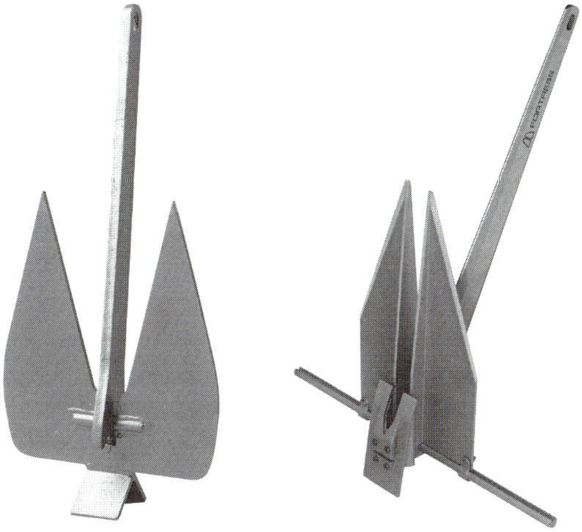

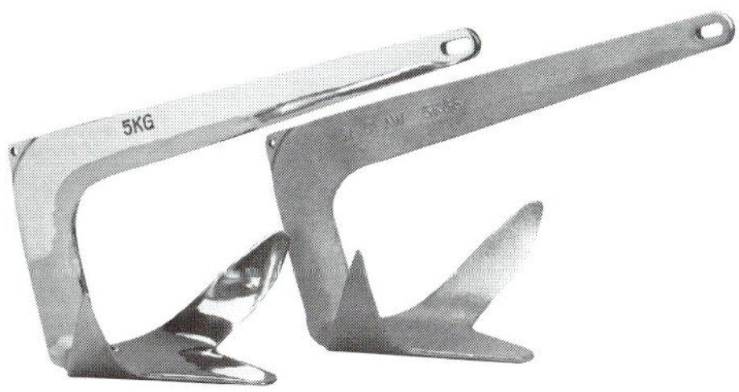

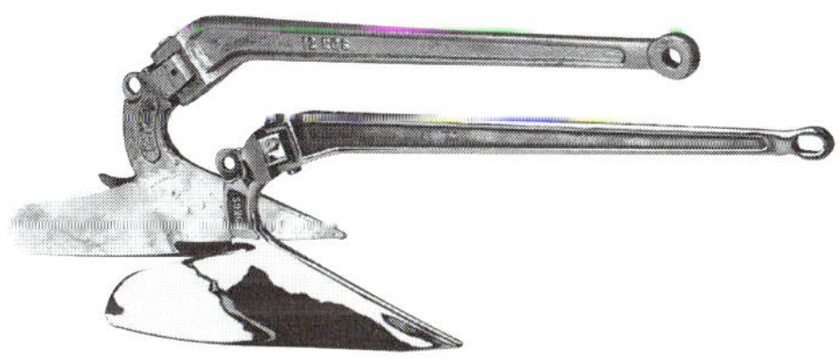

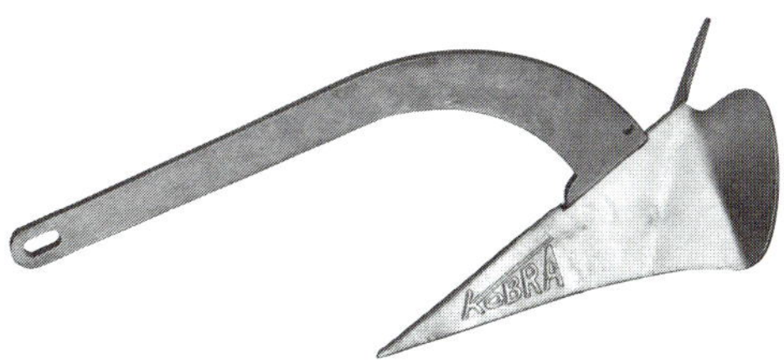

Las anclas planas como la Britany (arriba a la izquierda) o la ligera Fortress de aluminio (arriba a la derecha) tienen rendimientos notables en fondos compactos y homogéneos. Las distintas variantes en torno al «arado» (debajo), articuladas o no, tienen a priori la ventaja de adaptarse a terrenos más variados. La Kobra (abajo) está considerada como una de las más eficaces de esta familia.

abajo, y por tanto mucho amortiguamiento de la tracción, mayor tolerancia respecto de los cambios de orientación del viento, y evidentemente una mejor resistencia al desgaste por el roce con el fondo. Todo ello con un uso muy sencillo, en la medida en que la mecánica se encarga prácticamente de todo.

> *Para mí, un fondeo debe ser tranquilo. Tranquilo en relación con las olas, tranquilo en relación con el viento, y en las regiones que me interesan, también tranquilo en relación con los hielos. Es por esto que siempre pongo mucha cadena. Si fondeo incluso con menos de 10 metros de agua y sé que hay posibilidad de que entre mucho viento, suelto 50 metros de cadena. De todas formas, los remontará el molinete eléctrico. Y así uno duerme tranquilo.*
>
> ***Olivier Pitras***

Para un programa más modesto, o con un barco ligero que no se quiere sobrecargar, o si no se dispone de molinete, la cuestión puede plantearse de forma distinta. Un ancla grande y todo el montón de cadena se acercan rápidamente a los 200 kilos en total. Imposible remontarlos a mano, a no ser que nos preparemos engorrosos reenvíos al winche (se coloca un cabo en la cadena, entre la proa y el agua, se pasa por el winche, se caza, se bloquea la cadena, y se vuelve a empezar un poco más allá...). Un fondeo mixto puede ser lo más indicado: formado por lo que antes era la longitud de cadena reglamentaria (8 metros como mínimo para los barcos pequeños) y un cabo de al menos 50 metros, preferentemente multitrenzado de poliamida o poliéster. Estos cabos ligeros, resistentes, relativamente fáciles de empalmar

La tripulación de este velero se dispone a soltar una segunda ancla por proa «en picado» para reforzar el aguante de su fondeo.

son además agradables al tacto y tienen menos peligro de formar cocas y enredos que los clásicos cabos trenzados. Este fondeo básico no permitirá hacer frente a una tormenta tropical en el atolón de Suvarov, pero responderá eficazmente a la mayoría de situaciones normales en nuestras costas.

> *No tengo molinete y por tanto no me gusta fondear con mucho fondo, pues pienso en el momento de levar. Tengo un ancla ligera Spade (7 kilos, considerada equivalente en rendimiento a la de 14 kilos de acero), una Britany de 14 kilos y cadena de sobras en la sentina. Fondeo siempre con cadena (25 metros) y cabo tan elástico como sea posible. Creo que mucha gente tiene problemas porque fondea (a veces con longitudes absurdas) con todo cadena: cuando empieza a soplar, los tirones son muy violentos, mientras que un cabo tiene un amortiguamiento considerable.*
>
> ***Pierre-Marie Bourguinat***

El fondeo ligero

Para disponer de un fondeo aún más suave para la espalda y las manos del tripulante de proa, queda la solución de suprimir la cadena, pura y simplemente. No carece de inconvenientes: sin lastre, el cabo tirará directamente del ancla, con un ángulo más abierto respecto del fondo y por tanto menos favorable al agarre; y el riesgo de erosión con un fondo agresivo es real. Esta fórmula debe reservarse para las paradas de tentempié con buen tiempo, o para paradas con buenos fondos de arena, mucho sitio alrededor para fondear muy largo (a profundidad igual, cuanto más largo es el fondeo, más cerrado es el ángulo de tracción, y por tanto más elevada la resistencia).

Eslora y desplazamiento del barco	Peso mínimo del ancla	Diámetro mínimo de la cadena	Diámetro mínimo del cabo
5,50 m - 800 kg	6 kg	6 mm	10 mm
6,50 m - 1 t	8 kg	6 mm	10 mm
7,50 m - 2 t	10 kg	8 mm	14 mm
9 m - 3 t	12 kg	8 mm	14 mm
10,50 m - 4,5 t	14 kg	8 mm	14 mm
12,50 m - 8 t	16 kg	10 mm	18 mm
16 m - 12 t	20 kg	10 mm	18 mm
18 m - 16 t	24 kg	12 mm	22 mm
25 m - 30 t	40 kg	14 mm	24 mm

Las recomendaciones oficiales para los aparejos de fondeo.

Más eficaces aún: las recientes gamas de anclas ligeras, tipo Fortress o FOB Light. Fabricadas en aluminio, estas anclas planas basculantes parten del principio de que la forma y la superficie de apoyo son más determinantes para la penetración en el fondo y para el agarre que el peso.

En zonas con corrientes fuertes (aquí en Nord de Canale), la calidad del fondeadero es esencial, incluso con buen tiempo en una cala aparentemente tranquila.

Los resultados son realmente asombrosos: ¡una Fortress de tan sólo 2,5 kilos provista de un fondeo íntegramente de cabo puede llegar a una resistencia a la tracción idéntica a la de un ancla convencional de 12 kilos con fondeo mixto! Este milagro tiene, sin embargo, sus limitaciones. Primero, en relación con los fondos: imbatible en arena, tiene problemas para agarrarse en fondos menos homogéneos y se muestra frágil cuando hay rocas. Además, la maniobra requiere cierta atención. Al ser el ancla tan ligera hasta el extremo de planear en el agua, no tiene ninguna posibilidad de agarrar si no se la «clava» cuidadosamente, presentándola en el buen sentido y tirando de ella cuando hace falta. A menudo es necesario repetir varias veces la operación. Pero cuando se realiza correctamente, las palas se hunden inmediatamente en la arena con una eficacia asombrosa y este ancla peso pluma es entonces capaz de aguantar sin rechistar un buen crucero con viento fresco. El uso de un cabo aplomado como fondeo (se introducen pequeños plomos en toda la longitud del cabo, lo que da un peso de 150 a 320 gramos por metro, según el diámetro) no cambia la resistencia a la tracción, pero puede facilitar la fase de agarre, dar más amortiguación y mejorar la posición en el borneo.

► *Protegido del viento y sobre todo de las olas*

La mejor ancla nunca bastará para convertir un fondeadero movido en seguro y cómodo. Los grandes buques comerciales se acomodan en estuarios con olas y bahías abiertas a todos los vientos, pero los cruceristas difícilmente pueden sobrevivir sin un refugio a su medida. Hay que empezar por tanto por no hacer caso a las recomendaciones de los Derroteros clásicos (en oposición a las guías de crucero editadas en los últimos años por el SHOM), ¡que nos llevarían directamente a soltar el ancla en medio del mar! Hay que analizar en la mesa de cartas todos los factores que pueden convertir los puntos previstos en buenas o malas opciones a la vista de las condiciones del momento. A la hora de elegir, hay que recordar que la prioridad no es tanto protegerse del viento, como de las olas; pues éstas, tanto en forma de mar de fondo como de olas cortas, son mucho más nefastas tanto para la comodidad como para el agarre del ancla. Las lagunas de barlovento de las islas tropicales son un buen ejemplo de esto, al ofrecer fondeaderos ventilados pero llanos, más agradables que algunas bahías sin un soplo de aire, en las costas de sotavento, donde los barcos sufren balanceo. Es evidente que lo ideal es reunir las dos cualidades, pero no hay que soñar: no todos los abrigos son «agujeros de ciclón» (como se conoce el abrigo perfecto, el que está suficientemente cerrado para proteger de vientos atemporalados de todas las direcciones).

Listo para fondear

Es necesario que el equipo y la maniobra de fondeo estén rápidamente a punto, porque en crucero de altura, nos pasamos el 90 % del tiempo fondeados. He pasado cuatro años sin ver una marina, ¡y no la echo en falta!

Sophie Hachet

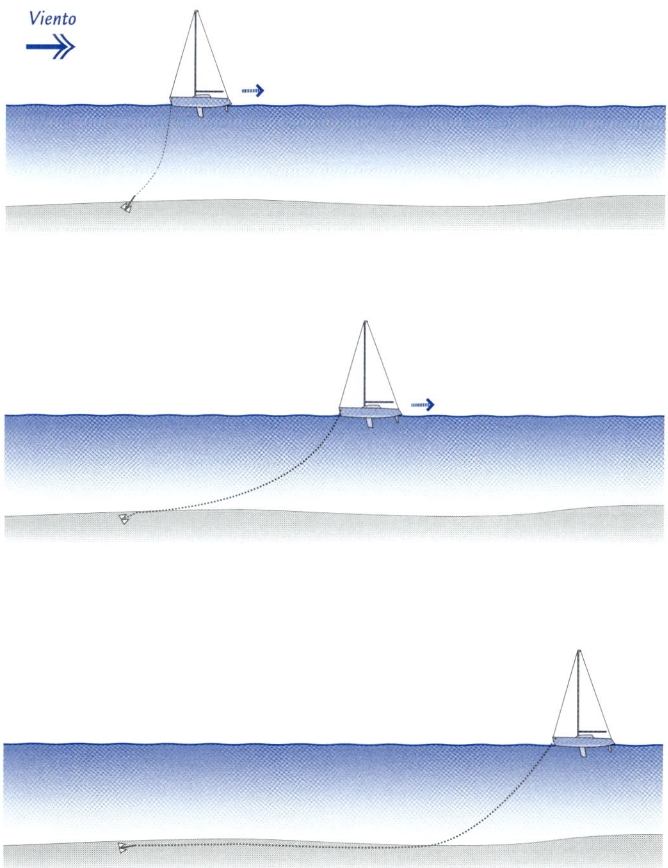

Se empieza a soltar fondeo en el momento en que el barco está inmóvil, mientras se embraga la marcha atrás.

Cuando se ha soltado al menos el doble de fondeo (en longitud) que profundidad del agua, hacer firme momentáneamente el fondeo en la cornamusa para ayudar al ancla a agarrar bien.

Hacer firme con la longitud de fondeo adecuada: aquí, 30 metros de fondeo para 6 metros de fondo.

Figura 4.14: Listo para fondear.

Figura 4.15:
Los círculos de borneo.

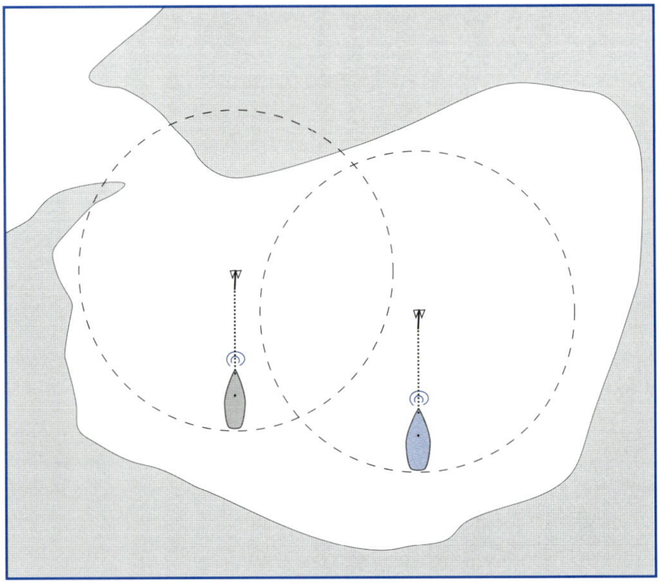

Los dos barcos están bien colocados uno respecto del otro, pero el gris tendrá problemas en caso de rolada del viento al sector sur.

La maniobra habitual de fondeo consiste en colocarse proa a viento -a motor o a vela- un poco a barlovento del punto elegido, y en soltar el ancla en el momento exacto en que el barco empieza a recular (bajo el efecto de la marcha atrás o del viento, acuartelando la mayor si hace falta).

El tripulante de proa suelta rápidamente una longitud de fondeo un poco mayor que la profundidad del agua. Sigue después soltando fondeo un poco más lentamente para evitar que se apile encima del ancla. Tras haber soltado al menos dos veces y media el fondo (más con fondos de menos de 5 metros), la aguanta con firmeza -dándole la vuelta alrededor de una bita o de una cornamusa, o bloqueando el molinete- para «encararse», al tirar el fondeo de la proa. Esta tracción ayuda al ancla a clavarse, pero no hay que prolongar la tensión, porque el ángulo de tiro no es aún el ideal. El reglaje depende a partir de este momento de las condiciones: al menos cinco veces la altura del fondo con fondos de menos de 5 metros, cuatro veces en caso contrario; y con mucho fondo, soltar lo que se pueda, pero intentando que no sea menos de tres veces el fondo. Con viento y olas, es preferible alargar el fondeo para que la orientación de la tracción sea tan paralela al suelo como sea posible, de manera que se evite el efecto de «arranque» vertical.

La maniobra a vela no presenta ninguna dificultad especial, excepto que la escora puede complicar la tarea del tripulante y que es preferible enrollar el génova antes de la maniobra (siempre que el barco evolucione bien sólo con la mayor) para despejar la cubierta de proa. Al contrario, si no tenemos enrollador, a veces es preferible dejar el génova izado para no hacer impracticable la cubierta de proa en el momento crítico (a no ser que lo arriemos antes y lo doblemos cuidadosamente).

Dar una vuelta de reconocimiento antes de elegir el punto exacto donde fondear es siempre una buena idea, preferentemente con un ojo puesto en la sonda. Y si, al acabar la maniobra, el resultado no parece satisfactorio (posición del barco con respecto a los otros, o con respecto a la costa, agarre del ancla...), no hay que dudar en levarlo todo y volver a empezar. Se comprueba que el fondeo no garrea tomando marcaciones a tierra por el través. Y a falta de

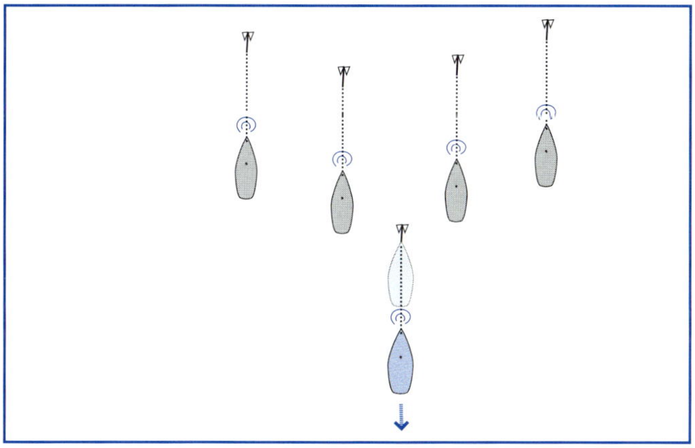

Figura 4.16:
La elección del lugar.

En una zona de viento constante (alisios), echamos el ancla justo a popa de los barcos de barlovento y nos dejamos caer.

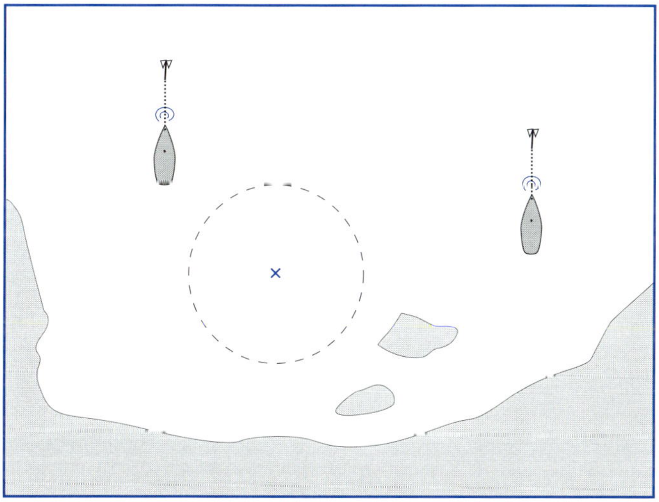

En una zona de vientos variables, hay que representarse el círculo de borneo necesario (en función de la cantidad de fondo) y fondear justo en medio.

referencias prácticas (orilla alejada...), podemos juzgar el aguante del fondeo colocando una mano sobre la cadena o el cabo: la existencia de vibraciones continuadas es síntoma de que el ancla está garreando.

Normas básicas del tripulante

Durante la maniobra, la cubierta de proa es una zona de riesgo que no puede tomarse a la ligera, pues la cadena o el cabo pueden causar estropicios. Hay que ir calzado, incluso con botas; unos guantes sólidos nos pueden ser útiles, sobre todo si las condiciones son un poco movidas, con riesgo de tracción violenta.

Para fondear, nos comunicábamos con gestos. ¡No sirve de nada gritar de un extremo al otro del barco! Teníamos gestos para marcha adelante, marcha atrás, a derecha, a izquierda, todo parado, y después, cuando todo va bien, el OK de los submarinistas. No es complicado y uno se entiende mucho mejor. También teníamos una norma de seguridad absoluta: nunca fondeábamos sin calzado ni guantes.

Sophie Hachet

Prudencia y pies calzados: las normas para usar un molinete limitando los peligros.

En un barco sin molinete, el tripulante comprueba que el conjunto está claro en el pozo de anclas, coloca el ancla en la roldana de proa y la deja colgando aguantándola con el fondeo (cuidado, no demasiado baja: el ancla no debe tocar el agua mientras el barco avanza, so pena de golpear contra la roda). Una vez soltada el ancla, controla la velocidad del fondeo colocando el pie encima (de ahí la importancia de una suela robusta...), tras tomar la precaución de colocarlo sobre un apoyo fiable. En el momento del reglaje final, hay que dar siempre una vuelta alrededor de la bita o de la cornamusa para no salir disparado contra la roldana en el caso de un fuerte tirón repentino.

Con un molinete, cambia la forma de maniobrar, pero la prudencia sigue siendo la norma básica. Con un modelo manual, hay que familiarizarse con el sistema de freno y saber soltarlo lo justo para que la cadena corra con regularidad. Si la soltamos demasiado rápidamente, puede tener tendencia a salir del barbotén, sobre todo si la alineación no es buena. Puede ser interesante ejercer presión con el pie -colocándose claramente a popa- para evitar los saltos. La maniobra es a priori más sencilla con un aparato eléctrico, pues los interruptores de cubierta o el comando a distancia permiten controlar el movimiento a voluntad. Cuidado con los interruptores de cubierta; el comando a distancia es más seguro.

► Los accesorios prácticos

A menos de disponer de un molinete de gama alta con contador de cadena, las marcas de colores cada 5 o 10 metros (pintura, grapas de electricista o clips especiales) facilitan mucho la apreciación de la longitud del fondeo. También es práctico disponer de un cabo de varios metros con un mosquetón especial (tipo herradura de Wichard) en la punta. Colocado entre dos eslabones, permite suplir un fallo del molinete, o ahorrarse durante la noche los ruidosos movimientos de la cadena en la roldana (se coloca el mosquetón, se amarra el cabo y se suelta cadena para que sea sólo el cabo quien aguante el fondeo).

Algunos eslabones de galvanizado para remachar pueden permitir el empalme de dos trozos de cadena sin impedir el paso por el molinete. Finalmente, un sacavueltas perfilado entre la cadena y el ancla facilitará la subida completa del ancla evitando los bloqueos en la roldana o la catapulta, el herraje basculante con dos poleas. En cambio, podemos ahorrarnos los sistemas de amortiguadores del fondeo: interesantes para las amarras del pontón, no aportan nada a un fondeo largo, elástico por definición.

► ¿Proa al viento o proa a la corriente?

Si hay corriente de por medio, y no viene de la misma dirección que el viento, habrá que hacer caso al más fuerte de los dos. Es fácil de ver. Con el barco sin velocidad, ¿derivamos en el sentido del viento o de la corriente? ¿O un poco de los dos, si no tienen direcciones exactamente opuestas? Después de observarlo, bastará con hacer la maniobra aproando al flujo más fuerte, o incluso haciendo proa a un rumbo intermedio si viento y corriente no están directamente opuestos. No es necesario un alto grado de precisión; basta con soltar el fondeo aproximadamente en la dirección en la que el barco borneará, a fin de impedir que forme enredos con el ancla. Por otra parte, es bastante habitual fondear viento en popa. Es incluso un método aconsejado en numerosos manuales, con el objetivo de clavar el ancla más enérgicamente. Sin embargo, sólo hay que utilizarlo si se tiene debilidad por los tirones violentos, y nos gusta ver la borda con numerosos rasguños causados por la cadena.

> *La técnica que uso más a menudo es el fondeo marcha adelante con el viento de popa, pero con toda suavidad. Suelto el ancla, dejo correr la cadena, la bloqueo un momento para agarrar en ancla: el barco se aproa. Esta manera de operar es posible sobre todo con barcos de acero cuyo casco no teme que la cadena lo roce un momento. Fondeo con todo cadena, o con 10 a 15 metros de cadena y cabo, con un flotador en el punto de unión entre ambos si el fondo es de coral, a fin de que el cabo quede siempre lejos de los cortantes corales.*
>
> **Antoine**

Prever el borneo

En un mundo perfecto, viento y corriente no cambiarían nunca de dirección en un fondeadero, y los barcos tirarían todos de su ancla de la misma manera. Por suerte no es así y el cálculo de las probabilidades de colisión con el vecino, evidentemente mal fondeado, seguirá siendo durante mucho tiempo la ocupación favorita de las tripulaciones a la hora del té. Pues en función de sus superestructuras, del desplazamiento, de la forma de los apéndices, de la longitud y tipo de fondeo, e incluso de su posición exacta en el fondeadero (las corrientes de aire no son las mismas en todas partes), los barcos bornearán en direcciones distintas. Hay que rodearse, por tanto, de un espacio vacío de una superficie proporcional a la incertidum-

El concepto de círculo de borneo adquiere todo su sentido cuando se abordan fondeaderos tan saturados como éstos, situados entre las islas de San Honorato (en primer término) y Santa Margarita...

Fondear por proa y popa permite limitar el borneo. Variante bahameña: hacer pasar el fondeo de popa por la proa, como si se fondeara a 180° en barbas de gato. Cuidado con los roces contra el casco, la quilla y el timón.

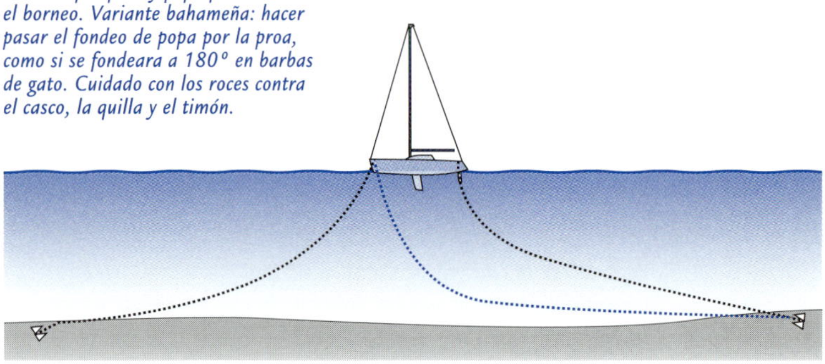

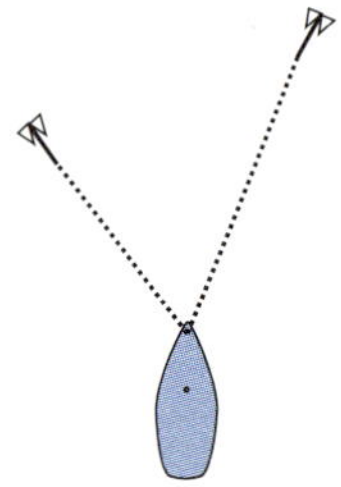

El fondeo a barbas de gato clásico consiste en fondear dos anclas por proa, en un ángulo de unos 45°.

Figura 4.17: El fondeo por proa y popa.

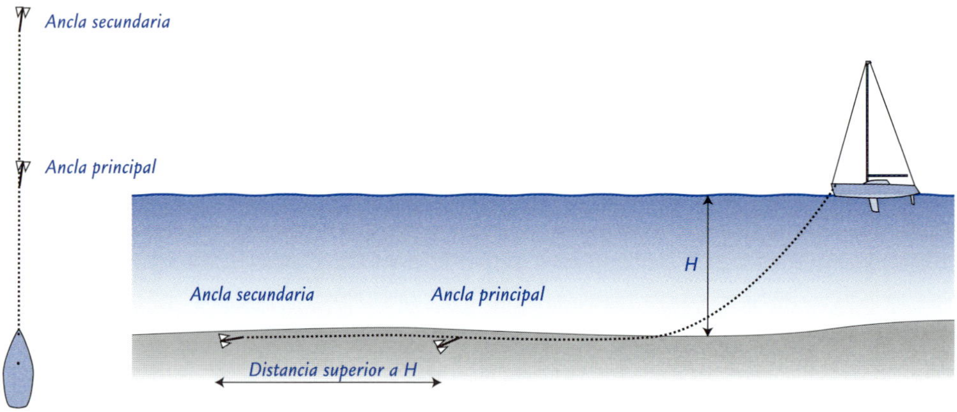

Figura 4.18: Engalgar.

bre de los movimientos futuros. Esto va de unos pocos metros en lugares muy «canalizados» (fondeaderos sometidos a los alisios) a un círculo de borneo completo en las zonas donde todo es posible; es decir, que hay que poder trazar alrededor del ancla un círculo, cuyo radio corresponde a las longitudes sumadas del fondeo y del barco, sin chocar con nada: ni barco, ni bajío, ni acantilado... Disminuir la longitud del fondeo restringe evidentemente el espacio necesario, ¡pero si se sobrepasan ciertos límites, es el ancla la que no aguanta!

> «*Tanto con el* Gin Fizz *como con el* Oxion, *en seis años nunca hemos engalgado dos anclas, nunca hemos fondeado en barbas de gato. En cambio, en los dos barcos, siempre teníamos un ancla de aluminio en popa. Cuando estábamos en fondeaderos con mar de fondo, anclábamos proa a las olas y entonces son necesarias un ancla a proa y otra a popa para mantener el barco en la dirección deseada.*»
>
> **Sophie Hachet**

Fondear por proa y por popa es una buena solución en zonas con corriente alterna, pero puede ser incómodo, o incluso inaguantable, si nos coloca de través al viento.

El fondeo a la bahameña, en la que se sueltan por la proa dos fondeos que van en direcciones diametralmente opuestas, no tiene este inconveniente, a la vez que limita el borneo. Pero esta forma de fondear en 180° puede causar muchos problemas: interferencias entre los dos fondeos después de varias vueltas, roces contra el casco, o incluso enredo de un fondeo alrededor del timón.

En las calas estrechas que pueden encontrarse en el Mediterráneo, en las costas salvajes de las islas de la costa atlántica y en Escandinavia, usamos el apoyo de tierra para inmovilizar el barco: un ancla por proa y una amarra por popa a una roca o a otro punto fijo. Los suecos, por citarlos sólo a ellos, siempre llevan a bordo una rústica estaca que clavan en tierra para colocar una amarra.

Fondeo con multicasco

Si bien la maniobra no cambia en lo fundamental entre un monocasco y un trimarán, el catamarán impone una pequeña variante, consecuencia de no tener una proa central. Al encontrarse el potro de proa del catamarán -donde suele estar la roldana del ancla- por lo general retrasado respecto de las proas, corremos el peligro de que el fondeo roce alternativamente en una y otra; aún más cuando esta posición reculada del punto de tiro facilita los movimientos laterales. Solución: una pata de gallo unida a las dos proas, con un mosquetón en medio. Se une el mosquetón a la cadena y soltamos un poco de fondeo para que sea la pata de gallo la que aguante la tensión. Si fondeamos con cabo más que con cadena, habrá que improvisar para hacer esta pata de gallo; lo más sencillo es recurrir al viejo nudo prusiano de los montañeses, que permite hacer un bucle al que se engancha el mosquetón.

La pata de gallo de cabo que une las dos proas a la cadena (mediante un mosquetón) permite limitar la amplitud de los movimientos y eliminar ruido y desgaste por roce. La cadena debe ser amollada después de tensar la pata de gallo.

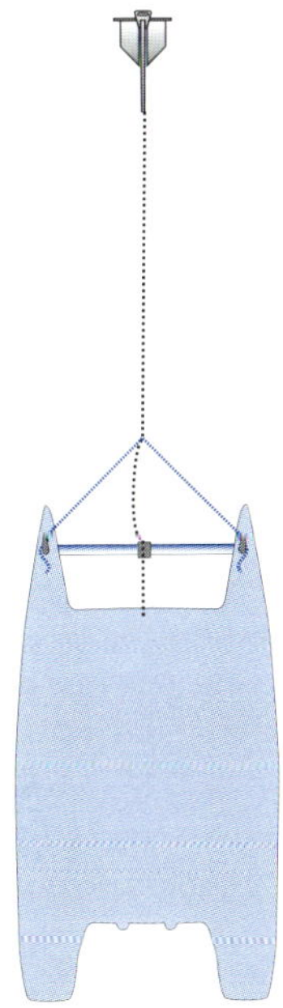

Figura 4.19: Una pata de gallo para los catamaranes.

> *Uso cabos que pasan por el extremo de los flotadores (pero regulables desde el medio para no tener que hacer el mono por la proa en cada fondeadero) a fin de que el barco tire un poco menos de las bordas. Es mejor, pero la ligereza y la resistencia al viento de un multicasco hacen que se pase mucho rato paseándose. No es que sea desagradable en sí mismo, pero hay que tener cuidado a la hora de elegir el sitio.*
>
> **Pierre-Marie Bourguinat**

Prever lo peor

¿Hay que orincar antes de fondear? Es un poco molesto y pocas veces sirve de algo, pero podemos felicitarnos por haberlo hecho cuando el ancla se queda enganchada debajo de una roca o con uno de los numerosos objetos (chatarra, la antigua cadena de los muertos...) que tapizan actualmente los fondos de las bahías más frecuentadas. Cada cual deberá pues calibrar la situación con conocimiento de causa... La operación consiste en colocar un orinque (un cabo fino, pero suficientemente resistente como para tirar del ancla si es necesario) en la cruz del ancla; el mencionado orinque tendrá una longitud ligeramente superior a la altura máxima del fondo (más largo podría molestar a los barcos vecinos) y visible en la superficie gracias a un pequeño flotador. Puede lastrarse el orinque cerca de la superficie con un peque-

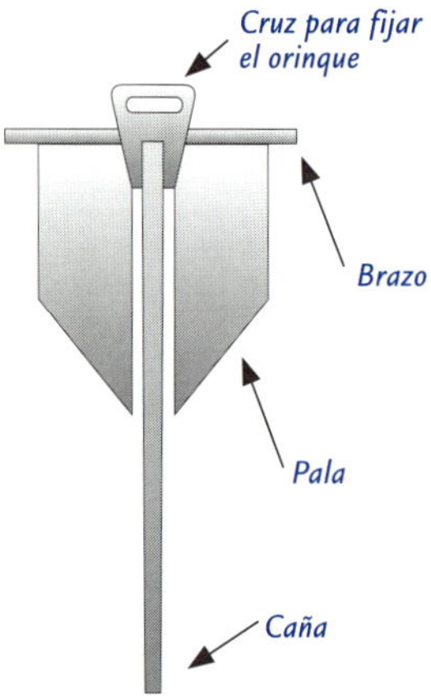

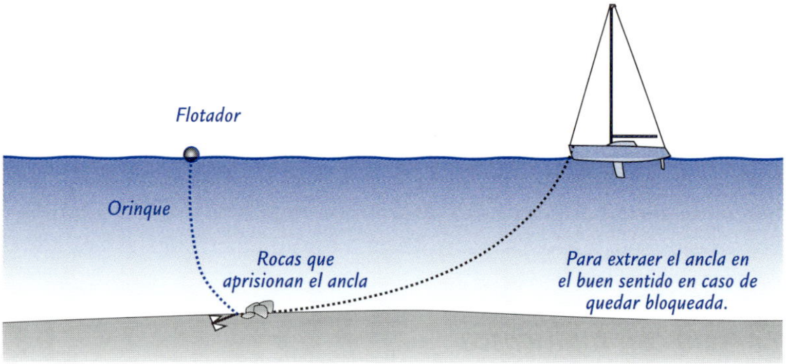

Figura 4.20: Orincar.

ño pedazo de cadena (o de algo que sea lo bastante pesado), para evitar que alguna hélice se enrede con el cabo.

Si el viento refresca, y causa incertidumbre sobre el aguante del fondeo, la primera respuesta es alargar el fondeo, tanto como permita la zona de borneo. También podemos soltar un plomo a lo largo de la cadena (o del cabo) mediante una polea o un simple bucle (en las tiendas incluso hay accesorios pesados concebidos especialmente para este menester). El objetivo, sobre todo en caso de fondeo de cabo, es lastrar el fondeo y mejorar así tanto la amortiguación como el ángulo de tiro.

Las configuraciones especiales, aconsejadas para mejorar la resistencia en condiciones difíciles (engalgar, a barbas de gato) son prácticamente imposibles de poner en práctica cuando ya se está fondeado y las condiciones empeoran, excepto en el caso de que se disponga de un sólido bote auxiliar provisto de un buen motor.

Preparado con antelación, engalgar asegura efectivamente un agarre superior al de una sola ancla; pero hay que tener mucho sitio disponible a sotavento. También hay que pensar en dejar entre las dos anclas una longitud superior a la altura del fondo para facilitar el remonte del conjunto. Es preferible colocar el ancla más pesada en la posición central y la más ligera en la punta. En caso contrario, el ancla central despega casi igual de temprano bajo la tracción y no tiene más efecto que añadir un poco de lastre.

Anclar a barbas de gato tiene mala reputación, pero puede ser útil si se sabe lo que se busca. Si se quiere aumentar la resistencia, hay que cerrar el ángulo entre los dos fondeos. Si se busca limitar el borneo, hay que abrirlo, pero siendo conscientes de que el aguante global de los dos fondeos no será superior al de una sola ancla.

« *Hace doce años, pasé uno en Tierra del Fuego, y allí sopla mucho más que en el Gran Norte. Yo engalgaba sistemáticamente, incluso si no había viento. Las barbas de gato no son, a mi parecer, un buen sistema, porque cuando el barco vira, siempre hay un ancla que trabaja y la otra que no, mientras que al engalgar, las dos anclas trabajan todo el rato y, por tanto, se reparten el esfuerzo.*

Mi típico fondeo patagónico: 40 metros de cadena de 10, un ancla CQR, la que siempre uso en mi fondeo principal, más 10 metros de cadena de 10 y una Britany. Y en medio del largo trozo de 40 metros, añadía además un plomo para que tirara convenientemente respecto del ancla principal.

Olivier Pitras »

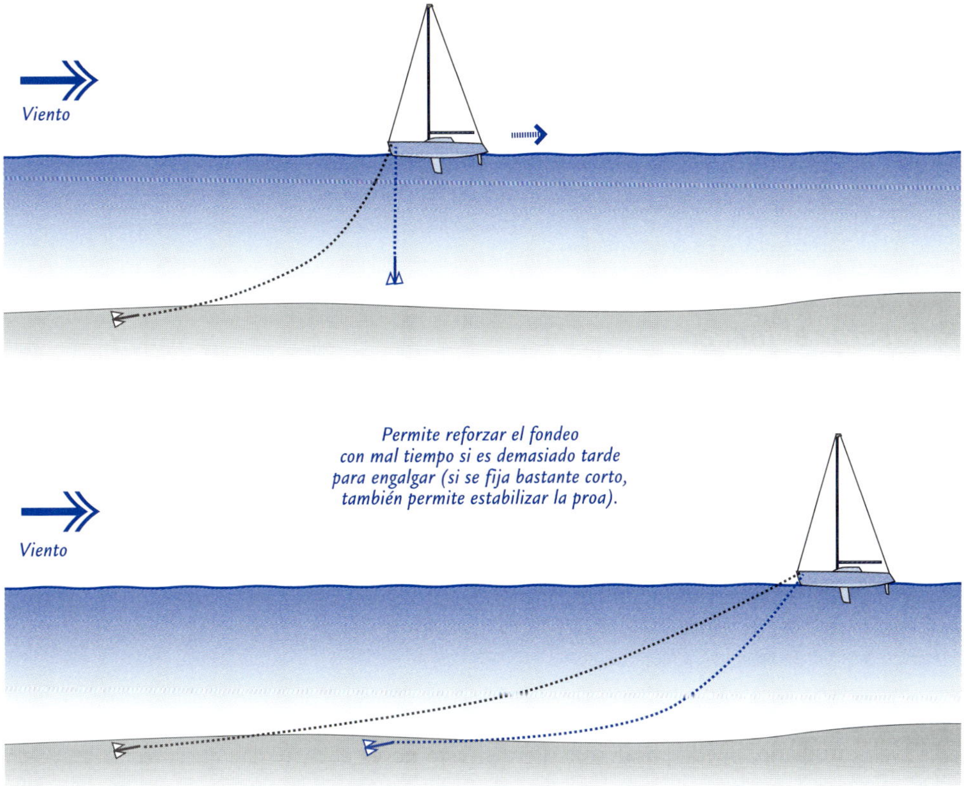

Figura 4.21: Fondear «a pique».

Un método relativamente sencillo permite reforzar el fondeo sin tener que levantarlo por completo. Inspirado en la ancestral técnica de «plomo de sonda», consiste en subir, avanzando a motor, tanto fondeo como sea posible –sin derrapar, eso sí– y soltar entonces un segundo fondeo en la misma dirección, antes de dejarse caer de nuevo tanto como sea posible.

Levantar el fondeo

Es aún más sencillo que al llegar, pese a que las tripulaciones con un fondeo pesado y sin molinete tendrán que sudar un buen rato. Para salvaguardar su espalda, el encargado de levar el fondeo se calará cara a la proa, bien situado en el eje del barco, no demasiado cerca del herraje de proa, para no pillarse las manos o los dedos en caso de tirón. Sobre todo, hay que aprovechar al máximo el apoyo del motor, dando indicaciones precisas al timonel para que vaya acercándose suavemente al ancla y manteniendo todo lo posible el eje del barco en la alineación de la cadena, y aprovechando la velocidad para recuperar sin esfuerzo el fondeo sin tensión. En el momento en que se llega a pique (en la vertical del ancla), si el fondeo se resiste un poco, basta con darle una vuelta a la cornamusa y dejar que el barco tire de ella para que se suelte. Ya sólo queda remontar el resto –sin que el barco tome velocidad, que haría balancear el fondeo, con riesgo de golpear contra la proa. Si el ancla tiene barro pegado, algunas inmersiones suelen bastar para dejarla limpia (una fregona nunca sobra) antes de instalarlo todo en el pozo de anclas, claro y listo para volver a ser utilizado.

Cuando hay olas y el fondeo tira con fuerza, no hay que dudar en operar progresivamente dando media vuelta alrededor de la cornamusa: se recupera en el seno y se bloquea cuando el barco sube a la cresta, y así sucesivamente.

Recuperar el fondeo con el molinete

Con un molinete mecánico, no hay problema de estropearse las manos, ¡pero puede durar mucho rato! El molinete eléctrico es más expeditivo, pero esto no es óbice para que no se le ayude con el motor y no se vigile el rumbo; si el ángulo con la cadena es demasiado fuerte, el motor puede atrancarse, así de sencillo. Otro aspecto que hay que vigilar con cuidado: la caída de la cadena en el pozo. Si éste es suficientemente profundo, el calibre del barbotén está bien adaptado a la cadena (o viceversa) y el circuito está bien estudiado, puede pasar solo. Pero si éste no es el caso, hay que prestar atención a los saltos de la cadena, incluso los atascos (al no separarse la cadena de las muescas del barbotén, da una vuelta entera y puede ser muy difícil aclararlo); y sobre todo apartar con regularidad el exceso de cadena que, al apilarse siempre en el mismo lugar, acaba por subir hasta el nivel del molinete y bloquear la maniobra. Para ello, un hábil uso de la palanca del molinete puede bastar, pero a veces es necesario meterse directamente en el pozo para poner un poco de orden. En este caso, se para imperativamente el remonte y hay que extremar la prudencia si hay interruptores de cubierta. Se ve demasiadas veces a tripulantes que ponen en movimiento el molinete sin querer al apoyar una rodilla o un codo donde no debían, cuando precisamente tienen el cuerpo entre la cadena y la máquina...

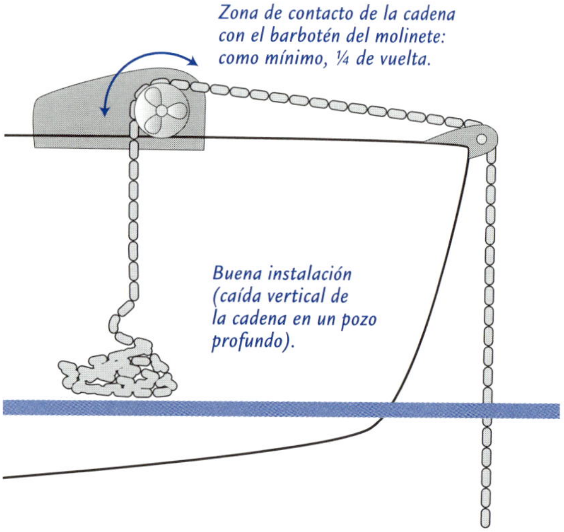

Figura 4.22: Levar el fondeo con el molinete.

Salir a vela

La maniobra sigue siendo básicamente la misma que a motor, pero evidentemente ayudarse con la vela para subir un fondeo proa a viento es más aleatorio. Lo más sencillo es realizar la maniobra sólo con la mayor y aprovechar el impulso en el momento de arrancar el ancla para abatir hacia el lado deseado. Después nos tomaremos el tiempo necesario para ordenar-

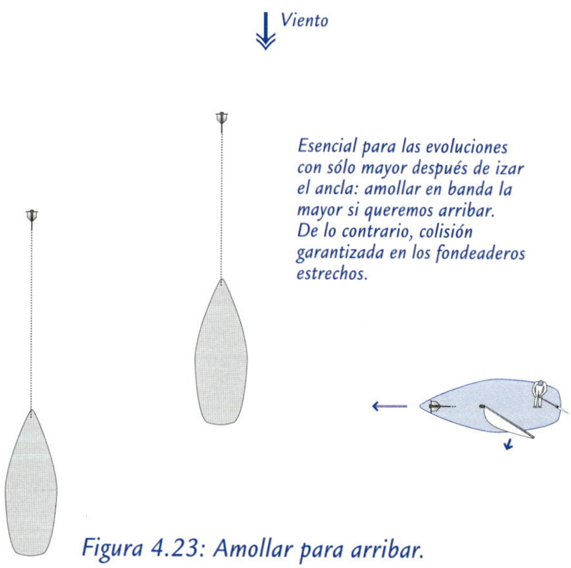

Figura 4.23: Amollar para arribar.

lo todo antes de izar el génova. Si estamos en un fondeadero pequeño, puede ser necesario hacer portar el génova inmediatamente, tanto para abatir más rápidamente como para evolucionar con más precisión. Esto impone al tripulante de proa el inconveniente de tener una vela que flamea alrededor suyo. Para caer rápidamente del lado deseado, nos podemos ayudar tirando enérgicamente del fondeo (mientras aún está agarrado al fondo) del lado opuesto, y no dudar en acuartelar el génova y amollar en banda la mayor si hace falta.

JUGAR CON LAS MAREAS

4.4. UNA COMBINACIÓN DE PRECISIÓN E INCERTIDUMBRE

Excepto en aguas mediterráneas, donde su influencia es lo bastante débil como para no tenerla en cuenta, la marea impone casi en todas partes una disciplina mental al navegante, que debe responder regularmente a diferentes preguntas. ¿Cuánta agua hay en el paso que me dispongo a cruzar? ¿Hasta qué hora podré volver a puerto? ¿Quedará suficiente agua bajo la quilla con marea baja? Los anuarios de marea y algunas herramientas de cálculo permiten encontrar fácilmente respuestas de una gran precisión, pero que habrá que tomar con circunspección por cuanto las bases en las que reposan estas medidas son cambiantes, al depender de la presión atmosférica, del viento y de fenómenos locales.

Prudencia y pragmatismo invitan pues a «olvidarse» de las fórmulas de cálculo con el sello de la marina mercante, pesadilla de los candidatos al título de navegación de altura, para atenerse a un uso simple pero realista de las tablas y de la regla de los doceavos.

Las profundidades del agua en la carta

Las sondas indicadas en los documentos editados por el Servicio Hidrográfico y Oceanográfico de la Marina (SHOM) hacen referencia al «cero de las cartas» (o cero hidrográfico), es decir al nivel del mar en el momento de una bajamar escorada o marea baja de coeficiente 120, la más fuerte posible. Una sonda 2,5 significa pues que en este momento

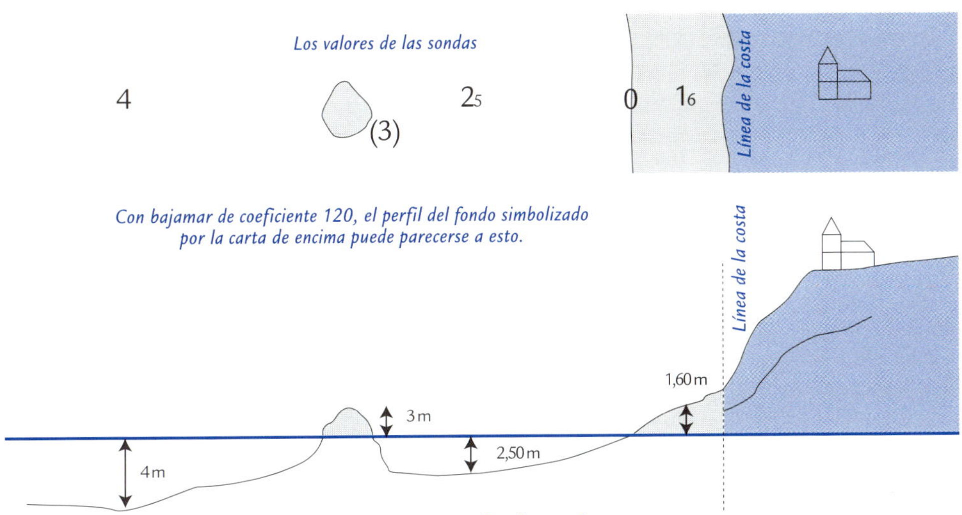

Figura 4.24: Los fondos en la carta.

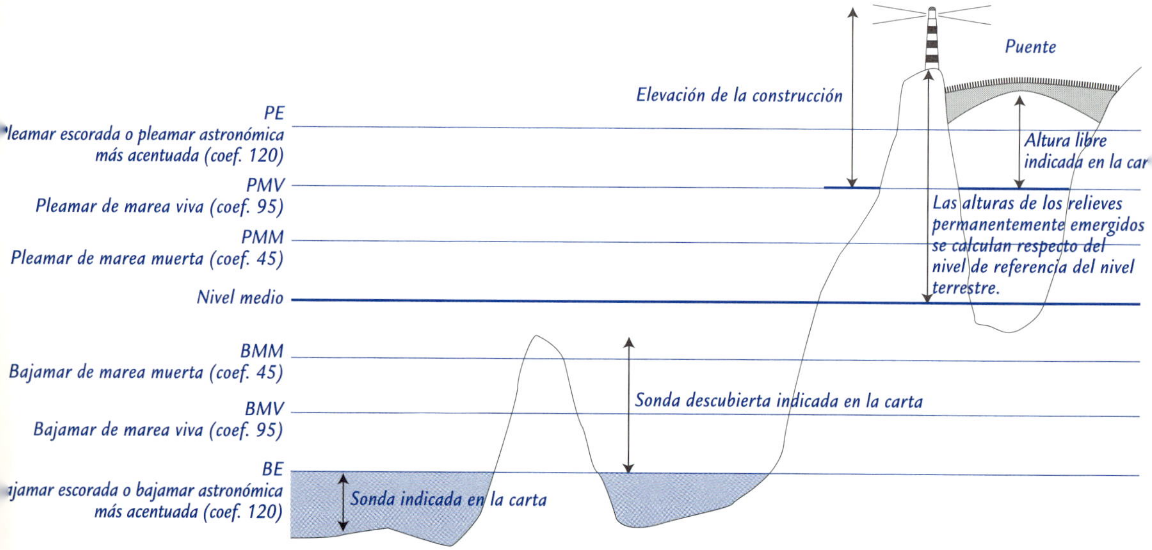

Figura 4.25: ¿A qué niveles hacen referencia las cifras de la carta? La elevación de la construcción de un faro se calcula respecto del nivel de la pleamar de marea viva.

preciso (marea baja de 120) habrá 2,5 metros de agua en este lugar. En teoría, el nivel nunca bajará más. En la práctica, puede suceder excepcionalmente que el nivel esté puntualmente por debajo si determinadas condiciones (viento sostenido de tierra, fuerte presión atmosférica) coinciden con una bajamar de 120. En aguas abrigadas, se trata pues de un área en la que un velero con un calado de 1,50 no deberá tener problemas.

Si la sonda está subrayada, indica que el lugar puede estar a seco; un 3 corresponde a un punto en que el fondo quedará descubierto 3 metros por encima del cero de las cartas, siempre con una bajamar de 120.

Otras referencias terrestres

¡Cuidado! Sólo las sondas marinas se refieren al nivel de la mayor bajamar (cero hidrográfico). Las cifras de altura en tierra firme o en las islas y rocas que nunca están tapadas se toman desde otros niveles de referencia. Los distintos relieves (colinas, montañas...) indican la altura respecto del «cero terrrestre» (o referencia de nivel terrestre, que en Francia corresponde al nivel medio del mar en Marsella). Este valor, determinado por el Instituto Geográfico Nacional, no se aplica a los faros. La elevación de su edificación está en efecto calculada en relación al nivel de una pleamar media de aguas vivas (coeficiente 95). Estas dos referencias difieren sensiblemente, lo que a veces hace sorprendente la lectura de una zona; un faro que se dice que está a 26 metros de altura puede ser más alto que una colina marcada con una altura de 30 metros.

La carta marina materializa también dos trazos importantes. El primero, la línea de la pleamar, corresponde al trazado de costa (el límite amarillo, en las cartas del SHOM); es el nivel más alto conseguido por el agua, por tanto de una pleamar de coeficiente 120. La otra línea (el inicio del azul en las cartas del SHOM) materializa el nivel de bajamar, correspondiente al nivel más bajo posible. Entre ambas, en verde, se extiende la zona intermareal, una zona alternativamente cubierta y descubierta por la mar.

La zona intermareal es toda la zona del litoral susceptible de estar alternativamente cubierta y descubierta por el mar.

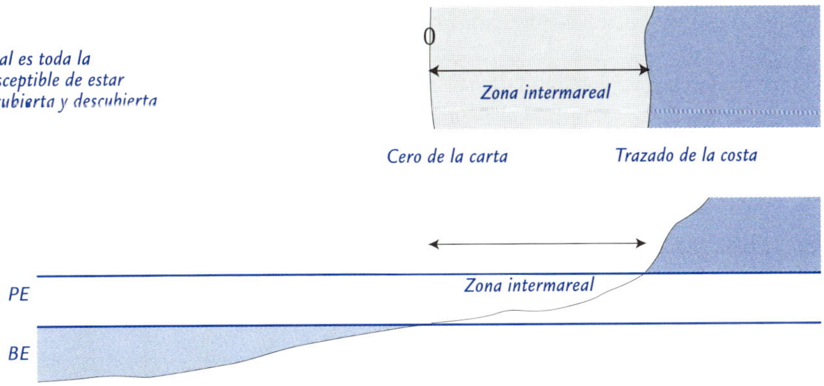

Figura 4.26: La zona intermareal.

Hay que advertir que, al igual que con la bajamar, el nivel más alto conseguido por el mar (pleamar escorada o pleamar de 120) es teórico. Puede ser superado cuando una depresión y un viento fuerte de mar se sincronizan con una marea de coeficiente muy elevado. Es por esto que a veces se ven infraestructuras marítimas o zonas costeras sumergidas.

Las sutilezas del anuario

El coeficiente no siempre es de 120. ¡Faltaría más! Es más, este máximo teórico nunca ha sido alcanzado y sólo muy esporádicamente se observan valores superiores a 115 -y aún falta por determinar la altura de agua de la bajamar para todos los otros coeficientes. Es la función del anuario de mareas que da, para cada bajamar y cada pleamar, una cifra que basta añadir a la sonda (marcada en la carta) que nos interesa para conocer la altura real del agua en el lugar en que nos encontramos. Tomando el ejemplo anterior de una sonda de 2,50 metros, si el anuario indica para este día un valor de 2,80 metros en bajamar y 7 en pleamar, basta sumar sonda y anuario para conocer la profundidad real que podrá constatarse en el lugar; es decir, 5,30 metros con marea baja, y 9,50 con marea alta.

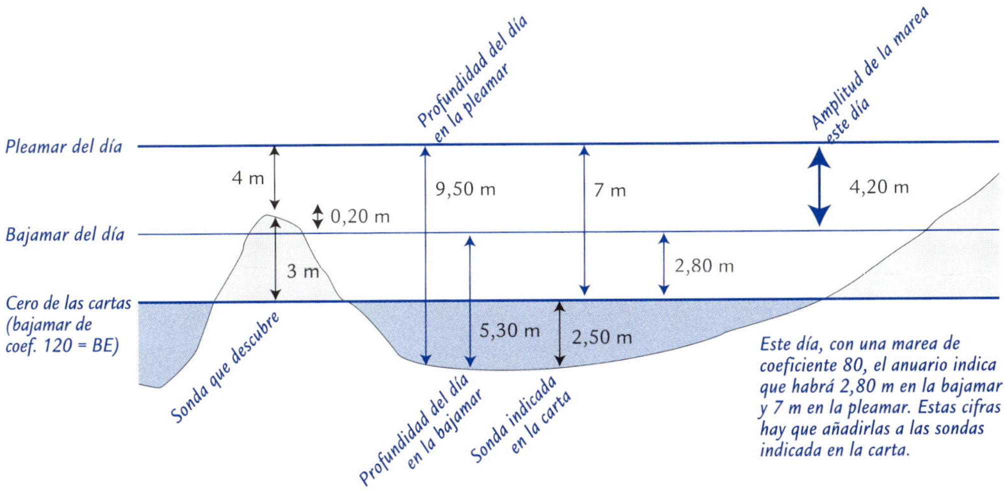

Figura 4.27. Traducir las cifras de altura del anuario.

En el caso de la sonda negativa (subrayada) de 3 metros, bastará simplemente con restarla a las cifras del anuario. Es decir, que en la bajamar este punto seguirá estando en seco (20 centímetros por encima del nivel del agua), y tendrá 4 metros con marea alta.

Precisemos finalmente que el anuario da siempre juntas una hora y una altura sin precisar forzosamente si se trata de una bajamar o una pleamar; no es necesario ser muy inteligente para saber que en un día concreto las alturas más importantes corresponden a las mareas altas, y viceversa... Cuidado con las horas, que no siempre tienen las mismas referencias en todos los documentos. Al estar algunas en tiempo universal (TU) y otras en TU+1, habrá que añadir una hora, dos horas o nada, según sea el caso y la estación (horario de invierno o de verano) para obtener la hora legal de nuestro país.

► *Puertos principales y secundarios*

Al no tener la marea la misma fuerza ni los mismos horarios en todo el litoral francés, el anuario da los horarios y las alturas de 21 puertos de referencia, desde Dunkerque a San Juan de Luz. Remitirse al más cercano a nuestro punto de navegación permite saber lo esencial; pero es preferible remitirse a la tabla de puertos secundarios que permite una mayor precisión (sobre todo en costas recortadas con estuarios, donde hay fuertes desajustes de marea). Basta entonces con añadir a la hora y altura del puerto principal o patrón las correcciones indicadas, modulándolas según se trate más de un agua viva o de un agua muerta.

► *La regla de los doceavos*

Al ser las alturas de la pleamar y de la bajamar datos útiles pero insuficientes para responder a las necesidades del crucerista, había que encontrar una fórmula para calcular los niveles intermedios. La regla de los doceavos cumple perfectamente este papel, al tomar en consideración la irregularidad del movimiento del agua, mucho más rápido a media marea que al principio y al final. Para aplicar esta regla, se empieza calculando la amplitud máxima entre la pleamar y la bajamar del día en cuestión. En el ejemplo citado anteriormente (2,80 metros en bajamar y 7 metros en pleamar), hay una diferencia de 4,20 metros. Se divide este valor por 12, lo que da un doceavo de 0,35. Basta entonces con saber que durante la primera hora del flujo, el mar sube 1/12, después 2/12 en la segunda hora, 3/12 en la tercera, otra vez 3/12 en la cuarta, 2/12 en la quinta y 1/12 en la sexta. En el otro sentido, en el reflujo, encontramos el mismo ritmo.

Concretamente, el nivel subirá pues 0,35 metros durante la primera hora, 0,70 metros en la segunda, y así sucesivamente. Al final de la tercera hora podremos contar con una marea ascendente de 2,80 m + 0,35 m + 0,70 m + 1,05 m = 4,90 m.

Hay que indicar, de todas formas, una complicación: el flujo y el reflujo no duran forzosamente lo mismo y la marea no dura seis horas exactas. Para no equivocarse, hay que anotar el tiempo exacto entre bajamar y pleamar (o a la inversa, según el período que nos interese) y dividirlo por 6, lo que nos dará «la hora marea» -que tanto puede hacer 58' como 1h 04'-, sobre la que calcularemos los famosos doceavos.

En nuestro ejemplo, con una bajamar a las 12h 10' y una pleamar a las 17h 46', tendremos un «tiempo marea» de 5h 36', y por tanto una «hora marea» de 56'. La altura de 4,90, que corresponde precisamente a media marea, se alcanzará a las 3 horas marea después de las 12h 10', y por tanto a las 14h 58'.

Señalemos finalmente que el nivel medio -el que se observa a media marea- siempre es el mismo, sea cual sea el coeficiente; y que no hay que confundir la amplitud máxima entre la pleamar y la bajamar con la amplitud a secas, que corresponde a la diferencia de altura entre media marea y la pleamar (o la bajamar), es decir, la mitad de la anterior.

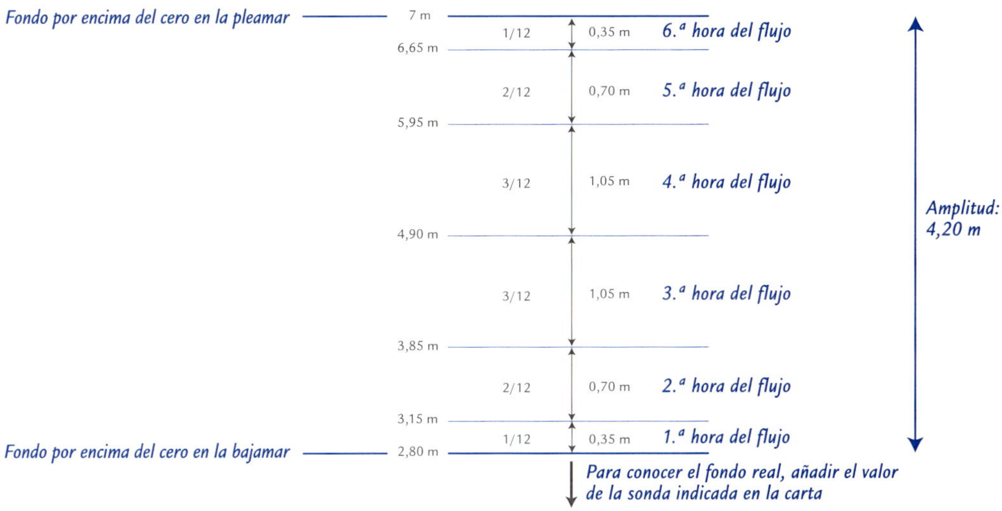

Figura 4.28: El cálculo de la progresión de la marea.

Seguir el paisaje con la marea

Superfluo cuando vamos de una marina abierta a otra, el cálculo de los doceavos es esencial cuando queremos evaluar con precisión la franja horaria de la que disponemos para pasar por un punto escabroso y saber si corremos peligro de tocar fondo en el sitio en el que queremos fondear. Podemos contentarnos con anotar los datos en una hoja de borrador, o dibujar gráficos más o menos elaborados que dan la altura en todo momento, o, también, si estamos

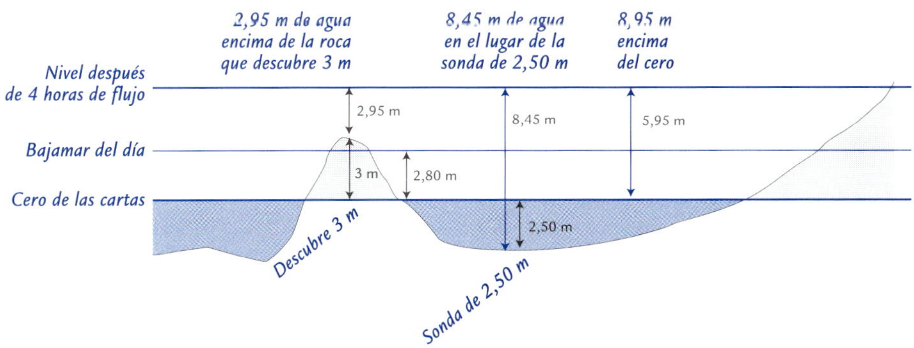

Figura 4.29: Nuestro ejemplo en imagen, después de cuatro horas de flujo.

muy reñidos con la aritmética, podemos usar uno de estos pequeños programas cuyo secreto sólo conocen los informáticos y que nos dan masticada la tarea para miles de lugares en los cuatro rincones del planeta. Las ingeniosas reglas de plástico que permitían, mediante unas gomas colocadas ingeniosamente, leer directamente la altura del agua han caído en desuso. ¡Pero nada impide imaginarse otras!

En cualquier caso, es importante saber que el seguimiento de la altura del agua no afecta sólo al acceso a un puerto o a la elección de un lugar para fondear. Esta toma en consideración de la variación del nivel del mar puede ser también primordial para identificar el paisaje. Las cosas no se ven en absoluto iguales al atravesar la plataforma de los Minquiers a PM-5 que a PM+1. Fijémonos en que para cada hora la altura del agua que hay que añadir respecto del cero hidrográfico permite saber constantemente qué rocas serán visibles y en qué proporciones.

► *Asegurarse que habrá agua bajo la quilla*

El concepto del margen de seguridad que hay que mantener bajo la quilla, muy apreciado en los antiguos manuales, ha sido relativizado por la generalización de sondas precisas, que permiten comprobar con regularidad los datos surgidos del cálculo con la realidad (sin olvidar que la sonda normalmente indica la distancia entre el sensor y el fondo, no la distancia entre la superficie y el fondo). En un paso concreto, con mar llana, no tiene nada especial contentarse con un margen de seguridad simbólico de unos pocos centímetros, siempre que adoptemos las precauciones correspondientes: velocidad reducida, tripulación avisada y vigilante. Rascar un poco el fondo a poca velocidad (menos de 3 nudos) no supone ninguna desgracia, a no ser que un reflujo rápido nos amenace con dejarnos clavados allí.

Pero lo que es aceptable muy excepcionalmente en aguas abrigadas, no lo es en absoluto en mar abierto con viento y olas o, peor aún, con mar de fondo. Entonces hay que prever un margen; margen de seguridad que será mayor cuanto más mar se haya levantado y cuantos menos puntos de referencia tengamos para situarnos con exactitud respecto de los fondos dudosos. El total sube rápidamente: si añadimos los 50 centímetros de duda que tenemos sobre la altura de marea del momento (cálculo un poco precipitado...), una variación de 3 metros de las sondas según el punto exacto por el que pasemos (imposible evaluarlo con rigor) y una mar de fondo con senos de un metro (¿o más? No es fácil de medir), pronto llegamos al menos a 5 metros de agua bajo la quilla necesarios para asegurarnos; es decir, que para un barco que cale 1,50 metros, es preferible intentar este paso sólo cuando podamos esperar 7 metros de agua en la ruta ideal. Si lo tenemos todo mal (hemos sobreestimado la altura de 0,50 metros, pasamos 20 metros demasiado a la derecha y justo en el seno de una ola considerable...), aún nos tendría que quedar 1 metro de agua bajo la quilla. Si tenemos miedo de distraernos o ser menos rigurosos con la navegación, no hay que dudar en prever más margen.

► *Varada en seco y quillas dobles*

Barcos con quilla doble, catamaranes, trimaranes y barcos de orza integral tienen la posibilidad de escapar de la lata de los puntales que deberán asumir los barcos de quilla, los barcos de orza lastrados y los veleros con quilla retráctil. Pero todos deberán respetar la misma norma: sólo se vara en seco con el agua plana, en una zona que seguirá tranquila incluso si cambia el tiempo. Lo que significa que se elimina la playa paradisíaca abierta a mar (que quizá mañana aparecerá barrida por la rompiente) y que nos limitamos a los fondeaderos protegidos por todos lados.

Aparte de la posibilidad de ver el barco destruido in situ (caso de la playa con rompientes), incluso choques más modestos en el momento de varar pueden dañar gravemente tanto la borda como la estructura.

Por los mismos motivos hay que evitar totalmente los fondos sembrados de rocas. Finalmente, para la comodidad de la tripulación, sólo hay que posarse sobre fondos estables (un velero escorado 45° por culpa de puntales hundidos en el lodo es mucho menos agradable para vivir). Cuidado también con la pendiente de la playa o de los fondos.

Lo ideal es probar el barco en un sitio conocido (ya observado con marea baja) para una varada diurna, con el objetivo de ver –en función de la forma de la quilla– si es mejor colocarlo sobre fondos perfectamente planos o colocarlo de cara a una playa con pendiente, con el objetivo, claro está, de que las literas queden tan horizontales como sea posible. Si tenemos dudas sobre la dureza de los fondos a bordo de un velero con puntales pero con mucho calado, es preferible no colocar los puntales y dejar que el barco se apoye en su costado, después de haber comprobado que el aparejo no se apoyará en un muelle o en otro barco. Una fase de puesta a punto puede ser útil para determinar la longitud ideal de los puntales si no han sido regulados por el constructor.

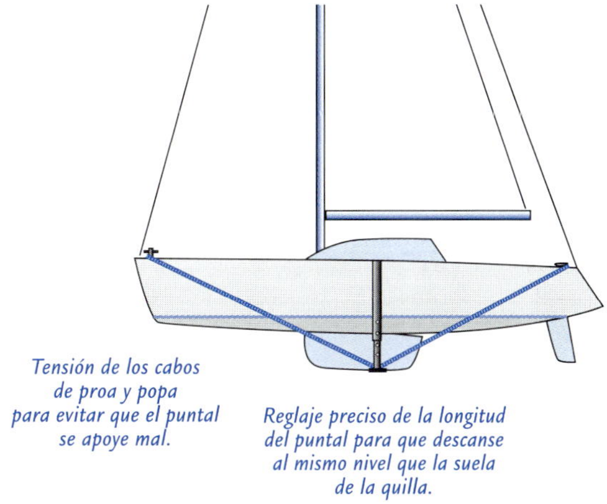

Figura 4.30: La colocación correcta de puntales.

Al llegar al puerto de varada, es deseable hacerlo bastante temprano para tener tiempo de elegir el sitio y no tener que colocar los puntales bajo presión cuando el barco empieza a tocar fondo. Hay que evitar moverse con los puntales ya colocados: es una fuente de desastres (se pueden enganchar con los numerosos cabos que hay en el fondo del mar, o se puede torcer un puntal o su herraje...).

El patrón ha sabido encontrar la zona más segura y agradable para varar: fondos de arena llanos, y ninguna roca cerca.

Si queremos estar absolutamente seguros de nuestra posición (para quedar bien orientados en la parte ideal de la pendiente o del llano), hay que permanecer en cubierta en el instante en que el barco se posa. Esto permite rectificar la orientación hasta el último momento regulando el fondeo (o mejor, los fondeos, uno por proa y otro por popa), e incluso modificar el asiento. Sólo podremos respirar tranquilos cuando el casco ya no se mueva. Si el agua está buena y limpia, y si el calado no excede de 1 metro, aún es más sencillo: nos echamos al agua justo antes de tocar fondo y colocamos el casco a mano, al centímetro.

Los puntales telescópicos permiten un reglaje preciso, pero cuidado con asegurar las diversas partes: ¡no flota!

► *Posarse contra un muelle*

Un velero de quilla profunda, a priori incapaz de varar con puntales, puede posarse derecho junto a un muelle, con la condición de tomar precauciones al amarrarse. Una driza a tierra (preferentemente, la del spi) permite asegurar los grados de escora contra el muelle que evitarán que el barco se balancee hacia el vacío. Para consolidar el frágil equilibrio longitudinal de

Ligeramente apoyado en el muelle, sólidamente amarrado a él, este crucero de 10 m saca provecho de su excelente estabilidad para varar en seco pese a su considerable calado.

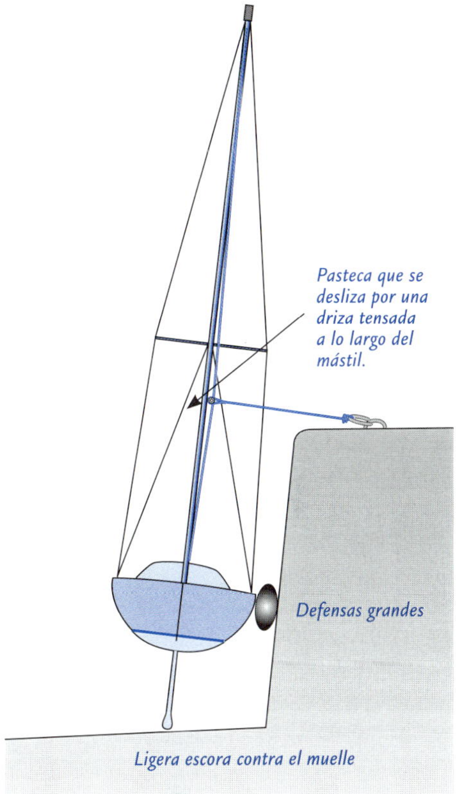

Figura 4.31: Apoyarse en un muelle.

una quilla estrecha, hay que amarrar sólidamente la proa y la popa, poniendo cuidado de no tirar de las cornamusas hasta arrancarlas. Unos cabos colocados bajo la proa -si la forma lo permite- pueden ser una solución rústica pero firme. Todo esto presupone que no se embarranca «a ciegas». Hay que haberse informado con antelación de la naturaleza de los fondos: ¿se trata de rocas irregulares o de una losa llana? ¿Hay piedras o lodo? Y naturalmente, no se trata de varar de noche mientras a bordo todo el mundo duerme. Hay que estar despierto hasta que el barco se posa para vigilar si llega un chubasco.

En cambio, un barco de quilla más larga y estabilidad longitudinal comprobada puede varar sin vigilancia contra un muelle ya conocido. Basta con colocar amarras de proa y popa, lo bastante lejos como para tener la elasticidad necesaria, y pegar el costado (¡con muchas defensas fuertes!) contra el muelle mediante un través y mediante una pasteca que corre a lo largo de una driza exterior bien tensada.

CAPÍTULO 5 - SITUARSE EN LA MAR

CAPÍTULO 5

Una vez liberado de las contingencias portuarias, el navegante puede respirar tranquilo y aprovechar el espectáculo de la mar, pero sin dormirse del todo. Tiene que hacer avanzar adecuadamente el barco –si es posible, en la buena dirección– y apañárselas para que barco y tripulación se adapten en todo momento a las variaciones de los elementos y a los imperativos de la ruta.

NAVEGACIÓN POR ESTIMA

5.1. EL INTERÉS RELATIVO DE LA PRECISIÓN

Con la experiencia se descubre que en la mar conocer la posición exacta no es forzosamente un dato vital. Saber en todo momento dónde estamos con una precisión de 20 metros, en el fondo no tiene más que un interés secundario. Lo que importa es poder obtener el grado de precisión adecuado cuando las circunstancias lo exigen. En la mayoría de los casos, es más interesante situar las zonas peligrosas del trayecto proyectado y anticiparse para no aproximarse a ellas, que concentrarse en un seguimiento milimétrico de la posición del barco.

> *Siempre hay que tener una idea precisa de lo que nos espera. Así pues, no hay que dudar en pasarse una hora al día en la mesa de cartas –¡es más importante que tomarse el aperitivo inmediatamente!– para preparar la jornada del día siguiente. Además de la previsión meteorológica, esta preparación pasa por un estudio detallado de las cartas, y quizá también de los derroteros, las guías de crucero, las fotos aéreas. Todo esto permite hacernos una idea clara del tipo de costas que tendremos que abordar, del relieve, de los peligros, de los refugios. Podemos incluso remarcar en la carta náutica, con un rotulador transparente o un lápiz, los puntos peligrosos. Es lo que hacía a bordo del* Gitana, *cuando navegaba por algún lugar que no conocía: el día anterior miraba la carta con detenimiento, con tranquilidad, cuando no había ninguna prisa, y con un lápiz negro rodeaba todas las zonas peligrosas con un signo de exclamación. Las cartas están bien hechas, pero a veces en el calor de la acción, con el sol, los rociones, la sal en los párpados, no se ve todo. Se marca pues lo que para nosotros puede ser peligroso.*
>
> **Gilles Chiorri**

La generalización de esos pequeños prodigios tecnológicos que son los posicionadores por satélite ha llevado a invertir las prioridades. La exactitud de las coordenadas anunciadas no permite ignorar el menor cambio de posición y sugiere que nos podemos liberar de toda necesidad de anticipación, pues la eficacia del sistema permite rectificar la ruta en cualquier momento.

Sin embargo, hay que tener en consideración:

- Una ruta «corregida en tiempo real» pocas veces es más rápida que aquella cuyo trazado integra los parámetros que pueden influir en el rumbo seguido (cambio de viento, abatimiento, corrientes...).
- La alta precisión no es una necesidad imperiosa en alta mar, y pocas veces es suficientemen-

Faro en la dársena de Thau. En navegación costera, mantener los ojos abiertos al exterior es más sencillo y más satisfactorio que concentrarse en una pantalla.

te exacta y fiable como para conformarse cuando la situación es verdaderamente «caliente» junto a tierra (¿quién osa realmente zigzaguear entre las rocas de los Minquiers, o meterse en un canal estrecho y peligroso sin visibilidad alguna, fiándose sólo de la posición por GPS?)

• Los riesgos de confusión, y por tanto de grandes errores de interpretación, son importantes para las tripulaciones poco rodadas en las sutilezas de las rutas lógicas. La regla básica del sentido común marino consiste pues en empezar por iniciarse en las bases de la navegación «clásica», para sacar provecho después, con toda tranquilidad, de los «milagros» de la electrónica.

El principio de la estima

El más elemental y menos costoso de los sistemas de navegación tiene además la ventaja de estar al amparo de cualquier fallo electrónico o de un cortocircuito o de quedarnos sin pilas. Su fiabilidad está relacionada con la atención que le presta el usuario, y su principio lógico elimina a priori errores monstruosos. Si no tenemos una sensibilidad adecuada, podemos encontrarnos un poco a la derecha o un poco a la izquierda de lo que nos pensábamos, un poco más lejos del punto de destino de lo previsto; pero nunca estaremos completamente perdidos.

Practicada desde la noche de los tiempos, esta técnica consiste en evaluar la velocidad media del barco y el rumbo seguido, anotar estas informaciones cada hora en el diario de a bordo, y trasladar con regularidad a la carta el desplazamiento que de ello se deriva. Si no tenemos más instrumento que el compás, la precisión dependerá de la experiencia de cada

Figura 5.1: Seguir la ruta por estima.

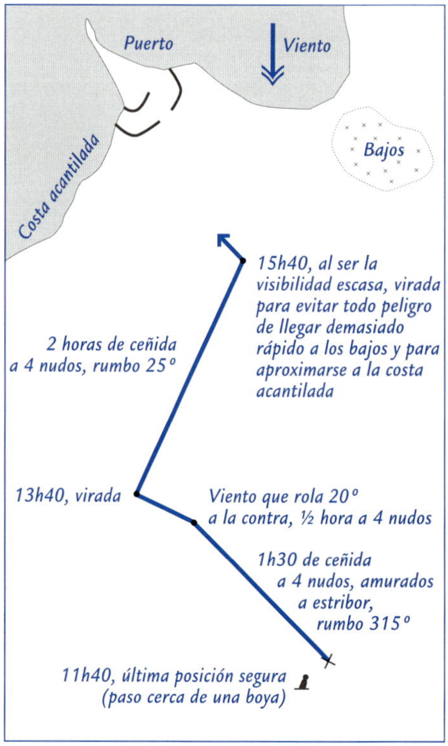

Figura 5.2: Trazado de la estima con bordos

cual en la estimación de la velocidad. Cuanto más se ha vivido en un barco determinado, mejor se sabrá traducir sus capacidades según los distintos tipos de tiempo y de rumbo.

Una buena corredera facilita las cosas al dar cifras fiables (siempre que haya sido calibrada correctamente, es decir, que se haya verificado la exactitud de sus dos funciones por medio de recorridos cronometrados entre dos puntos de distancia conocida). Tradicionalmente, la corredera registra la distancia y el velocímetro indica la velocidad.

► *Basarse en datos fiables*

La calidad del resultado depende del cuidado que se haya puesto en minimizar los errores a todos los niveles. La buena apreciación del rumbo seguido, sobre todo, es determinante. Para un rumbo previsto al 205°, con viento por la aleta de estribor, es muy posible que el timonel, juzgando instintivamente un rumbo más agradable y más rápido, vaya casi todo el rato 10 o 15° más orzado, sin que sea consciente de ello. El patrón atento sabrá calibrar los desvíos de sus cañas y deducirá que debe calcular una ruta alrededor del 218°. Y lo mismo sucede con los rumbos «variables», como la ceñida en la que se intenta seguir cada modificación del viento. Entonces es necesario que el patrón tenga «ojo» para apreciar la tendencia general.

De todas formas, la información sólo tiene valor si el compás es de buena calidad, está bien colocado (su precisión depende en parte de su posición) y dispone de una tablilla de desvíos bien hecha. Esta última operación, que consiste en anotar para cada rumbo el error del compás (debido a la presencia de masas magnéticas a bordo), exige tradicionalmente una manipulación bastante compleja. Hay que colocar el barco en medio de un lugar con muchos puntos de referencia; comprobar su posición, después aproar el barco sobre los distintos puntos de referencia y verificar cada vez si el rumbo indicado por el compás corresponde con el que debería ser según la posición en la carta. La diferencia entre uno y otro se denomina desvío. Una buena tablilla fija indica su valor cada 10°. Si se dispone de buenas alineaciones cerca, también pueden aprovecharse para este menester.

La tecnología moderna viene a veces en ayuda de las técnicas de antaño, porque este procedimiento tradicional se hace mucho más rápida y fácilmente con la ayuda del GPS.

Para acabar, tranquilicemos a quienes están reñidos con las tablillas. El interés de este gráfico reglamentario que ocupa páginas y más páginas en los manuales debe ser relativizado. Una de dos: o se tienen errores realmente importantes en el compás y hay que regular dicho compás (algunos tienen dispositivos de compensación), o lo tiramos, o desembarcamos las numerosas masas magnéticas que molestan a bordo; o bien se trata de errores de 1 o 2°, y entonces es mejor que los olvidemos. Primero, porque al hacer una tablilla de forma artesanal tendremos de todas formas un error de este orden; después, porque es prácticamente imposible llevar un pequeño velero al grado exacto. Una simple cuestión de realismo.

Integrar la corrección

El rumbo indicado por el compás no puede ser trasladado sin más a la carta. En efecto, es necesario «purgar» este valor del compás (o rumbo aguja) de sus dos errores potenciales, el desvío (d) y la declinación magnética (dm), el conjunto de los dos se denomina corrección total (Ct). A riesgo de escandalizar a los puristas, sugerimos aquí no preocuparse del desvío si se mantiene en valores marginales.

Aunque mucho menos fuerte que en el pasado (cuando superaba los 10°, ¡ay!, la operación sí que merecía darle la vuelta...), vale la pena tener en cuenta la declinación magnética por cuanto se trata de un valor fiable que no está sujeto a aproximaciones. Corresponde al desfase entre el norte magnético (el que atrae la aguja de la brújula o del compás) y el norte verdadero (o norte geográfico: punto situado en el eje de rotación de la Tierra, en la dirección de los meridianos). Traducción: las masas magnéticas del polo norte no están situadas exactamente en el mismo punto que el polo geográfico; además, se desplazan cada año, y por si fuera poco el valor de la declinación cambia de una zona a otra. En Bretaña Sur, en el 2004 la declinación era de 3° 03' W (el norte magnético está pues ligeramente al oeste del norte verdadero). Actualmente decrece a razón de 8' al año (es decir, se desplaza hacia el este). Así pues, se puede pensar ya que los navegantes de finales de los años 2020 podrán ahorrarse este detalle, antes de ver cómo recobra importancia (pero hará falta tiempo) del lado este.

Actualmente el reflejo es sencillo. Para transformar un rumbo aguja en rumbo sobre carta: se resta la declinación (o sea, un poco más de 3°). Para transformar una ruta trazada sobre la carta en rumbo «preparado a ser

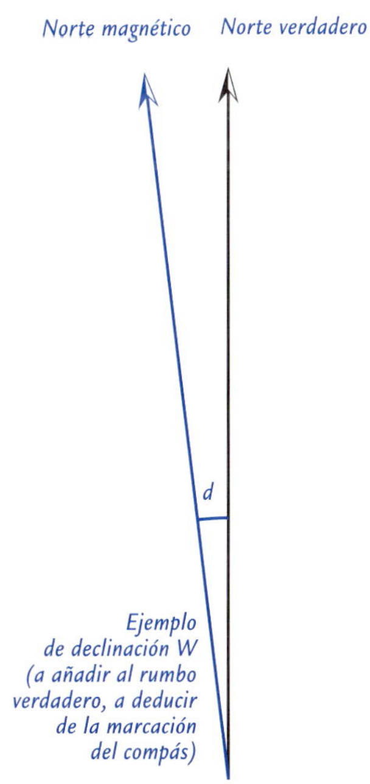

Figura 5.3: Representación de la declinación magnética.

usado» por el caña, hay que sumar. Para acordarse, hay una sencilla regla mnemotécnica: de la bañera a la mesa de cartas, hay que bajar algunos peldaños; por tanto, restamos. De la mesa de cartas a la bañera, subimos; por tanto, sumamos. Cuidado: al truco sólo le quedan tres decenios de vida. ¡Después, será al revés!

► *Abatimiento y corrientes*

Antes de trazar la ruta en la carta, hay que tener en cuenta los impedimentos de avanzar recto.

El abatimiento es sobre todo apreciable entre el través y la ceñida, y alcanza su valor máximo en la ceñida, cuando la fuerza vélica está orientada casi de través al eje del barco y provoca una progresión más o menos «de cangrejo» en la superficie del agua. Aunque normalmente es inferior a los 10° en los veleros modernos, el ángulo del abatimiento puede ser mucho más elevado en navíos antiguos o en barcos actuales de bajas prestaciones (sobre todo los que disponen de apéndices poco profundos). Si se conoce poco el velero en el que se navega, la observación del ángulo formado por el eje de la estela y el eje de crujía del barco dan una buena medida del abatimiento (o, mejor, el ángulo formado entre el eje del barco y un objeto remolcado, como un hilo de pescar u otro).

La corriente es debida sobre todo a la acción de la marea, pero también puede proceder del lecho de un río o formarse bajo el efecto de vientos sostenidos de una misma dirección (esto puede verse de manera habitual en el Mediterráneo). También puede ser la conjunción simultánea de estos tres factores. Toda la dificultad, y también toda la ventaja, de su integración en el rumbo previsto se debe a que su dirección cambia constantemente.

Las corrientes de marea están catalogadas en documentos oficiales, ya sea en forma de tablas cifradas en las cartas náuticas, sea con cartas específicas de corrientes (una carta por cada hora de marea), que detallan los movimientos en las zonas más afectadas. La segunda solución es mucho más cómoda de usar, al ofrecer una visión clara de las distintas venas de

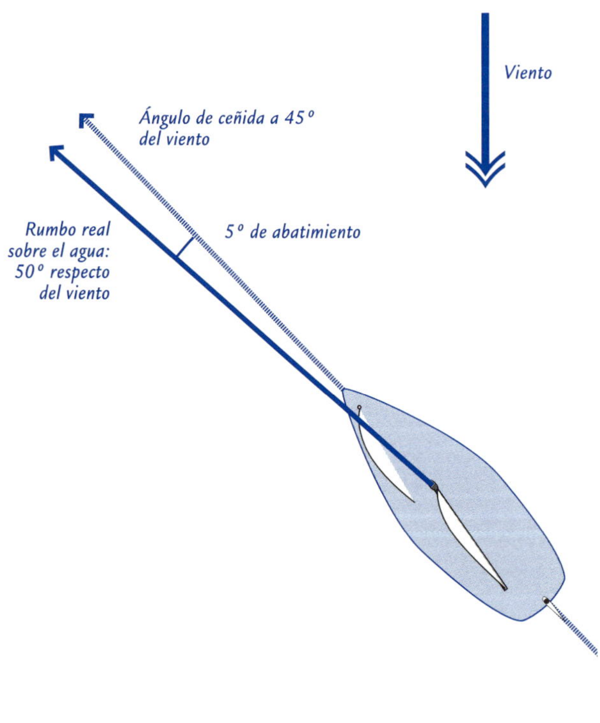

*Figura 5.4:
Efecto del abatimiento
en el rumbo superficie.*

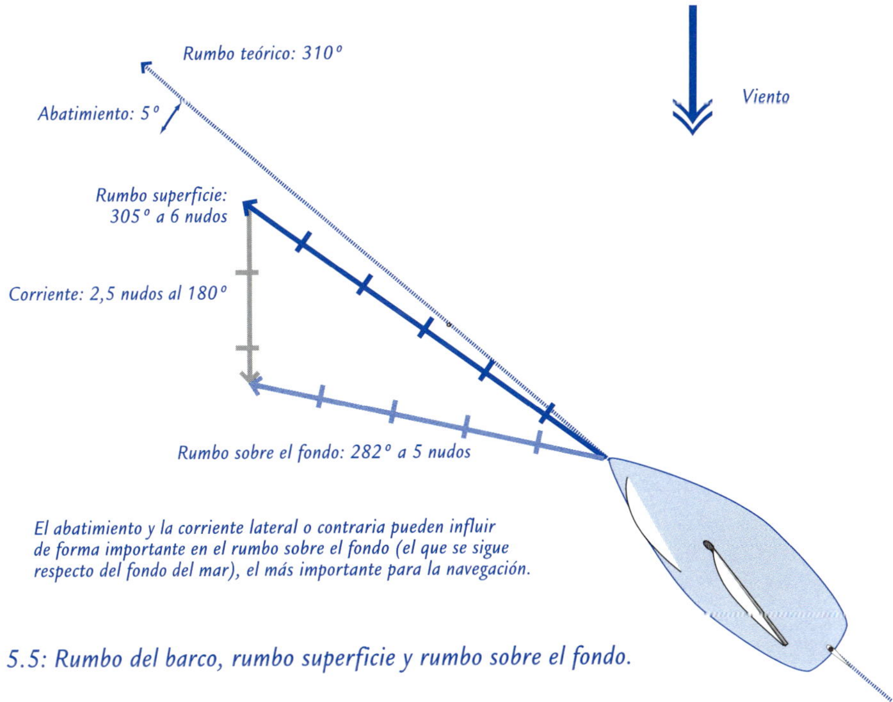

Figura 5.5: Rumbo del barco, rumbo superficie y rumbo sobre el fondo.

corrientes. Por su parte, las tablas de las cartas náuticas se limitan a indicar las velocidades y direcciones en determinados puntos precisos de la zona. Hace falta un poco de imaginación y mucha lógica para llegar a representarse la situación en su conjunto. Cuidado si sólo trabajamos con estos datos en forma de cifras, pues, al contrario que el viento, la corriente no se identifica por su origen, sino por su dirección (por ejemplo, una corriente del 225° se dirige al sudoeste).

También hace falta cierta práctica de interpretación para evaluar las velocidades correctas, pues los documentos indican un valor para las mareas muertas y otro para las mareas vivas. Finalmente, estas cartas de corrientes no pueden leerse como un horario de trenes. Los momentos exactos de inversión pueden desfasarse considerablemente en función de factores atmosféricos, al igual que las fuerzas. ¡Es normal encontrarse en la Mancha con 4 nudos de corriente de proa cuando se esperaban 3!

El cálculo de la posición

Cuando se navega por estima sin contacto visual permanente con tierra (e incluso si se está siempre cerca de la costa), es bueno actualizar la estima en cuanto se dispone de buenos puntos de referencia. Al filo de las horas, y de los días, la estima «envejece» y el margen de incertidumbre (desfase del rumbo y la distancia recorrida) aumenta proporcionalmente. Una posición fiable permite poner los contadores a cero y arrancar una nueva estima a partir de una posición segura.

El sistema consiste en principio en localizar tres marcas claramente identificables tanto en la realidad como en la carta (iglesia, baliza, faro, relieve o roca singular...), anotar su azimut mediante un compás de marcaciones y trazarlo todo en la carta (después de haber deducido la declinación magnética). Si las tres rectas se cortan en el mismo punto, es que se es bueno

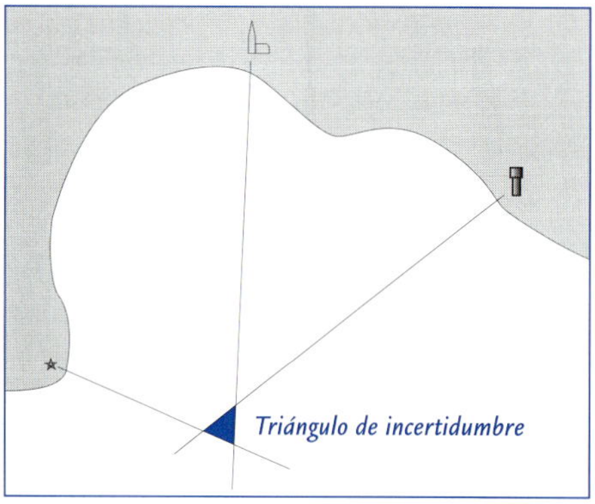

Figura 5.6: Posición por tres marcaciones. Cuidado con las ideas recibidas: los manuales repiten hasta la saciedad que la posición por tres marcaciones es la más fiable, al asegurar que uno se encuentra en el interior del triángulo denominado de «incertidumbre». ¡Falso! El posible error de medición de cada marcación no tiene por qué estar siempre del lado «bueno». Es pues perfectamente posible que el barco se encuentre fuera del famoso triángulo. De hecho, es mucho más sencillo conformarse con dos puntos bien situados y tener en cuenta un «círculo de incertidumbre» alrededor del punto en que se cruzan las dos marcaciones.

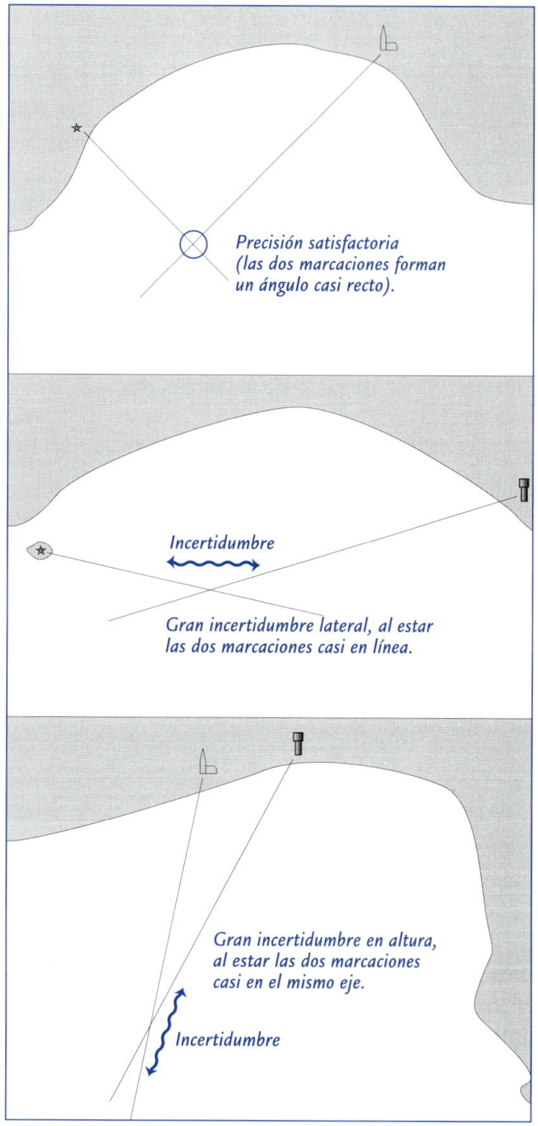

Figura 5.7: Posición por dos marcaciones.

Figura 5.8: Seleccionar buenos puntos de referencia.

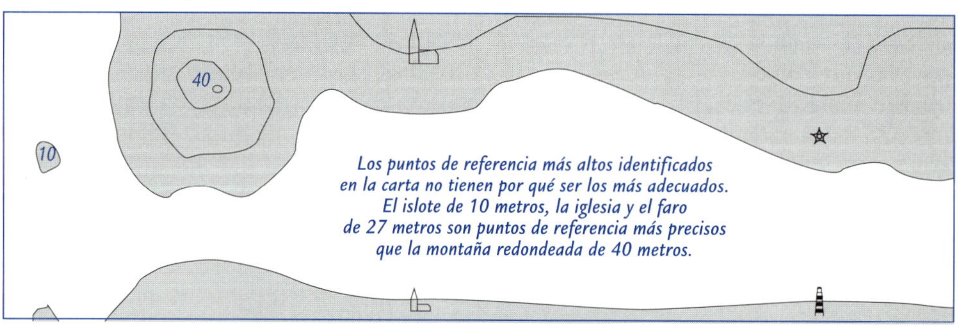

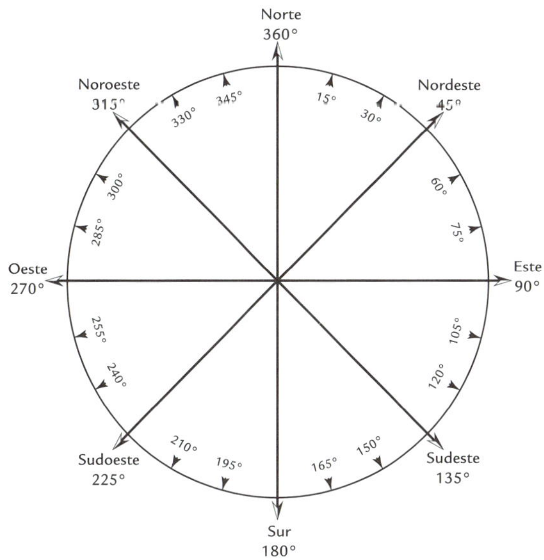

Figura 5.9: Visualizar la rosa del compás. Con un poco de práctica, es posible ganar mucho tiempo en las manipulaciones de la regla Cras si memorizamos la posición de las graduaciones.

o un poco tramposo... Normalmente los tres cruces forman un pequeño triángulo, denominado «triángulo de incertidumbre», y el barco se encuentra, a priori, en medio. Podemos contentarnos con dos marcaciones si éstas forman un buen ángulo entre sí (lo ideal es que se aproximen a los 90°); si están en ejes próximos, el margen de error aumenta de forma considerable.

La calidad de la posición depende de varios factores:

• Un buen compás de marcaciones (los pequeños modelos de prisma en los que la graduación se superpone al punto observado son perfectos).

• Un operador cuidadoso y paciente (después de cada movimiento hay que esperar a que la rosa del compás se estabilice)...

• ... pero no demasiado lento, porque cuanto más tiempo pase entre las marcaciones, menos fiable será la posición, sobre todo si el barco va rápido.

• Puntos observados concretos identificados con seguridad. Cuidado con los relieves anchos y poco marcados, o, aún peor, con la confusión entre dos islotes rocosos (frecuente y a veces desastrosa).

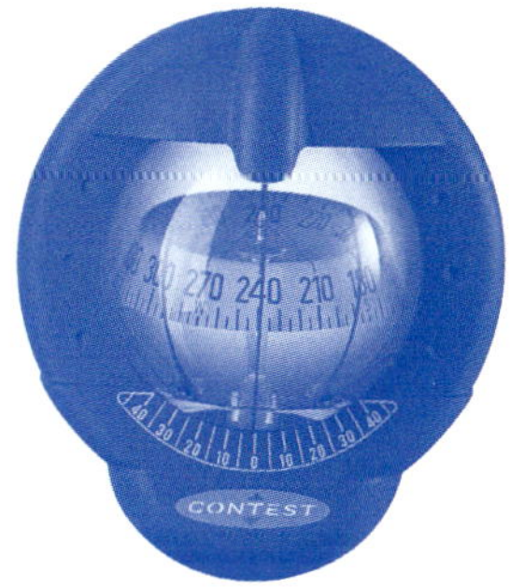

El compás principal empotrable en la bañera es el más normal en los veleros modernos. Está provisto de un indicador de escora y de líneas de fe desplazadas para permitir que el timonel realice una lectura más precisa (con la condición de que haga la corrección de ángulo correspondiente...) cuando está sentado en la borda.

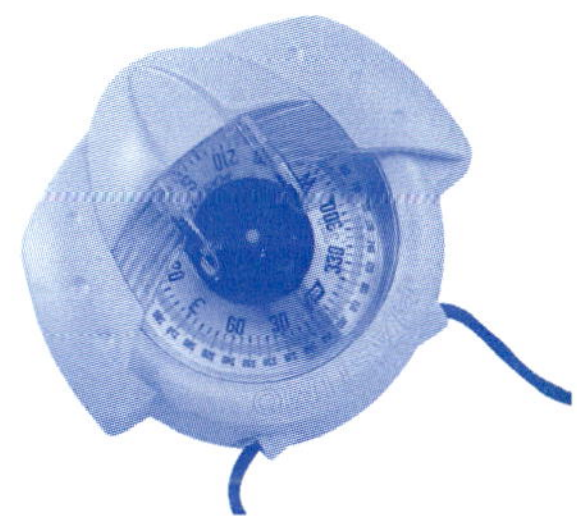

El pequeño compás de marcaciones con prisma es indiscutiblemente el más práctico.

Móvil y provisto de un doble sistema de graduaciones, este tipo de compás principal es interesante para pequeñas embarcaciones, ya que puede instalarse en cualquier sentido.

Compás principal previsto para su instalación en la bitácora de una rueda. Al contrario que el modelo empotrado, la lectura del rumbo se hace aquí sobre el fondo de la rosa.

• Buenos gemelos. El uso de gemelos de calidad (preferentemente 7 x 50 estancos) es determinante para la seguridad y el disfrute de la navegación. Permiten identificar con seguridad un punto de referencia, reconocer una costa, vigilar el tráfico marítimo, e incluso son útiles de noche. Para las marcaciones, es muy práctico un modelo con compás incorporado.

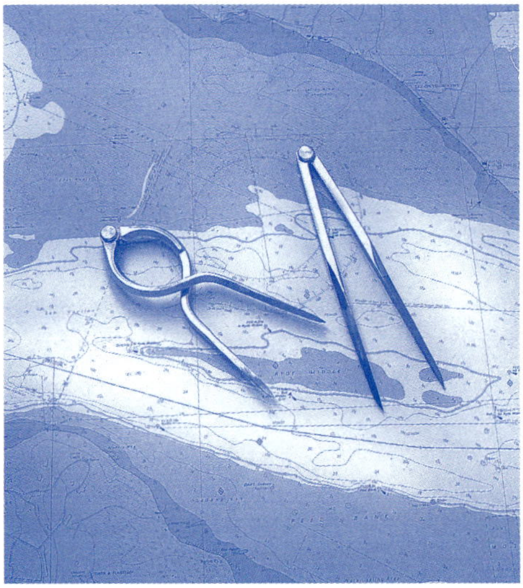

Dos modelos de compás de puntas secas; el de la izquierda tiene la ventaja de ser más fácil de ajustar con una sola mano y de permitir una mayor apertura.

Reglas para la carta

Para dibujar los rumbos y las demoras en la carta tradicionalmente se usa la regla Cras, puesta a punto por el almirante del mismo nombre. Además de sus navegaciones, Jean Cras se hizo un nombre como compositor de música clásica; pero sobre todo creó el famoso doble transportador integrado con una gran regla que permite calcular fácilmente el ángulo de cualquier rumbo o marcación respecto de los meridianos o paralelos de la carta. Posteriormente han aparecido numerosos tipos de reglas, más o menos ingeniosos, con el mismo objetivo. La elección es una cuestión de gusto y costumbre, pero los sistemas más sencillos -como la indestronable Cras- son por lo general los más rápidos y prácticos de usar. ¡Incluso podemos apañarnos con un transportador escolar!

Para la mesa de cartas, aún no se ha encontrado nada mejor que la vieja regla Cras.

Para que el uso de la regla, sea la que sea, no se convierta en un quebradero de cabeza, la solución es dedicarse más a comprender lo que nos tiene que decir (materializar el ángulo del rumbo o de la marcación respecto de la vertical de la carta), que a polarizarse en cómo funciona. Lo ideal es memorizar lo mejor posible todas las orientaciones que corresponden a las graduaciones de la rosa de los vientos. Una vez que se ha asimilado que una demora al 260° queda un poco por debajo del oeste, que otra al 125° está ligeramente por encima del sudeste, y así sucesivamente, todo será más fácil. Se sabe dar entonces un rumbo o tomar una demora con un margen de 10° sin siquiera coger la regla, y ésta cae ya casi sola en la buena dirección cuando queremos afinar.

Un detalle final: todos los trazos y anotaciones en la carta se hacen con suavidad mediante un lápiz, de manera que se puedan borrar con facilidad, para no encontrarnos perdidos en medio de una confusión de líneas después de unas cuantas salidas.

Un rumbo por estima

Como su mismo nombre indica, la estima no es una ciencia rigurosamente exacta. Éste es su encanto y también su punto débil, pues se convierte en un arte y quien lo practica puede encontrar en él enormes satisfacciones. Quien no ha sentido nunca la maravilla de descubrir la costa en el lugar esperado, después de una jornada de progresión sin posición ni puntos de referencia, no sabe gran cosa de los placeres de la mar.

En este juego, se aprende rápidamente a ser cada vez más exacto en «la historia» de la singladura y se acaba reconstruyendo fácilmente los recorridos seguidos; se saborea al final del trayecto la recompensa de un aterrizaje logrado, con una emoción proporcional al cosquilleo que acompaña a la espera.

Al no estar nunca seguro de lo que aparecerá por la proa, el navegante entronca con toda naturalidad las habilidades que constituían el día a día de los descubridores de antaño. Método que admite por definición una cierta incertidumbre, la estima va a la par de una aproximación adecuada de la ruta, realizada con sentido común y anticipación. Prudencia y observación del aspecto de la mar y del horizonte son cualidades esenciales. Uno se acostumbra a elegir los rumbos de acuerdo con todas las circunstancias, a fin de que un desvío de media milla respecto de la ruta no se convierta en un drama. Se decide el punto de llegada con el mismo cuidado: un sector de tierra limpia y acantilada, a la que nos podremos aproximar tanteando sin peligros si la visibilidad es mediocre, o si el encargado de la mesa de cartas no tiene un buen día. Tras reconocer la zona, no quedará más que seguir costeando tranquilamente hasta alcanzar el objetivo deseado.

La estima es también una cuestión de lógica y de reflejos. Incluso sin saber dónde se está, casi siempre se sabe dónde es preferible ir para hallar de nuevo el hilo de la ruta o de la costa que servirá de guía. Los expertos saben muy bien que antes de llegar a determinados puntos peligrosos, vale la pena desviarse claramente a uno u otro lado, a fin de estar seguro de «chocar» con un obstáculo «parlante» antes que encontrarse en aguas libres sin saber si se ha pasado o no el sector al que apuntábamos. Por lo general, cuando se navega sin puntos de referencia visuales, es preferible saber que se está «demasiado a un lado» (entonces no se duda de la dirección que hay que tomar) que justo en medio, sin saber si el objetivo está más a la derecha o más a la izquierda.

Corrientes en el trayecto

Dar un rumbo calculado en línea recta sobre la carta sin tener en cuenta las corrientes (en las zonas en que las hay) es la solución más sencilla en la carta, pero la menos eficaz en el agua. Después habrá que corregir constantemente el rumbo para llegar pese a todo al puerto correcto y por tanto recorrer más distancia sobre la mar.

Es pues infinitamente más satisfactorio integrar desde el principio las corrientes en el trayecto previsto. Si se manifiestan exclusivamente en el eje de la ruta, la cuestión se plantea únicamente en términos de aceleración o freno. El navegante astuto se organizará por supuesto para elegir su horario de forma que aproveche la aceleración todo lo posible.

Pero como las cosas pocas veces son tan sencillas, en la mayor parte de las ocasiones será necesario tener en cuenta corrientes de través y, por tanto, un desplazamiento lateral de la ruta. Para integrar este movimiento, hay que proceder por aproximaciones sucesivas. Ante todo hay que saber en cuánto tiempo atravesaremos la zona afectada por las corrientes, teniendo en cuenta la fuerza y la orientación del viento, y por tanto la velocidad probable del barco.

Este número de horas permite, trasladándolo a la carta de corrientes, saber el desplazamiento a uno y otro lado que sufriremos en este período de tiempo. Cuando conocemos

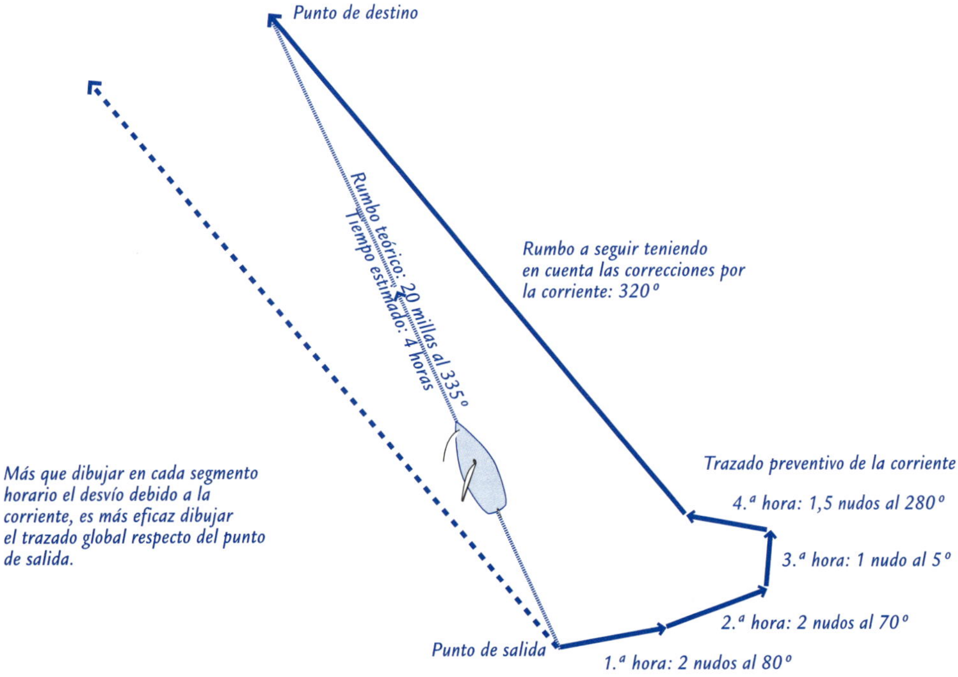

Figura 5.10: Trazado de un rumbo con corrientes variables.

estos detalles, se puede realizar un primer ajuste si la corriente tiene un componente más bien portante, o más bien al contrario: el pronóstico del tiempo deberá ser revisado consecuentemente al alza o a la baja, y por tanto el tiempo de exposición a la corriente, también.

Después de casar las distintas variables, no queda más que realizar un gráfico en la carta (o en una hoja aparte) que materialice el desplazamiento debido a la corriente, hora por hora, y que permita deducir el rumbo real que hay que adoptar para llegar al punto previsto manteniendo un rumbo constante (y por tanto surcando una estela rectilínea, o casi, en la superficie del agua, a falta de poder trazar una línea recta sobre el fondo).

Para una mayor eficacia, vale la pena echar un vistazo alternativamente general y preciso sobre la zona afectada. Esto permite evitar las opciones que pueden parecer puntualmente justificadas, pero que acaban siendo malas sobre el trayecto en su conjunto.

Un ejemplo: un navegante que sube de Saint-Malo a Saint-Brelade (Jersey) dando la vuelta a los Minquiers considera con toda la razón que la ruta más corta pasa pegada a las balizas SW y NW Minquiers. Al dirigirse la corriente en aquel momento hacia el oeste, corrige lógicamente su rumbo para mantenerse al este del rumbo directo teórico. Tras pasar las balizas como había previsto, se siente satisfecho de su navegación, pero al llegar al fondeadero constata con sorpresa que su vecino de pontón, astuto, que ha salido al mismo tiempo que él, ya se pasea por tierra. Explicación: sabedor de que la corriente se invertiría hacia el este en la segunda parte del trayecto, el vecino no se ha obsesionado con las balizas. Ha hecho rumbo directo, y así ha pasado lejos de los Minquiers antes de ser devuelto sin esfuerzo alguno hacia el trazado teórico por el reflujo. Mientras, el primer navegante se ha frenado mucho al principio del recorrido al alargar su ruta y al luchar en parte contra la corriente.

Para comprender correctamente estos mecanismos, es necesario darse cuenta de que es el conjunto del agua (barco incluido) quien se desplaza primero en una dirección y después en la otra. En la medida en que se puede organizar el horario para llegar al sitio correcto, incluso si la sinusoide trazada sobre el fondo parece impresionante, esto no se traduce en un alargamiento de la distancia recorrida por el barco.

Sin embargo, esta aproximación «global» no siempre es posible, pues la existencia de zonas peligrosas a uno u otro lado de la ruta puede llevar a impedir cualquier desviación demasiado importante y por ende imponer algunos pasos «obligados». Lo esencial es considerar cada vez las distintas hipótesis.

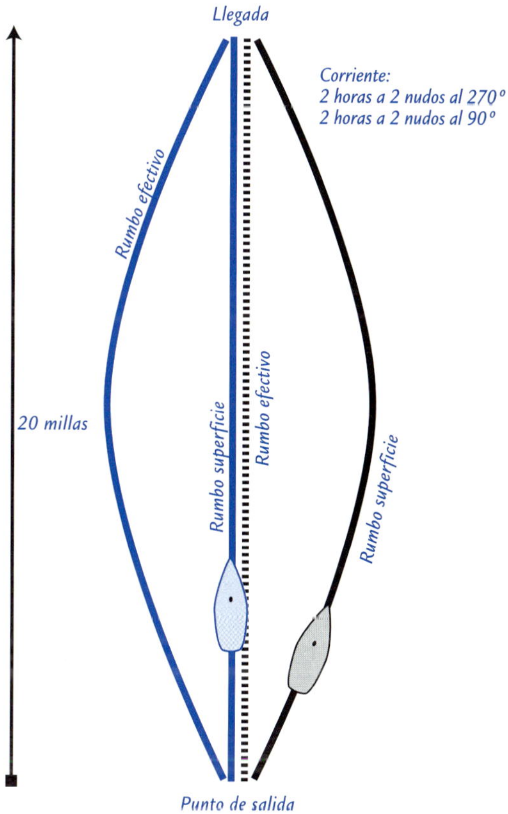

Cuando las corrientes son alternativas, a veces es inútil corregir. El barco azul alarga su ruta efectiva (o sobre el fondo), pero sigue el rumbo superficie más corto y llegará mucho antes que el barco negro, que corrige constantemente su rumbo para permanecer sobre la ruta «directa».

Figura 5.11: Optimizar los rumbos de fondo y de superficie con corrientes.

La estrategia en crucero

¿Quién, entre los amantes de las navegaciones tranquilas, ha abierto un manual de táctica y estrategia destinado a los regatistas? Nadie, claro. Y sin embargo, el crucerista menos deportivo saldría ganando si se interesara de cerca por estos conceptos. Pues pese a que el regatista se distingue a primera vista por su conducta más «acrobática», una de sus principales preocupaciones coincide absolutamente con el anhelo del crucerista «medio»: hacer la ruta más corta y menos lenta posible, minimizando el porcentaje de ceñida.

Sean cuales sean el potencial del velero y la forma de maniobrarlo, ninguna tripulación se resiste a la idea de emplear una hora menos para recorrer un trayecto si esto no exige un desgaste físico suplementario ni pone el peligro su comodidad.

Al iniciar una ceñida, si se duda de qué bordo elegir, optaremos por el que nos acerque más al objetivo. Esto disminuye los riesgos de perder tiempo si hay una rolada de viento. De forma más precisa, nos esforzaremos en anticiparnos a las roladas anunciadas por el servicio meteorológico, de manera que estemos bien situados cuando se produzcan. Si ceñimos con viento del norte hacia un destino situado justo en el eje del viento y se anuncia un rápido role al noroeste, nos felicitaremos de haber dado preferencia al bordo amurados a estribor, que nos permite estar al oeste de la ruta y de esta forma acortar el recorrido cuando rola el viento.

Cuidado: esta conducta sólo vale la pena si la aplicamos en la escala del tiempo correcta. Hay que saber valorar las probabilidades de que el cambio de dirección se produzca durante el trayecto (¿y dónde?) para poder tomar la decisión adecuada. ¡Los resultados son espectaculares!

En caso de duda, nos conformaremos con adoptar una opción media, que si bien no nos permitirá ganancias espectaculares, minimizará el riesgo de error.

A una escala de ceñida más corta, se puede ganar mucho tiempo haciendo algunos bordos de más (es verdad, esto requiere más esfuerzo físico) siempre que éstos puedan hacerse con eficacia. Virando cuando el viento rola a la contra de forma clara, se disminuye mucho la distancia a recorrer.

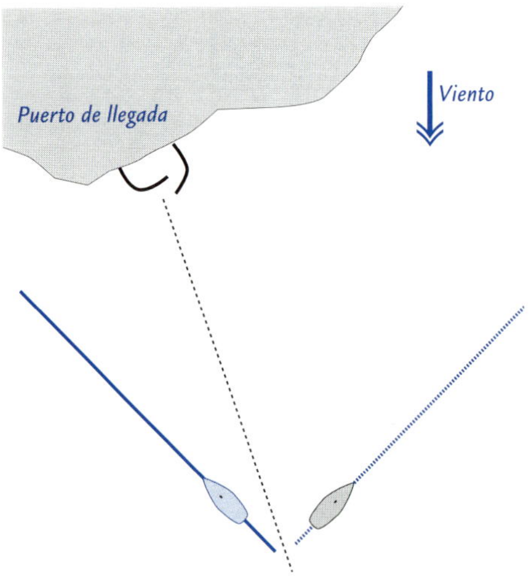

Para asegurar: elegir el bordo que se acerca más al rumbo directo. El barco azul tiene menos posibilidades de equivocarse que el negro.

Figura 5.12: Elegir el buen bordo en ceñida.

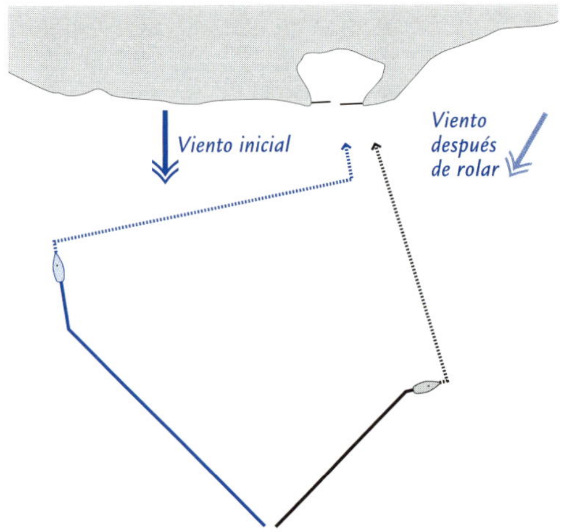

El barco negro ha previsto el role del viento a la derecha y ha optado desde el principio por irse a la derecha de la zona. Así tendrá que navegar menos que el azul, para quien el viento rolará de forma desastrosa cuando estaba a punto de virar.

Figura 5.13: Anticiparse al role del viento.

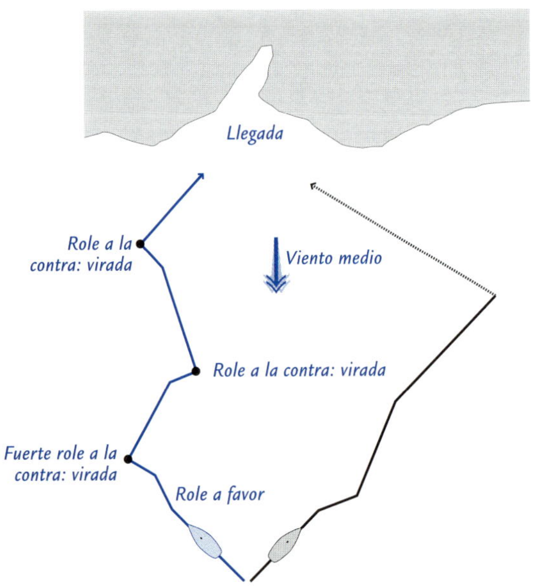

Al no aprovechar los roles a la contra para virar y mejorar el rumbo, el barco negro alarga su camino y se aparta simultáneamente del punto de llegada, al que tendrá que acercarse abatiendo.

Figura 5.14: Virar en los roles contrarios.

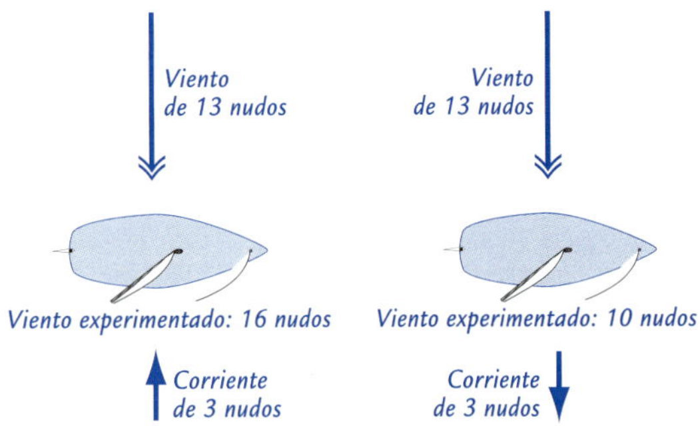

En el primer caso, el barco recibe un viento aparente de casi fuerza 5, mientras que en el otro sólo se experimenta fuerza 3.

Figura 5.15: La influencia de la corriente en el viento aparente.

Los cambios de la fuerza de viento también merecen la misma anticipación. Conscientes de que es más fácil (¡y agradable!) abatir con viento fuerte y orzar con viento flojo, saldremos ganando si nos colocamos por encima o por debajo de nuestra ruta en previsión de una evolución de este tipo.

El conocimiento de las polares de velocidad del barco es también un dato precioso para optimizar la elección del rumbo en función de la fuerza del viento (ver capítulo 2).

Saber jugar con la protección de tierra cuando la orientación del viento lo permite otorga también una ventaja considerable con viento fuerte: ceñir en una mar llana no sólo es más rápido, sino también mucho más cómodo. Sin olvidar, naturalmente, tener en cuenta los efectos beneficiosos o perjudiciales de la corriente en función del rumbo; según el rumbo elegido y el ángulo respecto del viento las olas serán más o menos molestas y se puede llegar incluso a tener que llevar velas distintas -todo izado o un rizo- en uno u otro bordo.

De una forma más genérica, un seguimiento atento de las previsiones meteorológicas -como hacen los regatistas oceánicos- permite saber lo que sucederá no sólo el mismo día, sino también los días siguientes, y así establecer una verdadera estrategia de crucero en función de los vientos probables, todo ello con el objetivo de realizar la mayor parte del recorrido con rumbos lo más agradables posibles, a saber, largo y portante, excepto avisos en contra. Pero ya se sabe que sobre gustos no hay nada escrito.

La navegación defensiva

Se trata de un concepto muy estimado por los navegantes ingleses, que proclaman a todos los vientos que lo importante no es tanto saber dónde se está, como estar seguro de no estar donde no hay que estar. En otras palabras, consiste en definir en torno al recorrido unas zonas prohibidas (que corresponden a peligros difíciles de situar visualmente, bajíos o rocas

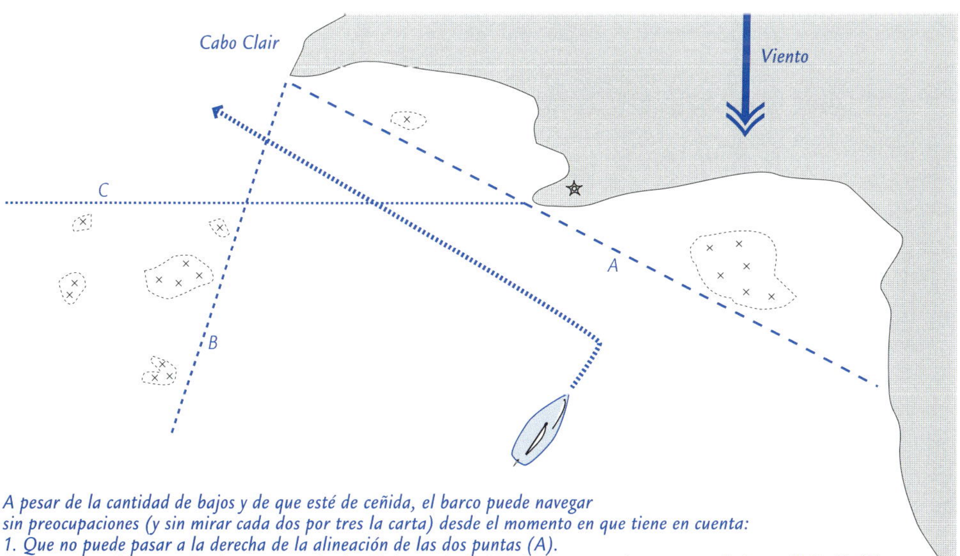

A pesar de la cantidad de bajos y de que esté de ceñida, el barco puede navegar sin preocupaciones (y sin mirar cada dos por tres la carta) desde el momento en que tiene en cuenta:
1. Que no puede pasar a la derecha de la alineación de las dos puntas (A).
2. Que no puede ver en ningún momento el cabo Clair a más de 15° (excepto cuando ya se cumpla la condición 3) (B).
3. Que sólo puede dirigirse al oeste cuando tenga el faro a más del 90° (C).

Figura 5.16: La navegación a la defensiva con alineaciones y demoras.

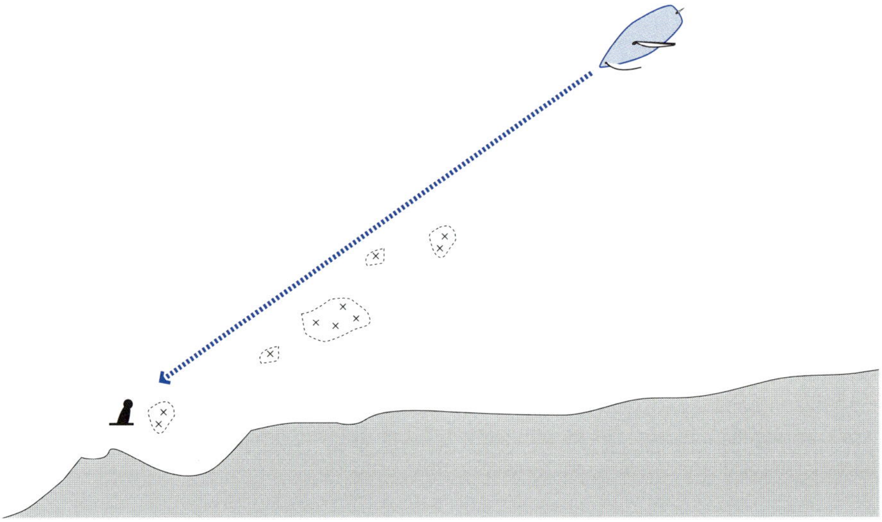

Figura 5.17: Un rumbo «barrera».
En este caso basta con que el caña se asegure de que el rumbo a la baliza no sea nunca superior al 235°. Con ello no tiene por qué preocuparse de los peligros situados a sotavento.

que afloran), «acotarlas» mediante puntos de referencia de todo tipo (marcaciones a tierra, enfilaciones, línea de sonda, incluso coordenadas GPS...) y dedicarse después, sea cual sea la evolución de la navegación, a no rebasar estos límites. La ventaja consiste en delimitar así muy claramente el terreno de juego. Es mejor que concentrarse en seguir una ruta de la que no sabemos muy bien en qué medida nos podremos apartar si lo exigen las circunstancias (ceñida, bordos hacia alta mar...). Se sabrá, por ejemplo, que podemos hacer lo que queramos siempre que no veamos la baliza X a más del 12° y que no pasemos a la derecha de la enfilación de los dos cabos rocosos. El peligro que representa la pequeña roca antes de la punta será superado sin angustias y sin cálculos inútiles si, más que intentar localizarla a cualquier precio, admitimos sencillamente que no podemos aproximarnos a la punta a un rumbo inferior a 330°. En versión electrónica esto puede dar básicamente el mismo resultado tomando las coordenadas adecuadas y ayudándose con los rumbos y distancias respecto de un *waypoint* (ver más adelante).

Para sacar provecho de este método, es necesario que las zonas peligrosas estén cubiertas con holgura (y por tanto los límites tienen que estar fuera de los peligros, dejando un cierto margen), que los puntos de referencia sean claros y fáciles de seguir, y que todo ello se pueda memorizar con facilidad. El truco, también aquí, es hacer lo mismo que los regatistas, que usan como chuleta un adhesivo blanco (especial para rotulador y que se borra en seco) pegado en la pared interior de la cabina. Se puede hacer un gráfico sencillo con delimitación de los sectores, identificación de los puntos de referencia y valor de las marcaciones (anotadas como rumbos aguja). En su defecto, una simple hoja de papel puede bastar.

SONDA Y CORREDERA

5.2. LAS VIRTUDES DE LA ELECTRÓNICA

La sonda: el mejor amigo de la estima

Si se tiene un presupuesto limitado, o no se quiere recargar la mesa de cartas y aumentar el consumo eléctrico, es el primer instrumento que hay que elegir. El único capaz de confirmar si estamos o no en la parte buena del canal y de precisar si éste es efectivamente practicable a la hora en que lo queremos abordar. Todo ello por una cantidad módica si nos conformamos con su función esencial, es decir, la que da la profundidad. Los lujosos aparatos con pantalla TFT a todo color están más bien destinados a los pescadores empedernidos; y lo mismo puede decirse de los modelos con sonar barredor de proa incorporado, que permiten obtener información de lo que sucede por delante del barco.

Cómo se lee la sonda

El primer paso importante -al menos para las zonas poco profundas- es corregir la diferencia entre el nivel de la sonda y el de la superficie (o el de la base de la quilla). La referencia elegida es lo de menos; lo importante es saber a qué corresponde la cifra que aparece en la pantalla y deducir instantáneamente el único dato realmente importante: ¿cuánta agua queda debajo de la quilla? Algunos aparatos permiten integrar esta corrección de una vez por todas.

Empleada sobre todo para aproximarse a canales o fondeaderos poco profundos, la sonda puede ser también una magnífica ayuda para comprobar la posición, a poco que la profundidad esté dentro de los límites del modelo de a bordo. Si no vemos la costa (por ejemplo, como consecuencia de la niebla), un seguimiento atento de la evolución de la profundidad en un cierto período permite a menudo volver a situarse respecto de un perfil submarino característico. Un «accidente» significativo de los fondos (un bajo puntual o un cambio de línea de sonda) puede incluso darnos la posibilidad de situarnos con precisión. A falta de otros medios de navegación, a menudo es interesante modificar el rumbo para asegurarnos de que pasamos por encima del bajo en cuestión y actualizamos así nuestra posición. Una alarma bien regulada facilita entonces las cosas. Con mala visibilidad, en rincones escabrosos, se puede incluso optar por una estrategia que facilite este seguimiento «submarino»: haciendo

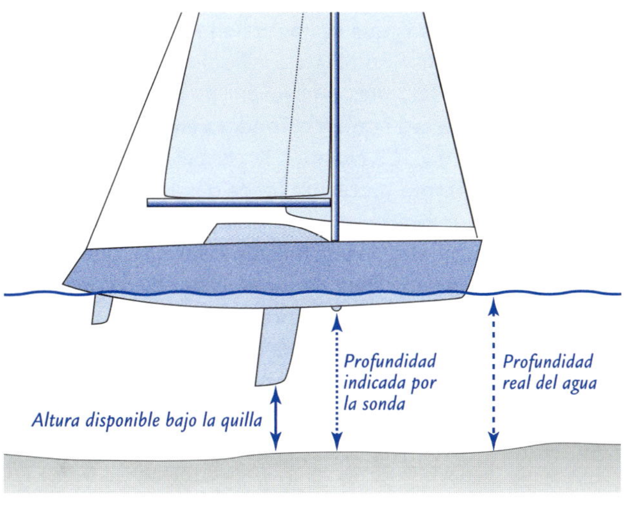

Figura 5.18:
El uso correcto de la sonda. Para una lectura precisa, es necesario saber a qué corresponden exactamente las cifras de la sonda.

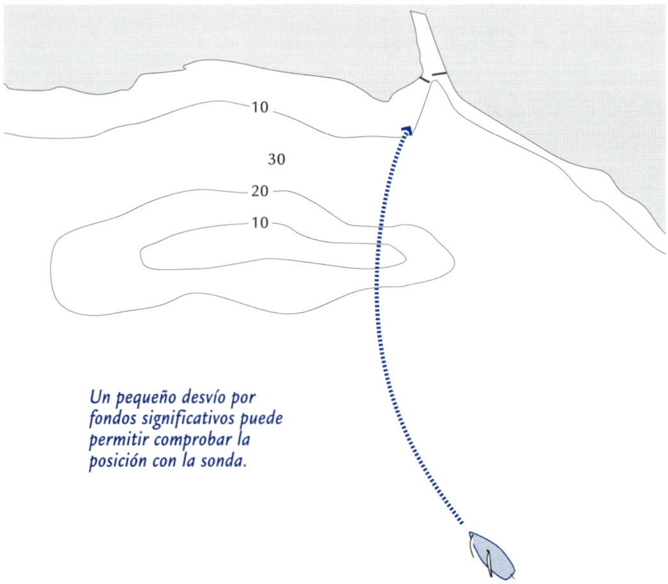

Figura 5.22: Navegar con los veriles de sonda.

pasar la ruta por encima de puntos de sonda fácilmente identificables en la carta y abordando sistemáticamente la orilla por el lado que tenga más «avisadores» (subida clara del fondo...) antes de los eventuales peligros.

Un uso inteligente de la sonda no puede hacerse sin constantes correcciones por el nivel de la marea. En las zonas con mareas fuertes, es especialmente aconsejable hacer una pequeña tabla con las alturas de agua hora por hora (incluso cada media hora en los lugares en los que la diferencia de nivel puede rozar los 3 metros en una hora...) Es la única forma de llegar a hacer comparaciones coherentes con las sondas señaladas en la carta.

Los distintos modelos de sonda

Para un uso puro de «velista», nos podemos limitar, sin ninguna duda, a una buena vieja sonda básica. Incluso si tiene sólo una pantalla de destellos, como las de los años setenta con sus diodos luminosos que se encendían frenéticamente en una escala graduada, el principio de su funcionamiento no difiere en absoluto. Se trata siempre de una sonda colocada debajo del casco que manda ondas ultrasónicas hacia abajo. El tiempo que tardan estas ondas en volver, después de rebotar en el fondo o en un obstáculo intermedio, permite al aparato calcular la profundidad. En cuanto a la pantalla, nos conformaremos con un simple anotador de cifras o, por el mismo precio, un modelo gráfico no demasiado sofisticado. En cualquier caso, la profundidad indicada será la misma que en las sondas más completas. De todas formas, puede ser útil disponer de una función «alarma», que no todos los modelos tienen. Es práctica cuando buscamos una línea de sonda, y también como avisador en el fondeadero: no sólo en caso de variación de nivel mal apreciada, sino también para avisar cuando el ancla garrea.

La elección de la frecuencia no deja de tener su importancia. Con 50 kHz (baja frecuencia) se sondea eficazmente a gran profundidad (más de 200 metros), mientras que una frecuencia de 200 kHz (alta frecuencia) dará una mejor resolución a poca profundidad. Para tener las dos a la vez basta con elegir un modelo bifrecuencia.

La potencia es determinante para el radio de acción: con un 400 W a priori podremos sondear dos veces más hondo que con un 100 W. Hay que saber también que las sondas interiores –que tienen la ventaja de que evitan perforar el casco– generan invariablemente una pérdida de rendimiento. Finalmente, hay que tener en cuenta el ángulo de la sonda: un haz de 8° barre menos amplitud pero llega a mucha más profundidad que un haz abierto.

Antes de elegir el modelo, no hay que dejar de plantearse la cuestión de la complementariedad con otros valores. Una sonda trifuncional permite leer, en el mismo aparato, las informaciones de velocidad y distancia recorrida facilitadas normalmente por la corredera. También podemos plantearnos la posibilidad de instalar una «central», es decir, una caja capaz de reunir los datos procedentes de diversas terminales e incluso de hacer cálculos a partir de estos datos (determinación del viento real en función de la velocidad del barco, etc.), mientras que las cifras se muestran en una pantalla única o están repartidas en diversas pantallas, según se desee.

Cuando se instala una sonda, es bueno saber que en ningún caso hay que cortar el cable del sensor, incluso si es demasiado largo. Hay que instalar el sensor delante de la quilla (porque debe hallarse en una zona donde el flujo de agua está lo menos perturbado posible) y tan cerca del eje del barco como sea posible. Hay que desconfiar de la proximidad de equipos electrónicos conectados con el motor, pues pueden generar interferencias.

Finalmente, los sensores de bronce son preferibles para los cascos de madera, y los modelos de plástico para los cascos de acero o aluminio, a fin de evitar electrólisis.

Las ventajas de la corredera

Se habría podido creer que la vieja corredera había sido barrida por el GPS, que aparta a los navegantes de las alegrías de la estima y comete la indecencia de dar también la velocidad... Sin embargo, sigue teniendo un lugar a bordo de un velero. Ante todo, es obligatoria a partir de la categoría 3 de navegación; además, a los incondicionales de la estima les ofrece un plus incontestable de precisión. Finalmente, si se es un verdadero apasionado de la vela, es el mejor instrumento para afinar los reglajes del barco gracias a su excelente reactividad (se observan mucho más fácilmente las variaciones de velocidad que con el GPS).

La corredera manual (una hélice que hace dar vueltas a un cabo o un cable unido a un simple contador) prácticamente ha desaparecido. En el mercado sólo quedan aparatos electrónicos, la mayoría con anotación digital, mientras las esferas analógicas sólo se utilizan en algunos casos específicos.

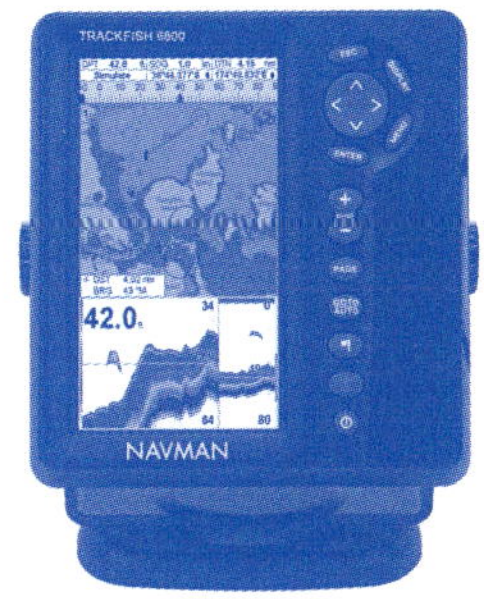

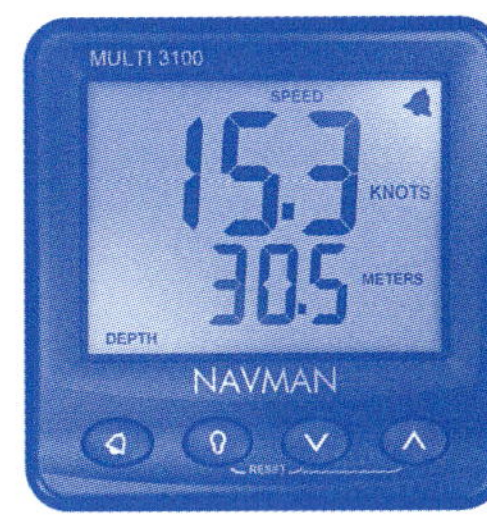

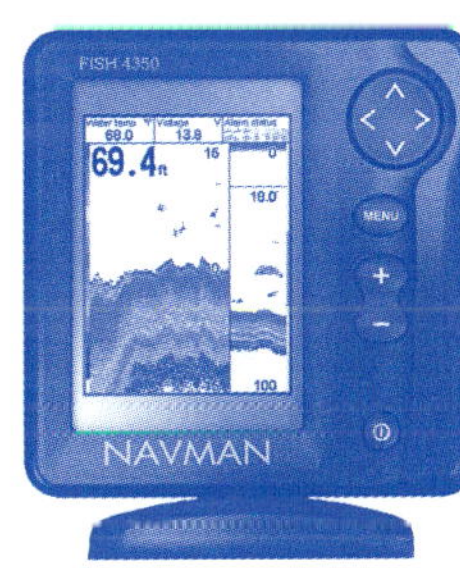

De arriba abajo, un plotter que permite la lectura simultánea de las informaciones de la sonda, una sonda básica con información numérica (lo más práctico en un velero), una sonda de pesca que permite visualizar la naturaleza de los fondos, y un ejemplo de concentración de los distintos instrumentos en la bitácora de una rueda.

Los apasionados saldrán ganando si la completan con una veleta y un anemómetro en el marco de una central de navegación, todo ello como un integrado (una sola pantalla puede indicar los datos de forma sucesiva o simultánea) o como una batería de pantallas unidas entre sí por un cable bus.

Sea cual sea su forma, la ventaja de la central respecto de los instrumentos independientes consiste en comunicar las informaciones procedentes de distintos sensores y elaborar funciones más avanzadas. La más significativa de todas ellas es la información sobre el viento real navegando (por deducción entre la velocidad del barco, su rumbo y la velocidad del viento aparente), lo que permite una apreciación más objetiva para valorar el trapo que debemos llevar en función de la fuerza del viento. Pero la información más preciosa sigue siendo sin duda el VMG (Velocity Made Good, o avance a barlovento; ver capítulo 2). A partir de estos datos facilitados por la veleta y la corredera (o eventualmente el GPS), el aparato indica lo único que realmente cuenta en ceñida: la velocidad de progresión en la dirección del viento, o dicho de otra forma, la relación óptima entre ángulo respecto del viento y velocidad del barco. Esto permite determinar al instante, en un momento dado, si es más rentable ceñir a 42°, a 48° o a 52° del viento. Los regatistas trabajan sin parar con esta preciosa herramienta, pero a los cruceristas también les conviene hacer lo mismo para optimizar sus recorridos de ceñida e incluso con vientos portantes. En este caso, el aparato permite saber inmediatamente si es preferible hacer bordos a un largo (y a qué ángulo) que hacer rumbo directo con viento en popa.

En un velero, el sensor de la corredera debe colocarse delante de la quilla, tan cerca del eje del barco como sea posible, y fuera del eje de otro sensor o de una válvula de evacuación, pues todos ellos perjudicarían la precisión en la medida en que provocan turbulencias en el flujo del agua. Es también preferible evitar la proximidad del cable de la sonda, y en general de todos los equipos electrónicos susceptibles de generar interferencias.

En cuanto a la veleta-anemómetro, hay que colocar su parte aérea orientada hacia la proa del mástil, cuidando especialmente la alineación respecto del eje del barco, única forma de poder aprovechar correctamente la información de las pantallas.

GPS Y CARTOGRAFÍA ELECTRÓNICA

5.3. UNA EFICACIA TEMIBLE Y ALGUNAS TRAMPAS

► *Las virtudes del GPS*

¿Actuamos correctamente al confiar en esta pequeña maravilla de una precisión diabólica? Las últimas estadísticas invitan de hecho al optimismo: los resultados aberrantes, todavía normales en los años 1990, son ya rarísimos. La tecnología ha progresado de forma impresionante, tanto en el tratamiento de las señales como en la fiabilidad de los aparatos. Actualmente, la lista de posibles errores se acaba pronto: ante todo, la presencia de interferencias de radio o magnéticas cercanas; después, un hipotético fallo de un satélite (no es imposible, pero sí raro). Finalmente, nunca se sabe, una decisión del Pentágono de deteriorar voluntariamente la señal como consecuencia de un conflicto armado.

Queda la eventualidad de una avería del mismo aparato, que no se puede excluir nunca: la experiencia nos demuestra cada día cómo incluso los ordenadores más refinados son capaces de dejarnos plantados. Sin hablar, naturalmente, de las pilas que nos hemos olvidado cambiar.

Que el GPS funciona muy bien y da resultados fiables no impide que actuemos «como si» pudiera fallar; y por tanto llevar razonablemente el cuaderno de bitácora y mantener la práctica de la estima. Sobre todo por cuanto esta máquina tan extraordinaria es especialmente vulnerable a otro tipo de fallo, terriblemente insidioso: el error de uso. Un fallo (la entrada incorrecta de un *waypoint* es el más frecuente) cuyas consecuencias serán directamente proporcionales a la confianza que uno otorgue al sistema...

El principio del funcionamiento del GPS

En el marco del Global Positionning System, 24 satélites giran permanentemente alrededor de la Tierra. Siempre hay al menos cuatro visibles al mismo tiempo en un punto determinado. Basta con tres para que el cruce de las informaciones codificadas emitidas por cada uno de ellos y recibidas por el receptor permita dar continuamente una posición en latitud y longitud con un error máximo de 20 metros (hasta la primavera del 2000 el error podía llegar a 150 metros). Se sigue tratando de la red americana, a la espera del lanzamiento del sistema europeo Galileo, cuyos inicios se han anunciado para el 2008.

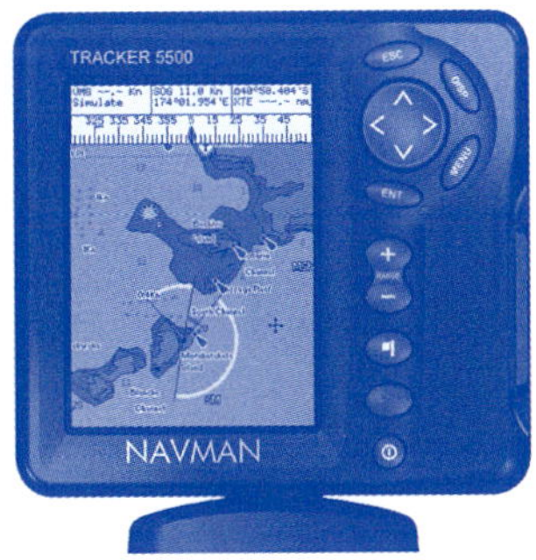

Cartas / GPS: cuidado con las correspondencias aleatorias

La precisión del GPS no sirve de nada si se trasladan sus coordenadas a una carta que no utiliza las mismas referencias geodésicas y por tanto está desplazada en latitud y longitud. El GPS se basa en la referencia WGS 84 (World Geodesic System), mientras que, hasta estos últimos años, la cartografía francesa lo hacía en el ED 50 (el sistema elaborado en Europa en 1950). Ahora bien, los dos sistemas presentan un desajuste que puede llegar a un centenar de metros. Las nuevas cartas del SHOM se basan en el WGS 84, pero muchos barcos siguen llevando a bordo cartas ED 50. Para conseguir una precisión satisfactoria, es pues esencial actualizar el juego de cartas o comprobar que el GPS funciona en el modo deseado (todos permiten correcciones para adaptarse a cada sistema). Pero esto puede ser peligroso si utilizamos sucesivamente cartas de generaciones distintas. Para acabarlo de complicar, si nos alejamos de Europa podemos tener que hacer frente a otros tipos de referencias en cartas extranjeras. La referencia geodésica de la carta es pues un punto a verificar sistemáticamente ante de utilizarla conjuntamente con un GPS.

Las pequeñas pantallas de los GPS plotter ofrecen una definición suficiente para una lectura correcta de la cartografía; pero evidentemente tener una visión global satisfactoria es más difícil que con el papel. Es necesario hacer zoom con regularidad en un sentido o en otro en función de la información que se busque.

► *Las funciones y el buen uso del GPS*

¡Ante todo, dar una posición fiable! La mayoría de los aparatos dan la latitud y la longitud en grados, minutos y milésimas de minuto. No hay que obsesionarse con esta precisión porque, en el fondo, no sirve de gran cosa cuando se trata de trasladar esta posición a una carta convencional; sabiendo que en un documento 1/50.000, uno de los formatos más usados en navegación de crucero, la décima de minuto (la más pequeña de las graduaciones visibles) no representa más que 3 milímetros en el papel... En la práctica, la precisión de la transcripción no puede sobrepasar el 1/30 minuto, al menos para este tipo de escala. Es importante asimilar correctamente el valor de las fracciones de minutos, porque la yuxtaposición de los dos sistemas -sexagesimal y decimal- está en la base de la mayoría de los errores de lectura.

Una de las bases del uso del GPS es la introducción de los «puntos de ruta», los famosos *waypoints*. Se trata de gravar, con la ayuda del teclado del aparato, las coordenadas geográficas de los puntos elegidos (entradas de puerto, posiciones de balizas o cualquier otro lugar), y darles a cada uno unas iniciales o unos números que los identifiquen. Es preferible realizar esta operación tranquilamente en puerto, más que en mar, con el barco convertido en una coctelera, pues la manipulación es muy poco práctica (cada tecla tiene diversas funciones, por lo que es muy fácil equivocarse). La elección de los identificadores es primordial: es necesario poder encontrar fácilmente a qué corresponden sin riesgo de error.

Además de la posición, el GPS puede dar la hora (con una precisión superior a las de los mejores relojes de a bordo) y otras muchas informaciones, sobre todo:

- **La velocidad**

Calculada por interposición de posiciones sucesivas, se trata siempre de la velocidad sobre el fondo. Cuidado: la precisión de esta medida depende de la temporalización del aparato. Por definición, habrá siempre un ligero desfase, por pequeño que sea, pues el GPS no da de hecho una velocidad instantánea, sino una velocidad calculada a partir de los datos recogidos en instantes anteriores. El efecto es despreciable para todas las funciones de navegación, pero hay que prestarle atención cuando se trata de afinar el rendimiento del barco.

- **El rumbo sobre el fondo**

Calculada de la misma forma que la velocidad, y combinada con ésta, el rumbo sobre el fondo permite apreciar constantemente el desplazamiento real del barco y apreciar así las influencias de la corriente, del abatimiento, y también de un caña distraído o de un error del compás. El inconveniente es la tentación de una reacción demasiado «primaria» a un desvío del trayecto previsto, que consiste en corregir sin parar el rumbo para volver al buen camino, olvidando que ante contrariedades duraderas (abatimiento en ciertas condiciones, corrientes...) es más rentable anticiparse optando desde el principio por un rumbo mejor adaptado a las circunstancias.

- **Rumbo y distancia al punto de destino**

En función de un *waypoint* entrado y seleccionado previamente, el GPS indica constantemente la distancia y la dirección a este punto. Es práctico, siempre que no nos obsesionemos con ello y olvidemos los otros parámetros de navegación. La mayoría de los aparatos indican también una estimación del tiempo que falta por llegar a este punto, basada en la velocidad instantánea. El resultado es bastante desconcertante y no tiene interés para un velero, pues este valor pasa con regularidad del simple al doble en función de las rachas o de las olas...

- **Preparación de una navegación y trazado de una ruta**

La calidad de esta función depende de la de los *waypoints* que vayamos a introducir. Se trata tanto de elegirlos bien (referencia en aguas limpias, accesible sea cual sea la hora de la marea, sin obstáculos en el camino, y pensar que hay que pasar al lado de la torre, no por encima...), de introducirlos sin error en las cifras (hay que comprobar con atención la fuente; la única forma de introducir una ruta coherente sin errores es tener la carta a la vista), e identificar cada uno de ellos con una abreviatura clara. Una vez hemos asociado diversos *waypoints* entre ellos para formar una ruta, el aparato puede apañarse solo, y se centrará en el próximo punto de referencia en cuanto se ha pasado el anterior.

Indiquemos finalmente que el GPS puede dar informaciones de compás muy fiables.

Elegir el aparato adecuado

Desde la supresión de la interferencia de la recepción civil por parte de los americanos, el GPS diferencial (cuyo objetivo era mejorar la precisión gracias a las correcciones emitidas por una estación terrestre) ha perdido su interés. Para tener una precisión óptima lo mejor ahora es elegir los modelos compatibles WAAS (Wide Area Augmentation System) y EGNOS (European Geostationary Navigation Overall System). Estos dos sistemas complementarios reducen aún más el margen de error, el primero para la zona de América y el segundo para Europa. En funcionamiento, un símbolo -normalmente una W- aparece en la pantalla para indicar que la medida dada en este momento integra la corrección WAAS.

Excepción hecha de esta opción, que sin duda se va a generalizar, la única elección real se reduce al GPS portátil o fijo, o al GPS plotter.

El portátil tiene la ventaja evidente de la movilidad, con resultados notables. Es perfecto para la posición, el seguimiento de la velocidad o el control de la ruta (permite comprobar los efectos de la corriente y del abatimiento en tiempo real). Pero el pequeño tamaño de su pantalla limita su potencial en cartografía. La antena integrada puede dar también algunas sorpresas, con recepciones mejores o peores en función del lugar donde se coloque el aparato a bordo.

Si no nos pasamos la vida saltando de un barco a otro, el GPS fijo tiene la ventaja de una recepción estable (gracias a su antena exterior) y de una mejor legibilidad de la pantalla.

En cuanto al plotter, si tiene la función GPS, permite hacerlo todo en un solo aparato. Pero se tiene que prever entonces un presupuesto más elevado.

La cartografía electrónica

Francamente marginal hace apenas una decena de años, esta fórmula se generaliza a toda velocidad gracias a la miniaturización de los aparatos y al descenso de los precios. Antes sólo utilizables en lectores caros y voluminosos, las cartas electrónicas pueden leerse hoy en pequeños GPS, pese a que la comodidad de la visión evidentemente no es la misma.

Consideradas durante mucho tiempo poco fiables para sustituir las cartas en papel en el equipo obligatorio, desde el 2004 las cartas electrónicas se aceptan oficialmente en Francia como documentos reglamentarios. Los barcos equipados con plotters pueden, por tanto, olvidarse del papel desde el punto de vista legal; ello no es óbice para que el navegante prudente conserve algunas buenas viejas cartas convencionales «por si acaso».

La publicidad de los fabricantes alaba la simplificación de la navegación y el tiempo ganado que permiten estos sistemas. Es verdad, en la medida que evita la manipulación de grandes cartas de papel (en este sentido, el plotter es, al contrario de lo que a menudo se piensa, aún más interesante para los barcos pequeños que para los grandes), y porque la integración de la función de posición GPS en la cartografía da efectivamente otra dimensión a la navegación electrónica. El tiempo ganado es, en cambio, relativo: para dominar todas las sutilezas de estos aparatos, hay que tragarse antes voluminosos manuales muy mal traducidos; y los procedimientos de memorización de *waypoints* son objetivamente mucho más pesados que el simple vistazo a la carta náutica. En cuanto a lo que dura la preparación de una ruta, hay que pensar en las musarañas o ser muy torpe para pasarse más de cinco minutos para dibujar una ruta sobre el papel. Esto no desmerece ninguna de las innegables ventajas de la cartografía en pantalla en cuestión de rigor y de inmediatez de seguimiento.

Hay dos tipos de documentos electrónicos en el mercado: Raster o vectoriales.

En el caso del Raster, se trata de un simple escaneo de las cartas oficiales de papel, lo que tiene la ventaja de ser sencillo, sin riesgos de errores, y de un funcionamiento lógico para quien está acostumbrado a las cartas de papel. El inconveniente de estos documentos es que mueven una memoria numérica enorme, alrededor de diez veces más que una carta vectorizada. Además, las posibilidades son limitadas, ya que no se trata más que de una adaptación a la pantalla del soporte de papel.

Por el contrario, las cartas vectoriales son creaciones numéricas totales (a partir, evidentemente, de los datos facilitados por los servicios cartográficos oficiales de los distintos países), lo que les permite ser más compactos en términos de memoria, y ofrecen un gran número de funciones especialmente estudiadas para la comodidad y la información del usuario (orientar la carta «con el rumbo arriba» más que «Norte arriba» sin que los datos dejen de ser legibles, no hacer aparecer en pantalla más que la información útil en la situación del momento, etc.). La contrapartida es que el precio es generalmente más elevado y que no se puede cambiar de marca de cartografía a medida que surjan nuevas necesidades, pues cada aparato está dedicado a un editor.

Hay otra solución: usar el propio ordenador portátil como plotter. Una fórmula interesante, porque permite -mediante un software de navegación especializado- usar indistintamente todo tipo de cartas, aprovechar las numerosas funciones complementarias para la gestión de la ruta y tener una pantalla más

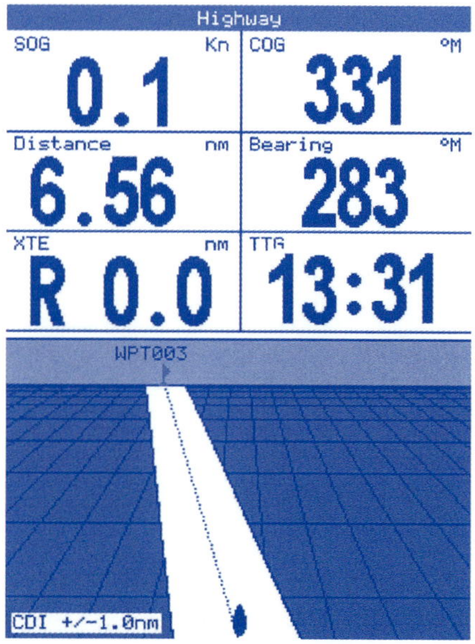

Los GPS plotter a menudo facilitan la visualización de la ruta en 3D; la única ventaja de esta función estriba en permitir a los neófitos entender mejor el posicionamiento del punto de ruta respecto del barco.

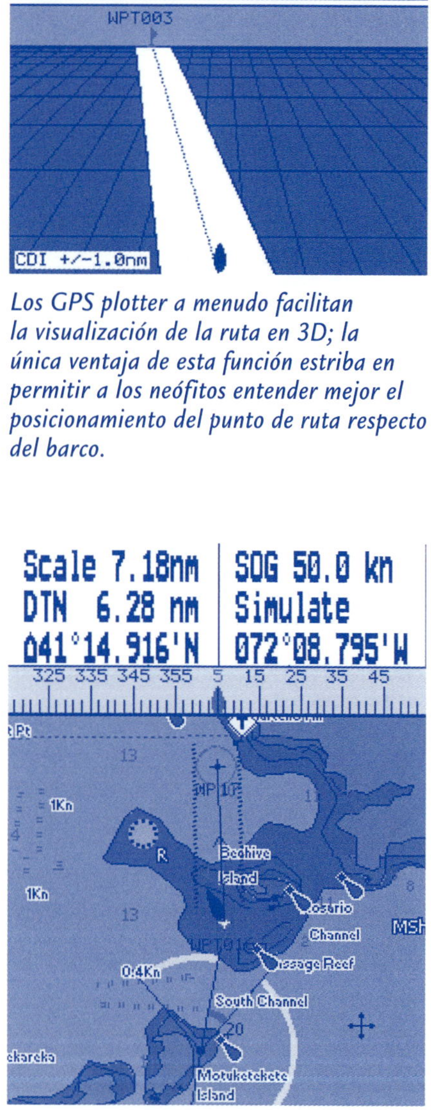

Sea cual sea la función activada, la pantalla indica siempre los principales parámetros de navegación.

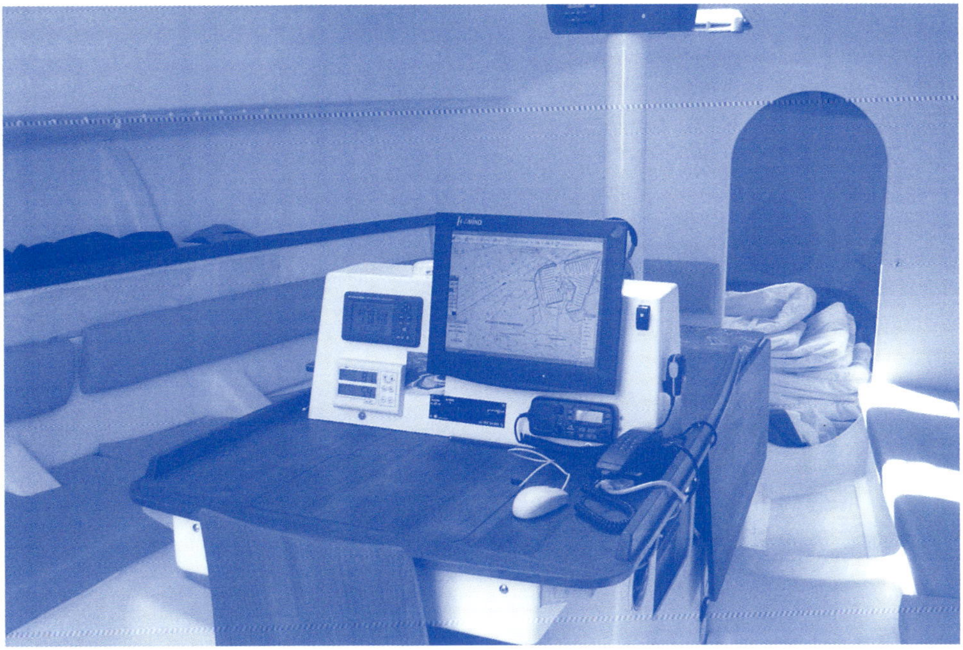

El interior de este Pogo 40 es representativo de las últimas tendencias en los cruceros rápidos de altura: interiores desnudos pero funcionales y un lugar cada vez mayor para la informática.

grande. Siempre, claro está, que estemos dispuestos a utilizar un ordenador «terrícola» en el medio marino. En el mercado también hay modelos marinizados, pero sus precios aún son muy disuasorios.

> *No hay que dudar en conseguir el software de navegación del tipo MaxSea. Actualmente ya no es muy caro y hoy todos tenemos un ordenador portátil en casa, o al menos, cada vez más. Equipar la mesa de cartas para colocar el ordenador de casa, con una alimentación de 12 voltios, ya es muy común, muy fácil. Esto ya no tiene ningún misterio. Yo soy bastante apasionado de estos aparatos. Hoy, lo que se lleva es embarcar informática, siempre que no nos olvidemos de vez en cuando de anotar la posición en latitud y longitud en un cuaderno, por si acaso. ¡Y si tenemos un apagón total, sacamos la carta de papel y la buena regla Cras!*
>
> ***Gilles Chiorri***

En cuanto a la estandarización de las cartas, las autoridades marítimas internacionales han decidido promover el formato vectorial S57; pero esta normalización sólo afecta por ahora a la marina mercante y sus productos están mal adaptados a la navegación de crucero.

La trampa de los cambios de escalas

En cuanto a su uso en la navegación, un GPS con plotter integrado simplifica evidentemente el trabajo del navegante, al evitar todo traslado al papel y al permitir (sobre todo en el vectorial) un engrandecimiento de la carta hasta el nivel de la precisión requerida. Hay que ir con cuidado, sin embargo, con las trampas que pueden surgir de una mala práctica. Por ejemplo:

decidir el rumbo sobre una vista muy general, «aligerada» de buena parte de las informaciones en aras de una mejor legibilidad; a continuación, interesarse únicamente por los detalles de las zonas de salida y llegada, sin ser conscientes de los puntos críticos entre ambos, que no aparecen en la vista general de la pantalla inicial.

Las precauciones de la instalación

Al contrario de lo que sucede con la sonda, el cable de antena de un GPS fijo puede ser acortado sin problemas. Lo más sencillo es colocar la antena en el balcón de popa. La altura de la antena no tiene ninguna importancia; lo único que cuenta es que esté perfectamente despejada y sobre todo que no tenga ningún obstáculo encima. Es preferible alejarla de la antena del teléfono por satélite o del radar. Finalmente, hay que prestar atención a ciertas interferencias: no hay que alimentar el GPS con la batería usada para arrancar el motor.

EL RADAR

5.4. POSICIÓN Y SEGURIDAD

La utilidad del radar en crucero

Sucede lo mismo que con la cartografía electrónica: la disminución del volumen de los aparatos, el descenso relativo de los precios y el desarrollo de funciones que se adaptan mejor a los veleros hacen que este equipamiento sea hoy más interesante, una ventaja real en cuestión de seguridad y de comodidad de navegación.

Para interpretar la imagen de los antiguos radares con sus antenas monstruosas y sus pantallas negras y verdes de barrido, hacía falta una visión superlúcida. Por suerte, han desaparecido desde hace ya mucho tiempo. Actualmente, un aparato destinado al crucero cabe en una caja de 20 centímetros por 20 centímetros, usa una antena que pesa menos de 5 kilos, dispone de una pantalla de LCD perfectamente legible sin que sea necesario pegar la nariz (es el principio del radar «luz de día», en oposición a las antiguas generaciones, que requerían una especie de visera) y puede visualizar todo tipo de informaciones. Especialmente, las del GPS, al que puede estar conectado. ¡Algunos modelos incluso hacen las veces de plotter y visualizan la imagen del radar y de la carta correspondiente una al lado de la otra! Además, éstos pueden hacer muchas otras cosas, y una de las últimas tendencias es considerar la caja del radar como un informador universal que sirve para todo, incluida la sonda gráfica.

Navegar con el radar

El uso primordial del radar es que sirve para prevenir colisiones, al permitir una vigilancia eficaz de los otros barcos cuando la visibilidad no es buena.

A esto se añade una gran eficacia en navegación costera de noche o con mala visibilidad. El radar puede indicarnos con exactitud dónde está la costa que aún no distinguimos a simple vista. Esto con una ventaja importante sobre el GPS: lo que vemos en la pantalla no es una abstracción, sino la representación gráfica del contacto real con la costa que rodea el barco. Es una imagen en la que podemos confiar desde el momento en que el aparato está bien regulado y en que nos hemos familiarizado con su lectura. En efecto, hay que encontrar la medida exacta en el reglaje del *gain* y de los sistemas de eliminación de ecos parásitos *(anticlutters):* en un sentido hay demasiadas cosas inútiles en la pantalla (olas, lluvia...), y en el otro no hay suficientes.

Así pues, es aconsejable un entrenamiento mínimo antes de lanzarse a usarlo en condiciones difíciles. Es necesario aprender lo que es lógico ver o no ver en función de la escala elegida (de 1/8 de milla a 24 millas en la mayoría de los casos), medir la influencia de la altura del relieve en su visibilidad en la pantalla, y acostumbrarse al uso correcto de las alarmas que pueden avisar de la aproximación de un barco o de una costa.

Aparte de estos detalles de reglajes y de interpretación, las funciones esenciales son muy simples de usar, de la EBL (medida de la demora de un eco) a la VRM (medida de la distancia de un eco), a la CPA (evaluación del punto de cruce con un eco móvil) y a las distintas posibilidades de orientación y de posición relativa en la pantalla del barco respecto de su entorno.

Algunas balizas están provistas de un reflector radar que facilita su localización. Las más interesantes siguen siendo las provistas de un dispositivo RACON, que emiten un código específico y son por tanto inmediatamente identificables en la pantalla.

La colocación de la antena en lo alto incrementa el alcance máximo, pero también la zona ciega alrededor del barco (demasiado baja para ser tenida en cuenta por el haz del radar); y en un velero la amplitud del movimiento de la antena, consecuencia del balanceo y del cabeceo, perjudica la calidad de la recepción. Como regla general, tiene que estar a una altura superior a los 2 metros e inferior a los 6. Hay que prestar atención y no colocar la antena del radar al lado de la del GPS.

Las antenas de radar y de comunicaciones ya no son exclusivas de los grandes barcos de lujo. La miniaturización de los instrumentos y el descenso de los precios las hacen normales en veleros de 15 metros o menos que tengan un programa de navegación de altura.

CAPÍTULO 6 - HACER ANDAR EL BARCO

CAPÍTULO 6

LAS BASES DEL REGLAJE

6.1. VELOCIDAD Y COMODIDAD NO SON CONTRADICTORIAS

A no ser que se quieran establecer récords en materia de capturas de pesca -¡a los peces no les gustan los barcos demasiado rápidos!- el objetivo es generalmente el mismo para todos los cruceristas: hallar el reglaje que permita el mejor compromiso entre velocidad, estabilidad de rumbo y comodidad. Esto se consigue jugando con la potencia de las velas (que depende de su superficie, pero también del mayor o menor embolsamiento) y su orientación, además del reparto de pesos, determinante sobre el asiento longitudinal y transversal. La forma de llevar la caña también puede marcar la diferencia entre un velero sin rumbo fijo y otro que parece navegar sobre raíles.

Los principios esenciales

Se resumen en pocas palabras. Como regla general, hay que amollar las escotas tanto como se pueda, sin que las velas flameen (cuanto más abierta está la vela, más se acerca la orientación de su fuerza de propulsión al eje del barco, y por tanto, mejor es su rendimiento; la apertura de la vela favorece además un buen deslizamiento de los flujos de aire sin turbulencias). Si se tienen dudas sobre la forma que se debe dar a la vela, hay menos posibilidades de equi-

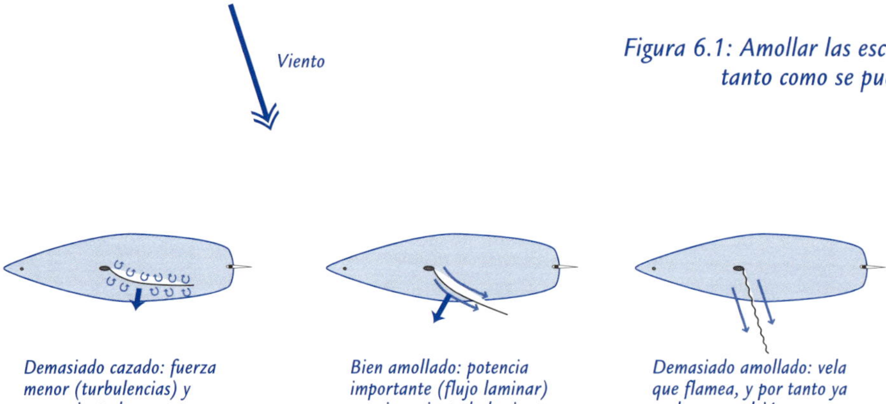

Figura 6.1: Amollar las escotas tanto como se pueda.

Demasiado cazado: fuerza menor (turbulencias) y peor orientada.

Bien amollado: potencia importante (flujo laminar) y mejor orientada hacia delante.

Demasiado amollado: vela que flamea, y por tanto ya no hay propulsión.

vocarse si se la deja «respirar»; esto significa desconfiar de las salidas demasiado rígidas y de las velas demasiado aplanadas cuando la fuerza del viento no lo justifica. ¡No es posible la propulsión sin embolsamiento y sin una buena circulación el aire!

En cuanto al asiento, hay que limitar la escora (excepto con poco viento) y evitar las posiciones extremas (barco clavado de proa o claramente «asentado» sobre la popa), excepto en condiciones muy particulares.

La calidad de las velas

Paradójicamente, las velas son el pariente pobre en la compra de un barco nuevo. Para la mayoría de usuarios, el presupuesto consagrado a las velas está claramente por debajo del que prevén para la electrónica o los accesorios de confort. En términos de eficacia y de disfrute de la navegación, la diferencia entre un buen juego de velas y el que por lo general se suministra como estándar, de gama baja, es considerable.

Una vela cuidadosamente cortada y conjuntada en un dacron de muy buena calidad (o mejor aún: un sándwich con corte orientado) aporta no sólo una mayor durabilidad, sino también una estabilidad incomparable cuando sube el viento. Allí donde una vela mediocre se deforma y se convierte en una bolsa que hace escorar el barco sin desprender fuerza de propulsión, la vela buena mantiene estables la forma y las prestaciones. Esto para no hablar de la importancia de los acabados sólidos, de la presencia de una tercera banda de rizos (raramente vista en las velas de gama baja) y de la calidad de los accesorios (sables y patines). Estos últimos son determinantes tanto por su necesaria resistencia como por su calidad al deslizarse sobre el raíl o la garganta del mástil. El problema es especialmente crucial en las mayores de sables forzados y balumas con un gran alunamiento propias de numerosos catamaranes: el peso del conjunto y los inconvenientes son tales que la menor maniobra se convierte en un calvario si no se dispone de un buen raíl con patines de rodamientos.

En cuanto a las posibilidades técnicas, conviene saber que las ventajas de una mayor con sables forzados en un monocasco de crucero son sobre todo una menor fatiga del tejido (la vela no flamea), una mayor facilidad para arriar (con los lazy-jacks o con una bolsa de botavara, la vela se dobla sola en su sitio) y eventualmente un incremento de la superficie cuando la posición del back-estay lo permite. Si los regatistas normalmente utilizan mayores con relinga textil, a los cruceristas les conviene optar por el sistema de patines (que evita ver cómo la vela sale «en bandera» en el caso de una maniobra mal controlada).

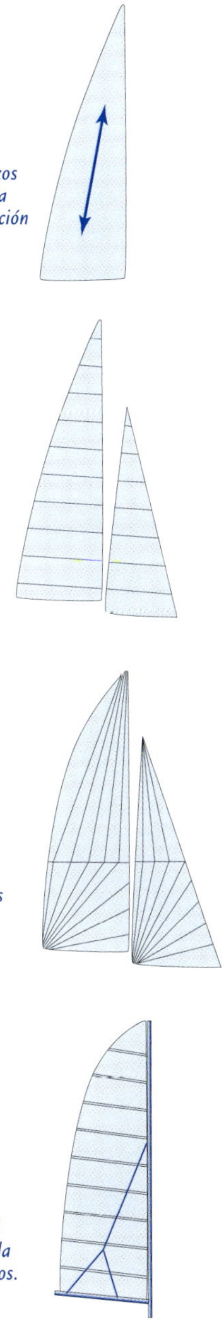

La mayoría de los esfuerzos sobre el tejido de una vela se ejercen en una orientación básicamente paralela a la baluma.

El corte horizontal (el más habitual en dacron) intenta limitar la deformación de la baluma colocando los paños perpendiculares a ella.

El corte birradial (y aún más el corte trirradial, más utilizado por los regatistas) tiene aún más en cuenta los distintos esfuerzos.

La mayor con sables forzados, mucho alunamiento y lazy-jacks para facilitar el aferramiento es habitual en los catamaranes y cada vez más en los monocascos.

Figura 6.2: El corte de las velas.

Llevar la vela adecuada

¿Todo arriba o no? Es la primera pregunta que se plantea, incluso antes de abordar cualquier noción de reglaje. La respuesta es automática con poco viento, pero es menos clara con un viento establecido; sobre todo cuando aún estamos en el fondeadero y no podemos decidir en función del viento que hace en realidad.

La respuesta depende tanto del tipo de barco como del estilo de navegación que queramos adoptar. Por lo general se corre más llevando más vela, pero a costa de un aumento de la escora, del esfuerzo y del estrés. Los veleros de regata a menudo conservan la mayor entera hasta fuerza 5. Esto no les supone ningún problema, porque a bordo todo está previsto para que el barco lo pueda aguantar: el aparejo y el acastillaje están previstos para disminuir la potencia según se requiera, el peso de la tripulación se usa haciendo banda, los tripulantes están preparados a abrir la vela en cada racha, el timonel está absolutamente concentrado... Todo un conjunto de cosas poco compatibles con la forma de funcionamiento usual de un crucero, sobre todo con tripulación reducida.

¿La velocidad siempre es proporcional a la cantidad de vela? Sí, con poco viento. Después, se pueden considerar globalmente tres niveles de adaptación para una fuerza determinada, en ceñida y al largo. Un velero «demasiado prudente» y por tanto poco escorado (unos 10°) irá casi siempre menos rápido que otro «cargado», que, a costa de 5 o 10° de escora suplementaria, alarga un poco la estela. Pero esto ya no es verdad si se llega a tal exceso de vela que la escora es demasiado pronunciada (25-30° o más), hasta el punto de que el barco es difícil de llevar, sufre un abatimiento mayor y en definitiva corre menos.

La fórmula ideal para un crucero se sitúa en algún punto entre la primera opción y la segunda; si reducimos demasiado, corremos el riesgo de encontrarnos a bordo de un barco que no sólo será lento, sino también desagradable e incluso peligroso. Poca velocidad significa al

Ir un poco corto de trapo con mar plana apenas tiene consecuencias, pues el barco necesita menos potencia para progresar que con olas.

mismo tiempo más abatimiento, menos reacción a la caña y, por tanto, peor posicionamiento respecto de las olas, y viradas más difíciles, incluso imposibles. Esto es aún más cierto en el caso de los multicascos. Además, el efecto «corcho» de un barco excesivamente corto de trapo balanceándose sobre las olas no tiene nada de agradable para los estómagos sensibles.

Para diagnosticar la necesidad de incrementar el trapo, en ceñida o al través, hay un indicio sencillo: si con viento estable el barco se pone plano o contraescorado, es señal de que hay que izar más vela.

Con portante, el componente lateral que determina la escora es marginal y nada impide en teoría que aguantemos todo el trapo arriba con viento duro. ¡Excepto la prudencia, la preocupación por preservar el barco y la tranquilidad de la tripulación! Con tanto trapo, es imposible dar media vuelta rápidamente en caso de necesidad para salir de ceñida, y las consecuencias de una guiñada o de una torpeza pueden ser desastrosas para el material (sin hablar de los riesgos de heridas o de caídas).

El umbral de reducción

Según las características del velero (sobre todo peso y forma de lastre, y manga), la fuerza del viento a partir de la que se impone la reducción de velamen puede variar entre 10 y 22 nudos; es decir, entre la banda alta de fuerza 3 y el inicio de fuerza 6. La banda baja de esta escala afecta por lo general a veleros mediocres (del tipo pesca-paseo) o, en el extremo opuesto, a rápidas máquinas de lago sobreveladas. Para un monocasco de crucero moderno, la cuestión de la reducción se suele plantear con toda su agudeza entre 15 y 18 nudos. En un buen catamarán de crucero, pocas veces conviene reducir por debajo de los 20 nudos de viento. Los trimaranes son por lo general más sensibles y el aumento de la resistencia en el flotador de sotavento incita a reducir trapo en cuanto se alcanza el tope de fuerza 4.

La experiencia de un barco es determinante para acertar en las decisiones. No hay que dudar en anotar, cada vez que sea posible, las relaciones entre fuerza de viento y configuración vélica, y comparar las velocidades y comportamientos obtenidos con las distintas opciones.

Al contrario de lo que muchos piensan, es al través (más exactamente, entre el descuartelar y el través) y no en ceñida cuando es más imperiosa la reducción al aumentar el viento. En ceñida el caña puede trabajar en finura, dejando el velamen en el eje del viento cuando cargan las rachas, algo que es difícil de hacer eficazmente cuando se va más arribado.

Los controles de la mayor

Al menos cuatro reglajes permiten jugar con la mayor: driza, pajarín, escota y contra. Cada uno tiene un rol particular.

- La driza permite modular la tensión del grátil y por tanto jugar con la importancia de la bolsa y su posición. Con una tensión mínima con poco viento (dejando incluso que aparezcan pequeñas arrugas horizontales a lo largo del grátil), se consigue el máximo embolsamiento y por tanto

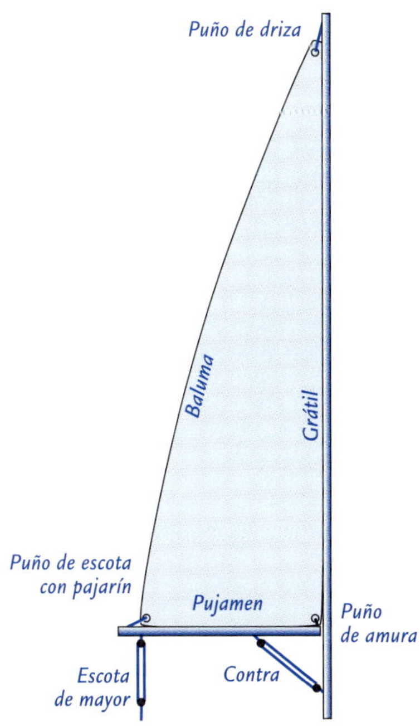

Figura 6.3: Los principales «controles» de la mayor.

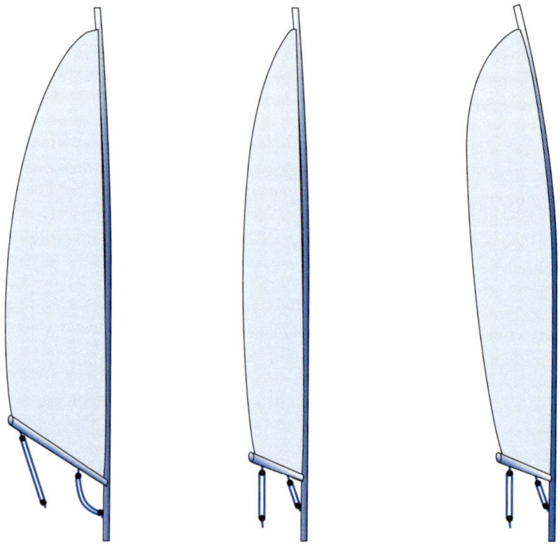

Figura 6.4: Los medios para jugar con la baluma.

la mayor potencia posible. A medida que sube el viento, cazaremos driza para reabsorber progresivamente esta bolsa e impedir que se desplace a popa (algo que la deformación del tejido por el efecto del viento sostenido tiene tendencia a provocar). Para ser eficaz, la mayor parte de la bolsa debe estar situada en el tercio de proa de la vela (cerca del grátil).

Un buen reglaje de esta tensión sólo se puede conseguir con una driza de calidad que garantice poco estiramiento (cabos preestirados de poliéster, o mejor, cabos de gama alta de fibras específicas tipo Dyneema). Con un cabo mediocre, demasiado elástico, habrá que rehacer constantemente los reglajes, sin llegar nunca a un resultado satisfactorio.

- El reglaje del pujamen influye básicamente en la bolsa de la parte inferior de la vela. Al tensionarlo, permite aplanar más o menos el perfil de esta zona. Con poco viento, hay que amollar, pero sin exceso: una vez la bolsa ha adquirido todo su volumen, no sirve de nada multiplicar las arrugas verticales a lo largo de la botavara.
- La escota de la mayor sirve sobre todo para determinar el ángulo de apertura de la botavara. En ceñida, cuando está bajo mucha tensión, también influye en la tensión de la baluma.
- La contra de la botavara permite mantener la baluma bajo tensión (impidiendo que la botavara suba) cuando se amolla escota, que ya no puede controlar suficientemente la baluma.

Puede haber otros controles, en función del acastillaje del barco.

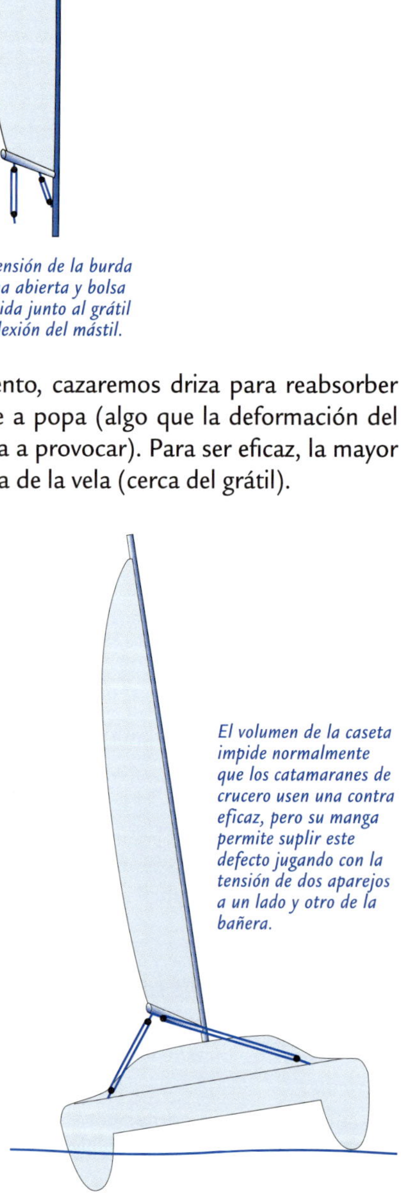

Figura 6.5: Una escota de mayor doble en los catamaranes.

• Una barra de escota permite distintas combinaciones, más precisas y más variadas, de la apertura de la vela y de la forma de la baluma. Sobre todo permite cambiar el ángulo de apertura de la botavara a voluntad sin tocar la escota, y por tanto sin afectar a la tensión de la baluma.

• Un sistema eficaz de reglaje del back-estay (aparejo con o sin manivela, en los barcos pequeños; tensor con volante, o gato hidráulico en los grandes) permite actuar sobre la mayor al combar el mástil. Esta acción reabsorbe la bolsa debida a la curvatura del grátil y abre la baluma; tiene un efecto mayor en un aparejo fraccionado, pues la parte alta del palo está más libre.

La disposición de los obenques y el reglaje permanente que se da al conjunto del aparejo también influyen en la forma de la mayor y en sus posibilidades de adaptación.

Si se mantiene el mismo punto de tiro de la escota cuando se enrolla el génova, el reglaje será horrible. Hay que conseguir adelantarlo.

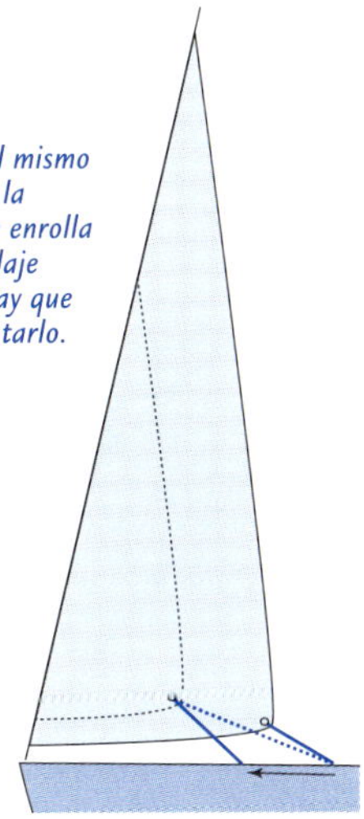

Figura 6.6: Adelantamiento del punto de tiro cuando se enrolla.

Los controles del génova

Al no tener botavara, el génova es una vela más «volátil» en la que todo intento de apertura se traducirá simultáneamente en una modificación del perfil.

• La tensión de la driza sigue siendo, como en la mayor, el factor esencial de potencia. Por desgracia, no se puede contar mucho con este control en los barcos provistos de enrollador –muy mayoritarios en nuestros días–, pues la tensión está fijada de antemano y no siempre

El perfil general del génova es bueno en ceñida, pero al no poderse desplazar bastante el punto de tiro a sotavento, el control de la apertura es cada vez peor cuando se amolla. Lo ideal sería tener un outrigger (estructura que sale del casco) o volver al viejo foque con botavara o al balestrón.

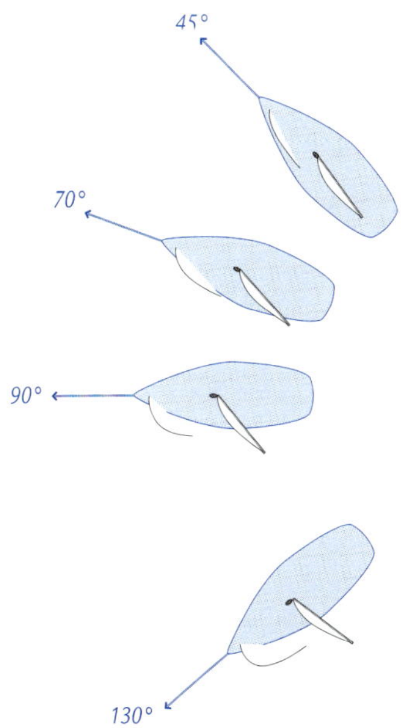

Figura 6.8: Apertura según los rumbos.

Figura 6.7: Tensión del estay.

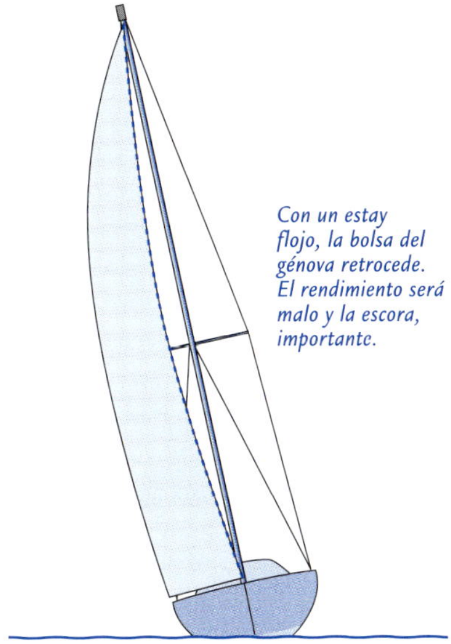

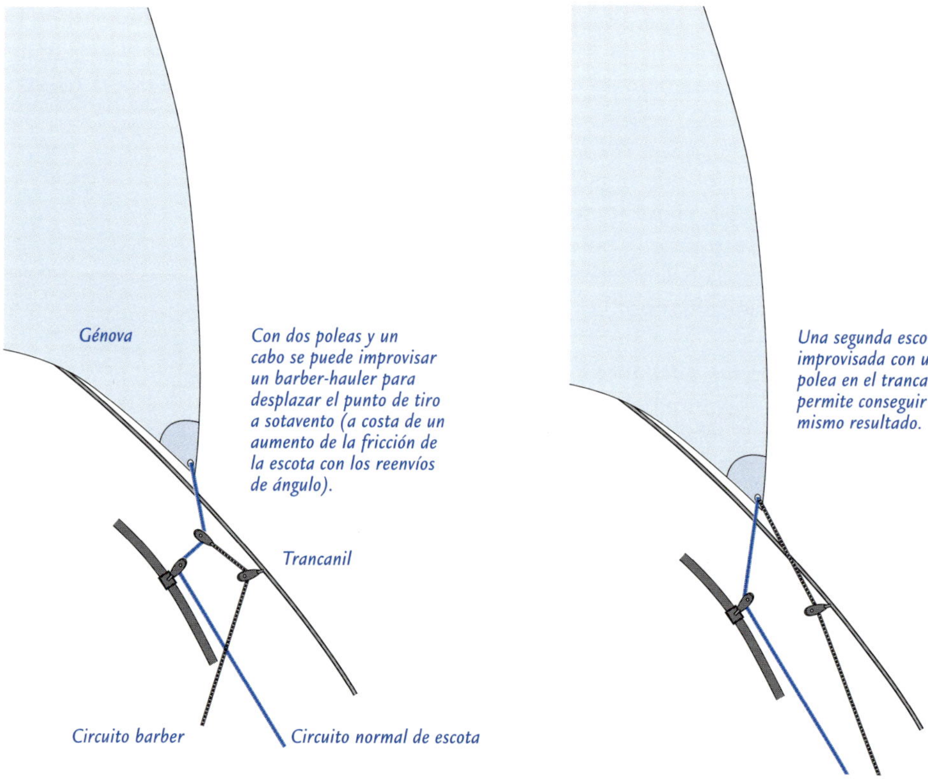

Figura 6.9: Un barber para una mejor apertura del génova al largo.

es fácil cambiarla. Para tener un génova enrollable eficaz, lo mejor es optar por una tensión media: tejido del grátil bien estirado, pero no hasta el punto de que genere pliegues paralelos al tubo del enrollador. De esta forma la vela conservará una potencia «honrosa» con viento flojo y será posible enrollarla con facilidad. Pero no esperemos milagros; un génova enrollable será siempre una vela de viento flojo mediocre tanto por su superficie reducida como por su escaso embolsamiento.

- La escota permite, en ceñida, aplanar más o menos la vela modulando el ángulo de apertura. En cuanto se amolla claramente, el perfil se embolsa mucho más de lo que se abre.
- Un raíl de escota en cada borda es indispensable para adaptar el ángulo de tiro a las variaciones de la fuerza del viento. Es la única forma de dosificar la tensión de la baluma como se quiere. Esto es aún más cierto con un génova enrollable, que exige un raíl que se prolongue hacia proa para responder a los cambios de triangulación unidos al enrollamiento.

La única forma de mantener el control del perfil al abrir la vela es disponer de un medio para desplazar el punto de tiro hacia sotavento. En los veleros de regata, a veces hay incluso varios raíles en cada borda. En un crucero, se puede utilizar un barber, es decir, un sistema de poleas más o menos complejo para desplazar la tensión de la escota tanto como se puede hacia el exterior.

La tensión del back-estay también tiene aquí una función, al hacer que el estay esté más o menos recto y por tanto influye en la forma del borde de ataque del génova (y de paso en el reparto de la bolsa en el plano vertical).

La calidad de las velas de este First 31.7 permite un rendimiento óptimo: balumas casi paralelas, mayor muy abierta teniendo en cuenta las olas y posición de la caña que da fe de un barco equilibrado.

> *Hay un defecto habitual en los barcos de crucero: el viento rola a favor, se amollan escotas y se olvida de aguantar la baluma de la vela de proa. No hay que dudar en colocar "short-sheets", escotas exteriores en el trancanil, lo que permite tener una buena tensión de baluma. La vela está menos retorcida en su parte superior, se consigue un plano vélico más estable y se va más rápido. Además, la vela se estropea menos.*
>
> ***Gilles Chiorri***

LA CEÑIDA

6.2. ENCONTRAR LA BUENA RELACIÓN RUMBO/ VELOCIDAD

Los primeros reglajes en ceñida

Empecemos por condiciones «fáciles», con un cómodo viento medio (fuerza 3 o banda baja de fuerza 4), con todo el trapo arriba. La aproximación más sencilla consiste en regular primero a ojo; es decir, que se caza primero el génova y después la mayor, y se considera normal que la parte de ésta situada inmediatamente a popa del mástil tenga tendencia a «deshincharse». Después, se observa. Hay que considerar simultáneamente varios criterios para apreciar la conveniencia de estos primeros reglajes.

- ¿El rumbo y la velocidad son satisfactorios?
- ¿La escora no es excesiva?
- ¿La caña está bien equilibrada?

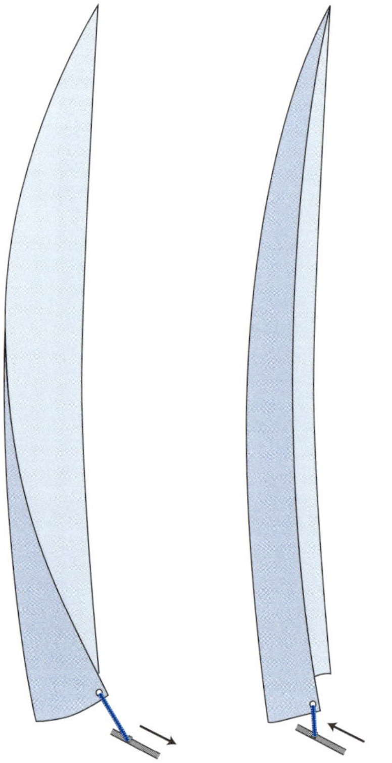

Figura 6.10: Jugar con la tensión de la baluma del génova.

Los dos primeros elementos no son fáciles de apreciar sin referencias concretas. Las otras dos se manifiestan de forma tan molesta que, si no funcionan correctamente, no hay peligro de que las olvidemos sin darles una respuesta, sobre todo porque suelen aparecer juntas, ya que la escora incrementa la inestabilidad de rumbo y hace que el barco sea ardiente.

Si la escora es importante (20° y más) se presentan dos casos típicos:

1. El barco está equilibrado a la caña y anda bien, con un rendimiento cercano a su velocidad «prevista» pronosticada por las polares y un rumbo magnífico (es decir, un buen ángulo de remontada contra el viento). Si navegar tan escorado no molesta a la tripulación, no hay por qué replanteárselo todo.

2. El barco es demasiado ardiente, difícil de controlar con la caña, incluso si no se llenan totalmente las velas. En cuando se arriba un poco para llenar las velas, la escora se acentúa y el barco no hace caso de la caña y quiere irse orzada. En este caso, hay que reducir la potencia de las velas.

Ante todo, hay que eliminar los signos visuales evidentes del desajuste, como un grátil «blando» entre los patines, con deformaciones horribles (y por tanto hay que cazar driza) y arrugas verticales sobre la botavara con un aspecto de «saco» (y para solucionarlo hay que cazar el pajarín). Este primer tratamiento puede mejorar la situación.

Si esto no basta, la escora sigue siendo importante y el barco demasiado ardiente, hay que dar los siguientes pasos, por este orden:

1. Tensar el estay, cazando back-estay. Este reglaje sólo es eficaz si los obenques intermedios están bien tensados. De lo contrario, la cabeza del palo desciende a medida que el perfil se comba, de manera que la tensión del estay no mejora gran cosa.

2. Verificar que hay suficiente tensión en la escota del génova (cuando refresca el viento, no hay nada peor que un génova poco cazado para cargar el barco) y que la baluma no está demasiado tensionada en comparación con el pujamen; esto incrementa la bolsa y cierra la baluma, e impide de esta forma que el viento escape correctamente. Si éste fuera el caso, hay que retrasar el punto de tiro de la escota para abrir la baluma y aliviar así el barco. Cuidado con los excesos: una baluma demasiado abierta flameará (hace ruido, es poco eficaz, gasta la vela y el único remedio -cazar el nervio de la baluma- es poco satisfactoria en ceñida) y no permitirá ceñir mucho.

3. Disminuir más la potencia de la mayor cazando más driza y pajarín. Excepto en el caso de disponer de un aparejo superpotente, este tipo de reglaje se hace más fácilmente amollando, durante la maniobra, escota y contra de mayor. Cuando terminamos de tensar, es normal la presencia de arrugas verticales a lo largo del grátil: con viento sostenido, desaparecerán en cuanto se cace la vela.

4. Cuando el plano vélico se presta a ello (aparejo fraccionado y, en menor medida, aparejo a tope de palo con un mástil flexible), se puede jugar con el back-estay. Esto consigue reabsorber la bolsa y abrir la baluma –sobre todo en su parte superior– y liberar así la sobrecarga de potencia. Esta medida se hace necesariamente para mantenerla un buen rato en el caso de un aparejo a tope de palo (y en todo barco que sólo disponga de un tensor con volante para modificar la tensión del back-estay). Por el contrario, puede ser una adaptación puntual y casi instantánea a las variaciones del viento con un aparejo fraccionado provisto de un sistema de regulación del back-estay suficientemente potente y funcional. El timonel, o mejor un tripulante, caza el back-estay en las rachas y lo amolla, para dar potencia, cuando baja el viento.

Hay que asimilar bien las interacciones de semejante reglaje: al cazar el back-estay, simultáneamente se hace bajar un poco el extremo de la botavara; lo que se traduce por una disminución de la tensión de la escota y por tanto una apertura del conjunto del plano vélico. Si se quiere continuar haciendo mucha proa, habrá que retomar algunos centímetros de escota de mayor cada vez que se caza el back-estay.

Hay que usar también con prudencia los puntos 3 y 4. Al cazar fuerte el back-estay con unas velas ya muy tensionadas en el grátil y el pujamen, nos encontraremos con una verdadera tabla, que permitirá navegar eficazmente en finura con viento fuerte, pero que será poco tolerante y despistará a un timonel poco experimentado. A determinado nivel, la adaptación de estos reglajes puede no bastar: habrá que decidirse a reducir trapo (toma de rizos, enrollamiento o cambio de génova).

► *Equilibrar la caña*

Si la potencia de las velas parece ser la adecuada a las condiciones reinantes pero el barco sigue desequilibrado a la caña, habrá que afinar más la potencia y la apertura de cada vela, partiendo del principio de que la mayor hace orzar y la vela de proa, arribar. Al disminuir la superficie de la mayor, o al abrirla más, disminuiremos por tanto la tendencia a orzar. Pero esto no siempre es tan fácil como parece. Si llevamos un génova demasiado grande para el viento actual, hay que suponer que este exceso hace escorar el barco y que la tendencia a orzar provocada por esta escora es mayor que la tendencia a arribar debida a la posición adelantada del centro de esta vela.

Se suele considerar que el reglaje es bueno cuando el barco es ligeramente ardiente. Basta entonces, cuando estamos sentados a barlovento, con tirar de vez en cuando de la caña para mantener un rumbo óptimo. Esta tendencia no sólo es más eficaz (el barco intenta por sí mismo remontar al viento, pero sin exceso), sino también más agradable para el timonel, pues el movimiento de tracción es más natural y fácil que el de empuje. Por el contrario, un barco blando (que siempre tiende a arribar) será incómodo de llevar y difícilmente ceñirá bien; habrá que incrementar inmediatamente el peso de la mayor, cazándola, embolsándola, incluso soltando un rizo si lo llevamos puesto.

► *Navegar de ceñida con poco viento*

Al menos, aquí no se plantea la elección de velas. Se pone lo más grande que se tiene y se evita tensar demasiado los «controles» para dejar las velas embolsadas.

Hay dos posibilidades de reglajes, con o sin olas. En el primer caso, hay que tener toda la potencia posible (y por tanto bolsa) para pasar con fuerza el obstáculo. También es necesario que las velas puedan respirar (y por tanto balumas un poco abiertas) para que los movimientos parásitos de cabeceo no perturben excesivamente el flujo del aire. Se navegará por tanto con un génova con la driza no demasiado tensada y el carro en una posición media para que la baluma no cierre. En cuanto a la mayor, poca tensión en el pajarín y la driza. Si tenemos

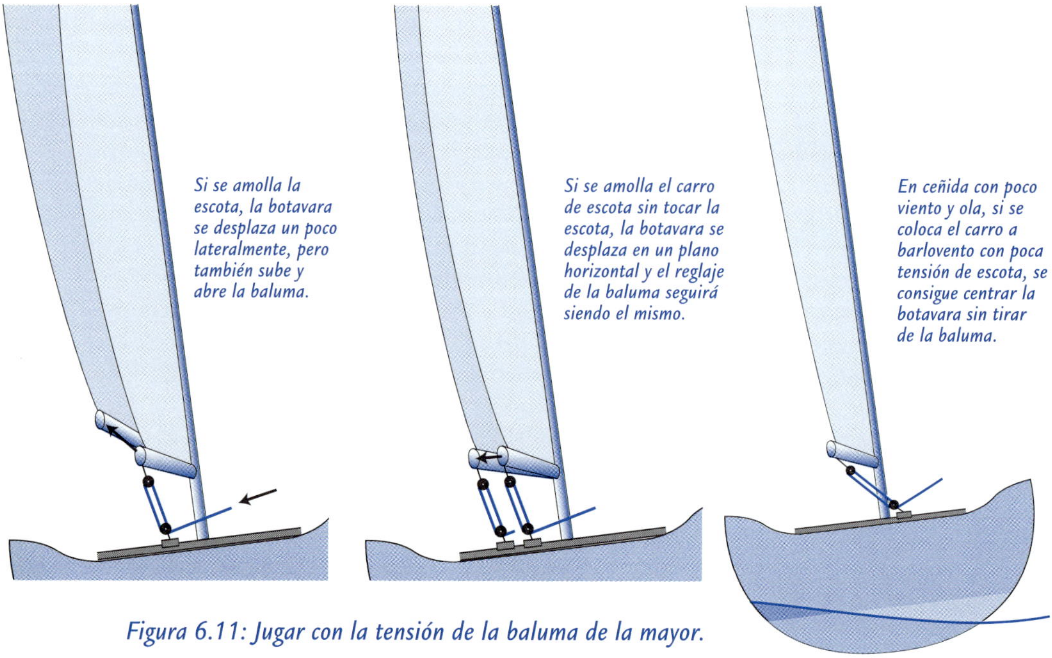

Figura 6.11: Jugar con la tensión de la baluma de la mayor.

barra de escota, será preferible colocar el carro un poco a barlovento, lo que nos permitirá que la botavara esté cerca del eje del barco con poca tensión de escota, y esto facilitará la torsión (o *twist*) al dejar subir la botavara. Si no tenemos barra de escota, siempre podemos colocar una pequeña retenida en un punto fijo a barlovento para centrar mejor la botavara; pero con cuidado, porque si tensamos demasiado corremos el riesgo de que sea un freno. La torsión garantiza un buen flujo sin perjudicar el rumbo, pues el viento rola en lo alto de la vela. Cuando casi no sopla ni gota de viento, incluso podemos usar el amantillo para aguantar la botavara y evitar que su peso haga cerrar la baluma.

Para comprobar el efecto de estos reglajes, lo mejor es echar un vistazo desde popa de la bañera, exactamente en el eje de crujía. Entonces estamos perfectamente situados para apreciar la torsión, verificar que la vela no cierra demasiado, o que la botavara no queda a barlovento.

El mismo principio de la torsión puede aplicarse al génova. Si no nos gusta el punto de tiro, podemos improvisar un sistema de barber, con o sin polea, para desplazarlo, manteniendo una débil tensión de escota y por tanto una baluma abierta.

En un agua absolutamente plana, los conceptos de potencia y tolerancia del perfil son menos cruciales. Se puede entonces optar por orzar más con velas más aplanadas (con un poco más de tensión por todas partes) y con balumas más rectas.

► *Seguir los catavientos*

Los mejores aliados del caña, tanto en ceñida como en través, son los catavientos, es decir, dos hebras de lana pegadas una encima de otra -cada una en una cara de la vela- a lo largo del grátil del génova, con adhesivo. Si la hebra de barlovento duda entre permanecer horizontal o levantarse un poco en diagonal y la de sotavento se mantiene completamente horizontal, perfecto: el ángulo de remontada al viento es óptimo respecto de los reglajes de este momento.

La colocación de dos catavientos (uno a estribor, otro a babor) a lo largo del grátil de génova es fácil e indispensable. Los discos oscuros sirven aquí de referencia al enrollar.

Si la cinta de barlovento se despega claramente, el ángulo de incidencia es demasiado débil, por lo que hay que arribar para no perder velocidad.

Si la cinta de sotavento sufre turbulencias, es señal de que el ángulo de incidencia es demasiado grande; hay que orzar para restablecer la buena circulación de aire.

Al través, el funcionamiento es el mismo, con la diferencia de que es el tripulante encargado del génova quien debe preocuparse de los catavientos (amollando cuando la lana de sotavento se despega, cazando en caso contrario), mientras el timonel sigue a priori un rumbo estable.

La instalación de los catavientos no es fácil en los génovas enrollables de alto gramaje, pues la falta de transparencia del tejido impide ver el cataviento de sotavento; la única solución eficaz es colocar una pequeña ventana de monofilm sobre la que se fijan los catavientos. Los perfeccionistas pueden colocar catavientos a diferentes alturas a lo largo del grátil, a fin de controlar los efectos de la torsión.

Con mucha humedad, hay que tener en cuenta que la lana tiene tendencia a pegarse al tejido, por lo que es conveniente sacudir un poco el grátil de vez en cuando para despegar los catavientos.

Figura 6.12: Mantener el mejor rumbo con catavientos.

Los antiguos catavientos colocados en los obenques son, evidentemente, menos exactos, pero siguen siendo prácticos para no perder el «norte» con vientos flojos rolones. También una buena veleta en la perilla del mástil es una referencia práctica. Los incondicionales de la electrónica pueden llevar la caña siguiendo el indicador del ángulo de viento. Esta alternativa es especialmente interesante de noche, cuando las velas son poco visibles.

► *Memorizar los reglajes*

Se puede perder mucho tiempo reinventándose cada vez la tensión adecuada de la escota o la posición del carro apropiada. Para evitar los tanteos, hay que anotar metódicamente referencias para los reglajes que se consideran satisfactorios (cuando la corredera o las sensaciones indican que el rendimiento es el mejor posible en estas condiciones). Todas las referencias son útiles: distancia de la baluma del génova al obenque, posición del carro de escota y del pujamen respecto de los pasamanos, marcas de color en las drizas y los distintos cabos... Para facilitar la visualización, los regatistas colocan, con rotulador o cinta adhesiva, graduaciones cifradas en numerosos sitios (sobre todo en la botavara y en los raíles). Anotarlo todo en el cuaderno de bitácora o sobre un soporte fácilmente accesible -en forma de escala Beaufort comentada- permite reglar con exactitud sin complicarse la vida, incluido el enrollamiento del génova o la toma de rizos.

El único límite del sistema es que la validez de las tensiones evoluciona con el envejecimiento de las velas. El desarrollo de la foto digital ha permitido a los perfeccionistas pasárselo en grande confeccionando, con poco dinero, verdaderos manuales de instrucciones ilustrados, con fotos de la forma de la vela y vistas de detalles de los reglajes en función del tiempo.

► *Ceñir con viento fresco*

¿Qué diferencia un viento medio de un viento frescachón? Simplemente la necesidad de reducir trapo. En términos generales, corresponde al momento en que la navegación deja de ser ociosa y pasa a ser mojada y deportiva. Este concepto de viento frescachón fluctuará por tanto según el tamaño del barco y sus cualidades marineras.

Los dos «indicadores» que hay que vigilar para ceñir bien con un viento sostenido son la escora y el equilibrio a la caña. Si sobrepasamos a menudo los 20° de escora, hay que actuar para que el barco sea más eficaz (el abatimiento aumenta con la escora) y agradable: por tanto, hay que reducir trapo.

Cuando la caña es demasiado dura, también hay que reducir trapo (o modificar los reglajes para «borrar» más la mayor) si el barco es demasiado ardiente, o por el contrario dar más potencia a la mayor, incluso izar más vela, si es blando.

En crucero lo mejor es un velamen que permita mantener una escora razonable (en torno a los 15°) sin tener que adoptar posturas acrobáticas en cada racha. Esto se traduce en una superficie vélica ligeramente inferior a lo que en teoría podría llevarse, ¡pero no menos! Porque un barco claramente subvelado puede ser horrible. Su lentitud no sólo aumentará considerablemente el tiempo del recorrido, sino que hará que las evoluciones sean incómodas. Sin velocidad, el barco responde mal a la caña y por tanto es difícil orientarlo correctamente respecto de las olas. Y su escasa escora no le impide abatir mucho, porque hace falta velocidad para que el plano antideriva sea eficaz.

Con viento frescachón, en materia de rumbo-velocidad todas las opciones son posibles, pues sólo cuenta el resultado: la ganancia real de barlovento. El estado de la mar es un elemento que penaliza, por lo que a menudo vale la pena conservar una buena velocidad. Esto depende también de las velas. Si llevamos demasiado trapo, navegar en finura cerca del eje

La estabilidad del catamarán le permite mantener todo el trapo arriba en ceñida hasta los 20 nudos de viento, incluso más. La ausencia de escora impone fijarse un umbral de reducción razonable con el anemómetro, y respetarlo.

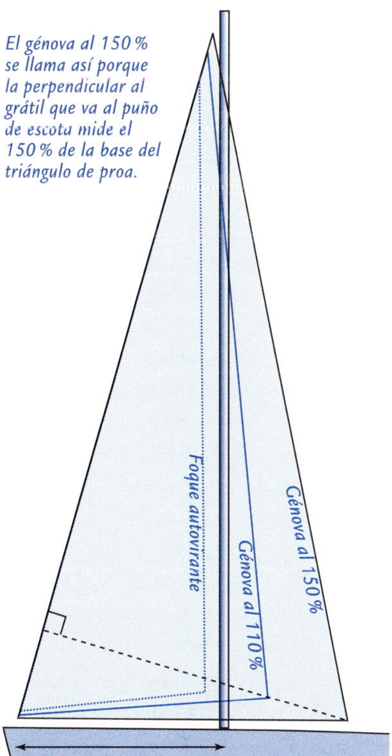

Figura 6.13: La elección de la vela de proa.

del viento es muchas veces una buena opción, siempre que el timonel esté bien concentrado; en cambio, un velero con poco trapo saldrá ganando si no mantiene un rumbo tan cerrado.

Queda una cuestión clave: ¿por dónde empezar a reducir? En un sloop de crucero moderno provisto de enrollador (aparejado a tope de palo o ligeramente fraccionado, con un génova cuya base supere el 110 % del triángulo de proa), lo más lógico es empezar por algunas vueltas al génova, manteniendo toda la mayor izada (y reduciendo su potencia a medida que se necesite). La ventaja de disminuir el génova es que alivia el barco (la mayor siempre es más fácil de abrir en las rachas), y a la vez facilita las maniobras, sobre todo las viradas. Si el viento sigue subiendo, pasaremos a la toma de rizos.

Con un 7/8 equipado con una vela de proa de escaso recubrimiento, se puede mantener este pequeño génova (sobre todo si es un foque autovirante) con más viento. Esto permite seguir aprovechándose de su perfil eficaz (esto, por desgracia, no sucede con una vela enrollada). La opción correcta es empezar entonces tomando un rizo, evitando aplanar demasiado la mayor para que conserve una forma eficaz:

una pequeña superficie con la bolsa que corresponde es siempre más tolerante y agradable que una mayor superficie plana como una tabla.

En un velero aparejado a la antigua usanza, con diversas velas de proa, la reducción empezará evidentemente por la proa, pues el génova grande suele ser de poco gramaje y no está previsto para aguantar un viento real que sobrepase los 15 nudos (a veces, menos).

El paso de las escotas

El circuito de las escotas para las distintas velas de proa debe ser asimilado antes de empezar a navegar. En la mayoría de los casos, la escota de génova pasa por el exterior de todos los obenques y por el interior de los pasamanos. Pero en algunos aparejos modernos, con génovas de escaso recubrimiento y obenques anclados en la borda, puede ser necesario pasarla entre dos obenques. Puede suceder también que el circuito ideal sea distinto según la vela esté enrollada o no, o en función de los cambios de génova. Todo esto hay que probarlo con tranquilidad en el puerto, aplicando la lógica para disminuir los roces.

AL TRAVÉS Y CON PORTANTES

6.3. PRIORIDAD AL CONTROL

El reglaje al través

Al arribar, la mayor sigue con facilidad; basta con amollar para abrirla tanto como se quiera (en principio, siempre al límite del flameo). La fuerza vélica se orienta entonces cada vez más en el sentido de la marcha y todo el mundo se alegra.

No sucede lo mismo con el génova, más difícil de controlar cuando no está cazado a tope. La acción de amollar se traduce aquí más en la transformación de la vela en un enorme saco que en la apertura del perfil. La única solución sería poder ir desplazando lateralmente el punto de tiro de la escota, pero los monocascos no facilitan en absoluto la labor, como consecuencia de su manga moderada.

Sin embargo, las cosas mejoran, entre el descuartelar y el largo, si se improvisa un punto de tiro desplazado. Basta con colocar una polea con un mosquetón en el trancanil (si es bastante resistente) o en un cáncamo previsto al efecto. Una pasteca permite pasar fácilmente la escota de una a otra posición, pero lo más sencillo es conformarse con una polea clásica y pasar por ella la contraescota (pasándola por el exterior de los pasamanos). Se dispone entonces simultáneamente de dos escotas operativas en cada borda, lo que permite una adaptación instantánea si el viento rola a popa o a proa (ver gráfico 6.9 en página 202).

Dado que al amollar el génova se sube el puño de escota y se abre excesivamente la baluma, también es interesante -tanto si se navega con una polea desplazada como si no - adelantar progresivamente el punto de tiro a medida que arribamos. Los cataviento --sobre todo si los hay en la parte superior de la vela- permiten controlar correctamente este fenómeno. El objetivo es que los catavientos de los diferentes niveles reaccionen de la misma forma. Cuando el caña mantiene su rumbo, si el cataviento de barlovento se despega, hay que cazar; si el cataviento de sotavento se mueve, hay que amollar.

En cuanto a la mayor, si la arribada consiste únicamente en colocarse al descuartelar, puede abrirse soltando la barra de escota hacia sotavento. Pero si se trata de arrumbar realmente a un través, habrá que jugar con la escota y por tanto asegurarse antes de que la contra está bien cazada, a fin de evitar que la baluma abra demasiado. Después, la adaptación a la fuerza del viento descansa sobre los mismos principios y tipos de reglaje que para la ceñida: abrir

Al largo hay que compensar entre potencia, que es un factor de velocidad (con los reglajes amollados para aumentar la bolsa y un aumento de la superficie vélica gracias al spi), y equilibrio, pues una escora excesiva puede causar problemas de control a la caña.

la mayor (con la escota y el back-estay) si el barco está sobrecargado, o incluso reducir trapo. La única diferencia con la ceñida es que a veces es preferible empezar a reducir trapo por la mayor, pues ésta tiene una excesiva tendencia a orzar en las rachas, incluso si se la amolla en banda (además, al través con olas, hay un riesgo real de meter la botavara en la mar en caso de fuerte escora y mayor completamente amollada).

Con muy poco viento (fuerza 2 o menos), es bueno saber que es alrededor de los 60° cuando el barco será menos agradable. Si nos ponemos claramente a ceñir, se anima gracias al incremento del viento aparente. A la inversa, si se dispone de un spi, se hará un rumbo más agradable alrededor de los 80° gracias al incremento de superficie vélica. Conclusión: hay que hacer proa o arribar claramente, pero sobre todo hay que evitar –si el rumbo lo permite– el largo «tonto», en especial cuando hay olas.

► *El reglaje con portante*

Llega un momento –a partir del viento de través– en que ya no es posible amollar para mantener un flujo laminar en las velas. Éstas trabajan entonces a empuje y el reglaje no es tan crucial para la progresión del barco. Pero influye de todas formas, no sólo en la velocidad, sino también en el equilibrio y el placer de llevar la caña.

Con viento flojo por la aleta, por ejemplo, hay mucha diferencia entre llevar unas velas aplanadas con reglajes demasiado cazados y otras en las que se han aflojado todos los controles. Las primeras parecen flotar en el aire sin coger viento, mientras las otras se hinchan ostensiblemente y sueltan una potencia perceptible; el barco se hace más vivo a la caña y reacciona cuando se caza o se amolla. Ventaja suplementaria: la mayor aguanta mejor en su sitio (mientras una mayor «tabla» no para de moverse de un lado a otro), y el barco parece mejor apoyado, lo que no es nada despreciable si hay ola. Así pues, no hay que olvidarse de soltar driza, pajarín y back-estay para devolver las formas al trapo cuando se pasa al portante. En teoría, también se puede hacer con un génova enrollable –así será más estable– pero falta que después podamos tensionarlo otra vez con facilidad. Siempre con poco viento, hay que evitar mantener la contra de la botavara demasiado cazada, porque impide que se pueda amollar correctamente la mayor.

Con viento sostenido, la diferencia es menos notable, pero siempre es más satisfactorio amollar un poco la driza y el pajarín, y colocar el mástil más recto. En cambio, cuanto más fuerte es el viento y más de popa se navega, más interesante es mantener tensión en la contra de la botavara. Al limitar la apertura de la baluma, se garantiza un buen apoyo lateral sobre la vela y se evita que el barco contraescore. De esta forma la caña es más fácil de llevar y el peligro de salir disparado involuntariamente en arribada (con la salvaje trasluchada incontrolada que esto supone) es menor con viento frescachón. A veces incluso vale la pena cazar un poco la mayor para aumentar el apoyo lateral y por tanto la estabilidad.

Los regatistas acostumbrados a navegar con spi con viento duro (en regata se iza con normalidad el spi con fuerza 8) dominan perfectamente los elementos que influyen en este apoyo lateral. En un bordo con viento fuerte por la aleta, a menudo se dedica un tripulante al reglaje de la contra. Cuando el caña nota que el barco se le va a escapar y va a salir disparado de orzada, el tripulante amolla en banda para abrir la mayor y disminuir la presión; y vuelve a cazar inmediatamente después para recuperar potencia y apoyo.

En un programa de crucero, muchas veces la cuestión es saber qué hacer con el génova entre el viento por la aleta y el viento en popa. Más allá de 160° del viento, está tapado por la mayor y sólo se hincha intermitentemente, sometiendo al aparejo y a la tripulación a sacudidas francamente desagradables. Pasarlo a orejas de burro, sin tangón, cazando simplemente la escota en la banda opuesta a la mayor sólo funciona de verdad con el viento en popa y además la estabilidad del conjunto es muy aleatoria. La única solución buena es atangonar el génova en el lado opuesto de la mayor, amollando la escota si queremos apartarnos del viento en popa; la angulación posible va del 180° al 165°, menos si se dispone de un tangón largo.

Por lo que respecta a la apertura de la botavara, no hay que dudar en forzarla al máximo con viento portante. Que la mayor se apoye en los obenques no tiene nada de raro; se trata sólo de protegerla (para los barcos que navegan mucho, refuerzos en el tejido y protecciones en los obenques y crucetas). En el caso de mayores con sables forzados hay que tener cuidado en no dejar que los sables se doblen alrededor de los obenques anclados muy a popa. En este caso, hay que resignarse a cazar un poco más de lo que indica el reglaje ideal (o a veces cazando la contra, pues al tensar la baluma, impide que los sables se enrollen alrededor del obenque).

Con viento fuerte en popa, la obsesión por la trasluchada involuntaria lleva a menudo a instalar una retenida de botavara, a fin de mantenerla en su lugar. Esta alternativa es cómoda en la medida que impide que la botavara se mueva hacia el eje de crujía a la primera contraescorada, pero no está exenta de riesgos. En caso de una fuerte guiñada seguida de una trasluchada, la cuestión puede acabarse de forma más peligrosa –con rotura de material incluida– que si no hubiera retenida. Los amantes de la tranquilidad saldrán ganando si instalan un buen freno de botavara, que permite ralentizar sus movimientos sin peligro de rotura.

A la tripulación, incómoda en estas condiciones, le conviene no flirtear con la falsa trasluchada (cuando se rebasa ligeramente el viento en popa y la mayor está por tanto del lado malo). Es más seguro y cómodo orzar 10 o 20° para hallar un rumbo más estable. La veleta en la perilla del mástil permite situarse correctamente respecto del viento en popa. Una veleta electrónica puede ser también una buena ayuda, incluso si el tiempo de respuesta en la pantalla sorprende a veces al caña poco acostumbrado a este instrumento.

¿Un aparejo más eficaz en portante?

Hay una respuesta a los problemas de vela desventada y de mala angulación del génova con rumbos portantes. Es el principio del balestrón, inspirado en los veleros de modelismo. El sistema sólo se puede usar para la vela de proa; se trata de una especie de foque con botavara cuyo punto de rotación está, no a proa del mástil, sino entre el medio y el tercio delantero. Ventaja del dispositivo: no sólo la apertura de la vela es siempre perfecta, de la ceñida al portante, sino que además una parte de la superficie vélica se traslada a barlovento del eje de crujía, y evita así las perturbaciones de la mayor. Una versión más completa, comercializada bajo el nombre de Aerorig, equipa ya algunos cruceros de serie, monocascos y multicascos. El balestrón consiste entonces en una especie de gran botavara, que se prolonga a proa del mástil, solidario de un mástil pivotante de carbono y sin obenques. El puño de amura del foque sin recubrimientos está en el extremo de proa del balestrón; y su puño de escota, justo delante del mástil. Excepto para afinar

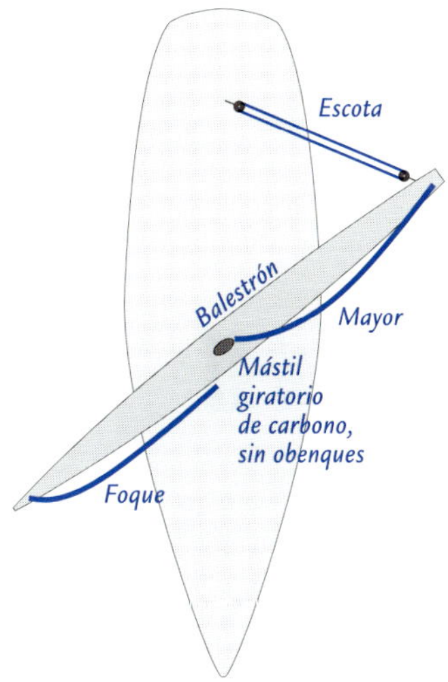

Figura 6.14: El principio del Aerorig.

Ventajas del Aerorig: ninguna necesidad de tocar la escota al virar, sólo una escota a regular si se cambia de rumbo, y una apertura óptima de la vela de proa al través y con viento portante.

el reglaje, el foque no se toca nunca; cuando se amolla la mayor al arribar, es todo el plano vélico el que gira, y el foque se abre basculando a barlovento. El rendimiento y la facilidad de maniobra son, en efecto, muy interesantes, pero hay que aceptar dos inconvenientes importantes: el sobrecoste apreciable del sistema y el hecho de que la cubierta de proa -susceptible de ser barrida por el balestrón- se convierte en un lugar peligroso.

Navegar con spi

Sin necesidad de buscar las fuertes sensaciones de la regata, el uso del spi está absolutamente indicado en crucero. Ante todo, porque puede hacer mucho más lúdica la navegación; su uso con poco viento basta para despertar el barco y, de paso, a la tripulación, al transformar con su sola aparición eficaz y colorista, una monótona progresión en una travesía alegre y rápida.

La mejora sobre el horario también es muy apreciable. Con poco viento, la velocidad prácticamente puede doblarse (y hacer olvidar el recurso al motor), y con viento sostenido la ganancia también es satisfactoria (del 30 al 50%).

La franja de uso depende del tipo de spi. Un spi convencional, con tangón, funciona correctamente de 120° a 180° del viento. Con poco viento, se puede llevar hasta el través, incluso un poco más allá. Por el contrario, cuanto más sube el viento, más hay que abrir el ángulo mínimo para facilitar su uso. Con fuerza 4-5, querer llevarlo a menos de 135° del viento puede ser algo francamente marchoso.

Ángulos aconsejados para un uso «tranquilo» con viento flojo a medio. Cuanto más sube el viento, menos habrá que aproximarse al través con el asimétrico.

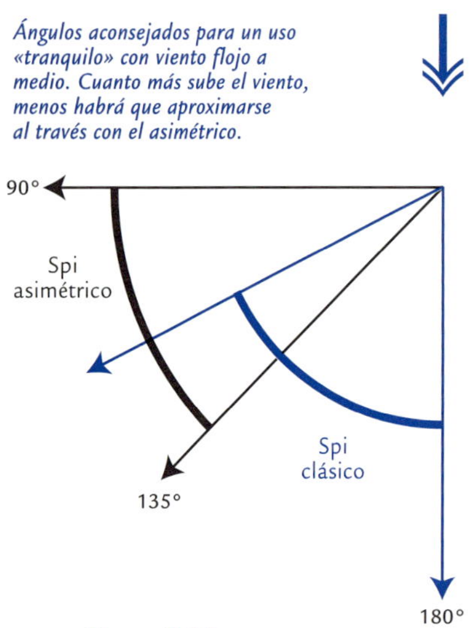

Figura 6.15:
Los márgenes de uso del spi en crucero.

Algo más fácil de usar gracias a la ausencia de tangón, el spi asimétrico permite orzar un poco más (hasta 70° con poco viento), pero no le gusta bajar más allá de la aleta; a partir de 135° (algo menos si el spi va amurado directamente a la proa), la vela queda tapada por la mayor, que la desventa, por lo que hay que hacer grandes bordadas con el viento por la aleta. Esto va bien si las polares del barco indican que la mejor progresión hacia sotavento es precisamente en este ángulo; pero es mucho menos interesante si se supone que el barco consigue su mejor rendimiento a 170° del viento.

Para una tripulación poco numerosa y no muy deportiva, el asimétrico tiene de todas formas una ventaja decisiva: lo sacaremos mucho más.

El reglaje de un spi clásico

La norma fundamental consiste en dosificar la tensión de la braza para que el tangón quede perpendicular a la dirección del viento aparente (un principio que evidentemente será imposible mantener cuando nos aproximamos al viento del través, y mucho menos más orzados de este rumbo). Contra y amantillo de tangón tienen que ser regulados para que el puño de amura y el de escota queden a la misma altura. En barcos de cierto tamaño, dos aros (o un raíl) en el palo permiten adaptar mejor la altura del tangón a las condiciones y a la forma del spi.

Como regla general, lo bajamos con poco viento para ayudar al spi a desplegar toda su superficie, y lo colocamos más arriba con viento medio. Con muy poco viento, hay que prever una escota fina (de diámetro reducido, sin mosquetón), pues el peso de la escota habitual puede impedir que la vela se hinche.

Después no queda más que jugar con la escota para que la vela esté siempre tan amollada como se pueda; es decir, hasta que se insinúe un pliegue en el grátil. Si la vela está llena, sin el menor dobladillo, no está bastante amollada y no desarrolla toda su potencia. Si el dobladillo es demasiado importante y la vela amenaza con doblarse completamente, hay que cazar o arribar un poco. En regata, uno o dos tripulantes se ocupan permanentemente de la escota. En crucero, seguramente la fijaremos en una cornamusa con un reglaje intermedio (un poquitín más cazada de la cuenta, para no tener que estar constantemente al acecho) y será el caña quien tendrá que arreglárselas arribando un poco cuando haga falta.

Cuando nos aproximamos a viento en popa, el spi puede deshincharse por su lado de sotavento, síntoma de que está demasiado cazado. Entonces hay que orzar, o amollar mucho la escota -cazando quizá la braza- para que el spi retome una forma conveniente al desplazarse lateralmente respecto de la mayor.

Puños de amura y de escota en el mismo plano horizontal.

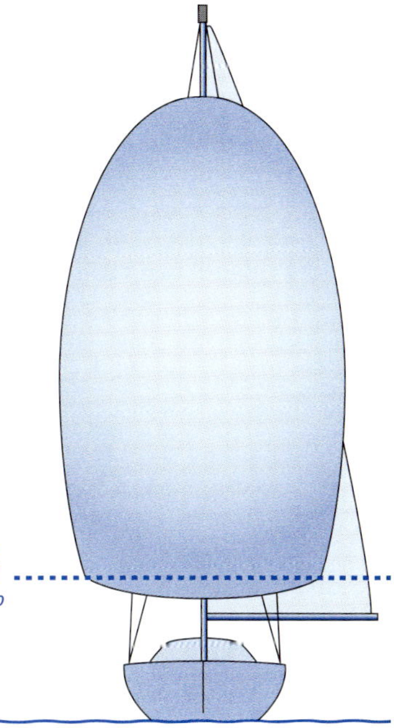

Figura 6.16: El buen reglaje de un spi simétrico.

El Mini 6,50 de la izquierda ha elegido un spi simétrico con instalación convencional del tangón en el palo; el de la derecha hace rumbo con un asimétrico amurado muy por delante de la proa con un botalón.

Navegar con el viento en popa es un juego de niños con fuerza 3 en una mar llana, con la braza del spi bien cazada a un lado (tangón perpendicular al eje de crujía y el puño de escota cerca del estay), y el barco plano sobre el agua. En cambio, es algo muy distinto con fuerza 5 y olas. Para facilitar la tarea del caña, entonces hay que limitar la amplitud de los movimientos del spi, que generan balanceo. Habrá que llevar el spi un poco más cazado de lo normal, con el punto de tiro de la escota adelantado (mediante una pasteca cerca de los cadenotes de los obenques). Aún más que navegando sin spi, el caña poco seguro de sí mismo no tiene que dudar en apartarse un poco del viento en popa para colocarse en un rumbo más estable.

Por el contrario, cuando se intenta hacer un través cerrado con poco viento, es necesario que el punto de tiro de la escota esté situado muy a popa (a la altura de la bañera) para que la vela no cierre. En estas condiciones, los límites del spi los marcan la corredera y el sentido común. Muchas tripulaciones, embriagadas por una vela que aparentemente despliega una potencia formidable, siguen subiendo más allá del 80°, con el tangón pegado al estay hasta el punto de doblarlo, sin darse cuenta de que el barco rendiría mejor con génova (menos escora, menos empuje lateral). Al mirar a proa desde sotavento de la bañera, es fácil darse cuenta de este límite a simple vista: cuando la baluma cierra claramente y la vela hace fuerza claramente de través, es el momento de arribar o de izar el génova.

► *El reglaje de un spi asimétrico*

El puño de amura está aquí prácticamente fijo, pero el principio del reglaje no cambia: hay que amollar tanto como se pueda, hasta que el grátil dé la impresión de que se quiere doblar. Muchas veces es conveniente no cazar demasiado el cabo que aguanta el puño de amura, a fin de que la vela pueda subir y adoptar bien su forma. Cuidado con los excesos a un través cerrado: al dejar que el puño de amura vaya a sotavento, se tiene la impresión de que se hace más proa, pero a costa de un empuje claramente orientado al través, incluso hacia popa si la vela está demasiado cazada. Con viento portante, cuanto más avanzado esté el puño de amura respecto de la proa (y por tanto con un botalón), más podremos bajar hacia el viento en popa, pues el desplazamiento de la vela permite que el spi se libere del desvente de la mayor. Los participantes en la Mini Transat optimizan esta fórmula con sus largos botalones orientables, pero no hay ninguna versión sencilla de este tipo de dispositivo para los cruceristas.

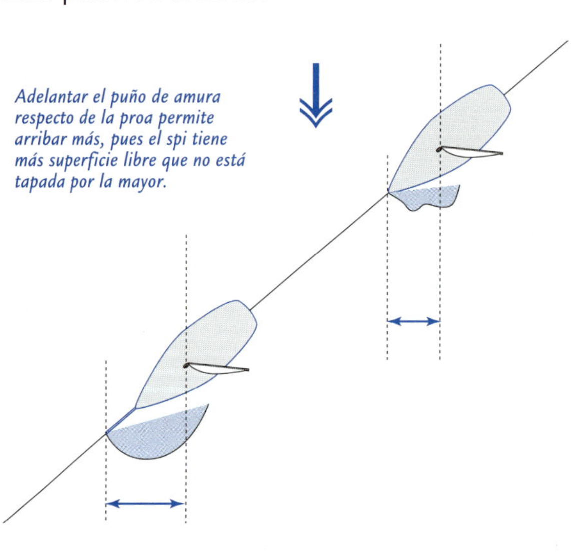

Figura 6.17: La ventaja del botalón para un asimétrico.

El largo botalón (que además puede angularse a uno y otro lado) permite aumentar la superficie útil del spinnaker asimétrico y liberarlo de las perturbaciones de la mayor para hacer un rumbo más arribado.

La mayor enrollable

Este equipamiento gusta por su aparente sencillez y por su aspecto «bien ordenado» en puerto, pero la lógica obliga a decir que se trata de una opción penalizadora de dudosa justificación. El enrollamiento en el mástil impone un palo más pesado, con un centro de gravedad que no baja cuando se reduce (factores todos ellos perjudiciales para la escora, el cabeceo y el balanceo) y una forma de mayor poco eficaz, mucho menos potente a igual altura de palo, pues la baluma, sin verdaderos sables, sólo puede ser cóncava y su embolsamiento se ve obligatoriamente reducido a la mínima expresión. Algunos veleros ofrecen sables verticales e incluso sables «flexibles» capaces de ser enrollados, pero en ambos casos se trata de últimos recursos poco eficaces. Además, si bien el material ha progresado mucho desde sus inicios, el mecanismo de enrollamiento disimulado en el interior del perfil sigue siendo una fuente potencial de problemas y la maniobra no siempre es fácil. A la vista de la simplicidad de uso de los sistemas modernos de toma de rizos -que se pueden usar, si se quiere, sin salir de la bañera y en menos de un minuto- y de la excelente relación rendimiento/facilidad de doblar las mayores con sables forzados mediante lazy-jacks o bolsas de botavara, vale la pena plantearse el tema.

La mayor enrollable en la botavara constituye una alternativa más satisfactoria desde el punto de vista de las prestaciones; pero tampoco faltan inconvenientes: botavara más voluminosa y menos fuerte, y sobre todo necesidad de un perfil adecuado en la cara de popa del palo.

Y no añoremos las viejas botavaras con rodillo de los años 1950-60, que generaban velas embolsadas y llenas de arrugas típicas de los clichés de Bekan de la gran época.

La manga de la bañera y el diseño ergonómico de los bancos pemiten que este timonel tenga una postura cómoda y eficaz.

LLEVAR LA CAÑA

6.4. PRECISIÓN Y PLACER

► *Delicadeza con poco viento*

Mover la caña puede definirse como un mal necesario, en la medida en que representa tanto un freno hidrodinámico (cuyo valor será proporcional al ángulo del timón y a la brutalidad del movimiento) como un medio para colocar mejor el barco (y por tanto acelerar o al menos evitar que reduzca la velocidad) respecto de las olas y los cambios del viento. Hay que evitar por tanto mover la caña a diestro y siniestro y esforzarse por dar sólo las angulaciones necesarias para conseguir el resultado que se persigue.

Con poco viento, los grandes movimientos se guardan para determinadas fases muy concretas, cuando se busca, por ejemplo, dar un latigazo para facilitar una virada con poca velocidad.

El resto del tiempo, lo importante es no romper la velocidad, manejando la caña con suavidad, sin grandes ángulos. Esto no impide seguir muy de cerca todas las roladas o negociar perfectamente las olas. Ante todo es una simple cuestión de concentración: al estar atento a las más pequeñas oscilaciones del viento y al anticiparse a los movimientos del barco en la mar, siempre estaremos conectados con las condiciones y bastarán correcciones muy pequeñas para seguir el rumbo ideal. Por el contrario, si no se sigue el ritmo, hay que recuperar constantemente desvíos demasiado importantes. Esta forma de estar conectado con el viento, la mar y el barco no se aprende en cinco minutos. Llega con naturalidad, a base de pasarse horas a la caña en todo tipo de condiciones, de observar y de sentir las reacciones del barco.

La atención necesaria puede parecer agotadora para el neófito. En la práctica, no es nada pesada; a base de experiencia, el timonel acaba por estar tan acostumbrado a jugar con los elementos, que puede seguir su rumbo instintivamente mientras piensa en otras cosas.

► *Negociar las olas*

Tacto, anticipación y mantener la velocidad: estos mismos principios sirven para vientos más sostenidos. La única diferencia es que el gesto a veces tiene que ser más forzudo para controlar la máquina con precisión; sobre todo en portantes, cuando se trata de prevenir un bandazo o de colocar el casco en la pendiente para salir planeando.

Anticipación y rapidez de reacción son más decisivas que nunca cuando se navega en portante con olas. Después de haber acelerado en la pendiente de la ola (y por tanto con un control fácil a la caña), el barco frena en cuanto lo supera la cresta y duda, mientras la caña parece pesada e imprecisa a la vez. Si el casco escora un poco, puede tener tendencia a orzar después; y viceversa, a abatir si tiene un poco de contraescora. Las dos tendencias se verán amplificadas de inmediato por la llegada de la siguiente ondulación.

Supongamos que vamos viento en popa amurados a babor; si el casco, ya contraescorado, presenta su aleta de estribor a la ola, hay muchas posibilidades de que el ángulo de contraescora aumente a la vez que la posibilidad de salir de arribada. Si por el contrario el barco escoraba un poco y presenta su aleta de babor a la ola, tendrá tendencia a salir de orzada. Entre estos dos males, el que hay que evitar preferentemente es la salida de arribada, porque es más difícil de controlar (el barco tiene menos velocidad y el timonel está normalmente en una mala posición para contrarrestarla) y sus consecuencias son peores (trasluchada involuntaria).

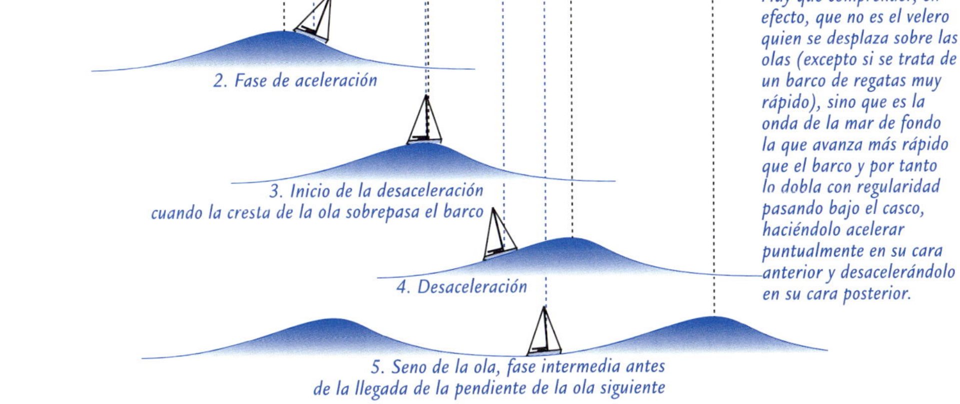

Figura 6.18: Aceleraciones y frenazos en las olas.

La táctica más segura es pues, cuando el barco pierde velocidad en el seno, orzar un poco, justo lo necesario para dar un poco de apoyo lateral a las velas (y por tanto, ningún peligro de salir contraescorados) y una aceleración suficiente para facilitar el control con la caña. Este movimiento debe ser moderado para no generar escora y orzar de forma incontrolable. La medida correcta se percibe muy claramente en la caña y en la reacción del barco: se trata de notar que, tras un momento de vacilación en el seno de la ola, se controla perfectamente la dirección del barco, que no puede salir disparado ni de orzada ni de arribada.

Tras esta aceleración orzando, no queda más que arribar otra vez cuando llega la siguiente ola, a fin de que el casco, completamente plano, pueda bajar la pendiente perpendicularmente a la cresta. Y así sucesivamente con los senos siguientes. Con práctica, se pueden dosificar todos estos movimientos en función de la potencia del barco y de la forma de la ola, y se puede, entre otras sutilezas, orzar preventivamente para limitar la desaceleración incluso antes de quedar bloqueado en el seno. Una vez superados los escollos del inicio, navegar a este rumbo se convierte en una experiencia muy gratificante.

Al principio, para adquirir buenos reflejos, es importante acordarse de que normalmente hay que meter caña al lado opuesto a la escora, teniendo cuidado de controlar la amplitud de los movimientos, porque para acentuar el balanceo no hay nada mejor que mover la caña a fondo alternativamente a uno y otro lado.

Al través y al largo, con o sin spi, el problema se limita normalmente a evitar la salida de orzada si el barco va pasado de trapo respecto del viento. Para ello, hay que limitar la escora (poniendo peso a barlovento y un poco a popa; amollando escota cuando se requiere) y, al contrario de lo que se hace en ceñida, arribar en las rachas para intentar mantener el barco plano. También aquí hay que anticiparse y no hay que dudar en «bombear» vigorosamente la caña para colocar otra vez el barco en el rumbo deseado; por lo general cuando hay 30° de escora ya es demasiado tarde, excepto en algunos veleros con dos timones en los que la caña sigue siendo eficaz con grandes ángulos de escora.

En caso de salida de orzada con una escora importante, que no cunda el pánico; hay que amollar, agarrarse a la espera de que todo vuelva a su sitio y evitar empecinarse en una corrección de la caña tan exagerada que colocaría el barco derecho en el camino de salir disparado de arribada.

Llevar la caña en ceñida con viento

Los consejos para viento flojo siguen siendo válidos aquí; hay que «pegarse» al terreno para no tener que hacer grandes correcciones. Con viento flojo, el caña puede contentarse con mirar los catavientos. Con viento fuerte, hay que vigilar el estado de la mar para colocar la proa donde corra menos peligro de ser frenada (o de mojar a la tripulación, según los criterios que se consideren prioritarios). Esta técnica difícilmente puede definirse a través de instrucciones precisas; se consigue en el agua probando las reacciones en distintos ángulos de ataque y vigilando tanto la corredera como la comodidad a bordo. Todo el peligro consiste en quedarse clavado de vez en cuando (el barco pierde velocidad y cabecea de manera más acusada hasta que vuelve a arrancar) y recibir algún que otro remojón.

En cambio, la buena forma de navegar de ceñida en las ráfagas se puede describir de forma muy sencilla: hay que «acompañar» el barco.

Cuando la escora se acentúa bajo la racha y la tendencia a orzar se deja sentir con más fuerza, es inútil intentar controlarla. Esto exigiría un gran esfuerzo en la caña (y por tanto un frenazo) y no haría más que acentuar la escora y el carácter inevitable de una salida de orzada que será más violenta cuanto más se intente retrasar. Es más eficaz dejar que el barco orce inme-

Las dos tareas prioritarias del timonel en ceñida con viento fuerte: evitar los pantocazos contra las olas y las grandes escoradas.

diatamente, incluso ayudarlo un poco metiendo un poquitín de caña a sotavento. Al acompañar el movimiento, podremos controlarlo mejor. En cuanto la vela empieza a desventarse, la escora disminuye y con la caña puede dosificarse exactamente el relanzamiento. Resultado: el barco apenas pierde velocidad e incluso gana barlovento. Esta navegación afinada tiene además la ventaja de no perjudicar la comodidad de la tripulación.

El buen compromiso rumbo/velocidad se consigue con la práctica en función del barco, de la calidad de las velas y del carácter de la tripulación; mantener la velocidad ha de ser una prioridad, pero hay que ir con cuidado y no dejarse ofuscar por un barco que galopa alegremente, pero que no ciñe a menos de 50° del viento.

► *Vigilar el asiento*

En teoría, conviene clavar la proa con viento flojo (para levantar la popa y disminuir así la superficie mojada), y recular los pesos con viento fuerte. Sin embargo, las sutilezas de la arquitectura moderna aconsejan ser prudentes y pragmáticos en este campo. Hay que probar, con la mirada fija en la corredera (sin dejar de vigilar los cambios de equilibrio en la caña) y sacar las propias conclusiones sobre el terreno, pues pueden variar de un barco a otro. Una cosa es segura: siempre iremos mejor sin cargar la proa con viento fuerte y mar formada (y por tanto, con los menos tripulantes posibles en la proa): frena y puede hacer que la caña sea completamente inoperante. Con muy poco viento, además de disminuir la superficie mojada, la escora tiene al menos la ventaja de estabilizar las velas.

► *Cuidar la posición del timonel*

Es imposible llevar bien la caña si no se está bien acomodado. Para poder concentrarse en su tarea, el caña no puede estar pendiente de su propio equilibrio. Por tanto tiene que poder colocarse cómodo y al mismo tiempo notar con precisión los movimientos del barco; los regatistas dicen incluso que se lleva mejor la caña sin un cojín bajo el trasero. También es indispensable conseguir el mayor campo de visión posible, tanto sobre la mar, como hacia la proa del barco y el conjunto de las velas.

Llevar la caña desde barlovento o desde sotavento es una cuestión de gustos. Con poco viento, instalarse en sotavento permite tener una mejor visión del génova, pero la elección de la posición también puede depender de los imperativos de escora del barco y de la orientación del sol, que puede molestar o por el contrario mejorar la visión.

En ceñida, es indiscutible que colocarse sentado en la borda de barlovento (siempre que la forma de la cubierta no lo impida, que se puedan apoyar bien los pies y que se disponga de un stick de buena calidad) permite controlar mejor todos los parámetros.

Al través y con viento portante, si hay viento, normalmente se está más cómodo en la bañera, llevando la caña directamente, sin usar el stick. Con viento en popa, muchas veces es práctico colocarse del lado de la botavara, bien calado para no ser sacudido por el balanceo. Una altura adecuada de la caña y la ausencia de fricciones pueden marcar la diferencia entre una navegación agradable y una navegación penosa. Gafas de sol y gorra forman parte, naturalmente, de los accesorios útiles al timonel.

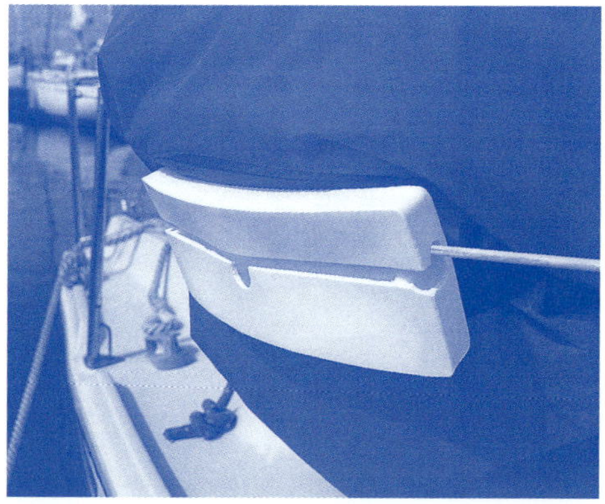

Un pequeño respaldo de plástico puede mejorar la comodidad del caña... ¡y sus prestaciones!

La caña se impone naturalmente en los veleros ligeros, en los que los esfuerzos son escasos y las reacciones, vivas.

¿Rueda o caña?

Antes, sólo los grandes barcos estaban equipados con una rueda, debido a los importantes esfuerzos que exigía una desmultiplicación. La moda de las ruedas en los veleros de tamaño medio (10 metros o menos) responde más a una cuestión de marketing que de eficacia. Tampoco es que sea una desventaja: siempre que se disponga de una transmisión de buena calidad, sensible y sin juego, se puede timonear con tanta precisión con una rueda como con una caña. La rueda tiene la ventaja de permitir una posición más natural en portantes: de pie, de cara a la proa, y por tanto con menos posibilidades de tortícolis y torsiones dorsales. También permite dosificar con precisión y sin esfuerzo los movimientos cuando las condiciones son duras en ceñida y través. Como contrapartida, es más difícil desplazarse lateralmente para mejorar la visión de la mar y de las velas de proa, excepto que se trate de un barco de regatas, con una rueda de gran diámetro, o con dos ruedas.

La caña de los grandes catamaranes de crucero a menudo es poco atractiva como consecuencia de sistemas de transmisión poco sensibles y de la falta de visibilidad hacia proa.

Incluso si los neófitos encuentran la rueda más fácil (funciona como un volante de coche: el barco gira en el mismo sentido que la rueda), no hay que olvidar de colocarle su complemento indispensable, una marca de color para visualizar inmediatamente la posición «a la vía» del timón.

Si se navega con caña, pocas veces nos lamentaremos de la inversión realizada en un stick telescópico de buena calidad con empuñadura ergonómica.

Navegar en multicasco

Todas las finuras básicas en los monocascos tienen escaso interés a bordo de un catamarán de crucero. Con su pequeño foque, su mayor con sables forzados de alto gramaje y su mástil rígido, los catamaranes no ofrecen las mismas posibilidades de reglajes y sobre todo «hablan» mucho menos a la tripulación. Aparte de la reflexión teórica, la única guía del usuario está en la corredera. Hay que probar distintas tensiones en el pujamen y la escota, diferentes posiciones del carro de escota de la mayor y ver qué es lo que anda mejor en función de los ángulos con el viento. Los principios de apertura de las velas según los ángulos siguen siendo básicamente los mismos que en monocasco, pero la ceñida exige un cuidado especial. Por lo general, a este rumbo es preferible conservar potencia en el foque, con una vela no demasiado cazada, relativamente embolsada y que hay que intentar mantener siempre llena. Para convencerse de la importancia del foque, pese a su reducida superficie en los catamaranes de crucero, basta con intentar ceñir sólo con la mayor; el barco no acabará de arrancar y no se equilibrará en la caña hasta que se coloque y se cace el foque. En cuanto a la mayor, se navegará casi siempre con la botavara bastante centrada y una torsión más importante que en un monocasco. La consigna a bordo de estas unidades voluminosas y con poco trapo es la velocidad, que hay que mantener incluso a costa de un rumbo decepcionante. En la mayoría de los catamaranes de serie no hay que esperar menos de 100° entre dos viradas en ceñida; de lo contrario, la velocidad baja en picado y el abatimiento aumenta.

Algunos barcos más enfocados a las prestaciones permiten esperar mejores resultados gracias a una moderada resistencia al viento, una altura de la plataforma suficientemente alta sobre el agua, una cuidada construcción en sandwich (por tanto más ligera y más rígida que el estratificado monolítico) y verdaderas orzas de sable de perfil eficaz. Estos barcos suelen tener puestos de timonel bien colocados con transmisiones de calidad que permiten disfrutar a la caña a partir de una decena de nudos de viento. En los otros, normalmente hay que esperar 20 nudos de viento para tener buenas sensaciones, que pueden no transmitirse a la caña, pues ésta está casi siempre arrinconada en una posición central bajo un toldo rígido y con una transmisión poco precisa.

Los trimaranes habitables funcionan con el mismo tipo de reglajes, pero normalmente ofrecen resultados más gratificantes, como consecuencia de una relación superficie vélica/peso/superficie mojada más interesante. Con la ayuda de la velocidad, navegaremos con una mayor bastante plana, pues el viento aparente será por lo general más aproado que en otros tipos de barco.

> *En un multicasco, el acastillaje tiene que estar sobredimensionado y ser de muy buena calidad, con un mantenimiento cuidadoso: los esfuerzos son importantes y cuando hay que amollar en banda o tomar dos rizos de golpe, todo tiene que funcionar a la primera. Por esto también es importante cuidar el sistema de rizos, con un raíl de mayor y patines de rodamiento de calidad, y un winche dedicado exclusivamente a los rizos.*
>
> *Es igualmente indispensable tener una buena veleta anemómetro digital. En estos barcos el viento aparente es muy equívoco y uno se encuentra de repente sobrevelado sin haberse dado cuenta de que el viento subía. También se pueden programar alarmas en el anemómetro, para evitar verse sorprendido.*
>
> ***Pierre-Marie Bourguinat***

MANIOBRAS

6.5. LA EFICACIA CON TRIPULACIÓN REDUCIDA

Pocas veces se dispone de una tripulación de siete u ocho atletas para hacer frente a todas las necesidades de a bordo. Por esto las maniobras explicadas aquí pueden hacerse entre dos, o incluso en solitario. Sin olvidarse, claro está, de tomar las precauciones correspondientes: cuando se está solo en cubierta, hay que pensar mucho más antes de actuar y ser mucho más estricto en materia de seguridad, especialmente en el uso del arnés.

> *La navegación en solitario o con una tripulación sin experiencia no es un problema, siempre que el material del que dispongamos sea fiable, efectivo y bien dimensionado. Mi barco tenía un génova y una trinqueta enrollables, una mayor con sables forzados con un raíl que se desliza solo, winches eléctricos, piloto automático y dos spis con calcetín.*
>
> *El secreto es tener siempre un barco en perfecto estado, no dejar nunca que algo no funcione y anticiparse siempre, por ejemplo reduciendo de inmediato en cuanto sube el viento. Pero para poder hacerlo sin que sea un infierno, es necesario un barco que ande rápido, siempre, que no tenga necesidad de ir pasado de trapo para avanzar.*
>
> ***Stéphane Poughon***

El reenvío de las maniobras a pie de mástil no tiene que complicar forzosamente la tarea del solitario, siempre que pueda contar con un piloto automático.

Izar y arriar la mayor

Tanto si estamos fondeados como si navegamos a motor, hay una única regla para izar con facilidad: estar absolutamente proa al viento; sobre todo si tenemos lazy-jacks o burdas en las que se pueden enganchar los sables. Antes de izar, se comprueba que el pujamen está tensado correctamente, que la driza no pasa detrás de un obenque, que los cabos de rizo están libres, que el carro de escota de la mayor está bloqueado en el centro, y se amollan en banda tanto la escota como la contra. En solitario o con tripulación reducida, en un velero que no sobrepase los 10 metros, el caña puede encargarse él mismo de la driza (mordaza completamente abierta para disminuir los roces -pero cuidado con no soltar-, y una vuelta al winche si es necesario); si las tensiones prometen ser demasiado fuertes (vela pesada, viento duro...) puede ser aconsejable dejar la mordaza cerrada, pero la subida será un poco más larga y dura. Un tripulante puede acelerar las cosas tirando directamente de la driza al pie del mástil (siempre que su salida del interior del palo sea lo bastante alta). Después sólo faltará rematar la izada con el winche. En un barco más grande harán falta varios tripulantes, o hacerlo todo con el winche. Por ser esta última operación especialmente larga, vale la pena cuidar el recorrido de la driza y disminuir los roces para poder izar al menos dos tercios de la vela de un tirón.

En cualquier caso, el final de la maniobra es una fase crítica, por cuanto se junta la presencia de varias personas de pie en la bañera y una botavara que va dando tumbos de un lado a otro. ¡Cuidado con las cabezas! Conseguida la tensión de driza satisfactoria, no queda más que cazar la escota, amollar el amantillo (navegando, tiene que estar un poco amollado para no limitar la tensión de la escota), cazar la contra de la botavara y afinar los reglajes.

Para arriar, se comprueba que la driza está clara, nos colocamos otra vez proa a viento (para disminuir los roces sobre los patines y evitar que la vela se pegue al aparejo), se caza un poco el amantillo, se caza la escota (para limitar los movimientos de la botavara) y se deja correr la driza. Con una mayor con sables forzados y lazy-jacks (que habrá que tensionar antes de arriar si los hemos soltado cuando navegábamos para que la mayor cogiera forma), no hay que hacer nada más: los sables se colocan solos encima de la botavara. Con una mayor clásica con patines, a menudo hay que tirar enérgicamente del grátil para bajar completamente la vela. Después hay que doblar rápidamente la vela haciendo pliegues paralelos a la botavara (sin fijarse demasiado si hay mala mar: ya tendremos tiempo de arreglarlo en puerto) y de cogerla con algunos cabitos (trozos de cincha flexible de entre 1 y 1,50 metros). Con una mayor con grátil textil -sin patines- hay que enrollar inmediatamente a menos que queramos ver cómo la vela sale disparada; enrollar la vela a lo largo de la botavara es el método más generalizado.

Si es necesario (rumbo impuesto en un canal estrecho), se puede intentar arriar con viento portante con tiempo manejable, pero cuidado con los desgarrones, pues el trapo seguro que se engancha en los obenques y en las crucetas. Para limitar los daños, hay que cazar la mayor antes de arriar y tirar además de la baluma hacia atrás con toda la fuerza que se pueda, mientras un tripulante tira del grátil. ¡Seguro que la operación será laboriosa!

Desenrollar y enrollar el génova

En primer lugar, hay que comprobar que las dos escotas están bien colocadas: ases de guía para unirlas al puño de escota de la vela, circuito adecuado alrededor de los obenques, y nudos de ocho después de los carros o de las poleas de reenvío para impedir cualquier fuga a destiempo. Después de colocar la mayor (o antes, en casos especiales de aparejar a vela), para desplegar el génova basta con tirar de la escota situada más a sotavento y soltar simultáneamente el cabo del enrollador. Al contrario de lo que sucede con la mayor, en este caso no es aconsejable estar proa a viento. El cabo del enrollador no tiene que soltarse de golpe, sino de forma progresiva (tras tomar la precaución, si las condiciones lo exigen, de frenarlo con un winche o una mordaza); de lo contrario, corremos el peligro de que se enrolle mal en su tambor y quede inservible. Si se quiere empezar con velamen reducido, bastará con amollar sólo la longitud de cabo necesaria. Como esta cantidad es difícil de precisar, vale la pena complementar las marcas de color situadas en la parte baja de la vela -que sirven de referencia al enrollamiento- con otras marcas situadas en el mismo cabo. De esta forma se sabe instantáneamente a

Un buen enrollamiento apretado no impide la aparición de arrugas más o menos perpendiculares al grátil.

qué altura hay que bloquear el cabo. Para enrollar correctamente la vela son imprescindibles tres condiciones.

- En el tambor tiene que estar enrollada una longitud suficiente de cabo. Es un elemento que hay que verificar en puerto antes de aparejar.
- La presión sobre el génova no debe ser ni demasiado floja ni demasiado fuerte. Si la vela está completamente amollada y flamea, se enrollará de cualquier manera haciendo arrugas; si está demasiado cazada, será difícil, incluso imposible, enrollarla.
- El estay debe estar tan recto como sea posible.

Por estos motivos, el enrollamiento es más cómodo y da los mejores resultados con viento portante, y cuando la vela está amollada pero llena, con una presión moderada. Si no queda más remedio que hacer la maniobra ciñendo o al través, hay que sincronizar cuidadosamente amollar y enrollar. Es decir, amollar primero lo suficiente para disminuir la tensión del enrollador y la presión sobre el trapo, y después enrollar la longitud correspondiente, y así sucesivamente. Si para enrollar tenemos que hacer demasiada fuerza con el winche, es señal de que no hemos aflojado suficientemente las tensiones.

Una vez enrollada la vela a la altura deseada, hay que adelantar el punto de tiro de la escota para que la baluma no abra de forma exagerada.

► *Utilizar un génova envergado*

Es la maniobra más fácil; al tratarse de una vela relativamente ligera y desprovista de piezas rígidas, se iza y se arría rápidamente a cualquier rumbo. En el momento de izarla, es bueno que el caña arrumbe claramente en una amura para evitar que la vela barra la cubierta de proa y para saber de qué escota hay que tirar.

En portante, es preferible cazar antes de arriar para traer el trapo sobre cubierta con mayor facilidad. Sea cual sea el rumbo, lo ideal es que un tripulante se coloque cerca de la proa, tanto para ayudar al grátil a bajar como para tirar del trapo e impedir que caiga al agua. Tensar la driza del spi entre la perilla del palo y el tercio de proa de los pasamanos permite disponer de un «seguro» para frenar el trapo en su bajada cuando se navega en solitario. Si después se deja la vela en cubierta, hay que atarla con cinchas -gomas o cabos- a lo largo de los pasamanos para evitar que caiga al agua. Unas redes colocadas entre algunos candeleros (pero que no lleguen hasta la proa, porque hay que trabajar y pasar muchos cabos en esta zona) simplifican la tarea.

Con un génova con estay hueco, como los que usan los regatistas, la maniobra no es distinta en lo fundamental, pero la vela viene que estar bien preparada, y el grátil colocado «en acordeón» para pasar por su guía. Normalmente hace falta un tripulante en la proa para ayudar a la relinga a pasar sin atascarse. A la hora de arriar hay que prestar más atención (al igual que con una mayor sin patines), porque el trapo amenaza con salir volando.

► *Virar*

Un bordo eficaz y tranquilo se hace en dos tiempos: rápido primero para asegurar que se pasa el eje del viento; progresivo después para dar tiempo al tripulante (o al caña, si acumula todas las funciones) de cazar sin esfuerzo en la nueva amura.

Antes de la maniobra, hay que asegurarse de que la escota de sotavento está clara y se pasa ya la futura escota -ahora a barlovento- por el winche con alguna vuelta, después de comprobar que el carro está bien colocado. Mientras un tripulante saca la escota de la cornamusa y la aguanta con dos vueltas en el winche (tres en los barcos grandes o si sopla viento fuerte), el timonel se asegura de que el barco tiene velocidad (condición *sine qua non*

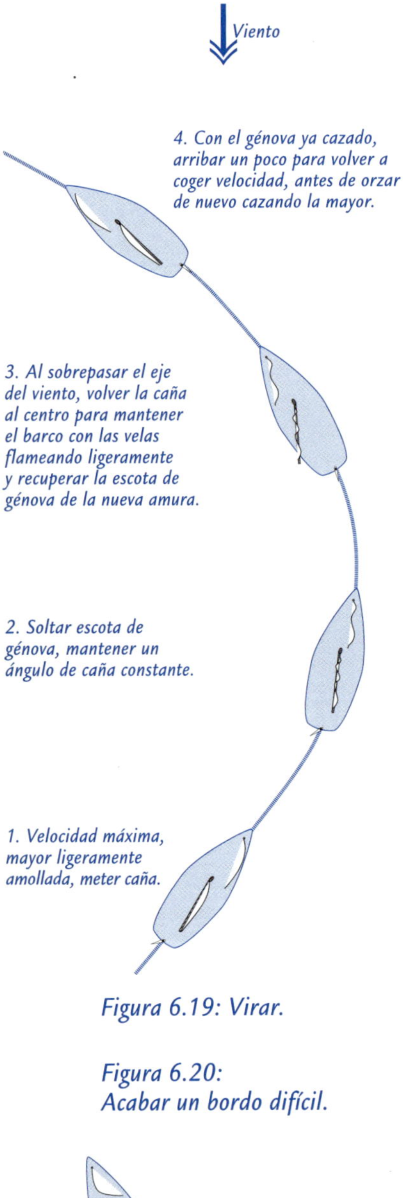

Figura 6.19: Virar.

Figura 6.20: Acabar un bordo difícil.

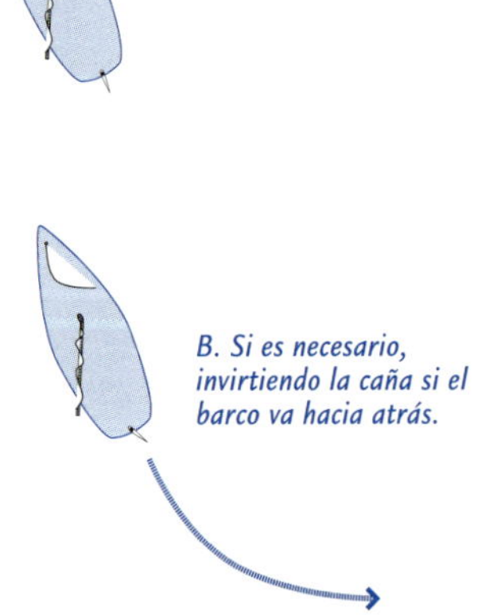

para sobrepasar el eje del viento), coge más velocidad si hace falta (arribando un poco), amolla un poco la escota de la mayor y después empuja claramente la caña a sotavento (hay que modular el ángulo con la práctica, en función de las condiciones y de las características del barco). En el momento en que el foque flamea, el tripulante suelta la escota en banda, deshace las vueltas del winche y se asegura de que el cabo corra sin problemas. En cuanto la proa supera el eje del viento, el caña empieza a enderezar el timón. Lo esencial -superar el eje del viento- ya está hecho, y de lo que se trata ahora es de suavizar la arribada de la otra amura para permitir que el tripulante cace el génova en el nuevo bordo sin esfuerzo. Lo ideal es que el timonel se quede un instante a 30° del viento, de manera que el génova se coloque entonces instantáneamente cazado de un tirón, en el interior de los pasamanos, sin necesidad de usar la manivela del winche.

De esta forma se evita el típico error de una arribada excesiva al final del bordo, que se traduce en una violenta escorada, una derrapada del barco y un trabajo agotador para cazar toda la escota del génova con el winche. Hay que ir con cuidado, sin embargo, con el peligro inverso: el timonel sincroniza mal al olvidarse de mirar hacia delante (se preocupa más de sus escotas que de la caña) y vuelve involuntariamente a la otra amura. Si el timonel ha evitado esta trampa, sólo queda retomar velocidad arribando unos grados, cazar la mayor (el hecho de haberla amollado al principio de la virada tiene por objetivo facilitar después la arrancada).

Salvo evidentemente que esté solo a bordo, se agradecerá que el timonel respete las costumbres en cuestión de comunicación. Es decir, que anuncie «listos para virar» un poco antes, y espere que se le responda «listos» antes de empezar la maniobra, cuyo inicio acentuará con un sonoro «bordo».

En condiciones difíciles (poco viento y olas, o viento fuerte y mucha mar) o con un barco que evoluciona mal (como sucede a menudo con los catamaranes), puede resultar difícil franquear el eje del viento. Entonces hay que trabajar especialmente dos fases: primero, el ataque del bordo, lo que significa cuidar tanto la velocidad como la elección del momento para meter caña. Hay que evitar bloquearse de buenas a primeras en una ola, y por tanto hay que buscar un momento de «calma» relativa entre dos crestas. Después, una vez alcanzado el eje del viento, si se nota que es difícil hacer los pocos grados que faltan para arribar de la otra amura, se puede cazar momentáneamente el génova de la amura inicial; si el movimiento está lo bastante adelantado como para que se hinche a la contra, estamos salvados. Hará girar el barco hacia la nueva amura. Si la operación se alarga y el barco empieza a recular, hay que pensar en invertir la caña en cuanto va marcha atrás. Hay que ir con cuidado, porque este tipo de marcha atrás puede hacer peligrar el timón con mar formada. Con un barco muy recalcitrante, a veces es mejor olvidarse de todos los intentos de virar y pasar rápidamente a viento en popa para cambiar de amura con una trasluchada.

«*Según mi experiencia, tanto si se trata de una virada como de una trasluchada, la maniobra sale bien si se puede hacer sin esfuerzo. Es decir que en última instancia ni siquiera hay necesidad de usar los winches y no hay por qué salir desequilibrados. Para trasluchar, por ejemplo, el paso de un lado a otro se hace siempre con la mayor cazada al centro. En el momento de hacer la maniobra, cada tripulante sabe lo que tiene que hacer y cada uno tiene referencias visuales, por lo que no hay necesidad de órdenes verbales. Es una cronología que hay que respetar.*»

François Ruby

Trasluchar

El cambio de amura con el viento en popa tiene una gran ventaja: es imposible quedarse a la mitad, pues el barco está empujado por el viento durante toda la maniobra. Pero también tiene un inconveniente notable: el paso de la botavara siempre da miedo. Los apoyos respecto del viento son menos concretos que ciñendo y el desarrollo de la mayoría de trasluchadas tiende a traumatizar a los neófitos: botavara que choca con fuerza contra los obenques tras haber barrido violentamente la bañera justo en el momento en que menos lo esperábamos, todo ello acabado en una guiñada con una escorada espectacular. Estas trasluchadas horrorosas son consecuencia de una mala manipulación de la mayor, y sobre todo de una mala evolución del rumbo. El problema básico es que el caña vigila las reacciones de la botavara con tanta ansiedad que no se preocupa del timón y deja que el barco vaya donde quiera.

La primera condición de una buena trasluchada es pues un timonel que lleve la caña con firmeza y se concentre en la posición del barco respecto del viento (es aún más fácil con una buena veleta en la perilla del palo). Detalle importante: una buena trasluchada –sobre todo con viento fuerte– no se hace con grandes cambios de rumbo; la fase decisiva de la maniobra (el paso de la botavara) debe hacerse en una franja que no sobrepase los 10° de uno y otro lado del viento en popa. Casi siempre es el hecho de querer dar un ángulo de timón demasiado grande lo que dispara la mala reacción en cadena: efecto dinámico, fuerza centrífuga, escorada y salida de orzada en la nueva amura... El otro secreto de una buena trasluchada es despreocuparse del génova, que tiene el don de distraer a la tripulación de lo esencial en este momento. No importa que se quede un momento en una posición poco elegante, acuartelado contra los obenques. No hace ningún daño y ya tendremos tiempo de pasarlo al lado bueno, y más adelante trabajar trasluchadas perfectas en las que no se deshinchará jamás.

Con poco viento, la trasluchada puede hacerse un poco de cualquier forma, con tal de que no haya nadie en la trayectoria de la botavara. Es con viento medio y fuerte cuando hay que cuidar los detalles.

Después de comprobar que el carro de escota está bloqueado en el centro y que nadie está en una posición comprometida con el paso de la botavara y de la escota de la mayor, el timonel arriba progresivamente hasta 160-170° del viento, mientras un tripulante (o el mismo caña, si hace falta) coge la escota con la mano. En principio, el caña sigue entonces con su arribada con un ángulo de timón débil pero constante, mientras el tripulante

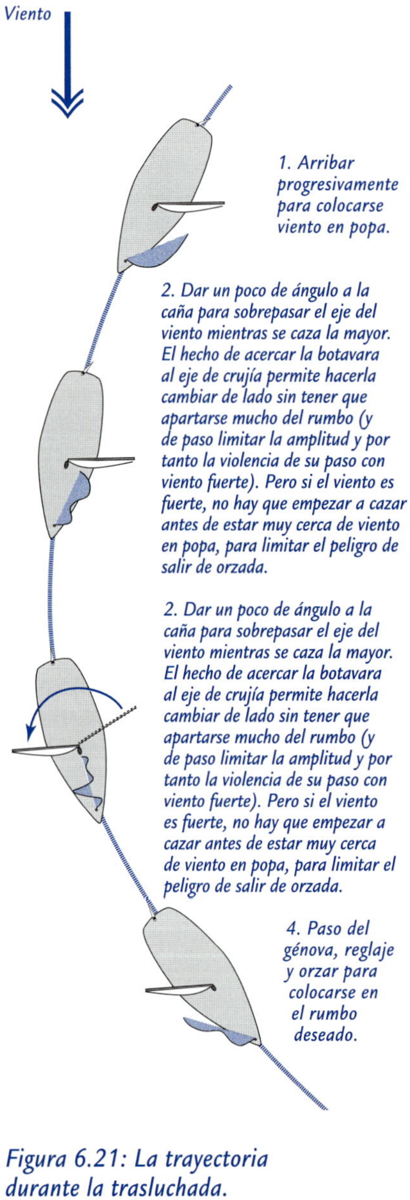

Figura 6.21: La trayectoria durante la trasluchada.

caza rápidamente la escota de la mayor (o coge el aparejo en su conjunto si se trata de un velero pequeño), provoca el paso de la botavara en el momento en que el barco está exactamente viento en popa, antes de amollar inmediatamente escota en la nueva amura. Se vuelve a regular el génova en función del rumbo deseado y ya está.

Los peligros a evitar son un ángulo de timón demasiado grande (que puede acabar en una guiñada en la otra amura) o demasiado pequeño (que hace que el barco dude a la hora de trasluchar, o que incluso vuelva a la amura anterior después del paso de la botavara). Para familiarizarse con esta fase, vale la pena entrenarse a marcar una pausa al acercarse al viento en popa, a fin de notar las reacciones del barco y la forma de controlarlo. Se puede trasluchar perfectamente la botavara siguiendo viento en popa, sin marcar angulación (e incluso ejercitarse a hacerlo varias veces seguidas). Considerada de alto riesgo para los timoneles debutantes, la navegación al filo de la trasluchada (y por tanto con viento exactamente de popa) es una práctica útil para quienes quieren progresar. Para estar cómodo, hay que cuidar la posición; estar perfectamente asentado para meter la caña donde se quiere, sean cuales sean los movimientos del barco. Por este motivo, la tarea del navegante solitario no es fácil; la posición más lógica sería colocarse de pie, cara a proa, con la caña entre las piernas y la escota en las manos. Pero en esta posición el equilibrio es precario; al menor balanceo, el timonel corre peligro de tirar de la caña del lado incorrecto. Es preferible quedarse sentado y dar prioridad al control de la caña, conformándose con cazar la escota lo que se pueda para limitar el recorrido de la botavara y coger con una mano el aparejo en el momento de la trasluchada para impedir que se enganche con algo. En cuanto a qué lado es preferible colocarse, es cuestión de gustos. Algunos prefieren quedarse a barlovento, otros sentarse de antemano en el lado opuesto (esto tiene la ventaja de estar ya del lado «bueno» en la nueva amura y por tanto de estar más cómodo para contrarrestar una eventual guiñada). Una cosa es segura: el momento de cambiar de lado no es durante la maniobra.

Último punto, y no el menos importante: en el momento de la trasluchada la velocidad es una ventaja y no un enemigo. Mejora la precisión de control a la caña y disminuye el viento aparente en la mayor (y por tanto la brutalidad del paso de la botavara). Con viento fuerte, lo ideal es provocar el paso de la botavara cuando el barco sale disparado sobre una ola.

Con fuerza 7 cerca de las costas bretonas, este Sunshine ha adaptado correctamente su trapo al tiempo, rizando y enrollando el génova, pero el punto de tiro de éste debería estar más adelantado para evitar que la baluma abra demasiado.

REDUCIR VELA

6.6. PRIORIDAD A LA SENCILLEZ

► *Tomar un rizo*

La manera más eficaz de tomar un rizo es entrenarse. Tomar un rizo en puerto puede parecer ridículo, pero no es grave: el ridículo no mata. En cambio, encontrarse con problemas en alta mar puede ser más dramático. Lo ideal es tener una persona en cada sitio: una persona al timón, evidentemente; una persona en la driza, otra en el amante del rizo y según los casos una persona junto al palo para tirar de la vela. Es mucha gente, pero para hacerse una idea, en el maxicatamarán Orange, ¡tomábamos un rizo en 20 segundos! Después, claro está, afinábamos el rizo, recogíamos la vela, y esto tardaba más. Pero la reducción de la vela la hacíamos en 20 segundos. Era una maniobra que habíamos hecho bien, rehecho y revisado. A veces hay que tomar un rizo con urgencia, en un chubasco, y es bueno poder hacerlo sin que cunda el pánico.

Gilles Chiorri

En la mayoría de cruceros de serie, la driza está reenviada a un winche de la bañera. La maniobra exige por tanto dos personas. Una, en la bañera, amolla la driza hasta que el tripulante situado a pie de palo puede meter el ollao del puño de amura en el cuerno de la botava-

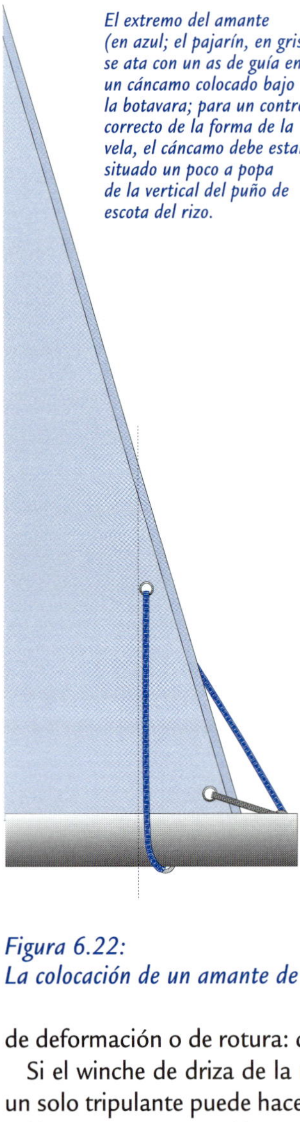

Figura 6.22:
La colocación de un amante de rizo.

ra. Se tensiona inmediatamente la driza (para impedir que el ollao salga del cuerno), y también el amante de rizo, que se caza desde la base del palo o desde la bañera, según la disposición de la maniobra.

Después, no queda más que volver a cazar la mayor y lanzar la máquina de nuevo. Si se está solo, habrá que hacer al menos una ida y vuelta de la bañera al mástil, con el riesgo de tener que volver si el puño de amura sale del cuerno antes de que haya dado tiempo a cazar la driza (una goma colocada estratégicamente puede impedirlo). Una marca colocada en la driza permite al tripulante saber cuánta longitud tiene que soltar para que se pueda enganchar el puño de amura.

Es más largo explicar la maniobra que hacerla, y se hace con facilidad de la ceñida al través; es un poco más laboriosa con viento portante, como consecuencia del roce de la vela contra el mástil.

Sea cual sea el rumbo, antes de tomar el rizo hay que soltar la contra (la posición de la botavara con la vela arrizada muchas veces es más alta) y la escota de la mayor, y comprobar que el amantillo esté suficientemente cazado para evitar que la botavara caiga encima de los candeleros y pasamanos (una contra rígida, que impide que la botavara baje, puede resolver fácilmente la cuestión). La colocación después de cabos de rizo es facultativa, pero la tensión del pujamen suele bastar para mantener el trapo a lo largo de la botavara. Si se quiere disminuir la resistencia al viento o mejorar la visibilidad, se pueden usar cabos de rizo para aferrar el trapo excedente, pero no tienen que formar arrugas de tracción sobre la vela, so pena de deformación o de rotura: quien tiene que hacer toda la fuerza es el puño de escota.

Si el winche de driza de la mayor está en el palo –así como el retorno del amante de rizo– un solo tripulante puede hacer más fácilmente toda la maniobra con todos los cabos a mano.

Hay una tercera opción con los sistemas de toma de rizos rápidos, en los que el cuerno de amura es sustituido por un conjunto de cabos y poleas que permite controlar toda esta parte de la maniobra (y por tanto todo el resto) sin salir de la bañera. Este dispositivo tan interesante se puede montar en cualquier velero. En el caso de las velas con patines, es necesario encontrar una manera de acumular los patines a cierta altura sin que perjudiquen la forma de la vela.

Para la rapidez y seguridad de la maniobra, es deseable que los amantes de rizo estén pasados de antemano por los ollaos de los distintos puños de escota; es la única manera de evitar escaladas escabrosas cuando sube el viento. La opción de modificar el rumbo para tomar el rizo en las mejores condiciones depende del gusto de cada cual. Los manuales a menudo aconsejan arribar un poco cuando se está ciñendo para colocarse en una posición más cómoda. Todo es discutible, pues el incremento de la velocidad que se deriva de ello no arregla precisamente las cosas.

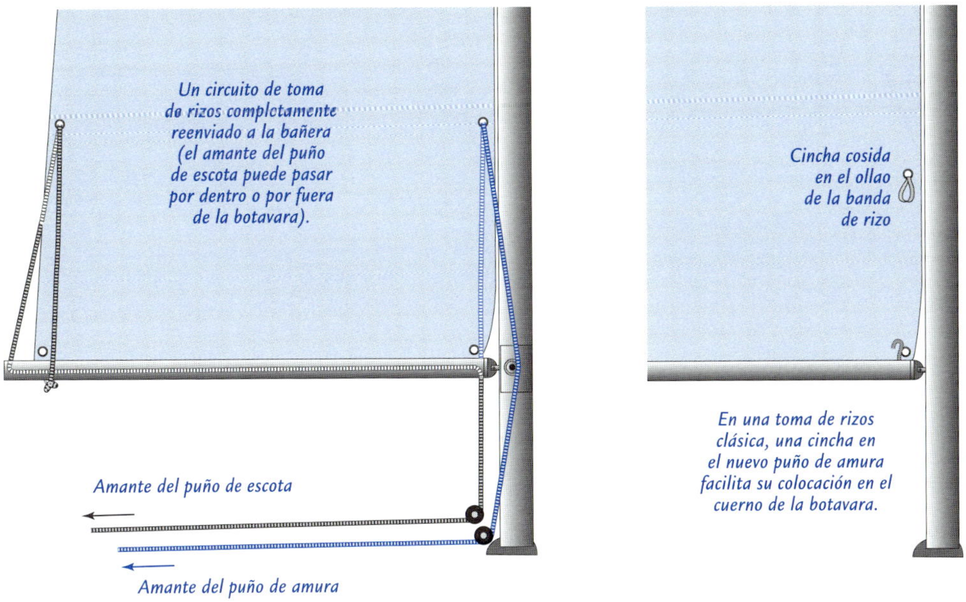

Figura 6.23: Los sistemas para mejorar la toma de rizos.

> *Al tomar rizos, nunca uso cabos para aferrar el sobrante de la vela a la botavara. Los ollaos de los cabos no están preparados para resistir una tensión fuerte. En caso de rotura del amante de rizo, si los cabos están cazados, es la vela la que se rompe. Mientras que si todo está libre, la botavara queda retenida por el amantillo, la vela flamea un momento, sólo hay que cambiar el amante de rizo y ya está. Para mí, que navego en rincones alejados donde no hay velerías, eso es muy importante.*
>
> **Olivier Pitras**

Enrollar la mayor

Mucho más que con el génova, en la mayor enrollable verticalmente (y por tanto con enrollador en el interior del perfil del mástil) es imprescindible que no haya arrugas mientras se enrolla, pues las consecuencias serían mucho más molestas. La arruga crearía un grosor añadido, que puede bastar para impedir el paso por la garganta relativamente estrecha y por tanto bloquear el sistema, tanto para enrollar como para desenrollar.

Si se enrolla proa a viento, es deseable cazar un poco de amantillo para que la vela se presente completamente plana, pues el puño de escota está normalmente más alto que en una mayor clásica. Una señal en el amantillo (que podemos colocar tras hacer una prueba en puerto) simplifica la maniobra. Es posible enrollar mientras se navega, siempre que se vigile que no haya una presión excesiva en el tejido durante el enrollamiento y que se controle la eventual formación de arrugas.

Los dispositivos de enrollamiento de mayor integrados en la botavara tienen la ventaja de permitir el uso de una vela potente con una baluma con curva positiva y sables de verdad. Pero como contrapartida exigen una mecánica compleja y voluminosa.

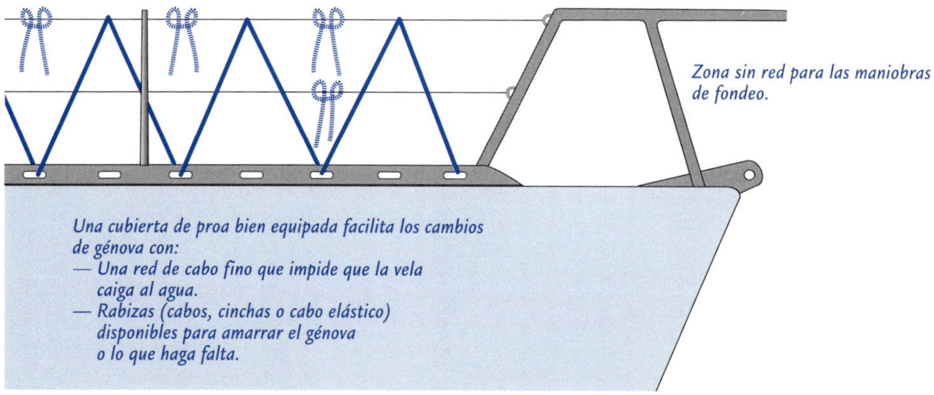

Figura 6.24: Una cubierta de proa adaptada a las maniobras.

► *Cambiar la vela de proa*

Cambiar la vela de proa es una práctica en vías de desaparición. Sólo los veleros de regata, gracias a sus estays huecos con dos gargantas, pueden superponer dos génovas, izando el nuevo antes de arriar el antiguo, sin perder nunca velocidad. El tema exige dos drizas de génova y un buen ojo para no liarlas.

Con génovas y foques con mosquetones, habrá que conformarse con envergar laboriosamente la nueva vela en el espacio que dejan libres los mosquetones soltados en la parte inferior de la vela que llevamos. Después de envergarlos totalmente y de colocar el puño de amura (siempre que el herraje de proa permita la colocación simultánea de dos puños de amura), se estira el nuevo génova sobre cubierta y se le coloca una escota (lo más sencillo es usar la contraescota de la vela actual). Queda arriar el primer génova, retirar rápidamente los mosquetones y pasar inmediatamente la driza de un puño al otro, izar la nueva vela tras haber apartado la antigua para que no suba con ella o, peor aún, no caiga al agua. También se puede combinar la maniobra con un bordo para no tener que mover las escotas.

La maniobra exige un poco de tiempo y una estancia mojada y prolongada en la proa, lo que justifica que uno se lo piense dos veces, en crucero, antes de cambiar la vela de proa.

LAS MANIOBRAS DE SPI

6.7. UNA CUESTIÓN DE MÉTODO

► *Izar el spi asimétrico*

Lo más cómodo es colocarse con el viento por la aleta en el momento de izar. Se coloca el saco del spi en la cubierta de proa (atado a un candelero por si acaso), se ata el puño de amura en la proa (por medio de un cabito, con o sin mosquetón) y se pone la escota. Cuidado: todo debe pasar por debajo del génova, para estar en el exterior cuando se haya izado la vela. Y la driza, igual: se pasa por fuera del génova y se coloca en el puño de driza del asimétrico, pasándola entre el pujamen y el pasamano. Se hace un reglaje aproximado de la escota (cuyo punto de tiro se coloca en una polea situada a popa de la bañera) y se amarra.

Entonces se puede izar rápidamente el spi sin esfuerzo, porque sube detrás del génova y por tanto está desventado. Después hay que cazar la escota y enrollar el génova (o arriarlo, si es posible) para que el spi pinte bien.

Con un botalón, la maniobra es la misma, con la diferencia de que normalmente hay un cabo que regula el puño de amura a distancia, lo que facilita las cosas.

Trasluchar un asimétrico

Es difícil que sea más sencillo: se amolla en banda la escota mientras se arriba de forma que la vela quede como una bandera a proa del barco. Cuando el barco ha superado el eje del viento en popa y la botavara ha pasado al otro lado, basta con cazar la segunda escota en

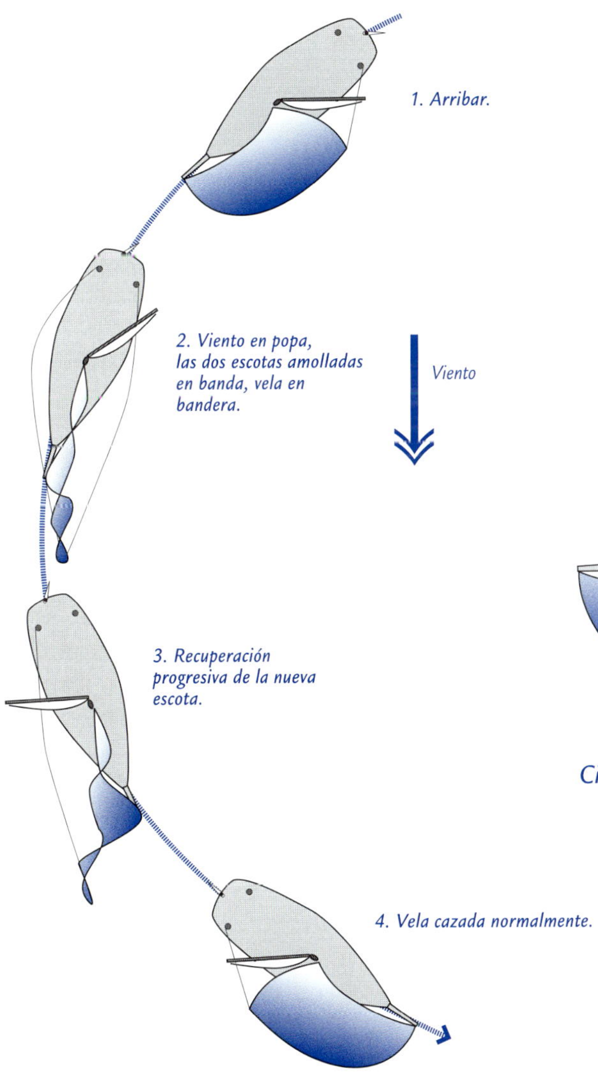

Figura 6.25: Trasluchar un spi asimétrico.

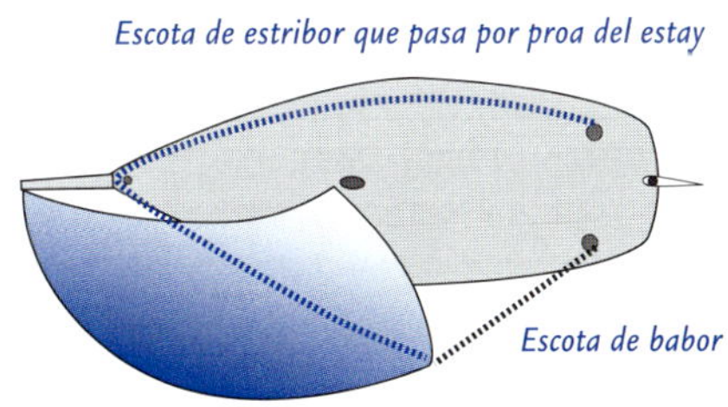

Figura 6.26: Circuito de escota con un asimétrico.

Para trasluchar un asimétrico en un barco grande de crucero-regata, se hace exactamente igual que en un crucero pequeño, con la diferencia de que hay muchos más metros de escota que recuperar al acabar la trasluchada.

la otra amura. Condición indispensable para que la maniobra salga bien: disponer de dos escotas muy largas, porque cada una de ellas debe hacer la eslora del barco más la del pujamen del spi para que no se trabe. Si se quiere economizar, habrá que hacer acrobacias en la cubierta de proa en medio de la trasluchada para recuperar la única escota...

Para arriar, lo más rápido es colocarse suficientemente en portante para que la vela se desvente y una persona situada justo delante del palo agarre el tejido para impedir que se vuelva a hinchar y lo haga bajar, mientras otra suelta la driza. Si falta «personal», lo importante es cazar bien la escota por debajo de la botavara antes de soltar driza, para que la vela quede completamente desventada detrás de la mayor. Tras haber amarrado la escota, también se puede soltar el cabo del puño de amura para que el trapo se desplace fácilmente al centro del barco sin peligro de que caiga al agua.

Como con todas las otras velas, es indispensable comprobar que la driza está clara antes de empezar la maniobra.

Los solitarios tienen un truco: antes de abrir la mordaza de la driza, tiran la driza al agua, por popa. Esto permite tanto frenar automáticamente el descenso de la vela (en todo caso, con una vuelta al winche si hay viento) y evitar la formación de enredos en la driza.

► El spi clásico

Cada vez menos usado en crucero, el spi clásico tiene la ventaja de poder arribar hasta viento en popa. Los preparativos para izar son un poco más largos, porque antes hay que poner el tangón en su sitio.

Si se va claramente con viento portante, se puede fijar el saco del spi en el balcón de proa; al través, es preferible ponerlo en medio de la cubierta de proa para evitar que se vaya a barlovento del estay mientras se coloca. En ambos casos se trata -al igual que con el spi asimétrico- de colocar los puños y la driza por el exterior del génova. El tangón se fija primero en el mástil y después se coloca horizontalmente, a barlovento del estay, regulando el amantillo y la contra. No queda más que pasar la braza (en otras palabras, la escota de barlovento) en la uña del tangón -cuya apertura hay que colocar siempre hacia arriba-, comprobar que el mosquetón de la braza está bien amarrado al puño de amura del spi pasando por delante del estay, y cazar el tangón -tirando de la braza- para que quede perpendicular al viento aparente. Una vez amarradas la braza y la escota de sotavento, sólo falta izar de una tirada, aprovechando que el génova tapa el spi, al menos al principio. Para evitarnos sorpresas, amarraremos la driza en cuanto la vela está izada o, mejor, mantendremos la mordaza cerrada durante toda la maniobra para evitar cualquier tirón si el trapo se hincha de forma inoportuna. Una vez el spi establecido, se puede coger la escota a mano, manchar un poco para rellenar la vela si aún no lo está, enrollar el génova y afinar los reglajes. Es importante que todos los cabos estén amarrados antes de izar, aunque sea con reglajes aproximados, para no arriesgarse a perder después el control de la situación. Esto es especialmente importante en el caso de la contra, que tiene un rol esencial: si no está bloqueada, el tangón subirá con el spi, que adquirirá tal amplitud de movimiento que el barco puede volverse incontrolable.

Después hay que pensar en llevar el saco del spi a popa en previsión de la arriada.

¿Con o sin calcetín?

El uso de este largo forro de tejido que permite izar la vela sin que se hinche inmediatamente y ahogarla antes de arriar se ha generalizado. Aunque pueda ser descorazonador, hay que decir que no se trata de una panacea. Si el calcetín es indispensable para maniobrar grandes unidades con tripulación reducida (Tabarly no habría podido controlar en solitario los enormes spis del *Pen Duick VI* sin este accesorio), su utilidad sigue siendo discutible en cruceros de tamaño medio. Porque antes de simplificar la vida de la tripulación, el calcetín empieza por complicarla mucho. La izada de un spi, que dura unos segundos -en versión «brava»- en un velero de una decena de metros, se convierte en una operación relativamente compleja con el calcetín, al imponer la presencia de un tripulante en la cubierta de proa para asegurarse de que los cabos de control del dispositivo están donde deben estar. Por lo que se refiere a la comodidad de la arriada -el gran argumento del calcetín-, no hay milagros: si la maniobra está perfectamente organizada y realizada en el momento adecuado, cuando el barco está en el rumbo correcto y el spi bien desventado, todo funciona bien. Pero si no es así, uno puede encontrarse con situaciones igual de comprometidas con calcetín y sin; especialmente cuando el tripulante

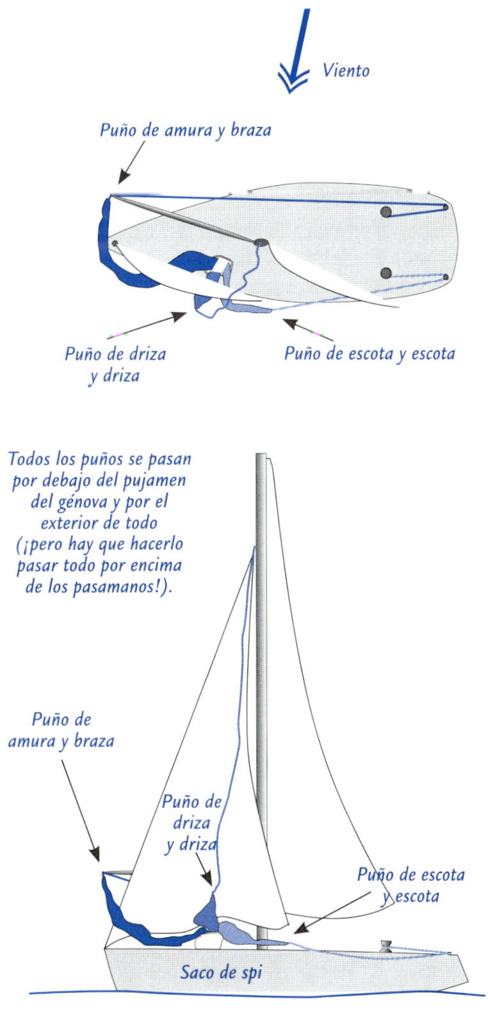

Figura 6.27: Izada de un spi clásico.

de proa corre el riesgo de caer al agua al intentar desesperadamente hacer bajar la guía del calcetín, que se empeña en subir bajo el efecto del tejido hinchado... Conclusión: el calcetín no evita tener que dominar la técnica. No aporta nada en unidades pequeñas y medias y sólo se justifica realmente en veleros de más de 12 metros.

La trasluchada con tangón

A la manipulación habitual (recorrido y paso de la botavara) se añade el delicado paso del tangón de una amura a la otra, la braza de barlovento se convierte en escota en el nuevo bordo, y viceversa. En unidades pequeñas y medias, hasta 10-11 metros, la trasluchada se hace por traslación: el tangón resbala lateralmente, la punta fijada al mástil recibe ahora la braza, mientras que la uña que aguantaba la braza pasa al palo.

El desarrollo de la maniobra exige cierta práctica con tripulación reducida. El timonel se coloca viento en popa, mientras que el tripulante deja un reglaje de la braza más largo de lo que pediría el rumbo (se deja que el tangón vaya un poco a proa para disminuir la presión sobre el mástil), y se amarran braza y escota, ésta también un poco más amollada de lo normal para que el spi quede equilibrado y el tangón pueda encontrar después su nueva posición. Para dar más margen de maniobra al tangón, el tripulante amolla un poco de amantillo o de contra (con poco viento, contra; con viento medio, amantillo), antes de ir a la cubierta de proa. Allí, suelta el tangón del mástil, aguantándolo firmemente, y después coge la escota y la pasa por la uña acabada de liberar. Desplaza entonces el tangón hacia el nuevo lado de barlovento, empujándolo simultáneamente hacia proa, libera la antigua braza abriendo la uña (normalmente un cabito permite hacerlo, y como la uña está orientada hacia arriba, la braza sale sola), y fija después esta uña en el mástil. La trasluchada del spi está acabada. El timonel puede entonces trasluchar la mayor (con tripulación completa esta maniobra puede hacerse simultáneamente) y el tripulante regresa a la bañera para afinar los reglajes.

El éxito de esta maniobra se basa en la capacidad del timonel en mantener un rumbo estable con el viento exactamente de popa, en el correcto reglaje preventivo de braza, escota y contra (o amantillo) y en la seguridad de los movimientos del tripulante de proa.

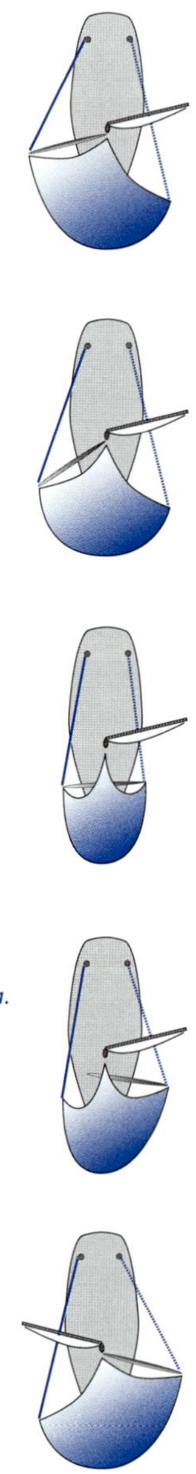

1. Viento en popa, reglaje normal.

2. Amollar la braza, aflojar el amantillo o la contra del tangón.

3. Soltar el tangón del palo y engancharlo a la escota.

4. Soltar la antigua braza.

5. Colocar el tangón en el palo y trasluchar la mayor.

Figura 2.38: Trasluchar un spi simétrico.

Plantear una trasluchada con spi en solitario sólo es razonable con muy poco viento o con un entrenamiento y un material adaptados (piloto automático de calidad, reenvíos de maniobras especialmente estudiados...)

En un velero más grande, y con viento fuerte, el peso del tangón y las fuerzas en juego exigen que se doble el juego de maniobras (una braza y una escota en cada amura), pues el tangón no se suelta en ningún momento del mástil, sino que se baja (amollando amantillo) para pasar bajo el estay y ser colocado en el otro lado. Una variante aún más segura consiste en usar dos tangones, de manera que el colocado en la antigua amura sólo se suelta cuando el nuevo ya está trabajando. Pero estas técnicas afectan más a los grandes barcos de regata que a los cruceros.

El spi en un catamarán

Los catamaranes de crucero tienen una baza importante con vientos portantes: pueden aprovechar las ventajas del spi simétrico sin los inconvenientes del tangón. Gracias a la distancia entre los cascos, dispone de una anchura de puntos de tiro que permite un control perfecto.

La mejor alternativa consiste en montar una braza y una escota en cada puño de escota. La braza pasa por una polea situada en la proa y la escota va directamente a una polea colocada en la popa. De esta forma se navega usando la braza-proa a barlovento y la escota-popa a sotavento. La trasluchada es de una facilidad irrisoria,

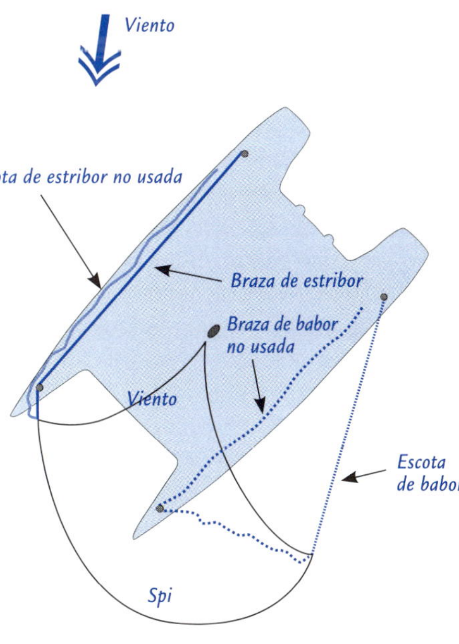

Figura 6.29: El spi sin tangón en catamarán.

La separación de las proas del catamarán permite usar un spi simétrico sin tangón jugando con la tensión del doble circuito de maniobras (brazas y escotas) instalado en cada lado.

porque basta con cazar la nueva braza mientras se amolla la antigua, con un spi siempre hinchado y completamente bajo control. Si se desea, se puede colocar un reglaje suplementario con un cabo con un mosquetón y una polea en el herraje del estay, que permitirá centrar el puño de amura al través para que no se levante demasiado.

► *Atangonar el génova*

Indispensable para navegar con comodidad con viento en popa, esta configuración no es tan fácil de montar como parece. En un velero pequeño, no hay problemas: se coloca una uña del tangón en la escota del génova colocado a orejas de burro (y por tanto a barlovento) y la otra en el mástil. En cuanto la superficie de la vela tiene cierta importancia, esta opción tan sencilla deja de ser totalmente satisfactoria; en efecto, el tangón puede subir y bajar en función de las presiones sobre la vela, e incluso resbalar a lo largo de la escota. Colocar la uña directamente en el puño de escota no resuelve com-

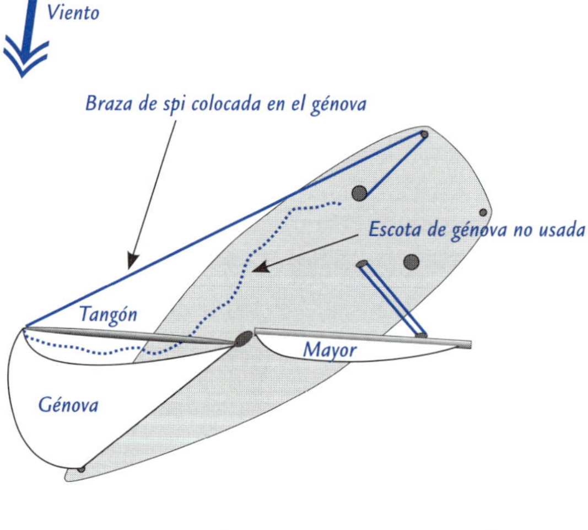

Figura 6.30: Atangonar el génova.

pletamente el problema y además puede ser peligroso. En caso de urgencia, puede resultar imposible liberar el puño de escota. Intentar entonces soltar primero la uña fijada al palo es exponerse a enfrentarse con un tangón «loco», agitado por los sobresaltos de la vela. Es pues conveniente colocar sistemáticamente un amantillo y una contra para bloquear el tangón en la posición deseada.

Incluso vale la pena prever una verdadera braza independiente (la usada normalmente para el spi), que permitirá realizar las maniobras de instalación y recogida con total seguridad. La maniobra consiste en colocar el tangón a barlovento, con amantillo y contra, como con un spi simétrico, mientras el génova sigue trabajando con su escota habitual. Se coloca después la braza -pasada de antemano por la uña exterior del tangón- en el puño de escota del génova. A partir de entonces nos olvidamos de la escota y regulamos la apertura del génova mediante la braza.

Si hay que trasluchar, no hay que hacer ninguna maniobra difícil. Se libera la braza de la uña del tangón, se utiliza la escota normal, y no queda más que cambiar de lado el tangón y su aparejo -con tranquilidad y sin presión- y volver a instalar el mismo sistema en la otra amura. Incluso se pueden usar dos tangones, pero no supone ninguna ventaja a no ser que se quieran usar dos génovas simultáneamente, como si se tratara de trinquetas gemelas.

EN SOLITARIO

6.8. TIEMPO DE REFLEXIONAR

► *Maniobrar sin timonel*

En solitario, al igual que con tripulación reducida, poder soltar la caña es una condición necesaria para la calidad de vida a bordo, y también para la seguridad. El piloto automático es, evidentemente, la respuesta más eficaz a esta cuestión, con la condición de no usarlo para lo que no se debe: su función no es dispensar al navegante de estar atento, sino dejarle las manos y la mente libres para otras actividades.

Desde la gran época de las monumentales veletas de Marin Marie, Hassler o Chichester, las cosas han cambiado mucho. El piloto eléctrico ha sustituido casi por completo al piloto de viento de antaño. Éste consistía en un sistema aéreo de gran superficie, capaz de reaccionar a cada cambio de angulación respecto del viento y accionar el timón para volver a colocar el barco en el ángulo inicial. Interesante para los veleros, este dispositivo tenía la ventaja de que no implicaba ningún consumo de energía, pero tenía el inconveniente de que no podía funcionar a motor y era menos eficaz con vientos portantes. Actualmente sólo lo usan las tripulaciones de navegantes de altura que aprecian su autonomía perfecta: no necesita energía y se puede reparar con los medios de a bordo.

Menos voluminoso y más sencillo de usar, el piloto eléctrico reacciona por su parte a los cambios de orientación respecto de un sensor (compás electrónico o GPS). Los desvíos son tratados por un ordenador que transmite las órdenes pertinentes a una unidad de potencia encargada de accionar la caña.

La elección del tipo de piloto viene normalmente determinada por el sistema de caña del barco: un sencillo brazo que acciona directamente la caña o el sector, piñón que arrastra una correa para mover la rueda, o sistema hidráulico. La potencia dependerá del peso, de la superficie vélica, y eventualmente de las formas del casco (a peso igual, algunos tienen más estabilidad de rumbo que otros). La única regla imperativa es que no hay que colocar un

Solitarios en acción en cruceros de 9 metros durante una regata. El placer y las prestaciones en estas condiciones son directamente proporcionales a la seriedad de la preparación que se ha hecho antes de zarpar, y también a la calidad del piloto automático.

modelo demasiado pequeño para las características del barco, porque supondría tanto un mal control del rumbo como un desgaste prematuro del material.

La verdadera elección está de hecho entre el piloto instalado en la bañera y el instalado en el interior, es decir, fijado directamente al sector del timón. Más que una cuestión de tamaño, lo que hay que tener en cuenta es el uso previsto. El piloto *in-board* no molesta en la bañera, está mejor protegido y su modo de fijación permite una acción precisa y eficaz a largo plazo. Por todos estos motivos, es el preferido por los regatistas o las tripulaciones de altura que hacen un uso intensivo de su barco. Pese a su pequeño tamaño, los 6,50 metros de la MiniTransat utilizan también mayoritariamente pilotos *in-board*. Por el contrario, el piloto de bañera es un producto económico (tres o cuatro veces más barato que el *in-board*) y más cómodo para una utilización normal.

Siempre que esté dotado de veleta, o esté acoplado a una central, el piloto eléctrico también puede funcionar en modo «viento», algo interesante en ceñida para un velero. Además de esta maravillosa capacidad de mantener el rumbo, el piloto moderno tiene una función «bordo» muy útil para el solitario. Cuando se quiere, el brazo hace orzar el barco y lo sitúa en un nuevo rumbo a 90° del precedente (el valor del ángulo y la rapidez del movimiento se regulan en función de las preferencias). El mismo tipo de función puede usarse para la trasluchada, lo que cambia la vida del navegante, que sólo tiene que ocuparse de las escotas.

Para sacar más provecho del aparato, hay que respetar dos grandes principios:

- Un reglaje preciso, adaptado al barco y a las condiciones reinantes. Puede ser útil modificar los distintos parámetros en función de las condiciones: el *«gain»* (ángulo de timón en cada reacción), el *«seastate»* (modificación del tiempo de respuesta en función del estado de la mar), el *«trim»* (corrección permanente para compensar un desequilibrio). No hay recetas milagrosas: cada usuario tiene que familiarizarse con el comportamiento de la pareja barco-piloto que ha elegido para encontrar los mejores reglajes.

• Antes de poner el piloto a trabajar, vale la pena facilitarle la tarea esforzándose en equilibrar el barco al máximo. Estos esfuerzos se traducirán en menos guiñadas y menos fatiga del material. Durante la travesía es conveniente desembragar el piloto con cierta regularidad para verificar, caña en mano, si el equilibrio del barco ha cambiado.

A la hora de instalar un piloto de bañera, hay que prestar especial atención a la estanqueidad de las tomas exteriores (que protegeremos con grasa de silicona) y al circuito del cableado para no tener interferencias o incluso degradaciones con piezas móviles, o con el material guardado en los cofres.

Amarrar la caña

A falta de piloto automático, sólo podemos contar con la estabilidad de rumbo del barco si queremos liberarnos de la caña un momento. Algunos cascos específicos se comportan muy bien en este sentido (especialmente modelos de largo viaje de quilla larga y dos orzas), pero en la mayoría de cruceros modernos soltar la caña es algo sencillamente impensable: el barco se pone casi inmediatamente al través. Será necesario por tanto bloquear la caña en el mejor ángulo posible, siendo conscientes de que esta estabilidad será extremadamente precaria con viento portante y a motor. En la mayoría de los casos, sólo nos permitirá esperar algunos instantes de tranquilidad: ¡para salir disparados a coger el traje de aguas en el interior!

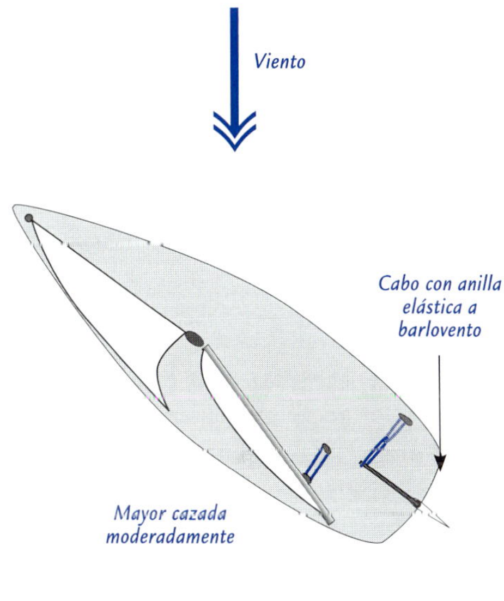

Figura 6.31: Amarrar la caña en ceñida.

En ceñida es más fácil, en la medida en que la dirección del viento constituye un «tope» natural. Con el génova cazado, la mayor un poco más amollada de lo habitual y la caña amarrada básicamente en medio (pero con la pequeña angulación útil, cuidadosamente dosificada antes de amarrar), el barco tiene que poder navegar tranquilamente de ceñida. Si orza demasiado, la mayor se desventa y la presión del génova lo devuelve al rumbo correcto; si arriba, es la mayor la que lo devolverá hacia barlovento. Sabiamente dosificado, un sistema de este tipo puede funcionar horas. Por lo general, basta con colocar una retenida a un solo lado (a barlovento, pues se supone que el barco será ligeramente ardiente), excepto en algunas configuraciones del timón que son capaces de desviarse en cualquier dirección. Colocar una parte elástica (con un trozo de goma) en la retenida a menudo mejora su funcionamiento, al darle más flexibilidad.

Acuartelarse

A falta de otro sistema, acuartelarse (que supone la misma maniobra que ponerse a la capa) es una excelente forma de respirar o de tener tiempo de hacer una tarea concreta (toma de rizos, examen más tranquilo de la navegación...). Cuando se ciñe, basta con virar sin tocar la escota del génova. Una vez sobrepasado el eje del viento, y con el génova a la contra, se amolla la escota de la mayor y se amarra la caña a sotavento. Hay que tener cuidado con

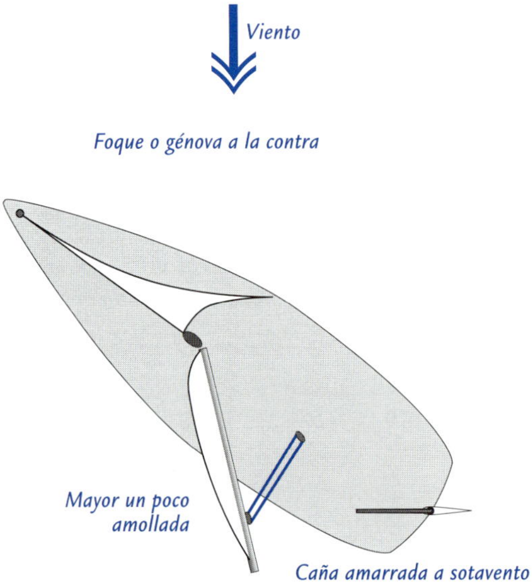

Figura 6.32: Acuartelarse.

las crucetas agresivas cuando el tejido del génova está muy fatigado. El barco permanecerá entonces en esta posición, tanto si le gusta como si no, abatiendo suavemente y con una escora adaptada al viento, pero sin movimientos bruscos. No hay que dudar en recurrir a esta técnica cuando no se sabe muy bien dónde se está o ya no es razonable seguir adelante en la niebla, tanto en sentido estricto como figurado.

DE GUARDIA

6.9. VIGILAR EL CIELO Y EL HORIZONTE

El fabuloso cara a cara con el océano tiene lugar en presencia de muchos otros usuarios de la mar, tanto profesionales como aficionados. Navegar también es, por tanto, pasar tiempo mirando alrededor; para evitar malos encuentros, y también para anticiparse a los cambios que se avecinan, tanto en el paisaje como en las condiciones.

► *Prevenir los malos encuentros*

Lo primero es vigilar los otros barcos. Esto exige un esfuerzo real de atención a bordo de un velero, cuyo campo de visión es a menudo restringido. En ceñida con génova, el ángulo muerto del timonel normalmente es de unos 90°, incluso más si el barco está muy escorado y el caña, sentado en la bañera, no ve lo que pasa a barlovento. Por tanto, la mirada de control -a sotavento y eventualmente por proa- se impone con mayor regularidad cuanto más rápidamente cambian las cosas. Con buena visibilidad, un carguero puede estar a su lado un cuarto de hora después de haber comprobado que el horizonte estaba absolutamente vacío. Con visibilidad media, este plazo baja fácilmente a menos de 10 minutos, y es prácticamente inexistente con niebla, cuando sólo se puede contar con la agudeza de nuestro oído, ¡siempre que el viento sea favorable!

La cuestión es crucial en las zonas más frecuentadas por los navegantes. Entonces hay que comprobar antes de la maniobra -y también durante- si no hay ningún otro velero en nuestro rumbo. Los veleros tienen un rumbo mucho más errático que los mercantes. En alta mar, los encuentros son menos frecuentes, pero el peligro es aún más insidioso, pues la rápida llegada de un portacontenedores desde el horizonte puede sorprender a una tripulación que no ha visto a nadie desde hace tres días. La vigilancia de los grandes mercantes es la que es y hay que poner a nuestro lado de la balanza todo lo que podamos (reflector de radar y luces de navegación eficaces) y confiar más en la propia vigilancia que en la de los demás. Un radar constituye un plus en este sentido, pero evidentemente no se trata de imponerlo en todos los veleros.

> *En alta mar, duermo con la alarma del radar regulada en 4 millas: se dispara si se acerca un obstáculo o un barco. En zona costera o frecuentada, echo cabezadas de 20 a 30 minutos y me despierta una alarma muy potente, no los ridículos bip-bips suministrados por los fabricantes. Vigilo el horizonte por todos lados y vuelvo a dormir.*
>
> ***Antoine***

Cuando un barco está en un rumbo convergente, hay que vigilar la evolución de su posición relativa. Si la demora se mantiene constante, es que estamos en rumbo de colisión. Entonces hay que reaccionar antes de que sea demasiado tarde.

Navegar con los ojos muy abiertos

Cualesquiera que sean los medios de navegación de que se disponga, conviene, y mucho, seguir atentamente las señales que nos transmite el entorno marino. La cercanía de tierra puede adivinarse en un cambio de las proporciones de las olas, en nubes especiales pegadas al relieve, en el cortejo de los pájaros e incluso en los olores. La observación minuciosa de la superficie de la mar, el rodeo efectuado para observar la estela de una boya de nasas, proporcionan informaciones precisas de la realidad de las corrientes. Las señales del cielo, finalmente, son primordiales y permiten prever, por la forma de las nubes o el color del atardecer, la evolución del viento (ver capítulo de meteorología); sin olvidarse, claro está, de vigilar los movimientos del barómetro. Además, hay que pensar en la orientación de la luz en función del horario: algunos canales difíciles son absolutamente impracticables con el sol de cara.

Cerca de los puertos o en alta mar, la densidad del tráfico comercial invita a la vigilancia: pueden pasar menos de 10 minutos entre el momento en que un buque es aún invisible en el horizonte y el momento en que estamos a su lado...

Vigilar una degradación de la visibilidad también permite anticiparse a eventuales dificultades de navegación que pueden llevarnos a cambiar la ruta. E incluso en la más espesa de las nieblas no hay que dejar de mirar por todas partes, incluso al aire: un acantilado ahogado en el algodón a nivel del mar es a veces perfectamente visible 80 metros por encima, iluminado por el sol.

► Adaptarse a la oscuridad

A priori, navegar de noche no cambia en absoluto la forma de llevar un velero, y sin embargo todo es diferente. Para empezar, en la vida a bordo, pues la oscuridad hace que reglajes y maniobras sean un poco más complicados. En la medida de lo posible, lo mejor es intentar acostumbrar los ojos a este entorno distinto. Cuanto menos se encienda la luz, tanto en cubierta como en el interior, menos se deteriorará la capacidad de visión nocturna. Las luces suaves -de color rojo- para el compás, los instrumentos y la mesa de cartas, son perfectas en este sentido. De todas formas, con la mejor voluntad del mundo, a veces es imposible no usar un complemento de luz (noche demasiado oscura o desenredo complejo a acometer). Entonces es útil una linterna estanca usada con cuidado (o mejor, una linterna frontal que deja las manos libres). Es muy aconsejable que haya una en el bolsillo de cada chaqueta de guardia, tanto por cuestiones prácticas como por seguridad en caso de caída.

> *Cada tarde se verifica que todas las linternas tengan pilas buenas. Es una tontería, pero tienen que funcionar cuando se necesita. En mi barco, todos tenemos linternas frontales, y siempre hay una linterna potente a mano del timonel.*
>
> **Olivier Pitras**

No hay que decir que, antes de que caiga la noche, se habrá repasado la cubierta y el interior para que todo esté en su sitio y claro. Se evitará el uso intensivo de las luces de cubierta. Útiles puntualmente para llevar a cabo una maniobra difícil, tienen el inconveniente de cegar completamente a la tripulación respecto de lo que pasa fuera del barco.

El otro cambio importante sucede en el exterior, con la desaparición de todos los puntos de referencia visuales no luminosos. Este zambullido en lo negro puede inquietar con toda legitimidad, pero no es razón para que la precisión de la navegación salga perjudicada. Al contrario: a la artística sucesión de colinas que se parecen todas entre sí suceden señales perfectamente calibradas de faros y balizas cuyas posiciones no ofrecen ninguna duda. Para convencerse de ello, basta con observar la decepción que siente la tripulación a la llegada del amanecer. Esperaba que se hiciera la luz sobre un paisaje invisible, únicamente simbolizado en algunos destellos blancos, verdes o rojos; y se encuentra aún más desorientada que una hora antes, frente a una masa gris desprovista ahora de todo punto de referencia. Esto no significa que de noche todo sea sencillo. Las distancias son difíciles de evaluar, y, aún más que de día, el navegante tendrá que echar mano del compás de marcaciones para eliminar las dudas sobre la posición relativa de las distintas luces. Finalmente, a menudo la entrada en los puertos es impresionante, con luces de alineación que se pierden entre los anuncios luminosos del litoral, mientras las luces de la ciudad se confunden con las del ferry que está maniobrando. También aquí unos prismáticos de calidad constituyen una ayuda preciosa. El viejo principio sigue plenamente vigente: acercarse a la costa al final de la noche para aprovecharse de los faros, y entrar en puerto con el día sigue siendo lo mejor.

Quedan finalmente los obstáculos invisibles: la baliza no iluminada, las redes de pesca, el barco fondeado... Y naturalmente la punta desprovista de faro o el bajo no balizado. Entonces hay que demostrar sentido común y admitir que, sencillamente, determinados parajes no deben ser frecuentados de noche.

> *Hay consignas específicas, reglas de seguridad que hay que respetar en cuanto se aborda una navegación nocturna. Ante todo, la previsión meteorológica, para saber qué configuración hay que dar al barco y decidir eventualmente dejarlo corto de trapo. Después, cuando cae la noche, los arneses son obligatorios en cuanto se sale de la bañera, y los chalecos salvavidas, todo el rato. Finalmente, es necesario que todo el mundo se abrigue antes de que haga frío, y que haya comida a mano para aguantar la noche.*
>
> ***François Ruby***

Aproximación a un fondeadero de noche: a poco que la preparación (y aquí la supervisión de los adultos) esté a la altura, es una experiencia mágica para los navegantes de todas las edades.

CAPÍTULO 7 - VIVIR A BORDO

CAPÍTULO 7

Mejor prevenir de entrada al lector: este capítulo, que trata de uno de los aspectos más importantes del crucero –el placer de estar en un barco–, será también el más abierto. En efecto, si bien no hay treinta y seis métodos de tomar un rizo, sí hay mil formas de organizar una tripulación y de administrar el día a día a bordo. Se trata sólo de hallar, a partir de todos los modelos posibles, la receta que conviene más en cada caso, sabiendo que puede ser radicalmente distinta de un equipo a otro.

LA COMPOSICIÓN DE LA TRIPULACIÓN

7.1. TODO ESTÁ PERMITIDO, O CASI...

La obligación de los resultados impone a los regatistas formar su tripulación de manera muy refiexiva para estar seguros de que a bordo disponen de todos los conocimientos necesarios; y si es posible, de los mejores talentos. El crucerista no tiene este tipo de preocupaciones por la sencilla razón de que, en la mayoría de los casos, el tema ni siquiera se plantea. Su tripulación, normalmente la ha elegido de antemano por razones muy distintas y no le queda más remedio que apañarse con ella «para lo bueno y para lo malo». Esto no impide que a veces la familia se abra y se embarquen unos amigos, o porque se necesitan refuerzos (con motivo de unas vacaciones en un barco más grande, para una travesía concreta, o sencillamente porque los niños han cambiado de aires unos días). Sin hablar, naturalmente, de los cruceristas que -por gusto o por necesidad- navegan sin familia y reclutan tripulantes en función de sus aflnidades o de las especiflcidades de su proyecto.

Sobre las «buenas» y las «malas» personas a embarcar está todo dicho. Desde el peligro de embarcar amigos («la mejor forma de pelearse con ellos») hasta la deflnición de los perflles mejor adaptados, se han dicho todos los tópicos. La realidad es que esto no es distinto del conjunto de las relaciones humanas en la vida: funciona o no funciona, sin que se pueda prever siempre el resultado de esta alquimia. La nerviosa angustiada, incapaz de dejar de inquietarse, que hemos intentado no embarcar se revela como una compañera apreciada en mar, mientras que el joven amable y dispuesto al que habríamos colocado de antemano la etiqueta de «tripulante ideal» acaba siendo absolutamente insoportable. Y al revés. En resumen, ¡que cada cual se las apañe como pueda!

► *No sobrepasar las capacidades del barco*

A falta de criterios estrictos sobre la elección de los compañeros de crucero, hay algunas reglas que deben respetarse en lo que se reflere a la adecuación de la tripulación al barco. La más clara es que el tamaño de la tripulación sea proporcional al del barco. No es normal que se embarquen más personas que literas haya a bordo. De todas formas, sucede, sobre todo en familias de cinco personas, que pocas veces tienen en cuenta los estudios de marketing de los fabricantes. La cifra de cuatro literas sigue siendo, en efecto, el estándar oflcial de todos

El barco es pequeño (5,05 metros), pero las jóvenes tripulantes también, y el crucero es todo un éxito, con el añadido de que hace buen tiempo y la «mesa» está cuidada.

los veleros de 6 a 8,50 metros; y hay que pasar al nivel superior en tamaño (y en presupuesto) para saltar directamente a seis literas, normalmente alrededor de los 9,50 metros de eslora. Hacer dormir al grumete del barco encima de los sacos de las velas o en un colchón colocado directamente en el suelo de la cabina no es un problema en sí mismo -normalmente el afectado está encantado- pero complica considerablemente la organización. Es casi imposible circular por el interior, y reacondicionarlo todo para devolverlo a una configuración «de navegación» exige cada mañana un trabajo largo y pesado. Sin hablar de los cofres que estarán saturados, lo que impondrá que muchas cosas tengan que guardarse encima de las literas durante el día. Este tipo de sistema funciona, pero no con todo el mundo. Una familia o un grupo de amigos entusiastas pueden vivirlo con buen humor, mientras otros considerarán que semejantes limitaciones son absolutamente insoportables.

Y todo esto sin llegar al déficit de literas, cuidado. Porque hay literas y literas. Para vivir agradablemente durante períodos que sobrepasen el fin de semana con una tripulación que tenga en cuenta la comodidad, la litera convertible de la cabina central -la que exige retirar cada noche todo lo que queda sobre la mesa, bajarla e ir a buscar los colchones correspondientes en un cofre- no debería ser tomada en consideración. Si se deja de lado el camping costero -en el que se pasa tanto tiempo en tierra como en el barco- un barco de crucero digno de este nombre debe ofrecer a cada uno «su» propio rincón, por pequeño que sea.

La multiplicación de cabinas aisladas con literas dobles en los veleros modernos ha perjudicado en este aspecto a los tripulantes solteros. Cuando un 11 metros ofrece hoy seis literas, normalmente hay que interpretar tres cabinas dobles. Los «individuales» no tendrán más remedio que compartir con uno de sus semejantes una litera que de doble sólo tiene el nombre, pues su anchura normalmente no sobrepasa los 110 centímetros (¡en el punto más ancho!, pues esta cifra baja claramente a menos de 60 centímetros en el lado de los pies...).

El inexperto puede quedarse pasmado al constatar que en un barco de 120.000 euros dispone de menos espacio que en una buena tienda canadiense, pero es así.

El sentido común aconseja disminuir el número de personas de forma proporcional a la duración del crucero. Un barco de serie previsto para acoger seis personas sólo conseguirá convenientemente este objetivo durante un período un tanto reducido (menos de una semana). A partir de aquí, uno se da cuenta de que falta espacio por todas partes: no hay suflcientes cofres para almacenar el avituallamiento ni la ropa de recambio, la cocina es demasiado pequeña; y todo ello sin hablar del espacio vital. Con cinco personas, el barco será mucho más habitable para pasar dos o tres semanas; pero es con cuatro como nos encontraremos realmente a gusto para un largo crucero de verano, y con dos o tres para un viaje prolongado.

La mayor tolerancia de los catamaranes

El umbral de saturación no se sitúa al mismo nivel en los catamaranes que en los monocascos. A igual volumen, el catamarán tiene superflcies de circulación más generosas, una separación más clara de los diferentes espacios entre los que se pueden repartir los ocupantes y la ausencia de escora permite aprovechar mejor cada decímetro cuadrado.

Resultado: al contrario que en un monocasco, el catamarán permite sin problemas ser usado en su capacidad máxima, al menos para cruceros limitados en el tiempo. Esta mayor tolerancia en volumen no debe ocultar la sensibilidad al peso de este tipo de barcos. Habrá que tenerla en cuenta cuando se piense en travesías serias; aun más que el monocasco, el catamarán pierde una parte de su potencial de velocidad y de sus cualidades marineras si está sobrecargado.

Inmejorable para aislarse: el gran catamarán con su superficie de cubierta y sus espacios interiores bien separados.

No dejar que el barco nos supere

Es el otro criterio ineludible tanto para el éxito como para la seguridad de un crucero. Sea cual sea la opción elegida, la relación entre las características del barco, el número de brazos disponibles a bordo y su eficacia debe permitir asumir todas las maniobras útiles. Una vez más, no se trata de facilitar una fórmula ya hecha que indique el número de kilos de músculo necesarios por tonelada de barco... Se ven tripulaciones de dos personas -a veces incluso con una de ellas poco activa- que se apañan de maravilla en veleros de 17 metros con mucho trapo; y otras, compuestas por cinco o seis adultos, tienen dificultades para asumir las maniobras de un crucero de 12 metros.

A la hora de juzgar el potencial de su tripulación, el crucerista sólo tiene que ser realista al plantearse las preguntas pertinentes. Tiene que hacer inventario de lo que puede hacer él solo, y las tareas para las que necesitará ayuda. La cuestión es aún más importante si se navega con una tripulación poco surtida o poco competente. En este caso hay que imaginarse lo más objetivamente posible realizando todas las maniobras, desde la toma de rizos al amarre, pasando por el hombre al agua, y decidir si funciona o si no es suficiente. En este análisis, hay que prestar atención en no sobreestimar la participación de unos y otros; en condiciones difíciles, un adulto principiante o un niño constituyen casi siempre cargas suplementarias que complican la maniobra más que ayudas potenciales.

Usar los conocimientos

> *Para las maniobras en cubierta, elegir cabos de distintos colores puede simplificar mucho las cosas. Al ignorante o al menos competente a bordo, en lugar de pedirle que amolle la driza de la mayor, se le podrá decir "soltarás el cabo rojo". Es muy sencillo, porque no hay que pedir a quien viene a hacer un crucero de 15 días al año que conozca todo el vocabulario. Y al menos es claro y eficaz.*
>
> **Gilles Chiorri**

En una tripulación formada por gente que no se conoce, no siempre es fácil discernir los conocimientos y capacidades de cada cual. Los que más alardean no son necesariamente los más fiables. Todo el arte del patrón consistirá pues en dejar que cada uno exprese sus conocimientos, sin permitir que el barco corra riesgo alguno. Prudencia, por tanto, ante el tripulante desconocido que parece haberse pasado la vida izando spis con 40 nudos de viento y que proclama conocerse de pe a pa el canal de acceso -difícil- del destino de la jornada. El responsable del barco no puede aceptar nunca perder el control de las operaciones dando carta blanca a alguien cuya fiabilidad no ha podido comprobar con antelación. ¿Usar los conocimientos de unos y otros? Sí. ¿Lanzarse a una opción sobre la que se albergan dudas? ¡No! En caso de problemas, el instigador del error se escabullirá y el patrón no tendrá más remedio que asumir solo el resultado, por muy desastroso que haya sido.

La cuestión merece además que se recuerden las normas de alquiler con patrón. Muy pocos usuarios saben que el patrón retribuido -que dirige de hecho todo lo importante concerniente a la navegación- sólo tiene, jurídicamente hablando, el estatus de «consejero»; y si van mal dadas en la mar (estragos graves, incluso pérdida del barco) -incluso si ha empezado por un error del susodicho patrón-, es el charterista, y sólo él, quien como patrón oficial será considerado responsable del desastre.

> *Un buen tripulante, para mí, es ante todo alguien que va hasta el final de lo que emprende. Y que, si no lo consigue o no se siente capacitado, no dudará en decirlo. Imaginad que con mal tiempo envío a un tripulante a la cubierta de proa. Tiene que soltar un grillete, pero no lo consigue. Un tripulante que no dice nada, que deja creer que lo ha hecho, es un tripulante peligroso. Hay que saber dejar el orgullo de lado. No conseguir llevar a cabo una misión no es ninguna vergüenza, pero hay que decirlo, hay que rendir cuentas. Para mí es tan importante que cuando las maniobras son un poco delicadas, mandaré antes a un tripulante en quien tengo una confianza absoluta, aunque sea un poco menos competente que otro.*
>
> **Olivier Pitras**

Hacer guardia

Para etapas veraniegas de unas pocas horas, la organización de verdaderas guardias no es obligatoria. La tripulación disponible se turna en la caña y en las distintas tareas de a bordo de forma informal, en función de las capacidades y de los gustos de cada uno. Un sistema de guardias es deseable en cuanto se navega de noche, para permitir que todos descansen, a la vez que se garantiza una presencia activa y constante en cubierta.

Todas las variables son posibles, en la medida que se trata de una experiencia puntual. Las tripulaciones numerosas harán guardia de dos en dos (o más, si se trata de un barco grande con una plétora de tripulantes); las otras se conformarán con guardias en solitario (de todas formas, cada persona afectada debe ser capaz de mantener la vigilancia, seguir la navegación, llevar la caña y hacer los reglajes necesarios).

En crucero familiar, los padres pueden asumir esta tarea por turnos mientras los niños duermen; o hacerles participar en una o varias guardias junto a uno de los adultos; esto depende de la edad de los niños, de lo que saben hacer a bordo y de su grado de cansancio y de motivación. Se pueden programar guardias de tres o cuatro horas, si al menos hay dos personas por turno. Dos a tres horas como máximo si la guardia es en solitario.

El patrón tiene que haber elegido una previsión meteorológica conveniente y haber preparado cuidadosamente la navegación, sobre todo si navegar de noche no es una práctica habitual para su tripulación. Las referencias de los faros que deben aparecer se anotarán antes de anochecer encima de la mesa de cartas, al igual que todas las informaciones que pueden afectar a la persona de guardia. Incluso si no es un virtuoso de la navegación, éste debe saber de antemano qué se presentará por el camino y qué es lo que debe vigilar más especialmente. De esta forma podrá saborear con toda serenidad una de las sensaciones más extraordinarias que se pueden experimentar en la mar: deslizarse sobre el agua en la oscuridad, con la impresión de estar absolutamente solo, únicamente con algunos haces luminosos, rojo, blanco o verde, que nos unen al mundo de los hombres.

Para grandes navegaciones que implican varias singladuras consecutivas, el principio de las guardias no cambia, pero deben organizarse con solidez. En este caso se trata de insistir en la duración, para lograr un ritmo guardia-descanso satisfactorio, a fin de evitar que todo el mundo esté agotado al cabo de tres días. Lo ideal sería adaptar con precisión la duración de los períodos de descanso al propio ritmo de sueño; los navegantes solitarios son unos expertos en la materia y las pruebas a que se someten les permiten conocer con precisión si les conviene dormir por períodos de 20 o de 30 minutos. Los cruceristas pueden permitirse el lujo de administrar este tema sin tantas exigencias. Es cosa suya hacer evolucionar las alternancias guardia-sueño en función de sus preferencias y de las sensaciones al despertarse, a fin de encontrar el mejor equilibrio.

La guardia no se hace sólo de noche; en navegaciones largas, el reparto de las horas a la caña durante el día también debe estar organizada.

En travesía oceánica, se está muchas veces solo en cubierta (hay poca gente a bordo...) y bastante poco en la caña, que se deja al piloto electrónico o de viento. Aparte de vigilar el paso de chubascos que justiflcan un cambio de velas, la tarea básica de quien está de guardia es vigilar el posible paso de barcos. En algunos barcos, las guardias se organizan de forma menos rigurosa de día, pero esto sólo funciona si hay suflciente gente motivada para quedarse en cubierta.

De manera general, es aconsejable no despertar a la guardia siguiente un cuarto de hora antes de la hora prevista, sino más bien prepararle algo caliente para darle la bienvenida; y no retrasar las maniobras para que sean los siguientes quienes tengan que hacerlas. Para el bien de todos, también hay que cuidar el descanso de quienes no están de guardia; en otras palabras, hay que evitar los concursos de canciones y las conversaciones demasiado altas, las idas y venidas sin sentido entre las literas, e incluso limitar el uso de los winches y las carreras por cubierta si no son necesarios.

LA COCINA

7.2. REGRESO A LAS COSAS SENCILLAS

El principio no es nada original: hacerlo lo mejor posible con los medios de a bordo -que pocas veces son tan eficaces como en casa- para que la tripulación no sólo esté alimentada, sino que a ser posible esté ¡satisfecha! En la práctica, esto supone que habrá que redescubrir el placer de los productos sencillos que hemos dejado de usar en tierra.

> *Para hacer un crucero, hay que ser autónomo. Al final, todo es cuestión de tener energía, porque con energía se hace electricidad, agua dulce, y a partir de esto se es absolutamente autónomo. Recuerdo haber hecho cruceros en Los Roques, en Venezuela, en que durante tres semanas seguidas pescábamos, nos hacíamos nuestra propia agua, vivíamos en una autarquía total. ¡Era genial! ¡No es imprescindible tener cada día helados en la nevera! Se trata sólo de tener una fuente de energía fiable, lo más ecológica posible, y después, por desgracia, para hacer agua potable a menudo hay que usar un motor o un grupo electrógeno. Creo que para mí es el principal criterio: un barco silencioso con un grupo electrógeno que permite tener toda la autonomía deseada.*
>
> **Gilles Chiorri**

Menús: gustos y colores

Al igual que para el programa y la selección de los tripulantes, cada uno tiene que decidir en función de sus preferencias, sabiendo que actualmente hay innumerables maneras de aportar a su tripulación las proteínas y los otros elementos necesarios para su supervivencia y su bienestar. Según el tamaño y los medios con que cuente el barco, se echará mano tanto de las viejas costumbres de la cocina tradicional como de los productos y técnicas más especialmente destinados al camping y a los mochileros. Antes de decidir los menús, hay que tener en cuenta dos factores esenciales: la capacidad de cocción a bordo y los medios de conservación.

En los barcos más pequeños, sólo se dispondrá de un fogón a gas (normalmente montado sobre un cardán, o incluso un doble cardán, a fin de que el plano de cocción permanezca siempre horizontal, sean cuales sean los movimientos del casco), lo que supone eliminar un cierto número de platos que requieren varias cocciones simultáneas. Los modelos del sector superior (7 a 9 metros) no están mucho mejor provistos, con fogones dobles montados sobre cardán. El espacio entre los dos fogones es demasiado reducido para colocar más de dos pequeñas cacerolas. Los cruceros de más de 9 metros están normalmente dotados de verdaderas cocinas, también con dos fogones y cardán, pero con una verdadera zona de cocción más amplia sobre la que se pueden usar a la vez una paella y una cacerola; y sobre todo tienen un horno de verdad, que permite variar el menú con ¡pollo asado, gratinados, quiches y pasteles!

En cuanto al contenido de los platos, no vamos a entrar en el debate de las ventajas de los distintos menús. Hay tripulaciones felices tanto entre los incondicionales del embutido-paté-fabada como entre los fanáticos del cóctel de barritas energéticas-frutos secos, los maníacos del pescado fresco o los 100% bios. La dietética tiene un espacio lo bastante importante en la prensa moderna como para que se sepa a qué atenerse en materia de aportaciones energéticas útiles e inútiles, incluso para una actividad al aire libre. Tampoco abordaremos cuestiones específicas del avituallamiento (término consagrado para referirse al abastecimiento en marina y aviación) de un viaje largo; la cuestión es lo suficientemente amplia como para justificar un libro entero.

Para la comida de los más pequeños, no hay que equivocarse de prioridades: el clásico espagueti-ketchup servido a su hora es mucho más eficaz para la moral que un menú más elaborado... que se hace esperar.

Me gusta mucho cocinar en el barco porque se tiene tiempo. Tiempo de tener hambre, de pensar en lo que les gustaría a las papilas, de hojear libros de recetas...

Por lo general, en el barco se saborea el placer de alimentarse bien, con recetas más o menos delirantes, y se busca la máxima autosuficiencia fabricando los propios productos de base (pan, yogures, cereales). Cuando zarpé, no pensaba que acabaría cayendo en el cliché del pan de cada día. ¡Pues sí!

La cocina forma parte de las conversaciones y los intercambios (muy femeninos) en los fondeaderos. Se recogen así muchas informaciones y pequeños "trucos".

Nuestros hallazgos:

- *El redescubrimiento del kefir. Se trata de una especie de fermento lácteo, que se vende en farmacia (sólo en Francia), que permite obtener muy fácilmente un yogur líquido dulce y sabroso. Se trata de añadirlo a la leche a temperatura ambiente y esperar 12 horas, a diferencia de los yogures tradicionales, en los que hay que calentar la leche a una temperatura exacta, meterlos en la olla... y cruzar los dedos.*
- *La receta del pan hecho en la sartén, que permite no amasar, no mancharse las manos y no calentar el barco como con un horno. El pan es delicioso, sobre todo con harina de 10 cereales.*
- *Frente a la falta de carne y para los que no temen el prión, el corned-beef es un buen remedio para las boloñesas, los rellenos y el chile. Hay que añadirlo al final de la cocción de la salsa de tomate.*

Pese a nuestro espacio restringido, hemos prestado atención a tener una cocina digna de este nombre (pica, armario alto). En cambio, el segundo fogón de nuestra pequeña cocina de gas no sirve para nada; hubiera sido preferible optar por un solo fogón más espacioso. Pero teniendo en cuenta la ausencia de escora, podemos cocinar sin problemas con fuerza 5...

Anne, compañera de Pierre Bourguinat

Conservar los víveres

El primer escollo a superar es el del espacio. Pronto nos daremos cuenta de que en algunos barcos es muy complicado colocar lo necesario para alimentar a cuatro personas durante más de tres días. En los más pequeños, la inevitable proximidad a tierra resuelve el problema en la medida en que tendremos posibilidad de ajustar el aprovisionamiento casi a diario. En un velero más grande, con un programa ambicioso y pretensiones de autonomía, no siempre será fácil, sobre todo si hay mucha gente a bordo. Un buen ejemplo para hacerse una idea de los volúmenes necesarios: las necesidades de agua. Cada vez es más raro que las tripulaciones se conformen con el agua de los depósitos (casi siempre tiene un gusto desagradable); habrá que limitar por tanto su uso a la cocina y embarcar botellas de agua. Con seis personas a bordo, como mínimo hay que prever 150 para un mes de crucero en algún lugar con sol. Es cierto que no hay que cargarlo todo de golpe, pero a no ser que se repongan las existencias cada dos días, será necesario poder almacenar una cuarentena de botellas a la vez.

> «*En un barco, incluso en un barco grande, cuantas más cosas tienes, más se te complica la vida. Es preferible depurar un poco. A mí me entusiasma cocinar, me encontré con pocas cosas a bordo del* Nirvana *y pese a ello he escrito dos libros de cocina –en un 31 pies cuya cocina consistía en tres grandes cajones, dos bandejas con rejillas, una con tres sartenes, tres cacerolas y una olla a presión, y la otra con cuatro platos, cuatro tenedores, cuatro tazas, dos ensaladeras, un escurridor y se acabó. Pero puedes tener pequeños utensilios que te facilitan la vida, como un prensa-ajos, un buen abrelatas, una pequeña batidora o un dosificador.*»
>
> ***Sophie Hachet***

Una conservación difícil

Incluso si a uno sólo le gustan los productos frescos, habrá que resignarse: a menos de hacer la compra cada día, es muy difícil conservar este tipo de alimentos a bordo. La mayoría de veleros no tiene nevera; y cuando la tiene, su capacidad es tan limitada que su papel consiste básicamente en evitar que la mantequilla se derrita, a fabricar cubitos, y mantener en fresco las carnes y embutidos previstos para los días siguientes. Y lo mismo sucede con el congelador, que pese a un importante consumo de energía, pocas veces ofrece suficientes garantías en cuanto a baja temperatura como para conservar productos congelados durante cierto tiempo. Hay excepciones que confirman la regla, como algunas unidades muy bien motorizadas, dotadas de importantes reservas de electricidad y de instalaciones de gama alta en el campo de los electrodomésticos, incluido el microondas.

En los veleros poco dotados por el hada electricidad, la antigua nevera de hielo seguirá siendo muy útil, provista de botellas congeladas de antemano más que de los tradicionales bloques de hielo (se evita así tener agua por todas partes cuando se funde). Pero pronto está llena, sobre todo si se pone mucho hielo, y su apertura superior (eficaz para limitar las pérdidas de frío) hace laboriosa cualquier búsqueda de los productos situados en los estratos inferiores.

A partir de aquí, hay que determinar qué productos son prioritarios: los yogures naturales aguantan muy bien algunos días a temperatura «templada»; la mahonesa o los guisos, mucho menos... La fruta sigue siendo un quebradero de cabeza; se conserva bien sin frío, pero hay que encontrarle un sitio adecuado a su fragilidad natural.

En la mayoría de los casos, habrá que resignarse a adaptar las compras a las posibilidades de almacenamiento de a bordo que, como por casualidad, están en zonas poco accesibles o en las que no hay forma de colocar objetos frágiles que no tienen envase estanco (debajo de

Incluso en un barco de más de 10 metros, la organización de la cocina es un rompecabezas, porque la capacidad de almacenaje es muy limitada.

las literas, en los cofres de la bañera...). La triste conclusión a la que se acaba llegando pronto es que ¡el barco atrae las conservas! Se trata, en efecto, del único producto que se puede guardar repartido por todas partes sin preocuparse de su evolución (siempre que se sea razonable en cuanto a los plazos: al cabo de unos meses -a veces menos, si el cofre es demasiado húmedo- acaba oxidándose). El cocinero preocupado de estar seguro hará pues, al principio del crucero, una abundante colecta de latas pequeñas (atún, patés, salsas, condimentos...) y grandes (legumbres, platos cocinados...) en función de las preferencias de la tripulación. Esta base -naturalmente con los ineludibles arroces y pastas- sufrirá una agradable mejora con buenos encuentros (la caballa fresca puede ser deliciosa) y tiendas locales. Pero estaremos seguros de que no nos falta nada en cualquier circunstancia, incluso si llegamos demasiado tarde al puerto previsto.

Imprescindible: alguien tiene que responsabilizarse personalmente de la despensa. Es la única manera de saber lo que se sigue disponiendo aunque sea poco visible; y de evitar que falte algo a causa de un malentendido. En los barcos de altura, se hacen listas con todo lo que se ha embarcado indicando dónde se ha colocado cada cosa.

En cuanto al pan, no es fácil encontrarlo y menos aún guardarlo, y por tanto se convierte en una fuente de preocupación. Además, se estropea muy rápidamente y deja migajas difíciles de eliminar que tienen efectos temibles a plazo fijo (formación de una papilla maloliente en la sentina). Una alternativa para mejorar las cosas -pero poco satisfactoria para los verdaderos amantes del pan- son los paquetes de pan sueco o pan ácimo. Va muy bien para untar, pero a uno le tiene que gustar...

Los ahorradores indicarán que se pueden hacer muchas cosas con el agua de mar, empezando por la vajilla. Incluso se puede cocinar, siempre que se vigilen las proporciones: no más de una tercera parte de agua de mar en el agua de las pastas o del arroz (sin añadir sal), si no se quiere que el resultado sea incomible. Y naturalmente no se trata de coger esta agua de mar de cualquier sitio.

► *El buen cocinero es un cocinero prudente*

La cocina es en tierra una de las principales fuentes de accidentes domésticos. ¡Qué decir entonces de lo que puede pasar a bordo, en un espacio reducido que se mueve! Hay que adaptar su uso al equipo que tenga el barco y a las condiciones de la mar. Incluso fondeados, una cacerola tiene que estar sujeta por barras inmovilizadoras eficaces (basta la estela de un barco cercano para que todo se mueva). Navegando, hay que redoblar las precauciones cuando vamos del bordo «malo». Escorados de ceñida, si la cocina está a barlovento, el cocinero no sólo lo tiene difícil para trincarse -la cincha y la barra de apoyo muestran entonces su razón de ser-, sino que además está en una posición muy peligrosa, pues el plano de cocción está muy por encima de él. La olla a presión facilita las cosas, pero no elimina todas las manipulaciones delicadas. Cocinar con las piernas y los pies desnudos añade un peligro suplementario (y no sólo por el agua hirviendo: los cuchillos de la cocina no hacen más que moverse de un lado a otro). La mayoría de manuales hacen apología de la comida caliente cuando las condiciones son malas, pero no es obligatoria. Si se olvida el beneficio psicológico atribuido a la comida caliente, galletas, dátiles, salchichón, barrita de cereales, jamón o manzanas son igual de eficaces y generan muchos menos peligros.

Queda finalmente el delicado tema de los residuos. Lo mejor es guardarlos todos a bordo y depositar las basuras únicamente en los puertos equipados. Porque incluso los elementos biodegradables (peladuras de frutas y legumbres, por ejemplo) tienen el inconveniente de afear el paisaje. Los grandes cofres de la bañera pueden albergar las basuras y las botellas vacías mientras esperamos llegar a puerto.

LA ELECTRICIDAD

7.3. ARMONIZAR PRODUCCIÓN Y CONSUMO

Los problemas de electricidad son directamente proporcionales a las exigencias de la tripulación en cuanto a comodidad y ayudas a la navegación. Un crucero costero en manos de una tripulación poco consumidora en este aspecto no corre ningún peligro de tener la menor preocupación, incluso si el barco está sólo moderadamente motorizado y dotado de los estrictos mínimos en materia de baterías. Sumando los consumos unidos a tres o cuatro horas de iluminación interior por la noche, una jornada de uso de la central de navegación y del GPS, el VHF en escucha y a veces emitiendo, tenemos todos los números de quedarnos por debajo de los 20 Ah de consumo diario. Una pérdida que será fácilmente aceptada por la batería de 12 V estándar de a bordo (las más pequeñas suelen tener una capacidad de 60 a 70 Ah) y restituida en poco más de media hora de motor (siempre que se trate de un diésel fijo, porque los alternadores de los motores fuera borda tienen una capacidad de carga de 4 a 5 veces inferior). Si se navega de noche y se usan por tanto las luces de posición, sólo habrá que añadir 2 Ah a este balance, siempre que nos hayamos tomado la molestia de equipar el barco con bombillas LED, de muy bajo consumo (una quincena de Ah con bombillas normales). Es decir, que no cambia mucho las cosas y el propietario de un barco de este tipo difícilmente puede comprender las angustias a que se ven sometidos cada vez más navegantes en materia de gestión energética.

El cálculo es muy sencillo: cuantos más accesorios se añaden, más hay que transformar la instalación eléctrica en una fábrica, con la escalada inevitable de la capacidad de las baterías y de los alternadores que ello supone.

El principio general es tener un banco de «servicio» (baterías que dan servicio a los diferentes instrumentos y luces, opuestas a la batería «motor», que está reservada exclusivamente al arranque) de una capacidad al menos equivalente al doble del consumo máximo diario; las tripulaciones prudentes prefieren incluso una relación de 3 a 1, conscientes de que hay que evitar que el nivel de carga caiga por debajo del 60 % si se quieren conservar mucho tiempo las baterías en buen estado).

Los principales «predadores» de electricidad están claramente identificados. Enemigo número 1: el frío. Una nevera consume ella sola de 4 a 5 Ah, lo que puede significar un déficit diario de 60 a 80 Ah, incluso más si se trata de un modelo mediocre o mal aislado. Se puede mejorar esta cuestión optimizando el aislamiento (algo que sólo se puede hacer de antemano, antes de la instalación del aparato) o montando una placa eutéctica que, a expensas de un consumo más elevado, permite tener una mejor inercia térmica y por tanto un aparato que no se pone en funcionamiento tan a menudo). Otro accesorio especialmente voraz, al menos en navegación de altura, es el piloto automático, que puede llegar fácilmente a consumir 60 Ah. Aquí no hay ninguna solución milagro –excepto disponer de numerosos timoneles motivados o, mejor aún, un buen piloto de viento– aparte de cuidar los reglajes (tanto de las velas como del piloto) para optimizar su rendimiento.

Tener un banco de baterías adecuado no lo es todo: hace falta que éstas estén colocadas en un sitio seco y ventilado, y fijadas de manera que puedan aguantar grandes escoradas, e incluso un vuelco, sin moverse.

El radar también es capaz -con 4 a 5 Ah de consumo- de pesar más de 80 Ah en el balance diario en caso de uso intensivo; un buen motivo para dejarlo en reposo cuando las condiciones de visibilidad son satisfactorias.

En cambio, podemos olvidarnos del consumo del aparato eléctrico más potente del barco -el molinete- porque sólo trabaja, a priori, cuando el motor está en marcha.

Para los otros instrumentos, lo más prudente es realizar un estudio preciso a fin de delimitar sus necesidades. Puede hacerse por cálculo, sabiendo que el amperaje corresponde a la potencia dividida por el voltaje. Una bombilla de 24 W a 12 voltios tendrá por tanto un consumo de 2 A. Si se enciende tres horas al día, significará un consumo de 6 Ah. El estudio puede hacerse también con el amperímetro del cuadro eléctrico (pero no todos los barcos lo llevan), encendiendo sucesivamente todos los elementos que gastan electricidad.

A la hora de elegir, los amantes de aparatos «terrícolas» (ordenador, horno microondas...) tendrán que vigilar especialmente la forma de instalarlos, ya que los convertidores que se acoplan normalmente a estos accesorios (pues éstos funcionan la mayoría de las veces con 220 V) tienen un consumo muy elevado, que se añade al del aparato propiamente dicho.

Para llegar lejos con un barco con muchos accesorios, no sólo hacen falta baterías y alternadores a la altura de las circunstancias, sino también medios de recargarlas. Si el crucero comporta escalas frecuentes en las marinas, el tema se soluciona fácilmente con un buen cargador provisto de una toma a muelle (este accesorio forma parte cada vez más del inventario estándar de los veleros de más de 10 metros) que vuelve a colocar las baterías a nivel durante la escala.

En un fondeadero o navegando, habrá que apañarse con los medios propios de producción de energía. Si el consumo de electricidad es importante, el único recurso del motor puede ser pesado; con un consumo cercano a los 250 Ah -cifra que se alcanza fácilmente si se usa intensivamente el desalinizador y todos los elementos de confort- habrá que prever cuatro horas de motor al día para mantener un nivel de carga adecuado. Es tan exigente como poco económico, porque puede representar de 10 a 15 litros de gasoil al día. Y la existencia de un grupo electrógeno -incluso si es más cómodo- no cambia la esencia del problema, sobre todo en unidades de tamaño pequeño o medio que no pueden equiparse con un equipo bien colocado y aislado correctamente.

Lo mejor es por tanto echar mano a una energía natural: eólica o paneles solares, o una combinación de las dos. Con dos paneles de dimensiones razonables, se puede disponer de una carga diaria de 60 Ah, si no están muy mal colocados (tan cerca de la perpendicular respecto de la dirección del sol como sea posible y sin sombras que los tapen) y la zona tiene una insolación razonable. Un eólico puede proporcionar unos 50 Ah con viento medio (cuidado con no sobrestimar la carga cuando se navega con vientos portantes, cuando el viento aparente es menos fuerte). Así pues, es perfectamente posible basarse en este recurso inagotable y conformarse con completar la carga con el motor cuando sea necesario. Los últimos modelos eólicos han mejorado en cuanto al ruido, pero éste sigue siendo un aspecto que algunas tripulaciones aguantan mejor y otras peor. Hay que cuidar su colocación, porque es posible herirse con las aspas del molino. Finalmente y en la medida de lo posible, es preferible tener en cuenta las condiciones de la zona recorrida, porque algunos modelos son más adecuados para viento fuerte, y otros para viento flojo.

El alternador montado sobre el árbol de la hélice (y dando vueltas, por tanto, sólo cuando el barco navega a vela) es otra fuente de energía «gratuita». En teoría es un buen sistema, pero normalmente va acompañado de ruidos y vibraciones difíciles de suprimir.

LOS NIÑOS A BORDO

7.4. LA NECESIDAD DE ATENCIÓN AUMENTA CON LA EDAD

No hay una edad mínima para navegar. Un niño con buena salud puede ser embarcado en un velero desde sus primeros meses. Los padres jóvenes a menudo dudan de embarcar con un bebé, al temer que aguante mal la navegación y pensar que será más fácil más adelante. ¡Es exactamente lo contrario! Siempre que se tomen las precauciones útiles (cuco bien calado en un lugar seco, sin riesgo de caída ni de ser alcanzado por nada), los más pequeños son los más fáciles de «llevar» a bordo, pues su actividad se limita a comer y dormir.

Las cosas se complican en cuanto empiezan a moverse. A partir de entonces, y hasta que llegan a unos diez años, el niño exige atención en todo momento. No sólo habrá que vigilar que se sienta a gusto y que no se aburra, sino que además tendrá que garantizarse su seguridad. Y esto no es una cuestión sencilla: empujado por su necesidad de moverse pero incapaz aún de sortear las trampas que lo rodean por todas partes, corre numerosos peligros.

La seguridad en la cabina

En el interior, aparte de los clásicos peligros de la cocina, el peligro número uno es una mala caída. Peligro tanto más importante por cuanto a los movimientos del niño se añaden los del barco, lo que incrementa sus probabilidades, pero también sus consecuencias, en caso de proyección violenta. La única respuesta satisfactoria consiste por un lado hacer comprender a los niños la necesidad de agarrarse en cuanto uno se mueve, y por otro prepararles eventualmente una zona más segura. El suelo de la cabina, si no está ocupado por la mesa, es uno de los sitios más seguros. La litera doble de la cabina de proa también

En el interior del velero es necesario sensibilizar al niño del peligro de movimientos imprevistos y por tanto de la necesidad de instalarse adecuadamente o de agarrarse.

puede ser un campo de juego perfecto, pero sólo fondeados: navegando con marejada es el punto del barco que se mueve más. Se pueden mejorar estas zonas añadiéndoles sacos de vela, o protecciones de espuma en los sitios más peligrosos. Pero aquí, igual que en cubierta, las eventuales protecciones no deben esconder lo esencial: hay que sensibilizar al niño lo antes posible de que todo se mueve, de que desconfie de los objetos en movimiento, de que no toque los cabos, etc. Esto no eliminará nunca la necesidad de una cuidadosa vigilancia, pero reducirá las probabilidades de accidentes más que todos los accesorios imaginables (lo que no impide usarlos adecuadamente si son susceptibles de evitar un problema o limitar sus consecuencias).

► Moverse en cubierta

Para nuestro año sabático, había comprado chalecos-arnés especiales para los niños, de su talla, y tenían muy bien material en cuanto a trajes de agua y botas. Hay que vigilar que estén bien abrigados, bien alimentados y que no tengan miedo... por lo que no tiene que haber miedo a su alrededor.

Antes de zarpar, había enseñado a los niños cómo disparar las alarmas con el standart C, a usar el teléfono, a sintonizar la frecuencia de socorro de la BLU, el canal de socorro de la VHF, dónde estaban los extintores, las bengalas, la balsa, etc.

Naturalmente, navegando hay reglas de seguridad que deben respetarse. En mi barco, cuando hace mal tiempo, a partir de una determinada fuerza de viento no se sale más a cubierta. Hay cosas que los niños no pueden hacer sin avisar. De noche, por ejemplo, no pueden salir de la bañera, ni de día cuando se va con piloto automático y no hay nadie en cubierta. Tampoco pueden coger el bote auxiliar sin pedírnoslo.

Stéphane Poughon

Durante las maniobras, cubierta y bañera son zonas de alto riesgo. Excepto con poco viento y mar llana, la prudencia aconseja no dejar a los niños fuera en momentos en que hay peligro de mucho movimiento (toma de rizos, virada, trasluchada, pero también al salir o amarrar cuando las condiciones son difíciles). Al menos hasta que tienen diez años (y en algunos casos hasta mucho más adelante), los niños no están en condiciones de ayudar en la maniobra, por falta de fuerza. Además, escotas, amarras, fondeo, carro de escota, vela que flamea y botavara son para ellos amenazas de consideración.

Fuera de las maniobras, la zona es a priori más hospitalaria. De todas formas, hay que seguir desconfiando del sol, del frío, y hay que asegurarse de que todo el mundo sigue a bordo. En cuanto se va un poco rápido y hay olas, sólo los niños más espabilados en términos náuticos pueden ir hacia proa. Los otros permanecen en la bañera, provistos de un chaleco salvavidas del tamaño adecuado. Pueden ir amarrados, siempre que el cabo sea lo bastante corto como para que no se puedan caer al agua; de lo contrario, el remedio sería peor que la enfermedad. La existencia o no de redes en los pasamanos da pie a los mismos comentarios que las protecciones en el interior. No está claro que se caiga menos de un barco equipado con redes de este tipo, lo que es seguro es que se presta menos atención a los niños.

Durante las escalas, la cercanía de otros barcos o de un muelle exige también un mínimo de vigilancia; es tan divertido intentar empujar al vecino o deslizar pies y manos entre dos cascos... Cuidado también con todos los juguetes flotantes, que en cualquier momento pueden ir a la deriva.

Juego de la oca en cubierta en un fondeadero; hay que embarcar este tipo de accesorios en cantidad, en función de las preferencias de los jóvenes usuarios.

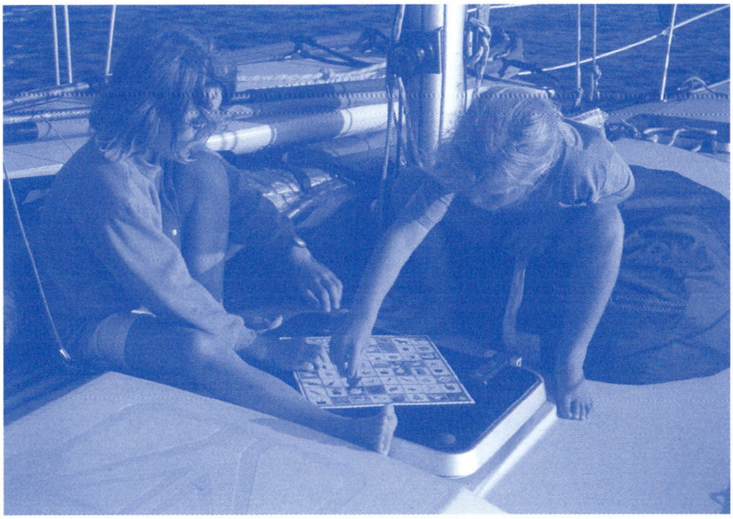

En resumen, el inventario de trampas potenciales para un grumete poco prevenido es inagotable. Pero la mar debe ser de buena pasta –o los padres vigilan mucho– porque los accidentes son menos frecuentes de lo que se podría temer.

No hay que decir que enseñar a nadar a un niño que se quiere que navegue es evidentemente deseable; y lo antes posible.

Pasárselo bien

Si no se quiere que el crucero se acabe bruscamente, el patrón lo tiene claro: tiene que conseguir mantener ocupados a los grumetes. Tarea tanto más difícil cuanto más largo es el trayecto y más incierto su interés por las cuestiones de navegación. A los adultos les cuesta entender que toda navegación de más de dos horas se considere demasiado larga para los niños; excepto en el caso de navegación de altura, cuando las cosas se perciben de otra forma y el barco es el marco de vida habitual.

> *Lo que interesa con los niños es poder proporcionarles comodidad, es decir, evitarles el mal tiempo y conseguir que todo pase con serenidad, tranquilidad y buen humor. Y sobre todo no olvidar que no tienen las mismas esperas que nosotros. Navegando los niños se aburren un poco. Las entradas en puerto, las salidas, izar las velas, arriar... todo esto les entusiasma. Pero cuando ya se ha zarpado y se navega, para ellos no sucede nada y el tiempo se les hace eterno. Hay que pensar en hacer cosas para ellos de vez en cuando, sobre todo en tierra. Durante nuestra vuelta al Atlántico, intentábamos enseñarles todo lo posible. Las estrellas, la meteorología, los peces, las corrientes, la geografía, la economía del país, todo era materia de aprendizaje. A bordo teníamos todo lo que hacía falta para la escuela, además de libros de peces, de conchas, de estrellas... para mantenerlos ocupados.*
>
> **Stéphane Poughon**

En un crucero veraniego clásico, hay que aportar todo lo necesario para que los niños se aburran lo menos posible y reproduzcan su pequeño universo tranquilizador: libros, lector de casetes o de CD, peluches, juegos... Es bueno saberlo: las mentiras sobre la duración real del trayecto («sólo durará dos horas» cuando sabemos que serán cinco, o el eterno «ya casi llegamos») se vuelven siempre contra sus autores; los padres pierden definitivamente toda su credibilidad y los niños desconfiarán sistemáticamente.

Normalmente la pesca es una actividad muy apreciada (pero no demasiado rato). En cambio, no hay que hacerse demasiadas ilusiones sobre el interés de los niños por la navegación. Salvo casos excepcionalmente motivados, se conformarán con escuchar distraídamente las explicaciones sobre el funcionamiento del velero dejando muy claro que su problema es saber cuándo vamos a llegar. Hacerlos participar en las maniobras es casi imposible antes de una determinada edad (todo es demasiado duro); en cambio, vigilados, pueden llevar la caña a partir de los 5-6 años.

Las buenas recetas usadas en tierra funcionan también en mar: canciones, apuestas por quién verá primero la isla, juegos improvisados con los padres, sin olvidar una buena administración de los «por si acaso» que tanto influyen en la moral de las tropas.

Finalmente, para que los niños se sientan confiados, es importante que los padres también lo estén. El estrés del patrón es muy contagioso.

Al planificar las etapas, la navegación nocturna suele dar miedo. Sin embargo, paradójicamente es una buena solución con los niños, siempre, claro está, que las condiciones sean buenas. Esto permite tanto el descubrimiento de un universo absolutamente mágico como una administración del tiempo completamente diferente. Después de un rato observando cómo se pone el sol y se iluminan los faros, se manda a los niños «a la cama» en literas seguras y no se tienen que preocupar de la duración del trayecto. Único inconveniente: al día siguiente, en puerto, los niños estarán en plena forma mientras los padres sólo soñarán con echar una siesta.

Fondeados en dulce ociosidad

¿Acaso disfrutar durante la escala es un tabú entre los apasionados de la vela? La palabra baño no aparece ni una sola vez en las 1.300 páginas del «celebérrimo» Cours des Glénans. *En un fondeadero, se trata de una actividad muy apreciada por las tripulaciones, al menos en mares no demasiado fríos. Y se pueden decir muchas cosas, pues detrás de las imágenes idílicas de los folletos de chárter –con ninfas que sorben cócteles mientras se refrescan los tobillos en un agua azul turquesa– se esconde una realidad más deportiva de lo previsto.*

Para un tripulante en buena forma, el sentido común consiste en verificar la velocidad de la corriente antes de echarse al agua (si es superior a un nudo, ¡cuidado!) y asegurarse de que podrá volver a bordo sin necesidad de ayuda... ¡No sonría, que el problema se ha planteado a veces de forma dramática!

Para las tripulaciones poco dadas a las acrobacias, los faldones instalados en los espejos de popa de los veleros modernos facilitan mucho el acceso al agua. Sin embargo, no dispensan de las precauciones mencionadas aquí, sobre todo con niños. El marco no tiene nada que ver con el baño en la playa. Por definición, nadie hace pie alrededor del barco, excepto con calados muy reducidos. Por tanto, nada de «un bañito» para coger confianza. Además, la mínima ola convierte el faldón en una zona poco hospitalaria en la que uno se golpea la cabeza en un santiamén (especialmente en la arista) y no faltan trampas para pillarse manos y pies (elementos móviles del espejo, bisagras de la escalera de baño, sin hablar de algunos herrajes agresivos muy mal colocados).

Con niños, un buen sistema consiste en echar al agua, de antemano, el bote auxiliar y el aro salvavidas de herradura (arrastrando detrás de un cabo flotante de una veintena de metros, permite un descanso si uno se aparta demasiado). Todo ello suplementado con una vigilancia adulta en

Chinchorro, cabos flotantes, aro salvavidas por popa sirven para aumentar la seguridad durante el baño, y de paso permiten distracciones suplementarias.

relación con el nivel de experiencia de los niños en este tipo de medio; y la ayuda de la flotabilidad adecuada para los jóvenes bañistas que no dominen la natación. Gafas y tubos son irremplazables, incluso si no hay gran cosa a ver debajo del agua (añádanse unos buenos pies de pato, que permiten no sólo incrementar considerablemente el radio de acción de los candidatos a la exploración del fondeadero, sino también ayudar a un tripulante en dificultades). Los cruceristas que aún no han tenido la buena idea de equiparse con un depósito de retención de las aguas del lavabo tendrán que cumplir un «deber de aguantarse» durante el tiempo que dure la escala.

Con todo ello, el baño será lo que tiene que ser: un momento insustituible de descanso para los mayores, y una forma eficaz de entretener el buen humor de los más pequeños. Si se quiere mantener seca la bañera, antes hay que colocar toallas en popa.

El último elemento a tener en cuenta, y no el menos importante: bañándose es como la mayoría de los navegantes sufren las peores insolaciones (en la espalda, los hombros y la cabeza). Los adeptos del buceo harán bien en llevar una camiseta (o mejor un licra, como los que los surfistas se ponen debajo de su traje) y los bañistas «sedentarios» harán bien en no sacarse la gorra. Por otra parte, no es ninguna tontería aplicarse un producto de protección solar de buena calidad (resistente al agua) antes de echarse al agua. Evidentemente la prudencia respecto de los rayos solares sirve también a la hora de la siesta que sigue al baño. Y si se quiere que almorzar en cubierta no se convierta en un calvario, la inversión en un buen toldo para la bañera está justificada en cuanto se navega al sur del Loira, y es absolutamente indispensable en el Mediterráneo o en aguas tropicales.

LOS COFRES

7.5. PERSEGUIR LA HUMEDAD SIN TREGUA

► *La bolsa del tripulante*

Es el primer elemento que hay que guardar a bordo. Es flexible, por definición, para poder colocarla en cualquier sitio, y preferentemente tiene muchos bolsillos para facilitar la búsqueda de objetos pequeños. Dentro cada cual meterá lo que quiera en función de sus gustos a la hora de vestir, pero hay algunos elementos prácticamente obligatorios. Por orden: un buen traje de aguas -chaqueta y pantalón-, botas, gorra (y gorro fuera de temporada) y gafas de sol de verdad. Para un crucero en aguas tropicales se pueden suprimir los pantalones de agua y las botas. En cambio, siguen siendo útiles incluso en verano en el Mediterráneo si se pretende hacer navegaciones serias. Después de 24 horas ciñendo contra el mistral, nadie lamenta tener el trasero y los pies secos.

► *La administración de los cofres*

En un barco pequeño con pocos cofres, la opción es fácil: las cosas personales se quedan en las bolsas de cada cual. Es la mejor forma de encontrarlas y de no ver cómo se esparcen por todos los rincones de la cabina. De noche las bolsas se apilan en el suelo y de día se colocan sobre la litera. Un truco: prever fundas especiales para convertir los sacos de dormir en cojines muy presentables de día. Redes y bolsillos de tela colocados a lo largo de la borda también mejoran mucho las cosas.

En un crucero mejor dotado de armarios de todo tipo, se podrán colocar todas las cosas en cofres pequeños cerca de la litera y guardar la bolsa casi vacía (sólo con el último juego de ropa de recambio) en el fondo de un cofre. Esta posibilidad, muy práctica, sólo se puede aplicar en barcos de más de 9 metros como mínimo. Botas y trajes de agua se guardan, a priori, todos juntos, junto a la escalera de entrada o en el lavabo. Mojados, no deberían pasar nunca de la escalera, o de la altura de la mesa de cartas, para mantener seco el resto del interior.

Vale la pena guardar en un cofre los sacos de dormir y las sábanas durante el día, incluso si se tiene una cabina separada. Esto evita encontrarse por la noche con un saco empapado porque nos hemos olvidado de cerrar la escotilla durante un chubasco. No hay que sobrestimar la impermeabilidad de los sacos denominados marinos, ni la de los cofres. Si hay dudas sobre la «mojabilidad» de un cofre, podemos esperar a que se acabe la primera jornada de navegación para vaciar la bolsa, o usar pequeñas bolsas estancas, única forma de asegurarnos que nuestras cosas seguirán estando secas.

En general, la prioridad absoluta para mantener un nivel de comodidad aceptable es perseguir constantemente la humedad. Vaciando con regularidad los fondos mediante una bomba (en los veleros modernos, con fondos bastante planos, unos pocos litros de agua bajo el

El buen tiempo es el amigo del crucerista, incluso en puerto. Sólo él permite luchar contra la humedad al ventilar y secar ropa y accesorios de todo tipo.

suelo bastan para mojar todo el interior en caso de fuerte escora). Y cerrando escotillas y el tambucho en cuanto hay la menor amenaza de entrada de agua.

Algunas situaciones son en este sentido difíciles de superar, como por ejemplo viento en popa con lluvia. Entonces hay que cerrar y limitar al estricto mínimo necesario las comunicaciones entre el interior y el exterior. En puerto con lluvia, unas buenas bayetas colocadas al pie de la escalera permiten limitar los estragos.

La otra condición *sine qua non* de la convivencia a bordo es el orden. El síndrome de Pulgarcito («siembro mis cosas por todas partes») hace estragos en los barcos, incluso cuando la tripulación es poco numerosa y el barco, grande. El resultado es aun peor en este último caso, pues la capacidad de «despliegue» de algunos tripulantes es extraordinaria. La mejor forma de conservar la armonía a bordo y el placer de la navegación es guardar incansablemente tanto las cosas personales como las comunes, tanto si se trata de cacharros de cocina como de accesorios técnicos.

> *Hay que pensar que estás viajando, que vas a descubrir el país. Por tanto hay que prever con qué acampar, con qué ir de excursión y con qué bucear. Nosotros teníamos un gran cofre que sólo se llenaba con esto. Teníamos una tienda, un camping-gas, calzado de montaña, pequeños colchones de espuma y todo el equipo de buceo con un compresor; teníamos una autonomía absoluta. Yo guardaría sitio antes a los medios para descubrir el país que a la vajilla o la ropa.*
>
> ***Sophie Hachet***

DORMIR A BORDO

7.6. NO SIEMPRE HAY SILENCIO...

► *La buena litera*

Una litera clásica en un velero también clásico de 17 metros.

Todo cuenta para el descanso del marinero: las medidas de la litera (algunas son sencillamente inutilizables), la calidad del colchón, lo que se pone encima (¿sábanas o sacos de dormir? Es cuestión de gustos); pero también el espacio disponible encima (a veces, menos de una cincuentena de centímetros: casi insoportable, incluso si no se es claustrofóbico) y la ventilación. Fuera de temporada, a menudo habrá que elegir entre abrir escotillas y tambucho y pasarse la noche en medio de corrientes de aire, o cerrarlo todo y despertarse por la mañana con el agua de la condensación chorreando por las paredes.

Si el fondeadero se mueve un poco, habrá que recordar que la cabina de proa es la parte menos cómoda del barco (gran amplitud de movimientos).

Navegando de noche, lo importante será poder acuñarse bien. La tela antiescora (fijada a la base de la litera y atada a los pasadores) es la mejor solución para las literas del salón, cuando éstas pueden servir de literas, lo que sucede cada vez menos con la moda de los «salones circulares». Para poder dormir navegando en una litera doble de una cabina de popa, basta con colocar sacos de velas o ropa en los lugares adecuados; el objetivo es no dar vueltas indefinidamente sobre un soporte demasiado grande. En algunos veleros, vale la pena plantearse seriamente el tema antes de emprender una navegación nocturna: ¿hay suficientes literas bien colocadas para albergar a todos los tripulantes que no están de guardia?

► *La búsqueda de la tranquilidad*

Un velero constituye un universo sin duda ruidoso si no se va con cuidado. Los objetos que pueden rodar, chocar o hacer ruido, tanto navegando como fondeados, merecen una atención especial si se busca tranquilidad.

Navegando, naturalmente, no hay forma de escapar a los distintos ruidos del agua, más o menos sonoros, incluso terroríficos, en función de la velocidad y del estado de la mar. A algunos les gusta, a otros, no. En cambio, se puede evitar el desesperante ruido de la polea que cae sobre cubierta cada vez que la tensión de la escota de spi baja; un cabo elástico colocado en el pasamano y problema superado.

Fondeados, podemos ser más exigentes si nos gusta el silencio. Antes de anochecer se impone un paseo minucioso por cubierta. Hay que colocar cabos elásticos entre obenques y drizas para apartarlas del palo y evitar así golpes ensordecedores. Para la driza de la mayor, lo mejor es fijar su punta en medio de la botavara. El cabo de fondeo y las amarras merecen un poco de atención: algunos cabos chirrían mucho, y otros menos. También podemos apañarnos para no dormir exactamente debajo de la cornamusa en cuestión, sea cambiando de litera, sea reenviando la amarra de marras a otro punto. Si se es absolutamente alérgico a este tipo de ruido, tenemos muchas posibilidades de ser desgraciados en un barco.

Tampoco hay que olvidar el diabólico objeto cilíndrico (una botella, por ejemplo) olvidado en un cofre, que da vueltas de lado a lado golpeando contra la pared cada diez segundos -hemos tenido, por desgracia, el humor de cronometrarlo.

Otro ruido molesto puede dar al traste con las mejores intenciones de dormir. Se trata de la vibración del amantillo cuando las condiciones fuerza de viento-tensión del cabo son las exactas, y que puede generar -vía botavara y mástil- una resonancia impresionante. Muchas veces una simple modificación del reglaje del amantillo basta para acabar con el problema. Para los casos desesperados, no hay que dudar en dejar la botavara sobre cubierta y atar el amantillo, poco tenso, en un pasamano.

Naturalmente, la caña estará convenientemente amarrada. Tanto para ayudar al barco a mantenerse aproado (el cubo amarrado en popa también mejora las cosas) como para evitar los ruidos parásitos. Algunos timones abatibles mejoran si se les colocan cuñas para eliminar las vibraciones.

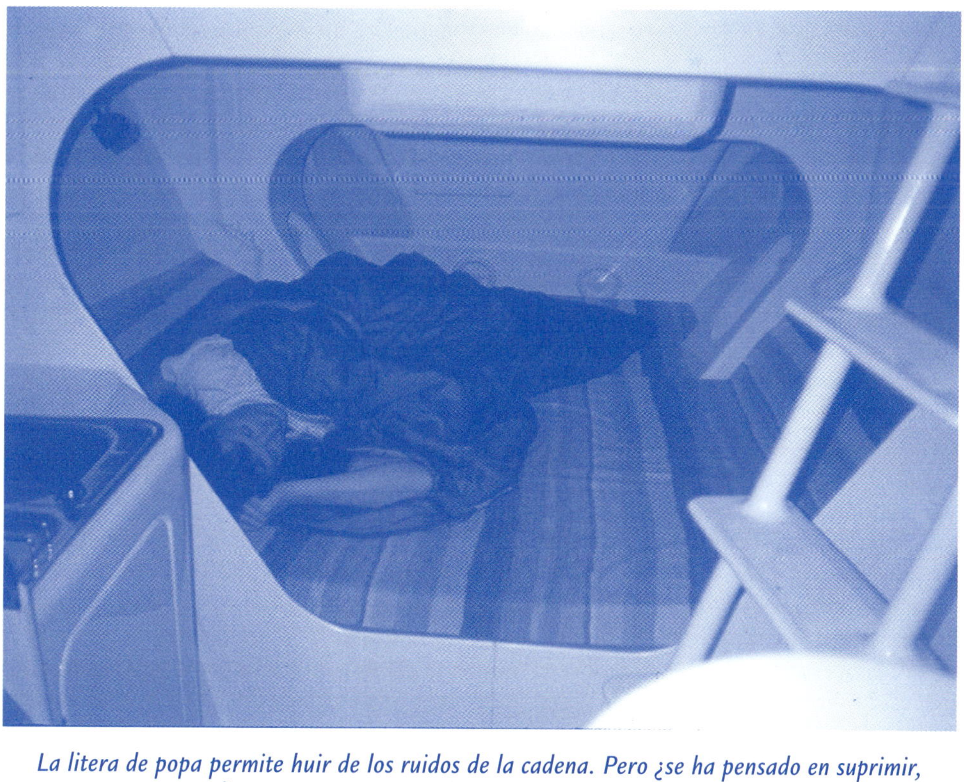

La litera de popa permite huir de los ruidos de la cadena. Pero ¿se ha pensado en suprimir, mediante una cuña o un cabo, el terrible golpeteo del timón?

EL MAREO

7.7. UNA PLAGA QUE SE PUEDE CONTROLAR

Saber que el mareo se debe simplemente a un desequilibrio del oído interno no mejora, por desgracia, la situación del tripulante víctima de esta molestia que puede convertirse en una pesadilla. Pese a que su manifestación responde a causas muy concretas, el aspecto mental juega un papel importante en el control de este mal que tanto limita. El estrés, la angustia frente a un medio desconocido, la incertidumbre sobre el desarrollo de la travesía parecen ser factores agravantes. El alivio que experimentan algunos enfermos a la vista de puerto -cuando sigue habiendo olas- lo confirma. Pero no siempre sucede así, pues los hay que siguen postrados mucho tiempo, incluso después de haber llegado a las tranquilas aguas de un fondeadero. Sólo una cosa parece cierta y bastante tranquilizadora: salvo en casos rarísimos de mareos crónicos, acaba pasando después de cierto tiempo navegando de forma seguida. Por lo general uno se siente mejor el segundo día, y bien el tercero, siempre que se respeten determinadas precauciones: nada de prolongadas sesiones sentado en el interior, y cuidado con la lectura, la cocina y las reparaciones en la sentina.

Por desgracia, este hábito en navegación de altura no resuelve en absoluto el problema del enfermo embarcado en una navegación costera, pues aunque se puede lograr cierta resistencia a base de múltiples salidas, se puede estar enfermo cada vez que se zarpa si cada noche se regresa a tierra (excepto si se pasa tiempo fondeado y se desembarca poco, pues el cuerpo se acostumbra a la mar cada día un poco más).

Tampoco hay que equivocarse de enemigo. El mareo no se identifica con el vómito. Esta última manifestación, por muy espectacular y desagradable que sea, no es más que una de las consecuencias del malestar, y que se puede remediar: hidratándose y forzándose a alimentarse con todo aquello que se pueda tragar (según los gustos, plátanos, pan y galletas constituyen opciones bastante fiables). El verdadero problema del mareo es el estado letárgico en el que se hunde la víctima y la aniquilación de su voluntad que provoca, y de ahí su incapacidad de tomar cualquier decisión y reaccionar. Esta situación tan desagradable puede ser peligrosa cuando el tripulante se deja caer hasta el punto de hacer cualquier tontería, o la tripulación afectada no está en condiciones de llevar el barco de forma adecuada.

Para inclinar la balanza a su favor, hay que prestar atención a todos los detalles, tanto durante la preparación como en la forma de comportarse a bordo.

► *Estar confiado*

Es importante saber adónde se va, cuánto durará el trayecto y estar convencido de que barco y tripulación son capaces de hacer la travesía. Ser consciente también de que el estado de la mar no es algo ineluctable. Por una parte, no es seguro de que nos afecte -si las condiciones son buenas- y por otra, incluso si se da el caso, también acabará pasando.

Estadísticamente se ha comprobado que el patrón se marea menos que los tripulantes. Puede ser debido al hecho de que está acostumbrado a la mar (navega desde el principio de la temporada), o de que lo conoce lo suficiente como para saber cómo reacciona, o de que está suficientemente ocupado como para no tener tiempo de pensar en ello. Pero muy a menudo interviene otro factor, que no tiene nada que ver con su resistencia física: al controlar todos los aspectos de la navegación (es él quien decide si se sigue o si se para, y si se ha hecho a la mar es sin duda porque las condiciones le parecen adecuadas...), se siente dueño de la situación -tanto si se trata de su actividad a bordo como de las opciones de rumbo - y por tanto se ahorra este desagradable sentimiento de espera pasiva e impotencia que favorece mucho el desarrollo del malestar entre los tripulantes.

Empezar por lo más agradable

Al debutante que se mete en su primera salida a mar con una movida de fuerza 5 y marejada, el barco tiene todos los números para convertirse definitivamente como algo inseparable del mareo. A partir de esta mala experiencia, tiene muchas posibilidades de tener tanto miedo a las siguientes salidas, que se sienta mal sistemáticamente, incluso con buena mar. Por el contrario, si ha podido disfrutar al principio del placer de unos paseos tan tranquilos que la misma idea del mareo le parece incongruente, estos buenos recuerdos servirán para contrarrestar salidas posteriores más duras y acordarse de que hay días con y días sin.

Para evaluar las dificultades a lo largo de las salidas, nos acordaremos de que los rumbos de ceñida con marejada son más temibles que los rumbos portantes. Contrariamente a la impresión que a menudo se hacen los principiantes, el movimiento de balanceo es mucho menos determinante en la aparición del mareo que el de cabeceo. Este último induce movimientos verticales -los famosos «ascensores»- capaces de desencadenar la náusea casi instantáneamente; sobre todo si uno se coloca en la proa del barco, donde la amplitud es aún mayor.

Saber situarse a bordo

Aparecida la náusea, es muy difícil sacársela de encima hasta que el barco no logra la inmovilidad perfecta. Pero con algunos buenos reflejos, muchas veces es posible impedir que se manifieste. Hay que saber sobre todo que estar sentado en el interior del barco es la posición más propicia a la aparición del malestar (más referencias visuales y un control difícil de la parte superior del cuerpo, sacudida por los movimientos del barco). Quedarse de pie no es mejor. Esta última fase debe ser transitoria, justo para ir a buscar algo o echarse en la litera; porque nunca lo repetiremos bastante: ¡en la posición tumbada es donde está la salvación! Planos sobre la espalda, cabeza bien trincada -pero lo menos sobreelevada que se pueda- con lo que tenemos a mano (cojín, ropa, saco...) para no ir de un lado a otro; el cuerpo también bien sostenido para no tener que agarrarse en cada balanceo (si no hay una buena tela antiescora, no hay que dudar en colocarse a sotavento, aunque sea menos bueno para el centro de gravedad del barco). Si hemos tenido la precaución de elegir una litera situada en la mitad de popa del barco (la zona que se mueve menos), podemos cerrar los ojos, respirar con tranquilidad y relajarnos. Excepto en caso de huracán con mar apocalíptica que nos haga hacer saltos de 15 metros, estamos en una posición casi inaccesible al mareo, pues nuestro sistema interno de regulación del equilibrio trabaja mucho menos cuando estamos acostados. Además estamos secos y por tanto en condiciones de aguantar largo tiempo; ¡no hay nada que nos apremie!

Si disponemos de diversas literas para elegir, optaremos por la más baja, menos sensible al balanceo. Y si no la hay, podemos incluso instalarnos en el suelo del salón, con la ayuda de algunas bolsas mullidas.

Si el mareo ya ha empezado antes de que nos echemos, o nos sentimos demasiado estresados por la posible aparición de náuseas, no hay que avergonzarse de tener un cubo al lado; incluso si no lo vamos a usar, es un elemento tranquilizador.

En cubierta hay que sentarse bien apoyado, con los pies calados; preferentemente a barlovento, para aprovechar la larga vista hasta el horizonte. Este punto es importante, porque al

En el fondeadero, el pasillo lateral ofrece la doble ventaja de permitir una siesta al aire libre y estar cerca del centro del barco. Colocarse a la altura de un candelero limita las sorpresas desagradables.

mandar al cerebro una referencia fiable de horizontalidad, la visión limita en cierta medida los estragos provocados por el oído interno, sacudido en todos los sentidos, que ya no sabe qué indicaciones dar al cuerpo para que pueda mantener su equilibrio.

Echarse en cubierta sería en teoría la opción ideal (pese a que el balanceo es un poco más sensible que abajo en la cabina) porque no hay la reticencia a meterse en el aire confinado del interior.

En la práctica es difícil, porque los pasillos están demasiado mojados en ceñida (y hay que cuidar la seguridad del interesado, que muchas veces no está en condiciones de cuidarse a sí mismo y corre el peligro de deslizarse por debajo de los pasamanos), y las bañeras pocas veces tienen bancos suficientemente grandes como para instalarse con comodidad.

Normalmente llevar la caña da buenos resultados, tanto por la ocupación que procura como porque permite una mejor asimilación de los movimientos del barco. Pero sólo hay sitio para un timonel a la vez y no podremos contentar a todo el mundo. Por lo general, todas las distracciones son buenas; el simple hecho de participar en una conversación, por ejemplo. Lo importante es no dejarse concentrar por el mareo o su posible aparición.

► *Domesticar el mareo*

Con un poco de práctica, el navegante sensible al mareo (es decir, todo el mundo) acaba por saber cómo funciona exactamente para disminuir los riesgos. De forma preventiva, evita las actividades prolongadas en el interior cuando la mar se mueve; y cuando se siente «al borde del abismo», sabe organizar sus desplazamientos sin colocarse en una situación «peligrosa»; es decir, que antes de bajar a la cabina, planifica sus pasos y los objetos que tiene que coger para no pasarse veinte minutos buscando en todos los cofres. Se acostumbra a preparar mejor las navegaciones en puerto (rellenando, por ejemplo, fichas plastificadas que podrá utilizar en la bañera) para evitar pasar demasiado rato en la mesa de cartas. Desconfía del uso de la cartografía electrónica (de grandes prestaciones, pero también diabólica proveedora de sobresaltos). Si es necesario, se pasa al lector de cartas estanco que puede utilizarse en la bañera. Finalmente, en cubierta, sabe cuáles son exactamente las posturas que más le convienen, las que tiene que evitar y cómo colocarse de la forma más agradable posible para llevar la caña.

¿Exigente, todo esto? Ni eso. Porque los reflejos acaban por estar tan asumidos que al activarse de esta forma ya no se piensa en el mareo. Se llega a estar tan a gusto cuando se acumulan las salidas que de vez en cuando uno se puede permitir transgredir las reglas aquí expuestas sin sufrir el menor problema. Se sabe, entonces, que se ha ganado: el mareo no es una fatalidad, se puede controlar.

Prevenir

La primera prevención es estar en buena forma física. Falta de sueño, cansancio general, exceso de comida -y evidentemente resaca- son elementos que favorecen el mareo. Algunos estimulantes pueden tener efectos horribles en los estómagos sensibles; sobre todo el café. El buen mantenimiento del barco también juega su papel: los malos olores en el interior (gasoil u otros) y la ausencia de ventilación pueden ser determinantes para una persona «al borde». Cada cual tiene sus propios amuletos para conjurar el mal, desde un vaso de coca-cola durante el cambio de guardia a una marca concreta de galletas, pasando por algunos ejercicios respiratorios o de relajación antes de bajar al interior.

La ropa es también un elemento a vigilar en la medida en que es determinante para la comodidad; hay que prevenirse contra el frío y la humedad con traje de agua y ropa adecuada antes de que ya no tengamos fuerza. No hay que hacerse ilusiones: incluso si los manuales de antaño acusaban al hambre, el frío y el cansancio de ser los responsables de todo, no son más que elementos agravantes. El mareo no hace distingos y se manifiesta a veces bajo un precioso sol de verano en una persona perfectamente descansada y alimentada.

La farmacia tampoco carece de recursos. Los comprimidos clásicos para combatir el mal de los transportes son bastante eficaces, pero tienen un defecto: la tendencia a causar somnolencia. Es perfecto para los niños; menos bueno para los adultos que tienen una función a bordo. Para los casos serios, es preferible sentirse bien, con el ánimo un poco aletargado, que muy mal y medio dormido (el mareo provoca de todas formas una cierta somnolencia). Naturalmente, hay que respetar las dosis y los momentos de administración indicados en el prospecto.

Hace unos años se creyó que se había encontrado el arma definitiva con las pastillas de Scopoderm, pegadas detrás de la oreja. Este remedio, muy eficaz y que no provoca somnolencia (muchos profesionales del mar «intermitentes» lo usan), puede sin embargo ir acompañado de efectos secundarios, especialmente para las personas que sufren problemas oculares. Es mejor consultar con el médico antes de pasarse a este remedio.

Queda la homeopatía y las pulseras con punto de acupuntura, dos sistemas sobre los que hay opiniones encontradas; algunos están entusiasmados, otros no. Es imposible decidir de antemano; es necesario probarlo si se quiere saber en qué bando militar.

LA CONVIVENCIA

7.8. LA CLAVE DEL CRUCERO LOGRADO

Las bombas retardadas son suficientemente numerosas en un barco como para no andar añadiendo más. Para conservar el buen humor de todos, es muy aconsejable escuchar los deseos de la mayoría.

He aquí algunos pequeños detalles que seguro que empeorarán el ambiente:

• Querer izar sistemáticamente el spi cuando el resto del grupo prefiere la dulce ociosidad, o retocar los reglajes que acaban de hacer los amigos.

• Reconducir siempre las conversaciones para recordar las hazañas náuticas propias.

• No apartarse nunca de la entrada de la cabina y dificultar el paso a todo el mundo.

• Ocupar lavabos y duchas en las horas críticas; y accesoriamente, gracias a un uso indiscriminado de las duchas, vaciar los depósitos de agua en un tiempo récord (en muchos barcos no aguantan más de dos días si a bordo hay diversos «fanáticos» que a las duchas de después del baño añaden una por la mañana y otra por la noche).

También se evitará bajar a tierra sin avisar a nadie (sobre todo si se hace monopolizando el chinchorro) y olvidarse de participar en las operaciones de avituallamiento, preparación de comidas y resto de obligaciones pesadas.

Contribuir tan activamente en la colocación de las defensas, en desmontar la neumática y en fregar los platos como en llevar la caña son, en cambio, excelentes inversiones para hacer subir el barómetro de a bordo.

> *Hay momentos en la vida de un barco en que el grupo funciona conjuntado socialmente, se juega a cartas, se cuenta nuestra experiencia, hay confianza, como en tierra. Y después, hay largos ratos en que uno está solo, en que hay que poder asumir este espacio-tiempo mucho más largo. Hay gente que en la mar se aburre, por lo que hay que acotar estos momentos. Algunos andan desorientados, porque esperan que el patrón, o un tripulante, haga un poco de animador, lo que sucede en pocas ocasiones.*
>
> **Gilles Chiorri**

Las tripulaciones a menudo buscan compañía, que también puede ser fuente de conflicto. Principio básico: el último en llegar tiene que apañárselas para colocarse de forma que no moleste.

CAPÍTULO 8 - EL MAL TIEMPO

CAPÍTULO 8

A excepción de los pintores o de los amantes de experiencias inéditas, nadie desea realmente tener que hacer frente al mal tiempo. Pocos navegantes –en su mayoría gente que navega de forma asidua en alta mar, tanto en Europa como en mares lejanos– tendrán ocasión de vivir tempestades excepcionales durante su carrera. Para la mayoría de usuarios de veleros, la experiencia de mal tiempo se limitará a algunos episodios de vientos frescachones cerca de las costas. Pero hay que estar en condiciones de hacerles frente con serenidad.

«*Hay que ponerse el traje de agua lo más rápidamente posible, con cierta antelación para no meterse ya mojado en el mal tiempo. Y también hay que ahorrar las fuerzas del patrón: la persona más competente descansa en el interior, pero está disponible para intervenir en todo momento.*

Hay que ser flexible con la caña: cuando una ola rompe en el timón, no hay que bloquear la caña, sino dejarla suelta con la espuma, para retomarla después; de lo contrario, se rompen los guardines.

Estar bien instalado en la litera con la tela antiescora, con una pierna atravesada, doblada a un lado, lo que permite que el cuerpo no balancee de un lado a otro; y la otra estirada, para mantener en su sitio la parte alta del cuerpo. Tener el equipo personal a mano, a punto de ponérselo si hay que acudir urgentemente a cubierta.

Para los grandes cruceros, o para las personas sensibles al mareo, es bueno tener Rinutril o similares, es decir, alimentos para anoréxicos, en forma de pequeñas tabletas con leche, vainilla, café u otro. Es muy sencillo, se conserva mucho tiempo, y permite alimentarse uno o dos días sin caer en hipoglucemia o en déficit alimentario.

Finalmente, hay que acordarse de respetar las guardias; de lo contrario uno se cansa más rápidamente. Siempre hay alguien que dice «a mí me gusta el viento fuerte, me quedaré en cubierta». Y después las condiciones empeoran aún más y no ha dormido nadie.»

Gilles Chiorri

ENCONTRARSE MAL TIEMPO

8.1. MÁS QUE VIENTO FUERTE

Por muy precisas que sean sus indicaciones, el anemómetro no basta para definir el concepto de mal tiempo. Con motivo de un reciente gran encuentro de veleros de regata, la flota -monocascos de serie de 7,50 a 14 metros- tuvo que afrontar, durante un recorrido diurno, un viento establecido de 45 nudos, que subía a 60 nudos en las rachas. En otras palabras, un viento de fuerza 9 a 10... Condiciones que uno espera no encontrarse nunca en un crucero. Sin embargo, la inmensa mayoría de los participantes terminaron esta manga sin problemas, haciendo el recorrido que imponía el trazado en ceñida, través y portante. Por muy fuerte que fuera el viento, esta experiencia vivida en una zona costera bastante protegida es evidentemente muy distinta que un vendaval de la misma fuerza sufrido durante tres días en alta mar en las Azores o en medio del golfo de León. Y pese a la evidencia de los números (un fuerza 9 a 10 es un viento de temporal), en el primer caso puede ser abusivo hablar de mal tiempo.

Intentemos una distinción, aunque sea poco académica. La más lógica consistiría sin duda en decir que seguimos en el simple terreno de la navegación con viento fuerte mientras no haya que replantearse el programa de forma imperativa: reducimos aún más trapo, nos mojamos aún más, no es fácil, pero seguimos avanzando rápido y seguimos pudiendo ir al punto deseado, tanto si es de ceñida o saltando olas con viento portante.

El temporal es otra cosa: lo hay cuando uno se da cuenta de que hace falta hacer algo porque las recetas «normales» ya no bastan. Porque ya es completamente imposible remontar contra el viento (olas demasiado grandes paran el barco y lo hacen arribar, la superficie vélica es demasiado grande, incluso con tres rizos en la mayor) y que hay que olvidarse definitivamente del rumbo previsto. Incluso al largo o con viento portante, uno se pregunta si es razonable seguir un rumbo normal; mar demasiado grande, demasiada velocidad...

La posibilidad de un problema grave -volcar, clavar el morro, romper el barco con los golpes tan fuertes que recibe- se hace notar y con ella la necesidad de procedimientos distintos de todo lo que hemos vivido hasta ahora; todo para conservar el barco y la tripulación en buen estado y evitar verse arrastrado a parajes peligrosos.

LAS SEÑALES DE AVISO

8.2. A VECES MUY ESCONDIDAS, PERO SIEMPRE PRESENTES

Los cataclismos pocas veces llegan sin avisar. El legendario temporal que causó estragos en las costas bretonas el 6 de julio de 1969 -que sigue sirviendo de modelo en material de catástrofe estival- no había pillado de improviso a los previsores: la caída vertiginosa del barómetro en las horas anteriores a la llegada de la depresión constituía una alarma elocuente, al igual que el desfile de las nubes y las indicaciones de los distintos semáforos. En otro orden de cosas, el temporal de octubre de 1987 en la Mancha, denominado «del siglo», no había desembarcado sin avisar. Tres días antes, los servicios meteorológicos francés y británico ya anunciaban lo peor para esta noche; y si la huelga del Servicio Meteorológico nacional francés -¡el mismo día, increíble coincidencia!- ha podido hacerlo olvidar, es difícil decir que lo sucedido fuera una sorpresa...

► *La sutileza de los anuncios*

El seguimiento de los boletines meteorológicos permite, en la mayoría de los casos, no ser pillado de improviso. Siempre que se escuchen hasta el final, porque las probabilidades de temporal para dos días después no se anuncian nunca en la introducción. El famoso «aviso de temporal» se refiere a las 24 horas siguientes y no significa que no vaya a llegar un fuerza 9 dentro de 36 horas. Pero para saberlo hay que esperar a la «evolución futura» anunciada al final del boletín. Interesarse de cerca por la situación general permite, en cuanto se tienen algunas nociones de meteorología, hacerse una idea más clara de lo que sucede. Las indicaciones de «corriente moderada a bastante fuerte», por ejemplo, pueden estar cargadas de significado.

La observación personal del cielo y el atento seguimiento del barómetro completan eficazmente las informaciones oficiales. Es muy extraño que nos veamos pillados de improviso si mantenemos

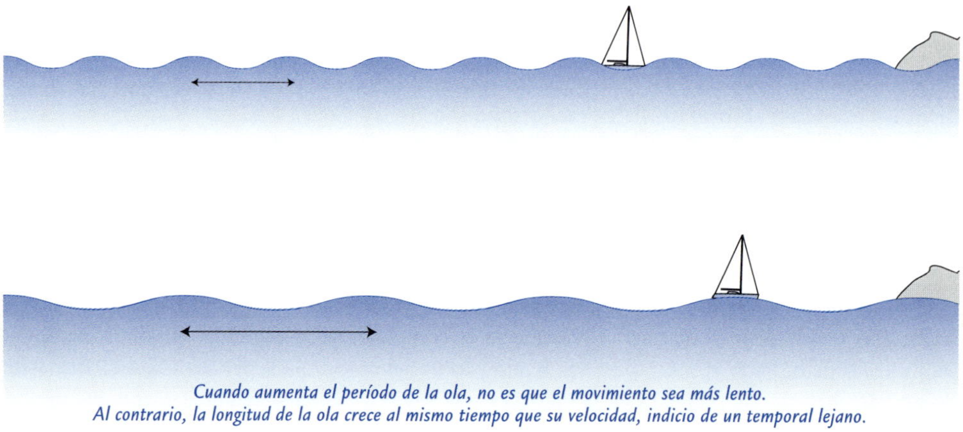

Figura 8.1: La mar de fondo, testigo de temporales lejanos.

la vigilancia en estos puntos. Sabiendo que pocas veces se está a más de unas pocas horas de un refugio cuando se navega cerca de las costas francesas, el porcentaje de riesgo de vernos sorprendidos en alta mar por un gran temporal es ínfimo.

Los estragos de las tormentas de verano

Porcentaje ínfimo no significa peligro cero. El litoral del golfo de Vizcaya sobre todo produce de vez en cuando espectaculares fenómenos tormentosos que pueden tomar aires de tornado y sembrar el pánico en pleno verano en zonas frecuentadas por embarcaciones de dudosas cualidades marineras. Pero se trata de manifestaciones de escasa duración que no tienen tiempo de levantar una mar verdaderamente peligrosa, por muy fuerte que sea el viento; un velero de crucero con lastre y convenientemente equipado puede aguantarlo sin demasiados daños; en estas condiciones, quizá con la ayuda del motor, si tiene que evolucionar cerca de tierra con poco margen de maniobra. Además, normalmente una situación tempestuosa se ve llegar de lejos. E incluso si no todas las tormentas tienen la misma virulencia, es un fenómeno que hay que abordar siempre con prudencia, porque pocas veces se desplaza sin su contingente de rachas, tan brutales como de dirección poco previsible.

Tener en cuenta los efectos locales

El boletín meteorológico no siempre basta para acotar con precisión las condiciones futuras. Relieves, efectos térmicos o corrientes pueden modificar puntualmente la situación general y transformar un paseo a priori tranquilo en una navegación agotadora, y viceversa. La previsión es especialmente difícil en el Mediterráneo, donde la influencia continental y la fuerza de los fenómenos locales (debidos a la cercanía de las montañas y a la fuerte insolación) hacen más aleatorias las evoluciones meteorológicas.

Podemos encontrarnos, gracias a la superposición de un viento térmico y de un «viento de pendiente» (que baja de la montaña), navegando con 40 nudos de viento cuando el día parecía prometer buen tiempo. Pero se trata una vez más de refuerzos puntuales en una zona geográfica muy limitada. Los temporales de envergadura, en cambio, pocas veces pasan desapercibidos.

El análisis de las estadísticas mediterráneas indica que el 85% de los vientos frescachones se han avisado al menos con 24 horas de antelación. El 15% restante lo ha sido algunas horas antes de su llegada. Hay que precisar además que se trataba en todos los casos de fenómenos limitados en el tiempo (no más de una docena de horas) y en el espacio (los extremos norte y sur de Córcega se ven afectados a menudo) y que el establecimiento de corrientes del noroeste (que ya se sabe que se traducen fácilmente en vientos fuertes en estas zonas) aparecían en los boletines precedentes. La conclusión es que en el Mediterráneo, más que en ningún otro sitio, hay que escuchar asiduamente la previsión meteorológica y que no hay que dejar pasar la ocasión de escuchar un boletín más reciente. Los posibles errores de las previsiones a medio plazo (de dos a cinco días) acaban siempre siendo corregidos en el boletín a corto plazo.

> *Sigue habiendo esta leyenda del Mediterráneo, del temporal de viento brutal e inesperado. Yo diría que hoy, con las herramientas meteorológicas de que disponemos, pero también con un poco de observación, se llega a anticipar el mal tiempo, aunque sólo sea por la luminosidad. Un temporal de mistral a menudo se anuncia por una luz bonita, límpida, un bonito horizonte, que flota un poco con la mar que llega. No es tan imprevisible como esto. En cambio, es verdad que puede ser brutal, con rachas fuertes y cambios de dirección del viento bastante raros, como puede verse aquí cerca de Antibes, Niza y Mónaco. Es decir, que en un lado podemos tener 40 o 45 nudos de mistral y en el otro, a 3 o 4 millas, hay 30 o 35 nudos del este. Puede haber, y hay, por tanto, roladas de viento muy considerables. También puede haber corriente, fenómeno que muchas veces se olvida en el Mediterráneo: después del temporal, la corriente de superficie asociada al viento que ha soplado es muy importante.*
>
> **Gilles Chiorri**

La lista de los indicios de mal tiempo

1. La caída del barómetro

Con un descenso de más de 1 hPa por hora, hay que alarmarse: 4 o 5 hPa perdidos en tres horas es temporal casi asegurado. Incluso si está lejos de los 15 hPa en cuatro horas antes de la tempestad de octubre de 1987, que se saldó con vientos de 150 nudos.

2. La aparición de nubes

Vigilad la aparición de altocúmulos en un cielo azul. El conjunto es bonito, pero a menudo precede a la formación de una inestabilidad tempestuosa. Y naturalmente, cuidado con la llegada de cumulonimbos, que anuncian la llegada inmediata de violentos chubascos.

3. Un desfase en las lecturas de los avances

Efectuados algunas horas después del boletín meteorológico propiamente dicho, estas lecturas son a veces la ocasión de comprobar si ha sucedido algo anormal entre los dos. Si el avance indica un viento distinto del previsto en el boletín, cuidado: puede estar desarrollándose un fenómeno secundario.

4. Una presión demasiado baja respecto de las previsiones

Si el barómetro de a bordo indica un valor cercano, incluso inferior, al anunciado para el centro de la depresión cuando ésta aún está lejos, indica que se está profundizando más y que podemos esperar lo peor (para tener en cuenta esta información es necesario que el barómetro esté bien calibrado).
De la misma forma, una presión que baja mucho cuando el viento sigue establecido de sudeste indica que nos hallamos frente a una depresión aún más profunda de lo previsto, y por tanto peligrosa.

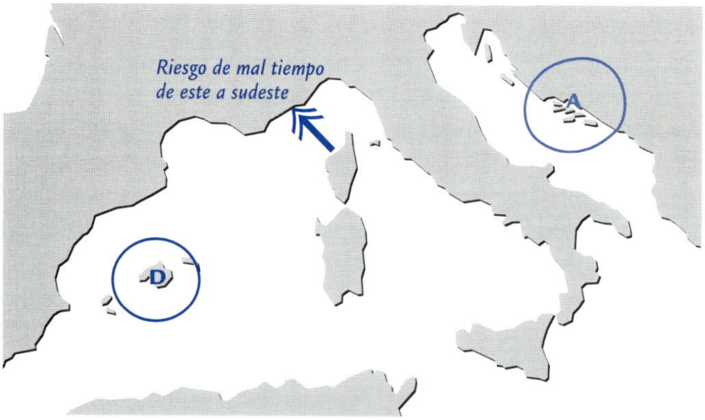

Figura 8.2: Dos situaciones generadoras de mal tiempo en el Mediterráno.

En la carta de arriba, una diferencia de presión importante entre las Baleares y las costas italianas se traduce normalmente en viento fuerte del sector sudeste en la zona entre Córcega y Francia.

En Córcega, si la presión es mucho menor en Bastia que en Ajaccio, es que está al caer un libeccio fuerte.

5. Sin rotación al norte

Si el viento no gira al Norte después de una primera depresión, es peor: vira al sur, y esto es el indicio de la probable llegada de un frente frío secundario, que normalmente va acompañado de condiciones aún más violentas que las del primer frente.

6. Grandes diferencias de presión

Diferencias de presión importantes entre distintos lugares son un indicio clarísimo de posibles perturbaciones, sobre todo en el Mediterráneo. Si por ejemplo hay al menos 5 hPa más en Ajaccio que en Bastia, podemos esperar un fuerte lebeche, (viento del sudoeste) en Córcega; 10 hPa menos en Marsella que en Lyon significan la llegada casi segura de un temporal de mistral en Bocas del Ródano. Y si al menos hay 10 hPa más en las costas italianas que en Baleares (con una depresión centrada en éstos, y un anticiclón cercano a Croacia), un temporal de este a sudeste amenaza todo el norte del Mediterráneo.

LA FUERZA DEL VIENTO

8.3. UN UMBRAL DE TOLERANCIA A FIJAR

La verdadera pregunta que hay que plantearse para evitar toda sorpresa desagradable afecta al margen de error que se considera «aceptable» en la previsión. Porque es evidente que el viento no se conformará con respetar los «límites» establecidos por la previsión meteorológica. En un poco menos del 5 % de los casos la fuerza constatada del viento supera en una decena de nudos la anunciada con antelación (este margen sube a casi el 8 % en el Mediterráneo).

Esto significa que no es imposible encontrar 35 nudos de viento cuando sólo se esperaban 25. Y lo mismo cuando nos desplazamos hacia la parte superior de la escala Beaufort, con un desfase que a veces puede ser considerable; sucede por ejemplo con la depresión que se profundiza más brutalmente de lo esperado y genera vientos de 70 nudos en lugar de los 50 anunciados.

► *Los límites relativos del barco*

Sea cual sea el nivel en el que nos situamos -excepto si tomamos márgenes que limitarían la práctica de forma singular- nos exponemos a encontrarnos más allá del marco «normal» de evolución del barco.

El uso de un velero de camping costero de menos de 6 metros no tiene prácticamente ninguna posibilidad de enfrentarse a un verdadero temporal; porque se organiza siempre para navegar con vientos que no sobrepasan fuerza 5. Teniendo en cuenta la posibilidad de error indicada anteriormente, lo peor que puede encontrar -si sigue meticulosamente la previsión meteorológica- será un viento que roce los 30 nudos. Esto ya es mucho para un barco ligero y con poco lastre y con una superestructura relativamente importante.

A priori, el problema no será el estado de la mar, sino la capacidad de ceñir si es necesario, o incluso en el hecho de seguir en pie y poder seguir gobernando. El barco seguramente podrá, pero hay muchas posibilidades de que la tripulación tenga muchas dificultades en proseguir su ruta; no todo el mundo está acostumbrado, como los regatistas, a empujar una cáscara de nuez pasada de trapo hasta sus últimas posibilidades. Aquí no hay infinitas soluciones: hay que reducir (no es fácil en barcos pequeños muchas veces sin bandas de rizos...), mantener el barco tan plano como sea posible cuidando dónde se coloca la tripulación, intentar controlar el entorno geográfico (¿dónde irá el barco si lo dejamos arribar? ¿Cuáles son las zonas peligrosas que hay que evitar? ¿Qué rumbo viable nos acerca a una zona abrigada?) ¡y no ceder!

► *Quien siembra vientos...*

En un crucero concebido para alta mar, la capacidad de seguir navegando en malas condiciones es mayor; ¡pero la probabilidad de encontrar mal tiempo, también!

Y esto es así porque el programa más ambicioso lleva a hacer etapas más largas (por tanto con menor cobertura meteorológica y más tiempo requerido para llegar al primer abrigo), pero también porque se acepta hacerse a la mar en condiciones más duras. No se duda en salir de puerto con un fuerza 6 establecido, y la perspectiva de encontrarse con vientos de fuerza 7 por el camino -si están orientados en la buena dirección y la zona se considera manejable- no siempre basta para justificar un cambio de programa. Esto, teniendo en cuenta el ineludible margen de error, lleva implícitamente a admitir la posibilidad de fuerza 8, o incluso 9. Lo que lleva inmediatamente a una conclusión: al habituarse a navegar con vientos más sostenidos, aumenta notablemente el riesgo de encontrarse un día con un verdadero temporal. Como contrapartida, uno enriquece al mismo tiempo su experiencia, y con ello su aptitud para afrontarlo.

► *Enfrentarse al mal tiempo en alta mar*

El navegante de altura se mueve en otro terreno. La duración de sus travesías, que se cifran en semanas, le obliga de todas formas a tomarse el tiempo tal como se presenta. Si se anuncia un huracán en medio del Atlántico, no tendrá más remedio que intentar adaptarse lo mejor que pueda.

Lo que no significa forzosamente decir que se esté seguro de encontrar temporales horribles cuando uno zarpa alrededor del mundo. Los circunnavegantes suelen ser gente prudente que estudian minuciosamente las pilot-charts para pasar en el momento adecuado por el sitio adecuado, y que procuran evitar zonas de riesgo. ¡En treinta años vagabundeando por todos los rincones del planeta, Antoine no recuerda haber encontrado vientos de más de 40 nudos!

Sin embargo, no hay que olvidarse del mal tiempo so pretexto de que se evitan escrupulosamente los períodos de ciclones y las altas latitudes. Las tormentas tropicales ignoran a veces las estaciones «reglamentarias» y algunos océanos –sobre todo el Atlántico Norte, incluso cuando se acerca el verano– saben preparar sorpresas poco atractivas.

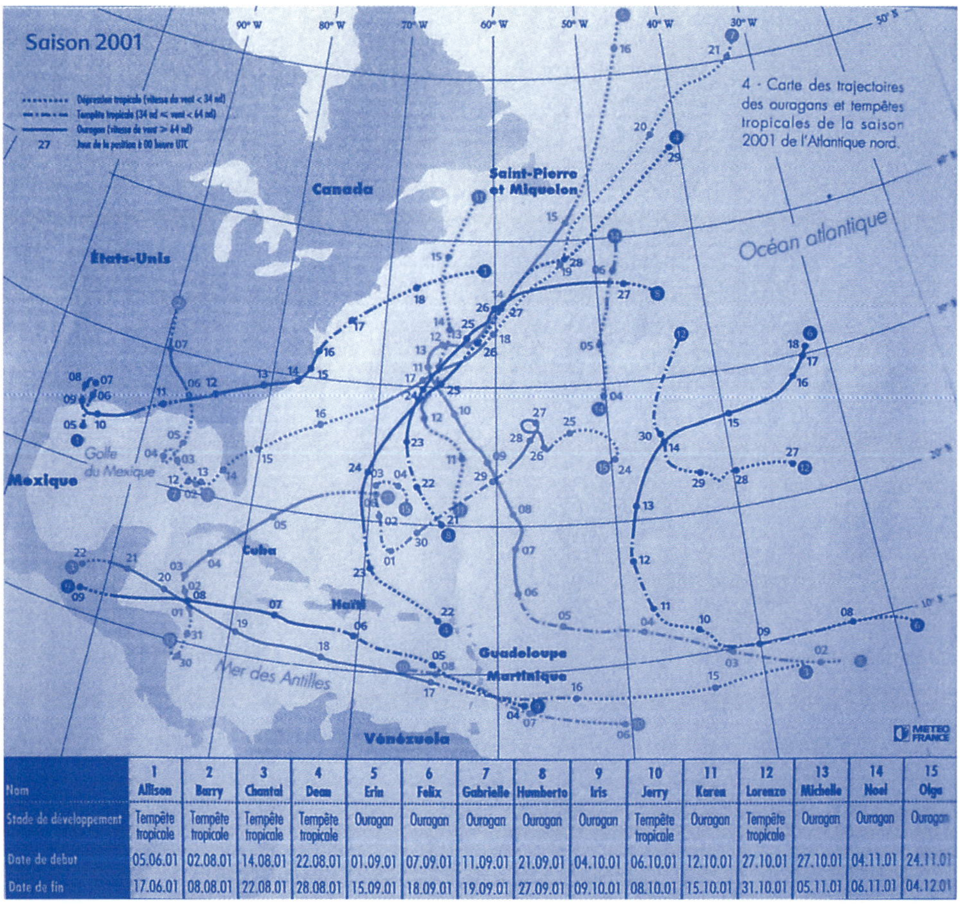

Nom	1 Allison	2 Barry	3 Chantal	4 Dean	5 Erin	6 Felix	7 Gabrielle	8 Humberto
Stade de développement	Tempête tropicale	Tempête tropicale	Tempête tropicale	Tempête tropicale	Ouragan	Ouragan	Ouragan	Ouragan
Date de debut	05.06.01	02.08.01	14.08.01	22.08.01	01.09.01	07.09.01	11.09.01	21.09.01
Date de fin	17.06.01	08.08.01	22.08.01	28.08.01	15.09.01	18.09.01	19.09.01	27.09.01

Nom	9 Iris	10 Jerry	11 Karen	12 Lorenzo	13 Michelle	14 Noel	15 Olga
Stade de développement	Ouragan	Tempête tropicale	Ouragan	Tempête tropicale	Ouragan	Ouragan	Ouragan
Date de debut	04.10.01	06.10.01	12.10.01	27.10.01	27.10.01	04.11.01	24.11.01
Date de fin	09.10.01	08.10.01	15.10.01	31.10.01	05.11.01	06.11.01	04.12.01

Figura 8.3:
Las probabilidades de ciclones cerca de las costas americanas.

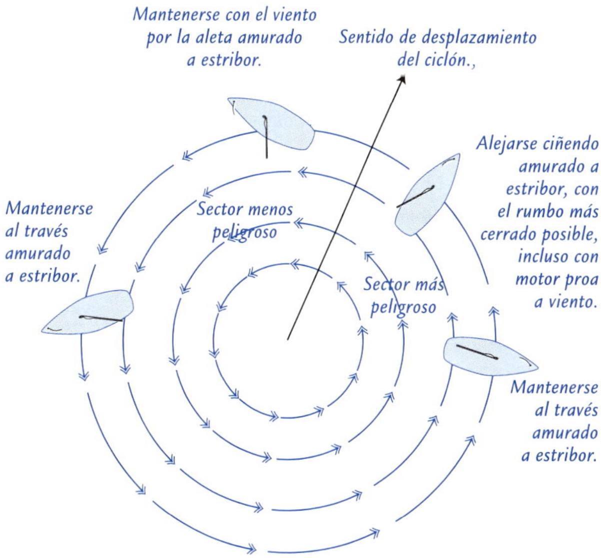

A la derecha, la velocidad de desplazamiento del ciclón se suma a la del viento; a la izquierda, se resta. La diferencia de condiciones puede ser importante en 50 millas.

Figura 8.4:
Los rumbos aconsejados en función de la posición respecto del centro de un ciclón.

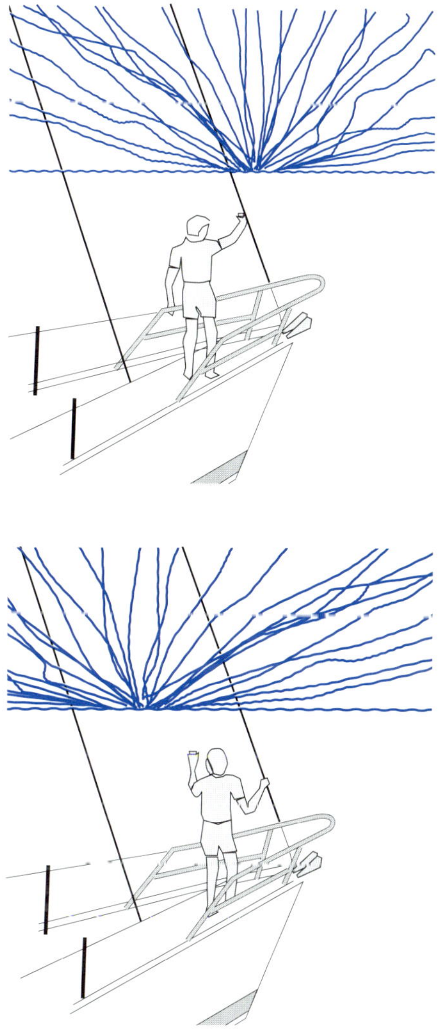

En las horas que preceden a la llegada de la tempestad, la observación del desplazamiento del punto de origen de los cirros permite evaluar la dirección del fenómeno.

Figura 8.5: Apreciar a simple vista la trayectoria de una tempestad tropical.

«

Las únicas experiencias de mal tiempo que he tenido, han sido en el Mediterráneo, antes de zarpar de viaje. En cambio, hay que ser muy prudente con las temporadas de ciclones. Quien se encuentra con un ciclón es que estaba en el sitio inadecuado en el momento inadecuado. Hay que prestar atención a las fechas. Por ejemplo, puedes quedarte en Martinica en temporada de ciclones porque estás muy cerca de Venezuela. En 24 horas estás en las Grenadinas, en un refugio, y en otras 24 horas puedes estar en Venezuela, donde no pasa nada. Por tanto, puedes quedarte en zonas fronterizas, siempre que permanezcas alerta, escuches la previsión meteorológica, avituallado de comida y agua. Los ciclones suponen un riesgo cada año, no hay que decir "este año no habrá". Con esto no se juega.

Sophie Hachet

»

LA CONDUCTA CON MAL TIEMPO

8.4. A PROBAR EN FUNCIÓN DEL BARCO

Entramos aquí en un terreno paradójicamente poco conocido, por mucho que sea una de las mayores preocupaciones de la especie humana desde la noche de los tiempos.

El número de personas que han sufrido violentos temporales a bordo de un velero sigue siendo, en efecto, relativamente poco importante, no todos han compartido su experiencia e incluso si lo han hecho, sus relatos pocas veces tienen valor de ejemplo. Ante todo, porque el método empleado para adaptarse a las condiciones reinantes no siempre ha dado resultados muy satisfactorios; y después porque es difícil trasladarlos de un barco o de un temporal a otro.

Vale la pena volver a leer el excelente libro **Navegación con mal tiempo**, de Adlard Coles y Peter Bruce [Ed. Juventud], que, a través de sus numerosos y apasionantes testimonios, expone de manera elocuente las bases del problema, así como la dificultad de determinar de una vez por todas «la» solución correcta. En función de las características del velero -y por tanto de sus reacciones-, de las condiciones específicas de la mar, y de otros factores, como la proximidad de tierra, la fatiga o la rotura de parte del equipo e incluso de la composición de la tripulación. La opción buena puede cambiar de un caso a otro.

Mientras se crea poder seguir el rumbo inicial, no hay lugar a dudas. Se trata sólo de mantener las buenas técnicas de navegación con viento duro ya conocidas, con menos trapo cada vez. La navegación cada vez es más incómoda y mojada, de ceñida y al través, cada vez más impresionante en portante, pero la manera de actuar no cambia sustancialmente en nada. Eso sí, hay que prestar más atención que nunca a la seguridad de todos: uso del arnés, precauciones en los desplazamientos y en la colocación de cada uno, tanto en la bañera como en el interior.

Y hay que vigilar la conservación del barco: interior tan ordenado como sea posible, amarrar todo lo que pueda moverse, colocación en lugares fácilmente accesibles de todo lo que se pueda usar en caso de problemas (cabos diversos y grilletes para improvisar una nueva configuración del

Enfrentarse al mal tiempo también es estar preparado a armarse de paciencia para seguir en alta mar, porque muchas veces la mar es más peligrosa cerca de las costas y entonces numerosos refugios son impracticables.

velamen, material de seguridad...) y cerrar todas las escotillas de entrada. Todo ello sin olvidar el bienestar de la tripulación, que necesitará alimentarse con facilidad y tendrá que vestirse preventivamente para aguantar lo mejor posible una larga exposición a los rociones.

Las preguntas serias se plantean cuando uno se da cuenta de que de esta forma ya no puede seguir haciendo el rumbo deseado, porque ya no se controla el barco o porque se teme un vuelco o una avería importante.

Los riesgos

Con muy mala mar, tanto de través como de ceñida, el riesgo de volcar por el efecto de una ola más grande que las otras existe, incluso si el barco lleva muy poco trapo. Aparte de las heridas que puede acarrear a la tripulación (tanto en cubierta como en el interior) y de las altas probabilidades de eyección, un vuelco completo a menudo se salda con la rotura del mástil. Este hecho es grave por un doble motivo: el barco pierde su medio de propulsión y los movimientos de los restos de palo pueden dañar gravemente tanto el casco como la cubierta y crear vías de agua.

Con portante la situación no es más envidiable. Llega un momento en que el barco va tan rápido bajando las olas que uno tiene la sensación de que ya no controla gran cosa. Mantener el rumbo exige una tensión agotadora y la proa da la impresión de poder clavarse en cualquier momento; y una clavada podría, en el peor de los casos, llevar al barco a volcar por la proa.

Tanto en un caso como en el otro se impone la necesidad de encontrar una configuración más segura. La dificultad consiste en encontrar la que se adapta mejor al barco y a las condiciones del momento.

La capa normal

Con la mayor en el último rizo y el tormentín acuartelado, nos mantenemos a 50-60° del viento, con la caña amarrada más o menos a sotavento. El objetivo es encontrar un reglaje que permita que el barco avance suavemente, de 1 a 2 nudos, abatiendo a la misma velocidad, y mantenerse en esta posición sin que intervenga el timonel. El abatimiento y las turbulencias que crea a barlovento amortiguan -pero sólo en parte- el choque de las olas.

Mientras la fuerza de viento y de la mar no sobrepasan las capacidades del barco, esta fórmula es relativamente cómoda y descansada para la tripulación, que puede permanecer al abrigo, mientras una sola persona sigue de guardia y está preparada en la bañera a actuar con la caña.

Por desgracia, muchos veleros modernos -desplazamiento ligero, carena ancha y plano antideriva estrecho- se adecuan mal a este método. Les cuesta encontrar un punto de equilibrio satisfactorio en rumbo, y su enorme superficie de carena hace que tengan tendencia a tumbarse con facilidad bajo el efecto de las rachas y el paso de las olas. Sea cual sea el tipo de barco, la capa normal llega bastante rápidamente a sus límites cuando el viento sigue subiendo y el barco se encuentra con demasiado trapo arriba.

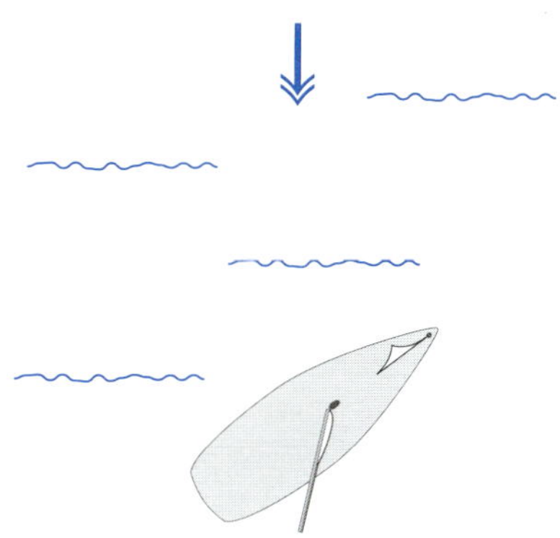

Figura 8.6: La capa normal.

Entonces hay varias posibilidades: arriar la mayor (y aferrarla, amarrando la botavara en cubierta) y seguir sólo con el tormentín, cazado normalmente. Nos salimos aquí de la capa en sentido estricto, pues la velocidad hacia delante es a priori mayor que el abatimiento. Se trata de hacer rumbo a poca velocidad y por tanto de volver a llevar la caña como se hace de costumbre, con un resultado que dependerá del equilibrio del barco. Algunos son incapaces de seguir orzando con una vela completamente a proa. Normalmente funciona mejor si se puede colocar el tormentín en un estay intermedio, anclado en medio de la cubierta de proa.

También se puede intentar seguir con sólo la mayor en el último rizo (pero esto supone normalmente demasiado trapo), o, mejor, con mayor de capa. Es decir, una mayor muy pequeña, muy baja, sin alunamiento ni sables, que se usa sin botavara, con una escota reenviada directamente a cubierta. También se la conoce como vela sueca. En ambos casos es necesario llevar la caña.

Tanto si es con tormentín, como si es con vela de capa, lo interesante es que se dispone así de cierta capacidad de evolución que permite optimizar la posición del barco respecto de las olas que parecen más peligrosas. Usando estas configuraciones (los unos con vela de capa, los otros sólo con el tormentín) es como las tripulaciones más perseverantes de la regata Sydney-Hobart de 1998 consiguieron salir adelante frente a vientos contrarios ¡de fuerza 12!

Se trataba de veleros de regata modernos de 10 a 25 metros, que tenían todos ellos tripulaciones numerosas y eficaces. Este elemento es importante en la medida que este método de «capa evolutiva» sólo funciona con un timonel atento todo el rato. E incluso con tamaño y gente no siempre funciona: el maxi *Nokia*, uno de los barcos más grandes de toda la flota, pasó de todas formas unas cuantas horas a la capa seca antes de izar un poquitín de trapo.

«*Si el viento es contrario al rumbo, si ya no se puede seguir ciñendo, capeamos. Uso muy pocas veces la capa seca, siempre hay un poco de trapo. Intento que mi barco esté siempre bien apoyado, es así como la capa es cómoda. Cuanta más agua tenga para correr, más buscaré una capa activa, es decir, una capa en la que caigo mucho, porque cuanto más importante es el abatimiento, más eficaz es el remolino protector.*

Si el viento viene más bien de popa, sigo mi rumbo. De hecho, en alta mar no hay mucho peligro, todo depende de la proximidad de tierra. Con muy mal tiempo, en fuga, arrío la mayor y el barco es tirado por la nariz. Lo ideal es atangonar la vela de proa, casi perpendicular al viento. De esta forma, cuando se sale de orzada o de arribada, es necesario desviarse 90° para que la vela flamee o tome a la contra. Así pues se la atangona muy cazada, para embridarla al máximo, porque con muy mal tiempo, una vela que tome a la contra, incluso un tormentín, pega un choque terrible en el aparejo, y hay que evitarlo tanto como sea posible.»

Olivier Pitras

La importancia del tormentín

Los testimonios de los patrones pillados con muy mal tiempo coinciden al menos en un punto: la utilidad del tormentín. Muchos de ellos lamentan incluso que a menudo sea demasiado grande. Es difícil dar aquí un baremo adecuado de superficie: se trata de un punto a tratar seriamente con el proveedor (constructor o velero) en función de las características del barco. Si se navega en una unidad pequeña -menos de 8 metros- hay que desconfiar de forma especial, pues los tamaños de los tormentines estándar ofrecidos por los distribuidores son casi siempre demasiado grandes para un velero ligero. Quizá es útil recordarlo: el tormentín -y con él un sistema para instalarlo adecuadamente- forma parte del material de seguridad obligatorio, incluso si se tiene un enrollador de génova. Pese a ello, al menos la mitad de la flota actual no lo lleva... Entre las tripulaciones que sí lo tienen, la mayoría serían incapaces de izarlo, pues no hay nada preparado para ello junto al génova enrollado.

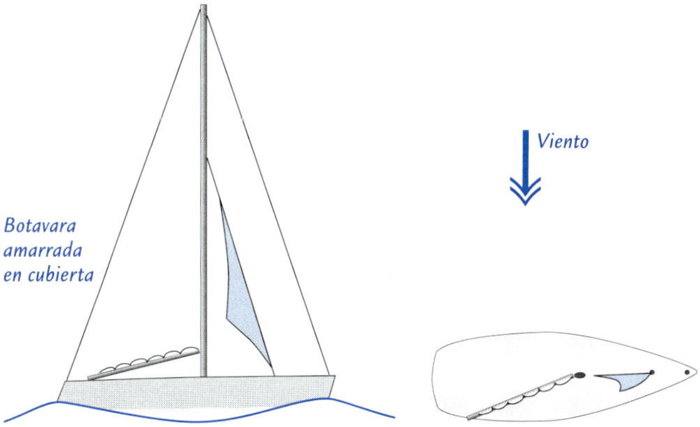

Figura 8.7: Navegar con el tormentín envergado en el estay de trinqueta o en el baby-estay.

Regreso a puerto de un crucero de 12 metros con 40 nudos de viento con sólo la mayor en el último rizo. Pero si se tratara de navegar en alta mar, sería demasiado: es evidente que aquí falta una faja de rizos suplementaria para poder aguantar mal tiempo de verdad.

La capa seca

Cuando hay demasiado viento para aguantar el tormentín o la vela de capa a 50° del viento, se intenta lo mismo sin trapo, teóricamente con la caña amarrada a sotavento. Como en la capa normal, su eficacia será distinta de un barco a otro y muchas unidades modernas son incapaces de estabilizarse en esta posición. Cuando el barco reacciona bien, es una opción bastante confortable (Éric Tabarly la usó con éxito en pleno ciclón a bordo del *Pen Duick III*), pero tiene el inconveniente de obligar a una posición pasiva respecto de las olas. Nunca puede excluirse que una de ellas, más vertical o más potente que las otras, acabe provocando el vuelco.

El uso del motor

Antiguamente, pocas veces se recurría al motor, habida cuenta de la escasa fiabilidad de las mecánicas usadas en navegación de recreo. Ahora los veleros de crucero cada vez lo usan más con mal tiempo. Siempre que se disponga de una potencia suficiente para el desplazamiento del barco, actualmente se acude a él con regularidad para superar un viento frescachón contrario cuando las circunstancias -parajes difíciles, zona atestada- disuaden de seguir ciñendo.

Con mala mar, puede ser una variante muy eficaz de la capa seca, al permitir mantener siempre un poco de velocidad y por tanto poder elegir, en la medida de las posibilidades, el rumbo más seguro entre las olas para evitar así ser sacudido con un latigazo en el peor momento.

Esta táctica de eslalon, mucho más realista de lo que se pueda pensar, tiene sin embargo dos límites. Primero, exige una atención constante del timonel. Después, se expone a problemas de lubricación del motor si el barco mantiene constantemente una escora importante. Como las tolerancias varían de un fabricante a otro, es conveniente informarse en origen para conocer la escora aceptable para cada modelo.

El problema es sin embargo menos crucial que cuando se emprende una navegación mixta a vela y motor, cuando la escora amenaza de ser bastante constante. Sin trapo, en medio de las olas, nos enfrentaremos más bien a escoradas violentas, pero puntuales.

Útil en monocasco, esta técnica también interesa a los catamaranes de crucero. En éstos, es especialmente eficaz para asegurarse una virada y evitar las peligrosísimas arrancadas hacia atrás.

Evidentemente hay que asegurarse de que se tiene suficiente gasoil, y ser intransigente en el orden en cubierta: ni un solo cabo puede correr el peligro de caer al agua y enredarse con la hélice.

Ancla flotante y «paracaídas»

Actualmente se usa a menudo un ancla flotante cuando se trata de frenarse por popa (se trata en este caso de cabos, lastrados o no, a veces amarrados en un bucle, a veces provistos de un ancla flotante propiamente dicha, que está compuesta de un cono de tela fuerte, lastrado para no permanecer demasiado en la superficie). En cuanto al paracaídas, está más destinado a mantener el barco proa a las olas, algo que también permite el ancla flotante.

El paracaídas, que se distingue normalmente por su mayor superficie, encuentra la mayoría de adeptos entre los navegantes de altura anglosajones; sobre todo entre los propietarios de catamaranes. Está formado, como su nombre indica, por un gran saco de tela que se abre en el agua para servir de estabilizador y frenar el abatimiento del barco. Algunos usuarios lo defienden a muerte, mientras otros, en cambio, juran que no lo volverán a tocar. Todo ello no facilita precisamente qué decisión tomar.

Una cosa es segura: este invento es de una gran eficacia para dejar el barco solo a la deriva, dando la proa exacta a las olas, o un poco de lado con la ayuda de una pata de gallo como aconsejan algunas tripulaciones de catamarán. El problema es saber si el barco puede aguantarlo.

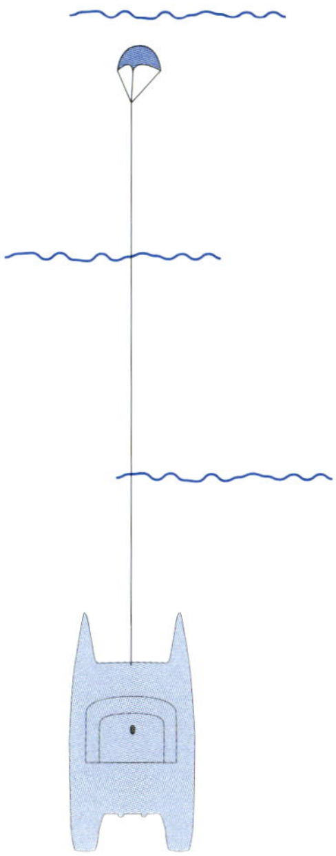

Paracaídas en el eje

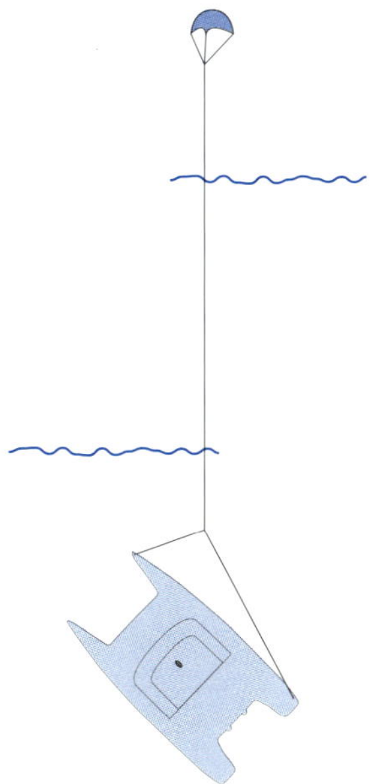

o montado con una pata de gallo

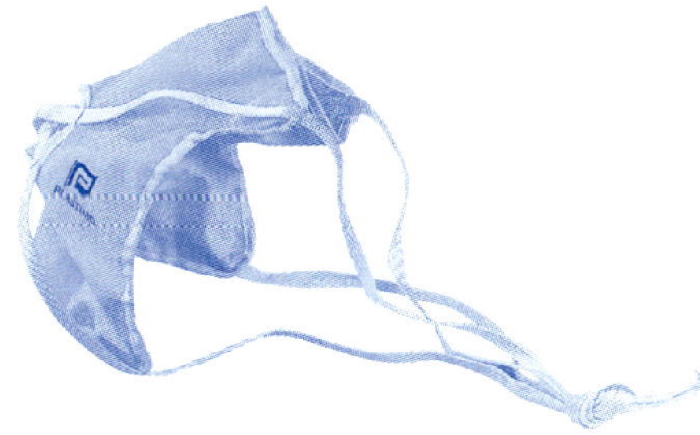

Las anclas flotantes se fabrican en distintos tamaños; las más pequeñas, como aquí, están pensadas sobre todo para frenar accesorios ligeros como una baliza o una balsa salvavidas.

Figura 8.9: Las dos formas de instalar el paracaídas.

Porque hay que saber, antes de probar este accesorio, que las fuerzas en juego pueden ser sencillamente terroríficas, al encontrarse el barco en la posición del punching-ball, a la vez retenido por su punto fijo y golpeado por la ola. Esto requiere un acastillaje de cubierta de una resistencia excepcional; sin duda superior al de las cornamusas de la mayoría de veleros de serie. El problema del roce de los cabos tampoco es menor, pues la amarra de la retenida tiene muchas posibilidades de desgastarse rápidamente y romperse si el circuito no está perfectamente protegido.

El paracaídas no tiene muy buena prensa en Francia después del vuelco, mientras usaba este dispositivo, de un catamarán de 14 metros considerado muy marinero. El accidente provocó la desaparición de dos tripulantes. Simultáneamente catamaranes similares habían cruzado el temporal sin problemas manteniendo el rumbo.

Darse a la fuga

Huir con viento portante, cuando el viento y la mar parecen impracticables en otro ángulo, es a priori una perspectiva atractiva. Sin embargo, también tiene sus inconvenientes. Ante todo, exige un mayor control. El barco irá más rápido que nunca y exige por tanto un timonel experimentado que no podrá distraerse en ningún momento. Y también puede suceder que la ecuación velocidad del barco/pendiente de las olas imponga determinados límites.

El problema puede plantearse en los dos sentidos.

Primer sentido: el velero pesado y lento que es alcanzado por una ola rompiente, que lo levanta y lo lanza por la pendiente con un ángulo tal que se expone a plantarse en el seno y posiblemente a clavar el morro.

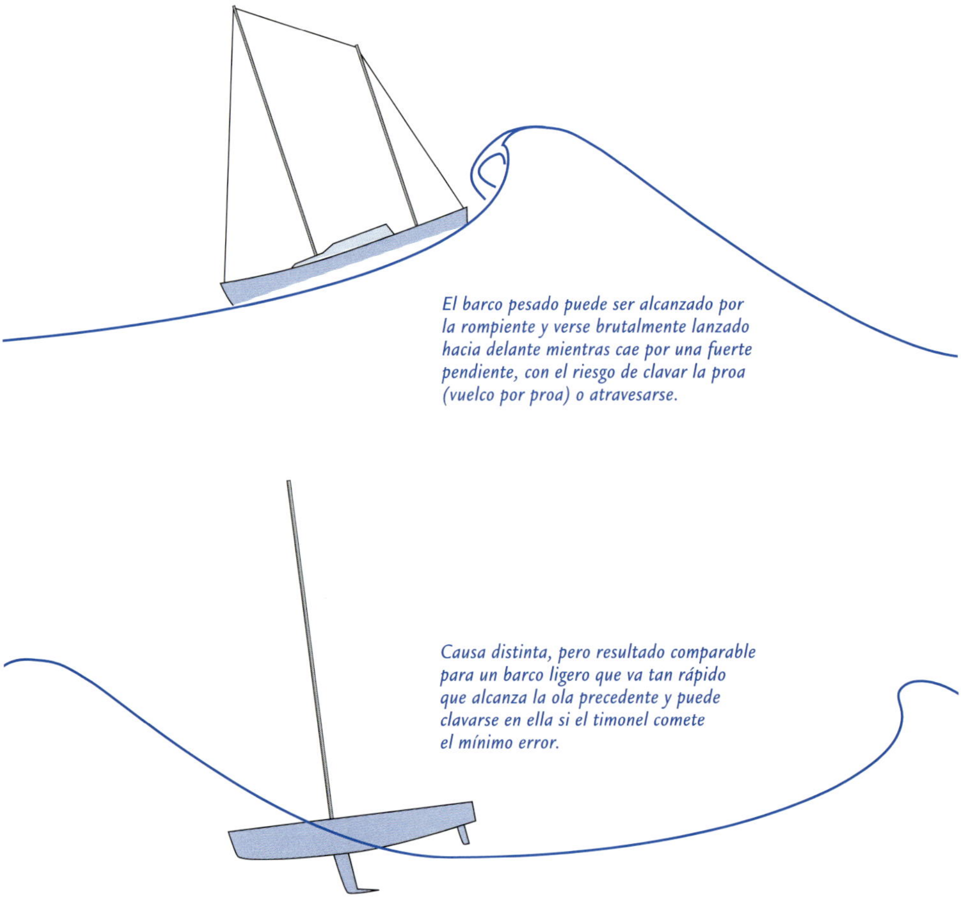

Figura 8.10: Los riesgos específicos de los pesados y de los ligeros en fuga.

Segundo sentido: el velero ligero y rápido, que va tan de prisa que se escapa de las olas que lo siguen (es más bien bueno...), pero que atrapa a las que lo preceden, con el peligro de clavar la proa, con las mismas y desastrosas consecuencias que en el caso número 1. La lógica quisiera encontrar un término medio, con suficiente velocidad para elegir fácilmente la trayectoria del barco, pero no demasiado para no chocar contra el tren precedente.

Puede suceder que ya no sea posible en los veleros ligeros y con prestaciones -sobre todo los multicascos- que incluso a palo seco siguen yendo demasiado rápidos. Frenar el barco por popa remolcando cabos (es necesario que estén un poco lastrados, o formen bucles, o estén complementados con un ancla flotante para dar resultados significativos) es entonces una respuesta lógica, pero que no siempre conviene. Lo atestiguan los debates apasionados que el tema alimenta desde siempre.

Los lectores de Moitessier recuerdan sin duda su admiración al descubrir en pleno temporal cerca del cabo de Hornos que el *Joshua* liberado de todo lo que llevaba arrastrando se comportaba mucho mejor, escapando de las olas gracias a su velocidad (entonces navegaba con viento portante) y aprovechando su mejor reactividad a la caña para situarse siempre en el mejor sitio.

Por el contrario, Peter Blake asegura que sin duda no habría acabado su vuelta al mundo récord en 1994 si no hubiera conseguido frenar su catamarán gigante *Enza* que, completamente a palo seco, se comía demasiado rápido unas olas demasiado verticales, con casi 70 nudos de viento en la zona de Ouessant. Dos casos completamente distintos, entre un barco lento que se porta mejor al conseguir un poco de velocidad para poder seguir maniobrando, y una inmensa plataforma ultraligera que se dispara hasta los 20 nudos, incluso sin velas, en cuanto se sueltan los frenos, y amenaza constantemente con clavarse en una mar con olas enormes. El patrón neozelandés subrayaba de paso una de las ventajas de remolcar cabos: se puede adecuar el freno según interese echando al agua más o menos cabo para frenar o acelerar.

Los patrones de las últimas ediciones de la regata alrededor del mundo con tripulación en monocascos aseguran por su parte que en portantes sólo frenan reduciendo superficie vélica, convencidos de que su velocidad les garantiza un mejor control y la posibilidad de elegir la trayectoria más segura. Pero el ejemplo difícilmente puede servir para el crucero, pues se trata de veleros con unas cualidades marineras excepcionales llevados por regatistas de alto nivel que se turnan cada hora. Fuga o no, con o sin cabos remolcados, se trata también aquí de una opción que deberá ser sopesada en función del comportamiento del barco con portantes con viento fuerte; y sobre todo en función de su tendencia a clavar la proa y de su facilidad de ser controlado por el timonel a alta velocidad. Hay que recordar que el castigo puede ser brutal en caso de desviarse y que, de todas formas, hay una condición indispensable: tener suficiente agua a sotavento para correr.

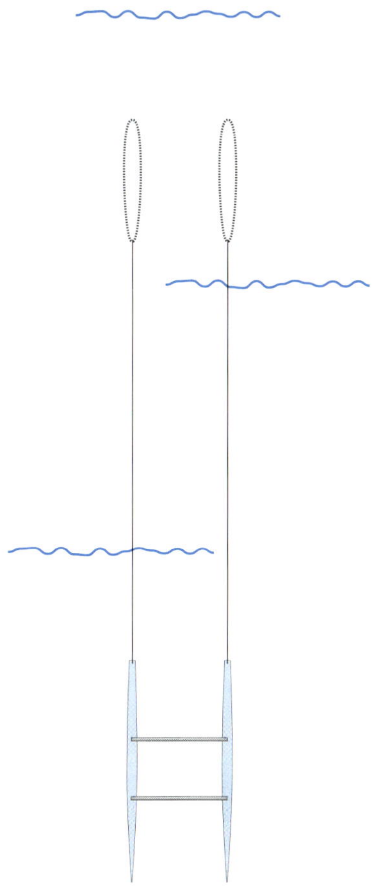

Técnica usada por Enza en 1994: arrastrar cabos con cadenas.

Figura 8.11: Ponerse a la fuga remolcando cabos.

Lo que nos enseñan los accidentes

Del balance de los últimos 25 años de navegación de recreo se desprenden algunas constantes en lo que se refiere a los accidentes acaecidos con mal tiempo.

Los problemas han empezado con el vuelco del barco en la casi totalidad de los casos. Y este vuelco casi siempre se ha producido cuando el barco tenía que apañárselas solo (a la capa o mantenido por algún dispositivo tipo paracaídas). Mucho más raramente en unidades en fuga, y prácticamente nunca en barcos que evolucionaban relativamente cerca del eje del viento, con o sin trapo (en este último caso, el motor era usado muchas veces para poder seguir maniobrando), y cuyo rumbo y posición respecto de las olas eran controlados permanentemente por un timonel. Se deduce claramente que el hecho de que no haya nadie en la caña aumenta muy sensiblemente las posibilidades de vuelco.

Es excepcional que el barco se hunda después de un vuelco. Los pocos casos en que esto se produce afectan a ejemplares antiguos, por lo general de construcción clásica, de madera y en mal estado. Pese al desastroso aspecto que pueden aparentar de inmediato, los veleros modernos tienen la piel más dura de lo que se cree; todos los barcos abandonados durante la Fasnet 1979 fueron hallados flotando, cuando habían sido abandonados parcialmente llenos de agua, con las escotillas de entrada abiertas, y a veces con vías de agua en el tejadillo o en cubierta. Estos veleros fueron considerados demasiado frágiles o poco marineros para seguir navegando (problemas de aparejo o de acastillaje demasiado ligeros, de timones vulnerables, pero también de concepción con márgenes de estabilidad insuficientes), pero resultaron ser lo bastante fuertes -¿o con suerte?- para no hundirse por completo.

Más que el naufragio total, el peligro número 1 en tales circunstancias es la herida grave durante el vuelco, la desaparición tras ser proyectado, incluso el ahogamiento al quedar atrapado debajo del barco, o la muerte por hipotermia si se pasa demasiado tiempo en el agua en regiones templadas. Todas las muertes registradas en la Fasnet 1979 y la Sydney-Hobart 1998 estaban relacionadas con una de estas causas.

Marinero prevenido...

Aparte de una buena anticipación sobre la evolución del tiempo, la mejor forma de aguantar un temporal es haber reflexionado seriamente con antelación. Primero, previendo buenos equipos de protección para la tripulación. Un traje de supervivencia elimina prácticamente el peligro relacionado con la hipotermia en nuestras zonas. Que cada uno lleve sistemáticamente una linterna de destellos, o mejor, una baliza individual, simplifica mucho los problemas de localización en caso de necesidad.

Después, no hay que perder las oportunidades de familiarizarse con el viento fuerte. Una corta salida de entrenamiento, desde un puerto de fácil acceso en todas las circunstancias -por ejemplo, una bahía protegida- permite normalmente hacerse una idea de las cosas y darse cuenta de las fuerzas en juego. Se llega rápidamente a la conclusión de que no se trata de improvisar con un acastillaje debilucho. Intentar envergar un tormentín con viento fuerte es también una prueba muy enriquecedora.

La reflexión debe incluir también los puntos débiles del barco. Basta para ello con sentarse tranquilamente en la bañera y hacer el inventario de todo lo que puede plantear problemas. Las monstruosas tapas de los cofres de bañera que se ven en la mayoría de cruceros de serie entran de lleno en esta categoría. ¿Se puede imaginar sin estremecerse tener que abrirlos con mal tiempo?

La conclusión cae por sí sola: es necesario poder condenarlos en caso de necesidad y guardar el material indispensable en otro sitio. ¿Está la balsa salvavidas en un sitio accesible (es evidentemente imposible sacarla de uno de los cofres citados anteriormente)? ¿Es fácilmente accesible el contenedor donde están las cosas que tenemos que llevarnos en caso de necesidad (recambios, cohetes, comida...)? ¿Hay en la bañera puntos sólidos para amarrarse? La experiencia demuestra que la columna de la bitácora y el balcón, que se usan a este efecto a falta de otros puntos previstos específicamente para ello, no están adaptados a esta necesidad.

Las líneas de vida en cubierta son igualmente indispensables. También hay que poder amarrar sólidamente el tangón y la botavara, tanto para evitar el peligro que representan las piezas móviles, como también para que un tripulante pueda apoyarse confiadamente en caso de necesidad. El fondeo también tiene que poder ser amarrado (en el sentido náutico de la palabra, es decir, atado sólidamente) para no salir proyectado si el barco se tumba.

Al observar el sistema del tambucho de entrada a la cabina, el cierre de las escotillas, se impone la misma reflexión: ¿es todo ello lo bastante práctico y robusto para funcionar en condiciones difíciles? Por desgracia, muchas veces la respuesta es negativa.

En el interior, lo que está en juego es tanto la eficacia de la navegación como la seguridad de los tripulantes. Es importante que cada cosa siga estando en su sitio para cumplir su papel en caso de necesidad, y que la cabina no se convierta en un caos. Hay que mirar las cosas de frente e imaginar lo que sucedería si el barco se encontrara de canto, o incluso quilla al aire; inventariar los «proyectiles» en potencia y ver cómo los podemos mantener firmemente en su sitio, prestando una atención especial a los objetos pesados y a veces vitales, como las baterías.

Algunos solitarios de la Vendée Globe se han preparado rincones de descanso «protegidos» en espacios restringidos -sobre todo debajo de la mesa de cartas- para limitar el peligro de lesiones y heridas en caso de vuelco. Es difícil realizar este tipo de instalaciones en un crucero de serie, habida cuenta de las múltiples exigencias del programa, pero que cada cual dedique un poco de tiempo a reflexionar sobre la forma de hacer más seguro el interior es evidente que no hará ningún daño. Aunque sólo sea para prever cinta adhesiva para cerrar los cofres que no cierran en el momento oportuno. ¡Puede cambiar la vida!

Olas rompientes en la bahía de Audierne:
De ahí la conveniencia de no navegar demasiado cerca de la costa.

CAPÍTULO 9 - ALGUNOS CONCEPTOS DE METEOROLOGÍA

CAPÍTULO 9

El navegante mantiene con la meteorología una relación que sobrepasa la simple preocupación de la mayoría de terrícolas por el bienestar. La cuestión de fondo no es tanto saber si hará frío o calor, lloverá o saldrá el sol, sino si el viento permitirá efectuar el recorrido previsto en buenas condiciones de velocidad y seguridad, o si es preferible elegir otro destino, o incluso renunciar a salir, pues las condiciones previstas sobrepasan las posibilidades del barco o de la tripulación que le deben hacer frente.

«*Puede ser útil tener algunos conocimientos e instrumentos para entender lo que hay detrás del parte meteorológico puro y duro, muy genérico. Hay algunos truquillos, por ejemplo, para evitar encontrarse, al día siguiente de un frescachón en el golfo de León, sin el viento, pero con la mar residual. Hay que saber cómo aprovechar la situación, no tener miedo del viento, sino conocer dónde están los límites propios. Tanto si es en regata como en crucero, hay que saber evaluar el nivel de conocimiento de la tripulación, de su patrón, el nivel de preparación y de fiabilidad del barco. Porque la mejor tripulación del mundo dará media vuelta, incluso en regata, si hay mal tiempo. Nosotros, en la regata Sydney-Hobart de 1998,* teníamos una de las mejores tripulaciones, con el neozelandés Ross Field como patrón, y dimos media vuelta, porque la previsión meteorológica era demasiado mala. Supimos imponer un razonamiento de navegante antes que un razonamiento de competidor.*»

Gilles Chiorri

¿DE DÓNDE VIENE EL VIENTO?

9.1. ORÍGENES COMPLEJOS, MECANISMO LÓGICO

Normalmente el tema se plantea desde el estricto aspecto de dirección. Pero al amante de la vela le interesa mucho entrar también en la segunda parte de la cuestión, la que afecta a sus orígenes, en el sentido genético de la expresión. En otras palabras: ¿de dónde sale? La respuesta a esta pregunta clave es el punto de partida obligado para entender los mecanismos de la previsión.

* Esta edición estuvo marcada por un violento temporal, que causó numerosos naufragios, con el balance de seis muertos entre los participantes.

Aire en movimiento

De entrada, hay diferencias de presión del aire. Esta mezcla gaseosa siempre tiene la misma composición (78% de nitrógeno, 21% de oxígeno, 0,9% de argón, para citar sólo sus principales elementos), pero no tiene la misma presión en todas partes, pues ésta varía en función de la tem peratura. Cuanto más frío es el aire, más denso es, y por tanto mayor es la presión atmosférica (es decir, el peso del aire en una superficie determinada, valor que hoy se mide en hectopascales). Así, en las regiones polares, donde hace, por definición, más frío que en otras partes, el aire es más pesado y la presión más elevada que cerca del ecuador, donde el aire cálido, más ligero, tiene tendencia a elevarse y por tanto a generar presiones más débiles.

Como a la naturaleza le horrorizan tanto el desequilibrio como el vacío, el aire intentará «compensar» desplazándose de las zonas de altas presiones hacia las de bajas presiones; como si se deslizara desde la «cumbre» de las presiones elevadas a los «precipicios» de las bajas presiones. El viento no es más que este desplazamiento de aire entre puntos geográficos de presiones distintas, a saber: los anticiclones (centros de altas presiones) y las depresiones (centro de bajas presiones).

El reparto de zonas en latitud

En teoría, el aire frío polar resbala por gravedad hacia el ecuador, donde sustituye el aire cálido que se ha elevado en la atmósfera y a su vez se dirige hacia el norte, donde se enfriará y por tanto se densificará; es el principio de la circulación meridiana. En la práctica pronto se comprueba que el viento no se conforma con soplar en un eje norte-sur, de los polos al ecuador. Se interponen multitud de factores para crear entre las distintas partes del globo intercambios de una complejidad impresionante. Cada uno de los factores puede influir sobre otro, que a su vez reforzará o modificará el primero, lo que hace muy difícil saber quién ha empezado este juego. Las corrientes que recorren los océanos juegan un papel esencial en los intercambios térmicos entre el ecuador y el polo (sobre todo la corriente del Labrador, que envía un poco de frío nórdico hacia el sur, y la corriente del Golfo, que sigue el camino inverso, mandando agua caliente de los trópicos hacia el norte). Si las corrientes no existieran, sin duda haría más frío en los polos y aún más calor en el ecuador; y los dos sectores serían probablemente tan infrecuentables uno como otro. Estas

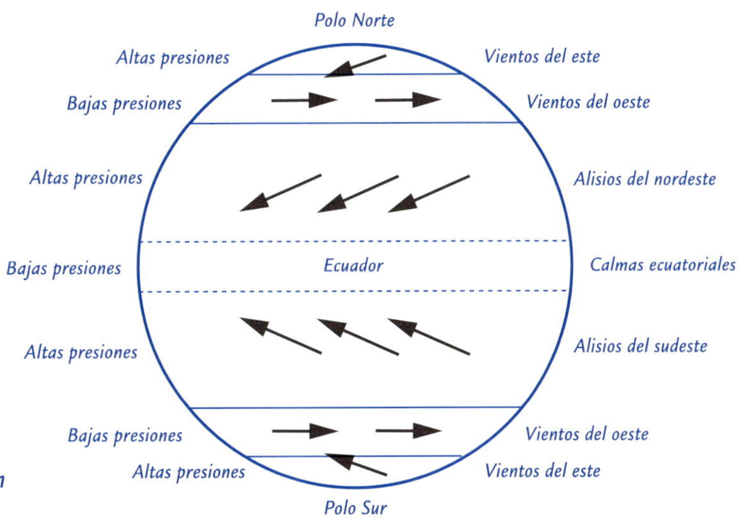

Figura 9.1: Distribución general de las presiones y de los vientos en función de la latitud.

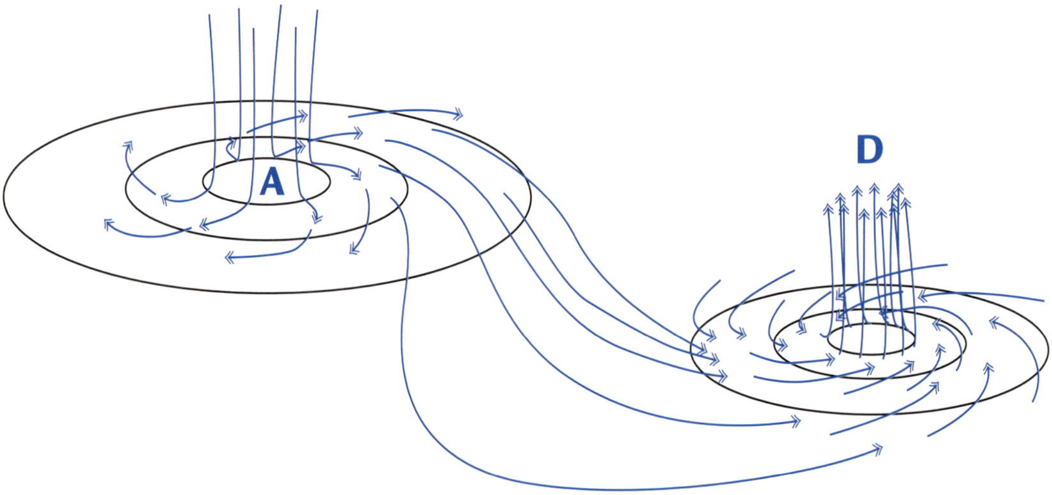

Figura 9.2: El movimiento desde las altas hacia las bajas presiones.

corrientes marinas influyen en la circulación en la atmósfera, que constituye el otro vector de intercambios de una punta a la otra del planeta.

Sin entrar en el detalle de estas sutiles disquisiciones, constatemos el resultado: partiendo del polo Norte, se observan primero altas presiones, después una gran zona depresionaria que se extiende globalmente desde la latitud del cabo Norte hasta la de España, después una nueva banda anticiclónica, hasta el trópico de Cáncer, y una segunda zona depresionaria cerca del ecuador. Siguiendo en el hemisferio Sur, encontramos una sucesión exactamente simétrica.

Esta bonita organización varía de una estación a otra, al desplazarse los centros hacia el sur o hacia el norte y mostrarse sensibles a las evoluciones térmicas. El enfriamiento de los continentes en invierno favorece el desarrollo de anticiclones; a la inversa, el calentamiento de las aguas tropicales en verano tiende a que un sistema depresionario sustituya al habitual régimen anticiclónico.

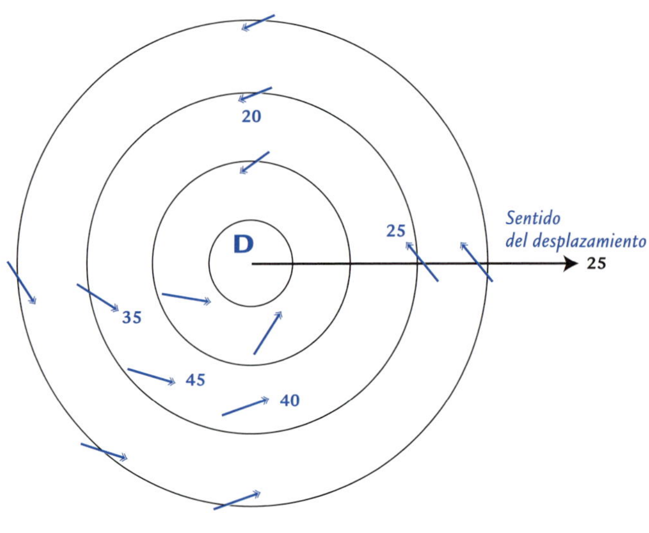

Figura 9.3: La influencia del sentido de desplazamiento de una perturbación. Modifica en proporciones importantes la velocidad del viento según la zona afectada: el viento será mucho más fuerte al sur del centro depresionario (donde el viento y el desplazamiento van en la misma dirección y por tanto sus velocidades se suman) que en el norte (donde el viento sopla en sentido contrario al desplazamiento de la perturbación).

La orientación y la fuerza del viento

Al desplazarse el aire desde las altas presiones hacia las bajas, tendría que orientarse básicamente de la periferia de una depresión hacia su centro; y del centro de un anticiclón hacia su periferia. Esto sería sin contar con la fuerza de Coriolis, consecuencia de la rotación de la Tierra, que desvía todo movimiento hacia la derecha en el hemisferio Norte, y hacia la izquierda en el hemisferio Sur. Para visualizar los efectos de esta fuerza, hay que imaginarse intentando trazar una línea recta en un disco en rotación: ¡el resultado sería invariablemente una línea curva! Pasa lo mismo con el aire, que intenta ir recto, pero que traza finalmente una trayectoria curva sobre la superficie de un planeta que no cesa de dar vueltas.

Esto dará como resultado un viento que gira en el sentido contrario de las agujas de un reloj alrededor de una depresión, y en el sentido de las agujas de un reloj alrededor de un anticiclón (siempre en el hemisferio Norte; en el Sur es al revés).

La posición relativa de las altas y de las bajas presiones determina por tanto la dirección del viento. El otro elemento esencial es la «pendiente»; lo que los meteorólogos denominan el gradiente de la presión, en otras palabras, la relación entre la variación de la presión y la distancia. De la misma forma que una bicicleta va más rápido en una pendiente del 15% que en otra del 3%, cuanto mayor es la pendiente de las isobaras (las líneas que juntan los puntos con la misma presión), más rápido irá el viento. Esto se ve a primera vista en una carta meteorológica: cuanto más apretadas están las isobaras, más pronunciada será la pendiente y por tanto más fuerte será el viento; y al revés. Esto funciona exactamente igual que las curvas de nivel en las cartas IGN o SHOM para los relieves terrestres o submarinos.

Para situar las cosas, una variación de la presión de 10 hPa en 540 millas (9° de latitud) determina en nuestras regiones un viento de fuerza 3. Si se observa una variación de presión igual, pero en una distancia de sólo 180 millas, cabe esperar un viento de fuerza 7.

Cuando se dominan estos conceptos, es mucho más fácil entender las informaciones meteorológicas. En la costa atlántica, por ejemplo, se sabe que una depresión que pase un poco al norte de nuestra posición se manifestará primero con un viento del sudoeste, que rolará paulatinamente al oeste, y finalmente al noroeste. O que un anticiclón veraniego, bien instalado en el noroeste de Europa, generará un régimen de nordeste que puede durar cierto tiempo.

Los grandes sistemas de circulación

Abierta al océano, Europa está básicamente afectada por la trayectoria de las depresiones que atraviesan el Atlántico Norte de oeste a este, y por los movimientos del anticiclón instalado normalmente en las cercanías de las Azores. Pese a las apariencias, las regiones mediterráneas también dependen de estos grandes sistemas. Pero las cosas son aquí mucho más complicadas por su condición de «mar continental» y por las posibles perturbaciones de origen sahariano.

Como consecuencia de su posición en una zona templada, en medio de las interacciones entre depresiones y anticiclones, las costas francesas tienen condiciones muy variables, con alternancias de vientos flojos, moderados o fuertes de todas direcciones.

No sucede lo mismo en todas las regiones del mundo, pues algunas disfrutan -para bien o para mal- de una meteorología mucho menos matizada. Debajo de la latitud de Portugal (y bastante más abajo en otoño) los alisios reinan buena parte del tiempo. Como consecuencia de la fuerza de Coriolis, estos vientos que corresponden al desplazamiento de aire entre el anticiclón subtropical y las bajas presiones del ecuador (movimiento orientado norte-sur) son desviados hacia la derecha y se orientan por tanto básicamente al nordeste. Cuidado: para asimilar este concepto de la desviación del viento, hay que entenderla en el buen sentido; es decir, imaginándose de espaldas al viento, por lo que la angulación se hace entonces hacia la derecha del observador.

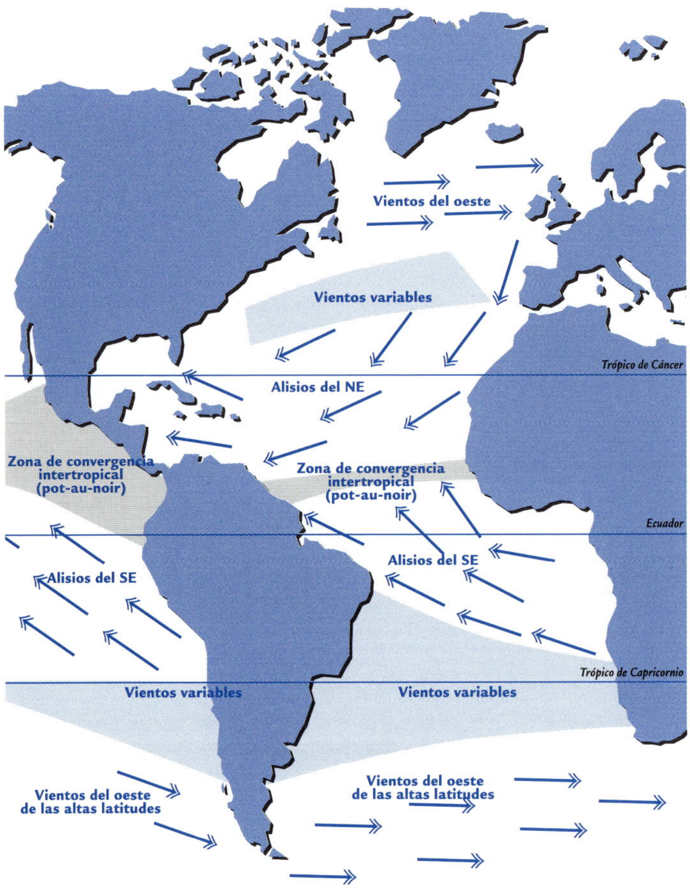

Figura 9.4: La orientación general de los vientos en el Atlántico y a lo largo de la costa oeste del continente americano.

Estos alisios del nordeste sólo se interrumpen al aproximarse a la zona de convergencia intertropical, que serpentea alrededor del ecuador. Esta banda de nombre bárbaro, el famoso *pot-au-noir,* es una zona de depresión casi permanente debida al sobrecalentamiento de las aguas. Las precipitaciones, las rachas erráticas y los chubascos están garantizados en este sector «tapón» situado, como su propio nombre indica, entre las dos zonas de alisios, pero suficientemente desprovisto de brisas estables para desesperación de los navegantes de antaño, que podían arrastrarse durante semanas bajo un cielo amenazador. En el hemisferio Sur reaparecen los alisios, pero esta vez orientados al sudeste (la fuerza de Coriolis está aquí invertida: el viento se va ahora hacia la izquierda).

Entre los 30° y el paralelo 45°, nos volvemos a encontrar con lo que hemos visto en la zona templada del hemisferio Norte, es decir, con condiciones variables, con vientos que dependen de la preeminencia de un centro de acción o de otro. Más al sur, la situación es más clara: es el reino de los fuertes vientos del sector oeste, que soplan en tres océanos (Atlántico, Índico y Pacífico) sin encontrar obstáculos terrestres, o casi. Sólo es al aproximarnos al 60° sur -es decir, prácticamente en contacto con el continente antártico- cuando nos volvemos a encontrar condiciones polares con muchas probabilidades de vientos del sudeste.

El trazado de estos grandes territorios en la carta sigue siendo sin embargo un tanto aleatorio. Porque si bien en principio se conocen sus variaciones estacionales, su actividad mantiene un cier-

Las nubes no siempre son un mal augurio: ésta, en zona de alisiones, está sencillamente pegada a esta montaña de la Polinesia y constituye un punto de referencia visible desde más lejos que la misma tierra.

to margen de incertidumbre de un año a otro, como consecuencia de modificaciones que intervienen en el equilibrio general. Puede suceder que los alisios no acudan a su cita, incluso en su zona predilecta. O que los vientos del oeste sean menos fuertes de lo previsto en las cincuenta aullantes. Un fenómeno puntual como El Niño (cuyo mecanismo de formación aún no conocemos completamente) puede cambiar radicalmente las condiciones habituales en el Pacífico Sur. Se traduce por un debilitamiento del anticiclón de la isla de Pascua y, por tanto, por el calentamiento de las aguas de la costa peruana y la sustitución de los alisios por regímenes de oeste. Todo esto hace sentir sus efectos mucho más allá de los límites del Pacífico.

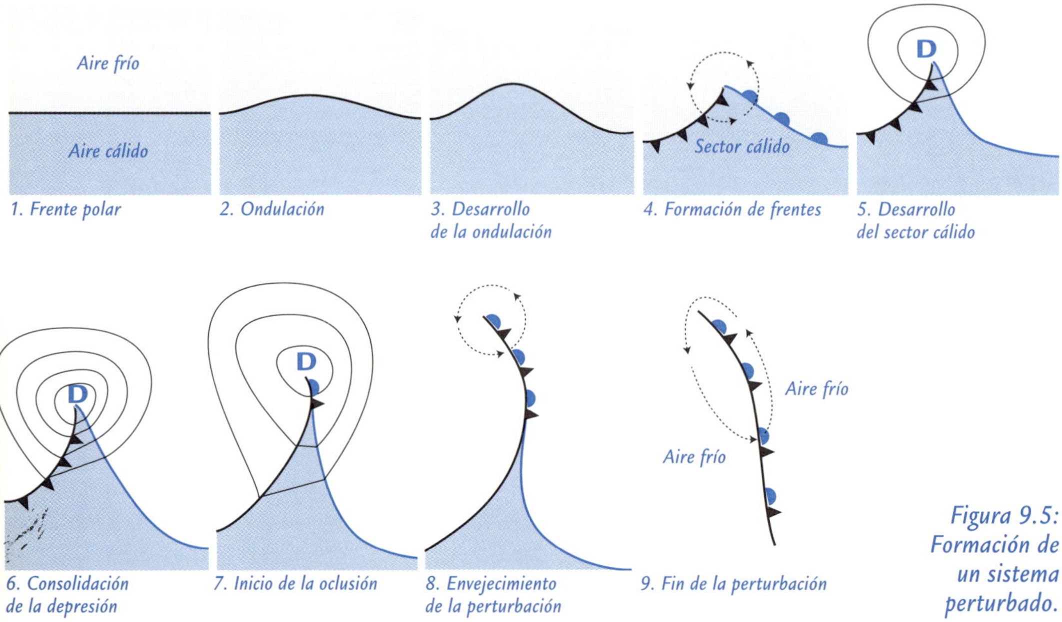

Figura 9.5: Formación de un sistema perturbado.

La formación de un sistema perturbado

Los términos perturbación y depresión se usan a menudo de forma indistinta. Para que las cosas queden meridianamente claras, más vale dejar claro que la palabra perturbación engloba el conjunto del fenómeno activo provocado por el encuentro de dos masas de aire; mientras que la depresión es más exactamente la zona de baja presión situada en el corazón de esta perturbación.

La perturbación es, por definición, una ruptura de un estado de equilibrio de la atmósfera. Nace de un conflicto entre dos masas de aire de temperaturas distintas, y por tanto de presiones también distintas. Una ondulación de su frontera común provoca una intrusión del aire caliente en medio del aire frío y por tanto la formación de frentes a uno y otro lado de este sector cálido, pues las dos masas de aire se enrollan una alrededor de la otra. Al mismo tiempo se desarrolla la depresión propiamente dicha: rodeada por los dos lados por aire frío -más denso- el aire cálido sólo puede escaparse hacia arriba, lo que va acompañado de un descenso suplementario de presión en esta zona (el descenso más fuerte se sitúa en el extremo de la lengua de aire cálido) y de la formación de un movimiento de aire turbulento. El conjunto se desplaza ahondándose, porque el aire cálido se escapa cada vez más rápido hacia arriba, lo que acelera el descenso de presión y la circulación del aire turbulento (y por tanto la fuerza del viento alrededor de la depresión); es lo que se denomina la ciclogénesis. Después de cierto tiempo de recorrido, el frente posterior (el frente frío) atrapará al frente anterior (el frente cálido) y se confundirá con él. Es el fenómeno de oclusión, que anuncia a más o menos corto plazo que la depresión se rellenará, y por tanto desaparecerá. Esto no significa que el mal tiempo haya acabado. Por una parte, porque las perturbaciones funcionan muchas veces en familia, y se siguen unas detrás de otras con un reducido tiempo de respiro entre cada una de ellas. Por otra parte, porque una oclusión separada de su depresión originaria puede transformarse rápidamente en una depresión secundaria, tanto más peligrosa porque es más móvil (y por tanto difícil de seguir en tiempo útil por los servicios meteorológicos) y puede ser extremadamente virulenta. La mayoría de los temporales catastróficos del finales del siglo XX en Europa fueron debidos a fenómenos secundarios, tanto si se trataba de la evolución brutal de una oclusión, como si era por la formación de un frente frío secundario, cuando una masa de aire aún más fría sigue al frente frío principal.

Los vientos de superficie y de altura

La perturbación se desplaza (de media a una velocidad cercana a los 25 nudos) empujada por los vientos en altura, que a menudo son distintos de los que notamos a nivel del mar, tanto en fuerza como en dirección. Esta corriente general en altura, que en nuestras regiones sopla globalmente de oeste a este, sólo sopla en el sentido del viento de superficie cuando nos encontramos al sur de la depresión. Antes del paso de la perturbación, los dos movimientos de aire pueden ser perpendiculares. Basta con observar las nubes altas para comprobarlo. Mientras navegamos con un viento del sur, los cirrus están llegando por el oeste. Al norte de la depresión, los movimientos del aire están en el mismo eje, pero opuestos: corriente de oeste en altura, viento del este sobre la mar.

Un pequeño truco para aclararse: al dar la espalda al viento de superficie, si las nubes altas llegan por la izquierda, probablemente vamos hacia un empeoramiento del tiempo; si, por el contrario, llegan de la derecha, en principio el tiempo mejorará, pues está pasando el fin de la perturbación. Si viento de superficie y las nubes más altas se mueven en el mismo eje (incluso si lo hacen en direcciones opuestas), hay pocas posibilidades de empeoramiento inmediato.

Para ser precisos, el viento que sopla en el barco tampoco es exactamente el mismo que el que se observa en el piso inferior, cuya dirección muestra el movimiento de los cúmulos y otras nubes bajas; normalmente se observa una diferencia de 10° entre los dos niveles.

Optimismo obligado con este cielo azul y estos amables cúmulos que a veces pueden formar «calles».

EL PASO DE UNA PERTURBACIÓN

9.2. OBSERVAR LAS NUBES PREFRONTALES

Una perturbación «típica» que llega al oeste de Francia se desarrolla siempre más o menos de acuerdo con el mismo esquema. Precediendo a la llegada del frente cálido, por delante de la depresión, hay una fase durante la que el cielo, normalmente despejado al principio, se carga de nubes con un techo que va bajando a medida que el viento refresca y rola al sudoeste. Después del primer frente, pasa el sector cálido acompañado de vientos de entre el sudoeste y el oeste, más o menos fuertes según sea la virulencia de la perturbación. El paso del frente frío se caracteriza por un viento que rola al noroeste y se refuerza aún más antes de bajar al paso de la cola, el último elemento de la perturbación. En su fase activa, el conjunto de la perturbación puede pasar en 24 horas, a veces un poco más, a menudo menos. Si se quiere observar más precisamente el encadenamiento de las operaciones, las nubes constituyen excelentes puntos de referencia.

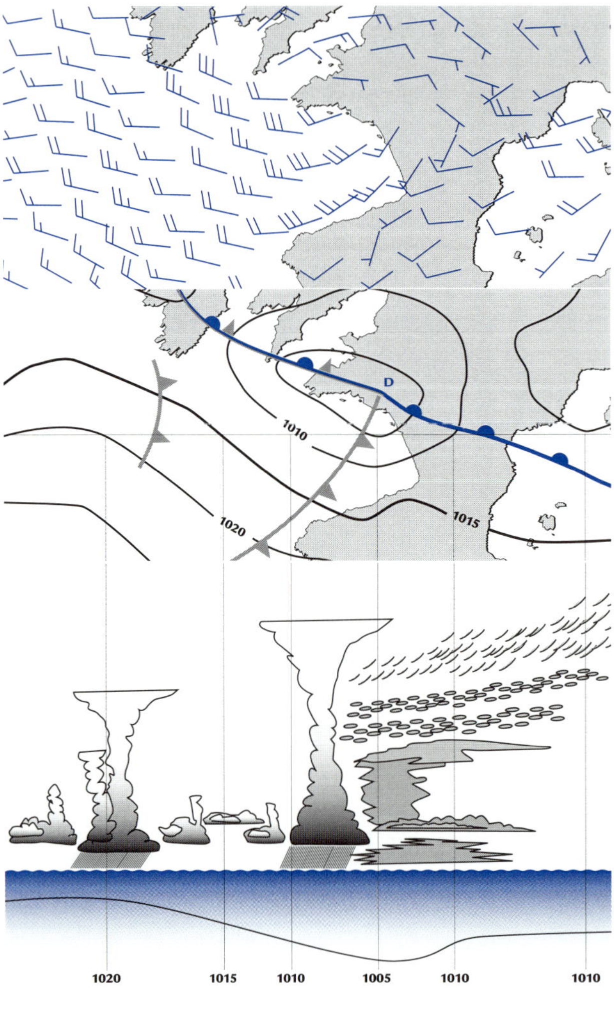

Observación simultánea de los vientos, las isobaras, las nubes y presiones, al paso de una perturbación, por un testigo que se encontrara en el eje horizontal que pasa sobre el estuario del Garona. Le llega el frente cálido, mientras el viento del sudoeste no sobrepasa por ahora una quincena de nudos. Pero puede esperar un rápido incremento del viento hasta 30 nudos, con la llegada del frente frío, acompañado de una rolada al oeste, y después al oeste-noroeste; estas condiciones las encuentran ya los barcos que se encuentran en medio el golfo de Vizcaya.

Figura 9.6.
El paso de una perturbación.

La aproximación

Los cirros son los primeros indicadores de la llegada de aire cálido en altura. No siempre es fácil distinguirlos de las colas de condensaciones que se extienden después del paso de los aviones. Pero estas estelas también pueden dar interesantes indicaciones: si se disipan con rapidez normalmente es señal de que se puede confiar en un tiempo anticiclónico estable; si se siguen extendiendo, es síntoma de cambio. El barómetro permite salir de dudas: es en este momento cuando empieza a bajar.

A continuación llegan los cirroestratos, siempre en el nivel superior, que marcan el principio de la parte activa de la perturbación, mientras el barómetro sigue bajando.

Con la aparición, poco después, de los altoestratos -nubes a una altura media-, es cuando las cosas se estropean. Mientras el barómetro continúa su bajada, empieza a llover, simultáneamente se reduce la visibilidad y el viento refresca (fuerza 5 a 6 para una perturbación «media») y rola al sudoeste.

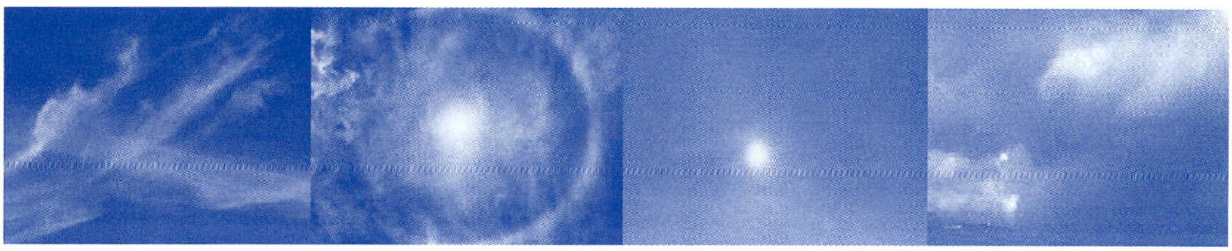

Cirros precursores — *Cirroestratos, llegada de la depresión* — *Altoestratos, cuerpo de la depresión* — *Estratos y nimboestratos, frente cálido*

El frente cálido

Escondidos detrás de las cortinas de lluvia, los nimboestratos (nubes de desarrollo vertical) marcan la llegada del frente cálido. Las lluvias son más fuertes y el barómetro alcanza su nivel más bajo.

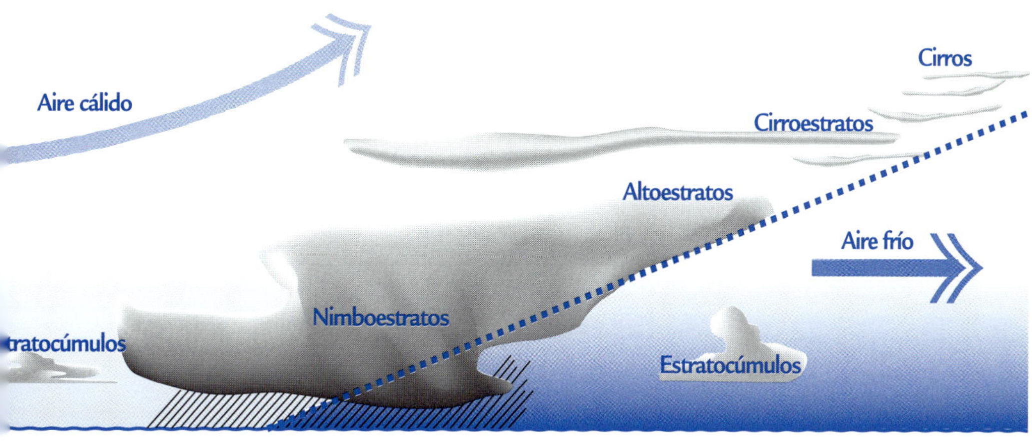

Figura 9.7: El frente cálido.

El paso del sector cálido

Se caracteriza por los estratos, nubes bajas que reducen considerablemente la visibilidad, y a menudo va acompañado de llovizna. La presión se mantiene estacionaria y el viento sube más, siempre del sector sudoeste a oeste, y llega a fuerza 7, incluso 8 (pocas veces más en este estadio, excepto en el caso de una depresión excepcional). Esta fase, que normalmente suele durar unas pocas horas, puede ser prácticamente inexistente si se está en la trayectoria de la parte ocluida del frente.

Estratos, sector cálido — *Nimboestratos, llegada del frente frío* — *Cúmulonimbos, frente frío* — *Cúmulonimbos, cola (aguaceros)*

El frente frío

Los enormes cumulonimbos que se extienden desde el nivel más bajo hasta las mayores alturas y provocan chubascos extremadamente violentos, son típicos de la llegada del aire frío. A partir de este momento, la presión sube rápidamente y la visibilidad es buena cuando no hay precipitación, mientras el viento sopla más fuerte que nunca y rola al noroeste, incluso al norte (cuidado: la importancia de esta rolada y de la subida del viento depende de la posición en que se esté respecto de la depresión). Puede subir hasta fuerza 9, a veces más en función de las características de la perturbación, y a menudo llega acompañado de una fuerte mar de fondo de la misma dirección.

Figura 9.7: El frente frío.

La cola

Según la virulencia de la perturbación, la actividad disminuirá más o menos rápidamente a medida que sube la presión. Los cumulonimbos desaparecen poco a poco, sustituidos por cúmulos que indican, a priori, el regreso del buen tiempo.

Es en este momento cuando hay que abrir bien los ojos para prever el desarrollo de los acontecimientos. Si la presión sigue subiendo con regularidad -a un ritmo débil o moderado - y el viento se orienta al noroeste en todos los niveles de altitud, es que se instala el buen tiempo estable.

Si, por el contrario, las nubes siguen llegando del oeste o del sudoeste, se puede temer una persistencia del tiempo de la cola, con chubascos y aguaceros, o la rápida llegada de una nueva perturbación. Lo mismo sucede si se ven aparecer cirrus en altura. Si el viento sigue soplando fuerte del sector oeste con una continua subida de la presión, las probabilidades de temporal son considerables.

LAS CONDICIONES EN LA MANCHA Y ATLÁNTICO

9.3. CUATRO TIPOS PRINCIPALES DE REGÍMENES PERTURBADOS

El régimen perturbado de oeste

Es el más frecuente, sobre todo en la Mancha; genera trenes de depresiones que pueden prolongarse de dos a tres semanas. Tiene lugar en todas las estaciones, cuando el anticiclón de las Azores está bien instalado y prolonga una cuña sobre la península Ibérica. Dependiendo de que la trayectoria de la depresión pase más o menos al sur de las islas Británicas, el mal tiempo se dejará notar con mayor o menor dureza en la Mancha, o incluso en las costas de Bretaña sur.

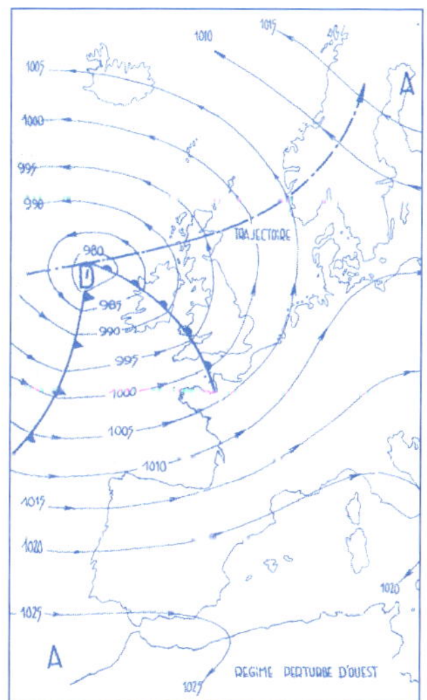

Régimen perturbado de oeste.

El régimen perturbado de sudoeste

Más raro y más efímero (el período de mal tiempo no supera los cuatro días), este régimen se desarrolla sobre todo en primavera y verano. Aparece cuando el anticiclón de las Azores se desplaza hacia el sur, incluso hacia las Bermudas, y se instala un anticiclón sobre España, prolongado por una cuña hacia el nordeste. Las depresiones se forman entonces cerca de las Azores y pasan entre las islas Británicas y la punta de Bretaña. Su relativa discreción durante la fase de formación las puede hacer temibles.

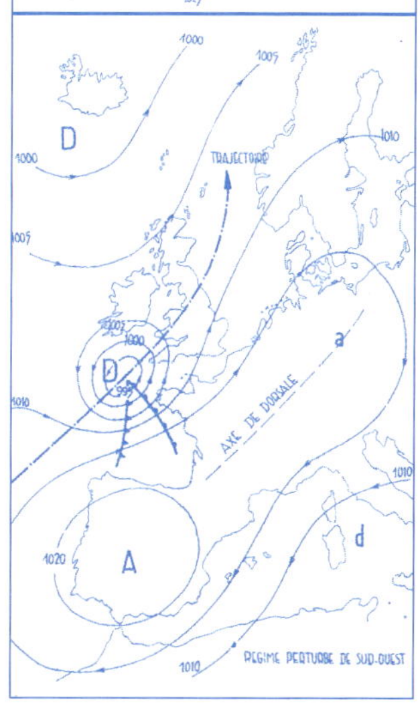

Régimen perturbado de suroeste.

► *El régimen perturbado de noroeste*

Afecta sobre todo a la Mancha este y mar del Norte, en invierno, y puede manifestarse entre una y dos semanas. La condición requerida es la presencia de un eje de alta presión de las Azores a Groenlandia, de forma que la trayectoria de las depresiones pasa entonces cerca del paso de Calais. Este régimen se caracteriza por la fuerte actividad de los frentes fríos, con formación de hileras de chubascos.

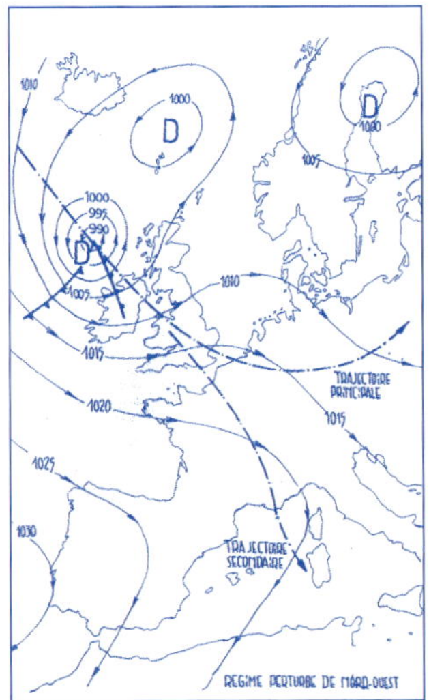

Régimen perturbado de noroeste.

► *El régimen perturbado del este*

Este régimen funciona sobre todo en invierno y afecta sobre todo a la mitad norte de Francia. Aparece cuando un eje de alta presión en el noroeste de Europa refuerza el anticiclón del Báltico, y en el Mediterráneo se desarrolla un conjunto depresionario. El viento puede soplar entonces varios días del sector este, hasta fuerza 7 en las costas de la Mancha. Este régimen evoluciona muchas veces hacia el nordeste y el norte, en función del desplazamiento de los centros de acción.

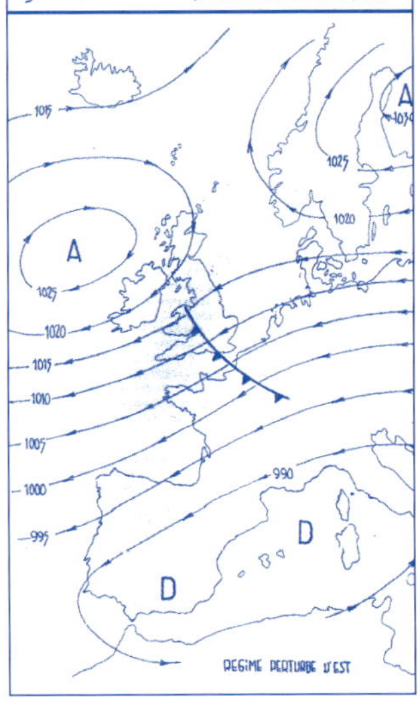

Régimen perturbado de este.

EL MEDITERRÁNEO

9.4. SISTEMAS MUY LOCALIZADOS

Aquí todo es diferente, pues el paso de las perturbaciones pocas veces respeta la cronología al uso en el oeste con su inmutable desfile de nubes. Para comprender el régimen de los vientos en el Mediterráneo hay que darse cuenta de que, como consecuencia de la orografía, las corrientes atmosféricas están mucho más canalizadas, menos dispersas, que encima del océano. La presencia de cadenas montañosas (Alpes y Pirineos) es en este sentido determinante y hace alternativamente la función de acelerador o de obstáculo, dependiendo de la dirección de los flujos. Ejemplo típico con régimen de mistral: si la corriente general está orientada al noroeste, el mistral puede soplar sobre las costas de Var y Córcega; si la corriente gira al nor-noroeste, el viento bajará, o incluso desaparecerá al este de la zona (los Alpes hacen de pantalla) y por el contrario refrescará en el litoral del Rosellón. Más que en ningún otro sitio, aquí vale la pena tener una visión a la vez lo más amplia y lo más concreta posible de la situación para saber a qué atenerse.

El mistral

Viento emblemático de la costa mediterránea, el mistral, como su prima, la tramontana (se trata del mismo sistema de viento con algunas variantes de orientación, por mucho que numerosos especialistas quieran distinguirlos), sopla más de 60 días al año de media con fuerza 7 o más. Su frecuencia es absolutamente irregular, en cualquier estación. Su mecanismo de formación es uno de los temas favoritos de debate al sur de Valence, ¡incluso entre los meteorólogos! El motivo básico del conflicto consiste en saber si la depresión del golfo de Génova debe ser considerada como una causa o como una consecuencia del mistral... Sin entrar en esta polémica de expertos, limitémonos a constatar que el proceso responde siempre más o menos a las mismas condiciones: una corriente de norte a noroeste que trae aire polar proveniente del norte de Europa y un potente anticiclón instalado sobre España o la zona de Aquitania. El corredor del Ródano canaliza y acelera el flujo, aceleración acentuada por la famosa depresión de Génova (que puede haber sido provocada de forma dinámica por la perturbación del flujo del norte a sotavento del obstáculo); todo ello puede alcanzar fuerza 9 o 10 y dejarse sentir -con fuertes variaciones tanto en intensidad como en dirección- en alta mar, lejos de las costas. A menudo se atenúa al llegar al

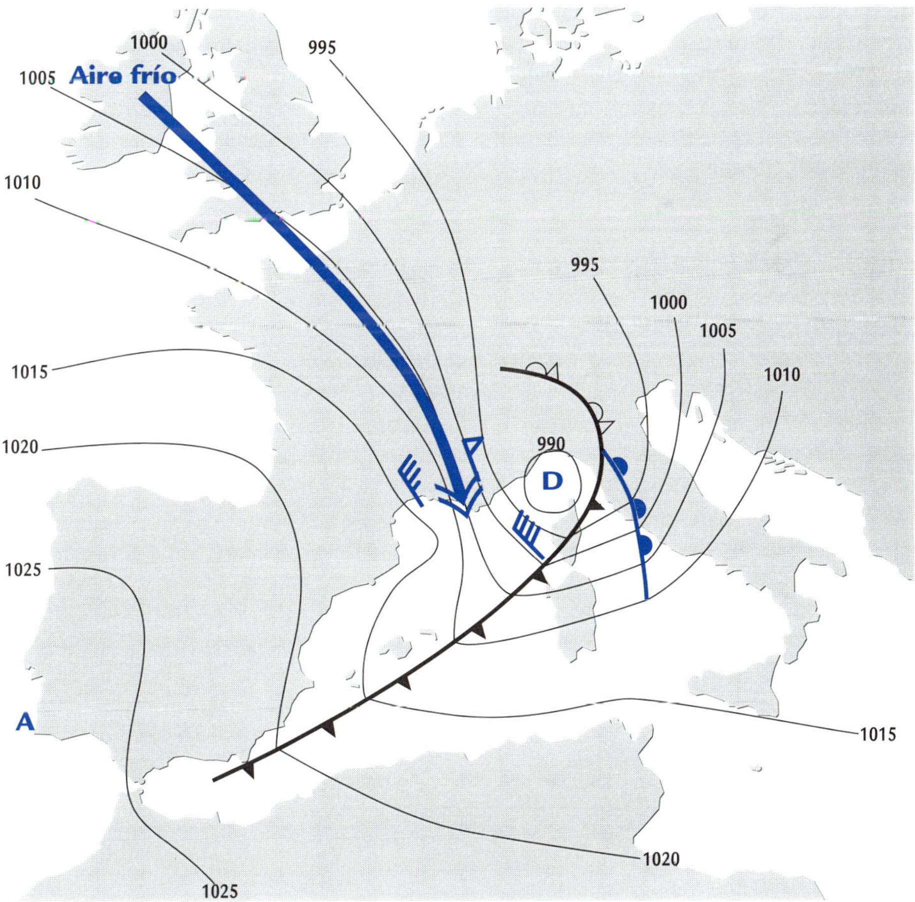

Figura 9.8: El mistral.

litoral de Córcega, pero no siempre. Las condiciones tienen incluso tendencia a agravarse en las proximidades del cabo Córcega (y pueden ser aún más peligrosas porque la subida de los fondos levanta en esta zona una mar difícil). El mistral toma a veces el apelativo de «local» cuando surge de la combinación de una corriente del nordeste y de un anticiclón centrado en la zona de París; su zona de influencia no sobrepasa entonces las Bocas del Ródano y no hay tampoco depresión en el golfo de Génova.

El mistral casi siempre sopla bajo un cielo despejado, excepto cuando se le denomina «negro», es decir, cuando procede de una corriente de aire marítimo cargado de humedad; entonces muchas veces va acompañado de frentes fríos secundarios con cumulonimbos.

En todos estos casos, el elemento que hay que vigilar de cerca es el gradiente de presión en los distintos sectores del litoral y del valle del Ródano. Esto es lo que determinará la violencia del mistral.

Los vientos del este

El mal tiempo de sector este nace del desarrollo de un régimen perturbado sobre las Baleares. Normalmente se trata de una perturbación procedente del Atlántico que parece deshacerse al atravesar la península Ibérica, pero recobra su vigor al llegar al Mediterráneo. Hay que estar muy atento porque el fenómeno es bastante discreto cuando atraviesa España y después se profundiza con rapidez. Bastante normal en primavera y otoño, puede generar mal tiempo durante tres o cuatro días, con vientos fuertes del sector este en el norte del Mediterráneo, sobre todo al este de Marsella.

Con situaciones depresionarias complejas en Europa, la perturbación de las Baleares puede evolucionar de forma distinta y subir rápidamente hacia el golfo de Génova y causar así mal tiempo del noroeste.

Otros tipos de perturbaciones

Buena parte de los sistemas que atraviesan el Mediterráneo se traducen en vientos fuertes del oeste al norte, lo que a menudo ocasiona confusiones con el mistral. Es el caso de las distintas manifestaciones de corrientes perturbadas del golfo de Génova, pero también de las perturbaciones de origen sahariano, que suben hacia el norte procedentes de las costas de Túnez y pueden provocar vientos violentos del noroeste al nordeste (sobre todo en primavera y otoño), a veces acompañados de episodios tempestuosos.

El lebeche, otro viento célebre en el Mediterráneo, es también difícil de identificar, porque a menudo se le confunde con el mistral, que muchas veces se orienta al oeste al llegar a Córcega. El «verdadero» lebeche normalmente llega acompañado de precipitaciones y se manifiesta al paso de una corriente sostenida de sector oeste en los Pirineos. Pocas veces se hace notar en medio del golfo de León y arroja toda su fuerza en las costas de Córcega. El mejor indicador de su aparición es la diferencia de presión entre Ajaccio y Bastia; si al menos hay 5 hPa más en Ajaccio, ¡cuidado!

La obligación de vigilar

De forma general, el crucerista que navega por el Mediterráneo tiene que esperarse verse sorprendido. Es normal que una travesía entre el continente y Córcega (sobre todo al regreso, teniendo en cuenta el predominio de mal tiempo del sector noroeste) se desarrolle de forma muy distinta a lo que hacía prever el boletín meteorológico del día anterior. La localización de los fenómenos es tal que a veces sólo hay unas pocas millas de distancia entre el barco que navega con un viento frescachón y el que se arrastra casi sin viento. Como ya hemos apuntado en los capítulos 4 y 8, aquí es básico estar atento a todos los factores que pueden modificar las previsiones, seguir muy de cerca la actualización de los boletines, y finalmente aceptar un margen de error. Lo que supone abordar travesías de más de una decena de horas sólo si se dispone de un barco capaz de aceptar un amplio abanico de condiciones con la tripulación adecuada.

LOS FENÓMENOS LOCALES

9.5. DETERMINANTES PARA EL BIENESTAR Y LA VELOCIDAD

Los fenómenos locales son un elemento que no se debe descuidar, porque las modificaciones puntuales del viento o de la visibilidad pueden generar condiciones muy distintas de las que podían esperarse según la previsión meteorológica «general». A este respecto podemos también remitirnos a los párrafos del capítulo 4 que hacían referencia a las influencias de la costa en las alternativas de navegación.

Las brisas térmicas

Estas brisas tienen un rol importante en las navegaciones veraniegas con buen tiempo, cuando el viento sinóptico (determinado por la corriente general de la atmósfera) es discreto o francamente inexistente.

La brisa marina o virazón se forma durante un día soleado cuando la tierra, que se calienta más rápidamente que la mar, crea un movimiento de aire ascendente. Esta bajada de presión iniciará una atracción de aire para la masa más fresca que hay sobre el mar. Entre las dos zonas se forman corrientes ascendentes y descendentes que alimentan el movimiento.

La diferencia de temperatura entre la tierra y el mar -incluso si es importante- no basta para activar el fenómeno. Para favorecer el ascenso es necesaria, además, cierta inestabilidad térmica

La proximidad de montañas (aquí en el lago Léman), al sumar fuertes influencias térmicas y los efectos del relieve, puede producir vientos muy específicos y localizados.

vertical encima de tierra. Ésta queda probada por la presencia de cúmulos. También es necesario que el viento sinóptico, si sopla de tierra, sea nulo o casi. En este caso, a última hora de la mañana puede levantarse una brisa que puede llegar a fuerza 3. Antes puede observarse encima del mar un frente de viento que corresponde a la zona de convergencia entre el viento que nace y el viento de tierra. Entre estas dos masas en conflicto, hay una zona de calma. Puede suceder que las cosas sigan así, si ninguna de las dos consigue imponerse.

Si el viento sinóptico sopla más o menos de mar, la brisa puede asociarse con él reforzándolo y cambiando su dirección. Es así como, con muy buen tiempo, podemos encontrarnos navegando con fuerza 5 cuando no esperábamos más de fuerza 3.

De noche, el fenómeno se produce básicamente de la misma forma en sentido inverso, pues la tierra se enfría más rápidamente que la mar.

Decisivas para el regatista, pero también básicas para el paseo de recreo, estas brisas son sin embargo difíciles de predecir con certeza porque son muy sensibles tanto a los fenómenos climáticos (nubosidad, naturaleza del aire...) como a los efectos locales (relieve, orientación de la costa, incluso naturaleza del suelo).

► *La niebla*

Hagamos primero la distinción lingüística entre neblina y niebla. Los meteorólogos hablan de neblina cuando la visibilidad sigue siendo superior a 1 kilómetro, y de niebla por debajo de esta cifra. Pese a la aparente simplicidad del mecanismo (normalmente el conflicto entre un aire cálido y húmedo por un lado y una mar fresca por el otro), no es fácil prever su aparición con los medios de a bordo. ¡Es una lástima, porque influye mucho en la navegación! La niebla de radiación puede manifestarse cuando se encuentra simultáneamente aire húmedo, un viento flojo y un cielo despejado; pero son necesarios un buen olfato y una sólida experiencia de meteorología para verla venir. Y lo mismo sucede con la niebla de avección, que se forma cuando una masa de aire húmeda se desplaza sobre una mar más fría. Podemos esperarla al paso del sector cálido de una depresión, sobre todo en la Mancha entre primavera y verano, cuando la mar necesita mucho más tiempo para calentarse que el aire. El contraste térmico entre la tierra y la mar acentúa también las probabilidades de neblina o de niebla. Asimismo pueden observarse en verano, de noche cerca de la orilla, bancos de niebla formados sobre tierra y desplazados por el terral.

CÓMO SEGUIR LA INFORMACIÓN METEOROLÓGICA

9.6. OBJETIVO: FRESCURA Y PRECISIÓN

Un boletín meteorológico es lo más perecedero que existe. Al menos tanto como la calidad de la fuente, interesa privilegiar la frescura de las informaciones.

► *Las fuentes posibles*

Para una navegación diurna, de un puerto a otro, el boletín colocado en capitanía (normalmente a partir de las 8 de la mañana) constituye la información más fiable y la más práctica. Casi siempre consta de dos partes (previsiones generales y previsiones locales), una carta que permite visualizar la situación general, y muchas veces una carta costera con los vientos previstos. Las probabilidades para los días siguientes (transmitidas en forma de textos, incluso de cartas) dan

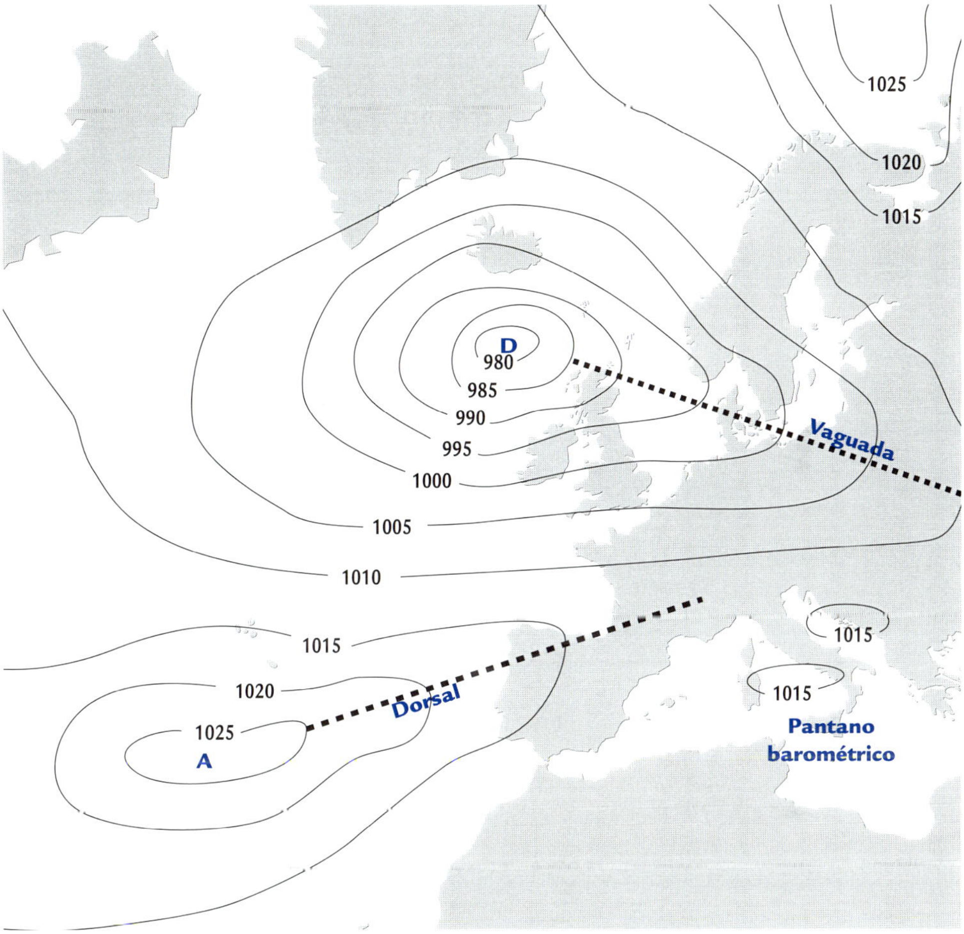

Figura 9.10: El vocabulario del boletín meteorológico.

una buena idea de las evoluciones posibles y por tanto de las opciones pertinentes para la continuación del programa. Normalmente estos boletines se renuevan tres veces al día (mañana, mediodía y tarde).

A falta de capitanía, la carta del diario local -disponible a primera hora, cuando se va a buscar los cruasanes- no carece de interés, pero tiene el defecto de ser del día anterior por la tarde. Nueve de cada diez veces dará una idea bastante ajustada de lo que pasará durante el día, pero puede ser errónea en caso de una evolución brutal durante la noche.

El receptor de radio de a bordo, incluso el más elemental, permite acceder a los boletines marítimos difundidos por la mañana y por la tarde por Radio France. La escucha de este boletín extremadamente condensado, que pasa muy rápido por cada zona, sólo es interesante si estamos en alta mar y es lo único que podemos recibir. En todas las otras ocasiones, es preferible telefonear al contestador local de Météo France (0892 68 08 + el número del departamento), donde dispondremos de boletines muy completos tres veces al día (para zonas costeras y «litorales»), con lectura de semáforos y probabilidades. El 0892 68 08 77 permite acceder a los boletines para las zonas de alta mar.

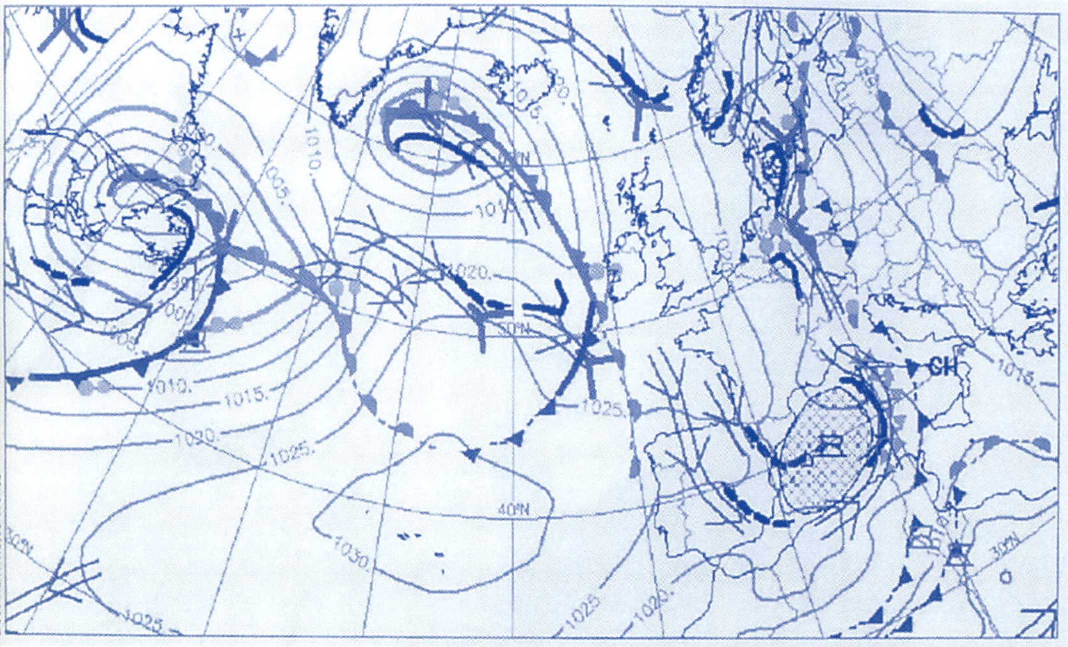

Figura 9.11: Preysis, una nueva generación de cartas, aún experimentales.

Si estamos preocupados por la evolución del tiempo durante una navegación y no queremos perdernos un eventual anuncio importante, el recurso a la VHF es lo más sencillo. Fuera de las emisiones a hora prefijada de las Cross (por lo general en los canales 79 y 80), los boletines especiales (BMS) se repiten sistemáticamente a las horas en punto. Pero si permanecemos a la escucha en el 16, en principio no se nos debería escapar nada.

Muchos otros medios, más o menos automatizados (por sistema Navtex, e-mail o fax), permiten recibir todas las informaciones y cartas de interés, permanentemente o a petición concreta. No entraremos aquí en el detalle de estos servicios, pues los prestatarios y los materiales evolucionan constantemente. La prensa náutica ofrece con regularidad (normalmente con motivo del Salón Náutico) un panorama actualizado de la oferta disponible sobre la materia. En cuanto a las referencias de los boletines accesibles en las distintas ondas, Météo France pone al día, cada año, una pequeña guía sobre esta materia disponible en todas las capitanías.

Para las travesías oceánicas, la radio BLU es un valor seguro, pero los estándares de comunicación por satélite ofrecen un abanico de boletines y de servicios mucho mayor, sobre todo con el acceso a servidores de internet especializados.

« *He invertido en un buen receptor BLU y en un interfaz que me permite recibir cartas meteorológicas en el ordenador: para mí es una gran ventaja. No se recibe mucho en la zona del Caribe, pero para el descenso a lo largo de África fue muy útil. No hay que meterse en la boca del lobo. La idea de poder acelerar fácilmente para poder alejarse de una depresión puede parecer una tontería, pero me gusta. Saber en qué sistema meteorológico nos encontramos es importante, tanto si estamos en alta mar como si estamos fondeados.* »

Pierre-Marie Bourguinat

La interpretación del boletín

Nunca se insistirá bastante en la conveniencia de mirar las cartas meteorológicas. Dan contornos precisos a los fenómenos anunciados por los boletines escuchados en la radio y permiten no conformarse con el muy reduccionista «Antifer y Casquets, viento del sur rolando al oeste, fuerza 4 a 5...» que difícilmente puede informar de la realidad de zonas tan vastas.

Con un poco de práctica, de la carta se deduce bastante fácilmente la evolución probable en la zona que nos interesa. Siempre que tengamos en cuenta los sentidos y velocidades de desplazamiento y de no olvidarnos de que estos fenómenos a veces evolucionan de forma imprevisible.

Si no se dispone de cartas meteorológicas, hay que esforzarse, al escuchar el boletín meteorológico, en seguir bien el enunciado de la situación general, preferentemente con una carta general bajo los ojos para situar la posición de los centros de acción (a falta de una carta marina que cubra una zona bastante amplia, puede usarse una carta de ruta). También es importante anotar los valores de presión (para compararlos con los de a bordo) y las lecturas de los semáforos.

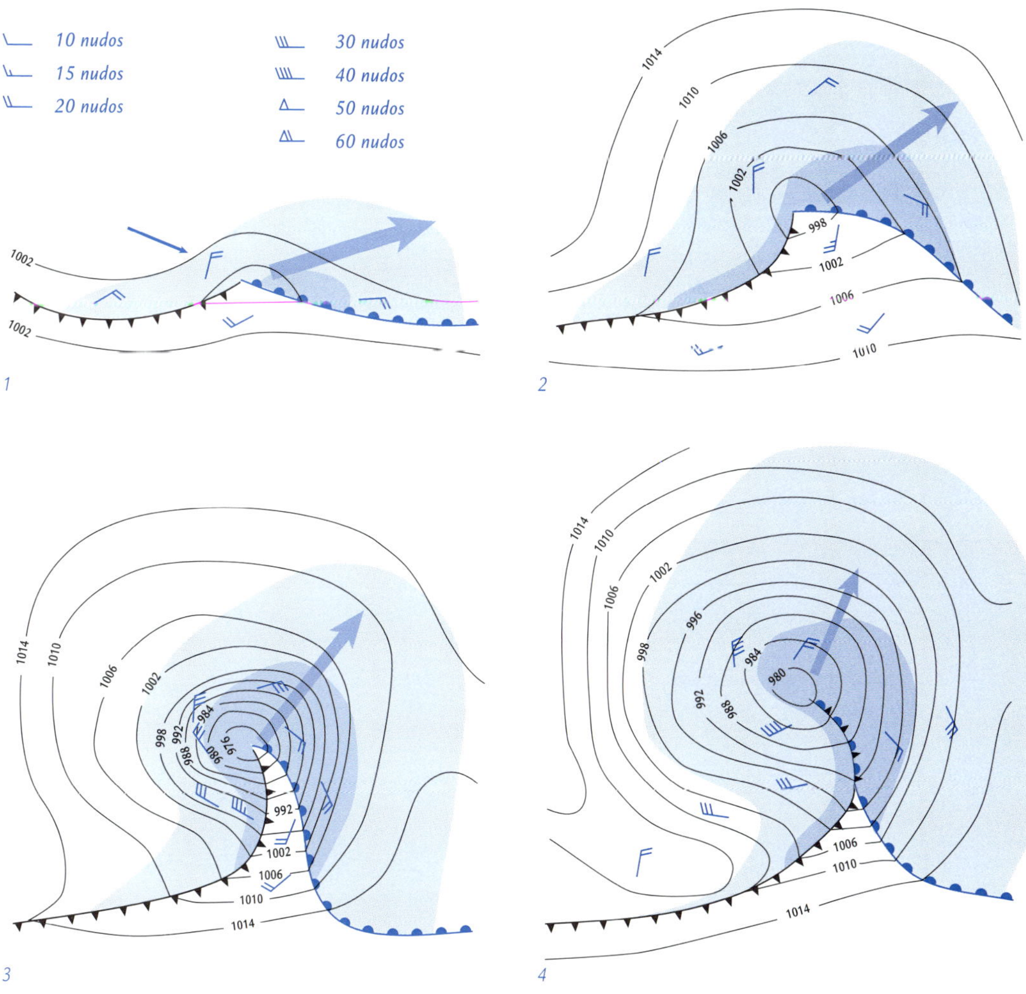

Figura 9.12. Leer el viento en las cartas siguiendo la evolución de la depresión.

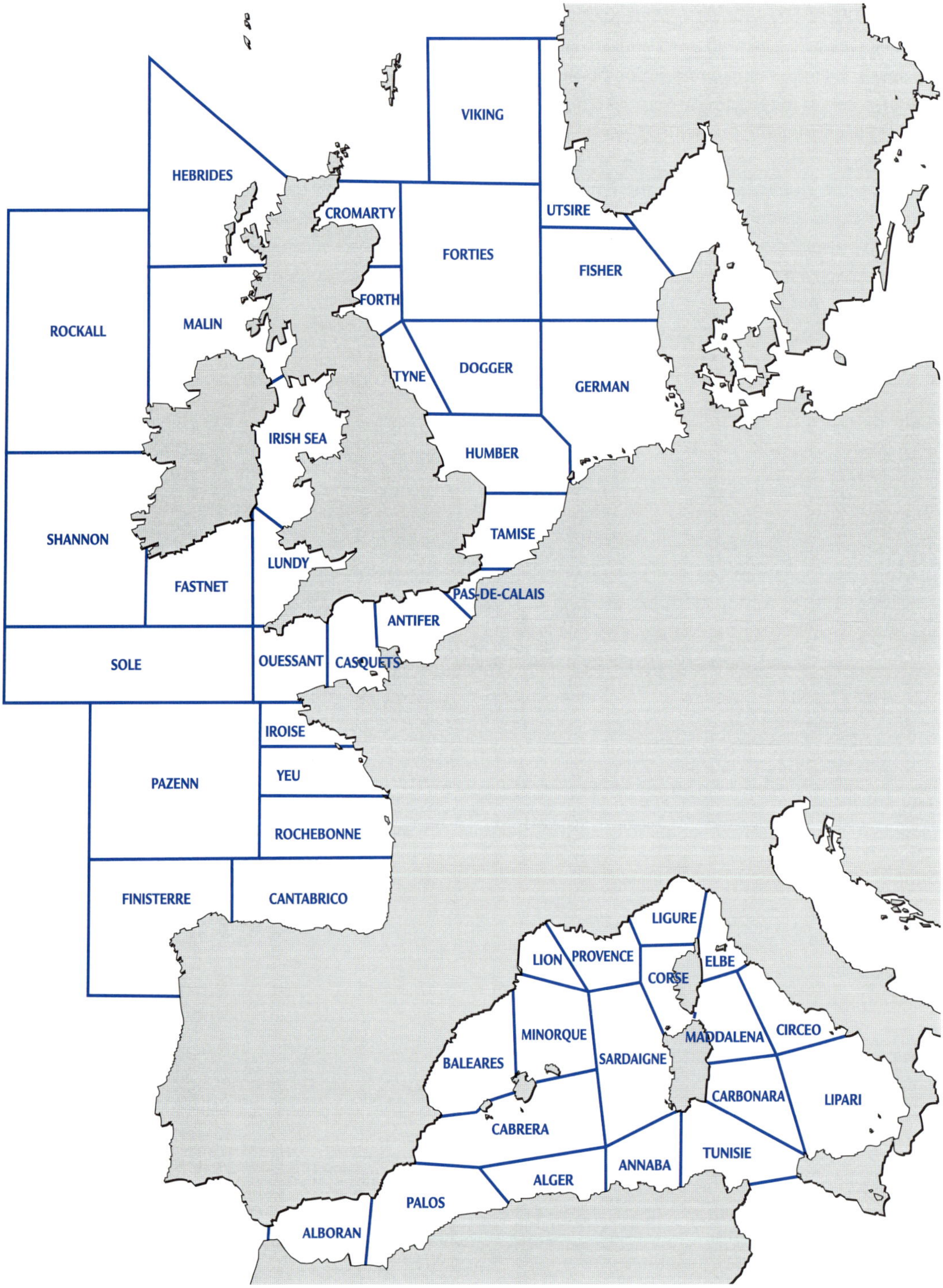

Figura 9.13: Zonas meteorológicas costeras de Météo France.

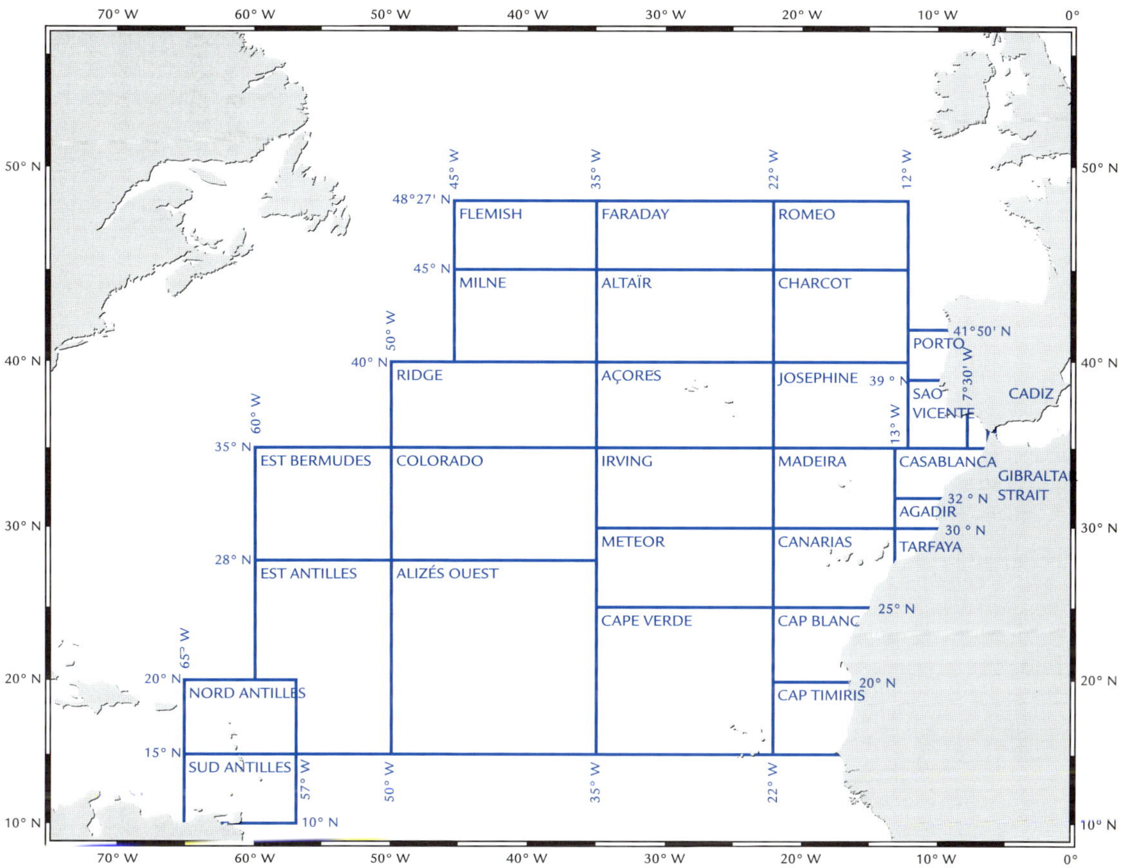

Figura 9.14: Zonas meteorológicas de Météo France.

> *La mejor forma de aprender meteorología es coger una carta isobárica cada día e intentar hacer una pequeña previsión, en fuerza y dirección de viento. Después se verá lo que ha habido, y por la noche coger la nueva carta isobárica y comprender por qué ha habido una pequeña desviación respecto de la previsión, o si por el contrario era correcta.*
>
> ***Gilles Chiorri***

CAPÍTULO 10 - EVITAR AVERÍAS

CAPÍTULO 10

Prevenir siempre, saber curar cuando hace falta.
La tranquilidad y la seguridad a bordo pasan ante todo por una atención constante al estado del material, pero también por la preocupación por inculcar a todos los tripulantes los reflejos adecuados y eliminar las maniobras peligrosas.

LA PREVENCIÓN

10.1. NO SÓLO UNA CUESTIÓN DE MATERIAL

► El mantenimiento del barco

« *La primera seguridad, desde mi punto de vista, es dominar bien el barco y conocer sus límites (también los límites propios), anticiparse siempre, intentar ser marinero y "navegar limpio", como se dice en regata.*

Me esfuerzo en mantener bien el barco para que siempre esté listo en las mejores condiciones (lo que significa bastante trabajo diario, incluso en un barco nuevo y sencillo), intento no meterme en situaciones complicadas y anticipar al máximo.

Pierre-Marie Bourguinat »

Estadísticamente, la primera fuente de preocupaciones para una tripulación de crucero es la falta de estanqueidad del barco. Juntas de escotillas y ojos de buey defectuosos, bases de candeleros dudosas, filtraciones en la fogonadura de un mástil apoyado en la quilla, filtraciones por el prensaestopas, o incluso mal aislamiento respecto de un cofre exterior; el agua -dulce o salada- tiene múltiples posibilidades de colarse al interior. Incluso cuando no pone en peligro las cualidades marineras del barco, afecta negativamente al bienestar de la tripulación y por tanto al ambiente. Algunos materiales sensibles (electrónica, circuitos eléctricos...) pueden sufrir y provocar reacciones en cadena que afecten a la calidad y el disfrute de la navegación. Eso sin hablar del viejo casco de madera con las tablas separadas que puede poner en peligro la seguridad del barco. Tanto en un caso como en el otro, incluso si las consecuencias no son del mismo orden, un mantenimiento serio permite eliminar el problema, o al menos circunscribirlo a proporciones aceptables.

En el ránquing de las probabilidades de problemas, la rotura de driza figura en segundo lugar. No hay que tomársela a la ligera, porque el simple hecho de que sea imposible izar las velas y por tanto navegar con normalidad, puede bastar para poner barco y tripulación en dificultades. Ahorrarse este riesgo vigilando regularmente el estado de las drizas, controlando el circuito y previendo soluciones de recambio sólo depende del patrón.

Afortunadamente mucho más rara, la pérdida del mástil es a priori menos probable en un velero cuyos obenques y herrajes se vigilan de cerca. Pero el fallo imprevisto de una pieza esencial no se puede excluir totalmente. Lo mismo sucede con la rotura del timón, por desgracia muy difícil de prever.

De una forma general, hay que tener cuidado con las pequeñas debilidades que pueden desencadenar reacciones en cadena y acabar en dramas. Se ha visto un catamarán de 14 metros lanzado contra las rocas y destruido tras la anodina rotura de un lazy-jack. Mientras volvía a izar la mayor, la driza se bloqueaba constantemente en el saliente formado a lo largo del mástil por el herraje ahora desprovisto de cabo. En cuanto se la liberaba (había que subir sobre la botavara para conseguirlo), se volvía a agarrotar antes de que la tripulación -poco numerosa- lograra tensarla. A base de intentos infructuosos y de abatimiento, el catamarán se encontró a barlovento de una costa rocosa que no pudo sortear, mientras que la escota de la mayor, que se arrastraba por la popa, se había liado con la hélice del único motor.

Los gestos de la tripulación

Para vivir cruceros en armonía, sin averías ni heridas, lo primero es que la tripulación adquiera los reflejos adecuados lo más rápidamente posible. Primero, localizar los elementos móviles peligrosos navegando: la botavara, el carro de escota de la mayor, las burdas si las hay. Y asimilar su movimiento, para no ser nunca vulnerable cuando uno se desplaza o se instala en cualquier punto de cubierta. Lo mismo cabe decir respecto del tambucho de la entrada (y de una forma general, a las otras aperturas); es una pieza potencialmente agresiva tanto cuando se cierra (nos podemos hacer mucho daño si la golpeamos o nos pillamos los dedos), como cuando se abre. Las caídas por un panel abierto pueden tener consecuencias graves; por tanto es preferible cerrarlo preventivamente cuando trabajamos en cubierta.

Después, hay que saber apreciar los esfuerzos que se hacen durante las maniobras y obrar en consecuencia:

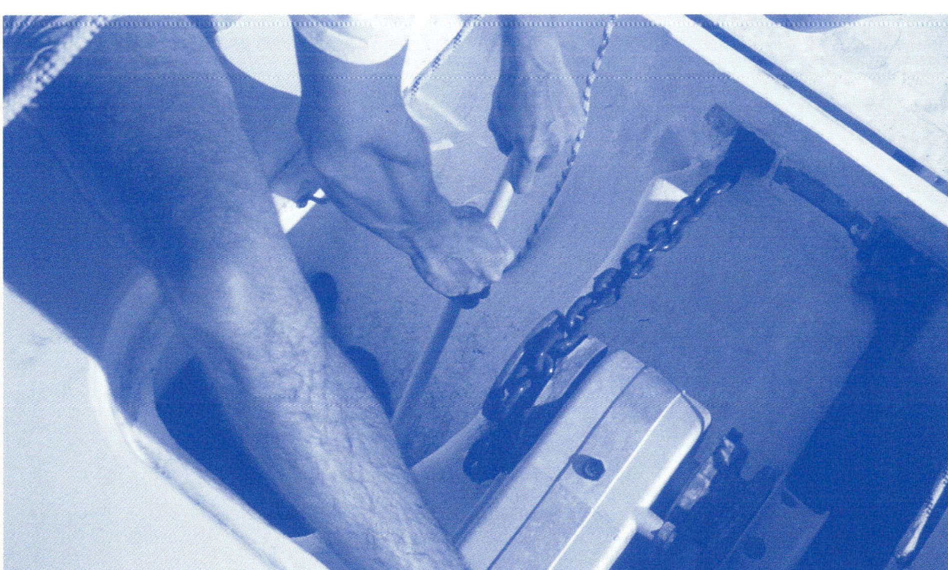

El clásico ejemplo de gesto peligroso: querer desbloquear con los pies desnudos la cadena en su pozo mientras el molinete está en funcionamiento.

- No abrir una mordaza de driza o de escota bajo fuerte tensión sin haberle dado unas vueltas al winche.
- No agarrar cerca de una polea un cabo que tira fuerte (los dedos se meterán directamente dentro).
- Dar siempre al tambor del winche un número de vueltas adaptado a la tracción para no encontrarnos en una situación sin marcha atrás (empieza a resbalar, pero ya no tenemos la posibilidad de dar otra vuelta y nos vamos a pillar irremediablemente los dedos contra el tambor).
- Aprender a mantener la presión sobre el winche con la mano.
- No quedarse junto a un cabo (tanto si se trata de una driza, como de una escota o del cabo del fondeo) que se amollará en banda.
- No coger la escota entre el winche y el reenvío.
- Saber soltar a tiempo cuando el cabo tira fuerte... Más vale una maniobra fracasada que una caída al agua o unas manos quemadas (a este respecto, los guantes ofrecen una comodidad y una seguridad nada despreciables).

La lista es larga pero no es exhaustiva; es fácil de completar en cada barco en función de sus especificidades: es una simple cuestión de observación y sentido común.

Finalmente, hay que desconfiar de todas las situaciones en las que el barco puede pegar contra un muelle o contra otro casco. Regla básica: no pasar nunca un brazo o una pierna entre candeleros y pasamanos; ¡si hay velocidad, la fractura está casi garantizada! Tampoco hay que arriesgar nunca un pie entre dos masas en movimiento; ¡el gel-coat es más fácil de reparar que los huesos!

El sentido marinero

Tener sentido marinero no es sólo una cuestión de conocimientos o de experiencia. Ante todo es tener conciencia de que las cosas pueden cambiar, y por tanto prepararse siempre salidas de escape. El sentido marinero no es más que, de hecho, un sólido sentido común que se refuerza a lo largo de las navegaciones con un conocimiento cada vez más profundo de los riesgos involucrados. Consiste en preguntarse qué puede haber debajo de esta curiosa nube (y si no se sabe la respuesta, actuar como si el tiempo fuera a empeorar), en no intentar una espectacular entrada con spi en el canal a no ser que estemos seguros de tener sitio para maniobrar en caso de que surja algún problema, o también en no lanzarse con el viento en popa en un paso estrecho sin haber reflexionado qué haremos si no hay bastante fondo en el otro extremo... Esto no siempre nos salvará de romper material o fallar un aterrizaje, pero reduce mucho las probabilidades de problemas y sus consecuencias.

LAS SOLUCIONES

10.2. MATERIAL DE RECAMBIO E IMPROVISACIÓN

La rotura del timón

Es relativamente fácil improvisar un sistema de reparación cuando el timón está montado en el espejo de popa, con herrajes provistos de machos y hembras. Pero lo es mucho menos cuando se trata de un timón con la bocina situada debajo del casco.

Los barcos pequeños provistos de un motor fuera borda tienen una solución muy sencilla: arrancar el motor y usar su capacidad de dirección para controlar el rumbo, manteniendo eventualmente un poco de trapo si no molesta a la escora del barco y por tanto a la eficacia del fuera borda. Siempre en unidades pequeñas, la pagaya puede ofrecer una alternativa relativamente eficaz, por poco agradable que sea.

En los «grandes», no hay ninguna solución milagrosa. El timón de fortuna «académico», montado fijando paneles de madera en el tangón y amarrándolo todo en el espejo de popa, es bastante complicado de hacer y difícil de usar. Hay que prever aparejos a uno y otro lado, o varios tripulantes para dominarlo. A falta de planchas disponibles, el tangón sólo tiene cierta eficacia (muy limitada...), en la medida en que toda resistencia en el agua en un lado tenderá a hacerlo pivotar hacia este lado. Se puede explotar este principio remolcando objetos por popa a cada lado del barco (cubos u otros). Un aumento de la tracción a un lado u otro debe hacer girar el barco hacia el lado deseado. Pero los resultados son normalmente bastante descorazonadores y la dosificación difícil de dominar.

Sea cual sea el dispositivo improvisado, la clave del éxito es ante todo hacer que el barco navegue tan equilibrado como sea posible y adecuar las velas para conseguirlo. No vale la pena decir que la tarea es ardua en los veleros modernos con un plano antideriva estrecho, porque el timón juega en ellos una parte importante en el equilibrio general.

En un velero con rueda –sea cual sea el mecanismo de transmisión– es importante probar primero el sistema de caña de emergencia, indispensable en caso de fallo del circuito y muchas veces poco práctica de colocar y usar.

> *Durante un crucero de altura hacia Córcega, en 1982, estábamos aún a 40 millas de Calvi cuando la mecha del timón suspendido se rompió: la pala se hundió a 2.500 metros de profundidad. El viento era del sudoeste de 15 nudos y había un poco de mar de fondo. Sin timón, era imposible equilibrar el barco sólo con las velas (la superficie del timón cuenta mucho en la superficie antideriva de un velero). Con un tangón de spi y un ala de la mesa de la cabina, confeccionamos laboriosamente un timón de fortuna, y después de diversos ensayos más o menos concluyentes, el tangón nos permitió dirigir el barco hasta llegar a Calvi a motor... ¡pero no a vela!*
>
> **Gilles Barbanson**

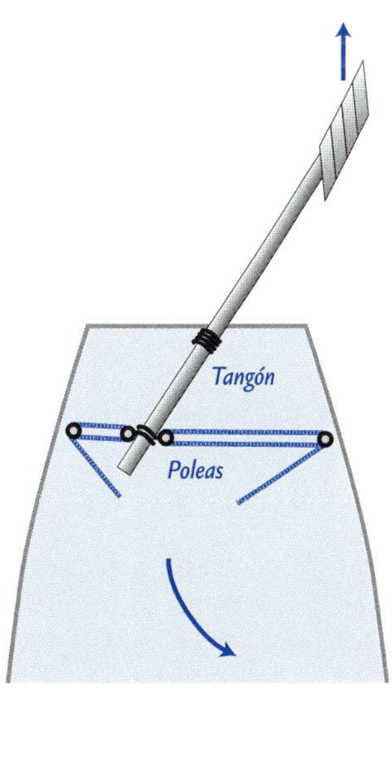

El tangón amarrado en ángulo al espejo de popa (con una tabla de madera o similar fijada a él para hacer las funciones de timón) constituye la receta tradicional para suplir el timón roto. Por desgracia es difícil de montar y no siempre resulta eficaz: los esfuerzos que soporta pueden ser considerables y el control de la altura del mango es complicado.
Para los más previsores, la solución ideal consiste sin duda (en un barco con timón debajo del lanzamiento de popa) en prever desde el principio herrajes adaptados en el espejo de popa (no es sencillo con los faldones abiertos...) y una tabla de a bordo susceptible de adaptarse.

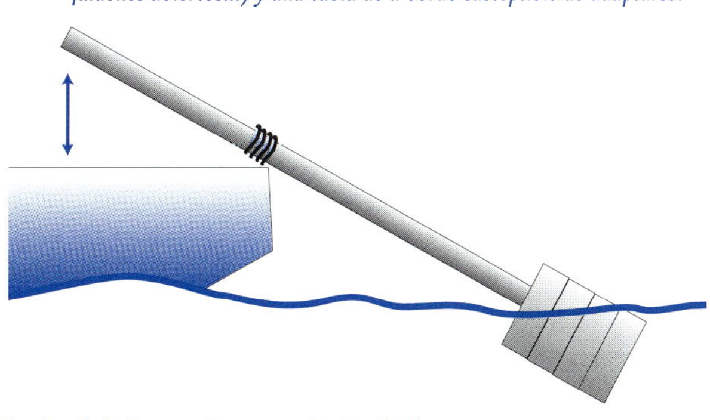

Figura 10.1: La dificultad de improvisar un timón de fortuna.

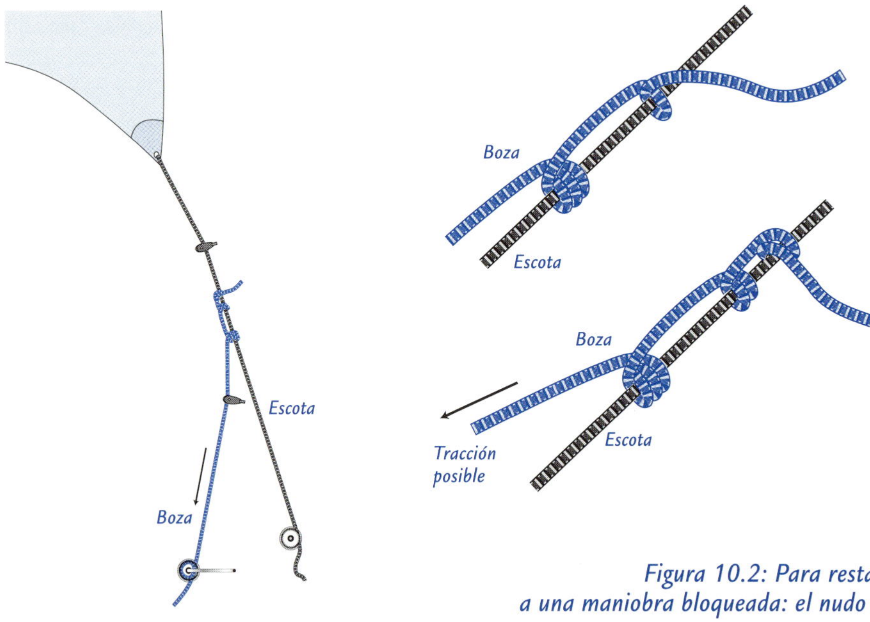

Figura 10.2: Para restar tensión a una maniobra bloqueada: el nudo de boza.

► *El cabo mordido en el winche*

Una escota aprisionada es otro problema que puede dejar a la tripulación indefensa y llevar al desastre si es incapaz de virar cerca de tierra. La previsión pasa por un uso correcto de los winches: nada de embragar de cualquier forma con más de dos vueltas en el tambor, ninguna tracción sobre la escota sin el apoyo del winche. Y también pasa por una instalación adecuada, con una especial atención al buen ángulo de los reenvíos.

Si el mal ya está hecho, hay que pasar el chicote libre de la escota en sentido contrario por el winche y tirar fuerte de él. Normalmente con esto basta para resolver el problema. En casos más difíciles, una escota de fortuna, que se ata al puño de escota (pero el mismo principio sirve para cualquier otra maniobra) y que se caza lo necesario para aliviar la tensión del cabo bloqueado, facilita la vuelta a la normalidad.

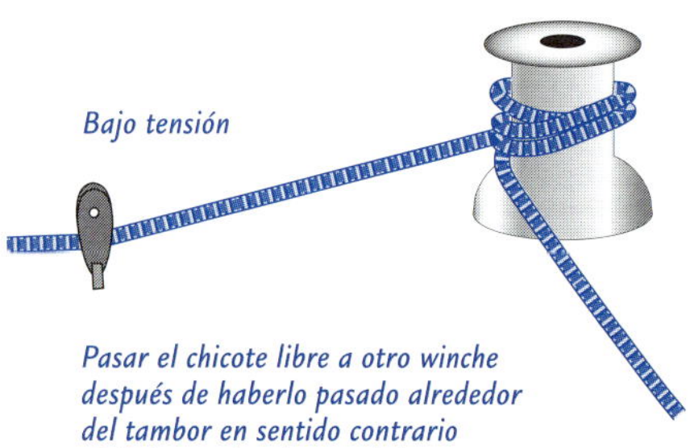

Figura 10.3: Cabo mordido en el winche.

► *La rotura de driza*

Aparte del mantenimiento, la mejor de las previsiones es no conformarse con tener dos drizas en el palo. Si el mástil permite el paso de varias drizas, no hay que dudar en instalarlas; y hacerlo sin esperar a que los mensajeros (estos débiles cabitos colocados por el fabricante en el circuito para facilitar el paso de la driza) desaparezcan en el interior del palo, comidos por el desgaste.

Una driza de spi ofrece una solución sencilla para suplir la falta de la del génova. Para la mayor es más difícil, sobre todo con un aparejo fraccionado.

El amantillo de la botavara podría servir para salir de apuros, pero normalmente no está concebido para aguantar semejantes esfuerzos. En última instancia podemos apañarnos, jugando con cuidado con el paso por encima de las crucetas, usando la driza de spi para izar la mayor, con uno o dos rizos si hace falta. Pero esto depende de la configuración de la salida de la driza; si hay demasiados roces, cuidado con el riesgo de rotura.

Si sólo queda una driza útil en el mástil y necesitamos dos, se pueden colocar dos poleas -cada una provista de una driza de respeto- en la driza que queda e izarlo todo hasta el tope del palo. Pero en este caso hay que prestar atención a los roces y al hecho de que la resistencia -tanto al estiramiento como a la rotura- no será la misma que con drizas independientes.

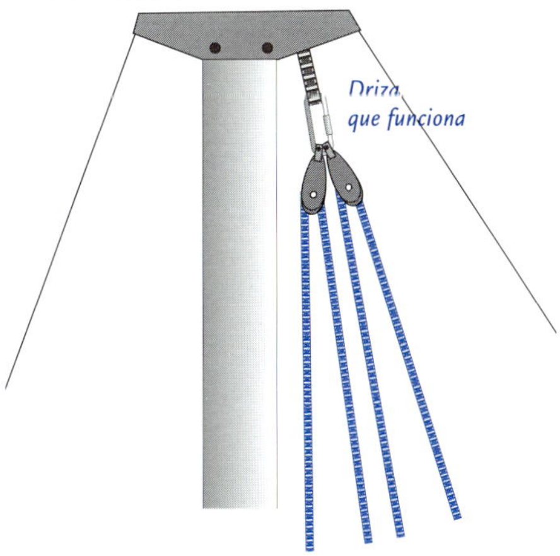

Figura 10.4: Rotura de driza.

Repasar completamente una driza que pasa por el interior del mástil es prácticamente imposible en mar (salvo que se disponga de un mensajero en buen estado). En cambio sí que se puede, con buen tiempo y siempre que se disponga del equipo necesario para subir al palo, colocar rápidamente una driza de respeto, poniendo por medio de un grillete una polea en un herraje en la perilla del mástil o en un herraje previsto a este fin cerca de la salida habitual de la driza de génova.

Subir al palo

Con al menos dos personas a bordo, la operación es fácil de hacer en puerto. Se elige una driza fiable, a proa o a popa del mástil (optar por la cara que implica menos obstáculos). Se la fija con un as de guía (nunca directamente con el mosquetón) en una silla de calafate o en un arnés inspirado en los usados por los alpinistas -éste tiene la ventaja de permitir mayor facilidad de movimientos garantizando de paso un mejor aguante del cuerpo. Hay dos técnicas distintas. Decantarse por una u otra depende de la agilidad y la fuerza de unos y otros, y también de la potencia del winche de driza.

En la opción «regata», uno o dos tripulantes forzudos tiran rápidamente de la driza mediante un molinillo (un winche de gran diámetro) y el papel del escalador se limita a mantenerse a distancia del palo y de los obenques para no bloquear el movimiento y no hacerse daño.

Desde un punto de vista del crucerista, el escalador (preferentemente, el más ligero y el más ágil de la tripulación) tendrá que ayudar con las manos y apoyando los pies en todo punto de apoyo sólido, mientras la persona en el winche se conformará básicamente con acompañar la subida manteniendo una tensión constante en la driza. Si ésta pasa previamente por una mordaza cerrada, no hay que dudar en morderla en el winche autocazante. Al contrario, esto permite al tripulante ejercer toda su fuerza y evitar errores. Una sola contraindicación: si el escalador es realmente rápido y el tripulante encargado del winche tiene dificultad en seguirlo, más vale cazar directamente a mano, con sólo dos vueltas en el tambor.

Un buen truco para facilitar la tarea del escalador: disponer de una driza exterior bien cazada en la que podrá hacer fuerza; o, mejor, izar y cazar previamente un cabo del mayor diámetro posible, que permitirá un mejor agarre.

Tanto la silla como el arnés tienen que estar provistos de una cincha para amarrarse alrededor del palo cuando se llega a la altura deseada (evita balancearse), y también a distintas alturas

La solución más rápida para recuperar una driza si hace buen tiempo: subir a pulso.

durante la ascensión. No hay que olvidar el bolsillo o el cubo (cuidado con la estabilidad de este último, que es escasa) con todos los accesorios necesarios para la operación que deba realizarse en lo alto del palo.

En la mar, todo cambia. Incluso con buen tiempo, la menor oscilación del casco se traduce en una amplitud de movimientos impresionante en la perilla del mástil. La técnica es la misma que en puerto, pero hay que vigilar mucho más y agarrarse constantemente al palo. El hecho de navegar a vela normalmente facilita las cosas, porque el barco está apoyado por la presión del viento sobre el trapo, lo que limita el balanceo. Si no nos sentimos capaces de hacer semejante operación (vértigo, mala condición física...) no vale la pena correr riesgos.

En solitario, evidentemente todo es más complicado. Si el palo está equipado con peldaños (plegables o fijos), «basta» con subir con un arnés, que servirá para agarrarnos sólidamente cuando haga falta. El uso de un descensor de montaña deslizante en una driza exterior mejora la seguridad. Si no queremos instalar peldaños (que tienen el inconveniente de colocar pesos y resistencia al viento en lo alto), queda la escalera flexible que se coloca antes de usar. Pero la ligereza de este sistema lo hace muy incómodo; su uso en mar es un ejercicio muy acrobático que sólo se puede imaginar estando amarrado todo el rato.

Queda el dispositivo de puños y pedales de ascensión, inspirado en el material usado por los instaladores de postes eléctricos o telefónicos. A costa de un poco de aprendizaje y de una agilidad y condición física mínimas, es una solución eficaz para un solitario.

► *La pérdida del mástil*

Lo primero de todo: asegurarse de que la tripulación no corre peligro de heridas, teniendo en cuenta las numerosas piezas metálicas en movimiento, entre las que hay algunas que cortan. Simultáneamente, evaluar los riesgos de daños que todos estos elementos móviles podrían causar en el barco. Si el tiempo lo permite y el barco no es demasiado grande, es posible subirlo todo a bordo, amarrarlo bien en cubierta y navegar a motor en cuanto estamos seguros de que no llevamos nada arrastrando por el agua. A partir de cierto tamaño (a partir de los 8-9 metros), izar pesados trozos de tubos, enredados con todo tipo de cables, velas y cabos es una tarea sobrehumana para una tripulación reducida. Hay que hacer por tanto rápidamente una selección de lo que se puede recuperar con facilidad (una vela, un trozo de mástil, la botavara...) y de lo que es preferible soltar por la borda usando la gran cizalla reglamentaria y el cuchillo bien afilado que siempre

Acostumbrados a apretar sus barcos, los regatistas están habituados a este tipo de situaciones. Pero cuando la pérdida del palo se produce lejos de la costa, el problema se plantea de forma muy distinta.

guardamos cerca de la escalera de entrada. Por consideración a los otros navegantes, es deseable asegurarse, si tenemos que soltar trapo, que éste se hunda tan rápidamente como sea posible.

Queda después hallar un nuevo sistema de propulsión. Normalmente será el motor si no estamos demasiado lejos de puerto (la autonomía a motor de un crucero estándar puede variar de menos de 200 millas a más de 1.000, según su potencia y la capacidad del depósito).

Si no se dispone de una mecánica adecuada, o si el viento está bien orientado para permitir una progresión adecuada, habrá que improvisar un aparejo de fortuna. En este terreno, sirve todo: botavara o tangón plantado en la fogonadura del mástil (o también la parte del mástil que sigue en su sitio) y aguantado mediante cabos para servir de apoyo en el que instalar de una u otra forma las velas más pequeñas de que se disponga, incluso en un sentido distinto del normal. Entonces no hay que esperar ningún milagro: la velocidad será proporcional al trapo desplegado, y las posibilidades de remontar ciñendo dependerán de las piezas disponibles y de la ingeniosidad de la tripulación. Como recordatorio, cabe señalar que Sébastien Magnen hizo las últimas 450 millas de la Mini Transat de 1999 con aparejo de fortuna -con viento portante, es verdad- después de haber roto el palo... ¡y que esto no le impidió ganar!

Un cabo en la hélice

Aquí no hay más solución que la prevención. Lo que significa ser intransigente con los cabos que se arrastran por cubierta y que están llamados a acabar en el agua. Pese a todo, si acaba sucediendo, las consecuencias son a priori mínimas si el árbol de la hélice está equipado con un cortacabos; pero a las tripulaciones de veleros de buenas prestaciones no les gusta este accesorio, porque aumenta la resistencia al avance. Una vez que el daño ya está hecho, es inútil intentar arreglar la situación jugando con el acelerador; lo único que conseguiremos será deformar el árbol y posiblemente acabar provocando una vía de agua. No hay más remedio que apañárselas a vela, o pedir remolque a un barco de paso, antes de arreglar el enredo buceando una vez amarrados.

Una noche, cuando acabábamos de salir de Marruecos, cogimos una red con la quilla. Se trataba de una red enorme cuya longitud quizá era de 3 millas. Arriamos las velas, pusimos el motor en marcha para intentar soltarnos y después llegó lo que tenía que llegar: ¡acabamos enredando la red con la hélice! En este momento llegó el pescador, subió la red hasta 10 metros de nuestro barco y la cortó; después cogió la otra punta, la subió hasta 10 metros de nosotros, la cortó... ¡y nos dejó a nosotros con nuestros 20 metros de red! Así pues, volvimos a izar velas y seguimos camino. Más tarde, cuando ya era de día y la mar estaba tranquila, buceé con la botella de oxígeno que llevábamos a bordo –un elemento de seguridad precioso– y corté lo que quedaba.

Cuando estábamos cogidos a la red, había pedido a mi mujer que sacara los espiches que tenemos para taponar los pasacascos, porque uno de los peligros, en este tipo de casos, es que se arranque el árbol de la hélice. Un árbol de hélice arrancado no es nada grave, pero provoca una vía de agua, Y cuando llegó el pescador, hice poner los chalecos a todo el mundo, porque si se acercaba demasiado, podía pasar cualquier cosa... Siempre intento pensar un paso más allá.

Stéphane Poughon

El remolque

Tanto si lo necesitamos nosotros como si se trata de acudir en ayuda de otro barco, es una maniobra que nos puede tocar efectuar un día u otro. El remolque normalmente lo lanza el barco remolcador, a priori más evolutivo, pero no hay ningún inconveniente en que sea al revés. Lo único que cuenta de verdad si hay viento es que la tripulación que lanza la amarra pase a barlovento de la que tiene que recibirla.

La técnica correcta consiste en que el barco remolcador desfila lentamente a barlovento, tan cerca como lo permite el estado de la mar sin peligro de colisión (hay que prestar atención para apreciar con antelación el abatimiento de uno y otro), y al pasar lanza, sobre la cubierta de proa del remolcado, una longitud de cabo suficiente para que se pueda recoger fácilmente y amarrar a la cornamusa (¡después de pasarlo por debajo del balcón!) antes de que cobre tensión. El timonel del barco remolcador se esforzará en no coger velocidad demasiado pronto si ve que el cabo aún no está amarrado; pero también vigilará que el cabo no se arrastre demasiado por el agua, con el riesgo de quedar atrapado en la hélice (durante la maniobra un tripulante colocado cerca del balcón de popa puede recoger el cabo sobrante).

Los manuales suelen aconsejar a la tripulación que remolca que no coloquen la amarra en la popa, so pena de no poder dirigir el barco, sino hacia la mitad de su barco para no impedir que la popa pivote cuando se mueve el timón. Por desgracia, esta propuesta no es realista en ningún barco que no sea un verdadero remolcador, sea portuario o de alta mar. Especialmente en un velero, con multitud de cables y cabos por cubierta. Basta imaginarse las tensiones en el aparejo cuando el cabo de remolque contacta brutalmente una burda o el back-estay... La única solución, por tanto, es colocar la amarra en la cornamusa de popa más fuerte y permitir el circuito más

Un amarre corto en la parte de popa del casco facilita los movimientos, siempre que también haya alguien a la caña del velero.

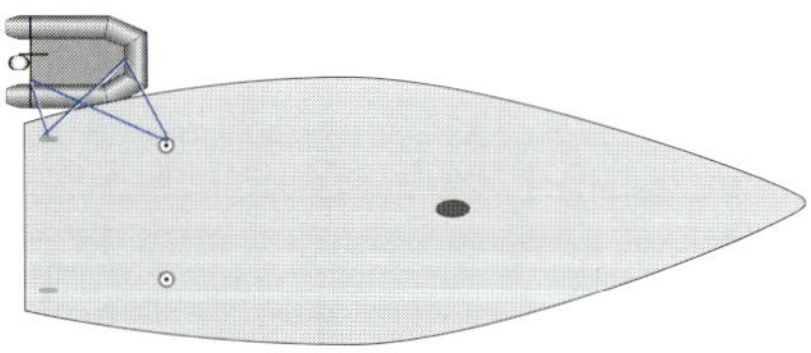

Figura 10.5: Remolcar con el chinchorro.

Cuidado: a menudo el desfase entre la potencia del remolcador y la resistencia de los herrajes del velero remolcado es importante.

lógico, sin arrancar el balcón de popa o la antena; el timonel ya se espabilará como pueda y anticipará sus evoluciones para no tener que girar en el momento más inoportuno. Se puede mejorar el dispositivo colocando una pata de gallo entre los dos extremos del espejo de popa.

El cabo será el más flexible y fuerte que tengamos a bordo; cuanto más refresquen las condiciones, más conviene alargarlo. En cambio, la presencia de un «peso amortiguador» en medio, aconsejada tradicionalmente, en la práctica no resulta muy convincente.

Excepto con el agua absolutamente plana de un puerto, hay que rechazar enérgicamente el remolque abarloados. Incluso con buen tiempo y una mar aparentemente tranquila, es una opción peligrosa. Cuesta imaginar hasta qué punto la más pequeña de las olas puede provocar choques terribles entre dos cascos, con todos los peligros de averías y de heridas que de ello se derivan. En cambio, usar el bote auxiliar y su motor fueraborda para hacer evolucionar en una dársena protegida un velero sin motor es una solución excelente. En este caso hay que amarrarlo muy corto a la altura de la popa de la bañera. Jugando con habilidad con el acelerador y la orientación del motor, se puede llegar a maniobrar bastante bien (y aún mejor si en el barco hay un timonel).

► *Las vías de agua*

> *Mi trimarán* Tomcat *es insumergible, algo que a mi juicio supone un descanso psicológico y una seguridad enorme. Llevo una baliza Sarsat bifrecuencia. Creo que si se sabe lo que significa y no se hacen tonterías con ella, no hay ningún motivo para privarse de ella. También tengo un contenedor de supervivencia tipo mini con la baliza, al lado de la contra.*
>
> **Pierre-Marie Bourguinat**

¡Bienaventurados los propietarios de veleros insumergibles! Incluso si el naufragio total es raro en navegación de recreo, son los únicos que pueden recibir con cierta relajación averías susceptibles de provocar el pánico en la tripulación de un barco «normal»: rotura de un pasacascos o de su grifo, vía de agua bajo la línea de flotación, escotillas de cubierta arrancadas...

Hay que reconocer que el navegante está bastante desarmado frente a una entrada de agua debajo de la línea de flotación. Los problemas de pasacascos defectuosos pueden encontrar una solución en los legendarios espiches embutidos con fuerza (aunque actualmente ya no sean obligatorios), pero las aperturas más importantes prácticamente son imposibles de cerrar con los medios de a bordo; sobre todo porque en nuestros veleros los fondos normalmente son poco accesibles. Las recetas tradicionales (rellenar la brecha con todo tipo de objetos, desde el colchón al saco de velas...) sólo pueden llegar a disminuir el caudal y sólo son aplicables si se puede acceder al casco (para conseguirlo no hay que dudar en desmontar, e incluso romper, lo que haga falta en el interior). Por desgracia, son absolutamente inoperantes si se trata de una fisura larga de ancho variable como la que se puede producir cerca de la quilla después de un choque violento. La cuestión estriba entonces en saber si la capacidad de achique (bomba mecánica y manual, cubo...) es superior o no al caudal de la vía de agua.

Las posibilidades de seguir a flote son mayores si se llega a precisar rápidamente la localización de la apertura; porque si está cerca de la línea de flotación, puede bastar un cambio de amura o una modificación importante del asiento longitudinal para sacarla más o menos del agua y salir del paso con una intervención más fácil. Las masillas y resinas que curan en un medio húmedo pueden ser entonces una ayuda preciosa.

> *Además de la balsa salvavidas, teníamos un bidón lleno de infinidad de cosas: herramientas, un poco de botiquín, trapos, esponjas, bolsas de basura, un tenedor, un cuchillo puntiagudo –porque hay que saber que en una balsa sólo tienes un cuchillo con la punta redonda–, una linterna con pilas, un GPS portátil, una VHF portátil para la aproximación de los socorros. También había útiles de pesca, un calendario perpetuo para marcar los días, un pequeño cuaderno con un lápiz. En el* Gin Fizz*, este bidón estaba en la cabina de popa cuando no se navegaba, y en cuanto soltábamos amarras, debajo de la mesa de la cabina. Y en el* Oxion *estaba en el cofre de popa cuando estábamos fondeados, y en la cabina de proa cuando navegábamos. También teníamos un bidón de 20 litros de agua, que tratábamos con pastillas de micropur, que sólo servía para la supervivencia, y un bidón con comida especial: una pequeña botella de aceite de oliva, pasta de almendras, frutos secos, cacahuetes, raciones de supervivencia, leche condensada, etc.*
>
> *Para no olvidar nada, había un pequeño cartón plastificado, pegado en la mesa de cartas, donde estaba indicado por orden decreciente todo lo que había que añadir a la balsa al irse. Había que coger una vela, un bichero para hacer de palo y teníamos tres grandes bolsas estancas, siempre vacías, guardadas junto al bidón de supervivencia, en las que podíamos meter los polares, los trajes de agua, un saco de dormir. Nos habíamos distribuido las funciones, que habíamos aprendido de memoria, en caso de naufragio o de incendio a bordo, y sabíamos quién tenía que ocuparse de recuperar cada cosa.*
>
> **Sophie Hachet**

Arriba: hacerse remolcar mediante una driza permite aumentar la escora a la vez que nos liberamos más fácilmente. Pero cuidado: hay que hacer la operación con suavidad para no dañar el aparejo.

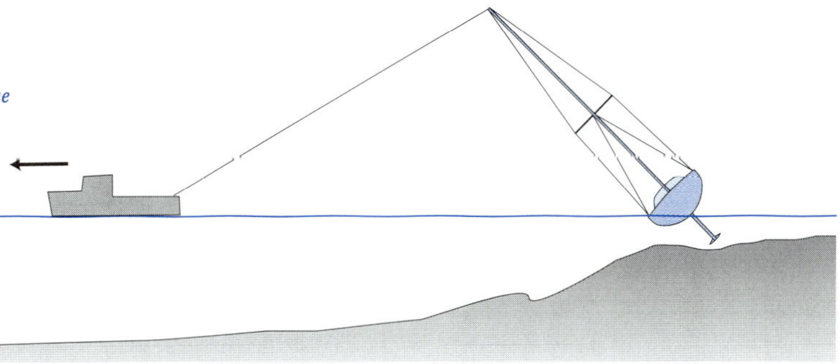

Abajo: Si no se puede salir inmediatamente de esta mala situación, hay que colocar un ancla lo antes posible (con el chinchorro o lanzándola) para evitar que el viento empuje el barco aún más contra la costa.

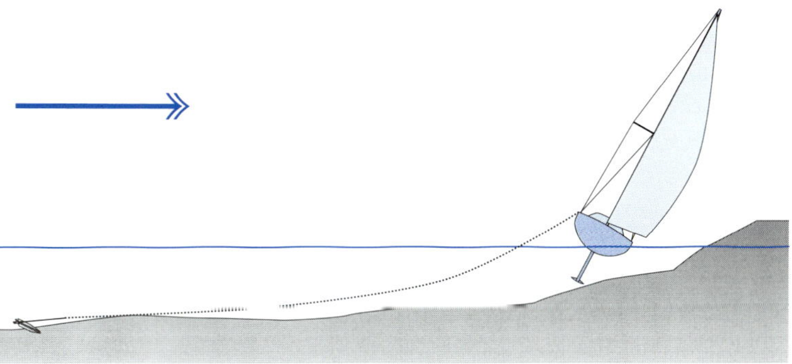

Figura 10.6: Salirse de una embarrancada.

Embarrancar

El embarrancar, la varada involuntaria, se soluciona fácilmente si es leve. Para salir cuando se toca fondo, lo importante es hacer escotar el barco al máximo -con las velas, el peso de la tripulación, incluso dejando la driza del spi, alargada con un gran cabo, a otro barco que disponga de un motor potente- mientras intentamos movernos a una zona más honda con la ayuda del motor. Normal-

Lanzado contra una playa de arena, este crucero ha podido salir bien gracias a la relativa clemencia de los elementos. Con rocas o con olas más fuertes, un casco puede ser destruido en unos pocos minutos.

mente con esto basta, si no hay marea o si vamos rápido. Evidentemente, no se puede contar con la escora a bordo de un catamarán.

Si no, hay que intentar llevar anclas a la zona profunda para tirar de ellas (sin dejar de escorar el barco); incluso si no funciona, esto permitirá no ser empujados más arriba en el bajofondo y facilitar la salida con la siguiente marea alta. Si la marea baja y el barco no tiene más remedio que posarse en fondos rocosos, se puede intentar proteger el casco con las defensas de a bordo, o con los colchones. Pero semejante instalación es difícil de acometer y a menudo se revela de escasa eficacia.

Con mar plana, el daño será mínimo. La cuestión toma un cariz más dramático con mala mar. Quedarse clavado sobre el fondo con olas en un lugar relativamente protegido puede bastar para dañar toda la estructura. Entonces, cuando de lo que se trata es de ser arrojado a una costa con olas, sobre todo si la costa es rocosa, sobran todos los consejos. Aparte de impedir por todos los medios que el barco vaya a parar allí cuando aún es posible (fondeando, sobre todo), por desgracia no se puede hacer gran cosa, excepto preocuparse de la propia seguridad y de la de la tripulación. Porque entonces hay que intentar desembarcar en las condiciones menos malas posibles: quedarse pillado en la trampa en medio de las olas entre algunas toneladas de barco y las rocas es indudablemente la situación más peligrosa que se pueda imaginar.

HOMBRE AL AGUA

10.3. EQUIPARSE PARA FACILITAR LA RECUPERACIÓN

> *Al principio, mi marido no quería atarse nunca. Cuando él estaba de guardia y estaba solo en cubierta, no entendía que yo no llegara a dormir. No estaba tranquila. Me despertaba con regularidad escuchando los ruidos para saber si seguía allí. Entonces, al cabo de un tiempo, le dije: "Me gustaría que cuando uno de los dos durmiera, el otro se atara". Al principio era reticente, pero al cabo de un tiempo se dio cuenta de que como cuando yo estaba fuera me ataba y él dormía tranquilo, él... Me dijo que, a fin de cuentas, no iba tan mal. Después, ya fue un hábito. Cuando el otro dormía, incluso una siesta, nos atábamos.*
>
> ***Sophie Hachet***

Primero, localizarlo

Causa número 1 de mortalidad en la mar, la caída de un hombre al agua es el accidente del que se pueden leer y oír más consejos vaporosos, pues muy poca gente ha experimentado de verdad las maniobras de recuperación ¡con un voluntario de carne y hueso, no con una baliza roja! Por haber probado con regularidad todos los métodos posibles, también con mal tiempo, hemos llegado a la conclusión de que el planteamiento correcto no puede resumirse en un procedimiento preciso e inamovible, sino que se trata más bien de saber exactamente lo que hay que evitar y adaptar la maniobra a las circunstancias.

Poco importa en el fondo la trayectoria que se dé al barco, que se vire una o dos veces, que se trasluche o no: lo único que de verdad es importante es dominar las dos fases del salvamento: la localización del náufrago y el contacto con él.

Para localizarlo, la generalización del GPS con su función MOB (*Man Over Board,* hombre al agua) ha cambiado la situación. Una tripulación que lo tenga sabe que está segura de encontrar

Ejercicio de recuperación de un hombre al agua; en la realidad, sin preaviso, sin chaleco y con mar, de repente todo resulta mucho más complicado.

la persona caída al agua –siempre que ésta sea capaz de flotar– incluso después de haberla perdido de vista cierto tiempo. Basta con tener en cuenta la posible corriente y la deriva debida al viento (ésta es poca en el caso de una persona casi totalmente sumergida). Sin esta ayuda tecnológica (¡que hay que acordarse de activar tan pronto como sea posible tras la caída!), hay que esforzarse en no perder de vista al náufrago. El timonel es el más importante en esta tarea, porque al mismo tiempo puede memorizar los rumbos del compás que ayudarán a no perderlo en caso de «ocultación» momentánea. Además, es él quien debe dosificar el rumbo y la velocidad en función de la posición del náufrago, y sólo la observación continuada de éste le permitirán colocarse adecuadamente.

Para dar una nota de optimismo, se puede recordar el salvamento, hace unos años, de un navegante que nadó 18 horas en medio del Atlántico antes de ser repescado sano y salvo; ¡y sin la ayuda del GPS!

El peligro también es el barco

Por lo que respecta al contacto con el náufrago, lo que no hay que olvidar es que ¡el principal peligro para el nadador que espera en el agua es el barco! Basta una ola pequeña para que el casco se convierta en una temible máquina de golpear. El resto es cuestión de sentido común. Es criminal, por ejemplo, en cuanto hay un poco de viento, acercar la proa, por muy suave que se haga, a 1 o 2 metros a barlovento del náufrago. Incluso si éste puede evitar la proa, no podrá superar la manga máxima. Y es por popa de la manga máxima donde hay que realizar la operación de rescate; porque es aquí donde el francobordo es menor y la tripulación puede colocarse mejor; y también es la zona más estable del barco, donde los derrapes son menos sensibles gracias a la presencia de la quilla y del timón.

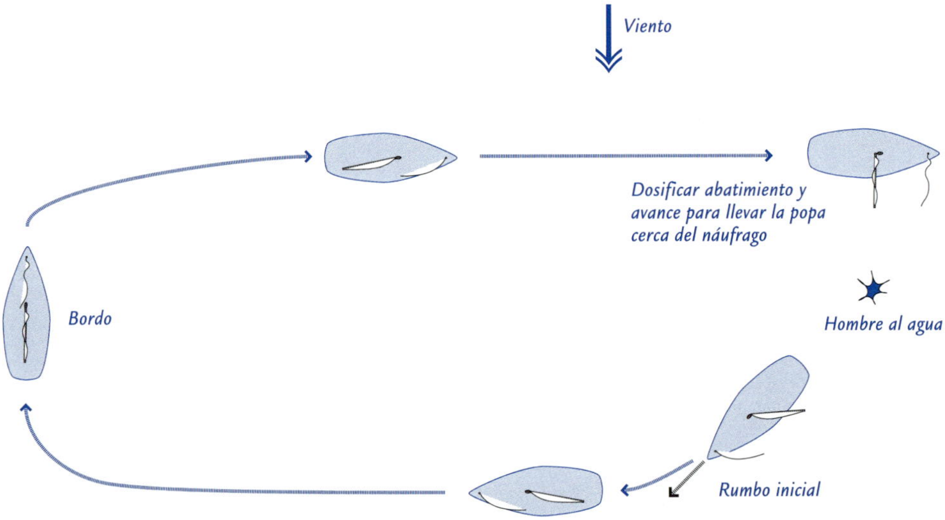

Figura 10.7: La recuperación del náufrago con viento de través.

Lo más sencillo: la aproximación por el través

Concretamente, el desarrollo más lógico de las operaciones es el siguiente: en cuanto se constata la caída, se lanza al agua el aro de herradura con su luz, nos ponemos con el viento de través algunas esloras, se vira y se regresa, siempre de través, controlando el rumbo para presentarse exactamente como se desea. La ventaja de ir con el viento de través es que controlamos perfectamente la trayectoria; siempre podemos orzar o arribar en caso de necesidad. A continuación tenemos dos opciones: apuntar algunos metros a barlovento, parar a la altura del náufrago, con las velas flameando, y controlar el abatimiento hasta llevar la popa junto a él. Si la mar está un poco movida, lo más seguro es no buscar el contacto directo, sino lanzarle un cabo en cuanto lo tenemos cerca: esto permitirá llevarlo con precisión al sitio más práctico para subirlo a bordo (el faldón de popa en un crucero moderno, o a la altura de la bañera si es aquí donde colocamos habitualmente la escalera de baño).

La otra opción consiste, si tenemos miedo de pasar a barlovento, en presentarnos a sotavento, muy cerca del náufrago, y parar el barco orzando justo detrás de él mientras le lanzamos un cabo; la continuación del proceso es idéntica a la primera versión. Si el náufrago no está en condiciones de participar, habrá que buscar el contacto, tan suavemente como sea posible, preparados -con el bichero y las manos disponibles- para cogerlo en cuanto se pueda.

Pararse en el sitio

Más que empezar un recorrido de ida y vuelta al través, a veces lo más sencillo es parar inmediatamente el barco si el caña ha sido testigo de la caída. Mete caña sin tocar las escotas, el barco se para a pocos metros del náufrago y entonces no queda más que lanzarle un cabo o que éste dé algunas brazadas para cerrar el incidente. En muchos casos, es el sistema más eficaz. Evita el estrés inherente al hecho de alejarse del náufrago, y es lo que toca cuando se duda de la capacidad del náufrago de mantenerse en la superficie (niño, persona en malas condiciones físicas, que no sabe nadar...). Por desgracia este sistema tiene sus limitaciones, porque sólo funciona si se puede

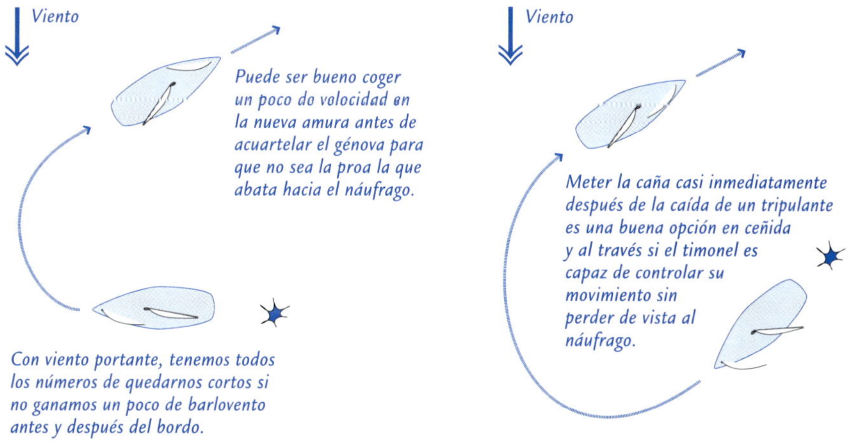

Figura 10.8: La solución de la parada inmediata.

iniciar lo bastante pronto como para seguir muy cerca del hombre al agua; al menos lo bastante cerca como para poder lanzarle un cabo (por tanto, no más de una quincena de metros), o situado de tal forma respecto del viento que se abata hacia él. Sin esto, nos arriesgamos a encontrarnos con un barco parado y que no puede maniobrar, pero que abate demasiado rápidamente para ser alcanzado a nado. Entonces el complemento útil de este método es el motor, que permitirá corregir rápidamente la posición sin verse obligados a coger arrancada. En este caso hay que vigilar que no se arrastre ningún cabo por el agua y, evidentemente, desembragar la hélice en cuanto la popa se acerque al náufrago.

Salvavidas de herradura y antena de GPS: estas dos generaciones de accesorios pueden ser complementarias para llevar a cabo eficazmente una recuperación.

Cuidado, finalmente, con el uso del cabo: incluso cuando se ha podido lanzar al náufrago, el problema no ha terminado. El timonel debe evitar toda arrancada intempestiva del barco que pondría en dificultades al tripulante en la punta del cabo. Basta constatar el esfuerzo que hay que realizar para remolcarlo con una deriva moderada (no más de 2 nudos) como para evitar cualquier tentación de probar el dispositivo a 5 o 6 nudos.

Si la caída al agua se ha producido navegando con spi, la parada inmediata metiendo caña sin preocuparse de las velas sólo es posible con poco viento; de lo contrario nos arriesgamos a encontrarnos en una situación aún peor, con un spi liado y un barco que no podrá maniobrar durante un buen rato. Una tripulación entrenada puede parar el barco en pocos segundos abriendo el mosquetón del puño de amura del spi o soltando la braza. Se puede incluso pensar en soltarlo todo (braza, driza, escota, y por tanto toda la vela) si no hay ningún nudo en el chicote de los cabos. Pero cuidado: a los circuitos de los mástiles no siempre les gustan los tratos demasiado radicales; encontrarse con la punta de la driza bloqueada en la perilla del palo y el spi arrastrándose a distancia no solventará ningún problema a nadie.

► *La subida a bordo*

Queda después subir al interesado a bordo. Esto puede ser una simple formalidad o una pesadilla si el hombre al agua se ha accidentado, es pesado y el barco no tiene un faldón a popa o una escalera de baño eficaz. Si por un casual el tripulante lleva un arnés bien colocado, lo más sencillo es colocarle una driza -si hay alguna libre que no esté demasiado mal orientada- e izarlo con un winche sin contemplaciones. Sin arnés, la cuestión se complica, porque hay que conseguir amarrarlo correctamente, algo extremadamente difícil (hay que estar en el agua para conseguirlo). Y las sabias manipulaciones del tipo «enrollar a la víctima» en una vela colocada a lo largo de la borda sólo funcionan realmente bien en las páginas de los manuales; son prácticamente irrealizables en cuanto las condiciones son un poco movidas. La única respuesta eficaz a estos casos difíciles sería una mejor consideración del problema desde la misma concepción de los barcos; con la posibilidad de integrar accesorios que faciliten realmente la subida a bordo (escalones o plataforma al nivel de la línea de flotación, soportes flotantes, escaleras de baño muy anchas para que se puedan colocar dos personas, etc.).

► *La maniobra en un catamarán*

El principio sigue siendo el mismo, pero hay que tener en cuenta dos diferencias notables. La evolución a vela suele ser menos buena, y por tanto hay que prever tiempos de reacción más largos con trayectorias más largas (en cambio, si hay dos motores, se puede contar con una excelente precisión al acercarse). Es imperativo, incluso más que en un monocasco, presentar uno de los faldones cerca del náufrago, porque la altura del francobordo de los catamaranes de crucero impide todo contacto con la superficie del mar.

► *Mejorar el equipo*

Entre los productos no obligatorios disponibles actualmente en el mercado, destaca la rabiza especial de 40 metros (del tipo *«rescue sling»* que se fija con su bolsillo en el balcón de popa), muy práctica para establecer el contacto porque siempre está a punto y porque lleva un cinturón flotante con una anilla susceptible de facilitar la subida a bordo. La mini balsa hinchable individual del tipo Jon-buoy es también útil en estas circunstancias. Como lo es la linterna de destellos estanca que cada tripulante debería llevar en el bolsillo durante la noche y que, con el cartucho de cyalume, es el único medio eficaz de ver a alguien en la oscuridad (mucho más eficaz que la linterna que se ilumina al invertirse, poco práctica, que impone la reglamentación). También hay que estudiar, si se quieren aprovechar todas las posibilidades, las balizas de socorro individuales, los sistemas de alarma en caso de caída y, para los solitarios, los dispositivos que permiten parar automáticamente el barco, incluso si navega con piloto automático o a motor.

> *Intentamos atarnos bastante sistemáticamente: de noche, nos atamos siempre, y también en cuanto el barco va un poco rápido y salimos de la bañera. Tenemos arneses-chalecos hinchables Hamar Plastimo y buenas cinchas elásticas, con líneas de vida bastante bien pensadas. En estas condiciones, los inconvenientes son pocos.*
>
> ***Pierre-Marie Bourguinat***

FUEGO A BORDO

10.4. ANTE TODO, UNA CUESTIÓN DE PREVISIÓN

Desde la generalización del motor diésel en los veleros, hay menos incendios. Pero no hay que pensar, al contrario de lo que hacen muchos usuarios, que el riesgo ha desaparecido por completo. La mejor forma de prevenirse de este peligro (sin duda el más temible en navegación, en la medida en que puede destruir el barco infligiendo, de paso, heridas muy graves a la tripulación) sigue siendo la prevención: buen mantenimiento de la mecánica, y sobre todo ser metódico al guardar los productos peligrosos.

Los barcos de motor –sobre todo los provistos de motor de gasolina– son los más proclives a los incendios; pero éstos también se pueden declarar en los compartimentos de motor o en las cocinas de los veleros.

Útil para luchar inmediatamente al empezar el fuego: la manta ignífuga alojada en una caja especial, que aquí puede verse en la pared encima de los fregaderos.

Los siniestros observados recientemente en veleros se debían a la presencia en los fondos, y por tanto en el compartimento del motor, de gasolina prevista para el motor del bote auxiliar y mal guardada (bidón defectuoso, tapón mal cerrado...) en un cofre más alto, del que se había vertido en abundancia. El riesgo de explosión en el momento de arrancar el motor es absolutamente real.

Otro ejemplo de accidente grave debido a la imprudencia: un pequeño velero quedó completamente destruido por un incendio que empezó porque la tripulación estaba llenando el fuera borda iluminándose con un quinqué.

En general, las manipulaciones de los bidones de gasolina para avituallarse en mar tienen que hacerse con precaución, y además con luz de día. Es obligatorio no sólo parar el motor y esperar un poco antes de llenar el depósito, sino también evitar llenarlo demasiado, limpiar cuidadosamente todo lo que se haya podido derramar, y esperar algunos minutos antes de volver a poner el motor en marcha. Y se tiene que ser aún más escrupuloso si hace calor.

De la misma forma, hay que desconfiar de los productos explosivos (acetona y líquidos de este tipo) que, evidentemente, no hay que dejar en cubierta, pero que tampoco pueden usarse cerca de un motor en marcha.

Los incendios de origen eléctrico, relativamente normales en barcos de pesca o mercantes, incluso en grandes unidades de charter, no son temibles en la mayoría de cruceros por la modestia de sus instalaciones.

En cambio, la cocina, tanto si es de gas como si es de petróleo, exige una vigilancia extrema. Cuidado también con las cargas improvisadas (para el petróleo), los aparatos en mal estado y las conducciones defectuosas. En un ambiente marino, estos equipos -que muchas veces son de poca calidad– se deterioran muy rápidamente. En caso de fuga, el gas no se detecta inmediatamente –se acumula en los fondos– y sólo necesita una chispa para explotar. Cuando la botella está lejos de los fogones, cerrar la llave de la botella es la única garantía de tranquilidad.

La presencia muy cerca de la entrada (para una posible intervención exterior) y junto a la cocina de dos buenos extintores polivalentes –de polvo o de espuma– es útil para hacer frente a todas las situaciones, conscientes de que el fuego sólo se puede dominar cuando empieza. En los paneles que cierran el compartimento del motor (normalmente en la escalera de entrada) se prevé sistemáticamente un orificio para introducir la boquilla del extintor.

Hay que reflexionar de antemano sobre el posible abandono del barco en caso de siniestro imposible de controlar (y por tanto elegir una posición lo más exterior posible de la balsa salvavidas). Y pensar, de paso, que el problema puede afectar incluso a los barcos insumergibles.

CAPÍTULO 11 - MEMORANDO DEL NAVEGANTE

CAPÍTULO 11

LA LEGISLACIÓN(*)

11.1. UN INICIO DE SIMPLIFICACIÓN

Pese a la adopción de reglamentaciones europeas comunes, la navegación de recreo aún sigue dependiendo de un sistema administrativo bastante complejo, con grandes disparidades de un país a otro.

► *La organización administrativa*

La Secretaría de Estado de los Transportes y de la Mar y el Ministerio de Economía y Hacienda administran la mayor parte de las cuestiones administrativas que afectan a los navegantes aficionados. Pero éstos también pueden tener que rendir cuentas a funcionarios de Defensa, y respetar las reglas desarrolladas por el Ministerio del Medio Ambiente.

Concretamente, la oficina de la Navegación de Recreo (oficina especializada del Secretariado de la Mar, con sede en París) administra la reglamentación y puede informar al respecto (ver también el sitio oficial www.mer.gouv.fr). Las posibles evoluciones las propone el Consejo Superior de la Navegación de Recreo, instancia que reúne un cierto número de especialistas y de responsables de asociaciones y de organismos representativos; la última palabra la tiene, evidentemente, la Secretaría de Estado.

• Asuntos Marítimos

Dependientes de la Secretaría de Estado de los Transportes y de la Mar, los funcionarios de Asuntos Marítimos se encargan de todas las cuestiones que afectan a la seguridad de los barcos y de la navegación. Son ellos quienes controlan que los barcos cumplan las normas en vigor, expiden el título de navegación incluido en el acta de afrancesamiento, y organizan el salvamento marítimo por medio de los CROSS (Centro regional operativo de vigilancia y salvamento, en sus siglas en francés). Esta administración está organizada en 30 departamentos marítimos (incluido el de Ultramar) que se encargan cada uno de un sector del litoral francés. Las oficinas abiertas en los principales puertos sirven de enlaces de su acción. Las motoras de Asuntos Marítimos pueden efectuar controles de los barcos de recreo, al igual que participar en operaciones de salvamento.

• Aduanas

Autoridad de vigilancia del espacio económico francés, los servicios aduaneros (que dependen del

(*) Pese a tener algunos elementos comunes, consecuencia de la pertenencia de los dos países a la Unión Europea, la legislación española referente a barcos de recreo difiere un poco de la francesa. En España, la documentación administrativa relativa a embarcaciones de recreo incluye el abanderamiento, la matriculación y el registro; la patente de navegación; la licencia de navegación o rol (debidamente despachado), y el certificado de navegabilidad. Todo barco debe tener suscrita además una póliza de seguros. De estos requisitos están exentos las embarcaciones de recreo menores de 2,5 metros y los aparatos flotantes o de playa con independencia de su eslora. Además, en España sólo se puede patronear una embarcación si se dispone del título adecuado al tipo de barco y zona de navegación de que se trate.
La web del Ministerio de Fomento (http://www.fomento.es/MFOM/LANG_CASTELLANO/DIRECCIONES_GENERALES/MARINA_MERCANTE/NAUTICA_DE_RECREO) informa detalladamente de todos los detalles que deben cumplir los barcos antes de hacerse a la mar. Diversos links permiten acceder también a toda la legislación relativa a este tema. *(Nota del Traductor.)*

Ministerio de Economía, Hacienda e Industria) se encargan de entregar el acta de nacionalización y del cobro del correspondiente canon anual. Al igual que los funcionarios de Asuntos Marítimos, los de Aduanas pueden realizar controles -tanto en mar como en puerto- y participar en misiones de salvamento.

• Gendarmería marítima

Al igual que su homólogo de tierra, depende del Ministerio de Defensa y se encarga de las misiones de vigilancia y de protección. También participa por tanto en operaciones de salvamento y efectúa controles a bordo de los barcos.

Las formalidades

Excepto con las embarcaciones de playa (planchas y pequeños barcos de orza), para las que no se exige ninguna formalidad, todos los veleros tienen que estar inscritos en los registros de las autoridades competentes. En cambio, los controles de seguridad desaparecieron en 1996. No se exige ningún permiso para llevar un velero, sea del tamaño que sea, siempre que no se trate de un uso profesional.

• La matriculación

Basta para los veleros que no sobrepasan las 3 toneladas de registro (unidad usada por la administración para medir el volumen del casco y de las superestructuras); esto prácticamente sólo afecta a veleros habitables de menos de 6,50 metros de eslora o barcos de paseo con quilla. Basta con dirigirse a la oficina de Asuntos Marítimos de su elección con el acta de venta del barco y su declaración de conformidad (si se trata de un barco construido en Europa); el certificado de construcción y medición sustituye la anterior declaración en el caso de un barco procedente de fuera de la UE. Antes, en el caso de una construcción amateur o un barco construido a la unidad, la matriculación era muy complicada, por cuanto era necesario un certificado de aprobación y de medición emitido por un organismo autorizado. Esto ahora debería ser más sencillo, de manera que, con determinadas condiciones, los constructores amateurs puedan certificar ellos mismos que su barco cumple las normas europeas.

Los Asuntos Marítimos entregan una carta de matriculación que tiene que estar siempre a bordo cuando se navega, so pena de multa.

• El afrancesamiento

Es obligatorio para los barcos de más de 3 toneladas. La petición tiene que dirigirse a la oficina de aduanas del puerto de registro, que levantará el acta de afrancesamiento (el famoso librillo naranja) y a continuación transmitirá el expediente a Asuntos Marítimos para la matriculación propiamente dicha. Si se trata de un barco de más de 25 toneladas de registro (para un velero de crucero, esto corresponde normalmente a una eslora de al menos 14 metros), antes de presentar el expediente, el propietario tiene que asegurarse en Asuntos Marítimos de que ningún otro barco en este distrito lleva ya el nombre previsto.

• Las señas de identidad

Para un velero de 2 a 25 toneladas de registro, están limitadas al mínimo estricto: nombre del barco e iniciales del distrito marítimo escritos en la popa, sin dimensiones predeterminadas. El nombre y las iniciales tienen que figurar también en la proa de los veleros de más de 25 toneladas de registro.

Las obligaciones de identificación de los barcos de recreo siguen siendo lo bastante suaves como para que la elegancia no esté reñida con la legalidad.

La ley impone que se ice la bandera nacional en cuanto se navega (y los domingos y los días de fiesta, también fondeados), en una pequeña asta en la popa. Normalmente no se es muy estricto en el cumplimiento de esta norma, pero no sucede lo mismo en todos los países.

Nuestros vecinos del otro lado de la Mancha son por lo general más puntillosos en el uso de la bandera nacional que los navegantes franceses.

•Navegar con bandera extranjera

Siguiendo el ejemplo de lo que sucede con ciertas navieras, algunos cruceristas utilizan desde hace tiempo pabellones de conveniencia y matriculan su barco en Jersey, Malta u otros lugares por motivos fiscales. La reglamentación europea permite actualmente navegar sin problemas -y sin el carácter «demoníaco» asociado, no sin motivo, a la navegación de recreo- matriculando el barco en otro país de la UE. Antes los cruceristas que optaban por esta vía lo hacían normalmente para aprovecharse de reglamentaciones menos pesadas que las que estaban en vigor en Francia. La relajación de la legislación francesa ha acabado con la mayoría de motivos de esta «evasión reglamentaria»; sobre todo respecto de Bélgica, que hasta el 2004 era el refugio de los navegantes que buscaban economía y libertad.

Asuntos Marítimos no puede controlar un barco de bandera extranjera (pero sí los servicios de Aduanas y la Gendarmería marítima); pero ello no exime de respetar las reglamentaciones locales en materia de prevención de abordajes, velocidad en los puertos, etc.

La homologación de los veleros

Tras la promulgación del decreto 96-611 del 4 de julio de 1996, sobre la comercialización de los barcos de recreo y de sus equipos (que de hecho es la adaptación francesa de la directiva europea 94/25/CE de 16 de junio de 1994), ya no se puede hablar de homologación propiamente dicha, como sucedía antes, cuando representantes de Asuntos Marítimos decidían para cada unidad o serie cuáles eran sus límites de navegación. Actualmente, son los propios constructores quienes atribuyen ellos mismos a sus modelos -con organismos de certificación autorizados, y evidentemente respetando las normas al respecto- una de las cuatro categorías de «concepción» definidas a escala europea. El sistema no ha mejorado en sencillez, porque ha introducido en la legislación francesa la cohabitación de dos tipos de clasificación más o menos contradictorios.

•Las categorías de concepción

Común a todos los países europeos, esta clasificación define la aptitud de un barco para afrontar condiciones de viento y mar más o menos duras.

Se considera que un barco clasificado como D puede afrontar vientos que no superen fuerza 4, con olas de una altura máxima de 0,5 metros.

En categoría C, el límite sube a fuerza 6, con olas de 2 metros. En B, llega a fuerza 8 y 4 metros, respectivamente. Finalmente en A el legislador considera que el barco es capaz de aguantarlo todo, sin límites de velocidad del viento, ni de tamaño de las olas.

A este planteamiento, que parte del principio de que lo importante no es la distancia del recorrido, sino la violencia de las condiciones, no le falta lógica. Sin embargo, sigue siendo muy teórico y de todas formas acaba regresando a la noción de distancia, por cuanto un barco que se aventura lejos tiene más posibilidades de encontrar mal tiempo.

•Las categorías de navegación

Francia ha renunciado a las seis categorías definidas por la distancia autorizada respecto de un refugio. Ahora sólo quedan dos: la zona «costera» (menos de seis millas de un refugio) y la zona «de altura» (más de seis millas de un refugio), que se sobreponen al sistema europeo de las categorías de concepción. Al adoptar una línea radicalmente contraria al sistema antiguo, el legislador no ha querido esta vez imponer una correspondencia estricta entre categorías de concepción y zonas de navegación. Teóricamente, un velero clasificado como D (el más bajo de los certificados) puede por tanto navegar donde quiera su propietario, a condición de respetar las limitaciones que afectan a los D (viento no superior a fuerza 4 y olas no superiores a 0,5 metros); algo que es prácticamente imposible en cuanto nos alejamos un poco de la costa. Es casi seguro que los aseguradores harán una interpretación mucho más restrictiva cuando juzguen que su cliente siniestrado estaba donde no debía...

En la práctica, la única obligación del navegante será indicar en su acta de afrancesamiento la zona en la que elige navegar. Y, naturalmente, embarcar el material (ver cuadro) correspondiente a esta zona, so pena (como antes) de ser multado en caso de infracción.

Aptitudes correspondientes a las categorías de concepción		
Categoría	Capacidad de afrontar vientos	Capacidad de afrontar olas
A	Superiores a fuerza 8	Superiores a 4 m (oceánica)
B	Hasta fuerza 8	Hasta 4 metros (alta mar)
C	Hasta fuerza 6	Hasta 2 metros (aguas costeras)
D	Hasta fuerza 4	Hasta 0,5 metros (aguas protegidas)

Por lo que respecta al término «refugio» (a la distancia máxima de 6 millas que deben respetarse en la zona costera), no debe ser confundido con el de «costa». El refugio es, como su propio nombre indica, un lugar -puerto artificial o ensenada natural- en el que un barco puede encontrar abrigo en cualquier circunstancia. Un velero equipado para zona costera que navegue a lo largo de la costa de las Landas será considerado que infringe la norma; con razón, por cuanto este litoral está completamente despojado de fondeaderos y la tripulación tendrá que cubrir varias decenas de millas antes de poder abrigarse de forma efectiva.

•Los textos de referencia

El decreto 96-611, el 84-810 y sus anexos dedicados a la navegación de recreo han sido completados y modificados recientemente por la orden del 30 de septiembre del 2004. Sus textos están normalmente incluidos en las guías anuales (*Guide Chagnon, Livre de bord*...) que se encuentran en las tiendas y que incluyen el anuario de mareas, el libro de faros y distintas informaciones prácticas.

La lectura de estos decretos no es en absoluto excitante, por cuando se dedican a detallar las normas de construcción que no afectan al navegante que acaba de comprarse un barco que ya dispone de su correspondiente certificado. Sólo el amateur que se plantee construirse él mismo su barco encontrará allí material de interés.

La parte más interesante para todo el mundo es el relativo al material obligatorio que hay que llevar a bordo. Conlleva numerosas precisiones útiles respecto de las versiones simplificadas que se encuentran en los catálogos de acastillaje.

► *El reglamento de prevención de abordajes**

También obligatorio a bordo, el famoso RIPAM (Reglamento internacional para prevenir abordajes en la mar) data de 1977 e incluye una veintena de páginas muy densas. Las informaciones realmente útiles a la navegación de recreo se leen sin embargo con rapidez. Se lee que un barco que navega a vela tiene preferencia sobre un barco de propulsión mecánica, pero ha de apartarse de un barco que no tiene capacidad de maniobra (por avería u otra causa), de un barco con capacidad de maniobra restringida (barco con mucho calado que no puede apartarse de un canal estrecho, por ejemplo), o de un barco que está pescando. En la práctica, el crucerista prudente llegará a la conclusión de que, incluso en los casos en los que tiene preferencia, le compensa mantenerse a distancia de los buques grandes; y que es él quien debe garantizar una guardia atenta para no meterse en una situación complicada. Y, naturalmente, adoptar todas las medidas para ser detectado lo más fácilmente posible, ¡especialmente llevando luces de posición eficaces y encendiéndolas! La experiencia demuestra en cambio que el reflector de radar -obligatorio- no hace que un barco de recreo sea más detectable. Si no se dispone de radar (que aporta una innegable ventaja en materia de seguridad), un detector aporta un servicio útil por un precio razonable, al avisar de que se acerca un buque equipado con radar.

En un cruce de cerca con un buque grande, el timonel no olvidará que puede quedar desventado por la muralla de su voluminoso vecino; y que siempre es preferible, en caso de duda sobre las velocidades respectivas, elegir pasar por detrás y no por delante.

El examen de las numerosas láminas que detallan las luces que llevan los distintos tipos de embarcaciones puede parecer pesado. No se trata de aprendérselas de memoria, pero sí vale la pena consultarlas en caso de duda sobre una identificación por la noche. Esto puede permitir conocer el sentido de desplazamiento de un convoy. Y lo mismo puede aplicarse para las señales sonoras que pueden dar indicaciones útiles sobre las intenciones de un buque.

Entre veleros, la regla es sencilla: el velero amurado a babor debe dar preferencia al amurado a estribor. Si los dos veleros navegan de la misma amura, el velero situado a barlovento (y por tanto con un rumbo más arribado) debe apartarse de la ruta del otro. Si siguen rumbos idénticos, es el barco que atrapa quien debe apartarse.

Tanto si está en regata como si no, y diga lo que diga el reglamento, es el velero quien debe atender a su propia seguridad y, por tanto, apartarse del camino de los grandes buques.

La regla indica que el barco que no tiene preferencia ha de maniobrar con la suficiente antelación como para no dejar ambigüedad alguna sobre sus intenciones. En caso de duda, no hay que dudar en desviarse.

Finalmente, la costumbre (el reglamento no indica nada a este respecto) señala que hay que procurar no molestar al velero que se cruza o que se adelanta. Cuando se navega a un través amurados a estribor y se va a cruzar un barco que navega con spi amurado a babor, es de buena educación modificar el rumbo con antelación para no obligar al barco que no tiene preferencia a un desvío que puede ser difícil de realizar en determinadas circunstancias. Y cuando se es más grande y más rápido, se evitará (¡excepto en regata!) pasar a barlovento de otro velero.

***Abordaje se entiende aquí en el sentido de colisión accidental entre dos barcos**

La protección del medio ambiente

El texto básico sobre la materia en lo que afecta a la navegación es la convención internacional de Londres, más conocida por el nombre de MARPOL (aprobada en 1973, en Francia entró en vigor en 1983). Se completa con la ley «litoral» de enero de 1986. El punto más importante es el relacionado con la evacuación de los residuos. MARPOL diferencia en este campo las zonas «especiales» (para las costas europeas, el conjunto del Mediterráneo y el mar del Norte) de las otras. En todas las zonas está prohibido tirar materiales plásticos o genéricamente todo objeto sintético (sacos, cabos, redes...).

Los embalajes flotantes (de materiales no sintéticos) no se pueden echar al agua en las zonas especiales, y en las zonas «normales» sólo a 25 millas de la costa como mínimo.

Papeles, trapos, cristal, metales están prohibidos en las zonas especiales (incluso triturados), pero en otros lugares pueden ser tirados a un mínimo de 12 millas de la costa (3 millas si están triturados).

Último punto, y no el menos importante: en todas las zonas, los residuos alimenticios sólo pueden ser tirados a una distancia mínima de 12 millas de la costa (o a 3 millas si están triturados, y sólo en zonas «normales»).

En algunos sectores del litoral, tanto en Francia como en otros lugares, hay además reglas especiales con el objetivo de conservar un medio ambiente frágil (prohibición de usar el ancla, por ejemplo, para no deteriorar la flora submarina). La información está disponible in situ y en las capitanías de los puertos cercanos.

La evacuación de las aguas usadas, tanto si son «negras» (evacuación de los wc) como si son «grises» (vajillas, etc.), sigue siendo un tema delicado en Francia. Porque el decreto 96-611 exige en principio que los lavabos de los barcos estén provistos de depósitos de retención (que sólo se vacían en alta mar o en las instalaciones adecuadas de que disponen cada vez más marinas)... Pero este decreto no considera obligatoria la instalación permanente de estos depósitos, una fórmula absolutamente hipócrita que permite vender actualmente cruceros nuevos desprovistos de esta instalación. En algunas zonas protegidas (refugio natural, o incluso toda una zona de navegación) está prohibido el fondeo a los barcos que no dispongan de depósitos adecuados. El tema preocupa a muchos cruceristas franceses, que consideran esta limitación como un «atentado a su libertad». De todas formas, es fácilmente comprensible que va en beneficio de todos y que no hay alternativa, pues es el precio que hay que pagar para preservar la calidad del agua en lugares cada vez más frecuentados.

LA SEGURIDAD

11.2. LA INELUDIBLE RESPONSABILIDAD DEL PATRÓN

La existencia de numerosos reglamentos sobre el tema y la calidad de la organización del salvamento en Europa no deben hacer perder de vista lo esencial. La seguridad de la tripulación descansa en buena medida en la bondad de las decisiones del patrón, tanto si se trata de la selección del equipo, como de la forma de utilizarlo o de la información que se da a los tripulantes.

► *El equipo*

• El material obligatorio

La lista oficial ha sido claramente aligerada desde principios del 2005 (ver cuadro). Después de haber estado excesivamente constreñido durante varias décadas, el navegante tiene ahora libertad de elección de buena parte de los accesorios de su barco. Por lo que se refiere a la presencia de prismáticos y de reflector radar, los dispositivos de reducción de velamen, el equipo de fondeo y el material de remolque, la nueva reglamentación hace una preconización impensable hace unos años: «es el navegante quien debe decidir el equipo que necesita». Prioridad por tanto a la responsabilidad de cada cual, no sólo en la cantidad de material embarcado, sino también en el tipo y marca de los accesorios. La balsa salvavidas, por ejemplo, puede ser un modelo extranjero siempre que responda a las normas CE. Y su caducidad es de 15 años (en lugar de 12) con una revisión obligatoria en función de las recomendaciones del fabricante (es decir, en la práctica cada tres años, en lugar de cada año como exigía la antigua reglamentación). El nuevo texto también toma en consideración algunas evoluciones técnicas, como la generalización de la cartografía electrónica (antes era obligatorio tener las cartas en papel, incluso si se disponía de un plotter que leyera las cartas electrónicas) o la posibilidad de sustituir los chalecos salvavidas por trajes dotados de flotabilidad (con la condición de que estén homologados CE).

Después de varias propuestas contradictorias, el contenido del botiquín queda

El contenido de una balsa salvavidas.

Un chaleco salvavidas homologado.

Un cartucho de cyalume (muy eficaz para la localización de noche).

a discreción del patrón, y la administración se limita a efectuar recomendaciones. Teniendo en cuenta las reservas emitidas en el 2005 por algunos especialistas, es posible que siga cambiando. En este punto, como en todas las precisiones que afectan a los otros accesorios, es aconsejable tener en cuenta las fichas técnicas difundidas por la Secretaría de Estado de los Transportes y de la Mar.

Quedan senderos por explorar para mejorar la seguridad, como la formalización de emplazamientos más seguros para las balsas salvavidas. En la mayoría de los barcos son extremadamente difíciles de lanzar al agua en caso de urgencia.

También se deberían revisar otras incoherencias, como el hecho de imponer la existencia de arneses de seguridad, pero sin que los fabricantes tengan la obligación de proporcionar líneas de vida y otros puntos de agarre satisfactorios en los barcos que venden.

Una linterna de destellos.

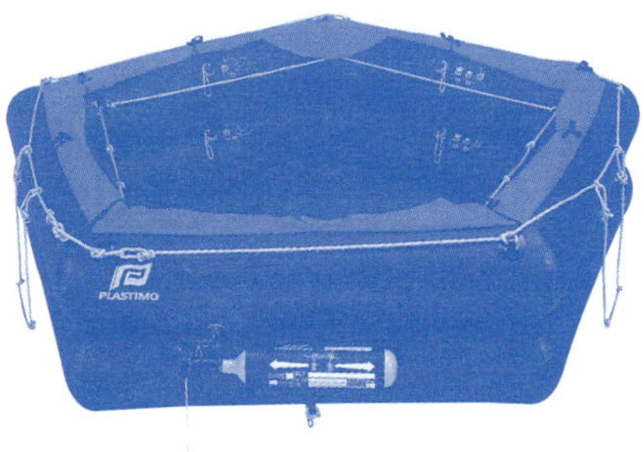

Una balsa salvavidas costera (ligera y sin arco para tienda).

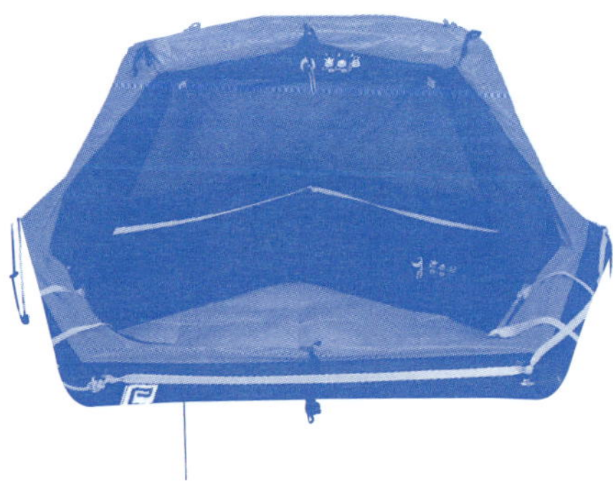

Una balsa salvavidas de alta mar.

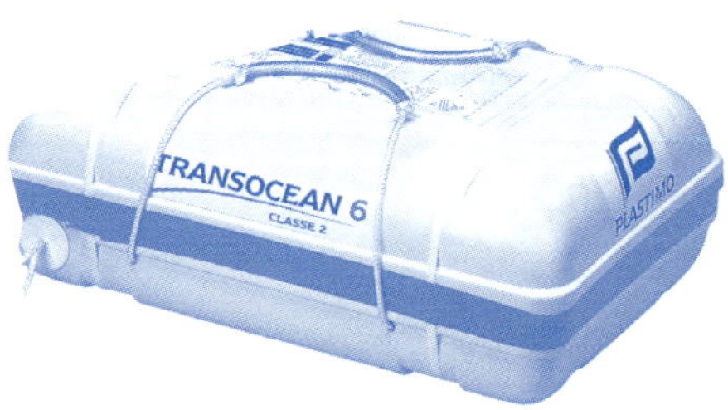

Un contenedor protege mejor la balsa que el saco. La reglamentación actual ya no distingue entre las balsas costeras y de alta mar; optar por una u otra depende por tanto del criterio de cada cual, que debe actuar con sentido común en función del programa previsto.

Material obligatorio a bordo de los veleros de recreo *		
Seguridad	Navegación costera	Navegación de altura
Balsa salvavidas o auxiliar de hinchamiento automático	No	Sí
Equipos de salvamento	Sí	No
Chalecos salvavidas	Uno por persona a bordo	
Subida de hombre al agua	Un dispositivo adecuado (escalera...)	
Arnés de seguridad	No	Uno por persona a bordo
Boya con luz de emergencia	Sí	Sí
Cubo rígido	Sí	Sí
Dispositivo de bombeo	Sí	Sí
Dispositivo de obturación de una vía de agua	Sí	Sí
Extintor	Sí	Sí
Botiquín	Sí	Sí
Manta de supervivencia	Sí	Sí
Espejo de señalización	Sí	Sí
Linterna estanca	Sí	Sí
Cohetes con paracaídas	No	Tres
Fumígenos flotantes	No	Dos
Bengalas rojas de mano	Tres	Tres
Velas, maniobras, acastillaje	Cada patrón debe decidir qué equipo necesita	
Fondeo	Cada patrón debe decidir qué equipo necesita	
Mecánica	Herramientas y material para pequeñas averías	
Navegación	Cartas de papel o electrónicas	Cartas de papel o electrónicas, material que permita calcular la posición, trazar y seguir una ruta, dispositivo para recibir las previsiones meteorológicas
Compás magnético	No	Sí
Sonda de mano	U otro medio para medir la profundidad del agua	
Cuaderno de bitácora	No	Sí
Documentos	Toda obra que incluya el Reglamento internacional para prevenir los abordajes en la mar, el anuario de marea (excepto en el Mediterráneo), libro de faros y derroteros de la zona de navegación	
Reglas internacionales		
Bandera nacional, N y C	Sí	Sí
Bocina de niebla	Sí	Sí
Bola de fondeo	Para los barcos de más de 7 m	
Cono de navegación a motor	Para los barcos que tengan motor auxiliar	
Campana		Para los barcos de más de 12 metros

* Excepto embarcaciones ligeras.

• El resto del equipo

Una baliza bifrecuencia con GPS integrado permite una actualización permanente de la posición de los náufragos.

Tras haber satisfecho las obligaciones reglamentarias, cada cual puede añadir libremente todo lo que considere útil para la seguridad de la tripulación. La lista puede empezar por el embarque de un número adecuado de linternas (de mano y de destellos) de buena calidad. Añadir una bolsa de tela para la herradura salvavidas es también una buena idea (para evitar que derive con demasiada velocidad), al igual que dotarla de una rabiza larga -al menos de 50 metros- que se guardará en el balcón de popa en una bolsa de tela o en un tubo de PVC. Si se opta por la rabiza (que en caso de reacción rápida permite recuperar rápidamente al hombre al agua), es preferible prever también una segunda baliza sin rabiza para situaciones que exigen una maniobra más larga.

Otra inversión mínima pero decisiva: la compra de un buen libro que trate de medicina a bordo. Hay varios, que dan muy buenas indicaciones de cómo tratar los casos de urgencia, las medicinas y accesorios necesarios que hay que embarcar para completar el botiquín reglamentario, e incluso la forma de comunicar con un médico en tierra para facilitar el diagnóstico.

Un VHF portátil estanco puede también ser muy útil si hay que abandonar el barco. La baliza de socorro COSPAS-SARSAT constituye asimismo un elemento de seguridad considerable en caso de golpe duro, porque en la mayoría de los casos permite organizar un salvamento en unas pocas horas si nos encontramos en una zona accesible y bastante frecuentada. Hasta el punto de que permite relativizar la ventaja de la balsa salvavidas dinámica (capaz de moverse y por tanto de acercarse a tierra o a una ruta de navegación) que antes parecía ser la solución del futuro y que ahora sólo se justifica en los rincones más apartados del planeta... y para los navegantes preocupados por apañárselas solos, sin tener que remover forzosamente cielo y tierra.

Los modelos de balizas bifrecuencia o acopladas a un GPS facilitan la búsqueda al permitir en el primer caso una dirección aérea y, en el segundo, una continua actualización de la posición.

Por un gasto suplementario, los chalecos hinchables (son de tres a seis veces más caros que los modelos convencionales) aportan un plus, en la medida en que al ser menos molestos fomentan que se usen siempre.

« *Antes de salir, hay que asignar a cada uno su material de seguridad, para que se lo pruebe y se lo ajuste. Si, por ejemplo, en la urgencia uno busca su arnés y se da cuenta de que no es de su talla, hace falta un rato para ajustárselo y se corre el peligro de no ponérselo. Un pequeño truco para las tripulaciones numerosas; en lugar de poner un nombre en cada uno de los chalecos, se ponen números, y después se distribuyen los números a tal o cual persona. Se sabrá que el número uno es el del patrón, que es de su talla, y no se toca, y todo el mundo ganará tiempo. La suma de pocas pérdidas de tiempo hará que ganemos mucho tiempo y, de paso, mucha seguridad.* »

Gilles Chiorri

Importante también: el o los contenedores estancos de supervivencia (del tipo de los que se usan en piragua-kayak) deben estar fácilmente accesibles junto a la escalera de entrada. Hay que concebirlos como complementos del material que hay en la balsa salvavidas. Pondremos por tanto medios de señalización suplementarios (linternas, cohetes...), y también el VHF portátil, agua, comida, mantas individuales de supervivencia, un desalinizador manual y cualquier accesorio que pueda facilitar la supervivencia, ¡incluidas gorras para protegerse del sol y crema de protección solar! Este sistema es el único que permite no olvidarse nada en caso de evacuación precipitada. Para las tripulaciones que navegan de forma intensiva fuera de temporada, los trajes de supervivencia -del tipo TPS Cotten- han probado sobradamente su conveniencia en el mundo de las regatas como para que los tengamos en cuenta.

También se prestará atención a la calidad de las bombas y no dudaremos en añadir algunas (tanto manuales como eléctricas de gran caudal) respecto de las prescripciones oficiales; sobre todo si no tenemos la suerte de navegar en un barco insumergible. De todas formas, para disponer de una seguridad similar a la de un insumergible de verdad, se pueden adquirir gomas hinchables especialmente concebidas para esta finalidad. Se colocan debajo de las literas o en los cofres, sólidamente atadas, y en caso de necesidad aportan seguridad a un barco en unos pocos minutos gracias a botellas o potentes bombas de aire.

La lista del náufrago

Colocada en una bolsa estanca y pegada junto a la escalera de entrada, del contenedor de supervivencia o directamente en la balsa salvavidas, esta lista recuerda todo lo que debemos llevarnos en caso de abandonar el barco. Así se evitan olvidos debidos a las prisas.

- *El contenedor de supervivencia y bidones de agua dulce (llenos en 4/5 partes para que floten, y amarrados con cabos flotantes de polietileno).*
- *El chinchorro con sus remos y su bomba de aire, que puede complementar la balsa e incluso sustituirla si ésta falla.*
- *El botiquín de a bordo y, si se da el caso, la medicación seguida por los miembros de la tripulación.*
- *Vestimenta cálida y sacos de dormir, útiles incluso si están mojados (sobre todo si son de plumón).*
- *Los papeles del barco y de la tripulación, dinero, tarjetas de crédito.*
- *Cubos, bombas de achique y diversas bolsas para mantener un simulacro de orden en la balsa.*
- *Cada tripulante: traje de guardia, arnés y chaleco con silbato.*
- *El sextante y la calculadora.*

Cómo actuar en caso de emergencia

• El uso del material

Todos los elementos citados en el capítulo anterior no sirven de nada si no están fácilmente accesibles, guardados en lugares conocidos por todos y todo el mundo es capaz de usarlos. Será imposible ponerse un arnés o un traje de supervivencia a toda velocidad en la oscuridad si no se ha realizado antes la operación con tranquilidad. Y lo mismo para los cohetes y bengalas: al menos se tienen que haber leído las instrucciones de uso con anterioridad para saber más o menos a qué atenerse, acordarse de que hay que ponerse siempre de espaldas al viento antes de encenderlos... y que podemos quemarnos con facilidad las manos con las bengalas de mano.

• Evaluar la emergencia

Es responsabilidad del patrón saber si tiene que lanzar o no una llamada de emergencia cuando se encuentra en una situación difícil; y la decisión es a veces delicada cuando no se trata de un naufragio brutal y sin remedio. Pedir ayuda supone que la tripulación está amenazada a más o menos corto plazo y que no podrá salir por sí sola de esta mala situación.

Es una decisión grave que implica la movilización de numerosas personas -salvadores voluntarios, marinos profesionales, aviadores...- y de muchos medios, con los riesgos humanos que ello supone. No es un motivo para dejar de hacerlo cuando las circunstancias lo exigen (y en este caso más vale no diferir la decisión, por el riesgo de que la situación empeore o haga el salvamento aún más difícil), pero impone al navegante de recreo un deber de reserva: no se emite una llamada de socorro porque se ha roto el génova, o porque parte de la tripulación está enferma; y tampoco se movilizan los equipos de rescate cuando, con el motor averiado y calma blanca, podemos estar 12 horas parados antes de poder regresar a puerto. Sea cual sea el tipo de problema o de avería, es el patrón quien debe evaluar los daños actuales y potenciales y ver qué acciones se pueden emprender para regresar a buen puerto sin ayuda. La rotura del mástil puede saldarse perfectamente sin intervención exterior, después de que la tripulación haya ordenado la cubierta y pueda regresar a motor o con aparejo de fortuna; pero en otro caso puede justificar una petición de ayuda, al haberse herido un tripulante gravemente durante el accidente y correrse el riesgo de que el estado de la mar acabe de empeorar la situación.

• **Pedir ayuda**

Una vez sopesada la situación, la reglamentación internacional prevé diversas formas de lanzar la llamada.

Si se está a la vista de tierra o de otro barco, la izada simultánea de las banderas N y C del código internacional constituye una llamada de socorro; al igual que hacer movimientos de brazos de arriba abajo, con los brazos extendidos a ambos lados del cuerpo. Pero lo más probable es que nadie vea ni una cosa ni la otra. Como también es difícil que los veleros de recreo lleven en cubierta un barril de alquitrán o de aceite listo para ser encendido (otro procedimiento oficial), el cohete paracaídas y la bengala de mano serán las señales visuales más eficaces. El primero se ve de más lejos (es por tanto el primero que hay que utilizar para llamar la atención); la segunda, al quedarse a ran de agua, no se ve de tan lejos pero permite una localización más precisa; interesa por tanto cuando un barco nos está buscando y en fase de aproximación.

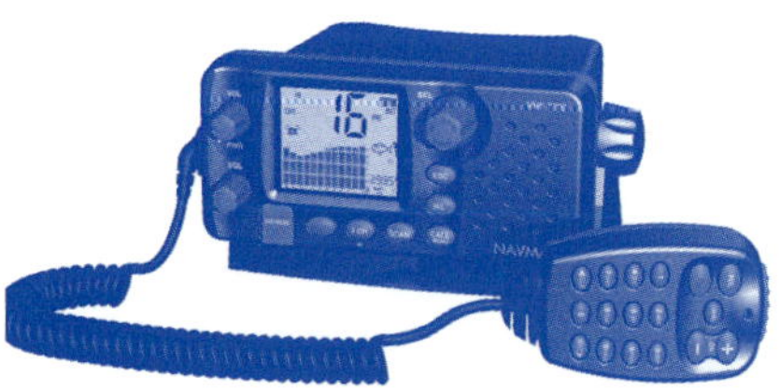

La VHF fija tiene normalmente un alcance mayor (si la antena del mástil sigue en su sitio) que los modelos portátiles.

Si no hay ningún barco muy cerca, el medio más seguro para pedir ayuda es emitir un Mayday en el canal 16 del VHF, o en 2182 Hz de BLU. El procedimiento es el siguiente: decir tres veces Mayday, seguido del indicativo de radio del barco, reiterar después la llamada y finalmente transmitir el mensaje de socorro propiamente dicho que empieza por Mayday-Mayday-Mayday, seguido del nombre del barco, su posición, la naturaleza de la urgencia, la ayuda solicitada y finalmente cualquier información complementaria útil para las operaciones de salvamento. El mensaje puede hacerse en nuestra lengua, pero en cuanto nos alejamos de nuestras costas hay más posibilidades de éxito que nos entiendan en inglés. A falta de radio, un teléfono portátil puede permitir contactar con el CROSS si estamos en una zona con cobertura. La radio sigue teniendo la ventaja sobre el teléfono de transmitir instantáneamente la información a todos los barcos que se encuentran en la zona y a la escucha en el canal 16.

- **La llamada numérica**

La nueva generalización del VHF ASN (también denominado DSC, siglas de Digital Selective Call) ofrece la posibilidad de transmitir muy rápidamente un mensaje numérico de socorro en el canal 70 que, como el 16, el CROSS escucha permanentemente. Estos VHF están dotados desde su puesta en servicio de un código permanente que permite identificar automáticamente el barco emisor. Un menú permite indicar con unas pocas teclas cuál es la naturaleza de la emergencia; y si el aparato está acoplado al GPS, la posición se transmite instantáneamente. Una fórmula atractiva, porque -como el empleo de la baliza de socorro- evita los problemas de comprensión unidos al Mayday vocal, no siempre claro cuando uno se encuentra en territorio extranjero.

- **El mensaje de urgencia**

Variante «moderada» del Mayday, el Pan-Pan-Pan indica que se tiene que transmitir un mensaje urgente que no tiene por qué ser una petición de socorro inmediato. Se puede tratar, por ejemplo, de una consulta médica de urgencia. Se procede como en el caso del Mayday, llamando por radio a través del canal 16, diciendo tres veces Pan, seguido del nombre del barco y de la naturaleza del mensaje urgente. El operador del CROSS puede entonces indicar otro canal para obtener precisiones, al tiempo que deja libre el 16.

- **Abandonar el barco**

Es una decisión que sólo hay que tomar cuando es evidente que el barco corre el peligro de hundirse a corto plazo; o porque el equipo de salvamento lo pide (por ejemplo, para realizar una recuperación por helicóptero, operación prácticamente imposible desde un barco con un mástil). En los otros casos el barco, incluso en mal estado, siempre será un refugio más cómodo y más fácilmente localizable que la balsa salvavidas. Si no hay otra alternativa, hay que disparar el hinchamiento de la balsa amarrando su cabo y lanzándola al agua, y estar muy atentos en este momento: sucede que el cabo se suelta de la balsa, que se va entonces a la deriva (mucho más rápidamente que el barco).

La experiencia demuestra que sobre todo no hay que hinchar la balsa mientras no se haya decidido abandonar el barco. Todas las tripulaciones que lo han hecho «para tranquilizarse» se han tenido que enfrentar entonces a una situación imposible: con mar movida los choques son tan violentos que la balsa puede arrancar el cabo en cualquier momento, o estrellarse contra el casco. Al no querer arriesgarse a perderla, estas tripulaciones se ven entonces empujadas a embarcar en su balsa sin haberlo elegido de verdad, mientras el barco no muestra señales inmediatas de debilidad.

La organización del salvamento

En Francia descansa por completo en los seis establecimientos del CROSS (Gris-Nez, Jobourg, Corsen, Étel, La Garde, Córcega) que están encargados de coordinar todas las operaciones y de organizar la intervención de cualquier medio útil (contactando, si es necesario, con buques mercantes o de pesca, SNSM, Armada, gendarmería marítima...). Por esto es más eficaz contactar directamente con el CROSS de la zona en cuestión; de todas formas, la llamada le será remitida, sea cual sea el interlocutor que se haya contactado al inicio (capitanía, gendarmería, u otro).

En el terreno internacional el SMDSS (Sistema mundial de socorro y seguridad marítima) es de una gran eficacia gracias a la posibilidad de difusión casi inmediata de las informaciones que le permite su red de comunicación. Cualquier barco equipado con una baliza SARSAT puede de esta forma denunciar un caso de socorro disparándola de forma manual o automática, sea cual sea el lugar del mundo en que se encuentre. En un plazo extremadamente corto, la llamada es transmitida por satélite a un centro de coordinación que entonces reenvía la información al centro operativo del país afectado, que pondrá en marcha los medios habituales.

La SNSM, Sociedad Nacional de Salvamento en la Mar, es uno de los eslabones esenciales del salvamento en Francia. Al contrario de lo que creen muchos navegantes de recreo, no se trata de una institución del Estado, sino de una asociación que funciona con algunos miles de voluntarios y cuenta con las donaciones de sus adheridos para mantener operativas sus 230 estaciones.

El salvamento de las vidas humanas es gratuito, por principio; a priori, ningún comandante de ningún barco le pedirá nada al náufrago que ha recuperado. No sucede lo mismo con el material. Las cosas están absolutamente claras con la SNSM, que hace unos años decidió tímidamente pedir a los propietarios de los barcos asistidos una indemnización tan moderada como justificada.

Las cosas pueden ser más complicadas cuando uno solicita la ayuda de un barco de pesca, un buque mercante o un remolcador profesional. Los responsables de estas embarcaciones tienen motivos para pedir una compensación, o una prima, de acuerdo con la pérdida de ganancia *(lucrum cesans)*, el tiempo empleado y en su caso el valor de los bienes asistidos. En algunos casos la suma de todo ello puede alcanzar cifras impresionantes, superiores a la mitad del valor del barco... Todo consiste en saberlo y no aceptar un remolque a la ligera, teniendo en cuenta además que el coste sólo lo asumirá el seguro si la urgencia era manifiesta.

LAS REFERENCIAS PARA LA NAVEGACIÓN

11.3. PRODUCTOS CADA VEZ MEJOR ADAPTADOS AL RECREO

La reglamentación francesa es razonable en materia de documentos de navegación. El hecho de que estos documentos sean de muy buena calidad y que nuestro litoral disponga de un balizamiento denso y eficaz aún facilita más la tarea del usuario.

► *Las cartas*

Desde enero del 2005, las cartas en papel han dejado de ser los únicos soportes de referencia. Se puede prescindir de ellas si se dispone de un plotter, un lector de cartas numéricas.

• Precisión y puesta al día

El reglamento menciona que debe tratarse de «cartas al día de la región frecuentada». Pero cuidado, una carta general del Atlántico norte (que cubre el conjunto del océano, desde Bretaña a las costas de Maine) no sirve de gran cosa para explorar las rías de Finisterre, y no sería considerado conforme con la reglamentación si se realiza una inspección, incluso si la zona recorrida está incluida en la carta. La escala debe guardar por tanto relación con el tipo de navegación que se realiza. La cuestión puede resolverse con la electrónica gracias a la posibilidad de hacer zoom, pero alerta: si el documento numérico no ha sido concebido para ello, el hecho de aumentar indefinidamente una carta escaneada no aporta ninguna información suplementaria.

La mención «al día» también es importante, tanto si se trata de carta numérica como de papel; teniendo en cuenta la rápida evolución de las obras portuarias y de las modificaciones del balizamiento, una carta marina es obsoleta, y por tanto potencialmente peligrosa, en unos pocos años. Las actuales cartas del SHOM -tipo S y L- se actualizan de media cada dos años. Uno mismo se puede actualizar una carta, adquiriendo en un punto de venta del SHOM el fascículo de corrección (que cubre períodos de uno a dos años) o consultando los Grupos semanales de avisos a los navegantes (en los puntos de venta o en www.shom.fr).

• Escalas grandes y pequeñas

La cuestión es no equivocarse, porque los términos son engañosos: una carta a pequeña escala es una carta poco precisa, pero que corresponde a una gran cifra (1/500 000, por ejemplo). Por el contrario, una carta que lleva una cifra relativamente pequeña (1/20 000) se denomina de gran escala y permite detallar con precisión las menores sinuosidades de la costa. En la famosa carta de ruta del Atlántico, la escala es de 1/7 620 000; es decir, que la isla de Madeira apenas ocupa más de 1 milímetro de la carta... Para quedarnos un poco más cerca de nuestras costas, una carta de entre 1/300 000 y 1/500 000 es un buen compromiso si queremos atravesar la Mancha o ir a Córcega. Pero al llegar sólo nos permitirá entrar en un puerto importante, bien abierto al mar. El acceso al Solent, por ejemplo, sólo representará 1 centímetro; ¡es poco para un lugar lleno de bancos de arena y de balizas! Para entrar en un fondeadero un poco tortuoso, habrá que pasar a una escala mayor (y por tanto a una cifra menor): 1/50 000, o menos, según la complejidad del canal. Si se tiene alma a la vez de navegante de altura y de descubridor de rincones, pronto se acumulan muchas cartas (y de ahí la ventaja de la cartografía numérica). Para limitar los gastos, lo interesante es embarcar únicamente cartas de gran escala para los sectores donde la dificultad del pilotaje lo justifica de verdad, y no multiplicar las cartas «intermedias», a la vez demasiado precisas para un simple uso de travesía, y no suficientemente precisas para afrontar un canal hacia tierra.

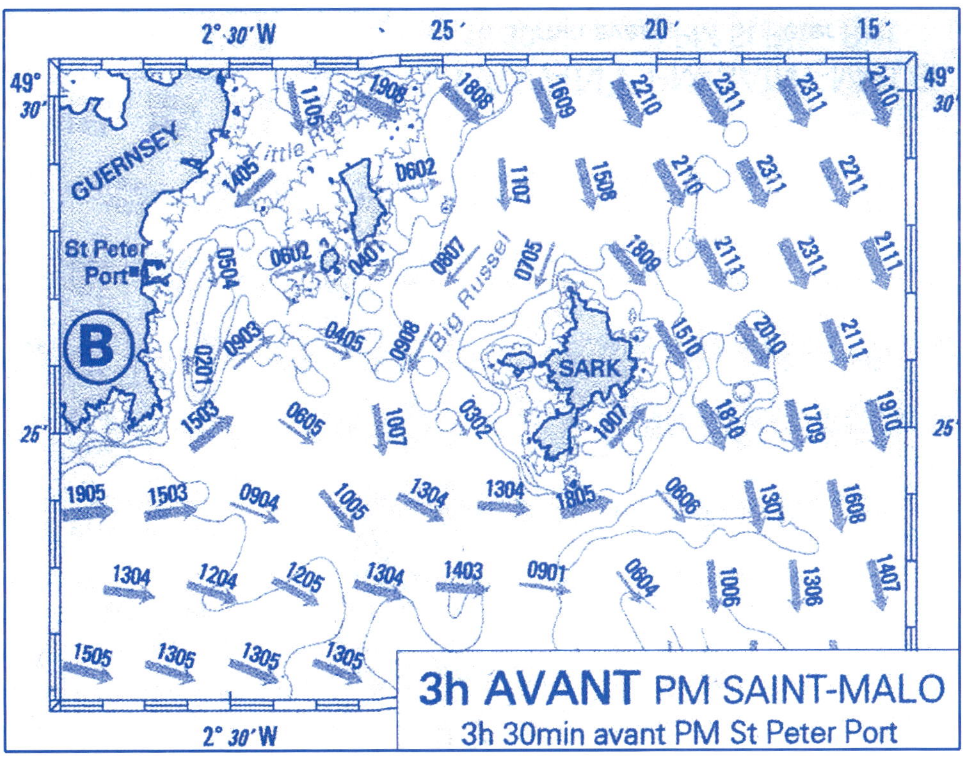

Ejemplo de carta de corrientes. Realizadas para cada hora, estas cartas indican la dirección media de las corrientes y su velocidad gracias a las cuatro cifras impresas sobre cada flecha (las dos primeras corresponden a la velocidad en décimas de nudo con coeficiente 90, y las dos últimas con coef. 45).

Hay que tener en cuenta que las cartas más recientes del SHOM (del tipo L, impresas en papel cargado con látex para una mejor resistencia a los plegados repetidos) incluyen una identificación en color en función de su escala. Banda amarilla para las más precisas (del orden de 1/20 000), roja para las escalas en torno a 1/50 000 y verde para las de 1/150 000 y superiores.

• La referencia geodésica

Desde el 2001, las nuevas ediciones del SHOM se realizan de acuerdo con el sistema geodésico mundial WGS 84, lo que permite trasladar las posiciones conseguidas en un GPS basado en esta norma. Pero estas nuevas cartas representan aún un porcentaje bastante bajo del conjunto del catálogo, pues todas las ediciones anteriores se basaban en el sistema ED 50, y por tanto pueden mostrar diferencias de posición que pueden llegar a un centenar de metros respecto del WGS 84. Es una cuestión que hay que controlar, sea modificando la referencia del GPS, sea corrigiendo manualmente su posición con la ayuda de las indicaciones facilitadas por el SHOM en sus cartas ED 50. La referencia geodésica está ahora indicada claramente, tanto en cada carta como en los distintos catálogos.

• Los proveedores

El SHOM (Servicio Hidrográfico y Oceanográfico de la Marina), con base en Brest, es un servicio oficial encargado de sondear todos los mares desde hace tres siglos y es lógicamente el principal proveedor. Dispone de un catálogo de casi 1 200 cartas que cubren buena parte del mundo, y naturalmente las aguas francesas hasta los detalles más pequeños.

También disponibles en los comercios náuticos, las Navicartas -realizadas por una sociedad privada- usan la base de datos del SHOM, pero con un grafismo propio. El uso de unas u otras es cuestión de gustos.

También se pueden adquirir las cartas inglesas Imray, que no aportan nada suplementario en las costas de Francia, pero que son interesantes para algunas zonas de las islas Británicas no tan bien cubiertas por el SHOM y para el Caribe. Para las cartas electrónicas, la oferta es cada vez más importante; hay que vigilar sin embargo la compatibilidad de los distintos productos con el material de lectura usado.

La documentación reglamentaria

Ya no es obligatorio llevar a bordo los grandes volúmenes heredados de la Marina mercante. Se puede optar por una información más sintetizada, de acceso más rápido y menos voluminosa.

• En zona costera

Toda la documentación obligatoria (anuario de marea para las zonas de navegación afectadas, reglamento para prevenir los abordajes en la mar, libro de faros y derroteros) está sistemáticamente incluida en las principales guías anuales para la navegación de recreo, y se puede elegir entre las distintas obras realizadas por el SHOM o una de las versiones «concentradas» (Como *Livre de Bord* o *Guide Escales Chagnon*). En esta zona no es obligatorio llevar cuaderno de bitácora.

• En alta mar

A la lista anterior hay que añadir el cuaderno de bitácora (están prohibidas las hojas sueltas y el cuaderno de anillas; debe tratarse de un cuaderno de verdad). También se incluyen en las guías anuales, pero se puede optar por tener uno «a medida», hecho con las rúbricas de su propia elección. Lo importante es rellenarlo con regularidad, no sólo porque puede ser útil para la seguridad de la navegación, sino también porque las autoridades pueden exigirlo en caso de litigio después de un accidente. Las otras obras del SHOM, especialmente *Guide du navigateur*, ya no son obligatorias.

Aparte de la documentación indicada, puede ser interesante tener guías específicas con informaciones prácticas de los lugares visitados. En este terreno, los Derroteros tradicionales, una especie de guías para el uso de capitanes de la marina mercante, apenas tienen ningún interés para la navegación de recreo, por cuanto sus comentarios están destinados a las tripulaciones de los grandes buques. Los Derroteros de Recreo que el SHOM, consciente de este desfase, hace actualmente son evidentemente más prácticos, pero siguen siendo bastante caros y aún no cubren todas las zonas. Los Pilotos costeros -otra vieja institución- se sitúan en un registro comparable (con una cobertura más completa), pero no se actualizan con la suficiente regularidad como para ser tan precisas como las guías anuales.

Para los partidarios del «todo en uno», *Guide Escales Chagnon* y *Livre de bord* (que disponen tanto uno como el otro de un tomo para La Mancha-Mar del Norte y de otro para el Mediterráneo) proporcionan por su parte una información completa sobre las costas, los puertos y sus servicios, además de los capítulos técnicos y reglamentarios. Sea cual sea la guía, lo importante (igual que con las cartas) es intentar usar una edición tan reciente como sea posible, pues los datos quedan rápidamente obsoletos. Para los cruceros al extranjero, se puede confiar en las guías Imray, al igual que la guía Patuelli si se trata del Caribe.

El resto de la documentación

La biblioteca de a bordo puede completarse con todo tipo de obras. Para empezar, con determinadas guías náuticas locales que permiten un descubrimiento más profundo de las particularidades del lugar, tanto si se trata de la meteorología como de la entrada en canales secundarios o fondeaderos poco conocidos. Al igual que con las cartas, cuidado con las fechas de publicación: las informaciones caducan rápidamente.

A lo largo de las costas francesas, las cartas IGN pueden ser muy eficaces, pues si bien no indican los fondos marinos, dan una visión más completa y más actualizada del litoral. Algunos detalles marinos están incluso mejor tratados que en las cartas marinas, especialmente la presencia de viveros para mariscos y ostras en algunas bahías y estuarios.

Faros y balizas

• El balizaje en la mar

Controlado en casi todas las aguas del planeta (quedan algunas zonas imprecisas en África y Oriente) por la Asociación Internacional de Señalización Marítima, el balizamiento responde por tanto más o menos a los mismos estándares, con una excepción: el color de las marcas de estribor y babor, según estemos en zona A o B. En la zona A -que incluye Europa, África, Oceanía y una parte de Asia- se entra a puerto dejando las balizas rojas a babor, y las verdes a estribor. En la zona B -todo el continente americano, incluidos el Caribe, y el Sudeste asiático- es al revés; esto puede aclarar algunos errores de navegación por parte de tripulaciones que llegan a Guadalupe o Martinica después de atravesar el Atlántico.

Para el detalle de los colores y del significado de las distintas señales, nos remitiremos directamente a las láminas ilustradas.

Hay que poner de relieve, para acabar, que las costas francesas están entre las mejor balizadas de todo el mundo; en algunas zonas, no hay peligro que no esté marcado por una boya, hasta el punto de que se podría navegar por ellas sin ni siquiera mirar la carta. Pero no sucede lo mismo en todas partes, ni mucho menos.

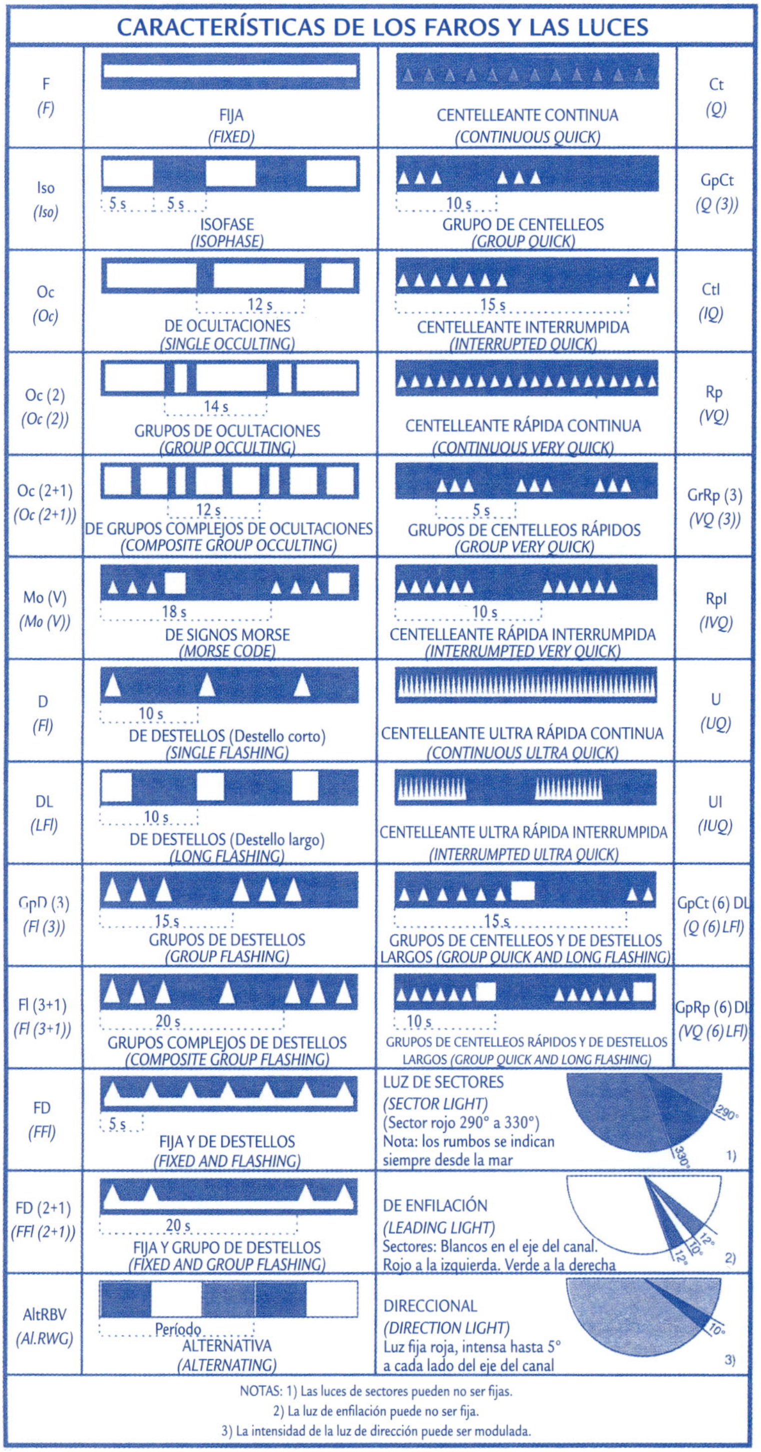

Los tipos de faros y sus principales abreviaciones.

• **La identificación de los faros**

Lo importante de estos últimos años es la generalización del código internacional de abreviaciones, actualmente en uso en todas las cartas y documentos franceses. Incluso si su contenido está parcialmente incluido en otras guías más baratas, no podemos dejar de aconsejar tener a bordo la obra 1D del SHOM, bien presentada y de una claridad perfecta para todas las cuestiones que pueden plantearse en este tema, tanto sobre los faros como sobre todos los símbolos de la carta.

LAS COMUNICACIONES

11.4. FÁCILES CERCA DE LA COSTA, MÁS COMPLEJAS EN ALTA MAR

Antaño reservadas a las grandes unidades como consecuencia de su volumen y de un uso complicado, los medios de comunicación se han generalizado gracias a la miniaturización de los materiales y la mejora de sus prestaciones. Pero esta facilidad a menudo se paga cara.

► *Los principios generales*

La cuestión básica consiste en saber qué tipo de comunicación se quiere, y de ver después el material necesario en función del programa de navegación previsto.

• **Las disposiciones legales**

La comunicación no es una obligación en la navegación de recreo y en este terreno la reglamentación es poco exigente. En zona costera no se pide ningún receptor de radio. Ni siquiera se exige explícitamente en navegación de altura, por cuanto el texto sólo dice que a bordo debe haber un «dispositivo que permita recibir las previsiones meteorológicas». Lo que significa que un sistema navtex, un fax o un simple teléfono (con el alcance adecuado) cumplen el requisito.

Por tanto, entre las obligaciones legales no figura un emisor; cada cual tiene que saber si lo necesita o no. En caso de respuesta positiva, las formalidades son limitadas: para usar un VHF o un emisor BLU, es necesario que la instalación sea revisada por un instalador homologado y declarada a la Agencia nacional de frecuencias, que librará una licencia de estación tras el pago de una cuota anual; y que el usuario sea titular del Certificado de Radiotelefonista restringido. Para superar este examen muy sencillo, hay que inscribirse en el ANFR (información disponible en www.anfr.fr), que organiza sesiones por todas las zonas de Francia con regularidad. La presencia a bordo del *Código Internacional de Señales* editado por el SHOM es obligatoria si se dispone de emisor.

• **Comunicaciones normales y seguridad**

En navegación costera, el VHF forma parte ya de lo habitual, incluso en las unidades más pequeñas, si bien muchas veces le hacen la competencia los teléfonos móviles, satisfactorios para quienes no se alejan mucho de la costa (la cobertura en la mar normalmente no supera las 5 o 10 millas).

El VHF siguen siendo un instrumento más práctico para las comunicaciones de barco a barco (hasta 5 millas para un VHF portátil, 15 para uno fijo), y de barco a estación costera (una decena de millas con un VHF portátil, hasta 30 con una instalación fija en buenas condiciones). Su inconveniente (falta de confidencialidad de las conversaciones) es también su ventaja en caso de problemas: la llamada de socorro emitida por el canal 16 la oye todo el mundo y por tanto tiene más posibilidades de suscitar reacciones; y con un teléfono móvil falta saber a qué número llamar...

La mayor parte del tráfico VHF en navegación de recreo son conversaciones normales sin verdadera utilidad marítima. El VHF tiene de todas formas dos ventajas interesantes:

La comunicación con los servicios portuarios. Es una buena forma de verificar si hay sitio en puerto contactando con su capitanía, o de convenir la apertura de un puente o de una esclusa. Durante una maniobra (remolque u otra) permite seguir fácilmente en contacto con el prestatario afectado.

La seguridad. Aparte del aspecto tranquilizador de poder dar la alarma en todo momento, el VHF facilita las operaciones de rescate manteniendo el contacto entre el barco en peligro y el salvador, y permitir así estar al corriente de las intenciones y dificultades de unos y otros. En las fases de recuperación, el VHF portátil estanco supone una ventaja indiscutible. Los límites del VHF se refieren no sólo a su alcance, sino también a la autonomía de los portátiles, cuyas pilas pocas veces aguantan más de seis horas. Es útil prever una antena de respeto, para poder seguir usando eficazmente la instalación fija en caso de pérdida del mástil.

Siempre en el terreno de la seguridad, el usuario debe respetar los tres minutos de silencio dos veces cada hora (a H y a H+30) en el canal 16 y no obstruirlo el resto del tiempo. Hay que recordar también que los modelos más recientes del tipo ASN son especialmente interesantes por su capacidad de transmitir una señal de socorro identificada en el canal 70.

En alta mar

• La BLU: el medio más económico para hablar en alta mar

No es el medio más sencillo, porque mantiene todos los inconvenientes de los buenos emisores de antaño (regulación de frecuencia a veces complicada, mucha sensibilidad a los parásitos, comunicaciones con tierra sólo a través de las estaciones radiomarítimas...), pero tiene la ventaja de ser eficaz y económico siempre que nos limitemos a las comunicaciones entre barcos (que, como con el VHF, son gratuitas). Con un alcance que puede llegar a las 400 millas, en casi todas partes es posible contactar mediante una comunicación oral con una estación costera o un barco capaz de transmitir la información.

La frecuencia 2.182 MHz es el equivalente del canal 16 en VHF; es la frecuencia de seguridad en la que barcos y CROSS están permanentemente a la escucha. Como en el 16, no se debe obstruir y hay que respetar los tres minutos de silencio dos veces cada hora.

Los partidarios de la radioaficionado, acostumbrados a bricolajes en HF, pueden también conversar con la ayuda de un material modesto con las redes informales que se han constituido en casi todos los rincones del mundo. A los trotamundos les encantan estos sistemas en los que muchas veces se intercambian informaciones preciosas.

• El satélite: casi en todo el mundo

A excepción del famoso portátil Iridium -resucitado tras un estrepitoso fracaso- que permite intercambios vocales de buena calidad y el envío de SMS (y también de datos numéricos) en la totalidad del planeta, océanos y zonas polares incluidos, hoy en día todos los sistemas de comunicación por satélite tienen «agujeros» más o menos importantes. De antemano, recordemos que las informaciones facilitadas sobre este sector y los comentarios sobre los distintos costes de sus sistemas deben tomarse con precaución, habida cuenta de la rápida evolución de los materiales y de las ofertas de los proveedores.

Mi principal sistema de comunicación a bordo es el correo electrónico, vía Iridium. En tierra hay una persona que se conecta con regularidad a todas mis cuentas de e-mail, y si hace falta las de los tripulantes, y hace un «copiar y pegar» de todos los textos en un solo mensaje. De esta forma a bordo sólo se recibe un mensaje "esencial", que ha sido desprovisto de todos los elementos adjuntos, fotos, etc. Esto permite no tener tiempos de comunicación demasiado largos y por tanto reducir la factura.

Olivier Pitras

Para hablar y transmitir datos y SMS, el Iridium es hasta ahora el material más eficaz, con las ventajas suplementarias de su volumen despreciable y de la ausencia de instalación fija (de todas formas, para un barco se recomienda una antena exterior opcional). Tiene el inconveniente de un coste de comunicación importante (en el 2004, podía variar entre 1 y 15 euros por minuto, según el tipo de relación y del corresponsal) y puede sufrir cortes (defecto inherente al principio de constelación de satélites que desfilan).

Siempre en el campo del móvil por satélite, el sistema Thuraya es menos costoso tanto de compra como de uso, pero sólo cubre Europa, el norte de África y Oriente Medio (la red es una iniciativa de los Emiratos Árabes Unidos).

Entre los instrumentos fijos específicamente concebidos para su uso marino, la red Inmarsat tiene la mejor cobertura, con una excelente fiabilidad (gracias a los satélites geoestacionarios). Además, funciona con el sistema de seguridad internacional SMDSS. No cubre los polos y tampoco puede ser recibido en el sur del Pacífico, del Atlántico y del Índico.

El servicio Inmarsat más asequible es el Standart C, que sólo permite intercambios escritos (fax, telex o e-mail) transmitidos a un ritmo bastante lento (sólo 0,6 kbp). La tarificación se hace por carácter (del orden de 20 céntimos de euro por carácter en el 2004) y el material es poco voluminoso, y su antena exterior tiene un tamaño similar a la de un GPS.

Para tener una comunicación oral (manteniendo la posibilidad de intercambios por escrito), hay que pasar al Mini-M. Es cierto que el aparato vale más de 7.000 euros (aproximadamente el doble que el Standart C) y que la antena con cúpula es un poco más grande, pero el precio de las comunicaciones es similar (unos 2 euros por minuto). La nueva generación de terminales Inmarsat (bautizada como Fleet) ofrece más posibilidades, con unos costes en consonancia y cúpulas claramente más voluminosas. Para información, el Fleet 77, el aparato con más prestaciones de todos ellos, sabe hacerlo casi todo: intercambio oral, fax, transmisión de datos (a una velocidad que puede alcanzar 64 kbps), acceso a internet, por un coste de comunicación comparable al del Mini-M, pero con una inversión de entrada mucho más importante (más de 28.000 euros en el 2004). Cuidado: las reservas de electricidad de a bordo deben ser proporcionales al apetito de estas máquinas.

EL MANTENIMIENTO

11.5. MÁS ATENCIÓN QUE TRABAJO

La longevidad y la seguridad del barco dependen no sólo de la elección inicial de los materiales, de las opciones y de la calidad de los accesorios, sino también de la constancia en el mantenimiento. Una tarea muy fácil de asumir por cuanto en los veleros modernos exige muy poco trabajo.

Para poder mantener el barco y el material, es imprescindible tener la documentación técnica de todas las cosas importantes. Motor, grupo electrógeno, desalinizadora, bomba de agua... Hay que tener la documentación y la referencia de las piezas detalladas para cada uno de los aparatos principales. Y sobre todo es necesario haber tenido la curiosidad de inclinarse en los tres o cuatro elementos principales del barco. Porque cuando nos encontramos con la urgencia de la pequeña avería en medio de la mar, estamos menos tranquilos... Si se ha consultado antes el manual y se ha hecho además un poco de mantenimiento, el día que se tiene una avería, con un poco de sentido común se consigue reparar más fácilmente.

Gilles Chiorri

El casco y la cubierta

Lo que constituye la obra más importante del barco es paradójicamente la parte que necesita menos mantenimiento y que aparenta ser poco sensible al envejecimiento. La elección del material al principio es una cuestión de gusto, por cuanto todos permiten construir veleros sólidos y de buenas prestaciones si se hacen correctamente. Con la excepción de las construcciones clásicas de madera, que exigen una vigilancia aún mayor por cuanto normalmente tienen al menos 40 años (de ahí la necesidad de controlar con regularidad las bordas, proteger la madera y rehacer el calafate, sin hablar de la cubierta, que es una importante fuente de filtraciones si no está hecha de contrachapado), las diferentes técnicas usadas son poco exigentes en mantenimiento.

El barco en contrachapado no tiene nada que temer, mientras esté convenientemente protegido (por tanto, hay que dar una mano de pintura cuando empieza a resquebrajarse), a fin de impedir que la humedad llegue al interior de la plancha. Las construcciones recientes en contrachapado impregnado de resina epoxy (quizá con tejidos de fibra de vidrio suplementarios) son aún más resistentes y prácticamente no piden ningún mantenimiento mientras ningún accidente mecánico deteriore la tablazón. Y lo mismo puede decirse del strip-planking (tablazón en láminas de madera recubierta de estratificación), método muy usado actualmente para construir veleros de altas prestaciones a la unidad.

El acero exige más atención, porque teme el óxido. El bote de pintura será el compañero habitual del propietario, que tendrá que asegurarse incansablemente de que el casco esté bien protegido (¡también en el interior!); y si hace falta, deberá rascar y pintar.

La aleación ligera no representa tantos inconvenientes; puede dejarse tal cual y no exige ningún mantenimiento en concreto desde el momento en que los problemas de corrosión han sido abordados desde el inicio por el constructor y los instaladores de los distintos equipos, y el conjunto está protegido por ánodos adaptados. Ya no estamos en la época heroica del aluminio, en los años 1970, cuando se veían con cierta regularidad cascos atacados por problemas de electrólisis. El aluminio grueso (el famoso Strongall del astillero Meta) tiene todas las ventajas deseadas: una solidez superior a la media y ninguna necesidad de mantenimiento.

Para el estratificado de poliéster, el más usado actualmente, el temor a la osmosis ha puesto en entredicho el mito de la invulnerabilidad absoluta que durante mucho tiempo ha sido su principal argumento. No es un motivo para cogerle manía. Ante todo, porque los fabricantes vigilan mucho más la calidad de las resinas y de los componentes utilizados que en los años 1980. Después, porque la aparición de este deterioro del estratificado (que afecta sobre todo al aspecto, y pocas veces pone en cuestión la resistencia del material) es hoy bastante fácil de detectar y de tratar por un profesional. A los cascos en sandwich se les critica a menudo por la dificultad de reparar un desgarro. Si este material exige, en efecto, un nivel de técnica superior al viejo «monolítico», también es cierto que sigue siendo una muy buena opción, que permite aprovecharse de una relación peso/rigidez mucho más favorable.

En el conjunto de las fabricaciones modernas, con excepción de la aplicación anual de un buen antiincrustante, del control de los anillos del timón (si está suspendido), de la alineación del árbol de la hélice y de la renovación de los ánodos de protección electrolítica, sólo queda una buena limpieza general para ocupar al marino en este apartado del barco durante la temporada baja.

«*El material ideal, para un barco de viaje, es el Strongall, porque tiene la dureza del acero y la facilidad de mantenimiento del aluminio, pero es caro. Mi preferencia, por tanto, se inclina hacia el acero. Hay muchas ideas preconcebidas sobre el mantenimiento del acero, que si hay que estar pintando todo el rato, que si se oxida constantemente. De hecho, un barco que ha sido bien impregnado, que ha recibido una capa de zinc al construirse, no se oxida. En cubierta, se forman pequeñas grietas en el zinc cuando hay golpes del tangón, o las manivelas del winche se caen, pero nosotros dedicamos dos horas al mes a dar pequeños retoques, lo que no es mucho. En cuanto al casco, si no hay imprevistos, no hay que hacer nada. Así pues, el mantenimiento del acero, si se hace con regularidad, no supone ningún problema. Y además no es caro y se encuentran montones de veleros en acero en los pequeños anuncios, Rêve des Antilles, Galapagos, Chatam... Hay muchos barcos muy apropiados para un viaje a vela que no son caros. Es verdad que tienen menos prestaciones, que van un poco menos rápido porque pesan, pero te ríes un poco, piensas más en estar seguro. Llegarás un día más tarde después de una travesía del Atlántico, dos días más tarde al final de la travesía del Pacífico... No pasa nada.*»

Sophie Hachet

Aparte de los problemas de osmosis, el mantenimiento de un casco de estratificado se limita normalmente al repaso de la carena, a la aplicación de la pintura antiincrustante y a posibles tratamientos estéticos.

La longevidad del material

A falta de fechas límite de uso precisas, las estadísticas permiten hacerse una buena idea de la esperanza de vida de los accesorios y por tanto planificar su sustitución.

• **Jarcia firme:** 10 años (la mitad para un velero de regata). La resistencia del mástil es extremadamente variable, pues depende del perfil y del uso. Algunos perfiles de competición ya están muy debilitados después de una temporada, mientras hay mástiles de crucero que no tienen ninguna señal de debilidad tras 20 años de leales servicios.

• **Velas:** Una decena de años para una mayor de calidad de dacron sometida a un uso medio. 6-7 años para una mayor con enrollador. Una mayor en composite usada en regata ya puede cambiarse al cabo de tres temporadas (menos si se es perfeccionista). Un génova clásico integrado en un juego completo de velas de proa puede aguantar 10 años. Un génova enrollable no pasará de 7 años; y tendrá que cambiarse al cabo de cuatro años, o incluso menos, si sufre un uso intensivo (barco de alquiler, por ejemplo).

• **Pasacascos:** A cambiar preventivamente al cabo de 10 años.

• **Electrónica:** El material suele estar garantizado durante 2 años. Evidentemente puede funcionar más tiempo, pero es difícil conseguir que lo reparen, habida cuenta que los modelos se renuevan muy rápidamente.

• **Estructura y apéndices:** No se conoce su límite. Los anillos del timón tienen que cambiarse como mínimo al cabo de 8 años.

« *En materia de prevención, los puntos que hay que vigilar prioritariamente en un velero son, a mi entender:*
• el aparejo y las velas (estado y dispositivo de reducción del velamen),
• los fondos del barco: bulones de la quilla, estratificado de las varengas,
• el sistema de timonería,
• el motor y sus periféricos (árbol de hélice, baterías, etc.) »

Gilles Barbanson

El aparejo y el acastillaje

• La jarcia de labor

Su enemigo número uno es la sal. Todos los cabos -drizas, escotas y demás- tienen que ser rociados con regularidad y generosidad con agua dulce (y al menos una vez al año antes de la invernada) para limitar las degradaciones debidas a la sal y devolverles flexibilidad. Esto disminuye los roces y mejora muchísimo el tacto al usarlos. En cambio, no hay que meterlos nunca en una máquina de lavar, so pena de deteriorar sus fibras.

Las drizas de un barco que navega se gastan sobre todo en torno de las poleas del tope del palo cuando la vela está izada y, en menor medida, a la altura de la mordaza en cubierta. Para cuidarlas y evitar tener que cambiarlas demasiado a menudo, una buena técnica consiste en comprarlas largas y cortarlas con regularidad (cada tres o cuatro años, según el ritmo de la navegación) unos treinta centímetros desde la punta, del lado del mosquetón. Se suprime así cada vez la parte más gastada.

También se puede, al cabo del mismo tiempo, invertir pura y simplemente el sentido de la driza. Pero en un velero que navega poco la parte del medio (en contacto permanente con la polea del tope del palo) es la que sufre más.

Antes de dejar un barco amarrado mucho tiempo en el pontón, es conveniente cruzar las amarras de proa (la que pasa por la guía o el escobén de babor va a la cornamusa de estribor, y viceversa). Al disminuir el ángulo a la altura de las guías o de los escobenes, se protegen los cabos.

• El mástil

Hay que acordarse de no dejar el back-estay con fuerte tensión cuando no se navega, porque fatiga inútilmente el perfil del mástil y la estructura. En este sentido, también se puede amollar ligeramente el conjunto de la jarcia fija. Para el reglaje del palo cuando se vuelve a navegar o cuando se coloca por primera vez, el principio básico es primero que esté recto cuando se está en puerto. Se coloca vertical, o un poco caído a popa. Una moderada tensión de los obenques basta en un primer momento, prestando atención en dosificar la tensión de los tensores para que el palo se mantenga recto. Mirándolo desde popa, o mirando la garganta desde la altura de la botavara (con un ojo pegado al mástil), es fácil apreciar este punto. Después ya afinaremos este reglaje en la mar, preferentemente con viento medio, navegando de ceñida amurados a uno y otro lado.

En un crucero transportable, el mantenimiento del aparejo es fácil, pues el mástil tiene que sacarse para cada nuevo trayecto sin que sea necesario recurrir a una grúa.

El reglaje de cada tensor puede corregirse entonces de forma que el obenque de sotavento esté siempre ligeramente amollado (decimos ligeramente: no se trata de que el cable baile a su antojo; la diferencia de tensión debe ser sólo sensible al tacto). Manipulando los tensores, se pondrá mucho cuidado en que el perfil del mástil no coja forma de «S». El orden de apriete y el reglaje pueden variar según el tipo de aparejo (con dos pares de obenques bajos, o con un baby-estay, etc.).

En un aparejo de 7/8 con crucetas presionantes, muchas veces conviene dar una ligera flexión dando mucha tensión a los obenques altos que tiran hacia popa. Esto contribuye a una buena estabilidad del perfil en el plano longitudinal. Los regatistas juegan muchas veces con la flexión lateral del mástil, pero es un arma difícil de dominar y absolutamente incompatible con la tranquilidad de una tripulación de crucero. Cuando se considera que el reglaje es satisfactorio, hay que colocar clavijas en los tensores, todo ello bien protegido con cinta adhesiva.

• Las poleas
Limpiarlas al menos una vez al año dejándolas en un cubo de agua dulce. Después de rociarlas y dejarlas secar, se echará teflón o aceite pulverizado sobre sus mecanismos.

• Los winches
Tras desmontar el tambor (hay que prestar atención para visualizar antes la posición de cada elemento y no perder piezas pequeñas), hay que limpiar el conjunto con petróleo y vigilar el posible desgaste de trinquetes y muelles, que se tienen que cambiar con regularidad. Después, a los piñones y rodamientos se les aplicará una grasa especial para winches.

• Los tensores
Hay que echar una atenta ojeada a estos elementos vitales, muchas veces escondidos por protecciones de plástico o cinta adhesiva. Tras limpiar las roscas, se les puede aplicar grasa de silicona (manipulándolos para que la grasa afecte al conjunto de la rosca). Nunca está de más examinar los ejes y las clavijas, e incluso el estado de los cadenotes bajo cubierta (vigilar una posible deslaminación de su paso a través de la cubierta).

Aunque no se saque el mástil, es conveniente revisar el estado de la jarcia fija y de las poleas en la perilla del palo. Sobre todo hay que verificar el estado de los terminales de los obenques, el de las poleas de driza y vigilar la aparición de grietas cerca de las encapilladuras.

• Las escotillas y los ojos de buey
Rociarlos bien con agua dulce, tanto para eliminar la sal que daña las juntas como para verificar su estanqueidad. Si hay que cambiar la junta, la nueva se untará con una ligera capa de grasa de silicona antes de colocarla. No hay que apretar demasiado los sistemas de cierre, pues las juntas se deterioran más rápidamente si están demasiado comprimidas. La luminosidad puede mejorarse, en cierta medida, con cremas y pulimentos especiales para plexiglás. Aquí es donde se aprecia la calidad del plexiglás: un producto de gama baja se raya y se deslustra muy rápidamente, mientras un buen plexiglás está garantizado durante 10 años.

• Los enrolladores
Tras sacar la vela, rociar abundantemente el tambor y el mecanismo, mientras se hace rodar el enrollador al mismo tiempo para eliminar completamente la sal. En un modelo equipado con rodamientos estancos, el engrase está teóricamente previsto «a perpetuidad» y por tanto no hay que intervenir. Los rodamientos de caja abierta tienen que limpiarse con petróleo, y después hay

Para el buen funcionamiento del enrollador son necesarios no sólo el baldeo del conjunto con agua dulce, sino también la verificación del estado del cabo de control.

que engrasarlos con un producto específico (seguir los consejos del fabricante). La operación debe realizarse cada año, antes de la invernada.

• El molinete

Siempre cuando se prepara la invernada, hay que desmontar el barbotén, rociarlo con agua dulce y eliminar la grasa antigua con petróleo (o un disolvente equivalente). Engrasar de nuevo antes de volverlo a montar. En los modelos eléctricos, es conveniente verificar contactos, controles y capuchones de estanqueidad. Para los cambios de aceite, seguir las indicaciones del fabricante.

• Candeleros y otras piezas de acero inoxidable

Los preocupados por mantener un acastillaje brillante y dispuestos a emplear grandes medios para ello, pueden atacar los puntos de óxido (mucho más normales de lo que se cree) con ácido fosfórico, producto conocido también como «alcohol de sal», que se puede conseguir en las buenas droguerías. La aplicación -diluida- se hace con un pincel y las manos bien protegidas con guantes. Después hay que rociar con abundante agua y «alimentar» con vaselina o Rustol para que el acero inoxidable, resecado por el ácido, no se vuelva a oxidar demasiado rápidamente.

Hay que vigilar de cerca el estado de las bases de los candeleros, y sobre todo su estanqueidad.

Las velas

Como prevención, es conveniente amollar el pujamen de la mayor y la driza del génova enrollable después de cada salida para evitar tensiones prolongadas en el tejido.

Lo importante antes de la invernada es rociarlas con mucha agua para eliminar la sal, que desgasta las costuras y estropea las fibras del tejido; está desaconsejado emplear detergente (para

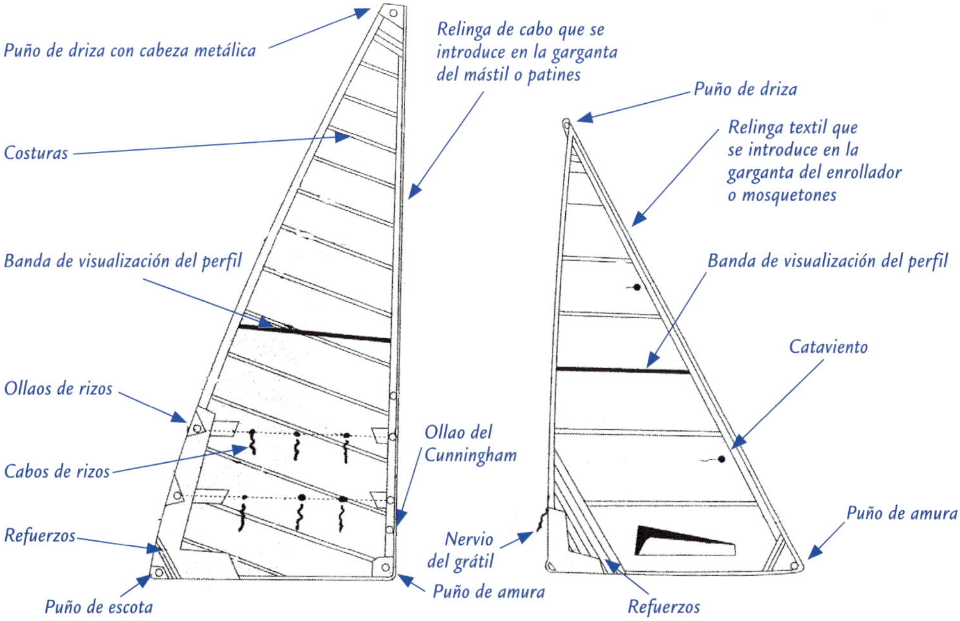

Los elementos de las velas que hay que vigilar.

las manchas, las velerías ofrecen productos específicos). La otra fase importante es secarlas bien antes de guardarlas. El mejor lugar para ello -y el menos abrasivo- es un buen césped. El secado en el palo es bonito, pero somete infaliblemente la vela a desgastes suplementarios. Elegir un lugar de almacenamiento seco y aireado y guardar la vela con los pliegues lo menos apretados que se pueda (y no debajo de una carga importante). Es quizá también el momento de usar la aguja (o confiar la vela al velero local) para corregir las posibles debilidades (costuras que fallan, relinga arrancada, patín que hay que reparar...). Las bandas de protección anti-UV de las velas enrollables tienen que cambiarse al menos cada cinco años; muchos menos si son de poca calidad.

«*El mantenimiento del barco es fácil de hacer si se hace de forma regular. He adquirido la costumbre de integrar en las estancias o en las salidas un pequeño ejercicio a realizar con mis alumnos, a fin de no tener que hacerlo todo al inicio o al final de temporada, en pleno invierno. Intento avanzar todo lo que puedo cuando hace buen tiempo para no tener que andar preocupándome después.*

Lo más divertido es el trabajo en el mástil: sustituir las cintas adhesivas, rehacer las protecciones de los extremos de las crucetas, subir a dar desatascador en la perilla del palo, rociar las poleas. También está todo lo que son ligadas, protecciones de cintas... Todo esto lo hacemos de forma habitual, no al principio o al final de la temporada. Un poco menos divertido, pero siempre es importante, es el trabajo con el motor: revisar todos los niveles, limpiar los filtros de agua de mar. ¡Los vaciados nunca me he atrevido a hacerlos con mis alumnos, pero quizá no tarde mucho en hacerlo! Lo más duro es la limpieza de las velas. Como navego en invierno, las he dejado colocadas y como tenemos mucho vientos del sur y mucha polución, están sucias, pero invito a todos los que no navegan en invierno a que guarden bien sus velas.

François Ruby»

Instrumentos y circuitos eléctricos

• La electrónica

A los instrumentos electrónicos no les gusta la humedad. La casi totalidad de las averías, sobre todo de los pilotos automáticos, llegan de resultas de un problema de estanqueidad. Por esto se aconseja firmemente, en cuanto se deja de navegar unos meses, desembarcar todo lo que se pueda. Los VHF serán guardados en seco, sin pilas (se trata de pilas de cadmio-níquel y no hay necesidad de recargarlas periódicamente; es preferible depositarlas en un lugar muy seco). Por lo general, las pantallas se aclararán con una esponja mojada en agua dulce, las conexiones se limpiarán con un producto especial de contacto y las clavijas se untarán con grasa de silicona. El pistón del piloto se tiene que desmontar, aclarar con agua dulce y engrasar. Si es posible, es preferible retirar los sensores que atraviesan el casco (sonda, corredera) y colocar tapones de estanqueidad en su lugar. Y también es preferible desconectar las antenas de VHF y de BLU para evitar los desperfectos en caso de tormenta. Los perfeccionistas también pueden desmontar la parte aérea del anemómetro, siempre muy expuesta. Finalmente, es bueno comprobar que los agujeros previstos para impedir la condensación en determinados repetidores no están obstruidos por la sal.

La pila que alimenta la memoria de algunos instrumentos debe ser cambiada con regularidad (autonomía de 4 a 7 años, según los productos), so pena de perder todos los datos.

• Las baterías

Los modelos modernos se pueden dejar a bordo durante la invernada, después de una recarga completa (cuidado: si están montadas en paralelo, se tienen que recargar juntas, no una después de otra, pues esto podría causar un desequilibrio y por tanto un envejecimiento prematuro). Para asegurarse de la carga de una batería con tapones, el método más fiable es usar un pesa-ácido (para ello la batería tiene que estar inactiva al menos una hora). Si el valor indicado por el pesa-ácido es demasiado flojo (por debajo de 1.260 gramos por litro), cuando la batería acaba de ser cargada, hay que cambiarla. De lo contrario, un voltímetro da una buena indicación y tiene que marcar 13 voltios si la carga de la batería está acabada.

También hay que limpiar bornes y conexiones y untarlos con grasa de silicona. Con un conmutador de baterías bipolar, los bornes se pueden volver a colocar en su sitio. Pero no sucede lo mismo si tenemos un conmutador de baterías unipolar, teniendo en cuenta los peligros de pérdidas de electricidad.

Al final de una invernada bien hecha, la pérdida de carga no debe superar el 20-30%. Incluso se puede evitar instalando un pequeño panel solar de una capacidad calculada para compensar la descarga (si no, habrá que prever un regulador para evitar una sobrecarga).

También hay que saber que un banco con baterías de edades distintas se gasta más rápido, pues el cargador tiene en cuenta las necesidades de la batería más antigua y por tanto tiene tendencia a sobrecargar las más recientes, lo que las hace envejecer prematuramente. Como regla general, no hay que olvidar que las baterías son accesorios susceptibles y vale la pena tratarlas con cuidado (so pena de desfallecimiento bastante rápido): realizar los empalmes de acuerdo con las normas, respetar escrupulosamente ritmos de carga en función de las características de la batería, controlar el nivel del electrolito...

• El alternador

Una bomba de aire comprimido permite eliminar el polvo (sobre todo en el ventilador) debido al desgaste de los carbonos y de la correa. Verificar la limpieza de los contactos y la tensión de la correa (tiene que poder aguantar una torsión de un cuarto de vuelta sobre ella misma, o marcar una flexión de un centímetro apoyando con el dedo). Los carbonos se tienen que cambiar cada 1.000 horas de uso.

• El circuito eléctrico

Ningún mantenimiento específico, excepto verificar el estado de las conexiones, limpiarlas si es necesario con un producto especial de contacto y protegerlas con grasa de silicona. Atención al estado de los tapones de estanqueidad para los conectores exteriores.

La mecánica

Nunca arranco mi motor sin comprobar al menos los niveles de aceite y de agua, el estado de la correa de la bomba de agua de mar. Controlo inmediatamente la circulación de agua en el circuito de refrigeración (para ello la tapa transparente del cubo-filtro de agua de mar de Vetus es muy práctico). También se puede controlar la circulación del agua de mar comprobando que el escape "escupa". Si no escupe al cabo de unos segundos, parad pronto el motor: quizá simplemente hayáis olvidado abrir el grifo de admisión de agua de mar... o quizá sea algo más grave. También compruebo a menudo en el cuadro de instrumentos la temperatura, la presión del aceite y del agua, carga y contenido del depósito. Si lo uso mucho tiempo, una ojeada a la cala de vez en cuando me revelará si hay alguna fuga o cualquier otra anomalía... ¡Para mí, un motor es y seguirá siendo un objeto que siempre intenta hacer de las suyas, y mi pacto con él no excluye una desconfianza latente!

Antoine

• El diésel

Para los adeptos del «hágalo usted mismo», la lista de las operaciones necesarias para la invernada no es muy larga.

- Posible cambio del aceite normal por aceite especial de invernada (pero en el momento de ponerlo en marcha en primavera habrá que vaciarlo y cambiar el filtro). Cuidado: el cambio tiene que hacerse cuando el motor está a temperatura de funcionamiento; por tanto hay que ponerlo en marcha inmediatamente antes. Prudencia también al elegir los aceites; hay que usar siempre productos de calidad adaptados a las características del motor.
- Cambio (o simple limpieza) de los filtros de gasoil.
- Cierre del grifo de entrada de agua de mar. Vaciar y aclarar el circuito, y pasar un producto anticorrosión. Limpieza de la válvula antisifón, si la hay.
- Pulverización de un aceite anticorrosión en el colector de admisión; cerrarlo con un trapo impregnado de aceite. Taponar también el escape con un trapo o por medio de adhesivo.
- Soltar, o al menos aflojar, las distintas correas.
- Limpieza de las inmediaciones y del mismo bloque del motor; posibles retoques de pintura y pulverización de un producto anticorrosión.
- Engrase de los mandos (acelerador, inversor, paro y contacto).
- Apretar la brida del prensaestopas, si se trata de un modelo tradicional.

Al hacer la invernada es preferible llenar completamente el depósito de gasoil y taponar el conducto de ventilación, con el fin de evitar la condensación.

A menos que se sea un experto en mecánica, estas operaciones básicas no dispensan revisiones más completas realizadas puntualmente por un profesional (al menos cada dos años, siempre que la invernada se haya hecho correctamente).

Para evaluar mejor la frecuencia de las operaciones, hay que saber que el aceite del motor se tiene que cambiar (con el filtro de aceite) cada 100 horas de funcionamiento, y el aceite del inversor al cabo de 500 horas. Hay que verificar los balancines cada 200 horas, al igual que todos los filtros y el termostato. La bomba de agua de mar y el intercambiador se tienen que mirar cada

Bienaventurados los propietarios (aquí en un catamarán) que disponen de un compartimento de motor lo bastante grande como para poder trabajar con comodidad.

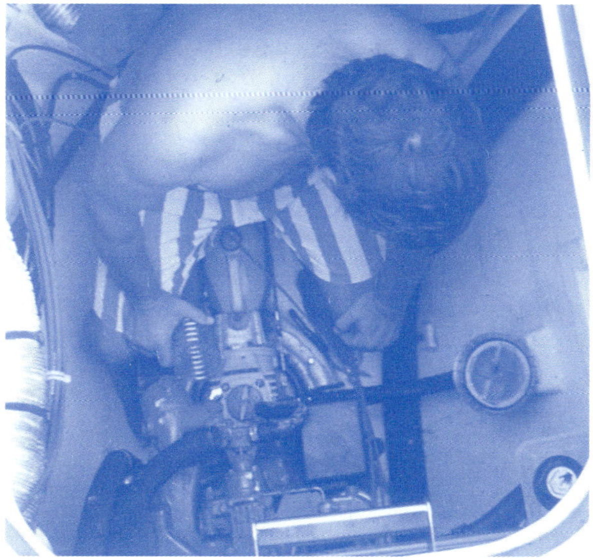

1.000 horas, al igual que el alternador (cambio de escobillas). Y, naturalmente, el control del nivel de aceite del motor, de la temperatura y del escape debe ser cotidiano.

Es normal que un diésel eche un poco de humo blanco al arrancar (sobre todo si hace frío), y la aparición puntual de humo negro cuando se acelera brutalmente no tiene nada de anormal; en cambio, si echa mucho humo -blanco, «azul» o negro- y de forma continuada, es que hay un problema.

De forma preventiva, es útil aprender a purgar el circuito de gasoil; sirve en múltiples circunstancias para cebar (después de quedarnos sin combustible o por entrada de aire en el circuito). Pensad también que es preferible dejar que el diésel se «caliente» antes de ponerlo a un régimen elevado, y que este «calentamiento» sólo es eficaz con el motor embragado. Por tanto es inútil hacerlo girar mucho tiempo antes en el pontón, y cuidado con los acelerones rabiosos al abandonar el muelle. Vigilad finalmente la calidad del gasoil, muchas veces responsable de problemas en zonas donde el abastecimiento es de origen más o menos controlado.

• El motor fuera borda

El mismo principio que para el diésel: se lo puede hacer uno mismo o puede confiarlo todo al especialista. Una buena invernada empieza por desalar a fondo (al menos 30 minutos en río o en un balde, con el inversor en punto muerto y la hélice desmontada para evitar accidentes. La verificación del filtro del carburante, del acelerador y de los ánodos, la limpieza y el engrase de los elementos móviles bajo la tapa también forman parte del programa, al igual que el vaciado de la caja del inversor, que debe preverse cada 100 horas.

Al contrario que en el diésel, es preferible vaciar el depósito de gasolina para la invernada. La gasolina se estropea al envejecer, sobre todo si se trata de gasolina sin plomo y aún más si es mezcla. Tras dos meses estancada en el depósito, la gasolina residual puede causar daños en la mecánica.

Para las intervenciones más técnicas, ¡prudencia! Los fuera bordas modernos son de una gran fiabilidad, pero determinadas manipulaciones siguen siendo relativamente complejas. Muchas veces es preferible recurrir al especialista.

► *El interior*

A excepción de una limpieza a fondo (especialmente en los fondos con un desengrasante, so pena de ver cómo se incrustan los malos olores), la tarea consiste sobre todo en limitar los efectos de la humedad. Es necesario que todo esté bien seco antes de cerrar el barco (dejando siempre un poco de ventilación, algo que es fácil con los actuales modelos de cierre). Si la ausencia tiene que ser larga, no hay que dudar en desembarcar colchones y otras piezas frágiles (de lo contrario, se pueden dejar los colchones de costado, lo que les permite respirar mejor). Los depósitos de agua pueden aclararse con lejía y dejarse abiertos mientras no vaya a usarse el barco. El poso de la taza del lavabo se elimina con vinagre blanco caliente. También hay que eliminar la sal de las maderas y de las superficies de escay con una esponja mojada en agua dulce (un producto específico con pulverizador puede ser útil para «refrescar» el escay y las distintas superficies sintéticas).

LA CABUYERÍA

11.6. IR A LO BÁSICO

Los veleros modernos no tienen mucho que ver con las goletas de antaño y el extraordinario conocimiento de los gavieros sólo tiene ahora un interés cultural y decorativo. Sin embargo, hay algunos nudos que no pasan de moda que hay que saber emplear a ciencia cierta.

Las presentación que hacemos está reducida al estricto mínimo necesario a bordo de un velero actual. Los apasionados que quieran sumergirse en el universo de las ligadas y de los nudos y falcaceados a la antigua pueden remitirse a las numerosas obras publicadas dedicadas específicamente a este tema.

► *Para amarrar*

• En una cornamusa

El principio es el mismo tanto para una escota o una driza como para una amarra: una vuelta, un ocho y media vuelta mordida. Todo ello respetando el sentido de paso. La mejor forma de comprobar que no nos hemos equivocado es la estética: si queda bonito, sin ningún cruce feo, es que está bien. Los inquietos por naturaleza podrán añadir otra media vuelta mordida, aunque no es necesaria.

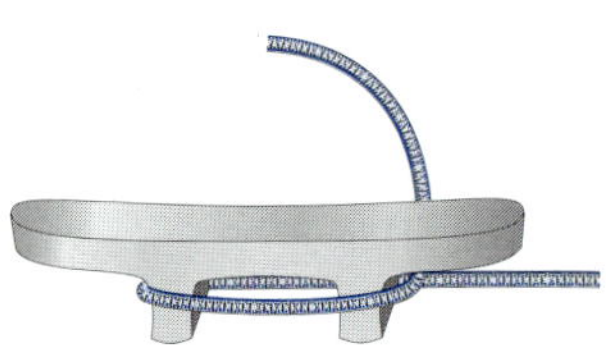

Se da una vuelta,

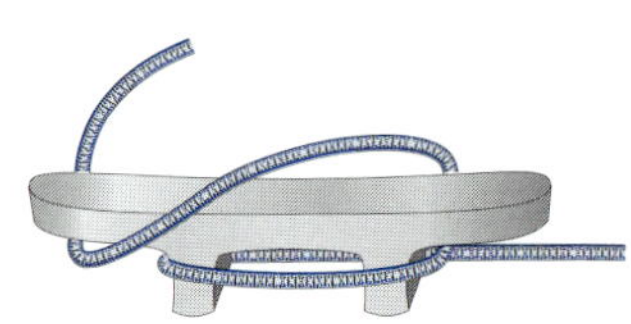

después se hace un ocho,

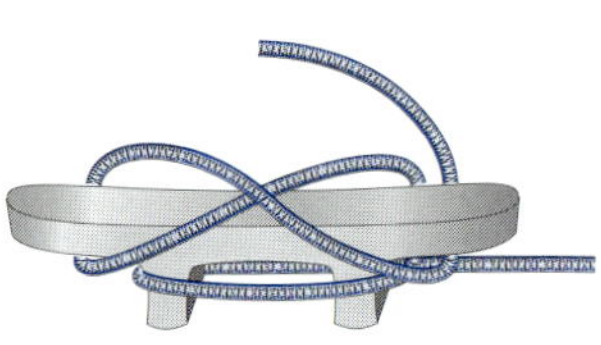

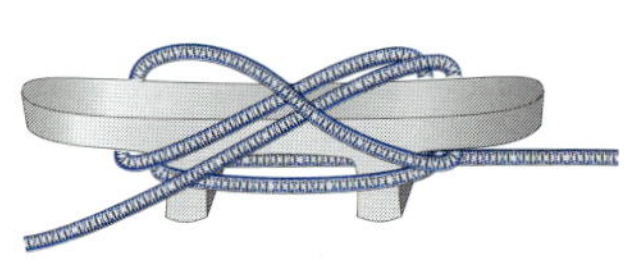

y basta con media vuelta mordida.

• En una anilla, un barrote de escalera o una bita de amarre

Lo más sencillo: una vuelta y dos cotes. Es lo más fácil de hacer bajo tensión; es fuerte y fácil de deshacer.

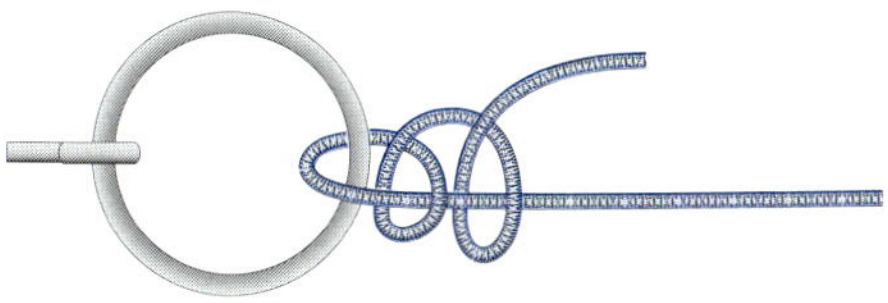

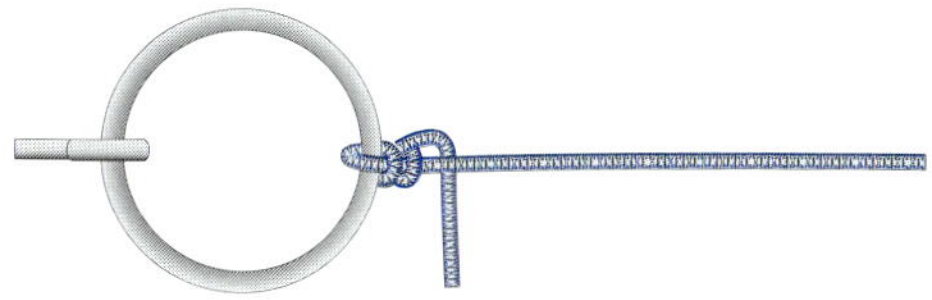

Si se quiere poder deshacerlo a distancia (caso de la escalera en la que se amarra el chinchorro y que puede quedar cubierta con marea alta), lo más seguro es hacer un as de guía con un bucle muy grande alrededor del barrote o de la anilla.

La tradición decía que en torno a una bita de amarre se tenía que hacer un ballestrinque. Cada vez se hace menos; por un lado, por la desaparición de este accesorio, tanto en las cubiertas de los barcos como en las marinas; pero también porque el ballestrinque sólo aguanta si permanece bajo tensión. En caso contrario, corre el riesgo de correrse. Resultado: el ballestrinque –que era el orgullo de los navegantes capaces de hacer los dos bucles a la vez dando la vuelta a las manos en sentido inverso– sólo sirve ahora para colocar las defensas en los pasamanos; y para esto sufre además la competencia de lo que los británicos denominan el «*spar hitch*».

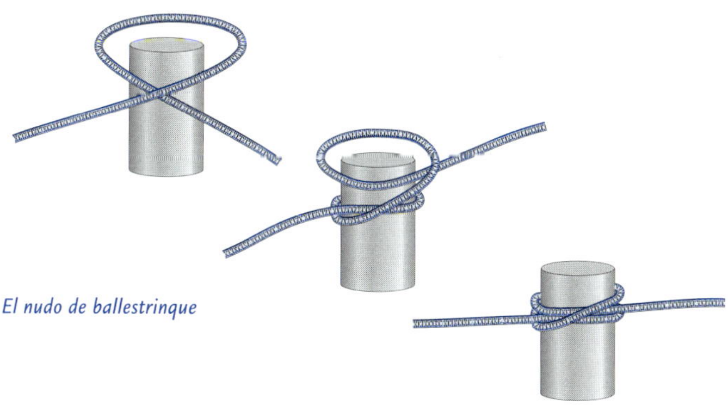

El nudo de ballestrinque

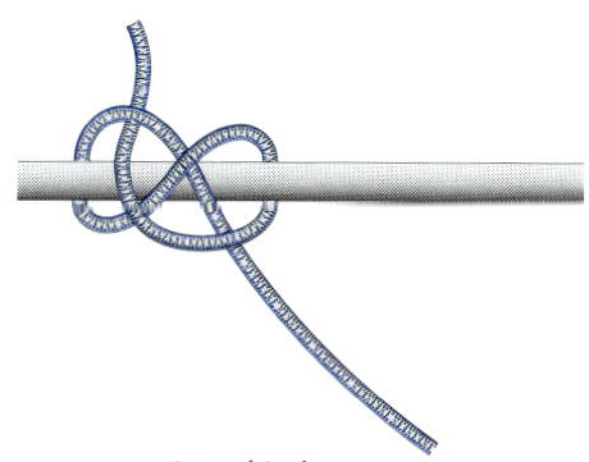

Spar hitch

• En un ancla o en un rezón

Nos podemos conformar con una vuelta y dos cotes. La tradición indica que hay que hacer un nudo de rezón, que se diferencia del anterior por el hecho de que el primer cote pasa por el interior de la vuelta.

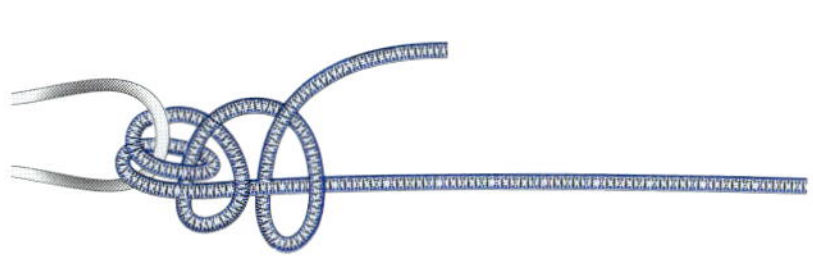

El nudo de rezón

► *Para unir dos cabos*

Es lo que antes se denominaba «hacer un añadido». Para este uso, el viejo nudo de escota no es muy satisfactorio (poco cómodo de hacer, intenta deshacerse todo el rato), y tampoco el nudo llano, en el que la tensión no está muy equilibrada (en cambio, el nudo llano es perfecto para atar objetos -el tangón u otro- en cubierta o donde sea. Dejando uno de los chicotes por seno, es muy útil para aferrar la mayor, y también los cabos de rizo). El más fuerte de estos nudos de empalme es indiscutiblemente el nudo de pescador, que tiene además la ventaja de funcionar también muy bien con cabos de diámetro distinto. Tiene un solo defecto: es muy difícil de deshacer después de una fuerte tensión. Pero siempre se acaba consiguiendo, por lo que no hay que dudar en usarlo cuando se trata de alargar una amarra o un cabo de fondeo.

También se puede hacer un grupo de eslabón, que consiste en hacer un as de guía en cada uno de los dos cabos que hay que unir, pasando el bucle del segundo por el interior del del primero.

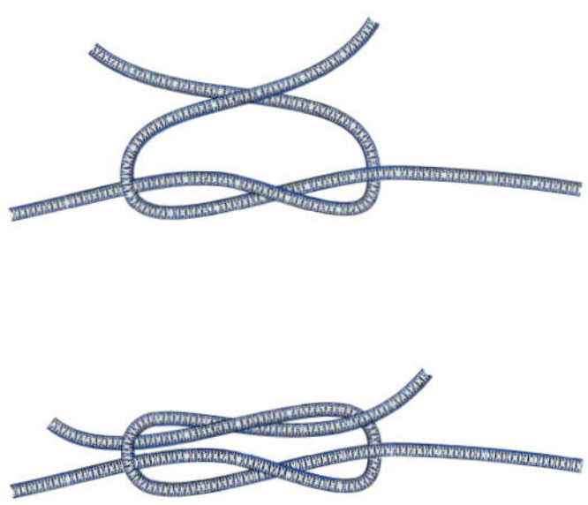

El nudo llano

El nudo de rizo

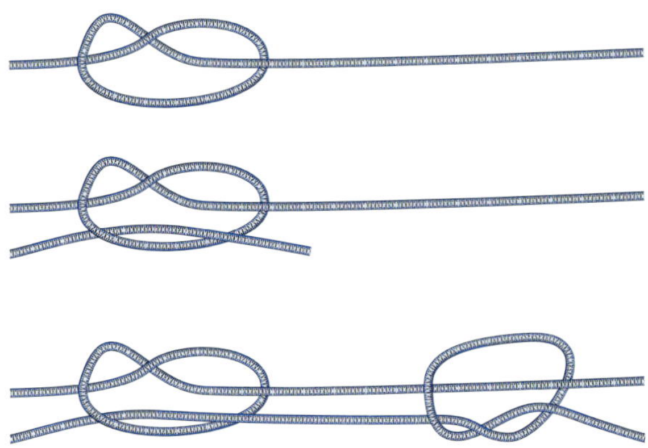

El nudo de pescador

► *Para colocar una escota o una driza*

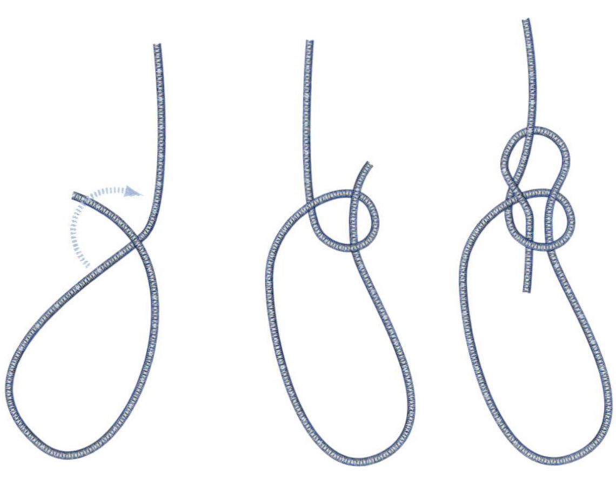

El as de guía

Aquí se acaba pronto: el as de guía será la respuesta correcta en casi todos los casos. Hay que prestar atención y apretarlo bien; de lo contrario, pronto se deshará en una escota de génova que se deja flamear antes de cazarla. Si se usa en una escota de spi fina, es preferible hacer un bucle grande para poder deshacerlo a distancia.

El as de guía también puede utilizarse en muchas otras ocasiones, como suplir la silla de calafate. Para que no sea tan incómodo, se usa doble o se opta por el nudo de calafate.

El grupo de eslabón

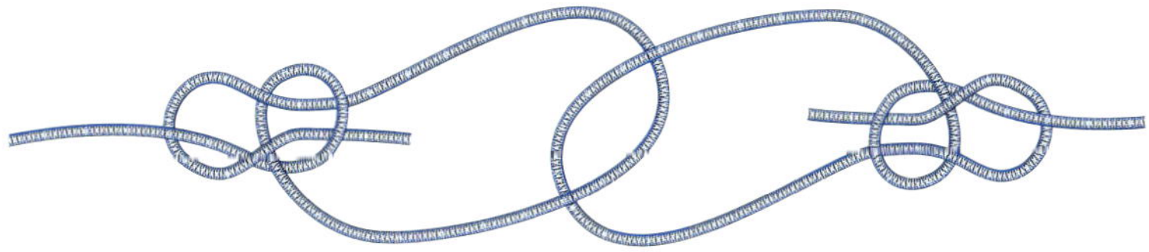

El nudo de bucle

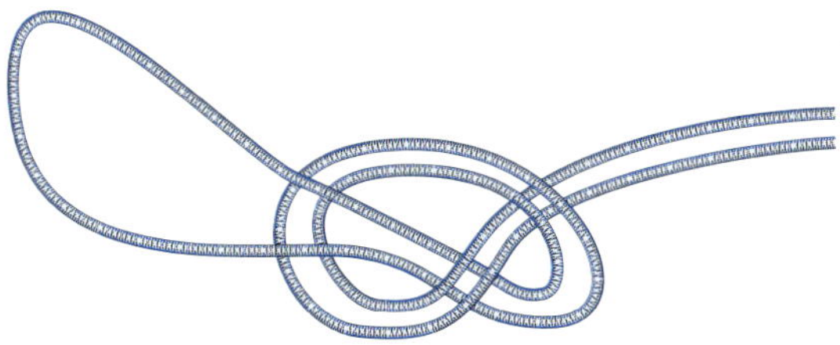

► Para bloquear un cabo

Para evitar que escotas, amantes de rizo o drizas se escurran de su circuito, se impone un nudo de tope como el ocho (excepto en unos pocos casos en los que lo que se quiere es precisamente permitir que la escota se pueda escapar). El ocho es muy fácil de hacer. De todas formas, puede sufrir la competencia del capuchino (un nudo simple con una vuelta suplementaria), que tiene la ventaja de ser un poco más voluminoso, y por tanto tener menos peligro de quedarse atrapado en los pasos un poco grandes. Estos nudos nunca tienen que hacerse en el extremo de los cabos, sino al menos 5 o 10 centímetros antes para facilitar soltarlos en caso de necesidad.

Por otra parte, es importante cuidar el chicote de los cabos tanto por una cuestión de estética como de seguridad (un cabo deshilachado puede no querer entrar en su polea). Un buen método consiste en dar una vuelta muy apretada con una cinta adhesiva alrededor de la punta y después cortar la cinta por la mitad con un cuchillo muy afilado, apoyándose en una tabla de madera. Finalmente, quemar ligeramente esta punta con la llama de una cerilla.

El nudo de ocho

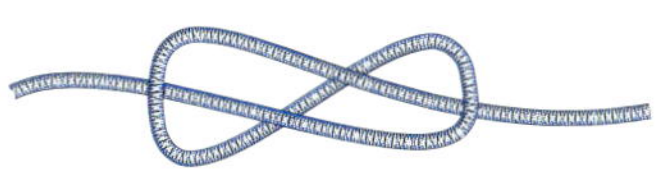

El nudo de capuchino

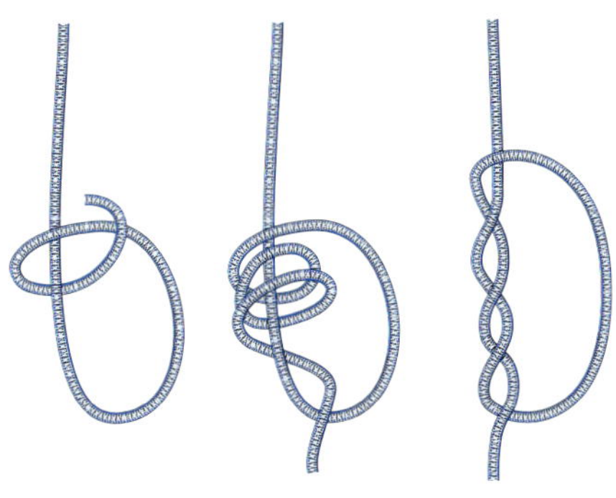

RETRATOS

ANTOINE

Desde su marcha en 1974, el famoso cantante-navegante de camisas de flores no ha dejado de navegar. Antoine ha realizado casi dos vueltas y media al mundo a bordo de sus tres veleros sucesivos: *Om*, goleta de 14 metros de acero (según los planos del *Damien II*), *Voyage,* sloop de aluminio de 10 metros, y su actual *Banana Split,* catamarán de aluminio de 12,40 metros (diseñado, como *Voyage,* por Michel Joubert). Antoine ha publicado varios libros de sus viajes, especialmente *Mettre les voiles avec Antoine* (ediciones Arthaud), en el que detalla la experiencia de sus treinta años de crucero.

GILLES BARBANSON

Fundador, en 1978, de la escuela de crucero Diapason en Hyères, Gilles Barbanson ha enseñado vela durante varios decenios desde el nivel básico a la preparación para regatas y formación de futuros patrones. Este gran pedagogo nos dejó en el 2005, a la edad de sesenta años.

PIERRE-MARIE BOURGUINAT

Periodista especializado en náutica, Pierre-Marie Bourguinat domina diversas facetas. Ha destacado en el campo de las regatas (acabó cuarto la Mini Transat de 1997) y de la fabricación: está detrás del concepto de un *dayboat* innovador de 6,15 metros, el Plume. En septiembre del 2003, Pierre-Marie y su compañera soltaban amarras para emprender un crucero alrededor del Atlántico a bordo del *Tomcat*, un trimarán de 10,30 metros que había construido él mismo.

GILLES CHIORRI

Meteorólogo, corredor y empresario, Gilles Chiorri es a sus 40 años un marino de múltiples talentos. Oficial de la Marina mercante, ganador de la Mini Transat en 1987, ha pasado diez años en todos los océanos del mundo. Primero como patrón de los *Gitana*, los maxiveleros de Edmond de Rothschild. Después, volvió a correr regatas y el circuito de los Figaro, antes de embarcarse, en el 2002, a bordo del *Orange* en el Trofeo Jules Verne como jefe de guardia, navegante y meteorólogo. Aparte de sus recorridos por todos los rincones del mundo, navega asiduamente en crucero.

SOPHIE HACHET

Periodista náutica desde hace veinte años y autora de libros de cocina, Sophie Hachet ha navegado en pareja alrededor del mundo durante seis años. Zarpó en noviembre de 1995 de La Grande Motte con un Gin Fizz, en el que pasó tres años. Se fue al Caribe, donde siguió su recorrido en un Oxion, barco de orza integral de acero de 31 pies. Sus viajes la llevaron a Colombia, Venezuela, las islas San Blas, Panamá, Galápagos, la Polinesia y las islas Fidji.

OLIVIER PITRAS

Navegante polar y montañero, Olivier Pitras, de cuarenta y cuatro años, es un patrón de escuela de crucero desde la edad de diecinueve años. No había cumplido aún los treinta años cuando pasó el cabo de Hornos en su barco. Amante de las zonas polares, Olivier es desde 1999 el primer francés que ha atravesado a vela el océano glaciar Ártico. Después de haber estado en Tierra de Fuego, Alaska, Canadá, Siberia y Groenlandia, Noruega es el lugar que ha elegido para montar su escuela de crucero, 69° Norte.

STÉPHANE POUGHON

Stéphane Puoghon, de cuarenta y siete años, siempre se ha movido en el mundo de la vela. Primero monitor y patrón de cruceros en escuela de vela, se orientó después a las regatas. Vencedor de la Mini Transat en 1983, realizó una preparación olímpica en Star, ganó la vuelta al mundo Whitbread con Lionel Péan en 1985, participó en la Copa América con Marc Pajot en 1986, corrió dos veces la solitaria del Figaro e hizo numerosas transats en multicasco. Desde 1990 navega sobre todo en crucero, y de septiembre de 2002 a septiembre de 2003 realizó una vuelta al Atlántico con su mujer y sus dos hijos, entonces de ocho y diez años.

FRANÇOIS RUBY

François Ruby, de cuarenta y siete años, casado y padre de tres hijos, es «profesor de crucero» por libre desde hace diez años. Jefe de una base náutica de 1984 a 1994, formador de monitores profesionales de 1993 a 1997, navega en crucero y en competición (hizo una preparación olímpica para los Juegos de Barcelona) desde hace unos treinta años. Instalado en La Grande Motte, ofrece ahora a las empresas seminarios en torno al tema de la vela.

GLOSARIO

A

A barbas de gato
Colocar dos fondeos por proa, ambos de la misma longitud, formando un cierto ángulo, para mejorar el agarre.

Abarloarse
Amarrarse a lo largo de otro barco.

Acantilada
Adjetivo que hace referencia a una costa que se hunde rápidamente en la mar, y por tanto bañada por agua profunda.

Acastillaje
Conjunto de los equipos que pemiten maniobrar el barco (poleas, mosquetones, winches...).

Acta de afrancesamiento
Certificado de nacionalidad francesa de un barco, librado por el servicio de Aduanas de este país.

Adujar
Guardar un cabo haciendo bucles regulares a fin de que esté listo para ser usado sin que se enrede.

Aferrar
Plegar una vela y asegurarla con cabos finos, elásticos o cinchas.

Alargamiento
Relación entre el grátil y el pujamen de una vela. Un fuerte alargamiento implica una vela alta y estrecha.

Alunamiento
La baluma de la vela mayor pocas veces es recta. Para incrementar su potencia, los fabricantes suelen redondear la vela entre el puño de driza y el de escota. Esta curva de la baluma se denomina alunamiento; y si es importante (sobre todo en los catamaranes), se requieren sables de buena calidad para mantener la forma de la vela.

Amantillo
Especie de driza que se utiliza para regular la altura de la punta exterior de la botavara o del tangón.

Amarras
Los cabos que sirven para el amarre o el remolque.

Amollar
Soltar una escota (o cualquier otro cabo). Es el contrario de cazar.

Amurado
El lado del barco de donde viene el viento. Se navega amurado a babor cuando el viento viene por la izquierda, y amurado a estribor cuando llega por la derecha.

Aparejo
Conjunto de palos y jarcia que aguantan las velas. Dícese también de un sistema de poleas que permite desmultiplicar una maniobra.

Ardiente
Se dice de un velero mal equilibrado que tiene tendencia a orzar. A la inversa, se dice que un barco que tiene tendencia a arribar es «blando».

Arriar
Hacer bajar una vela o una bandera soltando su driza.

Arribar
Mover el timón para que el rumbo del barco se aleje de la dirección de donde viene el viento; yendo, por tanto, a un rumbo más «arribado», es decir, más cercano al viento en popa (contrario de orzar).

Asiento
Lateral o longitudinal, indica la postura del barco sobre el agua. Depende de la distribución de los pesos a bordo, y teóricamente es óptimo cuando la línea de flotación definida por el arquitecto está efectivamente paralela a la superficie del agua. Se puede hacerlo variar para disminuir la superficie mojada con poco viento (poniendo peso a proa) o para mejorar el control con viento fuerte (colocando peso a popa).

B

Babor
Lado izquierdo del barco, mirando hacia proa.

Back-estay
Cable que aguanta el mástil hacia popa (entre la perilla del palo y el espejo de popa).

Balanceo
Movimiento lateral del barco que se produce normalmente con vientos portantes: al no estar cazadas las velas, el viento no *presiona* claramente el barco hacia un lado. Se habla de balanceo rítmico cuando es pronunciado y prolongado; también puede intensificarse progresivamente por un efecto dinámico.

Balcón
De proa o de popa, es el conjunto de tubos -normalmente de acero inoxidable- que sirven de barandilla. En los barcos de crucero se complementan con una red de candeleros (tubos verticales de acero inoxidable) y pasamanos que rodean la cubierta.

Balestrón
Especie de botavara que se prolonga a proa del mástil, que pivota con éste y que recibe los puños de amura y de escota del foque. Este dispositivo permite controlar simultáneamente la orientación del foque y de la mayor, y permitir así un mejor rendimiento de la vela de proa con viento portante.

Baluma
Lado de la vela que va desde el puño de driza (la punta más alta) al puño de escota. Se considera que ésta es la salida de la vela, porque por aquí es por donde sale el flujo de aire que ha recorrido el tejido.

Bañera
Se trata de la parte exterior del barco donde se instalan el timonel y los tripulantes.

Barber (o barber-hauler)
Maniobra móvil con polea que permite modificar el ángulo del punto de tiro del génova o del spi, con el objetivo de optimizar el rendimiento en función del rumbo o de la fuerza del viento.

Barbotín
Tambor dentado del molinete en el que se enrolla la cadena.

Barco de servicio
Todo barco (remolcador, transporte...) al servicio de la explotación de un puerto o de otra estructura marítima.

Barlovento, sotavento
La expresión permite situar de una forma general a las personas, barcos y costa respecto del viento. En un barco que navegue amurado a estribor (el viento le llega por la derecha), un tripulante situado en su lado derecho está «a barlovento»; y otro colocado en el lado izquierdo está «a sotavento».

Biquilla
Velero dotado de dos quillas fijas colocadas al mismo nivel en el plano longitudinal, a uno y otro lado del barco. Su ventaja es que permiten que un barco con quilla pueda varar sin necesidad de usar puntales.

Blando
Se dice de un velero que tiene tendencia a abatir. Es el contrario de ardiente.

Bocina
Agujero en el casco, normalmente protegido por un aro metálico, por el que pasa un eje. Las dos bocinas más importantes de un velero suelen ser la bocina del eje del timón y la del eje de la hélice.

Bola de fondeo
La bola negra que los barcos embarrancados, fondeados o que no pueden maniobrar tienen que izar en su arboladura para indicar su situación.

Bolsa
Indica el volumen de una vela. También se denomina embolsamiento.

Borda
El conjunto de la «piel» exterior del barco.

Borneo
Movimiento de un barco en torno a su ancla o al muerto al que está amarrado. El círculo de borneo es el espacio que puede cubrir el barco al dar un giro de 360°. El radio del círculo de borneo coincide con la longitud del fondeo en el agua más la eslora del barco.

Botavara
De madera, aluminio o fibra de carbono, este tubo robusto aguanta el pujamen, es decir, el borde inferior de la mayor.

Brisa
Designa los vientos flojos y variables debidos a las influencias térmicas.

Burdas
Cables metálicos o de cabo fijados a un determinado nivel del mástil (normalmente entre los 3/4 y los 7/8 de la altura) que bajan hacia la popa para controlar mejor la flexión del palo y a veces también la tensión del estay. Reguladas con la ayuda de aparejos o de winches, tienen que amollarse de un lado y cazarse del otro en cada virada o trasluchada.

C

Cabeceo
Oscilación del barco en un plano longitudinal.

Cable
Medida de distancia que equivale a la décima parte de una milla, es decir, 185,2 metros.

Cadenote
Pieza metálica fijada en cubierta o directamente en el casco a la que se fijan los tensores de los obenques.

Caída
Inclinación del mástil en sentido longitudinal.

Caja de orza
Estructura en la que se desliza la orza, tanto si es de sable (que se levanta verticalmente) como si pivota alrededor de un eje.

Calado
Profundidad que alcanza en el agua la parte sumergida de un barco, desde el extremo inferior de la quilla o de la orza hasta la línea de flotación. Si el barco tiene un calado de 2 metros, es absolutamente suicida entrar en un canal en el que sólo hay 1,50 metros de agua. El vocablo se usa también para indicar la altura que alcanza la superficie del agua sobre el fondo.

Candelero
Tubo vertical de acero inoxidable que aguanta los pasamanos que rodean la cubierta.

Caña pesada
Se dice cuando es necesaria mucha fuerza para mover la caña, normalmente porque el timón es demasiado grande o porque el barco está mal equilibrado. Cuando esta fuerza es debida a los roces excesivos en la bocina del eje o en los herrajes, se dice que va «dura».
La caña «habla» cuando transmite al timonel sensaciones explícitas sobre las reacciones del barco, los efectos de los reglajes... Es «sensible» cuando la menor angulación se traduce en una evolución inmediata del barco; es «precisa» cuando estas evoluciones pueden dosificarse al milímetro (y cuando el sistema de transmisión no tiene juego alguno). Y si el barco no es ni ardiente ni blando, se puede decir que la caña es «neutra».

Capa
Ponerse a la capa, o capear, es una forma de aguantar el mal tiempo cuando ya no parece posible seguir avanzando normalmente. La capa normal se toma con el foque acuartelado y la mayor parcialmente cazada; la capa a palo seco se toma, como su propio nombre indica, sin vela alguna izada. En ambos casos se trata de que el barco mantenga un rumbo entre el viento de través y los 45° respecto de las olas.

Carena
Parte sumergida del casco. También designa la reparación del barco para hacerlo estanco y, por extensión, las operaciones normales de mantenimiento de la obra viva que deben hacerse fuera del agua.

Carlinga
Lugar sobre el que se apoya el mástil en cubierta o sobre la quilla.

Cataviento
Hilo de lana o de tela fina pegado al grátil del génova para visualizar el deslizamiento del flujo de aire.

Cat-boat
Velero armado sólo con una mayor, sin vela de proa.

Ceñida
Rumbo del barco que remonta contra el viento.

Ceñir
Cuando el objetivo a alcanzar está situado exactamente en la dirección en que viene el viento, es imposible dirigirse a él directamente. Ni siquiera los mejores veleros pueden hacer un ángulo de menos de 30° respecto del viento. Por tanto hay que ceñir, haciendo bordadas a una y otra amura, para llegar al punto deseado. La ceñida significa normalmente doblar la distancia a recorrer, y multiplicar por tres el tiempo necesario para ello, pues la ceñida es el rumbo menos rápido.

Clavar
Meter la proa en el mar, normalmente en el seno de una ola.

Cocas
Vueltas que toma el cabo –pueden llegar a formar un nudo– por estar mal adujado. Son peligrosas porque pueden bloquear una maniobra en una polea.

Codaste
En los veleros tradicionales, pieza maciza de madera colocada detrás de la quilla sobre la que se colocan los herrajes que aguantan el timón. De ahí procede la expresión «timón de codaste», en oposición al remo colocado en un lado, que durante mucho tiempo fue la única forma de dirigir un velero.

Cono negro
Accesorio reglamentario que se debe izar en la arboladura para indicar que se va a motor.

Contra
Aparejo colocado entre la base del mástil y la parte delantera de la botavara (aproximadamente a un tercio de su longitud), que impide que ésta se levante excesivamente como consecuencia de la presión del viento sobre la vela. También se la conoce como trapa.

Corredera
La corredera de antaño indicaba la velocidad del momento; la corredera de hélice, más reciente, indicaba la distancia recorrida. Las correderas electrónicas modernas indican los dos valores y a menudo están conectadas a una central de navegación que también recoge otras informaciones, como la de la sonda.

Costura
Es la unión que resulta de empalmar los cabos entrelazando sus cordones. También designa la serie de puntadas que une dos piezas cosidas, normalmente dos paños de una vela, así como, en los barcos de madera clásica, la línea de separación entre dos tablones puestos en contacto y que se calafatea para que no entre agua.

Crucero
Se llama así todo velero habitable de recreo.

Cuerno del puño de amura
Gancho situado en la parte de proa de la botavara para colocar el puño de amura de la mayor, y también los distintos puños de amura de cada una de las bandas de rizos.

Cúter
Velero de un mástil con varias velas de proa.

D

Dar camino
En ceñida, optar por dar preferencia a la velocidad sobre el rumbo más cerrado, arribando unos grados. Aunque suele ser más satisfactorio a corto plazo, no siempre sale a cuenta.

De formas
Se dice del casco que no tiene pantoques y por tanto tiene una forma más o menos redondeada. Se contrapone a un casco de pantoque o cantos vivos, en el que se notan los ángulos que forman las distintas planchas de que está formado.

Declinación
Ángulo entre el norte verdadero y el norte magnético.

Desplazamiento
Valor que corresponde al peso del barco, porque representa exactamente el peso del volumen de agua ocupado por la obra viva.

Desvío
Error del compás debido a la presencia de masas magnéticas a bordo.

Dorsal
Línea de altas presiones alargada que proyecta un anticiclón.

Driza
Cabo que permite izar una vela.

E

Eje de crujía
Eje longitudinal del barco.

Embocar
Entrar en un paso estrecho.

Engalgar
Colocar dos anclas una detrás de otra (con unos metros de cadena entre ambas) en el mismo fondeo para reforzar el agarre.

Equilibrado
Se dice del velero que mantiene el rumbo estable incluso cuando el timonel no lleva la caña. También se aplica al casco cuyas formas sumergidas cambian poco al escorar y por tanto no tiene tendencia a hacer guiñadas cuando carga la racha.

Escala Beaufort
Graduación de la fuerza del viento de 0 a 12, puesta a punto por el almirante británico del mismo nombre.

Escobén
Situado en la proa, herraje con una roldana por la que pasa la cadena del fondeo. También se denomina roldana de proa. Además se conoce como escobén el orificio abierto en la amura, próximo a la proa, por donde pasa la cadena del ancla, o los practicados en las bordas para guiar las amarras e impedir que deterioren el casco.

Escora
Inclinación lateral de los veleros como efecto de la fuerza del viento sobre las velas. La manga del casco y el peso del lastre permiten limitar su amplitud. Los catamaranes y los trimaranes están en teoría exentos de sufrir escora, y corren el peligro de volcar si ésta se produce.

Escota
Cabo que sirve para regular la orientación de una vela respecto del viento. Cuando se tira de una escota, se la caza, y cuando se suelta, se la amolla.

Estay
Cable que aguanta el mástil por la proa, uniendo la parte superior del palo con la proa del barco.

Estribor
Parte derecha del barco, mirando hacia proa.

F

Flamear
Ondear una vela al viento (por no estar debidamente cazada, o por encontrarse el barco proa al viento).

Flujo
Movimiento de la marea entrante.

Fogonadura
Agujero por el que un mástil apoyado sobre la quilla atraviesa la cubierta.

Foque
Vela de proa.

Francobordo
Altura del casco por encima de la línea de flotación.

G

Garrear
Ir hacia atrás un barco arrastrando el ancla, que no ha agarrado sobre el fondo y se desliza sobre él.

Génova
En un sloop, la vela de proa se denomina foque. Cuando éste adquiere una superficie mayor (normalmente cuando su parte posterior supera la altura del mástil), se denomina génova. Primero se conoció como genovés, pues el nombre procede de los grandes foques que caracterizaban los barcos típicos de Génova.

Goleta
Velero de al menos dos mástiles cuando el de popa es igual o mayor que el de proa.

Grátil
Lado de la vela que une el puño de driza (el punto superior de la vela) y el puño de amura (el punto inferior de proa). En una mayor va provisto de patines o de una relinga que se introducen en la garganta del mástil. Los foques y génovas pueden ir provistos de mosquetones (que se colocan en un estay clásico) o una relinga, que requiere un estay con un perfil adecuado, sea con enrollador o sin.

Guardines
Cables situados normalmente debajo de la bañera que conectan la rueda con el timón. Esta función puede realizarse también por medio de bielas o de un circuito hidráulico.

Guía
Sistema de amarre en punta utilizado en la mayoría de puertos del Mediterráneo.

Guiñada
Desviación involuntaria y normalmente brusca del rumbo.

I

Inercia
Velocidad que sigue teniendo el barco después de que se hayan amollado las escotas o se haya desembragado el motor.

J

Jarcia
Conjunto de cables que aguantan el mástil (jarcia fija) y de cabos que sirven para regular las velas (jarcia de labor).

L

Lanzamientos
Partes del casco que se prolongan por encima del agua, a proa y a popa de los extremos de la línea de flotación.

Largo
Rumbo en el que se recibe el viento entre el través y la aleta.

Latitud
Distancia (contada en grados, de 0 a 90°) entre un punto cualquiera de la superficie terrestre y el Ecuador. La latitud Norte indica que el punto está situado al norte del Ecuador, y latitud Sur, que está al sur de esta línea.

Linterna de destellos
Normalmente de encendido automático, emite potentes destellos luminosos, por lo que es un buen complemento a un aro (o herradura) salvavidas.

Longitud
Valor angular (de 0 a 180°, hacia el este o el oeste) que permite indicar a qué nivel se encuentra un punto al este o al oeste del meridiano 0 o de Greenwich, en Inglaterra).

M

Manga
Anchura de un barco.

Maniobra
La palabra sirve para indicar tanto una acción efectuada a bordo (toma de rizos, virada, amarre) como el cabo o los cabos que sirven para realizar estas acciones.

Marca
Punto de referencia en tierra (campanario, edificio singular...) útil para la navegación.

Marcación
Rumbo al que se encuentra un punto tal como lo vemos en el compás.

Mayor
Vela triangular que se coloca a lo largo del mástil, por su parte posterior.

Mesana
La vela que se coloca en el mástil de popa en un ketch. Si este mástil está colocado muy a popa (a popa del punto más atrasado de la línea de flotación o de la caña), el barco ya no es un ketch, sino un yawl, y esta vela se denomina tapaculo.

Milla
La milla marina, también denominada milla náutica, equivale a 1.852 metros. Esta cifra corresponde exactamente al valor un minuto de latitud (por tanto, 1/60 de grado). No hay que confundirla con la milla terrestre, o milla inglesa, que equivale a 1.609 metros.

Molinete
Aparato eléctrico o manual que permite levar el ancla, tanto si el fondeo es de cadena como de cabo.

Monotipos
Veleros rigurosamente idénticos (Figaro, Surprise, Open 7,50...) que permiten efectuar regatas en tiempo real en los que la diferencia la marca la tripulación. Se contrapone a los barcos que corren en tiempo compensado gracias a una regla de rating, o a los que corren en tiempo real de acuerdo con una regla de «clase sujeta a restricciones» (como en la Vendée Globe, que se limita a fijar las dimensiones máximas que hay que respetar).

Muerto
Bloque de cemento colocado en el fondo del agua y unido a la superficie mediante una cadena acabada en una boya provista a su vez de una anilla; todo ello permite amarrarse sin necesidad de fondear un ancla y tener un radio de borneo reducido.

N

Niebla de advección
Es la niebla que se forma por el paso de una masa de aire húmedo sobre una superficie más fría. Es distinta de la niebla de radiación, que se forma en noches tranquilas y claras cuando el sol pierde su calor.

Nudo
Unidad de velocidad que equivale a una milla por hora. Andar a 5 nudos significa desplazarse a 5 millas por hora (un poco más de 9 kilómetros por hora). La expresión procede del hecho de que antaño se medía la velocidad lanzando al agua una plancha fijada al chicote de un cabo con nudos a intervalos regulares. Al cabo de determinado tiempo se contaba el número de nudos que se habían soltado detrás del barco y así se sabía la velocidad a la que se navegaba.

O

Obenque
Cable que aguanta el mástil lateralmente.

Obra muerta
Todas las partes del barco que se encuentran encima de la línea de flotación.

Obra viva
Todas las partes sumergidas del barco.

Orincar
Colocar un cabo desde la cruz del ancla a un boyarín que permitirá levar el hierro si se queda agarrado debajo de un cable o de una roca.

Orzar
Mover el timón para que la proa se acerque más a la dirección de donde viene el viento. La orzada puede ser también involuntaria, como consecuencia de una reacción del barco, normalmente cuando va pasado de trapo. La maniobra opuesta a orzar es arribar, que supone apartar la proa del viento.

Outrigger
Palo que sale del casco para facilitar la instalación de una maniobra.

P

Pantoque vivo
Se dice que un barco es de pantoque vivo cuando su borda hace ángulos como consecuencia de haber sido construido mediante planchas que no pueden moldearse simultáneamente en todos los sentidos.

Pañol
Lugar donde se guardaban los víveres, en los viejos tiempos de la marina.

Pasacasco
Pieza que refuerza los agujeros realizados en el casco, por los que se evacuan desechos o se coge agua del mar. Juntos a los pasacascos se colocan unos grifos que permiten cerrar la apertura cuando se navega o cuando no se utilizan.

Pasamanos
Cables o cabos que unen los balcones de proa y popa, pasando normalmente por los candeleros, y dan la vuelta alrededor de la cubierta como elemento de seguridad para evitar la caída de los tripulantes al agua.

Patines
Elementos que se deslizan por la garganta de la cara de popa del mástil y que hacen que el grátil de la mayor esté unido al palo.

Pilot Chart
Carta estadística que muestra, mes a mes, las probabilidades de viento en los distintos mares del mundo.

Planeo
Un barco ligero y con mucha vela puede salir al planeo cuando la fuerza propulsora generada por el viento es lo bastante fuerte como para despegarlo ligeramente del agua. Al salir parcialmente el casco del agua, se escapa de las leyes de velocidad límite impuestas por su desplazamiento y puede planear a gran velocidad, produciendo pocas olas en su estela.

Plano antideriva
Toda superficie sumergida (orza, quilla, timón) que limita la tendencia natural del barco a abatir en los rumbos de ceñida.

Polares de velocidad
Gráficos que permiten visualizar el potencial de un barco en los distintos rumbos y para las distintas intensidades de viento.

Prensaestopa
Sistema de estanqueidad colocado a la salida del eje de la hélice a través del casco.

Pujamen
Borde inferior de una vela. En la mayor, es el que está en la botavara.

R

Rabiza
Cabo fino -en ocasiones lastrado en su extremo exterior- susceptible de ser lanzado con precisión a un náufrago.

Racha
Subida momentánea del viento, también denominada ráfaga.

Rating
Conjunto de fórmulas que, de acuerdo con las características de cada barco de regatas, permite atribuirles un coeficiente de tiempo compensado, con el fin de que modelos de tamaños y formas muy distintos puedan competir con armas más o menos iguales.

Recubrimiento
Parte del génova que sobresale a popa del mástil.

Relinga de baluma
Cabo fino introducido en la baluma de una vela que permite tensarla a fin de limitar su flameo.

Retenida de botavara
Cabo o aparejo que se coloca entre un punto de sotavento de la cubierta y la botavara para impedir que ésta cambie de lado de forma intempestiva.

Rizo
Dispositivo que permite reducir la superficie de una vela disminuyendo su altura. Se toma un rizo cuando sube el viento, se larga cuando amaina.

Roda
Pieza fuerte y normalmente curvada que forma la proa de un barco. Por extensión, se usa para designar la proa.

Roof
Palabra inglesa que designa el techo de la cabina de un crucero. Por extensión, se usa también el vocablo para referirse al conjunto de la superestructura.

Rumbo
Ángulo entre el eje del barco y el norte. La expresión también se usa para indicar la orientación del velero respecto del viento. Se va en un rumbo «de ceñida» cuando se remonta contra el viento haciendo un ángulo tan cerrado (ceñido) como sea posible con él. Se va «de través» cuando se recibe el viento más o menos por el través del barco (con un ángulo próximo a los 90°). Se navega «por la aleta» cuando se recibe el viento tres cuartos por la popa, y se va «en popa» cuando el viento empuja el barco exactamente por su eje. Estas dos últimas configuraciones se reagrupan bajo el término «rumbos portantes».

S

Sacavueltas
Articulación situada junto a una polea u otra pieza del acastillaje que impide que adopte ángulos inadecuados, incluso cuando el conjunto da vueltas.

Salir de arribada
Guiñada con viento portante fuerte (normalmente con spi), cuando el barco escapa al control del timonel y arriba solo hasta trasluchar y acostarse en el agua, con la vela acuartelada (mayor a barlovento); fase violenta, peligrosa tanto para la tripulación como para el material.

Salir de orzada
Más normal y benigna que la anterior. Se produce muchas veces cuando se intenta orzar demasiado con spi y viento fuerte. Como consecuencia de la escora, el barco intenta orzar; cuando el timón ya no basta para impedírselo, pega una guiñada irresistible hacia barlovento y adquiere de paso una gran escora. Todo vuelve al orden cuando se amolla spi.

Semáforo
Puesto de vigilancia marítima en tierra.

Silla de calafate
Plancha más o menos equipada, prevista para subir al palo amarrado a una driza.

Skipper
El origen de esta palabra inglesa no es precisamente náutico: antaño designaba el capitán de un equipo de rugby. En vela, no se usa para quien lleva el timón, sino para el responsable a bordo. En español, el término oficial es patrón o capitán.

Sloop
Velero de un solo mástil, con una mayor y una vela de proa. Es el tipo de aparejo más usual actualmente.

Sondas
Cifras que en las cartas náuticas señalan la profundidad del agua (respecto del nivel de las bajamares escoradas) en distintos puntos.

Spinnaker (Spi)
Gran vela de tejido ligero que permite aumentar la superficie vélica con vientos portantes (es decir, con viento de popa, por la aleta y largo).

Stick
Prolongación articulada de la caña del timón, que permite al timonel sentarse en la borda y tener así una mejor visión tanto de las velas como de las olas y del conjunto de la superficie del mar.

Superficie mojada
Es la superficie del barco que está en contacto con el agua: casco, quilla y timón. Los diseñadores navales intentan optimizarla, conscientes de que cuanto mayor es la superficie mojada, mayor es la resistencia al avance.

T

Tangón
Tubo móvil de aluminio, madera o carbono, que permite separar el puño de amura del spi (o el puño de escota del génova con el viento de popa).

Tensor
Pieza con rosca que permite tensar más o menos cada uno de los obenques. El back-estay de un aparejo a tope de palo suele estar provisto de un tensor con volante, que facilita un reglaje más rápido de la tensión.

Timón
Pala móvil que permite dirigir el barco desde la caña o la rueda. El timón puede ser «suspendido» (invisible bajo el casco, la transmisión se realiza a través de un eje que atraviesa el casco a través de su bocina), y estar a popa de un codaste o no. Puede ser visible en el espejo de popa, fórmula usada normalmente en los barcos pequeños tanto por su mayor sencillez como para que sea más fácil levantarlo.

Timón compensado
Se dice del timón cuya pala está parcialmente delante del eje. Tiene la ventaja de disminuir el esfuerzo necesario para incrementar el ángulo respecto del eje de crujía. Pero si está demasiado compensado, la caña ya «no hablará» y puede ser francamente desagradable.

Toldo
Tela que cubre la bañera para proteger del sol o de la lluvia.

Tormentín
Foque de muy poca superficie (y fabricado con tejido muy resistente) adaptado a la navegación con viento fuerte.

Trapecio
Aunque este accesorio no afecta a los cruceros, a veces se ha usado en los barcos grandes. Se trata de un cable que permite al tripulante de un barco deportivo de orza colgarse al exterior para realizar un contrapeso más eficaz.

Trapo
Término genérico que se usa para indicar el velamen de un barco (llevar demasiado trapo, reducir trapo...).

Trasluchar
Cambiar de amura cruzando el eje del viento con la popa.

Trinqueta
Vela de proa de superficie inferior al triángulo de proa (el triángulo delimitado por el estay, el mástil y la cubierta), que en un cúter se coloca a popa del foque.

Trinquetas gemelas
Conjunto de dos foques que se colocan simultáneamente en orejas de burro (uno a cada lado del estay) con el viento en popa. Hay que arriar la mayor para que las dos velas trabajen correctamente.

V

Velas cuadras
Pese a lo que indica su nombre, por lo general eran velas rectangulares, más anchas que altas. Fueron las velas más habituales desde la Edad Media hasta la época de los clippers. Relativamente eficaces con vientos portantes, no permitían ceñir contra el viento, o lo hacían mal.

Velas latinas
Conocidas en el Mediterráneo desde la Antigüedad, se trata de velas triangulares montadas sobre unos mástiles muy cortos por medio de una larga «antena» (palo que sube en diagonal desde la proa). Tienen la ventaja de ser mucho más eficaces en ceñida que las velas cuadras.

Velocidad límite
El casco de un barco está sometido a una velocidad crítica inherente a su eslora de flotación. Por encima de esta velocidad, la resistencia de la ola creada por el desplazamiento del barco en el agua aumenta tanto que prácticamente ya no se puede acelerar, por mucho que se aumente la potencia (viento más fuerte o mayor superficie vélica), a no ser que las formas y la ligereza le permitan despegarse un poco del agua para salir planeando.

Viento aparente
Resultante del viento real y del viento creado por la velocidad del barco. El viento aparente es más fuerte y llega más de proa que el viento real en los rumbos de ceñida. Será más flojo en rumbos portantes, pues la velocidad del barco se resta de la del viento real.

Viento real
Es la velocidad y la dirección del viento que se observa desde un punto fijo o desde un barco parado.

VMG
Siglas de la expresión inglesa Velocity Made Good. En ceñida, es la distancia «ganada» en una hora en la dirección en que sopla el viento, sean cuales sean las bordadas que se hayan realizado a una u otra amura. El VMG expresa siempre una distancia menor que la recorrida por el barco, pues éste, al ceñir, sigue un ángulo de alrededor de 45° respecto del viento.

W

Winche
Heredero moderno del molinete, permite que un tripulante desarrolle la fuerza necesaria para dar la tensión deseada a los distintos cabos. Se compone de una manivela y de un tambor (de aluminio, acero o carbono) alrededor del cual se enrolla el cabo en cuestión, con un sistema anti-retorno y en ocasiones diversas relaciones de desmultiplicación.

Z

Zona intermareal
Parte del litoral que está cubierta o descubierta alternativamente por el agua a consecuencia de la marea.

BIBLIOGRAFÍA

Obras técnicas

Architecture du voilier, Pierre Gutelle, Éditions Loisirs nautiques.
En tres tomos, es la obra de referencia para los forofos del coeficiente prismático y de los cálculos de rendimiento. Muy completo, pero también muy duro.

Connaître et bien mener son voilier, Gilles Barbanson y Jean Besson, Nathan.
Un pequeño libro muy práctico, con muchos trucos concretos sobre los reglajes y la maniobra.

Las Velas, Bertrand Chéret, Editorial Juventud.
Libro que hay que leer irremediablemente si de verdad se quiere conocer todo lo referente a la alquimia que permite que las velas transformen el viento en energía propulsiva. Buen pedagogo, Bertrand Chéret, ex velero y regatista de alto nivel, consigue que un contenido técnico de alto nivel sea fácilmente digerible e incluso apasionante.

Météo et stratégie, Jean-Yves Bernot, Voiles/Gallimard.
El compendio más completo y más concreto sobre la materia hasta la fecha, escrito por un experto que se ha encargado del rutaje de algunos de los mejores regatistas oceánicos. Para los regatistas, pero también para los cruceristas que quieren afinar su análisis meteorológico.

Mettre les voiles, Antoine, Éditions Arthaud.
Más que un verdadero manual de navegación, el libro del célebre «cantante-navegante» es un balance técnico de sus treinta años de navegación alrededor del mundo. Sin pelos en la lengua, divertido y plagado de informaciones preciosas para los candidatos a vivir a bordo.

Navegación con mal tiempo, Adlard Coles y Peter Bruce, Editorial Juventud.
¡Cuidado, que este libro os puede apartar irremisiblemente de la mar! Los cautivadores relatos de temporales que contiene, vividos por navegantes, incitan en efecto a pensárselo dos veces. Una obra imprescindible para quien quiera comprender de verdad lo que pasa cuando hace mal tiempo y cómo prepararse.

Structure et construction du voilier, Jean-Pierre Aubry, ÉMOM.
Muy bien escrito por un antiguo colaborador de Philippe Harlé, es la obra más clara -y la más agradable de leer- para comprender las ventajas y los inconvenientes de los distintos materiales, así como los problemas de estructura de un barco.

Para saber más de vela

Histoire du yacthing, Daniel Charles, Éditions Arthaud.
La erudición y la capacidad de polemista del historiador belga hace especialmente atractiva esta obra, que echa una mirada distinta sobre la evolución de la navegación de recreo desde sus orígenes. Un texto «comprometido» y apasionante.

Regatas. Tácticas y estrategias, Didier Ravon y Christian Dumard, Editorial Juventud.
Aunque no se tenga ninguna ambición deportiva, siempre se puede aprender de los regatistas, sobre todo de los campeones que desvelan aquí, al hilo de numerosos testimonios, algunos de sus secretos.

Urgences à bord, Jean-Yves Chauve, Voiles et Voiliers.
Publicado en la colección de las Guides Expert, esta pequeña obra realizada por Jean-Yves Chauve, el médico titular de la Vendée Globe y de la regata del Figaro, reúne todo lo que hay que saber para hacer frente a los posibles problemas de salud.

Vents de Méditerranée, Juan Rigo e Isabelle Moureau, Glénat.
Se trata de un libro bonito, bien ilustrado, ideal para entender todas las sutilezas de la meteorología mediterránea, de España a la costa turca, pasando por Argelia.

Del mismo autor

Un siècle de voile, Calmann-Lévy.
A través de 800 hechos famosos o desconocidos, la historia de la navegación de recreo, desde las primerísimas regatas hasta nuestros días.

La Voile, idées reçues, Le Cavalier Bleu.
Destinado tanto a neófitos como a expertos, un ensayo que acota de forma distinta la realidad -histórica, social o técnica- de la vela, desmontando algunos clichés pertinaces...

Guide Escales Chagnon, Les Éditions de Chabassol-Vagnon.
Una guía anual que describe todos los puertos del litoral francés (y de los países vecinos) y su acceso, con las informaciones técnicas de interés (mareas, reglamento, libro de faros...).

Con el agradecimiento a los equipos de Plastimo, Bénéteau, J-Boats, Kirié, Alliaura Marine, por haber puesto amablemente a mi disposición sus colecciones de fotografías.

Gracias también a la familia Lebar-Sanders, y especialmente a Matthias, por su curiosidad, sus reflexiones y sus preguntas raras. Están siempre presentes en estas páginas.